MARKETING

5e édition

Denis Pettigrew
D.Sc. gestion
Professeur titulaire de marketing à l'Université du Québec à Trois-Rivières

Normand Turgeon
Ph.D. (Marketing)
Professeur titulaire de marketing à HEC Montréal

Consultants

Marie Josée LaRue,
Cégep de Sainte-Foy

Daniel Trudel,
Cégep Limoilou

D1621601

**Chenelière
McGraw-Hill**

CHENELIÈRE ÉDUCATION

Marketing, 5ᵉ édition

Denis Pettigrew et Normand Turgeon

© 2004, 2000, 1996 Les Éditions de la Chenelière inc.
© 1990, 1985 McGraw-Hill, Éditeurs

Éditeur : Sylvain Ménard
Coordination : Lucie Turcotte
Révision linguistique : Guy Bonin
Correction d'épreuves : Lucie Lefebvre
Conception graphique : Jocelyn Malette
Infographie : Claude Bergeron
Conception de la couverture : Michel Bérard

**Catalogage avant publication
de la Bibliothèque nationale du Canada**

Pettigrew, Denis

    Marketing

    5ᵉ éd.

    Publ. antérieurement sous le titre: Les fondements du marketing moderne. Montréal: McGraw-Hill, 1984.

    Comprend des réf. bibliogr. et un index.

    Pour les étudiants du niveau collégial.

    ISBN 2-7651-0234-1

    1. Marketing. 2. Marketing - Planification. 3. Études de marché. 4. Marketing - Problèmes et exercices. I. Turgeon, Normand. II. Titre. III. Titre: Les fondements du marketing moderne.

HF5415.P48 2004   658.8   C2004-940608-6

**Chenelière
McGraw-Hill**

CHENELIÈRE ÉDUCATION

7001, boul. Saint-Laurent
Montréal (Québec)
Canada H2S 3E3
Téléphone : (514) 273-1066
Télécopieur : (514) 276-0324
info@cheneliere-education.ca

ISBN 2-7651-0234-1

Dépôt légal: 2ᵉ trimestre 2004
Bibliothèque nationale du Québec
Bibliothèque nationale du Canada

Imprimé au Canada

2 3 4 5 ITG 08 07 06

Nous reconnaissons l'aide financière du gouvernement du Canada par l'entremise du Programme d'Aide au Développement de l'Industrie de l'Édition (PADIÉ) pour nos activités d'édition.

Gouvernement du Québec — Programme de crédit d'impôt pour l'édition de livres — Gestion SODEC

Table des matières

Avant-propos

Tout en véhiculant une philosophie des affaires, le marketing représente un domaine d'activités où des milliers de Québécois et de Québécoises font ou s'apprêtent à faire carrière. C'est pour rendre compte de l'état de ce domaine que bon nombre de volumes ont été offerts au cours des dernières années.

Marketing se veut un ouvrage adapté aux besoins des étudiants cherchant une approche pratique de ce sujet d'étude. Il a été conçu en fonction de deux objectifs spécifiques. D'une part, les auteurs ont cherché à faciliter l'accès aux théories, aux modèles et aux concepts fondamentaux du marketing. D'autre part, ils présentent, tout au long du volume, de nombreux exemples dans le but de permettre une assimilation plus concrète de la matière. De plus, pour cette cinquième édition, les auteurs ont fait une place de choix à Internet avec des notions théoriques, des adresses à visiter et des exercices à faire sur le Web.

Ce volume est divisé en quatre parties. La première partie, **Vue d'ensemble,** présente de façon générale le domaine du marketing. **La connaissance du marché** traite des différentes caractéristiques des marchés et des stratégies qui peuvent être adoptées. Elle traite aussi du comportement du consommateur et présente les outils de recherche disponibles en ce domaine. La troisième partie, **L'élaboration du programme de marketing,** examine plus en profondeur les quatre variables du marketing mix : le produit, la distribution, le prix et la communication marketing. La quatrième partie, **La planification en marketing et les domaines d'application distincts du marketing,** donne des indications quant à l'élaboration d'un plan marketing et traite du marketing international ainsi que du marketing des services.

À la fin du chapitre 5 (**Le comportement du consommateur**) et du chapitre 12 (**Le plan de marketing**), des annexes fort utiles vous sont présentées. À la fin de chaque chapitre, les étudiants ont la possibilité de vérifier leur compréhension du thème abordé en répondant aux questions de révision : ils peuvent aussi appliquer immédiatement les concepts et théories traités dans ce livre et discutés en classe à l'aide de deux exercices pratiques. De plus, des cas, dont plusieurs nouveaux, sont également offerts à la fin de chacun des chapitres. En nouveauté dans cette cinquième édition, nous avons ajouté deux nouvelles rubriques, « Capsule éthique » et «Tendances marketing », où seront soulevés des sujets de discussion concernant la responsabilité sociale des entreprises et les tendances en matière de consommation. En outre, les étudiants trouveront à l'adresse www.cheneliere-education.ca une liste de sites Web d'intérêt couramment consultés dans le domaine du marketing.

Enfin, afin de vous aider à mieux cerner la matière, un guide de l'étudiant et une simulation informatisée sont également offertes.

Pour faire de cette cinquième édition de *Marketing* un livre plus complet, nous avons bénéficié des commentaires et des suggestions de nombreuses personnes. Nous tenons à remercier particulièrement : Daniel Trudel (Limoilou), Marie-Josée LaRue (Sainte-Foy), Denis Lizotte (Sainte-Foy), Alain Rock (Trois-Rivières), Guy Grégoire (Granby–Haute-Yamaska), Toan-My Phan (Drummondville), Réjean Forgues (Saint-Jean-sur-Richelieu), Robert Larocque (Saint-Jean-sur-Richelieu), Albert Leduc (Édouard-Montpetit), Gilbert Brisset (Maisonneuve), Régis Auclair (Francois-Xavier Garneau), Carmen Carufel (Montmorency), Bernard Jauzion (Lanaudière), Maher Loutfi (Lanaudière) et Dominique Lamante (Saint-Hyacinthe).

La publication d'un volume est le résultat d'un travail d'équipe. À cet effet, nous remercions la direction du service de la recherche dc HEC Montréal et le départe-ment d'administration et d'économique de l'Université du Québec à Trois-Rivières, mesdames Alexandra Vachon, Alexandra Racette et Hélène Bineau, messieurs Jocelyn D. Perreault, William Menvielle et Saïd Zouiten, ainsi que toutes les autres personnes qui, de près ou de loin, ont contribué à la concrétisation de ce projet. Nous sommes aussi très reconnaissants de l'excellent travail de production réalisé par toute l'équipe des Éditions de la Chenelière, en particulier Sylvain Ménard, éditeur, et Lucie Turcotte, coordonnatrice.

Denis Pettigrew, Doctorat en sciences de la gestion
Professeur titulaire de marketing à l'Université du Québec à Trois-Rivières

Normand Turgeon, Ph.D. (Marketing, The University of Tennessee)
Professeur titulaire de marketing à HEC Montréal

Vue d'ensemble

Dans le monde des affaires, les entreprises doivent se conformer aux impératifs du concept moderne de marketing, qui exigent que les besoins et désirs du consommateur leur servent de guides. Elle est bien révolue l'époque où l'on produisait des biens sans tenir compte des goûts des consommateurs, qui devaient, bon gré mal gré, s'adapter à ce qui leur était offert. Cette façon de faire était tout à fait compréhensible et appropriée lorsque les moyens de production étaient restreints et que la demande excédait la capacité de production. Toutefois, cette capacité de production est maintenant souvent supérieure à la demande. Nos entreprises ne peuvent donc se permettre de prendre des décisions qui n'ont pas pour origine les besoins et désirs des acheteurs et des consommateurs.

Dans le premier chapitre de cet ouvrage, le rôle et la fonction du marketing sont définis. De plus, afin de mieux comprendre ce qu'implique le concept de marketing moderne, nous retraçons les différentes étapes de l'évolution de cette discipline. Quant au chapitre 2, il a pour objectif de cerner les divers domaines de décision qui se présentent au gestionnaire du marketing, ainsi que de faire prendre conscience de l'importance de l'environnement en ce qui concerne le processus de prise de décision.

CHAPITRE 1

Le rôle du marketing moderne

OBJECTIFS D'APPRENTISSAGE

Après la lecture du chapitre, vous devriez être en mesure :

- de définir la nature du marketing ;
- de comprendre l'importance du marketing dans l'économie ;
- de connaître les étapes de l'évolution du marketing ;
- de dresser la liste des fonctions du marketing ;
- de comprendre comment les nouvelles technologies influent sur le marketing.

Par Denis Pettigrew, D.Sc. gestion
Professeur titulaire de marketing, Université du Québec à Trois-Rivières

Marketing
Le marketing est l'ensemble des activités qui consistent à reconnaître les besoins des consommateurs et à y répondre à l'aide de plusieurs stratégies relatives au prix, au produit, à la localisation, à la distribution, etc.

Tout le monde se considère comme plutôt bien informé au sujet du **marketing.** Cependant, qui peut dire qu'il a saisi la nature tridimensionnelle du concept de marketing, comme le soulève Lambin[1] ? On compte la dimension « action », qui constitue la conquête du marché, la dimension « analyse », qui a pour objectif la compréhension du marché et, enfin, la dimension « système de pensée », qui est un état d'esprit que doit acquérir le gestionnaire du marketing. Malheureusement, pour beaucoup d'entreprises, le marketing se résume encore uniquement à l'« action », c'est-à-dire à la vente. Les entreprises qui mettent l'accent sur l'action le font généralement au détriment de la dimension « analyse », ce qui a pour conséquence de favoriser le court terme au détriment du long terme. Selon Chicha[2], le marketing est le nerf, le moteur de toute entreprise, la base de toute stratégie ; sans le marketing, l'entreprise n'est rien. Cet auteur qualifie même le marketing de « variables motrices » de l'entreprise.

Utilité du marketing
Le marketing fait partie intégrante du processus de production et de distribution de biens et de services.

Pour comprendre l'**utilité du marketing,** le gestionnaire doit garder en mémoire que les entreprises dépendent en général d'un public extérieur. Quelle que soit la mission de l'entreprise, sa réussite dépend bien souvent du comportement de certains publics sur lesquels elle n'exerce aucun contrôle. En raison de cette situation de dépendance, la rentabilité et parfois même la survie d'une entreprise sont étroitement associées au comportement de ses clients potentiels, que ceux-ci achètent ou non ses produits.

Esprit marketing
Philosophie de gestion qui oriente toute action ou tout plan d'actions vers le consommateur.

En d'autres termes, avoir l'**esprit marketing** ne signifie pas être un bon vendeur. Pour le gestionnaire, c'est posséder un automatisme dans la gestion qui consiste à attacher une certaine importance aux relations de son entreprise avec les publics dont elle dépend, y compris bien sûr le marché.

Le système marketing permet à l'homme de la rue de se procurer une multitude d'objets qu'il consomme chaque jour, quelle que soit leur provenance. Le marketing touche tout le monde, tous les jours. Il est cette activité qui permet d'atteindre un certain niveau de vie qu'on appelle communément « confort ».

Qu'est-ce que le marketing ?

Qui n'a jamais entendu parler de « marketing » ? Ce terme est très populaire, surtout en période de récession économique ! Chacun s'en fait sa propre définition. Toutefois, lorsque, au début d'un cours, nous demandons à nos élèves de définir le marketing, nous obtenons une multitude de réponses très diverses. Pour l'un, le marketing s'apparente à la force de vente : faire du marketing, c'est être bon vendeur. Pour l'autre, c'est l'aspect promotionnel et publicitaire qui est l'essence du marketing : faire du marketing, c'est présenter des annonces publicitaires. Certains diront peut-être que faire du marketing, c'est échanger des produits entre fabricants et consommateurs ou, encore, lancer un produit.

Nous devons reconnaître que les individus attribuent différentes significations au marketing. Cette situation n'est pas étonnante si l'on songe que le marketing englobe tous les aspects énumérés précédemment et bien plus encore. C'est un concept que l'on pourrait qualifier de « multidimensionnel ».

De nombreuses définitions du marketing ont été proposées, chacune mettant plus ou moins l'accent sur l'une ou l'autre de ces dimensions. L'American Marketing Association définit le marketing de la façon suivante :

« Le marketing est le processus de planification de la mise en application du concept du produit, de la fixation du prix, de la communication et de la distribution des idées, des biens et des services pour créer un échange qui satisfasse les objectifs individuels et organisationnels[3]. »

Cette définition, qui fait ressortir la nature du marketing, s'applique non seulement aux biens, mais également aux services et aux idées. Toutefois, elle laisse place à l'interprétation : qu'entend-on par « processus de planification » ? Quelles activités sont comprises dans le processus de planification ? Que comprend la mise en application ? Voyons si nous pouvons préciser davantage ce en quoi consiste le marketing.

Selon Philip Kotler, « [...] le marketing consiste à procurer le bon produit ou service à la bonne personne, au bon moment, à un prix qui lui convient et à l'endroit approprié et à le lui faire savoir grâce à des activités promotionnelles qui la toucheront[4] ».

Bien que cette définition soit plus précise que la précédente, elle est cependant incomplète. Nous tenterons donc d'énoncer une définition du marketing qui soit la plus complète et la plus précise possible : le marketing est l'ensemble des activités qui consistent en la reconnaissance des besoins non satisfaits ou mal satisfaits des consommateurs, la recherche des produits ou des services aptes à satisfaire aux besoins reconnus, la présentation appropriée de ces produits ou services, leur distribution aux bons endroits, au prix et au moment qui conviennent aux consommateurs susceptibles de les acheter, et qui permettent à l'entreprise de croître.

Examinons les grandes lignes de cette définition. Elle sous-tend tout d'abord que le marketing dans une entreprise ne peut s'appliquer uniquement aux activités de vente. Au contraire, on le trouve à tous les niveaux d'activité de l'entreprise. Avant d'amorcer toute activité de production, il est donc essentiel de bien définir les besoins des consommateurs que l'on cherche à satisfaire (*voir encadré 1.1*). En effet, à quoi bon fabriquer un produit même s'il est techniquement au point si personne n'en veut ? C'est ce qui s'est produit lorsque Dupont a lancé sur le marché son produit Corfam, un cuir synthétique.

Au départ, le produit Corfam a surtout été utilisé dans la fabrication de chaussures pour femmes. Il avait comme principal avantage une durée de vie supérieure à celle du cuir et comme inconvénient un prix légèrement plus élevé. En quoi des chaussures qui peuvent durer 20 ans peuvent-elle répondre aux besoins des femmes élégantes qui désirent suivre la mode ? Résultat : le produit Corfam a connu un échec sur le marché. Peter Drucker disait : « Fabriquez ce que vous pouvez vendre, plutôt que d'essayer de vendre ce que vous pouvez fabriquer[5]. »

Une fois les besoins des consommateurs définis, c'est au service de la recherche et du développement qu'incombe la responsabilité de concevoir et de mettre au point un produit en mesure de satisfaire le marché. Il transmet ensuite les spécifications propres à ce produit au service de production, qui en assurera la fabrication à un coût et à un niveau de qualité déterminés.

ENCADRÉ 1.1 Un changement d'habitude des consommateurs

QUI A BESOIN D'UNE AUTRE CRAVATE ?

La mode casual a relégué le complet-veston au second plan

PAR RENÉ VÉZINA

À la veille de la fête des Pères, les détaillants américains de vêtements pour hommes se demandent anxieusement si leurs ventes finiront par se redresser un jour.

Selon les derniers chiffres de la National Retail Federation, le marché est léthargique depuis le moment où la mode *casual* s'est imposée en reléguant le complet-veston au second plan.

Bien sûr, il se vend encore et toujours des costumes, mais moins qu'avant, au point où les ventes des six premiers mois de l'année sont déjà en retard de 10 % par rapport à l'an dernier.

Comment expliquer cette baisse des ventes prolongée ? D'après le *New York Times,* les femmes magasinent moins qu'autrefois pour les hommes.

Ceux-ci se contentent bien volontiers des vêtements qu'ils ont ; trois pantalons noirs leur suffisent amplement.

Ils préfèrent passer plus de temps dans les magasins de rénovation ou d'électronique. Résultat ? Les chiffres de la National Retail Federation indiquent que les ventes ont chuté de 10,8 milliards de dollars en 2000 à 9,9 milliards l'an dernier.

Plusieurs détaillants pour hommes sont en train de se convertir en détaillants pour femmes et les sacs Hermès prennent la place des chemises sport sur les étalages.

Source : Les Affaires, 14 juin 2003, p. 4.

N'oublions pas une chose : lorsque l'on conçoit un produit dans le but de satisfaire les besoins précis du consommateur, il est plus facile de le vendre puisque le consommateur l'attend. À l'inverse, l'entrepreneur qui croit avoir trouvé une bonne idée et qui fabrique le produit sans étudier l'impact qu'aura sa trouvaille sur le consommateur aura beaucoup plus de difficultés à écouler son produit. Tant mieux s'il tombe juste et que son produit plaît. Mais, en affaires, on ne saurait se fier à sa seule chance et au hasard. La probabilité qu'un produit soit une réussite est donc d'autant plus grande s'il répond de façon appropriée à un besoin précis des consommateurs.

Deuxièmement, il ne s'agit pas seulement de définir un besoin non satisfait ou mal satisfait. Encore faut-il trouver le produit qui sera le plus apte à satisfaire ce besoin. Grâce à la recherche en marketing, on peut aujourd'hui déterminer la forme, la couleur, la texture, la dimension, le poids et le rendement du produit en question et bien d'autres caractéristiques encore. À partir de ces renseignements, il sera possible de fabriquer un prototype et d'en vérifier l'impact sur le consommateur au moyen d'un test de marché. Si le produit franchit cette étape, on voit s'accroître considérablement ses chances de bien s'adapter au marché.

Troisièmement, il ne sert à rien de posséder le meilleur produit si personne ne sait qu'il existe. Ici encore, le marketing joue un rôle de première importance en mettant au point la présentation du produit qui permettra d'attirer l'attention des consommateurs. Quel genre d'emballage utilisera-t-on ? Quels en seront la couleur et le format ? Le produit aura-t-il un nom, une marque de commerce bien à lui ? De plus, on devra déterminer le genre de promotion le plus approprié au produit et à la clientèle visée. De quelle façon rejoindra-t-on le consommateur ? Quels seront les thèmes de communication à privilégier ?

Par la suite, on doit penser à rendre le produit accessible, c'est-à-dire à le placer aux bons endroits, là où le consommateur s'attend à le trouver. La recherche en marketing permet de déterminer les habitudes d'achat des consommateurs et leurs préférences quant au type de points de vente pour un produit donné. C'est ainsi que l'on peut savoir si l'on doit distribuer le produit par l'intermédiaire de grandes chaînes de magasins telles que Wal-Mart, Zellers ou Sears, des magasins-entrepôts tels que Costco ou Home Depot ou par le biais de magasins spécialisés. Où ira le professionnel du vélo qui désire s'acheter un nouveau vélo de compétition : chez Canadian Tire, Sears ou dans un magasin spécialisé ?

Prenons un autre exemple. Vous êtes un fervent amateur de sports de plein air. Vous organisez une randonnée pédestre en montagne qui durera plusieurs jours. Vous avez donc besoin d'un réchaud sûr et de qualité. Vous rendrez-vous chez Canadian Tire ou irez-vous dans une boutique spécialisée dans ce genre de sport ? Par contre, si vous désirez une tablette de chocolat pour calmer votre fringale ou si vous voulez un journal, le dépanneur du coin est déjà bien assez éloigné.

Le « bon endroit » désigne non seulement le commerce, mais également la place que le produit occupera à l'intérieur de ce commerce. Placez vos ceintures dans le coin le plus éloigné et le plus sombre de votre boutique, et ne soyez pas surpris si vous les gardez longtemps en magasin !

Le « bon prix » d'un produit correspond au prix que le consommateur est prêt à payer pour ce genre de marchandise. En règle générale, ce prix n'est pas celui qui permettra à l'entreprise de vendre le plus de produits, mais celui qui lui permettra de générer des profits.

Enfin, « […] tout en permettant à l'entreprise de croître » signifie que l'entreprise a des objectifs à atteindre. Il est beau et louable de répondre aux besoins non satisfaits des consommateurs, mais on ne doit pas perdre de vue qu'ils n'y trouveront pas leur compte, à plus ou moins long terme, si l'entreprise ne peut survivre. Avant d'entreprendre de satisfaire les besoins du marché, l'entreprise doit donc évaluer ses ressources et les contraintes particulières à son domaine d'action afin d'être en mesure de connaître sa capacité de mener à bien son projet.

L'importance du marketing dans l'économie

De par sa nature même, le marketing joue un rôle vital dans le système socio-économique d'aujourd'hui. Examinons quelques indications de son importance économique.

Le coût du marketing

Les experts estiment que, en moyenne, 50 %[6] du dollar que dépense le consommateur sert à couvrir les frais de marketing. Le marketing occupe donc une bonne partie du budget du consommateur. La relation entre coûts de marketing et coûts totaux des produits varie cependant d'un secteur à l'autre. Dans le cas des produits agricoles et des produits de mode, les coûts de marketing peuvent donc représenter plus de 70 % du prix de détail alors que, pour ce qui est de l'automobile, cette proportion peut être réduite à 35 %.

On ne doit toutefois pas confondre coûts de marketing et contribution du marketing à l'économie. En effet, dire que la moitié du dollar dépensé est attribuée au marketing ne signifie pas que les produits et les services coûteraient moins cher si le marketing était absent de notre système. Au contraire, les dépenses de marketing contribuent à réduire le coût total de la production en favorisant une consommation de masse et une expansion des ventes. De cette façon, on peut réaliser certaines économies d'échelle, par exemple par la répartition des coûts fixes de fabrication sur un plus grand nombre d'unités produites. Pensons également au coût des médias publicitaires qu'assument les commanditaires. Enfin, que de temps, d'efforts et d'argent il en coûterait au consommateur s'il devait se rendre chez le fabricant même pour faire l'achat de tous les produits dont il a besoin !

Le nombre d'emplois

On estime qu'une proportion représentant entre le tiers et la moitié de toute la population active est engagée dans des activités liées au marketing. La distribution emploie à elle seule environ 23 % de la main-d'œuvre canadienne[7]. La proportion des emplois en marketing par rapport à l'ensemble des emplois est donc élevée. Au cours de sa vie, un individu sera constamment appelé à faire du marketing. En effet, il devra communiquer régulièrement ses idées, reconnaître les besoins des autres, à l'occasion se vendre lui-même auprès d'employeurs éventuels, etc. Chose certaine, sans même qu'il travaille en marketing et quel que soit son choix de carrière, le marketing lui sera utile chaque jour de sa vie.

Le marketing demeure un domaine où le nombre d'emplois s'avère très élevé. On assiste depuis plusieurs années à un déplacement de la main-d'œuvre du secteur de la production à celui du marketing, où les tâches plus complexes et plus subtiles sont difficiles à automatiser.

Il semble également que la demande de spécialistes en marketing ne subisse pas de contrecoups du cycle de fluctuations économiques qui caractérise actuellement notre système. Ce n'est guère surprenant si l'on tient compte du rôle primordial que le marketing est appelé à jouer sur les marchés nationaux et internationaux.

L'importance du marketing pour l'entreprise

Dans le système économique actuel – qui se caractérise par une concurrence très vive, des importations nombreuses, une plus grande complexité et une diversification accrue de la production, une augmentation du commerce international, une expansion des marchés et un accroissement du revenu des particuliers –, force est de constater que la survie et la prospérité de nos entreprises sont largement tributaires de leur marketing. Les entreprises qui s'acquitteront le mieux de leur tâche de marketing réussiront à conserver leur marché et leurs profits.

Dans une économie industrielle comme la nôtre, il est plus difficile de mettre un produit sur le marché que de le fabriquer. Un pays comme les États-Unis peut facilement produire des millions de voitures par année. Mais lui est-il possible de les vendre avec profit ? En effet, c'est plus difficile et cela demande plus de subtilité de vendre quelque chose à un consommateur qui possède déjà le nécessaire qu'à celui qui n'en est qu'à ses besoins de base.

Le marketing est au cœur de toutes les activités de l'entreprise. En effet, en premier lieu, on doit prendre les décisions qui concernent les marchés. Les décisions liées à l'établissement des budgets, à la conception du produit et aux achats doivent en découler. On doit d'abord déterminer ce dont le consommateur a besoin, les caractéristiques ou les attributs de ce produit et son prix. On doit ensuite établir la façon de rejoindre le consommateur, de plus en plus exigeant.

De plus, les marchés évoluent rapidement. Les styles de vie tendent à changer, ce qui entraîne le besoin de nouveaux produits et services. Il importe que les entreprises s'adaptent aux nouvelles conditions, occasions et contraintes afin d'être rentables sur le plan économique. L'application d'une stratégie de marketing efficace constitue pour elles une arme vitale et puissante.

L'impact du marketing sur le niveau de vie

Le produit intérieur brut (PIB) canadien ne cesse d'augmenter. De 18 milliards de dollars en 1950, il est passé à 995 milliards de dollars en 2003[8]. Depuis 53 ans, le volume des biens et des services produits au Canada a connu un accroissement formidable. C'est à la **fonction du marketing** que revient la tâche de faire circuler cette avalanche de produits et de services.

Notre économie est une économie d'abondance, c'est-à-dire que nous produisons au-delà de nos besoins. Le revenu national disponible est bon, et notre pouvoir d'achat discrétionnaire, assez considérable. Parce que le marketing encourage la recherche et l'innovation ainsi que la prolifération de produits et parce qu'il stimule la demande et donc la consommation, il a un effet considérable sur le niveau des emplois, le revenu et le niveau de vie national et individuel. L'économie a besoin d'entreprises profitables pour croître. Par conséquent, la fonction du marketing constitue un élément clé de la croissance et du développement économiques.

Enfin, le marketing a un impact sur la qualité de vie. Il influe sur l'affectation des ressources et permet une utilisation plus rationnelle de tous les actifs et de la capacité productive de l'économie. Le marketing a la responsabilité de guider l'économie vers des voies socialement désirables.

Fonction du marketing
La fonction du marketing dans une entreprise a comme but d'organiser les échanges et la communication entre le producteur et le consommateur.

CAPSULE ÉTHIQUE

SA 8000 ou la responsabilité sociale de l'entreprise

Vous connaissez tous – du moins de nom – les normes ISO 9000 destinées à contrôler la qualité des produits. Vous êtes peut-être moins familiarisé avec les normes ISO 14000, qui, elles, visent à récompenser les entreprises ayant intégré le respect de l'environnement dans leurs pratiques d'affaires. Au Québec, de grandes entreprises comme Hydro-Québec peuvent se targuer de suivre un code d'éthique en matière de souci de l'environnement. Vous ne connaissez sans doute pas SA 8000. Instaurées en 1997 par le Council on Economic Priorities Accreditation Agency (CEPAA, www.cepaa.org), qui a décidé en octobre 1997 d'établir une nouvelle norme internationale, ces normes internationales visent à certifier à partir de critères spécifiques, la responsabilité sociale d'une entreprise dans ses pratiques commerciales.

Au début de 2003, on comptait 242 entreprises implantées dans 36 pays et œuvrant dans 32 secteurs d'activité différents, qui possédaient la certification leur donnant le privilège d'apposer sur leurs produits, ou sur la façade de leur usine, ce symbole garant de leurs « bonnes pratiques ». Parmi ces entreprises, il y avait plusieurs usines implantées dans des pays en émergence et appartenant à de grands noms comme Honda, Hoechst Marion, Avon, Reebok ou encore Toys 'R' Us. Malheureusement, aucune d'entre elles n'est située en sol canadien. Doit-on s'insurger contre cette réalité ou considérer le fait que ces pratiques sont plus utiles aux pays en voie de développement ?

L'évolution du marketing

Le marketing, à l'exemple des autres sciences, a également son histoire. Comme nous l'avons vu au début du chapitre, le marketing est une discipline plutôt jeune. Il est vraisemblablement né avec la révolution industrielle. Toutefois, dès que les hommes ont commencé à échanger des biens, ils ont pratiqué une certaine forme de marketing.

Évolution du marketing
Différentes étapes du développement de la discipline du marketing, liées à l'histoire économique.

On peut diviser l'**évolution du marketing** en six phases :

- Phase I : l'économie de subsistance ;
- Phase II : la révolution industrielle ;
- Phase III : la croissance économique ;
- Phase IV : l'économie d'abondance ;
- Phase V : la société postindustrielle ;
- Phase VI : les relations avec la clientèle.

Chacune de ces phases représente un certain stade de développement de notre économie. Parallèlement à ces phases, on constate que l'essence même du marketing, de même que l'ensemble de ses responsabilités, évolue également. On assiste au passage progressif d'un marketing passif à un marketing dynamique apte à servir de guide aux activités de l'entreprise d'aujourd'hui.

Phase I : l'économie de subsistance (avant 1850)

Au tout début du développement des sociétés, chaque unité familiale assumait elle-même toutes les tâches indispensables à la satisfaction de ses besoins : l'indépendance régnait, et il n'y avait aucun échange. Puis certaines de ces unités se sont groupées afin d'accomplir quelques tâches. On s'aperçut alors que certains membres de la communauté excellaient dans une tâche particulière. On assista aux débuts de la spécialisation économique et de la distribution des biens. On se mit à échanger et à troquer tout excédent de production de son travail contre certaines parties du fruit du travail des autres. C'est ainsi que notre communauté s'est engagée dans le commerce. Parallèlement à cette activité d'échange est apparu ce qu'on appellera plus tard le « marketing ». Ce premier concept de marketing couvrait les activités entreprises par les individus qui cherchaient à négocier des conditions d'échange mutuellement acceptables.

La spécialisation économique et les activités d'échange justifièrent d'apporter différentes quantités de marchandises en un lieu commun, ce qui donna naissance aux marchés locaux. C'est aussi à ce moment qu'on vit apparaître les premiers vendeurs. Puis l'utilisation d'un moyen commun d'échange, la monnaie, permit d'accélérer le rythme du commerce. Le marketing se résumait alors à l'ensemble des activités visant l'échange de biens économiques et l'ensemble des institutions spécialisées qui facilitaient cet échange.

Phase II : la révolution industrielle (de 1850 à 1945)

Les activités de commerce croissant, les individus se mirent à échanger pour le gain. L'accumulation des richesses engendra une classe de propriétaires qui fit travailler une autre classe, celle des travailleurs, et une classe de marchands et de colporteurs spécialisés dans la fonction de distribution des marchandises. D'énormes ressources furent concentrées dans des industries de plus en plus importantes. La révolution industrielle avait lieu. Cette époque se caractérisait par la rareté des moyens de production. On tentait par tous les moyens de réduire les coûts de production et d'augmenter le nombre d'unités fabriquées ; on y est arrivé par la spécialisation du travail et le travail à la chaîne.

À cette époque, les besoins à combler étaient les besoins de base. On devait organiser une production de masse afin de répondre à l'énorme demande du marché, au prix de revient le plus bas possible. Le rôle du marketing se limitait à rechercher des marchés sur lesquels écouler les produits préalablement fabriqués. C'était un marketing passif. Il n'était point nécessaire de sonder les besoins du consommateur, car c'était une économie de pénurie ; on devait combler les besoins de survie d'abord et produire avec efficacité.

Les entreprises se préoccupaient uniquement de production, et il n'existait aucun centre de décision pour le marketing. Les décisions qui relevaient en réalité du marketing se prenaient parmi les différents services. L'équipe de production réglait donc les questions concernant le produit, la distribution physique et le service après-vente. Le service d'administration et des finances prenait les décisions relatives aux prix et aux budgets commerciaux.

Phase III : la croissance économique (de 1945 à 1960)

La phase de croissance économique se caractérisait par une production de masse imposante et, en conséquence, par un certain goulot d'étranglement dans les circuits de distribution traditionnels. Le problème était alors de mettre sur pied une organisation commerciale capable d'absorber et de distribuer cette production de masse. Les circuits de distribution s'allongeaient, car les marchés étaient géographiquement de plus en plus éloignés des producteurs et de plus en plus vastes.

Comme les circuits traditionnels ne convenaient pas à la distribution de masse, de nouvelles formes de distribution ont vu le jour : grands magasins, libre-service, magasins à rabais. De plus, on a créé de nouvelles formes de communication entre producteurs et consommateurs : la publicité de masse est née.

Le rôle du marketing consistait alors à rechercher et à organiser des débouchés afin d'améliorer et de stimuler l'écoulement des biens fabriqués : il s'agissait de distribuer avec efficacité. C'est ce qu'on appelle une « entreprise orientée vers la vente », dans laquelle le marketing s'occupe surtout d'organisation et de promotion. Les entreprises sont constituées, entre autres éléments, d'une direction des ventes et d'un regroupement de certaines zones de responsabilités du marketing : élaboration du réseau des ventes, organisation de la distribution physique, publicité et promotion. Chaque entreprise tente de conquérir une position privilégiée sur le marché : on recourt à la guerre de prix, à la promotion des ventes, à la différenciation des produits, à la publicité, à la marque de commerce et à l'emballage comme moyens de stimuler la demande des produits.

On constate donc que, depuis les débuts du marketing jusqu'à présent, la communication avec le consommateur a lieu après la production. Ce ne sont pas les besoins des consommateurs qui orientent la production, mais plutôt l'inverse : on tente de faire consommer ce que l'on produit.

Phase IV : l'économie d'abondance (de 1960 à 1980)

Une fois les objectifs de la croissance économique atteints, on a assisté progressivement à une certaine rareté de la demande et à une modification des marchés. À ce point, l'offre de biens et de services excédait la capacité d'absorption des marchés quant aux besoins de base. Les besoins les plus primaires étaient maintenant satisfaits. Le marché global n'étant plus suffisant, on s'est intéressé à des segments plus petits de ce marché. Cette politique de segmentation visait à découvrir des demandes distinctes et exigeait une recherche active de débouchés.

Puisque leurs besoins essentiels étaient satisfaits, les consommateurs pouvaient se tourner vers des besoins plus psychologiques tels que les besoins de sécurité, d'amour, d'estime et d'épanouissement de la personnalité. Les motifs de la consommation sont alors devenus plus complexes, plus variés et plus difficiles à cerner. L'entreprise a donc tenté d'adapter sa capacité de production et sa gamme de produits aux désirs des consommateurs.

Le progrès technologique s'est accéléré et généralisé. Le cycle de vie des produits a rétréci, et il y a eu de plus en plus de substitution de produits dans tous les secteurs. Le secteur de la recherche et du développement est devenu un service de plus en plus important.

Le rôle du marketing est passé de passif à très actif. La recherche en marketing est devenue une condition préalable à toutes les décisions concernant les produits, car il fallait concevoir des produits aptes à satisfaire les besoins des différents segments de marché. Les entreprises ont donc mis sur pied une organisation intégrée de marketing qui groupait sous une même direction toutes les décisions concernant le consommateur : produit, distribution, prix et communication marketing. Le rôle du marketing s'est transformé en un rôle d'orientation stratégique des activités. On dit de ces entreprises qu'elles étaient orientées vers le marketing, c'est-à-dire que toutes les zones de décisions du marketing étaient groupées, permettant ainsi l'élaboration de programmes intégrés.

L'objectif du marketing était alors d'ajuster les produits et les services offerts aux besoins pressentis par le marché. Le service de marketing a donc servi de guide à la recherche et au développement de même qu'à la production. Tous les services devaient travailler en coordination afin d'élaborer la stratégie la plus efficace qui soit. Cette stratégie devait tenir compte des exigences et du pouvoir des distributeurs, de même que de toutes les contraintes présentes dans l'environnement de l'entreprise.

On a assisté également à un renversement du cycle de communication traditionnel : la communication a précédé la production. L'étude de la demande potentielle (études de marché) est devenue préalable à l'établissement de la politique d'un produit et à son lancement en production.

Phase V : la société postindustrielle (de 1980 à 2000)

La société postindustrielle a mis fin aux perspectives de croissance sans contrainte. Nous subissons les retombées écologiques et sociologiques d'un développement axé uniquement sur le côté quantitatif de la consommation. Le rôle du marketing est toujours d'adapter les produits aux besoins pressentis des consommateurs, mais une nouvelle dimension sociale s'ajoute : on considère maintenant les individus comme des membres interdépendants, faisant partie d'une société soumise aux contraintes de ressources limitées. Un nouvel objectif de régulation de la demande s'ajoute au marketing : on doit rechercher un certain équilibre entre la demande exprimée et la demande souhaitable. L'entreprise doit maintenant tenir compte des retombées sociologiques et écologiques de ses activités. Elle doit éviter notamment le recours abusif à des moyens promotionnels qui exploitent l'impulsivité des comportements d'achat, l'utilisation d'arguments publicitaires vidés de tout contenu informatif, l'incitation à la surconsommation, la pollution et la destruction de l'environnement, l'encombrement des villes, la détérioration des conditions de santé et d'hygiène, le gaspillage accéléré de ressources naturelles et l'épuisement de certaines matières premières.

Dans ce courant, on observe la création d'importants programmes gouvernementaux de dépollution de cours d'eau et de recyclage des produits. De même, on assiste à la rationalisation de la consommation d'énergie. La publicité des années 1970 encourageait une augmentation de la consommation d'énergie ; celle des années 1980 invite les individus à consommer de façon beaucoup plus rationnelle et parcimonieuse. Que penser des invitations lancées par Hydro-Québec en 1995, incitant les consommateurs québécois à réduire leur consommation d'énergie et à reconnaître la conséquence de l'utilisation d'énergie polluant l'environnement à long terme ? On remet également en question les politiques d'**obsolescence planifiée.** Autrefois, l'industrie de l'automobile produisait autant de modèles, tous plus attirants les uns que les autres, qu'elle en était capable. Aujourd'hui, on a tendance à conserver le même modèle de voiture pendant plusieurs années. De plus, le gouvernement a adopté certaines lois qui obligent le fabricant d'automobiles à garantir son produit pour cinq ans contre la perforation par la rouille.

Obsolescence planifiée
Politique de fabrication qui consiste à établir la longévité commerciale d'un produit.

Tout au long de cette évolution, la fonction du marketing demeure la même, mais le point de vue change. Le marketing demeure un système actif, dynamique, orienté vers le consommateur, mais doit également se préoccuper des réactions de la société aux activités de l'entreprise.

La progression rapide d'Internet fait éclater les frontières. Le monde est à la portée des consommateurs à partir de chez eux. Cette réalité influe sur la communication marketing de l'entreprise, qui ne peut se permettre de l'ignorer.

Phase VI : les relations avec la clientèle (de 2000 à aujourd'hui)

Au cours des dernières années, plusieurs entreprises ont évolué vers une autre phase de la pensée marketing : la phase des relations avec la clientèle. La vive concurrence qui sévit à présent sur les marchés intérieur et extérieur a entraîné une restructuration importante dans plusieurs entreprises et industries canadiennes. Cette nouvelle phase a incité de nombreuses entreprises prospères à s'aligner sur la notion de **valeur client**, qui est devenue un enjeu de taille, tant pour les vendeurs que pour les acheteurs. La principale préoccupation des entreprises dans cette phase est de développer des relations à long terme avec leurs clients ; ainsi, ces derniers reviendront et achèteront de nouveau à l'entreprise, et recommanderont celle-ci ou ses marques à d'autres personnes. L'objectif de la fidélisation de la clientèle est basé sur la création de la satisfaction à long terme de la clientèle. Les entreprise doivent chercher à établir des liens durables avec les consommateurs, de manière à leur offrir une valeur unique, qu'elles seules peuvent offrir aux marchés cibles. Des entreprises telles que Wal-Mart, Costco et Dell remportent beaucoup de succès en offrant des prix plus avantageux, alors que Nike, Starbucks et Microsoft affirment commercialiser les meilleurs produits. D'autres accordent à leur clientèle un service exceptionnel, telles que Saturn et Home Depot.

Depuis plusieurs années, les entreprises étaient motivées par le succès à court terme. Dans cette phase, elles devront changer et penser à plus long terme. Elles ont appris qu'il est plus facile et moins onéreux de conserver une clientèle acquise que de chercher de nouveaux clients.

Les jeunes sont de plus en plus respectés et constituent un marché très envié. Ils possèdent de plus en plus d'argent, et l'on rêve de les fidéliser. On multiplie les efforts de communication marketing pour les accrocher, par exemple la chaîne Couche-Tard avec ses saveurs de sloche excentriques telles que « poussin frappé », « sang froid » et « rosebeef », fait fureur. Les ventes de ce produit ont augmenté considérablement depuis qu'elle a laissé tomber les saveurs traditionnelles « fraise », « orange », etc. Le marché des produits *cool* est indéniablement ouvert.

La fonction du marketing

Nous venons de voir que, parce qu'il est étroitement lié à l'économie, le concept même de marketing a évolué, de même que ses tâches et ses responsabilités, au cours des différentes phases économiques qu'il a traversées, dont certaines caractérisées par une certaine forme de rareté.

Le marketing tel que nous l'avons défini au début de ce chapitre remplit une fonction essentielle pour l'entreprise : organiser et favoriser le lien entre le producteur, d'une part, et le consommateur, d'autre part, ainsi que leur adaptation tout en

Valeur client
Ensemble des avantages perçus par les acheteurs cibles sur le plan de la qualité, du prix, de la commodité du produit, de la livraison en temps voulu et du service avant et après-vente.

TENDANCES MARKETING

S'il est moins coûteux de conserver un client que d'en chercher un nouveau, à combien peut-on estimer la valeur d'une relation avec un client satisfait ? La méthode consiste à chiffrer en dollars les achats répétés d'un consommateur satisfait au cours d'une année ou d'une vie.

Par exemple, une compagnie pétrolière estime qu'un consommateur fidèle qui parcourt 20 000 km dépense 1400 $ au cours d'une année pour acheter son essence, sans compter les réparations, l'huile, les bonbons et les goûters qu'il se procurera aux stations-service. Supposons maintenant que 70 % des clients soient fidèles et que la compagnie ait pour objectif d'augmenter ce taux de fidélité à 80 %. Cet objectif, s'il était réalisé, représenterait une augmentation des ventes appréciable et des profits importants. La compagnie Ford estime qu'augmenter la fidélité de 1 % des ventes représente un profit supplémentaire de 140 millions de dollars. Saviez-vous que plusieurs entreprises de distribution étudient la loyauté de leur clientèle par l'entremise du programme Air Miles ?

assurant la satisfaction des consommateurs et l'atteinte des objectifs de l'entreprise. La figure 1.1, à la page 17, illustre cette définition de la fonction marketing.

Cette fonction première, bien qu'elle soit globale, comporte différents éléments qui sont autant de tâches que doit accomplir le service de marketing :

- L'anticipation de la demande ;
- La recherche et l'évaluation des produits ;
- L'organisation de la distribution physique ;
- La promotion du produit ;
- L'organisation de l'échange proprement dit.

L'anticipation de la demande

L'essence même du marketing exige que l'on parte de la connaissance des besoins des consommateurs afin de répondre aux questions suivantes : qui désire quoi, où, quand et dans quelles conditions ? L'anticipation de la demande nécessite donc une bonne compréhension du **comportement du consommateur** (*voir chapitre 5*) et des variables susceptibles de le toucher. Cette tâche exige également de connaître et de prévoir les changements que subissent les éléments qui constituent l'environnement dans lequel la firme évolue (*voir encadré 1.2*).

Enfin, anticiper la demande consiste à prendre en considération les réactions du consommateur aux activités de l'entreprise, c'est-à-dire les retombées sociologiques, culturelles et écologiques de ses activités économiques.

Comportement du consommateur
Processus de décision et d'action en vue d'acheter et d'utiliser des biens et des services.

La recherche et l'évaluation des produits

À partir des données obtenues par l'**anticipation de la demande,** le service de recherche en marketing, en collaboration avec le service de la recherche et du développement, doit concevoir et mettre au point les produits capables de satisfaire les besoins pressentis sur le marché. Il s'agit de trouver le produit susceptible d'intéresser

Anticipation de la demande
Prévision de la demande pour un produit ou un service donné pendant une période prédéterminée.

VENTES ET MARKETING : LES BANQUES REDOUBLENT D'EFFORTS POUR FIDÉLISER LEURS CLIENTS

La Banque de Montréal s'oblige désormais à communiquer tous les ans de vive voix avec l'ensemble de ses clients

ALAIN DUHAMEL

Le prochain appel de votre banque pourrait avoir pour seul objet votre fidélité envers elle... Les institutions financières, championnes des services en ligne, à distance et automatisés, ont un pressant besoin de parler à leurs clients.

Car dans le marché très concurrentiel de l'épargne, du crédit et de la gestion du patrimoine, où le client a de plus en plus l'initiative de ses communications, la fidélisation est devenue un enjeu considérable.

« Il est rare qu'une entreprise vous téléphone pour admettre que ses services sont trop chers, mais la rétention des clients est à ce prix », constate Joceline Lemieux, présidente de SSA Solutions, une firme montréalaise spécialisée dans la mise en valeur de la relation avec le client.

Organiser des campagnes d'appels

La Banque de Montréal, réputée pour être l'une des plus avancées au Canada en services télébancaires, s'oblige désormais à communiquer tous les ans de vive voix avec l'ensemble de ses clients. « C'est maintenant une priorité. Nous effectuons des contacts téléphoniques pour nous rapprocher de nos clients », dit Suzanne Lefebvre, directrice pour le Québec, ventes et service.

Après les heures habituelles d'affaires, des campagnes d'appels sont organisées dans les succursales de la banque. La banque veut joindre 400 000 ménages par année ! « Notre but est de faire contact avec le client.

Nous voulons l'assurer que nous sommes toujours là et disponibles ; nous voulons revoir avec lui le choix de ses services et vérifier le niveau de sa satisfaction. »

L'offre de services bancaires en ligne s'accélère mais, selon les spécialistes, elle ne menace pas le centre d'appels en téléservice à la clientèle.

« L'approche n'est plus à la vente dure comme dans le télémarketing, qui dérange et qui pousse un produit, dit Mme Lemieux. Quand le client appelle, il s'agit de retirer le maximum d'informations. Dans les services à la clientèle d'autrefois, on mesurait le nombre d'appels et leur durée. Aujourd'hui, on met l'accent sur l'écoute et la qualité du contact. »

Ainsi, si vous appelez une banque pour valider une nouvelle carte de crédit, une opération qui peut se faire par une série de numéros au téléphone, il n'est pas impossible qu'un agent intercepte la communication pour vous demander d'autres renseignements à propos de l'échéance d'un prêt ou d'un placement...

Internet est remis à sa place

Avec le secteur des télécommunications, le secteur bancaire est celui qui investit le plus dans la mise en valeur de sa relation client. La stratégie s'articule par l'offre de services automatisés moins coûteux pour expédier les affaires courantes (paiement de factures, interrogation de solde, etc.) d'une part, et le déploiement en parallèle de services plus personnalisés (conseil en gestion du

patrimoine, en sécurité financière, etc.) afin d'ajouter de la valeur à la relation d'affaires, d'autre part.

« C'est une arme à double tranchant, croit Pierre-Marc Jasmin, des Services Triad, une firme-conseil en centre de contacts clients. Les services en ligne permettent d'automatiser les appels répétitifs de peu de valeur mais ils suscitent en même temps d'autres appels que les banques ne recevaient pas par le passé. »

Les communications en ligne, qui devaient faire une révolution dans le commerce, n'apparaissent plus aujourd'hui comme l'unique voie d'avenir dans les relations avec la clientèle, selon Jean-Marc Gravel, président de la firme montréalaise Intégrale MBD, spécialiste en marketing par base de données. « Nous avons remis Internet à sa place. Nous savons maintenant que c'est un canal d'entrée qui doit être utilisé en complémentarité avec d'autres points de contact. »

Brigitte Simard, présidente d'Expleo Global, un centre de contacts clients en impartition, croit que les services en ligne continueront de se développer au point où, d'ici à cinq ans, ils compteront pour environ la moitié des communications provenant de la clientèle. « Il y aura un équilibre, dit-elle. Mais avec l'installation des centres de gestion de la relation client, les entreprises devront toujours laisser aux clients le choix des moyens de communication. »

Source : Les Affaires, Management, 23 février 2002, p. 36.

FIGURE 1.1 La fonction marketing

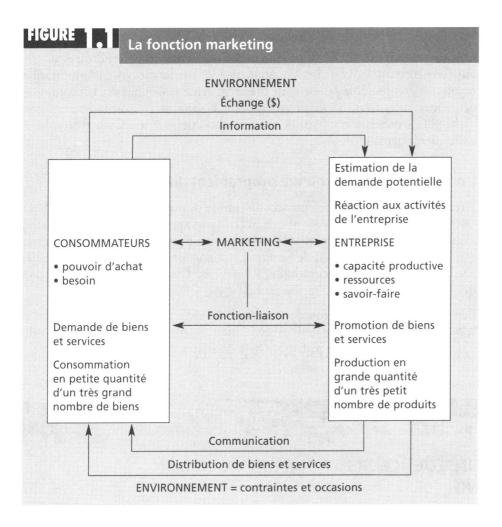

la bonne personne et de répondre à ses conditions (prix, dimensions, emballage, couleurs).

Les spécifications et les caractéristiques du produit sont acheminées au service de production, qui en fera la réalisation concrète (utilité de forme).

L'organisation de la distribution physique

L'élaboration d'un réseau de **distribution physique** et le choix des canaux de distribution sous-tendent plusieurs activités. Ces dernières concernent le déplacement physique des produits (transport, répartition géographique) du fabricant au lieu d'entreposage et, de là, jusqu'aux points de vente finale (utilité de lieu). Les marchandises sont emmagasinées et protégées (utilité de temps) jusqu'à ce que le consommateur final en prenne possession.

Tout au long du processus de distribution, les activités suivantes servent à faciliter l'étape finale de transaction : la gestion des investissements et du crédit requis du fabricant au consommateur final et la création d'assortiments de marchandises (fractionnement des lots, grandeurs, qualités, conditionnement).

Distribution physique
La distribution doit rendre disponibles les produits ou les services aux endroits achalandés, dans un délai acceptable et à des périodes convenables.

La promotion du produit

Ce n'est pas tout d'avoir le bon produit ou le bon service, au bon endroit et au prix qui convienne au marché visé. Encore faut-il le faire savoir ! La communication marketing comprend la publicité de masse, la vente personnalisée, la promotion des ventes et les relations de presse. En fait, il s'agit de trouver la bonne façon d'atteindre le bon individu (type de message, choix des médias). Ces activités visent à stimuler la demande.

L'organisation de l'échange proprement dit

Utilité de possession
Satisfaction du besoin du consommateur par la possession du bien ou par la consommation du service.

La réalisation de l'échange proprement dit (**utilité de possession**) exige que les bons assortiments de produits soient offerts aux endroits appropriés et au bon moment, c'est-à-dire que le consommateur les trouve lorsqu'il en a besoin et aux conditions qui lui conviennent. Il s'agit de faciliter la transaction et de faire en sorte que la clientèle demeure fidèle au produit et au magasin. C'est là tout l'art de la gestion des commerces de détail (*voir encadré 1.3*).

Le marketing joue donc le rôle d'un médiateur dans la relation entre l'entreprise et le marché. C'est lui qui crée l'utilité économique du produit, sa valeur aux yeux du consommateur, à travers la réalisation de toutes ces activités.

ENCADRÉ **1.3**   Connaître la clientèle

REPÉRER LES « INFLUENCEURS » POUR MIEUX CIBLER SON MARKETING

PAR MICHEL RATHIER

Il y aurait, au Québec, quelque 600 000 personnes que l'on pourrait qualifier «d'influenceurs». Ainsi, selon la société internationale de recherche marketing Roper ASW, 1 adulte québécois sur 10 dirait aux 9 autres pour qui voter, quel restaurant choisir ou quel achat faire.

L'influenceur type

Il est impératif de repérer ces personnes parce qu'elles sont souvent garantes du succès d'une initiative, dans un milieu ou une entreprise.

Notre influenceur québécois serait un homme ou une femme âgé d'environ 45 ans, marié, propriétaire, issu de la classe moyenne, affichant un revenu familial de plus de 55 000 $ et occupant un poste de direction. Notre « influenceur » bosse dur, est opiniâtre, mais demeure centriste et modéré. Il maîtrise l'ordinateur, sa famille possède deux autos et il économise pour sa retraite.

Ce qui le distingue le plus ? Son engagement local. Il aurait ainsi participé à au moins une activité publique au cours de la dernière année – comité de parents, association sportive, réunion municipale ou chambre de commerce.

Sans être militant, son engagement l'amène à être réseauté, soit par son appartenance ethnique, son affiliation professionnelle ou syndicale, son bénévolat, ses loisirs, son engagement politique ou son lieu de travail ou de résidence.

Pour illustrer l'importance du rôle de l'influenceur, Roper a analysé les comportements du consommateur américain sur une période de plus de 25 ans. La firme a ainsi comparé les sources de renseignements privilégiées par les consommateurs, soit le bouche à oreille, la publicité, les articles de fond et, depuis 1997, Internet.

Source : Les Affaires, 7 juin 2003, p. 26.

Le marketing et la productivité

Sur le plan de la productivité, le marketing se différencie d'une chaîne de production. Cette dernière fabrique un produit tangible tandis que le marketing n'en crée aucun. C'est pourquoi le marketing est considéré par certains auteurs comme un gaspillage.

Pour clarifier cette situation, on doit se référer à la théorie économique. Cette théorie stipule qu'être productif, c'est créer des utilités. On entend par « utilité » la capacité d'un produit à satisfaire les besoins du consommateur. La théorie économique distingue quatre types d'utilités : la forme, le lieu, le temps et la possession.

Le marketing à lui seul est responsable de trois des quatre utilités, soit les utilités de lieu, de temps et de possession. Nous avons décrit précédemment la relation avec le marketing de chacune de ces utilités et leur importance ; vous pouvez relire les pages précédentes pour obtenir plus de détails. En ce qui concerne l'utilité de forme, elle subit l'influence du marketing, mais c'est la production qui la concrétise. À la suite de l'analyse de chacune de ces utilités, on peut affirmer que le marketing est l'une des disciplines les plus productives.

RÉSUMÉ

Le marketing se définit comme l'ensemble des activités qui consistent à trouver le bon produit pour satisfaire les besoins et à le rendre accessible au consommateur visé, à l'endroit et au moment appropriés, au prix qui lui convient, et à le lui faire savoir de la façon qui le touchera le plus, le tout avec profit pour l'entreprise.

De par sa nature, le marketing joue un rôle considérable dans notre système socioéconomique quant à son coût et aux contributions sur le plan économique, au nombre et à la diversité des emplois qu'il procure ainsi qu'à son impact sur le niveau de vie individuel et national. De plus, il constitue une arme puissante et vitale pour la survie et la prospérité de toute entreprise.

En ce qui concerne l'évolution du concept de marketing, il est passé avec le temps d'un marketing passif à un système d'activités bien intégré, dynamique, apte à servir de guide aux activités de l'entreprise et à tenir compte de ses responsabilités sociales de plus en plus lourdes.

Le marketing a comme fonction essentielle de servir de médiateur entre le consommateur et l'entreprise, fonction qui exige l'accomplissement d'une multitude de tâches variées et complexes.

QUESTIONS

1. Comment peut-on définir le marketing ?
2. Qu'entend-on par « entreprise ayant une orientation marketing » ?
3. En quoi consiste la présentation appropriée du produit ?
4. Qu'est-ce que le marketing peut vous apporter dans votre future carrière ?
5. Quelles sont les six phases de l'évolution du marketing ? Qu'est-ce qui caractérise chacune d'elles ?
6. Donnez quelques exemples démontrant qu'une entreprise a besoin du marketing.

7. Quelles tâches reviennent au service du marketing ?

8. L'anticipation de la demande comporte deux courants de communication. Lesquels ?

9. L'organisation de la distribution physique crée deux utilités pour le consommateur final. Lesquelles ?

10. Nommez des commerces que vous visitez souvent ou des marques de produits que vous achetez fréquemment. À votre avis, êtes-vous un consommateur fidèle ? Pourquoi ?

EXERCICES PRATIQUES

1.1 LE MARCHÉ SPORTIF CHEZ LES GENS DE 50 ANS

Vous vous intéressez à la fabrication d'équipements sportifs. Vous pensez qu'il peut y avoir un marché intéressant auprès des gens âgés de plus de 50 ans. Vous devez donc évaluer le marché de manière quantitative et élaborer le profil type du consommateur de cette catégorie. Pour effectuer cet exercice, vous devez consulter les sites suivants dans Internet.

1. Statistique Canada. <http://www.statcan.ca/fr>. Ce site comprend des statistiques sur la population, selon le sexe et l'âge.

2. Statistique Canada. <http://www.statcan.ca/fr>. Ce site comprend des estimations sur la population projetée pour les années 2001, 2006, 2011 et 2016.

3. Institut de la Statistique du Québec. <http://www.stat.gouv.qc.ca./bul>. Ce site offre de l'information sur l'évolution des conditions de vie d'une génération à l'autre.

1.2 LA CARTE À PUCE

Lors d'un sommet économique tenu dans la ville où vous demeurez, on réalise qu'il y a des fuites commerciales importantes. Des études démontrent que 20 % des ventes au détail de biens ou services, soit 200 millions de dollars sur une base annuelle, échappent à la Ville, en faveur d'agglomérations plus importantes. Les responsables du développement économique de la Ville passent à l'attaque. Ils envisagent de mettre sur pied un système de cartes à puce pour encourager l'achat local. L'objectif de l'opération est de récupérer la somme de 150 millions de dollars découlant des fuites commerciales. Le détenteur de la carte aura droit à des ristournes variant de 1 % à 6 % de ses achats selon le secteur d'activité. Ces ristournes lui seront créditées sur sa carte à puce et pourront être encaissées à n'importe quel moment contre de l'argent liquide à condition que le montant accumulé excède 200 $. Cette condition est nécessaire afin de diminuer les frais de gestion de la carte. Cependant, le consommateur devra se la procurer au coût de 5 $ annuellement.

On vous demande d'élaborer un message publicitaire s'adressant aux consommateurs de votre ville afin de les convaincre d'adhérer au système de cartes à puce. De plus, on souhaite que vous proposiez les arguments qui convaincront les marchands d'adhérer au système et d'accepter de verser une ristourne au détenteur de ce type de carte.

Pour effectuer cet exercice, vous devrez :

- trouver un nom à la carte ;
- déterminer les couleurs de la carte ;
- écrire un texte ou un slogan ;
- déterminer s'il y aura un porte-parole ;
- brosser le portrait du personnage idéal pour agir comme porte-parole, le cas échéant ;
- établir les activités du porte-parole ;
- choisir les médias ;
- trouver les arguments qui convaincront les marchands.

MISE EN SITUATION

LA DISCOTHÈQUE JACQUES

Jacques, un étudiant québécois qui vient de compléter ses études secondaires, a eu la chance d'être admis dans un programme d'échange avec la Louisiane.

Pendant son séjour en Louisiane, il rencontre un groupe de jeunes musiciens qu'il admire beaucoup. À différentes reprises, il a l'occasion de discuter avec eux et tous se lient d'amitié. Le groupe, qui joue uniquement de la musique western, lui fait part de son désir de séjourner au Québec quelque temps. Jacques, de concert avec ses nouveaux amis, élabore ainsi le projet d'ouvrir une discothèque.

À son retour au Québec, qui coïncide avec le début des cours au cégep, Jacques déniche un emplacement et décide de mettre son projet à exécution. Il signe un contrat d'un an avec le groupe de musiciens rencontré en Louisiane. L'ouverture officielle de la discothèque doit avoir lieu au début d'octobre.

1. Croyez-vous que la discothèque Jacques aura du succès ? Justifiez votre réponse.
2. Si vous aviez eu le même projet à réaliser, quelles étapes auriez-vous dû franchir pour le mener à bien, selon le concept moderne du marketing ?

CAS

LA SOCIÉTÉ DES FROMAGES

Les fromages québécois se multiplient comme des petits pains. Alors qu'il y a quelques années, le cheddar Perron et les fromages des pères trappistes semblaient la seule solution de rechange à l'industriel P'tit Québec, on assistera au cours de la prochaine année à la naissance d'au moins sept nouveaux fromages. À tel point que plusieurs commencent à parler du Québec comme du *nec plus ultra* de la production de fromages en Amérique du Nord.

En mars dernier, les cheddars vieillis d'Agropur et de la Fromagerie Perron ont remporté les trois premières places de leur catégorie à la vingt-quatrième biennale du World Championship Cheese Contest, une compétition rassemblant des produits de partout au monde qui s'est tenue à Madison, au Wisconsin. Lors du même concours, le fromage de chèvre de la Fromagerie Tournevent s'est classé au deuxième rang des meilleurs fromages au monde dans sa catégorie. En mai, les fromages québécois ont encore fait parler d'eux, cette fois au Grand Prix des fromages canadiens 2002, où le Migneron de Charlevoix a été sacré Grand Champion.

« Tous les éléments sont réunis pour faire du Québec la référence en matière de fromage en Amérique du Nord. Nous avons les traditions, le savoir-faire et la qualité de notre lait est réputée », affirme le président-directeur général du Conseil de l'industrie laitière du Québec, Claude Lambert. Les récentes avancées québécoises sur le front des fromages artisanaux ne sont pas passées inaperçues au sud de la frontière, constate M. Lambert.

Selon Christian Guilbault, les fromages fins d'ici pourraient servir de carte de visite à tous les produits laitiers québécois. Des ambassadeurs de la qualité, en quelque sorte. « En France, même si le fromage au lait cru ne constitue que 10 % des ventes, c'est quand même ce qui fait la réputation des fromages français à l'étranger, même ceux qui sont de fabrication industrielle. »

Avec de 1 % à 2 % de la production laitière transformée de manière artisanale, le secteur des fromages fins demeure marginal dans l'industrie laitière québécoise. Le marché est occupé par le cheddar et le mozzarella, qui comptent pour environ 40 % du lait transformé ici. Ce qui n'empêche pas les artisans-fromagers de sentir le besoin de se structurer. « Le secteur est à un moment charnière », observe Patrick Tirard-Collet, professeur à l'Institut de technologie agroalimentaire de Saint-Hyacinthe, où il donne un cours intitulé « Contrôle et fabrication artisanale du fromage ».

Actuellement, le Conseil de l'industrie laitière du Québec (CILQ) et plusieurs autres intervenants du secteur de la transformation laitière discutent de la mise sur pied de la Société des fromages. En plus de la promotion, cet organisme aurait pour premier mandat de mettre un peu d'ordre dans l'explosion de produits des dernières années. « En ce moment, il est difficile de savoir exactement combien de fromages sont fabriqués au Québec. Selon les sources, leur nombre varie de 180 à 300 », dit Claude Lambert. Il faudra aussi se pencher sur les types de fromages, pour en arriver à dégager leurs caractéristiques. « Il y a des discussions au sujet de la création d'étiquettes pour clarifier les termes et répertorier les fromages en catégories, un peu comme les appellations d'origine contrôlées (AOC) françaises.

Si l'enthousiasme pour les fromages se traduit en ce moment par la multiplication des variétés, l'expérience des fromagers, notamment dans l'affinage, donne aussi des résultats parfois inégaux. « La qualité des fromages québécois est instable. Je crois cependant qu'elle va s'améliorer rapidement, car les artisans maîtrisent de mieux en mieux l'affinage », observe le gérant de la boutique Fromages Chaput de Montréal, Stéphane Glantzmann. Il considère d'ailleurs que la création d'étiquettes de type AOC permettrait de stabiliser la qualité. « En créant la Société des fromages, nous pourrions partager plus facilement les méthodes d'affinage », renchérit André Fouillet.

Source : La Presse, 27 juin 2002, p. B1.

La Société des fromages vient de vous engager comme spécialiste du marketing. Votre principal mandat consistera à mettre au point une stratégie visant à convaincre les artisans fromagers d'adhérer à la nouvelle société. Décrivez et justifiez les principaux arguments dont vous vous servirez. De plus, vos supérieurs aimeraient obtenir de l'information sur la consommation du fromage au Québec et au Canada, les quantités exportées et les pays importateurs de fromage.

NOTES

1. LAMBIN, Jean-Jacques, et Ruben CHUMPITAZ. *Le marketing stratégique et opérationnel,* 5e édition, Montréal, Dunod, 2002.

2. CHICHA, Joseph. *Le management stratégique dans l'entreprise et dans la P.M.E.,* non publié, 1987.

3. Adapté de AMERICAN MARKETING ASSOCIATION. « AMA Board Approves New Marketing Definition », dans *Marketing News,* 18 mars 1985.

4. Adapté de KOTLER, Philip. *Principles of Marketing,* Englewood Cliffs, Prentice-Hall, 1980, p. 9.

5. DRUCKER, Peter. *La nouvelle pratique de la direction des entreprises,* Paris, Les Éditions d'organisation, 1975, p. 85.

6. McCARTHY, Jérôme E., Stanley J. SHAPIRO et William D. PERREAULT. *Basic Marketing,* 7e édition canadienne, Richard D. Irwin, 1994.

7. STATISTIQUE CANADA. *Moyennes annuelles de la population active,* cat. 71-529, 1995.

8. STATISTIQUE CANADA. *Produit intérieur brut par industrie,* cat. 15-001, janv. 2003.

CHAPITRE 2

Les variables contrôlables et l'environnement du marketing

OBJECTIFS D'APPRENTISSAGE

Après la lecture du chapitre, vous devriez être en mesure :

- de reconnaître les variables contrôlables du marketing ;

- de définir le marketing mix ;

- de reconnaître les variables incontrôlables de l'environnement.

Par Denis Pettigrew, D.Sc. gestion
Professeur titulaire de marketing, Université du Québec à Trois-Rivières

Dans le chapitre 1, nous avons défini la nature du marketing, son rôle dans l'économie et la fonction essentielle qu'il remplit auprès des entreprises et des marchés, de même que les tâches que cette fonction suppose. Ces tâches concernent différents domaines de décision et font l'objet du présent chapitre.

Dans un premier temps, nous aborderons les variables dites « contrôlables » du marketing. Elles sont ainsi nommées, car le gestionnaire en a le contrôle complet. Ces variables sont le produit, le prix, la communication marketing et la distribution. C'est à partir de ces variables que le gestionnaire bâtira ses stratégies de marketing tout en tenant compte de l'environnement de l'entreprise.

Dans un deuxième temps, nous examinerons les éléments qui constituent cet environnement. Ces variables sont dites « incontrôlables », car elles échappent au pouvoir du gestionnaire. L'impact de ces variables étant important pour les décisions de marketing, le gestionnaire doit donc apprendre à les connaître, à prévoir leurs effets sur sa stratégie et, si cela est possible, à les utiliser pour le bien de son entreprise.

Le marketing mix

Un marketing efficace s'inspire des besoins des consommateurs. Le responsable du marketing doit prendre une foule de décisions dans plusieurs domaines afin de réussir à satisfaire ces besoins. Quel produit offrirons-nous ? Quelles en seront les dimensions, la couleur ? Aura-t-il un emballage ? Quel nom lui donnera-t-on ? À quel prix le vendra-t-on ? Sera-t-il offert chez certains détaillants seulement, distribué à grande échelle ou par l'intermédiaire du commerce électronique ? Utilisera-t-on la télévision, les journaux, la radio ou une page Web pour le faire connaître des consommateurs ?

Variables contrôlables du marketing
Composantes sur lesquelles l'entreprise peut agir, par exemple en baissant le prix, etc.

Les réponses à ces questions font partie du grand nombre de décisions que le gestionnaire devra prendre lorsqu'il élaborera sa stratégie de marketing. On peut grouper tous ces éléments en quatre variables de base. Ce sont les quatre **variables contrôlables du marketing mix** : produit ou service, prix, distribution et communication marketing (*voir figure 2.1*).

Marketing mix
Agencement particulier des variables contrôlables telles que le produit, le prix, la distribution et la communication marketing.

Le **marketing mix** consiste en la combinaison particulière que le responsable du marketing peut faire à partir de ces quatre variables. Il choisira un niveau d'effort pour chacune d'elles, et c'est l'harmonie de l'agencement qu'il en fera qui déterminera l'efficacité de son marketing mix. Les quatre variables du marketing mix sont interdépendantes. Offrir un produit très haut de gamme suppose un prix plus élevé que la moyenne, choisir un magasin qui s'adresse à une clientèle favorisée et utiliser une publicité de prestige. On doit orienter l'ensemble du marketing mix vers le consommateur, qui devient la cible de cet effort de marketing.

Voyons maintenant plus en détail chacune de ces variables.

Le produit

Produit
Objet ou service destiné à la vente.

Une des premières décisions à prendre concerne la planification et le développement du **produit** ou de la gamme de produits à offrir, qu'ils soient existants ou

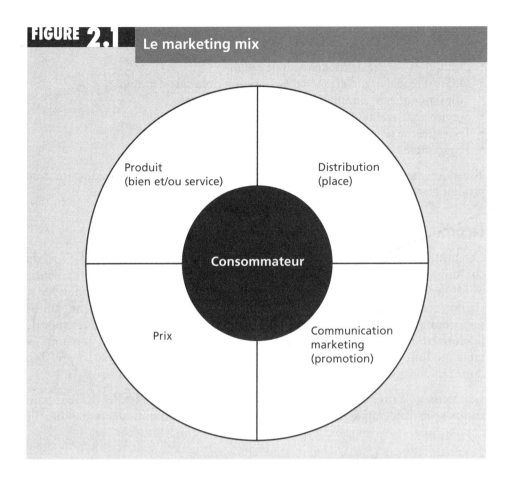

FIGURE 2.1 Le marketing mix

nouveaux. Il s'agit d'offrir le bon produit, c'est-à-dire celui qui satisfera le mieux les besoins d'une certaine catégorie de consommateurs.

Aux yeux du consommateur, le produit représente plus qu'un ensemble de simples propriétés physiques : c'est une possibilité de satisfaire un besoin précis. Le produit possède donc une multitude de caractéristiques tangibles et intangibles. Le consommateur choisit un produit bien plus pour les avantages qu'il pense en retirer que pour le produit lui-même. Lorsqu'une personne se procure un fard à joues ou une ombre à paupières, elle achète donc en réalité de la beauté. De même, un consommateur achète un micro-ordinateur non pour le plastique ou le métal qui le compose, mais bien pour les avantages qu'il retirera de cette acquisition tels que la rapidité de calcul, la possibilité de stocker des données, ou encore pour les immenses possibilités de son traitement de texte et son ouverture sur le monde. Notons que le micro-ordinateur est de plus en plus considéré comme outil de communication et pour faire du multimédia.

Concevoir et développer un produit exigent donc de prendre une foule de décisions :

- Gamme de produits ou de services offerts ;
- Type, dimensions, couleurs et odeurs du produit ;

- Niveau de qualité ;
- Type de matériau utilisé ;
- Nombre et variété de modèles ou de tailles ;
- Genre d'emballage, d'étiquette, élaboration du mode d'emploi ;
- Nom, marque de commerce ;
- Service après-vente – garantie, réparations, ajustements ;
- Politiques de lancement des nouveaux produits ;
- Programmes de recherche et de développement.

Toutes ces décisions doivent mener à la présentation d'une offre concrète d'un produit au consommateur.

Le prix

Prix
Valeur, exprimée en monnaie, d'un bien ou d'un service.

L'établissement du bon **prix,** c'est-à-dire celui qui conviendra aux attentes du consommateur visé, constitue le deuxième domaine de décision du marketing mix. Quel prix le consommateur est-il prêt à payer pour ce genre de produit ? Si le client n'accepte pas le prix fixé, tout l'effort de marketing soigneusement planifié sera réduit à néant. Le prix représente ce que le consommateur paie en échange de la satisfaction de ses besoins. Le prix constitue également une contrainte importante qui influe fortement sur la décision d'achat du consommateur. Le prix doit donc être fonction du marché visé de même que du type de produit offert.

Les décisions à prendre à ce titre sont nombreuses et variées. Elles doivent tenir compte de leur impact sur le marché et des contraintes de rentabilité de l'entreprise :

- Niveau général des prix ;
- Prix pairs ou impairs ;
- Marche à suivre lors d'un changement de prix ;
- Conditions de paiement, de remboursement et facilités de crédit à offrir ;
- Politiques de majorations et de démarques.

Le prix fait donc partie intégrante de l'offre concrète faite au consommateur.

La distribution

Distribution
Ensemble des opérations nécessaires pour assurer l'acheminement et l'écoulement d'un produit depuis sa fabrication jusqu'à son acquisition par le consommateur final.

Un bon produit offert à bon prix n'est pas intéressant pour le consommateur si on ne le vend pas à l'endroit et au moment appropriés. Le responsable du marketing devra donc prendre d'autres décisions qui toucheront la **distribution** de son produit : où, quand et par quels intermédiaires sera-t-il offert ? La distribution constitue donc la troisième variable du marketing mix.

Les produits et les services ne parviennent pas directement et automatiquement du fabricant au consommateur. Ils sont véhiculés par certains canaux, manipulés, entreposés, puis vendus au consommateur final.

La distribution concerne d'abord le choix des canaux de distribution, c'est-à-dire le type d'acheminement que suivront les produits pour passer du fabricant au consommateur final. Y aura-t-il des intermédiaires ? Si oui, combien ? De quel type seront-ils (grossistes, détaillants, agents de manufacturiers) ? Il revient au responsable du marketing d'assurer la gestion de ce circuit, c'est-à-dire de s'assurer de la coopération des intermédiaires, ainsi que d'établir et de maintenir la structure administrative et les relations dans le réseau de distribution.

La variable « distribution » suppose également qu'on voie à la distribution physique des produits à travers les canaux : on doit faire en sorte que le transport, la manutention et l'entreposage soient assurés efficacement à l'intérieur de chaque canal. Bref, il s'agit de rendre disponible, au bon endroit et au bon moment, le produit destiné au consommateur cible.

La communication marketing

Il ne suffit pas d'offrir le bon produit, au bon prix, au bon moment et au bon endroit. Encore faut-il le faire connaître du consommateur visé et le lui vendre. Pour ce faire, on doit établir un programme de communication avec le marché cible.

Ici encore, de nombreuses décisions s'imposent :

- Quels outils utilisera-t-on : publicité de masse, vente personnalisée, télémarketing, promotion des ventes, relations de presse, commandites ?
- Quels médias seront les plus appropriés ?
- Comment structurera-t-on le message ?
- Quel budget affectera-t-on à la publicité ?

Le défi est de taille. On doit trouver le meilleur agencement de tous ces aspects afin de communiquer efficacement avec le consommateur. De plus, la politique de **promotion** élaborée doit être cohérente avec les autres variables du marketing mix.

Les quatre variables contrôlables du marketing mix sont à la fois essentielles et indissociables ; on ne peut pas prendre de décisions à propos d'une variable sans en vérifier les conséquences sur les autres variables. Chacune a une incidence stratégique sur l'efficacité du marketing mix global, car il se produit un **effet de synergie.** Avec un bon marketing mix, c'est comme si deux et deux faisaient cinq, c'est-à-dire que le résultat de l'ensemble sera supérieur à la somme des résultats obtenus pour chacune des variables prises séparément. C'est le dosage stratégique optimal de ces quatre éléments, destiné à satisfaire le **marché cible** choisi, qui détermine le degré de succès d'un marketing mix. Nous étudierons séparément chacun de ces éléments au cours des prochains chapitres. Cependant, on doit toujours garder à l'esprit le fait que chaque décision influe sur l'autre et que l'ensemble des décisions ayant trait au marketing mix devraient idéalement se prendre simultanément.

On doit également garder à l'esprit qu'il n'y a pas qu'un seul marketing mix qui convient à la conquête d'un marché. Seuls l'expérience et le jugement basés sur certaines recherches permettent de décider du marketing mix à privilégier. En fait, le choix d'un marketing mix dépend de l'objectif que l'entreprise se fixe, et la plupart des stratégies constituent des compromis entre la satisfaction du consommateur et le profit maximal. Ces stratégies font l'objet du chapitre 3.

Promotion (communication-marketing)
Ensemble des moyens de communication à caractère commercial ayant comme objectif d'informer le consommateur et de stimuler les ventes de l'entreprise.

Effet de synergie
Coordination de plusieurs actions en vue d'obtenir un résultat optimal.

Marché cible
Segment d'un marché local qu'une entreprise se propose d'exploiter.

L'environnement du marketing

L'entreprise ne vit pas en vase clos. Elle fait partie d'un système plus vaste et évolue dans un certain milieu. Cet environnement aura donc un impact considérable sur les activités de l'entreprise et vice versa.

Macro-environnement
Milieu dans lequel l'entreprise évolue.

Le milieu dans lequel évolue l'entreprise est multidimensionnel : sociodémographique, économique, technologique, concurrentiel, politico-juridique, institutionnel et naturel. C'est ce qu'on appelle le **macroenvironnement,** par opposition au **microenvironnement,** qui concerne les consommateurs.

Micro-environnement
Regroupement des consommateurs ciblés par le marketing mix.

Le microenvironnement se compose des consommateurs, dont on tente d'influencer le comportement et les attitudes par l'application d'un marketing mix. L'étude du comportement du consommateur fait l'objet du chapitre 5. Toute action de marketing doit s'accomplir en fonction de l'impact qu'elle aura sur le marché visé. Le consommateur doit constituer le point central de toute stratégie de marketing.

Variables incontrôlables du marketing
Différents éléments qui composent l'environnement dans lequel l'entreprise évolue et qui sont hors du contrôle de cette dernière.

Les différents éléments de l'environnement externe à l'entreprise constituent ce qu'on appelle les **variables incontrôlables du marketing.** Il est essentiel que le gestionnaire connaisse et comprenne les éléments de l'environnement dans lequel il évolue, car ils constituent souvent des contraintes avec lesquelles il doit composer. De plus, étant donné la nature dynamique de cet environnement, il est souhaitable de prévoir les changements qui s'y produiront, car ils exerceront sûrement une influence sur les activités de l'entreprise. On doit donc établir le marketing mix d'une entreprise en tenant compte d'une prévision, la plus exacte possible, des variables de l'environnement. Un marketing mix bien dosé, approprié aux désirs des consommateurs et adapté aux variables de l'environnement, voilà ce que recherche tout bon responsable du marketing.

Voyons maintenant chacune des variables qui constituent le macroenvironnement de l'entreprise.

L'environnement sociodémographique

Les marchés possèdent des caractéristiques qui leur sont propres. On peut décrire le marché global en fonction de variables démographiques et économiques.

L'environnement socioculturel permet de décrire qualitativement un marché, c'est-à-dire de tracer un portrait des acheteurs (*voir encadré 2.1*). Sur le plan démographique, on peut définir les marchés en fonction de leur taille. La taille doit s'avérer suffisante afin de permettre à l'entreprise de survivre. Dans une ville comme Montréal, un concessionnaire de Rolls Royce ou de Jaguar peut s'établir, mais pourrait-il le faire dans une ville de moindre importance ?

La répartition de la population (localisation, densité) de même que son évolution (mobilité, taux de natalité, taux de croissance) constituent également des facteurs importants pour le responsable du marketing. Où les consommateurs sont-ils situés sur le plan géographique ? Par exemple, Montréal représente un marché très dense comparativement à l'Abitibi. On doit aussi tenir compte des déplacements de population dans le temps et dans l'espace. Les campagnes se sont dépeuplées au profit des villes, puis on a assisté à l'exode vers les banlieues. Présentement, on

ENCADRÉ 2.1 | Un intérêt pour les habitudes de consommation

DES ÉMETTEURS RADIO POUR SUIVRE LE CONSOMMATEUR

Vos sous-vêtements pourraient bientôt parler. De petits émetteurs sans fil permettent de relier habits, rasoirs et autres objets de la vie courante à Internet, créant un monde où les murs ont effectivement des oreilles.

Selon des experts en marketing, cette technologie connue sous le nom d'identification par fréquence radio (RFID) pourrait révolutionner les techniques de vente en personnalisant les services et en améliorant la gestion des stocks.

Mais les défenseurs des libertés individuelles estiment que ces émetteurs pourraient également nous propulser dans un monde digne de George Orwell, où les vendeurs et les forces de l'ordre pourraient contrôler le contenu de votre sac d'un coup de baguette magique... ou savoir que vous avez acheté vos sous-vêtements à 10 dollars en solde dans tel magasin.

« Quand j'ai découvert ce système, je l'ai trouvé plus terrifiant que tout ce dont j'avais entendu parler auparavant », a déclaré Katherine Albrecht, une avocate spécialisée dans la défense des libertés individuelles. Également chercheuse à Harvard, elle a appelé au boycott des produits Benetton, la compagnie de textile italienne qui est en train de tester le système.

Développé pour la première fois lors de la deuxième guerre mondiale pour aider les opérateurs radar à distinguer les avions alliés des ennemis, le marquage RFID est utilisé aujourd'hui pour suivre la progression des troupeaux, localiser les animaux perdus et permettre aux usagers des transports en commun de passer les portillons automatiques sans perdre de temps.

Des capteurs dans les murs des cabines d'essayage

Dans le magasin ouvert par Prada dans le quartier de SoHo à New York,

des capteurs dans les murs des cabines d'essayage permettent de savoir quels habits un client est en train d'essayer et d'indiquer si ceux-ci sont disponibles dans d'autres tailles, couleurs ou tissus.

Le marqueur, de la taille d'une carte à jouer, coûte environ quatre dollars pièce, suffisamment cher pour qu'on l'enlève à la caisse pour le réutiliser, explique un vendeur. Dans un magasin où le moindre t-shirt peut coûter plus de 400 dollars, le marquage RFID est également un antivol efficace.

Des entreprises comme Procter & Gamble et Nokia pensent utiliser le marquage RFID dans leurs produits pour mieux gérer le mouvement de leur marchandise entre l'usine et les points de vente.

Le système permet également aux vendeurs de relier les informations sur un produit – son prix et le lieu de fabrication – avec la liste d'achats d'un client.

Alors que les nouveaux marqueurs devraient rétrécir jusqu'à atteindre la taille d'un grain de riz et leur prix dégringoler, leurs partisans imaginent un avenir pas si lointain où les chemises sales expliqueront aux machines à laver à quelle température elles doivent être lavées, et où les réfrigérateurs passeront commande à l'épicerie quand il manque du lait.

Un important casino de Las Vegas devrait équiper les uniformes de ses employés de ces marqueurs pour s'assurer que des voleurs ne s'introduisent pas près des tables de jeux en se déguisant en croupier, explique James Hall, directeur de la recherche du cabinet de conseil Adventure.

« Nous entrons dans un monde que nous appelons la réalité en ligne », où chaque objet manufacturé est connecté à Internet, a précisé Hall

lors d'une récente conférence en Allemagne.

Menace à la vie privée ?

Mais à une époque où les vendeurs suivent les consommateurs à la trace et compilent des informations sur leurs habitudes d'achat, le système RFID menace la vie privée, ont estimé des participants à la Computers, Freedom and Privacy conference, qui s'est déroulée la semaine dernière à New York.

Selon eux, les magasins pourraient déterminer l'identité des acheteurs à partir des marqueurs de leurs habits, les voyeurs, utiliser des scanners pour savoir quels sous-vêtements les femmes portent et les annonceurs pourraient choisir quelle publicité passer à la télévision en fonction des goûts du spectateur.

Les pro-RFID affirment être conscients de ces inquiétudes. Simson Garfinkel, un avocat défenseur de la vie privée qui travaille avec le département AutoID du Massachusetts Institute of Technology (MIT), a proposé « une déclaration des droits du RFID » pour informer les consommateurs de la présence de ces marqueurs et leur donner le droit de les désactiver.

Le département AutoID du MIT, soutenu par les industriels, fait également la promotion d'une technologie qui détruirait le marqueur à la caisse en lui envoyant une impulsion électrique. Benetton a également affirmé que si elle décidait d'utiliser le système, les clients pourraient désactiver le marqueur.

« Les entreprises savent qu'elles ne tireront aucun bénéfice de cette technologie si elles essayent de l'imposer sans finesse », explique Mark Roberti, journaliste au RFID Journal, un site Internet spécialisé.

| ENCADRÉ **2.1** | Un intérêt pour les habitudes de consommation (*suite*) |

Mais cette bonne volonté pourrait ne pas suffire, affirme Katherine Albrecht, face à l'appétit des experts en marketing et des forces de police, aiguisé par l'immense quantité d'informations collectées par les marqueurs RFID. Selon elle, seule une loi peut réguler l'utilisation de cette technologie, ce que l'État du Massachusetts serait sur le point de faire.

Source : www.cyberpresse.ca, 10 avril 2003.

remarque un retour timide vers les centres-villes. De plus, on observe certaines différences régionales de consommation.

Les tendances à l'immigration et à l'émigration, le sexe, la profession, le niveau d'instruction, le groupe ethnique ou religieux, la langue, l'éducation, les traits culturels, l'organisation des unités familiales et l'évolution de la pyramide des âges constituent également des variables du profil démographique du marché global. Il est évident que les besoins d'une personne ne sont pas les mêmes à 2 ans et à 30 ans. Les produits consommés ne sont pas non plus les mêmes selon que l'unité familiale est constituée de jeunes enfants ou d'enfants au travail. La position dans le cycle de vie de la famille influe sur les besoins et les possibilités d'achat.

L'environnement économique

La dimension économique du marché est également de première importance pour le responsable du marketing, car elle constitue souvent une contrainte lors des décisions d'achat. La taille du marché ne suffit pas, car le consommateur doit être capable de payer le bien ou le service qui l'intéresse.

Les données économiques comprennent le niveau de revenu, le revenu moyen, les sources de revenu et leur évolution, la distribution des revenus en fonction de la population et des régions, la situation financière des personnes et des ménages (marge de sécurité, possession de biens essentiels et de biens complémentaires).

La conjoncture économique exerce également une grande influence sur le comportement des marchés et sur les activités de l'entreprise :

- PNB (produit national brut) ;
- Récession ou croissance ;
- Taux d'inflation ;
- Taux d'intérêt et taux hypothécaires ;
- Taux de chômage ;
- Facilités de crédit.

Les conditions économiques peuvent évoluer rapidement et, par conséquent, nécessiter des réactions rapides de la part de l'entreprise (*voir encadré 2.2*). À titre

ENCADRÉ **2.2** L'impact du taux de change sur l'économie

LE HUARD ET LA CONJONCTURE ÉCONOMIQUE

PAR PIERRE MARCOUX

La hausse du dollar canadien a relancé certaines inquiétudes, notamment en ce qui concerne la capacité de notre économie de continuer à bien faire. Plus de 80 % de nos exportations sont destinées aux États-Unis, et la force du dollar diminue la compétitivité des exportateurs.

Mais ceux qui croient que cette hausse est néfaste font souvent la comparaison avec celle des années 80, écrit Yanick Desnoyers, de la Financière Banque Nationale. Selon lui, les marges bénéficiaires des entreprises sont aujourd'hui plus grandes et leur niveau d'endettement plus faible, ce qui leur donne une marge de manœuvre. Par ailleurs, les entreprises sauront peut-être profiter de cette hausse pour investir dans des technologies ou machineries – souvent vendues en dollars US – et augmenter leur productivité, un problème canadien.

Les sociétés doivent quand même surveiller cette hausse, surtout si elle est rapide. Merrill Lynch a d'ailleurs calculé que si le dollar atteignait 0,75 $ US à la fin de 2004, les profits des entreprises seraient neutres l'année suivante.

Source : Les Affaires, 26 avril 2003, p. 4.

d'exemple, lors de la hausse des taux d'intérêt hypothécaire des années 1980, l'industrie de la construction a été fortement ébranlée. La demande a beaucoup chuté, et les entreprises qui évoluaient dans ce secteur d'activité ont dû ralentir leurs activités pour ensuite les reprendre lorsque les taux d'intérêt ont baissé, comme en 2002 et 2003, où l'industrie de la construction avait de la difficulté à répondre à l'augmentation de la demande. Un autre exemple de l'impact des conditions économiques est celui du taux d'endettement des particuliers, jumelé au taux de chômage et à l'insécurité de l'emploi, qui force les consommateurs à restreindre leurs achats.

Il est également très intéressant d'étudier ces facteurs en fonction des secteurs économiques importants pour l'entreprise. Par exemple, le fait de savoir que l'industrie du meuble est en récession peut influer grandement sur les décisions stratégiques d'un détaillant de meubles.

Toutes ces variables permettent de tracer les profils démographique et économique du marché global et de prévoir son évolution. Il est important de connaître et de comprendre ces variables, car elles reflètent l'importance des marchés ; elles constituent un bon point de départ pour déterminer les besoins des consommateurs.

Elles influent sur le type de besoins de même que sur la capacité de les satisfaire. On doit toutefois se rappeler que ces variables ne sont que descriptives. Par exemple, on pourra connaître la consommation de bière par catégorie d'âge, dans telle région de la province ; on cernera alors le « qui » du marketing. Si le responsable du marketing veut découvrir le « pourquoi », il devra pousser plus loin son étude et utiliser d'autres variables (*voir chapitre 5*).

L'environnement technologique

Un certain niveau de développement technologique, plus ou moins rapide, caractérise chaque industrie. Les innovations technologiques influent sur les occasions offertes à l'entreprise en ce sens qu'elles exercent une influence sur la façon dont les ressources sont converties en produits finis. L'entreprise dynamique désirant rester à l'affût des occasions de marché doit donc s'assurer que ses programmes de recherche et de développement lui permettent de s'adapter rapidement au marché. Cette démarche permettra de déterminer si l'entreprise sera innovatrice ou si elle se contentera de suivre l'industrie. Par exemple, dans le secteur de la fabrication de micro-ordinateurs, avant même de commercialiser un ordinateur, l'équipe de recherche travaille déjà à la mise au point du modèle qui le remplacera ; aussitôt que les lecteurs de CD sont arrivés sur le marché, on annonçait les lecteurs DVD.

Les changements technologiques peuvent également constituer une contrainte pour l'entreprise. Certaines devront ajuster leurs méthodes de production, leur gamme de produits et les matériaux qu'elles utilisent.

L'important pour l'entreprise est donc d'être en mesure de s'adapter aux différents changements qui surviennent dans l'environnement technologique qui lui est propre.

L'environnement concurrentiel

L'étude de la concurrence est de première importance pour l'entreprise. La structure concurrentielle d'un marché détermine la latitude dont dispose l'entreprise en ce qui concerne le choix de sa stratégie de marketing. Il est donc crucial de connaître le nombre, le genre et le degré de concentration des concurrents auxquels on doit faire face, leurs forces, leurs faiblesses et leurs stratégies afin de bien réagir. On peut définir quatre niveaux de concurrence (*voir figure 2.2*).

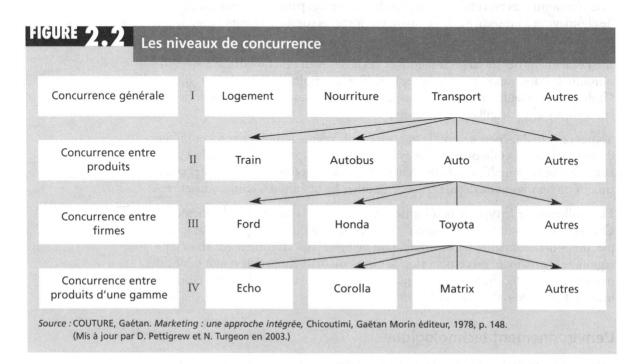

FIGURE 2.2 Les niveaux de concurrence

Concurrence générale	I	Logement	Nourriture	Transport	Autres
Concurrence entre produits	II	Train	Autobus	Auto	Autres
Concurrence entre firmes	III	Ford	Honda	Toyota	Autres
Concurrence entre produits d'une gamme	IV	Echo	Corolla	Matrix	Autres

Source : COUTURE, Gaétan. *Marketing : une approche intégrée*, Chicoutimi, Gaëtan Morin éditeur, 1978, p. 148.
(Mis à jour par D. Pettigrew et N. Turgeon en 2003.)

La concurrence générale

La **concurrence générale** représente la situation où plusieurs entreprises se partagent le dollar du consommateur qui a le choix de répartir son revenu, selon différentes proportions, en fonction des catégories de biens et de services offerts.

> Exemple : répartir son revenu entre le loyer, la nourriture, le transport et les loisirs.

La concurrence entre produits

Pour satisfaire un besoin particulier, le consommateur peut choisir entre plusieurs produits ou possibilités.

> Exemple : pour voyager, on peut choisir le train, l'avion, l'autobus ou l'automobile.

La concurrence entre firmes

Le consommateur choisit l'entreprise dont le produit lui convient le mieux.

> Exemple : pour posséder une automobile, on a le choix entre les fabricants Ford, Chrysler, Honda, Toyota, etc.

La concurrence entre produits d'une même gamme

Pour une entreprise donnée, plusieurs produits peuvent être en concurrence.

> Exemple : pour acheter un produit de marque Toyota, on a le choix entre une Echo, une Corolla, une Matrix, une Camry, une Avalon, une Celica, un Highlander, etc.

Il est important de bien comprendre la situation et d'évaluer l'impact de chacun de ces degrés de compétition sur les activités de l'entreprise. La concurrence entre firmes demeure la plus spectaculaire, mais on ne doit pas oublier les autres types de compétition qui exercent une influence sur la définition de la mission et du champ d'action de l'entreprise.

Lorsque les niveaux de compétition sont définis, il s'agit maintenant de caractériser la situation concurrentielle qui a cours à chaque niveau, c'est-à-dire de comprendre la nature de la compétition qui s'y livre. À ce sujet, la nature et le degré de différenciation possible des produits en présence constituent des éléments qui influent sur le type de marché.

On reconnaît trois types de marchés : la concurrence parfaite, l'oligopole et le monopole.

La concurrence parfaite

La **concurrence parfaite** est le modèle pur des théories économiques. Ce type de marché se caractérise par un grand nombre d'acheteurs et de vendeurs, par l'homogénéité des produits, par le fait que toute l'information pertinente sur les

---

Concurrence générale
Situation résultant de l'interaction de plusieurs entreprises se partageant le revenu du consommateur sur un marché donné.

Concurrence parfaite
Type de marché équilibré par les forces qu'exercent un grand nombre d'acheteurs et de vendeurs relativement à l'offre et à la demande de produits ou de services.

33

forces du marché est disponible et connue des protagonistes et qu'il est très facile d'entrer sur ce marché ou d'en sortir. L'entrepreneur n'exerce donc aucun contrôle sur les prix, qui sont plutôt fixés par les forces du marché.

Exemple : le marché des valeurs boursières.

L'oligopole

Oligopole
Situation d'un marché dans lequel un nombre restreint d'entreprises offrent un bien ou un service à un grand nombre d'acheteurs.

L'**oligopole** a comme caractéristique un nombre réduit de vendeurs offrant des produits très peu différents et dont les activités sont fortement interdépendantes, surtout en ce qui concerne les prix et d'autres stratégies de marketing. La concurrence y est très vive, et les guerres de prix sont courantes.

Exemples : l'industrie pétrolière et le secteur des services bancaires.

Le monopole

Monopole
Marché dans lequel il existe un seul vendeur pour une multitude d'acheteurs.

Le **monopole** ne compte qu'un seul vendeur sur le marché. L'entreprise ne partage rien, son produit étant unique. Le monopole peut être temporaire s'il résulte d'un avantage technologique ; à titre d'exemple, citons Bombardier à la fin des années 1950 et IBM durant les années 1960. Le monopole sera durable s'il est régi par une loi ; par exemple, Hydro-Québec.

Cependant, en pratique, les situations de monopole pur n'existent pas en raison des lois anticartels. Même s'il n'y a qu'une entreprise sur le marché, le gouvernement interviendra, par le biais de l'une de ses commissions ou de ses agences telles que le Conseil de la radiodiffusion et des télécommunications canadiennes (CRTC), dans les décisions et les activités de cette entreprise qui ne sera donc pas entièrement libre d'agir à sa guise.

Il est donc primordial que l'entreprise se situe face à la concurrence : réussir à connaître et à comprendre ses compétiteurs, ainsi qu'à prévoir leurs actions et à s'y adapter, représente un autre défi de taille pour le responsable du marketing.

L'environnement politico-juridique

En affaires, on ne peut agir totalement à sa guise et décider unilatéralement de faire ce qu'on veut. En effet, bon nombre de lois régissent la concurrence, protègent les entreprises les unes des autres, mettent à l'abri le consommateur contre certains abus et pratiques, contrôlent les ententes, les fusions, les monopoles, les restrictions à la libre concurrence, la fixation des prix de vente et la publicité mensongère. Citons à titre d'exemples la *Loi sur la concurrence*, la *Loi sur les marques de commerce*, la *Loi sur les droits d'auteur*, la *Loi sur l'emballage et l'étiquetage des produits de consommation*, la *Loi sur les aliments et les drogues*, la *Loi sur les produits dangereux*, la *Loi sur les heures et les jours d'admission dans les établissements commerciaux*, etc. De plus, dans l'environnement juridique, on ne peut passer sous silence l'impact sur la gestion des entreprises du nouveau *Code civil* dont s'est doté le Québec au 1er janvier 1994. À titre d'exemples, mentionnons les nantissements commerciaux, qui ont fait place aux garanties mobilières et immobilières, les hypothèques, remplacées par des garanties immobilières, la validité d'un billet à terme, qui est passée de

30 ans à 10 ans, ce qui oblige les détenteurs de billets à renouveler régulièrement ceux-ci, la présomption que les parties sont de bonne foi, et de nombreuses autres modifications.

L'environnement politique a aussi un impact sur le cours des affaires de l'entreprise (*voir encadré 2.3*). Les politiques gouvernementales peuvent encourager certains secteurs des affaires, ouvrir des marchés, par exemple le libre-échange entre le Canada et les États-Unis ou encore l'ALENA, et favoriser les programmes d'importations et d'exportations au moyen de subventions, de politiques d'amortissement accéléré, de diminution de taxes ou d'impôts. Les politiques financières restrictives adoptées (lois contrôlant les prix, les salaires, les profits et les dividendes) ont également un impact sur les dépenses de consommation par le biais des baisses de revenus et de la diminution du nombre d'emplois.

ENCADRÉ **2.3**   Les conséquences de décisions politiques sur l'économie

LE QUÉBEC, PRINCIPALE VICTIME DU CONFLIT DU BOIS D'ŒUVRE
La dispute domine la liste des accrochages qui empoisonnent les relations canado-américaines

PAR ANDRÉ DUBUC

Les accrochages commerciaux se multiplient entre le Canada et les États-Unis, mais la crise du bois d'œuvre continue de dominer le palmarès des irritants entre les deux pays. Et la dispute fait de sérieux ravages au Québec.

La décision préliminaire de l'Organisation mondiale du commerce (OMC) au sujet des droits compensatoires, rendue cette semaine, n'est qu'une mince consolation pour le Québec, pour l'instant.

Les exportations de bois d'œuvre de la province à destination des États-Unis ont chuté de près de 22 % en un an, soit bien plus que la moyenne canadienne, indiquent de récentes statistiques du ministère canadien des Affaires étrangères et du Commerce international.

Le volume des expéditions chez nos voisins du sud est passé de 3,9 milliards de pieds-planche, entre le 22 mai 2001 et le 16 mai 2002, à 3,1 milliards, pour la période de 12 mois se terminant le 16 mai 2003. Rappelons que les Américains ont imposé des droits compensatoires et antidumping définitifs de 27,2 % en moyenne sur les exportations de bois d'œuvre le 22 mai 2002.

La Colombie-Britannique a vu le volume de ses exportations diminuer de 2,7 % ; les provinces atlantiques, de 5,8 % ; l'Alberta, de 9,8 % et l'Ontario, de 6,5 %. Dans l'ensemble du pays, la baisse est de 8 %.

Une chute amplifiée par l'effet du dollar

Exprimée en dollars, la chute des exportations de bois d'œuvre est encore plus dramatique. Au niveau canadien, la valeur des exportations est tombée de 26 % pour la période de 12 mois terminée le 16 mai 2003. La montée du huard et la baisse du prix du bois ont aggravé l'impact négatif de la crise.

Au Québec, la valeur des livraisons a chuté de 30 % en un an, pas-sant de 1,3 milliard à 911 millions de dollars. Seule l'Alberta enregistre une plus forte baisse, une diminution de 34 %. Les exportations de la Colombie-Britannique perdent 25 % de leur valeur ; celles de l'Ontario, 29 % et celles des Maritimes, 14 %.

Le conflit commercial se traduit par de nombreuses mises à pied en forêt et dans les scieries. Selon un décompte du ministère québécois des Ressources naturelles, près de 1 500 personnes ont temporairement perdu leur emploi. À ce jour, 22 scieries québécoises connaissent un ralentissement à cause du conflit commercial.

En mai, Uniforêt, à Port-Cartier, Tembec, à Béarn, et GM Dufour, à Saint-Faustin-Lac-Carré, dans les Hautes-Laurentides, ont annoncé à tour de rôle soit une forte réduction de la production, soit une fermeture complète de leur scierie.

Source : Les Affaires, 31 mai 2003, p. 5.

L'intervention politique vise de plus en plus à protéger l'environnement, la qualité de vie et la sécurité du consommateur. On n'a qu'à penser aux règlements régissant la disposition des déchets toxiques. Le consumérisme constitue un exemple de mouvement cherchant à accroître les droits et les pouvoirs des consommateurs et des acheteurs en les informant de leurs droits. Des revues telles que *Protégez-Vous* et *Le consommateur canadien* en sont issues.

On assiste donc à un revirement de la pensée économique traditionnelle. « Que l'acheteur prenne garde » est devenu « Que le vendeur prenne garde ». Les lois régissant les affaires touchent surtout le producteur, qui devient de plus en plus responsable de ses produits. Ce sont les consommateurs, par l'entremise de leurs représentants politiques, qui déterminent le genre de système désiré. Les entreprises n'ont d'autre choix que de s'adapter à ces lois et tendances, tout comme elles le font pour les autres variables incontrôlables de l'environnement. Pour elles, il s'agit de connaître, de bien comprendre et de savoir interpréter ces mesures et ces lois.

ENCADRÉ 2.4 Décision politique et budget

LE BUDGET...

FÉDÉRAL   PROVINCIAL   MUNICIPAL   FAMILIAL

J. ISABELLE

Source : Le Nouvelliste, 30 avril 1993, p. 8.

Il existe encore beaucoup de différences entre les entreprises orientées vers la production et celles qui ont adopté le concept moderne de marketing et qui se sont tournées vers le consommateur. L'entreprise est là pour satisfaire le consommateur avec profit. Les entreprises qui ne se conformeront pas à ces nouvelles tendances (produits plus sécuritaires et de meilleure qualité, meilleurs recours et garanties) n'auront pas beaucoup le choix : de nouvelles lois viendront les y obliger ou elles devront fermer leurs portes.

L'environnement institutionnel

L'environnement institutionnel se réfère à la structure établie par les institutions spécialisées dans la distribution et la promotion des produits. Cette structure caractérise une industrie donnée. Certains types de réseaux et de relations se sont en effet créés, fruits du temps et des forces du marché, entre les différentes institutions (grossistes, détaillants et points de vente). Cette structure ne peut être modifiée, surtout à court terme, par l'action d'une seule entreprise. Citons l'exemple d'Uniprix. Un ensemble de pharmacies indépendantes ont formé la société Pharmacies Universelles (aujourd'hui Uniprix), grossiste de tous les produits vendus en pharmacie. Les fabricants ne peuvent atteindre les pharmacies arborant l'enseigne Uniprix qu'en passant par la société Pharmacies Universelles ; même phénomène du côté du Groupe RONA ou encore des Marchands Unis. Le responsable du marketing doit donc apprendre à connaître et à prévoir l'évolution de cette structure afin d'adapter sa stratégie en conséquence et de pouvoir utiliser ces circuits de la meilleure façon possible.

CAPSULE ÉTHIQUE

L'environnement écologique : un souci à la portée de tous

Comme le rappelle la mission de l'organisme sur son site Web, Équiterre (www.equiterre.qc.ca) est un « organisme à but non lucratif ayant pour mission de contribuer à bâtir un mouvement citoyen en prônant des choix collectifs et individuels à la fois écologiques et socialement équitables ». Ainsi, l'éthique est un concept qui est redevenu à la mode depuis la fin du XXe siècle et qui ne cesse de soulever l'intérêt des entreprises comme des consommateurs. Bien souvent, le marketing est une discipline jugée peu éthique par les consommateurs qui ont l'impression que les entreprises profitent de leur position de force pour leur faire acheter n'importe quoi à n'importe quel prix. Le consommateur est devenu justicier et mieux informé ; il est capable de discerner les bons gestes des mauvais. La consommation éthique repose sur des gestes simples que l'on peut faire au quotidien. Ainsi le fait de rechercher des produits issus du commerce équitable, de privilégier ceux provenant de l'agriculture biologique, d'utiliser de façon raisonnable l'énergie et l'eau potable ou encore de privilégier le transport en commun, le covoiturage, la bicyclette ou la marche comme modes de déplacement constitue autant de gestes de consommation éthique. De votre côté, êtes-vous un consommateur éthique ?

TENDANCES MARKETING

La firme Global Wine & Spirits fait une nouvelle percée

MARTIN JOLICOEUR

Les Grands Chais de France, deuxième producteur de vins et spiritueux en importance dans ce pays et 14e au monde, confie à Global Wine & Spirits la responsabilité de bâtir son portail de gestion des ventes par Internet. Son lancement (www.lgcf.com) est prévu pour l'automne.

Il s'agit d'une première pour cette industrie – l'une des plus traditionnelles qui soient – jusqu'ici extrêmement réfractaire à l'intégration des technologies de l'information. Cette nouvelle doit être annoncée le 23 juin à Bordeaux, à l'occasion de Vinexpo 2003, la plus importante foire du vin au monde.

« La réaction de l'industrie sera fascinante à observer, dit Robert Bonneau, chef de l'exploitation de GWS. Qu'une entreprise de cette importance, connue pour son dynamisme, choisisse de s'ouvrir ainsi aux nouvelles solutions technologiques fera beaucoup parler. Nous nous attendons à ce que plusieurs autres producteurs décident de suivre son exemple. »

Outre la création d'un premier portail transactionnel public (www.123gws.com) qui met en relation quelque 850 producteurs et 950 acheteurs du monde entier, GWS s'est surtout fait connaître pour le développement d'un premier portail interentreprises pour la Société des alcools (www.saqb2b.com).

L'implantation de ce nouveau système, il y a un an, a provoqué une véritable levée de boucliers de l'industrie qui a forcé la SAQ à reculer concernant son intention d'imposer des frais d'utilisation à ses fournisseurs, déjà en mauvaise posture.

C'est que l'industrie mondiale du vin souffre d'une réduction sans précédent de sa marge bénéficiaire et d'un problème de surproduction. De fait, alors que la consommation mondiale de vin est en baisse, l'industrie a vu apparaître de nouveaux pays producteurs, tels l'Australie, le Chili, les États-Unis et le Canada.

La crise est telle qu'en 2002, faute d'acheteurs, pas moins de 14 millions de litres de bordeaux en France ont dû être transformés en vinaigre. Selon le directeur de Vinexpo, Robert Beynar, au rythme actuel, l'industrie fera face à un surplus de production de 100 millions d'hectolitres en 2005, soit l'équivalent de 13 milliards de bouteilles !

Dans un contexte de concurrence où la demande est inférieure à l'offre, les nouvelles technologies sont-elles la solution ?

Source : Les Affaires, 21 juin 2003, p. 21.

L'environnement naturel

L'environnement naturel comprend notamment les conditions climatiques, lesquelles constituent également une variable incontrôlable, qui touchent les activités de l'entreprise, du moins dans certains secteurs comme les vêtements, les équipements de sport, les boissons gazeuses, la crème glacée et la consommation d'énergie.

Ainsi, les ventes de piscines, de thermopompes, de climatiseurs et de ventilateurs ont augmenté de façon considérable au Québec durant les étés 1995 et 1999, périodes qui ont été particulièrement chaudes. Les ventes ont connu une croissance marquée, bien au-delà des prévisions. De même, les conditions climatiques du mois de janvier 1998, où l'on a subi une tempête de verglas, ont joué un rôle prépondérant dans la demande de génératrices portatives.

L'environnement naturel comprend également l'ensemble des phénomènes naturels qui peuvent se produire et qui sont, pour la plupart, incontrôlables : invasion de rongeurs, épidémie, cyclone, inondation, etc. (par exemple, les inondations survenues au Québec à l'été 2003 ou la canicule record qui a frappé l'Europe à la même période) (*voir encadrés 2.5 et 2.6*).

Le phénomène de la rareté des ressources naturelles entre également dans cette dimension de l'environnement. Par exemple, la crainte d'un épuisement prochain des nappes de pétrole entraîne des changements dans le type de consommation des gens. Ainsi, on se tourne vers la petite voiture, la production de l'acier diminue, ce qui a un impact sur l'économie des pays producteurs de matières premières.

Notons qu'une entreprise est soumise à l'influence des forces de son environnement. Ces variables incontrôlables évoluent plus ou moins rapidement. L'entreprise voulant survivre et progresser doit donc en tenir compte et s'y adapter.

ENCADRÉ 2.5 Les conséquences économiques d'un événement naturel (le syndrome respiratoire aigu sévère [SRAS])

IL FAUDRA REDORER L'IMAGE DU CANADA

L'industrie touristique veut un investissement massif sans tarder

PAR MARTIN JOLICOEUR

Malgré la décision de l'Organisation mondiale de la santé d'écourter sa mise en garde concernant Toronto, l'industrie touristique insiste sur l'importance pour les autorités gouvernementales d'investir massivement, et sans tarder, pour redorer l'image du Canada à l'étranger.

Plutôt heureux des derniers développements, les observateurs s'entendent pour dire qu'il sera maintenant extrêmement difficile, sinon impossible, pour Toronto et le reste du pays de contrecarrer l'impact de sept jours d'informations négatives à la grandeur de la planète.

« Le mal est déjà fait en ce qui concerne Toronto, croit Bernard Chênevert, président de l'Association des hôteliers du Québec. Mais il est peut-être encore temps de sauver le Québec et le reste du Canada. Il faudrait pour cela que les gouvernements posent des actions importantes rapidement, dès le mois de mai. »

Source : Les Affaires, 3 mai 2003, p. 7.

ENCADRÉ 2.6   Environnement : découverte d'un cas de vache folle

LA RÉPUTATION DU CANADA SERA À REBÂTIR À LA SUITE DE L'EMBARGO SUR LE BŒUF

Le président de la Fédération des producteurs de bovins du Québec parle d'une « véritable catastrophe »

PAR JEAN-SÉBASTIEN TRUDEL

L'industrie bovine du Québec a perdu environ 5 M $ après la première semaine d'embargo imposé à la suite de la découverte d'un cas de vache folle en Alberta, entraînant les prix à la baisse de 20 %. Le pire reste toutefois à venir, selon certains.

« C'est une véritable catastrophe économique. Du jour au lendemain, nous avons perdu du terrain sur nos marchés d'exportation », dit Michel Dessureault, président de la Fédération des producteurs de bovins du Québec (FPBQ).

Les producteurs écopent

Comme 60 % de la production canadienne de bovins est destinée à l'exportation, dont 80 % vers les États-Unis, tout est paralysé depuis le début de l'embargo. Ce sont principalement les producteurs qui écopent, affirme M. Dessureault. « On leur demande de garder leurs animaux en vie plus longtemps, qui perdent ainsi en qualité et en valeur parce qu'ils seront rendus trop gros ou moins tendres une fois abattus. »

Cela est d'autant plus vrai dans le cas du veau, qui change de catégorie dès qu'il dépasse les normes de poids. La moitié des revenus d'exportation de bovins au Québec provient de la production de veau.

Source : Les Affaires, 31 mai 2003, p. 9.

RÉSUMÉ

Le marketing mix d'une entreprise représente la combinaison stratégique particulière des quatre variables suivantes : le produit, le prix, la distribution et la communication marketing. Chacune de ces variables fait l'objet d'une multitude de décisions de la part du responsable du marketing et doit être cohérente avec les autres éléments du marketing mix. De plus, on ne doit jamais oublier qu'un marketing mix efficace s'appuie sur les besoins du consommateur.

Le produit ou le service, le prix, la communication marketing et la distribution constituent les variables contrôlables du marketing. L'environnement dans lequel évolue l'entreprise représente, par contre, toute une série d'éléments plus ou moins incontrôlables par le responsable du marketing. L'environnement se présente sous les aspects sociodémographique, économique, technologique, concurrentiel, politico-juridique, institutionnel et naturel.

L'environnement représente aussi bien des occasions que des contraintes pour l'entreprise, qui auront un impact plus ou moins considérable sur ses activités. Le responsable du marketing doit donc connaître les multiples facettes de son environnement, les prévoir et s'y adapter lors du choix de son marketing mix et de l'élaboration de sa stratégie de marketing.

QUESTIONS

1. Qu'entend-on par « marketing mix » ?

2. Quelles sont les variables contrôlables du marketing ?

3. Quelles sont les trois qualités d'un marketing mix efficace ?

4. Quelles sont les variables incontrôlables du marketing ?

5. Nommez deux dimensions en fonction desquelles on peut définir le marché global. Donnez un exemple pour chacune d'elles.

6. Indiquez en quoi la remontée du dollar peut exercer une influence sur l'économie canadienne (*voir encadré 2.2, page 31*).

7. Pour chacun des types de concurrence suivants, donnez un exemple autre que celui du présent ouvrage.
   a) Concurrence générale.
   b) Concurrence entre produits.
   c) Concurrence entre firmes.
   d) Concurrence entre produits d'une même gamme.

8. Pour chacun des types de marchés suivants, donnez un exemple autre que celui du présent ouvrage.
   a) Concurrence parfaite.
   b) Monopole.
   c) Oligopole.

9. Donnez un exemple d'événement politique pouvant influer sur les activités d'une entreprise.

10. Expliquez en quoi le SRAS (syndrome respiratoire aigu sévère), une maladie mortelle qui a frappé plusieurs pays en 2003, dont le Canada, et qui fait partie de l'environnement naturel, influe sur les activités économiques.

EXERCICES PRATIQUES

2.1 MOI, J'ÉTUDIE LE MARCHÉ

Recherchez dans Internet les informations nécessaires pour décrire le marché québécois d'aujourd'hui et celui prévu pour 2011. Quelles différences existe-il entre le marché d'aujourd'hui et celui de 2011 ? Quels sont les enjeux de ces changements quant à la stratégie marketing ? Pour faire l'exercice et guider votre étude, utilisez les dimensions ci-dessous.

a) La taille de la population et celle des groupes parlant les principales langues.

b) La pyramide des âges.

c) Le niveau d'éducation.

d) La répartition du revenu.

2.2 JE MAGASINE MON AUTO DANS INTERNET

Au Québec, Auto123 est sans conteste *le* site pour acheter sa voiture dans Internet. Dans le site Auto123, www.auto123.com, quelles sont les variables du marketing mix utilisées ? Quelles catégories de décisions ont dû être prises en considération pour chacune des variables marketing de ce site ?

MISE EN SITUATION

LE RESTAURANT FAMILIAL

Lorsque MM. Jean Mercier et Edgar Saint-Cyr devinrent associés en 1990, ils élaborèrent une stratégie qui connut beaucoup de succès. M. Mercier était alors le gérant d'un restaurant tandis que M. Saint-Cyr était chef cuisinier dans une auberge des Laurentides. Tous deux étaient diplômés de l'Institut de tourisme et d'hôtellerie du Québec.

Un jour, lors d'une rencontre, les deux hommes en vinrent à discuter des habitudes alimentaires de différents types de consommateurs. De là vint l'idée d'un restaurant familial offrant une variété de mets à prix divers à l'aide d'un type de publicité s'adressant à toute la famille. Un de leurs slogans devint « Amenez la famille entière pour un agréable repas ».

Jugeant l'idée rentable, ils s'associèrent et ouvrirent le Restaurant familial dans le plus vieux centre commercial d'une ville de taille moyenne, près d'un parc industriel. Ce restaurant offrait des repas de bonne qualité à prix modique. Le décor était modeste. « Rien de luxueux », aimaient-ils dire.

Comme leur clientèle venait surtout des milieux socioéconomiques moyen et moyen-supérieur (cols blancs, familles d'ouvriers affectés à la production), MM. Mercier et Saint-Cyr choisissaient judicieusement des menus du jour correspondant à ce marché. Ils offraient fréquemment des repas à prix réduit.

Le Restaurant familial connut une période de prospérité. En 2003, sa position financière étant excellente, les associés décidèrent d'étendre leurs activités. M. Mercier souhaitait déménager dans un local plus vaste, situé dans le même centre commercial ; quant à M. Saint-Cyr, il désirait ouvrir un second restaurant dans un lieu de villégiature. Après de nombreuses discussions, ils choisirent la proposition de M. Saint-Cyr et retinrent un emplacement près de Cowansville, en Estrie, endroit fort recherché par les professionnels des grands centres pour l'établissement d'une résidence secondaire. Ils espéraient ainsi aller chercher de nouveaux clients.

Les deux partenaires et leurs conjointes célébrèrent cette décision lors d'un dîner où ils portèrent un toast à cette nouvelle aventure : « Au Restaurant familial de l'Estrie », dit M. Saint-Cyr. « Qu'il ait autant de succès que le Restaurant familial du centre-ville », répondit M. Mercier.

Après ces vœux, Mᵐᵉ Saint-Cyr interrogea les deux associés : « En quoi le nouveau restaurant sera-t-il différent ? » MM. Saint-Cyr et Mercier ont semblé surpris : « Pourquoi ? En rien du tout, vraiment ! », répondit M. Saint-Cyr. M. Mercier l'appuya : « Pourquoi empêcher le succès ? Voici le succès ! »

1. Quelles sont les chances de succès du nouveau restaurant ? Justifiez votre réponse.

2. Que pensez-vous de la réponse des deux associés à Mᵐᵉ St-Cyr ? Pourquoi ?

CAS

LAVERDURE INC.*

Arthur Laverdure est en affaires depuis 1973. Il est propriétaire d'un centre horticole situé à Sherbrooke à l'intérieur duquel il fait la vente de fleurs coupées, de plantes d'intérieur et d'extérieur. Il y offre aussi un service d'aménagement paysager. Le marché des biens et services d'horticulture de Sherbrooke est estimé à 7 424 millions de dollars et se répartit comme suit :

TABLEAU **2.1**

Marché des biens et services d'horticulture de Sherbrooke

Groupes de produits	Potentiel de ventes
Graines de légumes, de fleurs et d'herbes	338 000 $
Produits de serres et de pépinières	2 000 000 $
Plantes en pots, fleurs coupées, etc.	1 486 000 $
Pesticides, herbicides et insecticides	300 000 $
Engrais et terreau	870 000 $
Services horticoles et de déneigement	2 430 000 $
Total	7 424 000 $

Cette entreprise a réalisé des ventes de 2 403 096 $ lors de son dernier exercice financier, ce qui lui donne une part de marché d'environ 32 %. Bien que l'entreprise ait une position dominante sur le marché, le propriétaire a constaté que ses ventes tendent à décliner légèrement alors que la tendance de l'industrie, selon la publication *Horizon industriel* de Statistique Canada, a connu une croissance moyenne des ventes d'environ 1 % par année au cours des 10 dernières années, soit de 1993 à 2003. Il apparaît donc que l'entreprise ne profite pas pleinement des occasions du marché.

Toutefois, il faut reconnaître qu'il y a eu un nouveau venu important sur le marché, soit Réno-entrepôt avec son centre-jardin et sa serre. Aussi, le marché de l'horticulture est influencé, de façon générale, par le climat économique régional. Cela s'explique par le fait qu'il ne s'agit pas de biens essentiels à la vie. En cas de récession ou d'insécurité économique, les consommateurs limitent leurs dépenses dans de tels secteurs d'activité.

Afin d'acquérir une meilleure connaissance du comportement des consommateurs en matière d'achat de fleurs coupées, de plantes et de services d'aménagement paysager, M. Laverdure a fait appel à votre firme d'experts-conseils en marketing. L'étude que vous avez réalisée a permis de recueillir des informations pertinentes afin d'orienter les actions marketing à entreprendre dans le futur.

Fleurs coupées

Lors du choix d'un fleuriste, les facteurs les plus importants sont la proximité du consommateur par rapport au commerce, le service et la qualité perçue des produits offerts de même que le choix des produits proposés. Malgré cela, les consommateurs semblent majoritairement trouver leur fleuriste par hasard. Dans d'autres cas, plusieurs en ont entendu parler par des amis ou des connaissances. La plupart du temps, les consommateurs ne magasinent pas à plusieurs endroits pour leurs achats de fleurs coupées et ils font un voyage spécial pour cet achat. En général, les consommateurs sont fidèles à un fleuriste. Pour ce qui est du choix de la variété de fleurs coupées, la plus populaire est sans contredit la rose. Les consommateurs prennent leur décision principalement en fonction de la personne destinataire ou d'une occasion précise. Les principales occasions pour lesquelles les consommateurs achètent des fleurs sont les anniversaires de naissance, la fête des Mères et la Saint-Valentin. La symbolique de la variété de fleurs coupées retient aussi l'attention des consommateurs. Le montant moyen dépensé pour des fleurs coupées est 24,35 $.

Centre de jardinage

Plantes intérieures

Les plantes intérieures achetées le plus fréquemment sont des plantes tropicales. La plupart du temps, il s'agit d'achats de moins de 25 $. Les plantes intérieures sont achetées le plus souvent en fonction de la décoration de la résidence des consommateurs. La majorité du temps, les consommateurs ne magasinent pas pour ce type d'achat. Il s'agit plutôt d'un achat impulsif.

La plupart des individus ont entendu parler de leur marchand de plantes d'intérieur par hasard ou par des amis ou des connaissances. En ce qui concerne le choix d'un marchand, la variété de plantes offertes est un critère de premier ordre. Le prix constitue aussi un facteur important. Il n'est donc pas surprenant d'observer que plusieurs individus effectuent leurs achats dans une épicerie ou à l'intérieur de magasins à grande surface. Surtout que la plupart des consommateurs ne font pas un voyage spécial pour l'achat de ce type de produit.

Au moment du choix d'une plante intérieure, l'entretien nécessaire, la lumière nécessaire et l'agencement possible en fonction de la décoration de la résidence sont les principaux facteurs pris en compte.

Plantes extérieures

En ce qui concerne l'achat de plantes extérieures dans un centre de jardinage, les consommateurs interrogés y dépensent en moyenne 153 000 $ par année.

Les consommateurs sont la plupart du temps fidèles à un centre de jardinage. Le niveau de service offert, le choix de produits proposés et la proximité sont les raisons majeures considérées dans le choix d'un centre horticole.

Le plus fréquemment, les individus sont accompagnés de leur conjointe ou de leur conjoint pour effectuer ce genre d'achat. Avant d'entrer dans le commerce, les gens ont le plus souvent planifié leur achat. La plupart du temps, il est planifié depuis moins d'un mois. Un individu sur deux s'en tient à sa planification et n'achète pas d'autre chose.

Aménagement paysager

En matière de service d'aménagement paysager, Laverdure inc. effectue principalement des plans d'aménagement, des traitements de pelouse, des jardins aquatiques, de la pose de tourbe et de pavé uni, et construit des murs de soutien. Le motif le plus souvent invoqué pour faire appel à un service d'aménagement paysager est le fait d'effectuer une nouvelle construction ou des rénovations à la résidence.

Lors du choix d'un paysagiste, la réputation et la force de conseil sont les facteurs les plus importants. La plupart du temps, les consommateurs connaissent leur paysagiste par l'intermédiaire de leurs amis ou de leurs connaissances.

Les consommateurs d'aménagement paysager considèrent ce genre d'achat comme un achat de couple. Le plus fréquemment, il s'agit d'un achat planifié. Les résultats de l'étude indiquent que deux individus sur trois qui font produire un plan d'aménagement le font réaliser.

Habitudes de consultation de médias

Dans un autre ordre d'idées, les habitudes de consultation de médias de ces consommateurs ont aussi été explorées. Essentiellement, il en ressort que le journal le plus populaire auprès des personnes interrogées est le quotidien *La Tribune* et que la station de radio qui est la plus populaire est CITÉ Rock-Détente.

Synthèse de l'analyse des points de service du secteur

Le commerce de Laverdure inc. ainsi que ceux de ses principaux concurrents ont été évalués. Une synthèse des évaluations effectuées est présentée à la page suivante.

M. Laverdure vous demande de lui faire des suggestions en vue de bâtir un nouveau marketing mix qui lui permettrait d'améliorer la position de son commerce sur le marché. En vous inspirant des données recueillies, conseillez M. Laverdure.

TABLEAU **2.2**   Synthèse des évaluations

COMMERCE	FORCES	FAIBLESSES
Laverdure inc.	Facile d'accès Grand stationnement	Peu de circulation piétonnière Équipements désuets Vitrine Pas de vendeurs de qualité (manque de dynamisme)
Fleuriste Petit Coco	Bonne circulation piétonnière Bonne ambiance Décoration	Peu de stationnement Environnement commercial inadéquat Vendeur plutôt artiste Mauvais accueil
Réno-Entrepôt	Bonne façade Bonne visibilité Enseigne attrayante Grand stationnement Bel étalage Grand nombre de produits proposés	Ne vend pas de fleurs coupées Peu de piétons Aucune vitrine Mobilier peu esthétique Aucun service de livraison
Centre des fleurs Le Corbusier	Bonne visibilité Enseigne attrayante Bon stationnement	Peu de piétons Environnement commercial inadéquat

* Cas rédigé par Louis Adam, chargé de cours en marketing à l'Université du Québec à Trois-Rivières et analyste recherche et expansion commerciale chez Sobeys.

2e PARTIE

La connaissance du marché

Dans la première partie de cet ouvrage, nous avons vu ce qu'implique le concept moderne de marketing, de même que les domaines de décision sous la responsabilité du gestionnaire du marketing.

Trois chapitres composent la deuxième partie de cet ouvrage. Dans l'optique d'une application du concept moderne de marketing, nous verrons l'élaboration d'une stratégie destinée à satisfaire les besoins et les désirs du consommateur tout en permettant à l'entreprise d'atteindre ses objectifs. D'une part, cette tâche exige d'étudier les caractéristiques du marché visé et de connaître ses diverses contraintes. D'autre part, elle exige également une bonne connaissance du comportement du consommateur. Deux des chapitres suivants seront consacrés à l'étude de ces conditions préalables.

Les informations concernant le marché et les consommateurs ne sont pas toujours disponibles sur demande. C'est pourquoi nous avons cru bon de consacrer un chapitre à l'analyse des différentes méthodes et des divers outils de recherche qui permettent au responsable du marketing d'obtenir l'information nécessaire à l'application du concept moderne de marketing.

CHAPITRE 3

Le marché et la stratégie marketing

OBJECTIFS D'APPRENTISSAGE

Après la lecture du chapitre, vous devriez être en mesure :

- de définir un marché ;
- de reconnaître les variables caractérisant les marchés ;
- de comprendre le principe de la segmentation du marché ;
- de présenter les différents critères de segmentation ;
- de définir un processus de planification stratégique en marketing.

Par Denis Pettigrew, D.Sc. gestion
Professeur titulaire de marketing, Université du Québec à Trois-Rivières

Toute action ou toute décision relative au marketing est le résultat d'une évaluation d'un marché dont l'objectif est d'obtenir une réponse favorable. En effet, on élabore les programmes de marketing dans le but de satisfaire le marché ou, du moins, l'une de ses parties. On cherche à conquérir un marché, à le garder ou encore à augmenter ou à préserver la part de marché déjà détenue. Nous consacrerons donc le présent chapitre à la définition du marché de même qu'à l'étude des différentes variables qui le caractérisent.

Nous aborderons ensuite le concept de segmentation de marché ainsi que les critères permettant de le segmenter. Nous serons alors en mesure de comprendre ce en quoi consiste une stratégie de marketing.

Le marché

Qu'est-ce qu'un marché ?

Marché
Ensemble des personnes
ou des organisations qui
achètent ou qui sont
susceptibles d'acheter
un produit.

Le terme **marché** a plusieurs acceptions. Traditionnellement, un marché est un lieu ou une zone géographique où des transactions commerciales ont lieu : acheteurs et vendeurs s'y rencontrent pour échanger. Ainsi, le marché de Trois-Rivières désigne les consommateurs qui achètent dans cette région. Mais un marché peut également désigner le type de consommateurs (par exemple, le marché des étudiants), la catégorie d'intermédiaires (par exemple, le marché des grossistes) ou encore la classe de produits ou la demande pour un type de produit (par exemple, le marché de la chaussure de sport). Toutes ces définitions du marché possèdent un point commun : les besoins sous-jacents que l'entreprise cherche à satisfaire.

Chaque marché se caractérise par une foule de besoins particuliers de telle sorte que, fondamentalement, il serait préférable de définir le marché en fonction de la nature des besoins à satisfaire chez les consommateurs. En effet, l'évolution plus ou moins rapide de leurs besoins rend hasardeuse la définition du marché en fonction du produit fabriqué. Les produits passent, mais les besoins restent. Reconnaître à temps l'évolution des besoins auxquels le produit a pu répondre jusque-là constitue une responsabilité essentielle chez le responsable du marketing, comme le démontre l'exemple suivant.

> Le déclin des chemins de fer principalement en Amérique du Nord ne s'explique pas par une diminution des besoins en transport, ni par une diminution de marchandises ou de voyageurs. Au contraire, ces besoins ont augmenté. Les chemins de fer sont aujourd'hui en difficulté non parce que ces besoins ont été satisfaits par d'autres moyens (voitures, camions, avions et même téléphone), mais parce qu'ils n'ont pas su y répondre eux-mêmes. Ils ont laissé d'autres prendre leur clientèle parce qu'ils se considéraient comme étant dévolus uniquement aux transports ferroviaires plutôt qu'au transport en général. La raison pour laquelle ils se sont donné une fausse définition de leur industrie est qu'ils étaient orientés vers le rail plutôt que vers les transports, vers leur produit plutôt que vers leur clientèle[1].

Un marché se compose de consommateurs qui ont des besoins à satisfaire ; besoin et demande sont donc la base du marché. Par contre, il faut que le consommateur ait le désir de satisfaire son besoin par l'achat d'un produit ou d'un service, qu'il ait le pouvoir d'achat nécessaire et l'autorité pour le faire.

La notion de marché potentiel

Les besoins étant illimités, les occasions de marché le sont également. Le **marché potentiel** représente la limite des ventes pouvant être atteinte par toute une industrie, dans les conditions idéales, dans le contexte d'un effort de marketing parfait. Toutefois, cette situation idéale n'est jamais atteinte même par l'ensemble des concurrents dans un marché donné. L'effort de marketing est toujours restreint par certaines contraintes, telles que les objectifs de rentabilité, la capacité financière et certaines lois. La demande globale représente la demande propre à une certaine classe de produits. C'est dans les limites de cette demande que se situera le potentiel de vente d'une entreprise en particulier. Le **potentiel de vente** d'une entreprise représente la limite asymptotique[2] des ventes qu'elle peut réaliser durant une certaine période, avec un effort de marketing très grand.

Le potentiel de vente est donc toujours inférieur au marché potentiel puisque les contraintes de rentabilité limitent l'effort de marketing (*voir figure 3.1*). C'est à partir de ce potentiel propre à l'entreprise que le responsable du marketing déterminera sa **prévision des ventes,** c'est-à-dire ce qu'il peut espérer vendre, compte tenu de son niveau d'**effort de marketing** et des conditions de l'environnement. Les ventes prévues représentent donc un point de la courbe de demande du produit.

Marché potentiel
Ensemble des consommateurs, des utilisateurs et des acheteurs ayant l'intention et le pouvoir de se procurer un bien ou un service.

Potentiel de vente
Limite asymptotique des ventes qu'une entreprise peut réaliser avec un très grand effort de marketing.

Prévision des ventes
Mesure du volume des ventes possibles d'un bien ou d'un service dans un secteur donné pour une certaine période et dans des conditions déterminées.

Effort de marketing
Ensemble des moyens mis en œuvre pour vendre un produit ou un service.

FIGURE 3.1 La relation entre le marché potentiel, le potentiel des ventes, la fonction de demande et la prévision des ventes

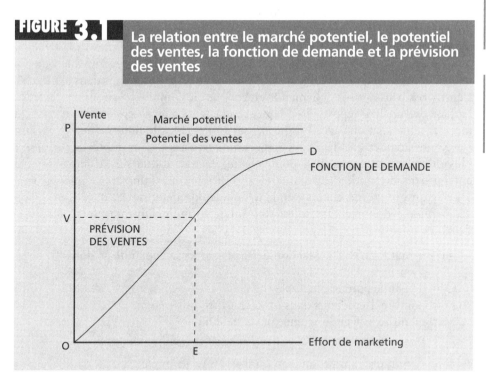

Source : DARMON, René Y., LAROCHE, Michel et PÉTROF, John V. *Le marketing, fondements et applications,* 5e édition, Montréal, Les Éditions de la Chenelière, 1996, p. 479.

Il est particulièrement important pour l'entreprise de bien connaître les facteurs déterminant le niveau de la demande pour le produit qui l'intéresse. Autant sur le plan quantitatif que sur le plan qualitatif, bien connaître son marché constitue la première étape de l'élaboration d'un marketing mix efficace.

Les dimensions du marché

L'entreprise envisageant de s'intéresser à un nouveau marché, qu'il s'agisse d'un nouveau secteur d'activité ou d'un nouveau territoire, doit connaître la dimension de ce marché et, par conséquent, le potentiel qu'il peut représenter. Un marché se caractérise par un ensemble de variables qui en déterminent les dimensions. On peut mesurer la dimension d'un marché en nombre de consommateurs ou d'utilisateurs, en volume physique des ventes, en nombre d'unités vendues ou encore en chiffre d'affaires potentiel. Dans cette partie, en premier lieu, nous présenterons d'abord quelques méthodes de prévision de la demande. Par la suite, nous étudierons plus longuement certaines des variables géographiques, démographiques et économiques caractérisant le marché canadien. Quant aux variables psychologiques, sociologiques et culturelles, nous les aborderons au chapitre 5.

Les méthodes de prévision de la demande

Une entreprise doit être capable de reconnaître les nombreuses occasions qui se présentent à elle, les évaluer et les comparer afin de faire le meilleur choix possible du marché à desservir. Pour ce faire, elle doit être en mesure de prévoir la taille du marché et son potentiel de croissance. La demande future pour un bien ou un service dépend du comportement d'un certain nombre de facteurs dans le marché. L'entreprise peut estimer la demande en étudiant le comportement de ces facteurs. La base de l'analyse repose sur le choix des facteurs à analyser et sur la capacité à mesurer leurs relations avec le volume des ventes. Plus le nombre de facteurs est élevé, plus grandes sont les chances de commettre des erreurs d'estimation. Il sera plus difficile d'estimer à quel point chaque facteur influe sur la demande. On entend par « demande » le volume total d'un bien ou d'un service que pourrait acheter un groupe de clients pendant un période déterminée, dans une région géographique donnée. On utilise souvent la formule suivante pour calculer la demande totale :

$Q = n \times q$ ou $Q = n \times q \times p$ (si l'on désire exprimer la demande en dollars)

      où

  $Q =$ demande potentielle totale ;

  $n\ =$ nombre d'acheteurs dans un couple produit/marché ;

  $q\ =$ quantité moyenne achetée par acheteur ;

  $p\ =$ prix moyen par unité.

À titre d'exemple, supposons qu'un fabricant de pneus d'automobile désire connaître la demande, pour l'année 2003, des pneus de remplacement au Canada. Les facteurs à considérer dans ce marché sont le nombre d'automobiles, la durée moyenne en kilomètres d'un pneu et le nombre moyen de kilomètres parcourus annuellement par chaque automobile. La première étape consiste donc à estimer le nombre d'automobiles qui auront besoin de nouveaux pneus en 2003. Partons de l'hypothèse que les études statistiques démontrent qu'une automobile parcourt en moyenne 15 000 km annuellement et 60 000 km avec un ensemble de quatre pneus. Toutes les voitures qui auront quatre ans en 2003 pourront être considérées comme une partie du marché de remplacement des pneus cette année-là. Le fabricant de pneus pourra connaître le nombre précis de voitures neuves vendues et immatriculées en 1999 auprès de Statistique Canada. De la même manière, on pourra déterminer le nombre de voitures sur la route qui auront 8 et 12 ans en 2003. En multipliant par quatre (quatre pneus par automobile) le nombre de véhicules automobiles de chaque catégorie, on obtiendra une approximation du nombre de pneus de remplacement pour 2003. Il s'agit de moyennes, car ce ne sont pas tous les véhicules qui parcourront 15 000 km par année et 60 000 km avec le même ensemble de pneus. Cette méthode est simple, peu coûteuse et requiert un minimum d'analyses statistiques.

Les méthodes de prévision de la demande vont de très simple à complexe. Ces méthodes sont basées sur trois catégories de renseignements qui proviennent de ce que disent les consommateurs, de leurs actions passées et de leurs actions présentes.

Nous décrirons premièrement les méthodes basées sur ce que disent les consommateurs. Ces méthodes, au nombre de trois, sont les suivantes : étude des intentions d'achat, opinions combinées de la force de vente et opinions des experts.

Une étude des intentions d'achat

Une étude des intentions d'achat consiste à effectuer une enquête auprès d'un échantillon de consommateurs potentiels dans le but d'estimer la demande. On leur demande combien ils achèteraient d'unités du bien ou du service à un prix donné au cours d'une période donnée. Ce genre d'enquête s'avère particulièrement utile lorsque les consommateurs sont capables de formuler clairement leurs intentions d'achat et d'y donner suite. Plusieurs entreprises mènent régulièrement des études d'intentions d'achat auprès des consommateurs dans le but d'obtenir des idées de nouveaux produits, de trouver le meilleur prix pour leurs produits et beaucoup d'autres renseignements.

Ce type d'étude pose néanmoins deux problèmes : choisir un échantillon représentatif d'acheteurs potentiels. Dans certains cas, l'échantillon devra être grand pour être représentatif, ce qui implique des coûts d'étude importants. Un autre problème avec cette méthode est la difficulté qu'ont les consommateurs à prévoir le nombre de produits qu'ils achèteront, alors qu'au moment de l'étude ils achètent un autre produit. L'étude des intentions d'achat montre donc habituellement un marché potentiel gonflé.

Une étude des intentions d'achat s'avère probablement plus efficace quand le nombre d'acheteurs est relativement petit et que ceux-ci sont disposés à exprimer précisément leurs intentions d'achat. De plus, si les données démontrent que dans le passé les acheteurs ont pris des actions cohérentes avec leurs intentions, les résultats seront plus fiables.

Les opinions combinées de la force de vente

Une entreprise peut demander à ses représentants de faire des estimations. Chacun d'eux doit alors effectuer une estimation des ventes dans son territoire pour la période couverte par la prévision. La somme des estimations des représentants représente la prévision des ventes pour l'entreprise. Cette méthode s'avérera utile si l'entreprise dispose d'un personnel de vente de haut calibre et si elle vend des biens ou des services dans un marché composé d'un nombre important mais restreint d'acheteurs, comme c'est le cas dans le secteur de la vente industrielle.

La méthode des opinions combinées a pour avantage de bien exploiter la connaissance qu'un représentant a de son propre marché et de le rendre plus réceptif aux quotas de vente imposés. Par contre, le représentant n'a pas toujours le temps ou l'expérience pour bien connaître son marché et prévoir les ventes futures. De plus, il n'est pas toujours impartial. Il peut être un optimiste ou un pessimiste congénital, passer d'un extrême à l'autre à la suite d'un succès ou d'un échec récent, ou encore manquer souvent de vision à long terme.

Les opinions des experts

Les opinions des experts constituent une méthode consistant à inciter des détaillants, grossistes, distributeurs ou conseillers en marketing à faire des prévisions de la demande à court terme. Par exemple, les fabricants de motocyclettes demandent régulièrement à leurs concessionnaires de faire des prévisions des ventes à court terme. Contrairement aux représentants qui ont souvent tendance à être pessimistes parce qu'ils espèrent ainsi baisser leurs quotas de ventes à réaliser, les détaillants, grossistes et distributeurs ont tendance à être davantage optimistes. En effet, ils ont peur de manquer de stock et pour cette raison, ils préfèrent donner des chiffres plus élevés.

Toute entreprise peut également acheter des prévisions économiques auprès d'agences spécialisées ou encore tirer profit des prévisions économiques des experts du secteur bancaire, des universités ou encore des périodiques spécialisés.

Le test de marché

Nous décrirons maintenant la seule méthode de prévision des ventes basée sur les actions des consommateurs : le test de marché. Grâce à cette méthode, une entreprise commercialise son produit sur un territoire restreint. Par la suite, à partir de ses résultats de vente, l'entreprise peut estimer ses ventes futures dans l'ensemble du marché. Le test de marché est souvent utilisé pour chiffrer le potentiel d'un marché de son nouveau produit. La méthode est également utilisée pour évaluer différentes caractéristiques du produit ou encore différentes stratégies de marketing.

Le principal avantage du test de marché est de fournir une évaluation du nombre de personnes qui consomment présentement le produit, et non le nombre de personnes qui expriment une intention d'achat. Le test de marché se veut l'outil le plus efficace pour évaluer le potentiel de marché d'un produit, dans la mesure où une entreprise dispose de suffisamment de temps et d'argent pour le faire. Une entreprise concurrente peut toutefois fausser les données, par exemple, en faisant de la promotion ou d'autres efforts de marketing. La prudence est donc de mise. Plusieurs entreprises sont spécialisées dans ce genre d'études, et les coûts des tests de marché demeurent raisonnables. Les réponses obtenues font même état de la concurrence et permettent d'évaluer la part de marché escomptée ainsi que d'autres facteurs.

L'estimation de la demande au moyen de l'analyse statistique

Nous décrirons maintenant les deux méthodes basées sur les actions passées des consommateurs : les analyses statistiques et les séries chronologiques.

Étudions d'abord l'estimation de la demande au moyen de l'analyse statistique. Plusieurs facteurs influent sur la demande, notamment le prix, le revenu, le nombre d'acheteurs potentiels et le niveau d'effort marketing. Ce type d'analyse utilise des procédures statistiques pour déterminer les principaux facteurs réels ayant un effet sur les ventes ainsi que leurs influences relatives. Elle exprime les ventes sous la forme d'une équation, dans laquelle une variable dépendante (Q) est fonction d'un certain nombre de variables indépendantes (X,X,...X). À l'aide de la régression multiple, une entreprise peut ensuite chercher parmi plusieurs formes d'équations celle qui donne le meilleur ajustement statistique des données pour arriver aux meilleures variables prévisionnelles.

L'analyse statistique a gagné beaucoup en popularité avec la venue de l'informatique. L'analyse statistique suppose que la relation établie entre la variable dépendante et les variables indépendantes demeure constante pour la période estimée. De plus, elle exige souvent des analyses statistiques assez complexes.

Les séries chronologiques

Étudions maintenant l'estimation de la demande au moyen des séries chronologiques. Plusieurs entreprises estiment leurs ventes futures à partir des ventes passées. Elles se basent sur l'hypothèse selon laquelle les ventes passées confirment les relations de cause à effet pouvant être mises en évidence par les analyses statistiques, permettant ainsi de prévoir les ventes futures.

Une série chronologique comprend quatre composantes importantes : la tendance, le cycle, l'effet saisonnier et les événements imprévisibles. La tendance résulte des changements démographiques et technologiques. Le cycle correspond à l'évolution d'une courbe plane présentant une alternance régulière de sommets positifs et de sommets négatifs. Ceux-ci correspondent aux variations des ventes dues aux fluctuations de l'activité économique en général. La composante cyclique peut être utilisée dans les prévisions à moyen terme. L'effet saisonnier correspond à des mouvements réguliers des ventes au cours de l'année, par exemple le temps, les vacances, les coutumes, etc. Les composantes saisonnières s'avèrent utiles à la prévision des ventes à court terme. Les événements imprévisibles peuvent être reliés à des grèves, des incendies, des ouragans, des tempêtes de verglas, etc. Ils sont imprévisibles, et doivent être éliminés des données antérieures afin d'établir le comportement des ventes le plus normal possible.

Les séries chronologiques à court terme permettent à une entreprise suivant un modèle saisonnier fiable de prévoir ses ventes pour le prochain trimestre. À titre d'exemple, supposons que les ventes atteignent 15 000 unités dans le premier trimestre et que, historiquement, les ventes du second trimestre sont toujours supérieures à celles du premier trimestre de 50 % ; on pourrait alors prévoir des ventes de 22 500 unités pour le second trimestre.

Cette méthode comporte deux limites importantes. La première est la disponibilité de données historiques sur les ventes. Pour obtenir de bons résultats, le chercheur a besoin des données sur une vingtaine de périodes de vente. Il doit également supposer que la tendance des ventes sera approximativement la même au cours de la période visée et lors des prochaines périodes. Une des difficultés de l'application de cette méthode est le cycle de vie de plus en plus court des produits. Une autre difficulté se trouve dans le dynamisme des concurrents dans le contexte de mondialisation des marchés actuels.

Quelle que soit la méthode choisie par une entreprise pour estimer la demande des consommateurs, les résultats doivent être pondérés par le jugement de l'un ou de plusieurs de ses gestionnaires. S'ils sont bien informés sur le marché, leurs opinions constituent un moyen valide de mesurer les facteurs du marché. Cependant, leur jugement est parfois intuitif.

Les types de marchés

Types de marchés
Marchés définis selon le rôle et les motifs de l'acheteur.

Selon différents auteurs, il existe cinq **types de marchés** :

- Le marché de la consommation ;
- Le marché de la production ;
- Le marché de la distribution ;
- Le marché de l'État ;
- Le marché international.

Ces marchés se différencient essentiellement par le rôle et les motifs de l'acheteur plutôt que par les caractéristiques du produit acheté.

Le marché de la consommation est composé de personnes ou de groupes de personnes qui achètent des biens à des fins personnelles ou familiales. Par exemple, une personne qui achète des pneus pour sa voiture ou encore une personne qui fait des achats pour la semaine à l'épicerie.

Le marché de la production est composé de personnes ou d'organisations qui achètent des biens dans le but de produire un autre bien. Par exemple, l'acheteur de Suzuki acquiert des pneus pour les installer sur les motos neuves produites par l'entreprise ; celle-ci fait partie du marché de la production, car les biens achetés sont compris dans le coût de production du bien fini. Prenons un second exemple. Levis achète du tissu dans le but de fabriquer un produit fini, en l'occurrence un vêtement. Cette entreprise fait également partie du marché de la production.

Dans le marché de la distribution, des personnes ou des organisations achètent des biens dans l'intention de les revendre. Par exemple, le garagiste achète des pneus dans le but de les installer sur l'automobile de ses clients. Il fait donc partie du marché de la distribution puisque l'achat est effectué dans le but de revendre le bien. Prenons maintenant un autre exemple : le grossiste achetant plusieurs caisses de chocolat auprès d'un fabricant dans le but de les revendre comme telles aux détaillants.

Dans le marché de l'État, le service administratif achète le bien dans le but d'accomplir une fonction publique. Par exemple, le ministère des Transports achète un camion équipé d'un épandeur de sel, pour assurer la sécurité routière en hiver, ou une ville achète un balai mécanique pour nettoyer ses rues.

Le marché international comprend tous les types de marchés mentionnés précédemment, mais ayant un champ d'activité à l'extérieur du pays. Prenons l'exemple d'Hydro-Québec, qui vend de l'énergie aux États-Unis, particulièrement à la Ville de New York durant l'été, pour répondre à l'augmentation de la consommation d'énergie créée par l'utilisation des climatiseurs dans les foyers. Même si l'énergie est utilisée comme bien de consommation, il s'agit d'un marché international puisque la consommation a lieu à l'extérieur du Canada. Le même phénomène se produit lorsque le Canada vend du papier à un autre pays ; ce papier pourrait être utilisé, par exemple, pour la fabrication d'un quotidien, donc dans la production d'un bien, mais comme l'opération a lieu à l'extérieur du Canada, il s'agit d'un marché international. Lorsqu'un internaute achète un disque compact de la France dans un site Internet, il effectue une transaction sur le marché international.

C'est donc la raison de l'achat qui détermine le type de marché.

Le marché canadien

À titre d'exemple de prévision de marché de la consommation, nous examinerons brièvement le marché canadien. En 2002, la population canadienne était de 31 414 000 habitants ; les prévisions pour 2026 sont de 31 365 000 habitants, soit un taux de croissance moyen par année légèrement négatif sur 24 ans. La population prévue, pour les années à venir, est présentée au tableau 3.1.

Le Canada connaît une croissance démographique très faible comparativement à d'autres pays, telle la Chine, par exemple, qui connaît un taux de croissance de 18 %.

Sur le plan démographique, nous pouvons donc conclure que le marché canadien ne croîtra que très légèrement au cours des années à venir.

La densité de la population canadienne varie beaucoup d'une région à l'autre. Ainsi, le sud du pays, c'est-à-dire la partie qui longe les États-Unis, est plus fortement peuplé que le nord. C'est pourquoi on retrouve la majorité des grandes villes dans la région sud du pays. Les vastes étendues sont très peu habitées, créant ainsi de grandes distances à parcourir entre deux agglomérations voisines. Les coûts de transport sont donc très élevés, et les prix fixés en conséquence.

De plus, la population canadienne se répartit de façon inégale entre les provinces (*voir tableau 3.2*). L'Ontario comptait à elle seule plus du tiers de la population canadienne, soit 12 millions d'habitants en 2002. Le Québec est deuxième, avec 7 455 000 habitants, tandis que l'Île-du-Prince-Édouard compte seulement 139 900 habitants.

TABLEAU 3.1

Évolution de la population du Canada, de 1996 à 2026

Année	Nombre de personnes
1996	29 963 000
2001	31 877 000
2006	33 677 000
2011	35 420 000
2016	30 866 000
2021	31 225 000
2026	31 365 000

Source :
STATISTIQUE CANADA. *Le Canada en statistiques, Population estimée et projetée pour les années 2001, 2006, 2011 et 2016*, CS-91-520.
http://www.statcan.ca/francais/Pgdb/People/Population/demon23a_f.htm

TABLEAU 3.2 Répartition de la population canadienne par province et territoire, en 2002

2002 En milliers Canada	31 414,0
Terre-Neuve-et-Labrador	531,6
Île-du-Prince-Édouard	139,9
Nouvelle-Écosse	944,8
Nouveau-Brunswick	756,7
Québec	7455,2
Ontario	12 068,3
Manitoba	1150,8
Saskatchewan	1011,8
Alberta	3113,6
Colombie-Britannique	4141,3
Yukon	29,9
Territoires du Nord-Ouest	41,4
Nunavut	28,7

Source : Statistique Canada. *CANSIM II,* tableau 051-0001. http://www.statcan.ca/francais/Pgdb/demo02_f.htm

Non seulement la densité de la population varie-t-elle beaucoup d'une province à l'autre, mais on assiste également à de nombreux mouvements de migration. Les habitants tendent à se déplacer vers les endroits offrant plus d'emplois et de meilleures perspectives d'avenir.

Un autre phénomène caractérise le marché canadien. C'est l'exode de la population vers les villes. Autrefois, le Canada était essentiellement rural et agricole. Aujourd'hui, les trois plus grandes villes canadiennes regroupent à elles seules plus du tiers de la population totale du Canada ; 76,6 % des habitants résident dans un milieu urbain contre seulement 23,4 % de la population qui habite en milieu rural. Au sein de cette dernière, on trouve la population rurale non agricole et la population rurale agricole. Là encore, il existe certaines disparités entre les provinces. De plus, on ne peut passer sous silence le phénomène de désertion des villes en faveur des banlieues, phénomène qui influe sur la structure de nos villes depuis les années 1960.

La population canadienne est l'une des plus mobiles du monde. En moyenne, le Canadien déménage 12 fois au cours de sa vie, comparativement au Japonais, qui ne déménage que 5 fois[3].

L'âge de la population représente une dimension qui attire également l'attention. La population canadienne connaîtra un vieillissement accentué au cours des prochaines années. Il est possible d'analyser les projections de population afin de déterminer l'ampleur de chaque groupe d'âge et la répartition selon le sexe.

Pour le directeur du marketing d'une entreprise produisant, par exemple, des aliments pour bébé, il s'avère important de pouvoir évaluer son marché potentiel. Il en est de même pour une entreprise dont les produits s'adressent à des consommateurs d'un sexe en particulier ou à un groupe d'âge donné, ou les deux. Elle doit être en mesure de prévoir la demande pour les prochaines années. Prenons l'exemple du fabricant de vêtements. Il est important pour lui, au moment de l'analyse de la demande, d'étudier la répartition de la population par groupes d'âge et par sexe. Un autre facteur à considérer dans l'analyse d'un marché est la taille des familles. Cette information permet au gestionnaire de marketing de l'entreprise de déterminer le format des contenants à utiliser pour ses produits.

Lorsque l'on analyse un marché, un des facteurs dont il faut tenir compte est la capacité de payer des consommateurs. Les tableaux 3.3 et 3.4 montrent la répartition des revenus au Canada. En 2000, les revenus annuels familiaux inférieurs à 37 216 $ représentaient seulement 10,2 % des revenus familiaux totaux, alors que les revenus familiaux supérieurs à 76 662 $ représentaient 56,2 % de l'ensemble des revenus familiaux totaux. Toujours en ce qui concerne la variable « revenu », un autre facteur mérite une attention particulière : l'épargne. Le **revenu disponible**

Revenu disponible
Partie du revenu du consommateur disponible pour des achats, une fois toutes les dépenses courantes acquittées.

TABLEAU 3.3   Répartition du revenu familial pour l'année 2000 au Canada

Revenu moyen[1] et part de revenu de l'ensemble des familles de recensement, selon le décile de revenu[2], Canada, 2000

Déciles de revenu des familles de recensement[2]	Catégorie de décile de revenu[2]	Revenu moyen[1]	Part de revenu de l'ensemble des familles de recensement
	$		%
Décile inférieur	Moins de 18 991 $	10 341	1,6
Deuxième décile	18 991 $ à 28 211 $	23 655	3,6
Troisième décile	28 212 $ à 37 216 $	32 813	5,0
Quatrième décile	37 217 $ à 45 859 $	41 497	6,3
Cinquième décile	45 860 $ à 55 015 $	50 423	7,6
Sixième décile	55 016 $ à 65 018 $	60 000	9,1
Septième décile	65 019 $ à 76 661 $	70 680	10,7
Huitième décile	76 662 $ à 91 971 $	83 813	12,6
Neuvième décile	91 972 $ à 117 849 $	103 183	15,6
Décile supérieur	Plus de 117 849 $	185 070	28,0
Tous les déciles	...	66 160	100,0

1. Le revenu représente le revenu avant déduction de l'impôt.
2. L'ensemble des familles de recensement sont classées selon leur revenu, du plus petit au plus élevé, puis divisées en dix groupes en nombre égal pour former les déciles.
... Ne s'applique pas.

Source : Statistique Canada, « Répartition du revenu au Canada selon la taille du revenu », CS-13-207, http://www.statcan.ca/français.

TABLEAU 3.4 Répartition du revenu familial par province et comparaison sur deux décennies

Nom	Nombre de familles			Revenu médian des familles ($)		
	2001	1991	Variation en %	2000	1990	Variation en %
Canada	4 354 495	3 962 440	9,9 %	72 524 $	68 750 $	5,5 %
Terre-Neuve-et-Labrador	70 440	77 295	-8,9 %	59 466 $	55 742 $	6,7 %
Île-du-Prince-Édouard	21 540	19 615	9,8 %	58 073 $	54 568 $	6,4 %
Nouvelle-Écosse	124 725	121 890	2,3 %	63 208 $	60 785 $	4,0 %
Nouveau-Brunswick	106 540	99 230	7,4 %	60 136 $	58 260 $	3,2 %
Québec	987 300	933 990	5,7 %	67 257 $	64 791 $	3,8 %
Ontario	1 678 465	1 517 805	10,6 %	79 697 $	74 989 $	6,3 %
Manitoba	166 525	158 530	5,0 %	65 197 $	62 061 $	5,1 %
Saskatchewan	150 075	147 400	1,8 %	63 463 $	58 549 $	8,4 %
Alberta	481 795	401 615	20,0 %	73 897 $	68 010 $	8,7 %
Colombie-Britannique	552 815	472 480	17,0 %	73 294 $	70 343 $	4,2 %
Territoire du Yukon	5 035	4 755	5,9 %	79 708 $	76 596 $	4,1 %
Territoires du Nord-Ouest	6 040	5 535	9,1 %	91 833 $	89 582 $	2,5 %
Nunavut	3 190	2 305	38,4 %	64 683 $	60 928 $	6,2 %

Source : Statistique Canada, « Répartition du revenu au Canada selon la taille du revenu », CS-13-207, http://www.statcan.ca/français.

constitue une variable qui intéresse tout particulièrement les responsables du marketing puisqu'il représente la partie du revenu du consommateur disponible pour des achats, quand toutes les dépenses courantes obligatoires ont été acquittées. Cette partie du revenu est donc celle que le consommateur peut économiser ou allouer à des biens non indispensables. Les responsables du marketing dirigeront alors leurs efforts promotionnels vers les consommateurs ayant une certaine capacité d'acquérir leurs produits. L'identification des consommateurs possédant un tel revenu devient alors primordiale.

La segmentation du marché

Nous avons souligné qu'un marché particulier se caractérise par un grand nombre de variables. Chaque marché a ses caractéristiques. L'important, pour le responsable du marketing, est de bien les comprendre et d'en prévoir les changements pour mieux adapter sa stratégie et ainsi dominer ce marché.

Toutefois, le marché global est trop vaste et les acheteurs, trop nombreux, trop dispersés et trop hétérogènes pour qu'une entreprise puisse opter pour une **stratégie** qui satisferait tous les consommateurs. Après une analyse minutieuse du marché total, cette entreprise doit sélectionner la partie qui semble la plus compatible avec ses objectifs et ses ressources et à laquelle elle adaptera son marketing mix. Le choix d'une cible de marché constitue ce qu'on appelle **segmentation du marché** (*voir encadré 3.1*).

Stratégie
Ensemble des moyens choisis pour atteindre des objectifs.

Segmentation du marché
Découpage, par une entreprise, du marché potentiel total en un certain nombre de sous-ensembles aussi homogènes que possible afin de permettre une meilleure adaptation de sa politique commerciale.

ENCADRÉ 3.1 Un hôpital de la Floride, le Memorial Regional Hospital, a identifié un nouveau segment de marché.

LA FLORIDE
prête à accueillir les patients québécois

Ce n'est pas si cher que vous pensez au :

Memorial Regional Hospital

Aucune liste d'attente, l'un des meilleurs hôpitaux des États-Unis.

Nous sommes au service de la communauté depuis 1953. Notre réseau santé comprend plus de 700 médecins, tous certifiés de l'Association médicale (Board Certified), représentant plus de 65 spécialités médicales et chirurgicales. Nos formulaires, documents importants et menus sont en français. Notre coordonnatrice des services aux Canadiens, Lucy Ménard, se fera un plaisir de vous aider. N'hésitez pas à nous contacter pour toutes informations.

Faites nous parvenir votre dossier médical et nous vous retournerons le coût total du traitement dont vous avez besoin. **Pourquoi attendre et jouer avec votre santé et même votre vie ?**

Memorial Regional Hospital,
Services aux Canadiens,
3501 Johnson Street, Hollywood, FL 33021

Service en français :
téléphonez sans frais du Canada
1-888-883-0383 poste 6309

Vous pouvez rencontrer Lucy Ménard à Québec. Pour plus d'information, téléphonez au (418) 658-2727 du 30 août au 3 septembre 1999.

Source : Les Affaires, 28 août 1999, p. 37.

La segmentation du marché est une méthode d'analyse du marché qui consiste à étudier l'ensemble du marché et à le décomposer en plusieurs sous-ensembles distincts et homogènes. Les consommateurs faisant partie de chaque sous-ensemble possèdent plus d'affinités entre eux que l'ensemble des consommateurs du marché (*voir encadré 3.2, p. 62*).

En d'autres mots, segmenter un marché signifie prendre un grand **marché hétérogène** et le diviser en plusieurs segments relativement homogènes, comme l'illustre la figure 3.2.

Le marché auquel s'intéresse une entreprise s'avère rarement homogène. Il est généralement constitué d'un grand nombre de personnes très différentes les unes des autres par leurs caractéristiques, leurs besoins et leurs motivations, leurs habitudes de consommation, etc. Le marché est trop vaste et les personnes trop différentes pour qu'on puisse créer un marketing mix capable de satisfaire chacune

Marché hétérogène
Ensemble des consommateurs présentant des caractéristiques, des besoins, des motivations et des habitudes de consommation différents.

ENCADRÉ 3.2 L'importance de la segmentation pour le gestionnaire

LA GÉNÉRATION NEXUS, LE PROCHAIN GRAND DÉFI

Alors que nombre de fabricants et de détaillants n'en ont encore que pour les consommateurs issus de la vaste et nantie génération des baby-boomers (lesquels constituent environ le tiers de la population au pays), un groupe est en train d'émerger, non pas par son poids démographique, mais par ses caractéristiques sociales et de consommation.

FRANÇOIS PERREAULT

La génération Nexus (aussi qualifiée de génération Écho par le démographe David Foot) se compose de gens nés de 1980 à 1995. Plus nombreux que les personnes nées de 1965 à 1980, mais moins que celles qui composent la génération de leurs parents, ils annoncent une révolution de par leur façon de consommer. « La génération Nexus représente plus qu'une vague. C'est un raz-de-marée, et les fabricants de produits qui ne s'y préparent pas vont carrément disparaître », prévient Jean-Paul Blais, président et chef de l'exploitation chez NXT Génération, une société spécialisée dans le marketing destiné à ce segment de la population.

Qu'est-ce qui caractérise ces nouveaux consommateurs ? D'abord, ils imposent leurs règles et refusent systématiquement les compromis quant à leurs exigences. En ce sens, leur attitude est à l'opposé des boomers. « Les boomers, quand ils achètent un produit, le font à partir d'un ensemble connu de possibilités, explique Jean-Paul Blais. Les membres de la génération Nexus, eux, sont plus idéalistes. Nonobstant ce que le marché leur propose, ils savent que le produit idéal existe quelque part. Il s'agit pour eux de le dénicher. Ils en arrivent à déterminer très précisément ce qu'ils désirent parce qu'ils s'informent auprès des réseaux qu'ils se sont eux-mêmes constitués. C'est qu'ils sont très allumés et prennent tous les moyens pour s'informer. Grâce à Internet, ils profitent d'antennes partout dans le monde. D'ailleurs, leur meilleur ami se trouve parfois à des milliers de kilomètres d'eux. Ils maîtrisent bien les outils de communication et s'en servent pour tout savoir sur ce qui les intéresse. Ainsi, il n'est pas rare qu'un adolescent découpe dans des magazines la photo d'un article afin de signaler à ses parents que c'est précisément ce type de produit qu'il désire, et rien d'autre. »

Napster, un message à l'industrie

Autre différence majeure : la flexibilité. Par exemple, jusqu'à récemment, les acheteurs acceptaient d'éliminer quelques-unes de leurs exigences envers un produit, pour peu que celui-ci s'approche des conditions recherchées. Avec la génération Nexus, cette souplesse n'existe plus. Parce qu'ils sont au courant de ce qui est disponible et qu'ils savent comment se le procurer, ils sont plus intolérants face à ce qui ne leur convient pas. Ce faisant, ils forcent les entreprises à devenir aussi informées qu'ils le sont eux-mêmes.

« À ce chapitre, indique Jean-Paul Blais, le phénomène mondial d'échange de fichiers musicaux MP3 par des outils comme Napster, Morpheus et Kazaa, entre autres, démontre bien le pouvoir de cette génération. Même si les ventes de disques ont chuté de 6 % depuis 2001, cela n'a rien à voir avec le piratage de disques. Les utilisateurs de ces sites signalent simplement à l'industrie qu'ils en ont assez de s'acheter des albums qui ne contiennent que deux ou trois chansons à leur goût. Ces gens ont désormais les moyens de se fabriquer des CD composés exclusivement de la musique qui leur plaît. Les compagnies de disques devront y répondre et offrir des produits davantage adaptés à la demande. Cette particularité se manifeste aussi dans le domaine automobile ; regardez le nombre de jeunes qui modifient leur voiture afin de la personnaliser. »

Parfaitement connaître sa cible

Dernière caractéristique : les membres de la génération Nexus ne peuvent jamais être tenus pour acquis. Si les marques qu'ils adoptent demeurent fidèles à certains principes qui leur tiennent à cœur, pas de problème. Mais dès qu'elles y dérogeront, le consommateur Nexus leur tournera le dos, la plupart du temps à tout jamais. « Les entreprises devront faire leurs devoirs, croit Jean-Paul Blais. Elles ne pourront pas se contenter d'offrir des produits et services. Il leur faudra étudier en profondeur les caractéristiques et les valeurs de cette génération, puis offrir des articles adaptés, un peu comme le fait Land's End, qui propose des vêtements sur mesure. Et c'est d'autant plus capital que les membres de cette génération montante bénéficieront d'un pouvoir de consommation considérable dans quelques années, alors que leurs aînés prendront leur retraite et que les boomers leur transmettront leur richesse accumulée. De plus, c'est de 23 à 35 ans que les consommateurs dépensent le plus. Et

ENCADRÉ **3.2** L'importance de la segmentation pour le gestionnaire (*suite*)

les plus vieux membres de la génération Nexus arrivent déjà à ce stade. »

Le défi en sera aussi un de communication, estime Jean-Paul Blais. « Les jeunes Nexus ont besoin de sentir que l'on s'adresse spécifiquement à eux. D'ailleurs, ils vont souvent faire preuve d'un esprit critique et vérifier l'information qu'on leur livre. On ne pourra plus les inclure dans une espèce de vision collective qui rend un produit populaire. Quiconque voudra les influencer devra d'abord mieux les connaître avant de formuler une offre commerciale. »

Le spécialiste conclut en riant que les entreprises devront à ce point employer des approches personnalisées que, dans un monde idéal, elles en arriveront peut-être à appeler un à un leurs éventuels acheteurs pour leur parler de leurs produits.

Source : La Presse, cahier « Affaires », 11 juin 2003, p. D7.

d'elles. Une entreprise n'ayant pas adopté les principes fondamentaux du marketing peut envisager le marché comme un tout susceptible d'absorber l'ensemble de ses produits. Par contre, une entreprise orientée vers le marketing considère le marché comme un ensemble de personnes qui présentent toutes des besoins différents qu'il faut satisfaire le plus possible.

Comme l'illustre la figure 3.3, il existe trois stratégies de marketing relatives à la segmentation du marché.

FIGURE **3.2** Un marché global subdivisé en plusieurs segments relativement homogènes

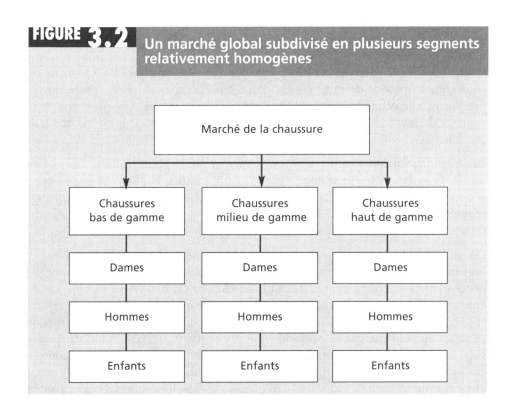

FIGURE 3.3 Quelques stratégies de marketing relatives à la segmentation du marché

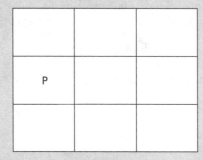

Marketing indifférencié =
marketing mix seulement

L'entreprise ne segmente
pas le marché et offre
un produit et une stratégie
de marketing à l'ensemble
du marché.

Marketing concentré =
marketing mix seulement

L'entreprise segmente
le marché et choisit
un segment.

Marketing différencié =
nécessite plusieurs
marketing mix

L'entreprise segmente
le marché et choisit
d'exploiter deux ou
plusieurs segments.

L'entreprise peut choisir une stratégie de marketing indifférencié. Dans ce cas, elle offrira un seul produit pour l'ensemble du marché, par exemple le modèle original de la Ford T, sans option et de couleur noire. Dans un tel cas, seuls les consommateurs désirant le produit proposé sont satisfaits. Les autres se sentiront plus ou moins lésés selon l'écart entre le produit offert et leurs aspirations. Quantité de consommateurs sont devenus clients d'une entreprise uniquement parce que le produit qu'elle offrait correspondait le mieux à leurs désirs. On peut utiliser la stratégie de marketing indifférencié avec succès lors du lancement d'un nouveau produit.

Par exemple, lorsque Bombardier a mis en marché la première motoneige, elle offrait un seul modèle, un moteur et une couleur uniques. Par la suite, en raison de la concurrence, elle a dû abandonner cette approche afin de conserver et d'augmenter sa part de marché. Le succès d'une telle approche dépend de la taille du groupe de consommateurs qui désirent acheter le produit.

Les gestionnaires peuvent aussi opter pour une stratégie de marketing concentré. Suivant cette stratégie, on doit sélectionner un segment de consommateurs homogènes parmi l'ensemble du marché, puis développer un marketing mix en vue de l'atteindre. Cette stratégie convient à une entreprise désirant concentrer ses efforts sur un segment de marché plutôt que d'en affronter l'ensemble ; elle lui permet de pénétrer un petit marché en profondeur et d'y acquérir une réputation de spécialiste. Une entreprise peut ainsi s'introduire sur un marché avec des ressources financières plus ou moins limitées. Toutefois, tout miser sur un segment de marché présente un grand risque : si le segment de marché décline, l'entreprise en subira les conséquences.

Les gestionnaires de marketing peuvent également utiliser une troisième stratégie : le marketing différencié. Avec cette stratégie, l'entreprise choisit deux ou plusieurs segments de marché et développe un marketing mix différent pour chacun d'eux. Par exemple, en segmentant le marché de l'automobile, General Motors a créé un programme différent pour ses quatre divisions, Chevrolet, Pontiac, Buick et Cadillac. L'entreprise visait alors l'ensemble des marchés de l'automobile. Habituellement, avec une stratégie de marketing différencié, l'entreprise crée une variété de produits pour chaque segment. Cependant, il est parfois possible de ne pas changer le produit, mais plutôt de bâtir un programme de marketing particulier à chaque segment de marché visé.

Lorsque l'on segmente un marché, il est rare que chaque segment ait les mêmes dimensions. L'entreprise devra évaluer chacun d'eux et répondre à ceux qui sont les plus profitables à ses yeux. Une bonne segmentation du marché est à la base de toutes les stratégies de marketing appropriées.

Les avantages de la segmentation du marché

La segmentation du marché comporte plusieurs avantages dont voici les principaux. Elle permet :

- d'allouer les ressources de l'entreprise aux segments potentiellement les plus rentables ;
- d'ajuster avec précision une gamme de produits à la demande plutôt que d'occuper une position de force dans certains domaines et d'ignorer ou de minimiser d'autres domaines au potentiel de rentabilité important ;
- d'offrir à l'entreprise la possibilité de détecter les premiers signes d'une évolution fondamentale du marché cible, ce qui lui permettra de s'ajuster à temps à ce marché ;
- d'établir plus précisément les axes publicitaires et de quantifier les segments visés par chacun de ces axes ;
- de sélectionner des médias publicitaires plus adaptés aux besoins et de répartir de manière plus appropriée le budget total entre ces derniers ;
- de déterminer les périodes les plus propices aux campagnes de publicité, c'est-à-dire celles où la cible visée est la plus réceptive.

Ces avantages s'appliquent tout autant aux biens durables qu'aux biens non durables, aux produits industriels qu'aux biens de consommation.

Les conditions nécessaires à la segmentation

Il y a plusieurs conditions de marché nécessaires afin de pouvoir procéder à la segmentation. Voici les principales :

- Il doit exister certaines disparités entre les groupes de consommateurs quant à leurs réactions aux différents programmes de marketing mix ;
- On doit pouvoir reconnaître ces disparités et les confronter aux profils des consommateurs visés ;
- Les consommateurs de chaque segment doivent démontrer des préférences qu'il est possible de transformer en un produit tangible ou en un service ;

- Un segment doit représenter une demande assez forte pour devenir un marché ;
- Chaque segment doit être assez stable pour donner le temps à l'entreprise d'élaborer une stratégie et de la mettre en place.

Si ces cinq conditions ne sont pas remplies, il est inutile de segmenter le marché, car l'entreprise n'en tirera aucun profit.

Les principaux critères de segmentation d'un marché

Critères de segmentation
Critères géographiques, sociodémographiques et psychographiques en fonction desquels on regroupe les consommateurs ayant les mêmes besoins et les mêmes désirs.

Il existe une multitude de **critères** pouvant servir à segmenter un marché. La segmentation d'un marché devrait se dérouler en deux étapes. La première étape consiste à regrouper en un même segment les consommateurs ayant les mêmes besoins et les mêmes désirs, chose parfois difficile à réussir. La seconde étape est un substitut ou un complément de la première, car il est difficile de mesurer directement les besoins et les désirs des consommateurs. Cette étape sert à calquer le plus possible la segmentation en fonction de ces besoins. On utilise à cette fin une longue liste de critères : les critères géographiques, les critères sociodémographiques et les critères psychographiques.

Les critères géographiques

- Continent : Amérique du Nord, marché européen.
- Pays : Canada, États-Unis, Japon et France.
- Provinces canadiennes, États américains, territoires canadiens.
- Régions : de l'amiante, de l'Estrie, etc.
- Marchés métropolitains : Montréal, Toronto, Québec, Vancouver, etc.
- Types d'habitants : habitants ruraux ou urbains, du centre-ville ou de la banlieue.
- Importance de l'agglomération : moins de 10 000 habitants, de 10 001 à 30 000 habitants, de 30 001 à 60 000 habitants, de 60 001 à 120 000 habitants, de 120 001 à 400 000 habitants, 400 001 habitants et plus.

Les critères sociodémographiques

- Âge : moins de 4 ans, de 5 à 9 ans, de 10 à 14 ans, de 15 à 19 ans, de 20 à 24 ans, de 25 à 29 ans, de 30 à 34 ans, de 35 à 39 ans, de 40 à 44 ans, de 45 à 49 ans, de 50 à 54 ans, de 55 à 64 ans, 65 ans et plus.
- Sexe : masculin, féminin.
- Taille du foyer : un membre, deux membres, trois membres, quatre membres et plus.
- Cycle de vie familiale : jeunes célibataires ne vivant plus avec les parents ; jeunes couples mariés sans enfant ; jeunes couples mariés avec au moins un enfant de moins de six ans ; jeunes couples mariés dont tous les enfants ont six ans et plus ; couples mariés plus âgés avec des enfants dépendants ; couples mariés plus âgés sans enfant vivant avec eux et dont le chef de famille travaille ; couples mariés plus âgés sans enfant vivant avec eux et dont le chef de famille est à la retraite ; personne âgée vivant seule et qui travaille ; personne âgée vivant seule, à la retraite.

- Revenu : moins de 5 000 $, de 5 000 $ à 9 999 $, de 10 000 $ à 14 999 $, de 15 000 $ à 19 999 $, de 20 000 $ à 29 999 $, de 30 000 $ à 39 999 $, de 40 000 $ à 49 999 $, 50 000 $ et plus.
- Niveau d'éducation : primaire, secondaire, collégial, universitaire.
- Nationalité : canadienne, américaine, anglaise, française, italienne, haïtienne, portugaise, vietnamienne, etc.
- Classe sociale (*voir chapitre 5*).
- Religion : catholique, protestante, orthodoxe, autre.

Les critères psychographiques

- Style de vie : jeune cadre, étudiant, femme ou homme ne travaillant pas à l'extérieur.
- Personnalité : introvertie, extravertie, autoritaire.
- Motivation d'achat : économie, commodité, prestige.
- Taux d'utilisation : petit utilisateur, utilisateur moyen, gros utilisateur.
- Fidélité à la marque : faible, moyenne, forte.
- Sensibilité à l'effort de marketing : qualité, prix, service, publicité, promotion et distribution.

Tous ces critères peuvent varier d'un produit à l'autre ainsi que d'une entreprise à l'autre. L'environnement peut également les modifier. Une entreprise ne devrait jamais présumer qu'une base de segmentation est meilleure qu'une autre. Elle devrait d'abord passer en revue toutes les bases de segmentation possibles pour ensuite choisir la plus significative.

Il s'avère important, pour une entreprise, de ne pas utiliser tous les critères de segmentation, mais bien d'être en mesure de déterminer le ou les critères qui différencient les consommateurs. Par exemple, un propriétaire de commerce spécialisé en alimentation a observé que deux segments distincts de consommateurs fréquentaient son commerce, soit les gens de moins de 30 ans et les personnes âgées de plus de 45 ans. De prime abord, il en a déduit que l'âge constituait le critère de segmentation de sa clientèle. À la suite d'une analyse plus approfondie de la situation, il s'est aperçu que les consommateurs ne fréquentant pas son commerce étaient les parents de deux jeunes enfants et plus qui n'avaient pas de gardienne. Ne visitant pas plus d'un magasin d'alimentation lorsqu'ils étaient accompagnés de leurs enfants, ils ne fréquentaient pas son magasin.

Examinons maintenant l'exemple de la société Timex. Après avoir passé en revue toutes les bases de segmentation possibles, ses gestionnaires de marketing en sont venus à la conclusion que la segmentation par le prix était la plus appropriée pour le marché des montres. Cette approche leur a permis de distinguer trois segments, chacun représentant la valeur attribuée aux montres par trois groupes différents de clients :

- Les gens voulant débourser le moins d'argent possible pour une montre, peu importe le modèle, pourvu qu'elle fonctionne bien. Si la montre se brise, ils la jettent et la remplacent ;
- Les gens attachant de l'importance à la durée de vie et au style de la montre et disposés à débourser des sommes assez importantes pour en faire l'acquisition ;

- Enfin, les gens voulant souligner un événement important, c'est-à-dire ceux qui attribuent un certain aspect émotionnel au produit en plus de son côté utilitaire. Une belle apparence, le nom d'une marque réputée, le nom du bijoutier qui la vend et un boîtier en métal précieux sont donc fortement recherchés.

Ce type de segmentation a permis à Timex d'ajuster son marketing mix au marché et de conquérir une grande part du marché des montres.

Les limites de la segmentation

La segmentation de marché a connu une popularité immense au cours des années 1970. On découpait de plus en plus les marchés en petits segments et on adaptait le produit et les autres éléments du marketing mix à chaque segment, espérant ainsi augmenter les chances de succès. Toutefois, beaucoup d'entreprises sont allées trop loin, et bon nombre de spécialistes ont oublié d'en estimer les effets : stocks plus élevés, perte d'économie d'échelle, production, communication et distribution plus complexes. On assiste présentement au phénomène inverse. Les fabricants d'automobiles ont réduit le nombre de modèles de même que le choix des couleurs. Dans le domaine de la distribution, de nouveaux types de magasins sont apparus : les supermarchés à grande surface comme Maxi et Super C. Ces magasins ont comme principe d'offrir un choix réduit afin de pouvoir baisser les prix.

La question est de savoir jusqu'à quel point on doit segmenter un marché. Les experts sont d'accord pour dire que l'on peut segmenter un marché jusqu'au point où les avantages retirés de cette opération sont nuls par rapport aux coûts qu'elle entraîne.

La segmentation et la différenciation de produits

Après l'étude du principe de la segmentation du marché, il est important de s'attarder quelque peu au principe de la différenciation de produits de manière à faire la distinction entre les deux méthodes ; on ne peut les substituer l'une à l'autre, et elles sont complémentaires dans le temps. Selon Smith[4], la **différenciation du produit** adapte la demande aux caractéristiques de l'offre, alors que la segmentation du marché adapte l'offre aux caractéristiques de la demande.

Différenciation du produit
Activité de commercialisation qui a pour but de conférer à un produit existant une caractéristique particulière.

La segmentation du marché subdivise le marché global en segments plus restreints de manière à regrouper les consommateurs ayant des désirs et des besoins relativement homogènes. Par la suite, une entreprise peut concevoir un marketing mix pour chaque segment de façon à mieux répondre aux besoins de chacun. Elle adapte donc son offre au marché. Avec la différenciation de produits, elle façonne la demande afin de détenir un monopole sur chacun des sous-marchés créés. Puis, l'entreprise doit se distinguer de ses concurrents. Pour ce faire, il s'agit pour elle de trouver un produit qui puisse répondre au marché. Ensuite, l'entreprise différencie l'image du produit au moyen d'un marketing mix approprié afin que les consommateurs perçoivent le produit comme le mieux adapté à leurs besoins.

La différenciation du produit se fait à partir de qualités techniques, objectives ou même subjectives du produit. Elle est à ce titre complémentaire à la segmentation

L'Occitane se déploie d'un océan à l'autre

PAR SUZANNE DANSEREAU

Parmi Dans un Jardin, Body Shop et Fruits & Passion, voilà que L'Occitane en Provence se redéploie au Québec. Mais cette fois-ci, c'est avec un nouveau distributeur qui a du flair, un positionnement plus haut de gamme, une foi inébranlable dans son produit et une vision très précise sur la façon de le vendre.

« La compétition ? Je la regarde avec intérêt, lance sa présidente, Solange Strom. Mais je ne décide pas de ma stratégie par rapport à eux. Je veux créer mon propre marché », ajoute-t-elle.

[...]

Solange Strom ne cherche pas tant les achalandages importants qu'une clientèle raffinée pour ses boutiques. « Je préfère peu de clients, mais qui achètent beaucoup. Mieux vaut 10 magasins qui font 1 M $ que 24 qui font 400 000 $ », dit-elle.

C'est pourquoi elle vient d'ouvrir un L'Occitane rue Sherbrooke, à Westmount, et prépare l'ouverture d'un second rue Laurier à Outremont pour l'automne. Fini les centres commerciaux : L'Occitane sera un magasin destination.

[...]

« Ma recette pour réussir : un super emplacement, un super concept et de super employées » dit-elle. Les produits sont entièrement naturels à base d'huiles essentielles ou de plantes (lavande, olive, karité, verveine, miel) et ont une tradition, celle de la Provence. La boutique évoque elle aussi cette douce vie provençale, avec ses murs de crépi, le sol en terre cuite, les présentoirs comme ceux d'un ancien magasin général, sans oublier une subtile odeur de verveine citronnée qui flotte… Quant aux employées, elles connaissent les produits sur le bout de leurs doigts – une chose rare de nos jours – mais ne poussent pas les clients à acheter à tout prix. « Je leur dis : "Vous n'êtes pas là pour vendre, mais pour créer un désir d'achat" ».

Voilà un bel exemple de positionnement.

Source : *Les Affaires,* 12 juin 2003, p. 21.

du marché. Prenons un exemple pour illustrer le principe de la différenciation du produit. Le produit différencié est le véhicule à quatre roues motrices de Suzuki. Après avoir segmenté le marché, le fabricant Suzuki s'est attaqué au segment de marché du véhicule compact à quatre roues motrices. Elle a mis au point un marketing mix approprié afin de créer une image différente pour son produit. Elle en a fait un véhicule de ville facile à garer, agréable à manier. Elle l'a également équipé d'un toit de toile pour lui donner l'apparence d'une automobile et ainsi répondre aux besoins des consommateurs recherchant ce type de véhicule. Le principe de différenciation du produit s'avère très utile au gestionnaire de marketing, car il tient compte à la fois des segments de marché, des variations du produit et de la concurrence. Dans la stratégie de différenciation, la communication marketing est très sollicitée afin d'atteindre cet objectif. Par exemple, JVC se vante de fabriquer les meilleurs magnétoscopes, car elle prétend que c'est elle qui a inventé le VHS.

La stratégie de marketing

Maintenant que nous avons étudié le marché et la segmentation qu'on peut y effectuer, il est possible d'élaborer une stratégie de marketing.

Stratégie de marketing
Identification et analyse d'un segment particulier du marché et création d'un programme axé sur les caractéristiques de celui-ci.

La **stratégie de marketing** se définit comme l'identification et l'analyse d'un segment particulier du marché et le développement d'un programme de marketing approprié à cette cible de marché.

Comme nous l'avons vu, l'identification et l'analyse d'un segment de marché comprennent plusieurs étapes. Le responsable du marketing doit d'abord rechercher à l'intérieur du marché certains groupes de consommateurs dont les besoins ne sont pas satisfaits ou mal satisfaits. Cette étape nécessite donc une bonne connaissance des consommateurs, de leurs habitudes d'achat et des forces de l'environnement qui les influencent.

En second lieu, le responsable du marketing doit déterminer si les besoins et les désirs du segment choisi sont suffisamment semblables ou homogènes pour être comblés par la même offre. La taille du segment doit justifier les activités de l'entreprise. Il est inutile de reconnaître certains consommateurs dont les besoins ne sont pas satisfaits si ceux-ci ne sont pas assez nombreux pour rendre l'opération rentable. Fabriquer un produit par consommateur n'est pas l'idéal ! De plus, ces consommateurs peuvent être dispersés géographiquement, ce qui entraîne des coûts de distribution élevés.

CAPSULE ÉTHIQUE

La mort vous va si bien !

« On n'arrête pas le progrès », dit le dicton. Après les cimetières virtuels (www.oparadis.com), voici les funérailles en direct ! Grâce à des sites Web comme Funeral-Cast (www.funeral-cast.com), des personnes vivant loin du défunt peuvent suivre malgré tout la cérémonie mortuaire. Le Québec n'échappe pas au morbide avec les services de ReposeEnPaix.com (http://www.reposeenpaix.com/index.php), qui héberge une page Web du défunt comprenant une photo, un livre d'or et dans certains cas des extraits sonores et une vidéo. On peut même visiter ce site à partir de son téléphone cellulaire. Qui a dit que les voies célestes étaient impénétrables ? Sépultures, expositions funéraires et enterrements se conjuguent désormais avec Internet, si bien que l'on peut « meubler » ses longues soirées avec un tel spectacle. Cet aspect de la vie vous semble certainement encore éloigné de vous et vous préoccupe sans doute peu. Sur le plan éthique, toutefois, croyez-vous qu'il soit moral de s'afficher ainsi sur le Web ? Est-ce une pratique que vous endossez ?

Le responsable du marketing doit déterminer si l'entreprise peut répondre aux besoins du segment choisi. A-t-elle les ressources pour le faire ? Peut-elle mettre sur pied un programme de marketing capable de satisfaire les besoins décelés ?

Lorsqu'un segment précis est de taille suffisante pour que l'opération soit rentable et pour qu'un programme de marketing soit mis au point pour en satisfaire les besoins, l'entreprise a déniché une occasion de marché (*voir encadré 3.3*). Elle doit ensuite estimer les ventes et prévoir tous les éléments de la stratégie envisagée avant de déterminer si cette occasion de marché existe pour l'entreprise ; c'est en

ENCADRÉ **3.3**   Une ville s'adapte au profil de ses habitants

UNE POLITIQUE FAMILIALE POUR SAINTE-JULIE
L'arrivée de jeunes couples crée un essor démographique

Connaissant depuis quelques années un essor démographique dû essentiellement à l'arrivée de nombreux jeunes couples, Sainte-Julie a adopté en 2000 une politique et un plan d'action visant le mieux-être des familles.

Avec une population dont l'âge moyen est de 30 ans, et l'adoption d'une telle politique, Sainte-Julie fait valoir son «cadre de vie idéal pour installer une petite famille et voir grandir des enfants en sécurité».

Des manifestations annuelles comme La journée de la famille et La Fête au lac, organisées par la communauté, attirent déjà des milliers de personnes venues s'amuser en famille.

Résultant d'études et de consultations publiques menées par les conseillers municipaux responsables de la Commission d'orientation familiale, Suzanne Roy et Luc Pommainville, cette politique place la famille au centre des préoccupations de cette municipalité de quelque 28 000 résidants. L'administration municipale s'engage ainsi à «penser et agir famille» lors des prises de décision.

Quatre champs d'intervention

Concrètement, la politique a donné lieu à un plan d'action quinquennal qui touche quatre champs d'intervention : aménagement du territoire, communication et partenariat, loisir et culture et sécurité.

En matière d'aménagement de l'espace urbain, la Ville a prévu un plan d'implantation et d'intégration architecturale du vieux village, de même qu'un plan de revitalisation de ce secteur.

Au cœur des nouveaux quartiers résidentiels, la Ville exigera des promoteurs un maximum de superficie vouée à l'aménagement d'espaces verts, de terrains de jeux et de lieux propices à l'implantation d'écoles et de garderies.

Le volet communication et partenariat vise d'abord à rendre accessible l'information aux familles afin de favoriser leur intégration à la communauté. Par exemple, la Ville entend réaliser annuellement une rencontre pour accueillir les nouveaux résidants, notamment en les informant des services offerts et des ressources du milieu.

«L'accueil de la Ville auprès des familles doit faire en sorte qu'elles se sentent à l'aise dès leur arrivée et qu'elles puissent développer un sentiment d'appartenance», indique le document.

De plus, Sainte-Julie entend maintenir sa contribution financière pour la tenue d'activités offertes par le service des loisirs ou d'autres organismes, tout en améliorant les sites de sports.

Elle désire créer une fondation permettant aux familles dans le besoin d'avoir accès à ces activités. Elle veut offrir des activités parascolaires aux adolescents, en concertation avec le milieu scolaire.

Du côté culturel, elle veut bonifier la programmation des spectacles à l'intention des enfants et des adolescents, et accroître l'accessibilité aux équipements et aux services municipaux pour les organisateurs d'activités culturelles.

La Ville souhaite offrir aux familles un environnement sécuritaire. Au programme : augmenter les services de sécurité dans les parcs et lors de déplacements (à pied, à vélo, en patins à roues alignées). Elle veut prévenir la violence lors des activités pratiquées par les jeunes.

Source : Les Affaires, 7 juin 2003, cahier B, p. 7.

déterminant le niveau, la nature et la composition de son effort de marketing que l'entreprise pourra décider *si la relation avec le segment de marché choisi a des chances d'être profitable aux deux parties.*

Une stratégie est donc en place lorsqu'une entreprise a défini un segment de marché et élaboré un programme de marketing capable de répondre à ses besoins. Elle doit garder en tête deux objectifs lors de l'élaboration d'une stratégie de marketing : satisfaire le consommateur et répondre aux exigences de l'entreprise. La conquête d'un marché passe toujours par la satisfaction des consommateurs. Les gestionnaires de marketing doivent donc s'assurer que l'opération est rentable pour les deux parties ; il ne saurait y avoir de profits à long terme si les consommateurs ne sont pas entièrement satisfaits, tout comme il ne saurait y avoir satisfaction des besoins du consommateur sans la survie économique de l'entreprise.

Programme de marketing
Ensemble des activités stratégiques de l'entreprise qui répondent aux besoins du segment de marché visé.

Élaborer un **programme de marketing** exige qu'une entreprise prenne une multitude de décisions quant aux éléments stratégiques qu'elle est en mesure de contrôler. Chaque élément de ce programme doit s'intégrer harmonieusement aux autres pour former un ensemble cohérent, destiné principalement à répondre aux besoins du segment de marché visé. Selon Chebat et Henault :

> La conception même du marketing qui se veut intégré implique que toutes les activités de l'entreprise s'intègrent dans un cadre général, de façon à ce que le consommateur cible subisse des impacts cohérents et coordonnés.

> Ainsi que nous l'avons vu, l'entreprise dispose de forces qu'elle peut contrôler et doit subir la pression de forces incontrôlables. L'objectif de la stratégie de marketing consiste à maximiser l'impact coordonné des diverses forces contrôlables sur le marché. Pour cela, l'entreprise doit faire des choix entre différentes possibilités ; elle doit rechercher la combinaison idéale, de façon à obtenir un dosage optimal des différents facteurs contrôlables[5].

En d'autres mots, planifier une stratégie de marché implique d'abord de trouver des occasions intéressantes et ensuite de développer une stratégie de marketing rentable. Comment se définit une stratégie de marketing ? Au cours de l'élaboration d'une stratégie de marketing, on détermine le marché cible, ensuite on positionne l'entreprise et on choisit le marketing mix correspondant. Comme nous l'avons vu, le marché cible est un groupe homogène de consommateurs auquel une entreprise décide de s'adresser en lui faisant une offre susceptible de répondre à ses besoins. Le positionnement d'une entreprise consiste à situer celle-ci dans l'esprit des consommateurs, en fonction de ses attributs, par rapport aux entreprises concurrentes. Au chapitre 2, nous avons vu que le marketing mix est l'agencement des variables contrôlables du marketing. Son but est de faire une offre capable de satisfaire les consommateurs du marché cible. Le choix d'une cible de marché s'avère primordial. C'est seulement à la suite d'une telle décision qu'une entreprise est en mesure de déterminer son marketing mix. La figure 3.4 illustre le processus de planification stratégique en marketing. Le processus s'amorce par une analyse de l'environnement ; à cette étape, il s'agit d'essayer d'identifier et de recueillir toutes les informations disponibles à propos des consommateurs, des variables non contrôlables du marketing et sur l'entreprise, dans le but de qualifier et de quantifier le marché. La deuxième étape du processus consiste à synthétiser l'information recueillie de manière à dégager les occasions et les menaces de l'environnement, ainsi que les forces et les faiblesses de l'entreprise. La troisième étape consiste à segmenter le marché et à positionner l'entreprise dans le marché dans le but de choisir une cible de marché. Enfin, la quatrième étape consiste à élaborer des stratégies du côté des quatre variables contrôlables du marketing et d'opérationnaliser ces décisions du côté du marketing mix.

Le plan de marketing comporte plusieurs éléments et fait l'objet du chapitre 12. Cependant, nous pouvons déjà dire que la stratégie de marketing est surtout basée sur l'agencement stratégique des quatre variables contrôlables du marketing, ce qui fera l'objet des chapitres 6 à 11.

FIGURE 3.4 Le processus de planification stratégique en marketing

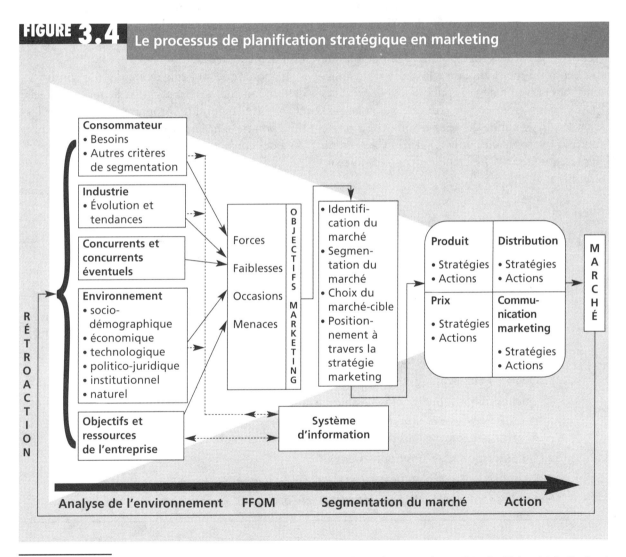

Source : PETTIGREW, Denis. *Processus de planification stratégique en marketing,* document de travail inédit, Université du Québec à Trois-Rivières, Trois-Rivières, 2000.

RÉSUMÉ

Les programmes de marketing sont élaborés dans le but de satisfaire un ou plusieurs segments de marché. Un marché fait toujours référence aux besoins réels des consommateurs, que l'entreprise cherche à satisfaire. Il se caractérise donc par une certaine demande.

Puisqu'un marché est formé de personnes, on peut le décrire par un ensemble de variables qui en déterminent les dimensions. Ces variables peuvent être de nature géographique, démographique ou économique. Connaître la taille d'un marché, la répartition de sa population, sa densité, ses mouvements, son taux de croissance, son emplacement, la pyramide des âges et son évolution, le niveau, la provenance et la répartition du revenu représente la première étape du choix d'un marché cible.

Le choix d'une cible de marché constitue la segmentation de marché. Il s'agit de diviser le marché global en sous-groupes relativement homogènes quant aux besoins et aux désirs exprimés. Il existe une multitude de critères permettant de segmenter un marché ; ces critères sont géographiques, sociodémographiques et psychographiques. Cependant, la segmentation comporte des limites qu'il ne faut pas dépasser si l'on veut que l'opération demeure rentable.

Élaborer une stratégie de marketing consiste à définir et à analyser un segment de marché précis et à mettre au point un programme qui permettra de répondre tant aux besoins de l'entreprise qu'à ceux des consommateurs.

QUESTIONS

1. Qu'est-ce qu'un marché ?

2. Quelles sont les méthodes de prévision de la demande vues dans ce chapitre ?

3. Quels sont les différents types de marchés ? Essentiellement, qu'est-ce qui les distingue les uns des autres ?

4. Pourquoi, lorsqu'on choisit une stratégie de marketing différencié, doit-on nécessairement utiliser plus d'un marketing mix ?

5. Quels sont les avantages de la segmentation de marché ?

6. Quelles sont les conditions nécessaires à la segmentation d'un marché ?

7. Quels critères ont servi au Memorial Regional Hospital pour segmenter son marché et offrir une solution aux patients québécois (*voir encadré 3.2, pages 62 et 63*) ?

8. Qu'entend-on par « positionnement » ?

9. En quoi consiste la planification stratégique en marketing ?

10. Quelles sont les conditions préalables à une occasion de marché ?

EXERCICES PRATIQUES

3.1 L'ALIMENTATION ET LE COMMERCE ÉLECTRONIQUE

Visitez le site d'IGA du Québec (www.iga.net). Selon vous, quel type de clientèle l'entreprise veut-elle attirer ? Décrivez le profil de la clientèle visée. Croyez-vous que l'entreprise a utilisé une stratégie de marketing différencié ou une stratégie de marketing indifférencié ? Maintenant que vous êtes riche de ces informations, étudiez le marché que pourrait représenter ce segment dans la ville que vous habitez. Pour vous faciliter la tâche, consultez le site de Statistique Canada (www.statcan.ca).

3.2 LA FROMAGERIE SPÉCIALISÉE

Vous êtes un amateur de fromage et vous avez toujours rêvé d'avoir un commerce dans ce domaine. Vous envisagez la possibilité d'ouvrir une fromagerie spécialisée. Selon vos estimations, ce type de magasin doit, pour être rentable, réaliser un chiffre d'affaires annuel de 300 000 $. En lisant différentes études, vous apprenez que la consommation moyenne annuelle de fromage que les familles seraient prêtes à acheter dans un magasin spécialisé varie selon le revenu de la famille.

Estimez le potentiel de marché pour les villes suivantes : Chicoutimi, Regina, St. John's (Terre-Neuve), Trois-Rivières et Thunder Bay, en partant de l'hypothèse selon laquelle la consommation et le revenu sont répartis également dans tout le Canada. De plus, la famille canadienne moyenne compte 3,1 personnes. Afin de réaliser cette comparaison, consultez le tableau 3.4 et le site de Statistique Canada (www.statcan.ca).

TABLEAU 3.4

Quantité annuelle moyenne de fromage acheté dans une fromagerie selon le revenu de la famille au Canada

Pourcentage (en %)	Revenu (en $)	Consommation (en kg)
6,9	moins de 15 000	1
14,2	15 000 à 24 999	3
13,5	25 000 à 34 999	6
13,5	35 000 à 44 999	8
13,1	45 000 à 54 999	10
11,2	55 000 à 64 999	12
8,3	65 000 à 74 999	12
19,4	75 000 et plus	12
100,1 %		

MISE EN SITUATION

LES HÔTELS VEULENT SÉDUIRE LA CLIENTÈLE FÉMININE

Confort, sécurité et petites attentions font la différence

CLAUDINE HÉBERT

La clientèle de femmes d'affaires intéresse de plus en plus les hôtels, qui déploient de nombreux efforts pour les attirer.

Le Holiday Inn de la rue King, à Toronto, en est un bel exemple. Il y a trois ans, les femmes d'affaires représentaient à peine 1 % de la clientèle de cet établissement situé dans l'Entertainment District. Depuis que l'hôtel de 425 chambres a instauré le programme « STAYassured », en janvier 2000, elles sont 10 fois plus nombreuses. Ce programme créé par l'équipe de vente de l'hôtel, composée principalement de femmes, mise sur les petites attentions que les femmes d'affaires apprécient généralement.

« Quand les femmes choisissent un hôtel, elles accordent plus de valeur à un établissement qui offre des services et des installations supplémentaires, tels que le fer et la table à repasser, le sèche-cheveux, la cafetière, etc. » indique Catherine Ed, du Holiday Inn de la rue King.

Selon Mme Ed, la clientèle de femmes d'affaires de cet établissement représentait un marché de 200 000 $ en 2000 comparativement à plus de 1,5 M $ actuellement.

La sécurité demeure encore et toujours le facteur le plus important pour les femmes dans le choix d'un hôtel, soutient Nicole Beaudoin, présidente du Réseau des femmes d'affaires du Québec.

Source : Les Affaires, 29 mars 2003, p. 55

Vous êtes vice-président du marketing d'un hôtel et vous désirez attirer dans votre établissement le segment de clientèle décrit dans l'article précédent. Expliquez les modifications que vous

« Les femmes recherchent en général un hôtel sécuritaire, un endroit où elles peuvent facilement téléphoner ou utiliser Internet pour demeurer en contact avec leur famille », indique-t-elle en faisant référence aux hôtels hors du Canada.

Une femme voyageant seule fait face à plus de danger qu'un homme dans la même situation. C'est ennuyant, mais on ne peut rien y changer. Il faut simplement faire preuve de prudence. Le site torontois www.journeywoman.com pour femmes d'affaires dresse justement des conseils de sécurité.

devrez apporter à votre offre de service à une association de femmes professionnelles en vue de la séduire et d'obtenir sa clientèle.

CAS

BIENVENUE AU 19e FESTIVAL INTERNATIONAL DE LA POÉSIE À TROIS-RIVIÈRES (FIPTR)*

Du 3 au 12 octobre 2003

Près de 400 activités se déroulant sur 10 jours d'affilée, dans plus de 80 lieux d'événements différents – cafés, bars, restaurants, brasseries, galeries d'art, salles de spectacle – où se retrouvent plus de 100 poètes provenant d'au moins 25 pays situés sur 4 continents en présence de 30 000 personnes : voilà le Festival International de la Poésie fondé en 1985.

À 90 minutes de Montréal et de la ville de Québec, en plein centre du Québec, Trois-Rivières, 2e plus vieille ville d'Amérique, aimerait bien aussi vous accueillir, du 3 au 13 octobre 2003, lors de la 19e édition de son renommé festival ou encore vous laisser complètement séduit, en tout temps, par sa Promenade de la Poésie. À Trois-Rivières, la poésie n'est pas seulement un livre ou un cours ou encore une abstraction pointue mais une façon quotidienne, permanente, de vivre et de marcher dans la ville. Une centaine d'extraits de poèmes peuvent être lus dans les autobus, 300 extraits de poèmes d'amour, sur les murs de la ville, séduisent les yeux et l'âme tant de la population locale que des touristes

qui, adeptes de la marche dans une ville historique très sécuritaire, viennent la visiter et y empruntent La Promenade de la Poésie.

Celle-ci complétée, quelques-uns d'entre eux glissent parfois un poème dans la Boîte à poèmes d'amour, située près du Monument au Poète inconnu. Ces poèmes sont, par la suite, copiés sur disquette et rejoignent les milliers d'autres, dans le cœur du monument. Aussi, Trois-Rivières est la seule ville au monde, où, le jour de la St-Valentin, le maire dépose au pied du monument une gerbe de fleurs pour rendre hommage au poète inconnu. Enfin, une Maison des poètes accueille gracieusement un poète étranger pour des périodes variant de un à six mois. Voilà des éléments importants de la présence permanente de la poésie dans une ville, dans la vie de ses citoyens et des touristes.

De nombreux médias, tant nationaux que régionaux, d'ici et d'ailleurs, viennent y faire des reportages attirés par la façon originale dont les poètes communiquent avec le public. C'est à ce titre que le Festival International de la Poésie a fait de Trois-Rivières, selon le mot de Félix Leclerc en octobre 1985, sa capitale.

Plus de 80 pays différents, depuis 16 ans, y ont délégué des poètes, qui en sont repartis heureux. Des centaines de témoignages écrits confirment et décrivent les effets positifs du festival sur les poètes qui y ont participé et leurs poésies. Les poètes sont très fiers d'être, une fois dans leur vie, traités royalement par une ville, un public, les médias, nos partenaires d'activité, nos commanditaires et nos collaborateurs. Pour eux, Trois-Rivières est une ville qui les fait rêver et qu'ils aimeraient retrouver dans leur pays. Pour eux, c'est vraiment la Capitale de la Poésie. Car le Festival International de la Poésie amène les poètes et la poésie là où le public aime se rendre plutôt que de tenter d'amener le public aux poètes et à la poésie dans un lieu que ce dernier ne fréquente pas habituellement. La très grande diversité d'activités, de lieux et de poètes fait en sorte que chaque personne finit par y trouver une activité dans un lieu et à une heure de son choix.

Source : www.fiptr.com.

Comme vous pouvez le constater à la lecture des propos tenus par M. Bellemare, le Festival International de la Poésie est un événement culturel qui compte presque 20 ans d'existence en Mauricie. Pour fêter cet anniversaire, les responsables de ce festival envisagent d'étendre ses activités au marché montréalais. (Pour en savoir davantage sur ce marché, consultez l'annexe 1 ci-dessous,

Des milliers d'adolescents et une centaine d'écoles participent à divers concours de poèmes et activités organisés par diverses organisations-partenaires du festival. Sans compter les milliers d'autres poèmes de milliers d'autres jeunes et personnes âgées qui flottent annuellement sur les cordes à linge installées Place de l'Hôtel de ville, ni le millier de personnes qui y viennent, en famille, écrire des poèmes sur nos banderoles géantes.

Le Festival International de la Poésie se déroule cette année, du 3 au 12 octobre, au centre ville de Trois-Rivières. Vous serez fiers de vous y être laissés séduire.

Bienvenue dans la Capitale de la poésie.

Le président

Gaston Bellemare

et le site Web de la Ville de Montréal (http://www2.ville.montreal.qc.ca/).)

a) Déterminez pour Montréal les segments les plus adaptés et les plus prometteurs pour l'expansion du Festival International de la Poésie ?

b) Donnez un aperçu de la taille des divers segments retenus.

c) Quels sont les meilleurs scénarios possible pour satisfaire les segments retenus ?

---

* Cas rédigé par Jocelyn D. Perreault, professeur de marketing à l'Université du Québec à Trois-Rivières (UQTR).

ANNEXE 1

PORTRAIT ROBOT DU CONSOMMATEUR CULTUREL MONTRÉALAIS

La culture est omniprésente à Montréal. L'effervescence et l'intérêt qui gravitent autour d'elle sont l'apanage des Montréalais. Qui sont-ils justement ? Portraits de ces consommateurs culturels.

L'engagée

Elle est la présidente du club de céramique du quartier Côte-des-Neiges et ne manque pas une des promenades organisées par Héritage Montréal pour faire découvrir l'architecture Art déco de la ville. Elle suit des cours de peinture, est guide au Musée des beaux-arts. Elle a 40 ans, un bac en poche et songe à s'inscrire à des cours d'histoire de l'art à l'Université de Montréal.

Pas moins de 10 % de la population montréalaise correspond à ce profil.

L'inconditionnel

On le voit partout. Au Messie de Haendel durant la période des Fêtes, au Festival Juste pour rire, l'été. Il fréquente le Petit Medley Plaza Saint-Hubert, a sa carte du cinéma Beaubien. Il a vu le dernier concert de Jean Leloup avec son Big Band, celui de Daniel Bélanger avec l'Orchestre Symphonique de Montréal et le spectacle extérieur des Cowboys fringants aux FrancoFolies. Il a terminé son cégep, a un bon boulot.

Ce profil est représenté par 7 % de la population montréalaise.

Le fêtard

Il connaît le complexe de cinéma Starcité comme le fond de sa poche, mais est aussi friand des nouveautés au club vidéo Blockbuster. Il sort dans les bars, se promène dans les rues à l'occasion des festivals, été comme hiver, et écoute beaucoup de musique. Il est jeune, aime la vie.

Un profil auquel correspond 31 % de la population montréalaise.

L'humaniste

C'est une lectrice. Elle aime les maisons de la culture, achète ses cadeaux de Noël au Salon des métiers d'art ou une bouquinerie lorsqu'elle en croise une sur son chemin. Elle aime l'Opéra de Montréal, le théâtre de Shakespeare, surtout lorsqu'il met en vedette Charles Berling, et a déjà en poche ses billets pour *Don Juan,* la comédie musicale. Elle a presque 50 ans et a fait des études universitaires.

On estime que 22 % de la population montréalaise correspond à ce profil.

L'absent

Il aime mieux écouter la télévision et la radio, chez lui. Il n'est pas très porté sur l'activité en général et sur la sortie culturelle en particulier. Il a un peu plus de 50 ans et est moins scolarisé que ses collègues des autres profils.

Ce profil est représenté par 30 % de la population montréalaise.

Note : Les données mentionnées dans ce reportage proviennent d'un travail inédit de la Direction de la recherche et de la statistique du ministère de la Culture et des Communications.

Source : La Presse, 10 octobre 2003.

NOTES

1. LEVITT, Théodore. « Le marketing à courte vue », dans *Harvard Business Review,* juillet-août 1960.

2. Limite vers laquelle on tend sans jamais pouvoir l'atteindre.

3. LONG, Larry H. « On Measuring Geographic Mobility », dans *Journal of the American Statistical Association,* sept. 1970.

4. SMITH, W. « Différenciation du produit et segmentation du marché : l'alternative stratégique », dans M. Chevalier et R. Fenwick, *La stratégie marketing,* Presses Universitaires de France, Paris, 1975.

5. CHEBAT, J.-C. et HÉNAULT, G. M. *Stratégie du marketing,* Les Presses de l'Université du Québec, 1977, p. 49.

CHAPITRE 4

Le système d'information marketing

OBJECTIFS D'APPRENTISSAGE

Après la lecture du chapitre, vous devriez être en mesure :

- de présenter le système d'information marketing et ses applications possibles ;
- de comprendre le rôle de la recherche en marketing ;
- de décrire le processus de recherche en marketing ;
- de reconnaître les types et les sources de données secondaires ;
- de comparer les différentes méthodes de recherche de données primaires.

Par Normand Turgeon, Ph.D.
Professeur titulaire, Service de l'enseignement du marketing, HEC Montréal

Le responsable du marketing prend continuellement des décisions. Il doit donc recourir à plusieurs sources de renseignements afin de satisfaire ses besoins d'information (*voir figure 4.1*).

Le comptable peut répondre à presque toutes les questions des vérificateurs venus scruter les livres de l'entreprise à condition de disposer d'un système d'information comptable constitué de nombreux registres lui permettant d'extraire facilement l'information requise. Tout comme le comptable, le responsable du marketing a besoin d'un système d'information approprié pour jouer pleinement son rôle.

Système d'information marketing (SIM)
Ensemble de méthodes (de machines et de personnes) conçu afin de fournir l'information nécessaire à la prise de décision marketing.

Depuis longtemps déjà, les théoriciens travaillent de concert avec les praticiens du marketing pour rendre opérationnel le concept de **SIM.** Ils définissent ce système comme « un réseau complexe de relations structurées où interviennent des gens, des machines et des procédures, qui a pour objet d'engendrer un flux ordonné d'information pertinente, provenant de sources internes et externes à l'entreprise et destiné à servir de base aux décisions marketing[1] ».

Bon nombre d'entreprises investissent temps et argent dans l'intégration du SIM comme mécanisme pour recueillir de l'information et la rendre facilement accessible. Ainsi, celles qui osent investir dans un tel système possèdent, après un certain temps de rodage nécessaire, un instrument doté de qualités exceptionnelles.

Enfin, on doit spécifier que tant la PME que la grande entreprise peuvent se doter d'un SIM. Seul le degré de complexité du système sera différent. Les résultats de sa mise en application devraient être les mêmes.

Les composantes du SIM

L'administrateur planifie, organise, dirige et contrôle les actions stratégiques de l'organisation dans un environnement donné. Le SIM (*voir figure 4.2*) doit donc faire le lien entre les actions stratégiques et l'environnement. Le dirigeant du

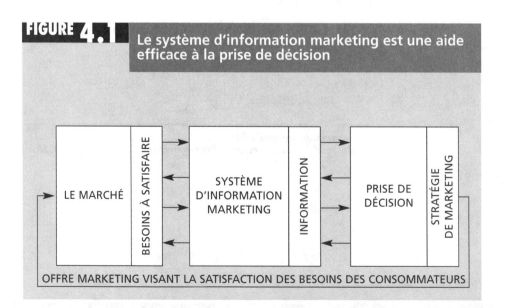

FIGURE 4.1 Le système d'information marketing est une aide efficace à la prise de décision

LE MARCHÉ — BESOINS À SATISFAIRE → SYSTÈME D'INFORMATION MARKETING — INFORMATION → PRISE DE DÉCISION — STRATÉGIE DE MARKETING

OFFRE MARKETING VISANT LA SATISFACTION DES BESOINS DES CONSOMMATEURS

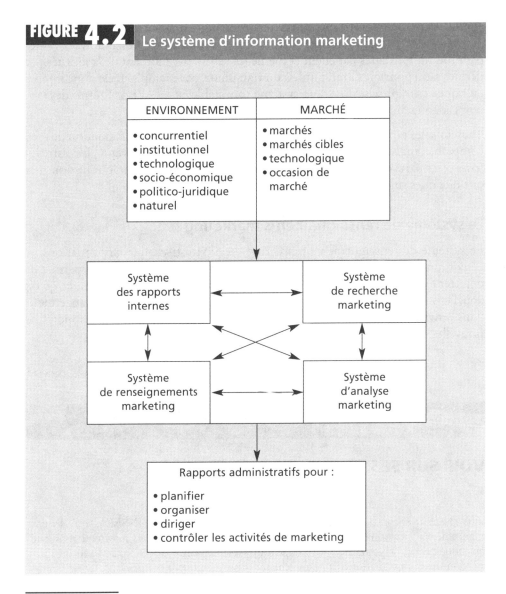

FIGURE 4.2 Le système d'information marketing

Source : adapté de KOTLER, Philip et DUBOIS, Bernard. *Marketing Management,* 6ᵉ éd., Paris, Publi-Union, 1989, p. 111.

marketing s'attend que le SIM recueille, traite et rende compréhensible le flux des données provenant de l'environnement et du marché. Notons que la performance du SIM ne se mesure pas à la quantité d'informations générée. Il ne sert à rien d'accabler l'administrateur d'un tas de documents inutiles. On doit plutôt mettre l'accent sur la qualité de l'information de même que sur son utilité pour les décisions que l'administrateur doit prendre.

Le système des rapports internes

Un système de comptabilité interne s'avère d'une grande utilité pour le personnel du marketing. Les données financières qu'il contient mesurent le rendement

Système des rapports internes
Ensemble des données informatisées ou non prenant la forme de rapports sur les activités quantifiées de l'entreprise.

atteint et orientent les efforts futurs. La comptabilité financière permet de dévoiler des ratios tels que les ventes par pied carré, les ventes par représentant, les ventes par produit, les ventes par client et même les ventes par moment de la journée ; ce dernier ratio pourrait s'avérer utile à un restaurant, par exemple. Il est donc important que l'entreprise se dote d'un système comptable en mesure de fournir des rapports adaptés aux besoins du preneur de décision en marketing.

Toutefois, les rapports internes ne devront pas se limiter à de l'information de type comptable, mais renseigner également sur les clients, la force de vente, les distributeurs et les parts de marché de différents produits de l'entreprise, pour ne nommer que quelques sujets (*voir encadré 4.1*).

Système de renseignements marketing
Ensemble des actions et des stratégies de l'entreprise pour recueillir des données sur le client et le marché.

Le système de renseignements marketing

Le système de renseignements marketing du SIM est sensible aux variations de l'environnement global dans lequel évolue l'entreprise. Par exemple, il permet de détecter les changements survenus dans l'environnement concurrentiel, ce qu'on appelle la « veille concurrentielle ». Il est aussi possible de détecter les changements dans l'environnement culturel afin de garder le dirigeant en alerte par rapport aux nouvelles tendances de consommation (*voir encadré 4.2*).

ENCADRÉ 4.1 L'information : le nerf de la guerre

POUR TOUT SAVOIR SUR SES CLIENTS...

AGENCE FRANCE-PRESSE
Paris

La société informatique NCR France a annoncé hier le lancement mondial d'un système sophistiqué de croisement et d'analyse de données qui permet à une entreprise d'analyser toutes les informations sur ses clients et connaître les besoins de chacun.

Ce système, baptisé *Relationship Optimizer,* permettra de cibler les offensives marketing des banques, des assurances, des exploitants en télécommunications ou des compagnies aériennes, qui pourront aller encore plus loin dans la relation client personnalisée.

« Notre système recoupe toutes les informations sur un client : une banque peut savoir s'il utilise ou non Internet et à quelle fréquence, s'il se sert de l'automate bancaire et comment, quelles sont ses habitudes bancaires, s'il utilise le centre d'appels », explique Bruno Citti, directeur marketing de NCR.

« Nous recoupons ces données externes, par exemple les fichiers que vendent la Direction générale des impôts ou l'INSEE », qui livrent notamment des informations sur le revenu moyen par zone géographique, a poursuivi M. Citti.

« Si par exemple le système constate que le client habite une zone où le patrimoine est très élevé, et qu'il n'a qu'un très petit portefeuille, la banque peut déduire qu'il est multibancarisé » et le relancer en conséquence...

Source : La Presse, 29 juillet 1999, p. A13.

ENCADRÉ **4.2** Découvrir des tendances

RENIFLEURS D'AVENIR

Elles font et défont les modes. Elles, ce sont les six ou sept agences de style qui avertissent les industriels de la mode sur ce que seront les goûts de demain. Prédiction ou connivence ?

VÉRONIQUE LEBRIS
collaboration spéciale

Le petit haut violet que vous avez porté tout l'été, vous pouvez le ranger, l'oublier, même. Fini! Désormais, il n'est et ne sera plus du tout à la mode avant longtemps. L'été prochain, c'est de jaune que vous vous vêtirez. Un jaune blond, maïs, éventuellement mâtiné d'un peu de saumon voire de corail. Oubliez le fuchsia, trop couru, le camouflage kaki et les couleurs fluo révélées cette année. Place aux neutres jaunis, verdis, cuivrés ou métallisés et surtout aux tissus *used & vintages,* qui donnent cette allure vieillie d'un vêtement déjà porté sur lequel vont se ruer les ados.

Vous en doutez? Tout est déjà fabriqué, acheté, prêt à être mis en rayon et, comme à chaque saison, cela vous plaira sûrement. Car, rien n'a été laissé au hasard. Depuis plus d'un an qu'ils planchent dessus, les industriels de la mode sont déjà convaincus de ce que vous aimerez et de ce que vous porterez. Car bien sûr, vous ne choisirez pas.

D'autres – qu'ils s'appellent cabinets de tendance ou plus souvent agences de style – l'ont fait pour vous. Ils parcourent, fouillent la planète à tout instant pour renifler l'air du temps. À six ou sept, installés en majorité à Paris – il en existerait aussi un à New York, et un au Japon –, ils font et défont les modes vestimentaires, les goûts et les couleurs des *fashion victims.*

«Nous faisons de la prospective, affirme Edith Keller, directrice associée de Carlin International, le plus ancien bureau de style né dans les années 1940 à Paris. Notre travail consiste à déterminer les grand courants influents de la mode un ou deux ans à l'avance. Évidemment, plus on se projette, plus on prend de risques», admet-elle.

Pour flairer ces vents nouveaux, elle-même, ses 45 collaborateurs parisiens et sa vingtaine d'agents de l'étranger voyagent aux quatre coins du monde, visitent les expositions, épluchent les études de marketing et sociologiques, convient architectes et autres créateurs à leurs réunions de service. De ces épopées naissent les conseils que les agences de style divulguent aux entreprises demandeuses et surtout les fameux cahiers de tendance, ces bibles de style, de couleurs, de matières, de forme qui paraissent à chaque saison et que s'arrache toute la filière du textile, des filateurs aux confectionneurs.

L'agence Nelly Rodi en publie une vingtaine par saison qu'elle vend entre 1500 et 4000 $ hors taxes à tous les stylistes, tous les chefs de produits marketing qui le souhaitent. Sur une soixantaine de pages, cinq tendances sont étudiées à la loupe: des échantillons de matières, des palettes de couleurs, des formes dessinées, des photographies d'ambiance se succèdent pour décrire en détail les orientations majeures que suivra la mode. Pratiques, extrêmement concrets, «ces cahiers de tendance sont, selon Estelle Giraud, du département communication/promotion de Peclers, la plus grosse agence du marché avec un chiffre d'affaires de près de 17 millions en 2000, des boîtes à idées dans lesquelles les stylistes puisent pour créer leurs collections». Des entreprises de luxe aux lignes de confection vendues en grande distribution ou par correspondance, tous y ont recours.

Pour Pierre-François Le Louët, directeur général de l'agence Nelly Rodi, «nos clients sont autant des multinationales que de toutes petites sociétés françaises, japonaises ou autres voire des institutions intéressées par la mode». Louis Vuitton, L'Oréal, Nestlé, Estée Lauder, Gap, La Samaritaine, Carrefour ou Playtex ont tous consulté un jour ou l'autre un cahier de tendance. Au Canada, le département mode de l'Université du Québec à Montréal, les cosmétiques Lise Watier ou encore Professional Pharmaceutical Corp. ont eu recours à l'agence Nelly Rodi. «Nous nourrissons les bureaux de recherche et de développement des entreprises», conclut-il.

Mais, l'exercice a aussi ses limites. Ces renifleurs d'avenir peuvent se tromper.

Aucun ne le reconnaît. Philippe Starck, 1er designer français, leur accorde même le bénéfice du doute car pour lui, ils ne font finalement que rapporter des évolutions déjà constatées sans en créer. Peclers avoue pouvoir être parfois trop en avance tandis que Edith Keller reconnaît ne pas pouvoir tout prévoir : «L'effet Loana – une jeune Française devenue star en quelques mois grâce à *Loft Story,* une émission de télévision, était imprévisible». L'influence restera locale, en France mais partout dans le monde, et malgré l'uniformisation croissante de la mode, ces microclimats continuent à jouer. «L'Amérique du Sud et son penchant affirmé pour la *sexy attitude* reste réfractaire»,

ENCADRÉ 4.2   Découvrir des tendances (*suite*)

ajoute Pierre-François Le Louët. Au Japon, les juniors ont pris l'habitude de contourner les tendances et d'en créer de nouvelles, comme le maquillage raffiné des ongles qui devraient bientôt sévir ici. Même les États-Unis se méfieraient de ces prévisions en adoptant toujours un style plus minimaliste qu'en Europe. Mais, comme le conclut prudemment Edith Keller, «les agences de style déterminent ces tendances par les succès commerciaux».

Source: *La Presse,* 6 novembre 2001, p. B4.

Système d'analyse marketing

Système qui permet à l'entreprise d'analyser les données recueillies à l'aide des systèmes de recherche et de renseignements marketing et des rapports internes.

Le système d'analyse marketing

Le gestionnaire utilise le système d'analyse marketing du SIM lorsqu'il fait face à un problème complexe. Des instruments scientifiques, tels que le PERT (de l'anglais *Program Evaluation Review Technic,* soit en français Techniques d'évaluation et de révision des programmes) et la simulation interactive servent d'outils d'analyse et de résolution de problèmes.

Une autre application possible du système d'analyse marketing est la prévision des ventes.

Il n'y a pas si longtemps, il était facile de prévoir les ventes d'une entreprise. Le climat économique était tel qu'il suffisait au dirigeant d'ajouter au montant des ventes précédentes un certain pourcentage qu'il jugeait réaliste.

Aujourd'hui, l'environnement économique est d'une telle turbulence et les besoins des consommateurs évoluent si rapidement qu'il est risqué de ne se fier qu'à l'intuition de l'un des administrateurs. La sagesse prône alors l'utilisation de certains instruments scientifiques de gestion mis efficacement au point au cours des dernières décennies, par exemple l'analyse de séries temporelles, l'expérimentation, la méthode Delphi, etc. Fournir des explications complètes sur chacun de ces instruments déborde le cadre du présent ouvrage. Cependant, afin d'illustrer ce concept, nous présentons l'une des méthodes appartenant aux séries temporelles, à savoir la régression linéaire simple.

La régression linéaire simple utilise des données historiques afin de prévoir l'avenir. L'hypothèse sous-jacente à cette méthode est que, toutes choses étant égales par ailleurs, la tendance (augmentation, diminution ou stabilité) des ventes du passé a de fortes chances de se reproduire dans l'avenir.

Comme il est possible de le constater à la figure 4.3, les ventes prévues constituent une extrapolation faite à partir du passé. Le montant des ventes est ainsi déterminé grâce à une formule mathématique[2].

Une mise en garde est cependant nécessaire. La prévision des ventes établie à l'aide de cette méthode, comme toute autre valeur, ne doit pas être considérée comme

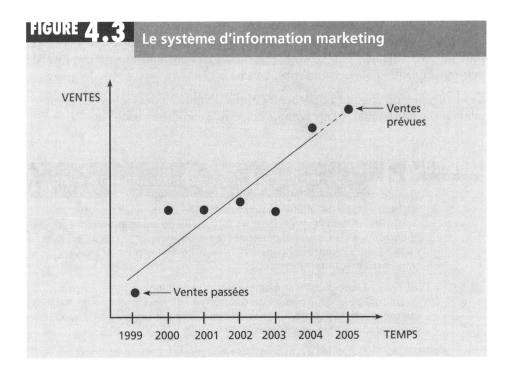

FIGURE 4.3 Le système d'information marketing

acquise. La prévision exacte des choses appartient au domaine des dieux! Il est donc prudent de remettre en question, avec l'aide du personnel compétent, les valeurs ainsi obtenues. Mais cela ne signifie pas que ces dernières ne soient pas valables ou qu'il soit préférable de ne pas les utiliser. Loin de là! Elles font l'objet de nombreuses applications.

Le système de recherche marketing

Enfin, la quatrième composante du SIM est le système de recherche marketing. Son rôle est de définir l'information relativement aux besoins précis de l'entreprise à un moment donné. La recherche en marketing constitue une activité si importante dans l'entreprise qu'elle mérite une présentation détaillée dans la prochaine partie de ce chapitre.

Système de recherche marketing
Analyse des besoins des consommateurs à partir de l'ensemble des outils, bases de données informatisées et de stratégies de collecte de données relatives au marché visé par l'entreprise.

La recherche en marketing

C'est à l'agence de publicité américaine N.W. Ayers and Son que revient le crédit d'avoir, la première, appliqué les principes de recherche en marketing dans le but de trouver une solution à un problème de publicité. En 1879, cette agence a effectué un sondage afin de déterminer un calendrier publicitaire correspondant aux besoins de la Nichols-Shepard Company, un fabricant de machinerie agricole[3].

M. Henry King est devenu, le 2 janvier 1929, le premier employé canadien à plein temps affecté à la recherche en marketing. C'est à l'agence de publicité Cockfield Brown and Co Ltd. qu'il a exercé sa fonction sous l'autorité de William W. Goforth[4].

Depuis ce temps, le monde des affaires a connu des changements considérables. Il en a été de même pour la recherche en marketing, utilisée sporadiquement à ses tout premiers débuts. Par la suite, la plupart des entreprises ont employé du personnel qualifié pour accomplir cette tâche[5].

Ce changement d'époque a également permis l'évolution des tâches que comportait la recherche en marketing, comme on peut le constater au tableau 4.1.

TABLEAU 4.1	**La petite histoire de la recherche en marketing**
I	1880-1920 – Étape de la mise au point de la collecte de statistiques sur l'industrie. Durant cette période, les travaux de recensement devinrent importants, et la recherche par enquête fut développée. Herman Hollerith, du Bureau du recensement, inventa la carte perforée, premier pas vers le traitement mécanique des données.
II	1920-1940 – Étape du développement de l'échantillonnage aléatoire, du questionnaire et de la mesure du comportement. Les chercheurs de marchés apprirent comment échantillonner efficacement une population et comment construire de meilleurs questionnaires.
III	1940-1950 – Étape de l'avènement du management. Les administrateurs utilisèrent de plus en plus les recherches de marchés comme aide à la prise de décision et non plus seulement comme une simple activité de collecte d'information. La « recherche de marchés » devint la « recherche en marketing ».
IV	1950-1960 – Étape de l'expérimentation. Les chercheurs en marketing commencèrent à utiliser la méthode de l'expérimentation et des méthodologies plus scientifiques pour traiter leurs problèmes de marketing.
V	1960-1970 – Étape de l'utilisation des méthodes quantitatives de traitement des données et de l'ordinateur. Les chercheurs s'appliquèrent à développer des modèles mathématiques de prise de décisions en marketing et développèrent l'informatique afin de l'utiliser pour le traitement des données et l'analyse de décisions en marketing.
VI	1970-1980 – Étape de la théorie du comportement du consommateur. Les chercheurs en marketing éprouvèrent leurs concepts et méthodes de recherche quantitative afin d'expliquer et de prévoir le comportement des consommateurs.
VII	1980-1990 – Analyse conjointe et analyse de compromis. Analyse causale. Entrevue assistée par ordinateur. Lecteur optique. Corrélation canonique.
VIII*	1990-2000 – Analyse qualitative, groupes de discussion et sondages Omnibus.
IX	2000-2004 – Recherche en temps réel dans Internet, sondages électroniques et analyse en temps réel.
X	2004-2008 – Sondages réalisés à l'aide d'outils de reconnaissance vocale et analyses effectuées au moyen de méthodes propres à l'intelligence artificielle.

Source : traduit de KOTLER, Phillip et TURNER, Roland E. *Marketing Management,* 7e éd. canadienne, Prentice-Hall Inc., p. 109. Reproduit avec la permission de l'éditeur.
* Les étapes VIII, IX et X sont de Normand Turgeon.

L'American Marketing Association présente une définition de la recherche en marketing qui tient compte de ces développements. Il s'agit de la « collecte, l'enregistrement et l'analyse systématique des données relatives aux problèmes de mise en marché des produits et services[6] ».

Nous définirons d'abord le rôle que joue la recherche en marketing dans la gestion de l'entreprise. Ensuite, nous examinerons les différentes étapes d'une recherche en marketing.

http://
www.marketingpower.
com

Le rôle de la recherche en marketing

La fonction de recherche en marketing est importante pour le succès de toute organisation. Elle fournit l'information nécessaire à la prise de décision. Comme nous l'avons vu, l'entreprise doit viser la satisfaction des consommateurs, objectif qui est au cœur même du concept de marketing. Elle doit donc être en mesure de recueillir les informations concernant les besoins et les désirs des consommateurs. Si le responsable du marketing compare ses stratégies de marketing avec les données disponibles sur l'état actuel du marché, il peut alors les ajuster ou, au besoin, en formuler de nouvelles.

Même si le rôle de la recherche en marketing semble relativement simple, on ne doit pas perdre de vue la complexité du contexte dans lequel il s'inscrit. L'environnement de l'entreprise évolue rapidement. Le domaine de l'électronique fournit l'un des plus remarquables exemples de changements. Personne n'y échappe... De la calculatrice de poche aux jeux d'arcade, de l'ordinateur aux tableaux de bord d'automobiles, les bouleversements ont été considérables.

De tels changements sont tangibles. Autrement dit, on peut les pointer du doigt, les toucher. Cependant, il existe d'autres changements qu'un bon directeur de marketing ne sera pas en mesure de déterminer s'il ne fait pas la moindre activité de recherche. Il s'agit, par exemple, de l'évolution des valeurs et des désirs des consommateurs. Ces modifications ne sont pas palpables, mais pourtant bien réelles. Par exemple, dans les années 1970, la demande pour de grosses automobiles a considérablement chuté, faisant place à la demande grandissante pour les petites automobiles. Faute de recherches pour connaître l'évolution réelle des besoins des consommateurs en matière de transport par automobile, certains fabricants américains n'ont pas été prêts à temps ! De même, les messages publicitaires qui véhiculent des stéréotypes sexistes subissent maintenant les critiques des consommateurs. Certaines associations les invitent même à boycotter l'achat des produits faisant l'objet de ce type de publicité.

Afin d'assurer le succès à long terme de son entreprise, le directeur du marketing doit faire évoluer ses stratégies en fonction des changements survenus dans le marché. Il ne pourra y arriver que s'il possède l'information nécessaire à une prise de décision judicieuse. C'est là le rôle capital de la recherche en marketing.

Procédure de recherche

Étapes essentielles, liées à la méthodologie de recherche, qui permettent de réaliser une étude à caractère scientifique.

Les phases de la recherche en marketing

La réalisation d'une recherche en marketing ne doit pas s'effectuer au hasard ou selon les humeurs du chercheur. En fait, pour garantir le succès de la recherche en question, il est préférable de suivre une **procédure** à étapes multiples (*voir figure 4.4*).

FIGURE 4.4   La procédure de recherche en marketing

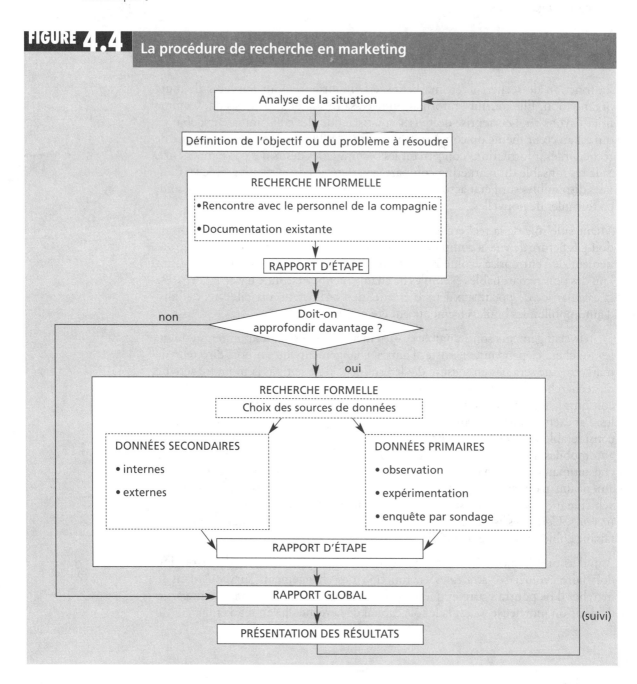

Les étapes de cette procédure sont interreliées. Dans quelques cas, certaines étapes ne seront pas absolument nécessaires. Le chercheur devra alors modifier sa façon de faire. Toutefois, cette procédure générale s'applique à un grand nombre de situations de recherche. Examinons maintenant chacune des étapes qu'elle comporte.

L'analyse de la situation

Une entreprise doit être rentable si elle désire survivre et croître ; c'est la loi du système économique dans lequel nous vivons. Dans ce but, les directeurs de l'entreprise se rencontrent afin d'évaluer la qualité de leur gestion. Lorsque tout va bien, ils font en sorte que cela continue ; autrement, il faut ajuster le tir.

C'est grâce à l'étape de l'analyse de la situation que les administrateurs fixent des objectifs ou définissent les symptômes de certains malaises dont souffre peut-être leur entreprise. Les ratios de rentabilité, de ventes par pied carré, etc., constituent d'excellents indicateurs de santé ou de malaises réels ou potentiels.

Définir l'objectif ou le problème à résoudre

Lors de la **définition de l'objectif ou du problème,** le chercheur a comme objectif de comprendre les enjeux auxquels fait face l'entreprise. Une entreprise qui voit son chiffre d'affaires constamment diminuer (ce qui, en fait, constitue un symptôme) fait face à un problème qu'elle doit définir. Elle ne pourra pas corriger la situation par la simple résolution d'augmenter ses ventes. Là n'est pas la solution !

Une baisse des ventes indique une faiblesse dans la stratégie de marketing. Il se peut que, comparativement à d'autres concurrents, cette entreprise ne fasse pas assez de publicité ou que sa publicité soit mal choisie ou inappropriée. Il se peut également qu'une baisse des prix chez les concurrents ou qu'une modification des goûts des consommateurs par rapport au produit ou relativement au réseau de distribution en soient les causes. Le chercheur doit retenir les hypothèses les plus réalistes et en évaluer la validité au cours des étapes de recherches formelle et informelle.

Les gens rattachés à la fonction marketing des entreprises ainsi que les entreprises de consultation effectuent de plus en plus de recherches.

Définition d'un problème de recherche
Formulation claire des enjeux de croissance ou de survie auxquels l'entreprise fait face à une période donnée.

La recherche informelle

Une fois le problème bien défini, l'administrateur entre dans la phase de recherche informelle. Il rencontre alors le personnel concerné de l'entreprise afin de recueillir les informations qu'il juge pertinentes. Il se peut également qu'il ait à consulter de la documentation sur le sujet de sa recherche. Dans certains cas, l'étape de recherche informelle suffira pour découvrir les causes du problème en question ; autrement, on doit entreprendre une recherche formelle.

Recherche informelle
Consultation *ad hoc* parmi les ressources facilement accessibles : personnes, documents, Internet, etc.

La recherche formelle

À l'étape de la recherche formelle, une procédure de collecte des informations, dont les sources peuvent être primaires ou secondaires, ou les deux, est mise en

Recherche formelle
Recherche structurée en fonction d'étapes établies à l'avance.

œuvre afin de remédier au manque d'information relevé à l'étape précédente. Cette procédure doit tenir compte autant du problème à l'étude que de la nature des données.

Données secondaires
Données obtenues au moment de la recherche principale mais qui se rapportent à des sujets connexes.

Les données secondaires

Les données secondaires sont recueillies pour un problème ou une situation autres que ceux qui font l'objet de l'étude. Malgré leur qualificatif de secondaires, elles ne sont pas de deuxième ordre. Malheureusement, bon nombre de gens d'affaires oublient qu'elles sont disponibles et ils s'engagent dans une collecte de données déjà existantes. Il s'agit là d'une erreur coûteuse. Les données secondaires proviennent de deux types de sources : les sources internes et les sources externes.

a) Les données secondaires de sources internes   Essentiellement, les données secondaires de sources internes sont recueillies par le service de la comptabilité, le service à la clientèle ou par le personnel de vente.

Le service de la comptabilité   Grâce à la synthèse des différents livres comptables et de leurs pièces justificatives (commandes, factures, etc.) traités selon une procédure standardisée, le système d'information comptable récupère les données relatives à l'état des résultats, au bilan et à l'état de l'évolution de la situation financière de l'entreprise. Il est donc possible de tracer l'historique d'une vente effectuée à un client si tel est le besoin. On peut connaître ainsi la période qui s'est écoulée entre la réception de la commande et l'expédition de la marchandise. Il est également possible de déterminer le nombre de retours de marchandise en raison de l'insatisfaction des clients.

De plus, l'administrateur peut tracer les courbes d'évolution des ventes (par produit, par région, etc.) et des coûts afin de mesurer la croissance de la rentabilité de l'entreprise. En fait, les entreprises profitent quotidiennement de multiples applications de leur système comptable (*voir tableau 4.2*).

Les limites d'application sont liées à la complexité du système en question, lui-même déterminé par les besoins et les moyens de l'entreprise. Aujourd'hui, à l'ère de l'informatique, autant les PME que les grandes entreprises peuvent se doter d'un ordinateur qui facilitera la sauvegarde, la compilation, l'analyse de leurs transactions quotidiennes et la préparation de rapports avec les clients et les fournisseurs.

Notons que la plus grande qualité d'un système comptable est de fournir des renseignements précis en un minimum de temps.

Le personnel de vente   « L'un des rôles importants de la force de vente dans la plupart des services de marketing consiste à rassembler, évaluer et transmettre des informations sur tous les faits nouveaux susceptibles de toucher l'activité de la société[7]. »

Dans bon nombre de cas, le vendeur est la personne à l'intérieur de l'entreprise la plus proche du marché, de la concurrence et du consommateur. Il est donc normal et important d'inclure dans ses responsabilités la tâche de recueillir de l'information. Le gestionnaire pourra alors mieux contrôler les activités de l'entreprise.

TABLEAU **4.2** Des éléments que peut fournir un système comptable

- Information concernant les ventes :
    - les produits vendus
    - le chiffre, en dollars, par gamme de marchandises
    - les ventes au comptant
    - les ventes à crédit
    - les rendus et rabais sur ventes
- Information concernant les ventes à crédit :
    - le nom et l'adresse du client
    - le montant de l'achat et les spécifications ayant trait aux produits achetés
    - les sommes versées
    - les sommes dues

- Information concernant les choses que vous achetez :
    - les marchandises commandées et leur fournisseur
    - les marchandises reçues
    - les marchandises retournées
    - les sommes dues et leur date d'exigibilité
    - les versements effectués
    - les frais d'exploitation
    - les taxes exigées
- Information concernant la circulation de l'argent et des valeurs au sein de l'entreprise :
    - le stock
    - l'encaisse
    - les biens immobiliers
    - le passif
    - la valeur nette

Source : adapté de BUSKIRK, Richard H. et BUSKIRK, Bruce D. *La gestion des commerces de détail,* Montréal, McGraw-Hill, Éditeurs, 1982, p. 401.

Mais pour obtenir un travail de qualité de la part de chacun des vendeurs, il importe d'élaborer un processus uniforme de collecte des données. Il s'agit tout simplement de bien communiquer les besoins de l'entreprise aux vendeurs afin d'éviter des recherches inutiles. De plus, tout moyen qui facilite le retour de l'information aux utilisateurs améliorera la collecte et libérera plus rapidement le vendeur afin qu'il puisse se consacrer à sa tâche principale, celle d'établir des relations avec les clients. Notons que, même si les vendeurs sont payés pour accomplir cette mission, il n'en demeure pas moins que plusieurs d'entre eux sont parfois réticents à participer activement à ce genre de travail. En effet, leur expérience peut leur avoir démontré que l'information recueillie sera peu ou pas utilisée. De plus, le simple fait qu'ils ne soient pas formés sur ce plan peut rendre cette tâche trop exigeante par rapport à la rémunération qu'ils en retirent. Afin de remédier à ces deux inconvénients, il serait sage de faire part à la force de vente de l'utilisation qui sera faite des renseignements fournis et de lui donner les moyens d'acquérir la compétence nécessaire à ce genre d'activité.

b) Les données secondaires de sources externes On considère comme sources externes tout ce qui est publié et qui peut tôt ou tard répondre aux besoins des entreprises qui cherchent à résoudre des problèmes de marketing. Nul besoin de dire que l'on peut facilement se perdre si l'on procède à l'aveuglette ! En effet, comme il est possible de le constater à la figure 4.5, à la page 92, il existe une multitude de sources externes[8].

Les sources gouvernementales Les trois paliers de gouvernement (fédéral, provincial et municipal) recueillent constamment des données de nature économique et statistique d'une grande utilité pour le responsable du marketing.

FIGURE **4.5** Une classification des sources externes de données secondaires

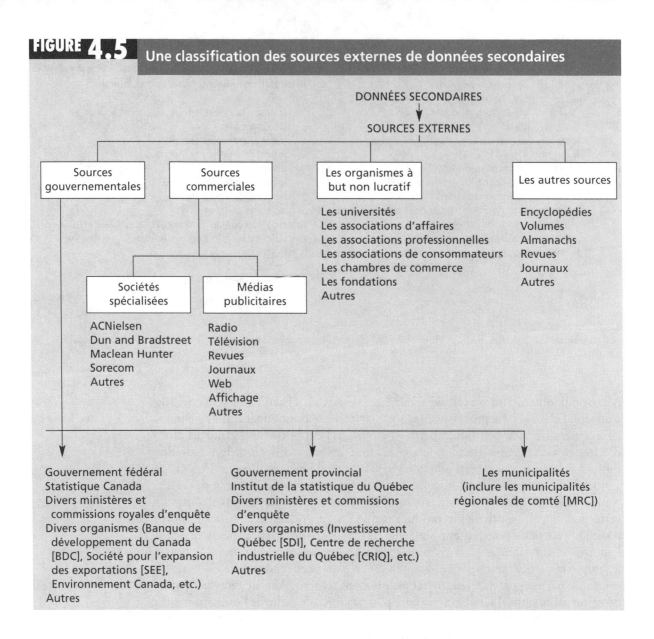

DONNÉES SECONDAIRES

SOURCES EXTERNES

Sources gouvernementales — **Sources commerciales** — **Les organismes à but non lucratif** — **Les autres sources**

Les organismes à but non lucratif
Les universités
Les associations d'affaires
Les associations professionnelles
Les associations de consommateurs
Les chambres de commerce
Les fondations
Autres

Les autres sources
Encyclopédies
Volumes
Almanachs
Revues
Journaux
Autres

Sociétés spécialisées
ACNielsen
Dun and Bradstreet
Maclean Hunter
Sorecom
Autres

Médias publicitaires
Radio
Télévision
Revues
Journaux
Web
Affichage
Autres

Gouvernement fédéral
Statistique Canada
Divers ministères et commissions royales d'enquête
Divers organismes (Banque de développement du Canada [BDC], Société pour l'expansion des exportations [SEE], Environnement Canada, etc.)
Autres

Gouvernement provincial
Institut de la statistique du Québec
Divers ministères et commissions d'enquête
Divers organismes (Investissement Québec [SDI], Centre de recherche industrielle du Québec [CRIQ], etc.)
Autres

Les municipalités
(inclure les municipalités régionales de comté [MRC])

http://www.statcan.ca

Le gouvernement fédéral Statistique Canada est l'organisme officiel du gouvernement en ce qui a trait à la collecte des données. Cet organisme a l'avantage de recueillir certaines données confidentielles auxquelles aucun autre organisme n'a accès. Mentionnons, à titre d'exemple, le chiffre d'affaires des sociétés privées.

Cet organisme, établi depuis 1905, a pour mission de recueillir et de diffuser des renseignements (*voir encadré 4.3*) appartenant à neuf grandes catégories : 1) généralités ; 2) industries primaires ; 3) et 4) fabrication ; 5) transports, communication et services d'utilité publique ; 6) commerce, construction, finances et prix ; 7) emploi, chômage et revenu de la main-d'œuvre ; 8) éducation, culture, santé et bien-être ; et 9) recensement. Le responsable du marketing s'intéresse particulièrement à une

ENCADRÉ **4.3** Statistique Canada s'avère fort utile aux commerçants

LES CONSOMMATEURS DÉPENSENT, LES VENTES AUGMENTENT

PRESSE CANADIENNE

OTTAWA – Les consommateurs canadiens ont commencé l'année 2002 comme ils ont terminé 2001, en effectuant plus de dépenses dans les grands magasins.

Selon Statistique Canada, les ventes des grands magasins ont fait un bond de 4,5 % en janvier par rapport à décembre pour atteindre 1,77 milliard de dollars. La hausse observée en décembre avait été de 2,6 %.

L'agence fédérale observe que depuis le printemps 2000, les ventes des grands magasins ont maintenu un mouvement général à la hausse.

Par rapport à janvier 2001, les ventes de janvier 2002 des grands magasins canadiens ont progressé de 11,7 %. Au Québec, de janvier 2001 à janvier 2002, la hausse des ventes a été de 14 %, en Ontario, de 11,4 %, et au Nouveau-Brunswick, de 10,5 %.

Par ailleurs, en janvier, les grands magasins ont ouvert 12 nouveaux emplacements à travers le pays, pour atteindre un total de 745.

Source : La Presse, 10 mars 2002, p. D11.

---

publication telle que le *Recensement du Canada*. Cette publication paraît tous les cinq ans, et le dernier recensement a été effectué en mai 2001.

L'environnement naturel a un impact majeur sur le commerce et l'industrie. Par exemple, combien de revendeurs d'appareils de climatisation, par exemple, voient leurs stocks fondre, sinon disparaître, lors d'une canicule ? Environnement Canada publie des rapports sur l'évolution des températures qui ne font pas toujours l'affaire des entrepreneurs, semble-t-il (*voir encadré 4.4*).

Le Manuel statistique pour études de marché Le *Manuel statistique pour études de marché*, qui regroupe des informations publiées dans divers documents de Statistique Canada (numéro de catalogue 63-224) relativement à la commercialisation, représente également un atout majeur. Il est publié annuellement depuis 1975.

Afin de faciliter l'usage des données qu'il publie, Statistique Canada met à la disposition de la clientèle potentielle divers services dont l'assistance aux utilisateurs. Il produit également des documents généraux et spécialisés ainsi que plusieurs autres. De plus, Statistique Canada met à la disposition du public près de 20 banques de données informatisées, dont celle du très populaire Système canadien d'information socio-économique (CANSIM). Cette banque contient un large éventail de données qu'il est possible d'extraire. Il suffit de l'interroger à partir du centre Statistique Canada de Montréal ou de l'un des distributeurs secondaires.

Différents ministères sous l'autorité gouvernementale et diverses commissions royales d'enquête qu'elle institue représentent d'autres sources de données intéressantes pour le responsable du marketing. Le ministère des Affaires étrangères et du Commerce international (MAECI) ainsi qu'Industrie Canada sont étroitement liés au domaine des affaires.

http://www.dfait-maeci.gc.ca

http://www.strategis.gc.ca

ENCADRÉ 4.4 Monsieur ou Madame Météo n'est pas à l'abri des critiques…

PAS SI TÔT, LES PRÉVISIONS MÉTÉO, CLAME BOMBARDIER

CLAUDE PLANTE
La Tribune

SHERBROOKE – La compagnie Bombardier aimerait qu'Environnement Canada modère ses transports quand vient le temps, en plein cœur de l'automne, de prévoir les précipitations de l'hiver.

Le manufacturier de motoneiges de Valcourt n'a pas apprécié entendre l'organisme météorologique annoncer un hiver moins neigeux au moment où les motoneigistes prennent la décision de faire leur achat en vue de la saison froide.

«Souvent, Environnement Canada a de la misère à prévoir ce qu'il va faire dans les quatre prochains jours, et là, ils veulent nous dire ce qui va se passer dans quatre mois. C'est *plate* que ça arrive à ce moment-ci, lance Marc Lacroix, porte-parole de Bombardier Produits récréatifs. Nous entrons dans la période critique pour les ventes de motoneiges en automne.»

«Malgré les prévisions, la saison est déjà bien commencée. Elle se présente bien. En Gaspésie, des sentiers sont sur le point d'être grattés. La saison est déjà commencée. Dans le bout d'Amqui, on fait de la motoneige depuis deux semaines.»

Selon ce qu'Environnement Canada annonçait récemment, le sud du Canada se dirige vraisemblablement vers un hiver doux et moins de neige. Ces conditions plus douces sont attribuables à El Niño, courant qui nous avait donné le grand verglas de l'hiver 1998.

«On voit souvent les motoneigistes regarder la météo le jeudi pour savoir ce qui va se passer la fin de semaine. Quand ça arrive, c'est complètement le contraire de ce qui avait été prévu», ajoute M. Lacroix.

«Malgré ce qu'Environnement Canada a dit sur les précipitations que nous pourrions avoir cet hiver, nous avons déjà de la neige au début novembre. C'est certain que ces gens ont une job à faire. Mais est-ce que c'est une science exacte? Non. Mais les motoneigistes sont souvent sceptiques quand ils écoutent la météo.»

Chez Environnement Canada, on se défend de vouloir faire du tort à qui que ce soit. On ne veut pas non plus retenir une information par peur qu'elle puisse nuire à quelqu'un.

«Mais il ne faut pas prendre cela comme une parole de l'Évangile, commente le météorologue Gilbert Filion. Nos aperçus mensuels nous laissent entrevoir un hiver avec moins de neige. Nous nous fions aux courants océaniques qui sont semblables à ceux de 1997 et 1998, lors du passage de El Niño.»

«C'est facile pour nous de dire que les précipitations seront semblables cet hiver. Mais le Québec, c'est grand. Il peut y avoir aucune neige à Montréal et plein en Gaspésie. Mais c'est peut-être l'inverse. Nous apportons de plus en plus de précision, mais ça reste des prévisions. Pour 48 heures, il n'y a pas de problème. Pour les jours qui suivent, c'est plus vague.»

Source : La Presse, 5 novembre 2002, p. B8.

Le gouvernement provincial   L'Institut de la statistique du Québec (ISQ) est l'organisme auquel incombe la responsabilité de la collecte, de l'analyse et de la diffusion des données statistiques publiées au Québec. L'ISQ assure la parution d'un certain nombre de publications officielles dont la revue trimestrielle *Statistiques* et la revue *Le Québec statistique,* un témoin de l'évolution du Québec. De plus, il offre l'accès à des banques de données produites par Statistique Canada.

L'ISQ produit aussi des documents spécialisés susceptibles d'intéresser le responsable du marketing. À titre d'exemple, mentionnons les documents *Le Commerce international* et *Les comptes économiques des revenus et des dépenses du Québec.* L'ISQ, par l'intermédiaire de son centre d'information, publie également un répertoire sur la statistique gouvernementale avec un index des descripteurs et des

http://
www.stat.gouv.qc.ca

sujets. Cette publication constitue une première au Québec. Afin d'en faciliter l'accès aux utilisateurs, l'ISQ met à leur disposition un centre d'information et de documentation qui joue le rôle d'agent de liaison. Comme du côté fédéral, il est possible d'obtenir des renseignements des différents ministères et commissions d'enquête provinciaux.

Les municipalités   Aux fins de gestion, les municipalités doivent produire certaines données statistiques de nature économique et démographique. Même si elles se limitent aux frontières géographiques de la municipalité, ou de la municipalité régionale de comté, ces données fort intéressantes offrent l'avantage d'être constamment tenues à jour.

Les sources commerciales   Les entreprises spécialisées et les médias publicitaires représentent des sources de données commerciales très importantes.

Les sociétés spécialisées   C'est l'activité principale ou secondaire de sociétés telles qu'ACNielsen, Starch Report, SOM inc., Dun and Bradstreet, Léger Marketing inc., que de produire certaines données générales et spécialisées pour le responsable du marketing (*voir encadré 4.5*). Il est impossible de nommer ici chacune de ces sociétés et les activités qui les caractérisent. À titre d'exemple, The Financial Post Company Limited publie *Canadian Markets,* outil concis, rapide et efficace ayant trait aux dernières statistiques et destiné à la planification de stratégies de la mise en marché de produits et de services au Canada.

http://www.som-inc
.com
http://www.dnb.com/us
http://
www.legermarketing.
com/fr/
http://
www.financialpost.com

Les médias publicitaires   La plupart des revues, des journaux, des stations de télévision et de radio ainsi que les entreprises spécialisées dans l'affichage publient des données sur la circulation de leur média ainsi que sur les marchés dans lesquels ils sont actifs.

ENCADRÉ 4.5   Un exemple d'information produit par une société spécialisée

REGARDEZ-VOUS LES MESSAGES PUBLICITAIRES ?

Généralement, on zappe. Ou l'on profite de la pause pour voir à d'autres besoins. Regardez-vous les messages publicitaires, envahissants et pas toujours géniaux ?

Une firme américaine, Knowledge Netwoks/Statistical Research, a vérifié le taux d'écoute de la publicité lors de quatre événements sportifs majeurs. Le pourcentage varie. Voyez.

Sans surprise, 52 % des 2100 répondants au sondage ont affirmé qu'ils prêtaient une plus grande attention aux messages lors du Super Bowl, rampe de lancement de plusieurs nouvelles campagnes.

Au second rang, les téléspectateurs des 500 milles de Daytona (NASCAR) prêtent une attention particulière à la publicité dans une proportion de 13 %, un peu plus que ceux du Championnat de la NCAA (10 %) et ceux du patinage artistique aux Olympiques (8 %).

Autres données intéressantes : les téléspectateurs du Super Bowl portent vraiment attention à 64 % de l'ensemble de la rencontre, un taux d'écoute qui atteint 72 % pour la programmation régulière en soirée, 72 % également pour le Daytona 500 et 74 % pour le patinage artistique. Faut dire que le Super Bowl est un happening et qu'une partie de son écoute provient de gens qui, autrement, s'intéressent peu au football.

Source : TRUDEL, Pierre, *La Presse,* 16 août 2002, p. S8.

Les organismes à but non lucratif   Il existe de nombreux organismes à but non lucratif (OSBL), dont voici les principaux.

http://www.hec.ca

Les universités   Par l'intermédiaire d'un centre de recherche ou à l'initiative de certains enseignants, les universités effectuent et publient des recherches sur le monde des affaires. Ces recherches sont habituellement accessibles au public. De plus, certaines universités produisent leur propre publication, par exemple, HEC Montréal, qui fait paraître la revue *Gestion.*

On ne doit pas oublier non plus les travaux de maîtrise et de doctorat des étudiants, dont la plupart peuvent être consultés.

http://www.cqcd.org
http://www.upa.qc.ca
http://www.cme-mec.ca

Les associations d'affaires (production et distribution)   Entre autres, le Conseil québécois du commerce de détail (CQCD), Manufacturiers et Exportateurs du Canada (MEC), l'Union des producteurs agricoles (UPA) et l'Association des détaillants en alimentation du Québec (ADA) effectuent des recherches ou publient des revues ou des dépliants qui contiennent des informations pouvant être d'une grande utilité. À ce titre, mentionnons la revue *Canadian Trade Index* que publient les MEC.

http://www.marketing-montreal.com

Les associations professionnelles   L'American Marketing Association publie les revues *Journal of Marketing, Journal of Marketing Research, Journal of Health Care Marketing* ainsi que le journal bimensuel *Marketing News.* L'Association marketing de Montréal (AMM) publie, quant à elle, le mensuel *Segment,* destiné aux spécialistes du domaine du marketing.

http://
www.consumer.ca
http://www.apa.ca
http://
www.consommateur.qc.
ca

Les associations de consommateurs   L'Association des consommateurs du Canada (ACC) (section Québec) inc. publie la revue le *Guide du consommateur canadien*; l'Association pour la protection des automobilistes et l'Association des consommateurs du Québec publient certains renseignements tirés d'enquêtes.

Les chambres de commerce   Les chambres de commerce sont reliées internationalement et peuvent être d'une aide précieuse grâce aux études qu'elles entreprennent.

http://
www.cdhowe.org/
index.html

Les fondations   Le Conference Board publie, sous forme d'édition annuelle irrégulière, le *Handbook of Canadian Consumer Markets.* On y trouve des données sur la population, l'emploi, les revenus, les dépenses, la production, la distribution et les prix. De plus, l'Institut C.D. Howe effectue certaines recherches spécialisées.

Les autres sources   Les encyclopédies, les volumes, les almanachs, les revues (*Financial Post : Survey of Markets* et *Sales Management : Survey of Buying Power*) et les journaux peuvent contenir, eux aussi, certaines statistiques intéressantes pour le responsable du marketing. En effet, auteurs et journalistes effectuent des recherches originales ou utilisent des données déjà recueillies afin d'illustrer les thèmes qu'ils développent. L'utilisation des index permet une consultation plus efficace de ces sources de données. En effet, ils dépouillent un certain nombre de revues ou de journaux. Les index les plus utilisés sont le *Business Periodical Index,* le *Canadian Periodical Index, L'Index de l'actualité* et *Point de repère.* Les annuaires du téléphone, notamment celui des pages jaunes, s'avèrent également d'une grande utilité. Enfin, le Web regorge d'information marketing, souvent gratuite.

c) Où se les procurer ?   Il existe deux façons de prendre possession des documents dont le responsable du marketing a besoin. S'il désire posséder ces publications de façon permanente, il peut les acheter chez tout bon libraire ou, encore, s'adresser directement aux organismes concernés. Par contre, s'il ne désire que les consulter, il peut le faire dans une bibliothèque publique ou sur le Web, si les données sont disponibles.

d) Les avantages et les inconvénients des données secondaires   Un premier avantage inhérent aux données secondaires a trait à l'économie d'argent réalisée. Il est, en effet, beaucoup moins coûteux pour une entreprise d'acheter les documents dont elle a besoin que d'entreprendre elle-même la recherche de ces données.

Un deuxième avantage concerne le gain de temps réalisé puisque ce type de données est facile à obtenir. Le troisième avantage à retenir est que les données secondaires contiennent des informations qu'il serait impossible d'obtenir autrement. Par exemple, il est rare qu'un compétiteur dévoile son niveau des ventes. Par contre, il est souvent possible d'obtenir ce type d'information à partir de telles publications.

Les données secondaires présentent cependant certains désavantages. Par exemple, elles peuvent ne pas correspondre exactement aux besoins de la recherche. Dans ce cas, on doit, si c'est possible, les adapter pour que le tout soit satisfaisant.

Il peut arriver également que les données soient périmées. Certaines des données du recensement de 2001 ne seront connues que quelques années plus tard et, par le fait même, seront plus ou moins désuètes. Enfin, la crédibilité attachée à ce type de données peut être limitée. On doit alors se demander si la personne ou l'organisme qui a recueilli et analysé ces informations avait les compétences requises. Voilà pour les avantages et les désavantages des données secondaires.

Les données primaires

Lorsque les données secondaires ne suffisent pas pour résoudre le problème de marketing auquel l'entreprise fait face, elle doit alors s'organiser pour obtenir ce que l'on appelle des « données primaires ».

Quelles sont les attitudes des gens à l'égard de notre produit ? Que retiennent-ils de notre publicité ? Accepteraient-ils une augmentation de prix ? Quel canal de distribution les consommateurs préfèrent-ils ? Voilà quelques questions auxquelles le responsable du marketing ne peut répondre s'il n'utilise que les données secondaires.

Les réponses à ces questions existent cependant quelque part. Toutefois, elles ne sont pas disponibles immédiatement. Elles sont à l'état brut dans le marché, et on doit entreprendre certaines démarches pour les recueillir. On peut donc définir les données primaires comme des données colligées expressément pour répondre à une situation de recherche particulière. Il existe trois façons de les recueillir : l'observation, l'expérimentation et l'enquête par sondage.

a) L'observation   On peut définir l'observation comme la constatation de certains états de l'environnement et de manifestations particulières des gens. « Nous jetons un regard par la fenêtre, le matin, pour savoir s'il fait soleil ou s'il pleut et nous décidons en conséquence de prendre ou de ne pas prendre un

Données primaires
Données non publiées et recueillies pour la première fois au moyen d'une enquête ou d'une expérience en vue de répondre à une situation de recherche particulière.

Observation
Constatation de certains états de l'environnement et de manifestations particulières des gens.

parapluie[9]. » Lorsque nous offrons un cadeau à un être cher, nous observons sa réaction.

Appliquée au marketing, cette méthode permet de recueillir certaines données descriptives intéressantes. C'est par l'intermédiaire d'observateurs humains et mécaniques que s'effectue cette collecte de données. L'observateur humain est une personne qui a reçu les instructions nécessaires pour effectuer ce genre d'activité. Voici quelques exemples de ce qu'il peut accomplir.

L'observateur humain et les états de l'environnement :

- Une personne fait le décompte de l'inventaire d'un magasin[10].
- Dans le stationnement d'un centre commercial d'une ville frontalière, Gatineau par exemple, une personne fait le décompte des autos dont les plaques d'immatriculation proviennent du Québec et de l'Ontario afin de déterminer le pourcentage du budget de publicité qu'elle doit accorder à chacune de ces régions[11].
- L'administrateur d'un terrain de camping effectue un relevé géographique des gens qui l'ont visité lors de la période estivale à partir de cartes d'enregistrement.
- Afin de classer les zones de magasinage les plus populaires dans les centres-villes, le préposé fait une analyse du relevé de parcomètres.

L'observateur humain et les manifestations des gens :

- Un chef des ventes accompagne une nouvelle recrue pour voir comment elle se débrouille et pour lui faire des recommandations[12].
- Un vendeur observe le comportement des gens devant un étalage de verres fumés.

En ce qui a trait à l'observation effectuée par des moyens mécaniques, le responsable du marketing peut utiliser différents instruments. Les plus utilisés sont la caméra, le magnétophone, le pupillomètre, le galvanomètre, le tachistoscope, l'audimètre, le tourniquet et le compteur de circulation. Leurs usages sont différents. Voici quelques exemples d'observations d'états de l'environnement et de manifestations des gens.

- Bon nombre de magasins disposent d'un système de caméras. Ce système sert habituellement à détecter les vols à l'étalage, mais peut également s'avérer fort utile pour retracer les allées les plus fréquentées.
- Le directeur des ventes d'un concessionnaire d'automobiles peut placer un magnétophone dans le bureau de l'un de ses vendeurs afin d'évaluer la qualité des réponses qu'il donne aux différentes interventions d'un acheteur[13]. Cette méthode est très utilisée dans les centres de télémarketing et dans les services (téléphoniques) à la clientèle où l'on prévient même les clients que les conversations peuvent être enregistrées pour le contrôle de la qualité.
- Afin de mesurer l'intérêt d'une personne par rapport à un message publicitaire, le responsable du marketing peut se servir du pupillomètre ou du galvanomètre. Le pupillomètre mesure les changements dans la dilatation de la pupille, tandis que le galvanomètre mesure les changements involontaires de l'électroconductivité de la peau. Un changement à la hausse, dans les deux cas, indique une augmentation de l'intérêt du consommateur.
- Le tachistoscope projette des images à des vitesses et dans des conditions d'éclairage choisies[14]. Cet instrument peut être utile pour effectuer un choix entre deux types de publicités conçues pour un même produit. Celui qui, dans les

mêmes conditions de présentation, permettra un plus haut taux de mémorisation sera choisi pour la campagne publicitaire.

- Afin de déterminer les heures d'écoute ainsi que les stations de radio ou de télévision captées, la société ACNielsen se sert d'un appareil mécanique appelé « audimètre ». On le branche à l'appareil choisi, et l'entreprise recueille les données de façon régulière.

http://acnielsen.com

- Les tourniquets à l'entrée des magasins s'avèrent utiles pour évaluer le nombre de personnes qui fréquentent l'établissement à des périodes données. Il en est de même du compteur de circulation, qui indique le nombre de véhicules qui franchissent un poste de comptage. Ce dernier appareil se révèle fort utile lors d'une étude de localisation d'un commerce de détail.

Voilà autant d'exemples illustrant de quelle façon le responsable du marketing peut se servir de moyens mécaniques afin d'obtenir des données.

L'observation est une méthode qui comporte des avantages et des inconvénients. Comme les moyens d'observation sont toujours dissimulés, les données recueillies portent sur le comportement naturel de la personne et non sur le comportement qu'elle aurait pu vouloir afficher afin de mieux paraître si elle avait été interviewée. De plus, une telle méthode permet de réduire les biais dus à l'interviewer puisque ce dernier est presque absent du processus. Enfin, les données recueillies s'avèrent assez précises.

Certains inconvénients se rattachent à cette méthode. Lorsque c'est une personne qui fait l'observation, les résultats peuvent être biaisés. Par exemple, la fatigue peut l'amener à interpréter deux comportements identiques comme différents, ou vice versa. Cette méthode est limitée en ce sens qu'elle ne fait pas connaître les motifs, les attitudes ou les opinions des gens. En fait, elle permet de répondre à la question « Quoi ? », sans toutefois répondre à la question « Pourquoi ? ». De plus, si la personne se sent observée, elle peut modifier ses comportements et ainsi introduire un biais. Enfin, c'est une méthode coûteuse.

Lorsque l'on doit compléter l'observation par de l'information de nature démographique, on peut effectuer une courte interview auprès des personnes observées.

Comme il est possible de le constater, l'information recueillie à l'aide de cette méthode répond à un besoin précis. Si elle ne peut satisfaire aux exigences, on devra songer à recourir à une autre méthode (*voir encadré 4.6*).

b) L'expérimentation   Lorsqu'un médecin découvre un nouveau vaccin contre une maladie et qu'il veut en déterminer l'efficacité, il l'injecte à un certain nombre de sujets présélectionnés et il analyse les résultats. Cette expérience lui permet de vérifier une relation de cause (vaccin) à effet (prévention).

Expérimentation
Vérification par expérience d'une hypothèse énoncée à partir d'un sujet de recherche.

En marketing, il existe des situations où ce type de méthode peut convenir. Il peut être utile pour déterminer :

- la meilleure méthode de formation des représentants ;
- le meilleur plan de rémunération des représentants ;
- la présentation la plus appropriée pour un produit à l'étalage d'un magasin ;
- l'efficacité d'un étalage situé à un point de vente ;
- le type d'emballage à utiliser ;
- le texte publicitaire le plus efficace ;
- la version d'un produit qui aura la préférence du public[15].

ENCADRÉ 4.6 L'observateur observé... en observation !

HOLÀ LES MICROS !

STÉPHANIE PERRON,
étudiante en journalisme

Avez-vous remarqué les microphones fièrement suspendus au-dessus des caisses des dépanneurs Couche-Tard? C'est le moyen qu'ont trouvé les illuminés de l'esprit d'entreprise afin de s'assurer que leurs pions d'employés proposent à tous leurs clients un produit complémentaire à leurs achats. Sans farce. On est dans un dépanneur ou dans une boîte de télémarketing?

Un briquet avec vos cigarettes? Un 6/49 avec ça? Allez-vous prendre l'extra? Pas moyen de s'acheter un pain sans se faire offrir une livre de beurre. Ainsi, à tous les mois, monsieur Productivité écoutera la bande sonore afin de s'assurer que tous ses employés soient bien dressés. Sachez, camarades, que le phénomène des micros pullule de façon inquiétante, si bien qu'il est devenu le créneau de tous les Couche-Tard. Magnifique!

C'est une chose que de vérifier l'efficacité des employés: tout bon *boss* doit s'assurer que le client est roi. Mais c'est une tout autre histoire d'espionner ses employés avec des micros, aussi petits soient-ils. Ces magnifiques objets de collection suspendus au-dessus des caisses sont inadmissibles.

Solution: dorénavant, les micros sont CACHÉS derrière les caisses (oui, oui, c'est vrai). Pas beau, ça? Messieurs Efficacité finiront-ils le marathon de l'espionnage avant que la situation devienne alarmante? Me semble. Dure réalité, le monde des grands.

Source: La Presse, 24 août 2002, p. A14.

TENDANCES MARKETING

Regroupés sous le modèle des 4 I, quatre critères seront au cœur des futurs efforts de commercialisation des entreprises: intensité, intégration, interaction et identification.

Certains auteurs voient même le jour où chaque être humain – voire son animal préféré! – sera doté d'une puce d'identification. Cette puce, capable de recevoir et d'émettre volontairement ou non de l'information, sera quelque peu à l'image de ce monde de la communication sans fil qui se développe de plus en plus.

Dans le domaine de la recherche en marketing, cette puce ouvre un champ d'application nouveau en matière d'observation des consommateurs. Ainsi, commerçants et chercheurs pourront scruter à la loupe nos comportements, et l'analyse de l'information collectée se fera en temps réel.

Ainsi, toutes nos frustrations reliées à la consommation de produits et services diminueront au point de disparaître! Nous serons des consommateurs heureux, mais serons-nous des êtres libres?

Que pensez-vous de cette tendance?

Source: adapté de PAZGAL, Amit et SIKKA, Sandeep. « A New Premise for Marketing Online », dans *Internet Marketing Research: Theory and Practice,* dans O. Lee, Hershey (Penn.), Idea Group Publishing, 2001, p. 81-87.

Dans chacun de ces cas, le responsable du marketing vérifie une relation de cause à effet. La plupart du temps, il s'agit de vérifier l'impact d'une variable stratégique du marketing sur les ventes. On peut donc concevoir l'expérimentation de la façon suivante. Un sujet, évoluant dans un environnement contrôlé ou non, reçoit certains stimuli choisis par le chercheur afin de provoquer des résultats, lesquels sont ensuite analysés afin de vérifier la relation susceptible d'exister entre le résultat observé et l'agent causal.

Voici un exemple d'une expérience illustrant le processus présenté à la figure 4.6. Une entreprise japonaise avait autorisé les industries Gabriel à commercialiser le jeu Othello. Toutefois, cette entreprise n'était pas certaine du type de promotion à utiliser pour lancer ce produit. Les industries Gabriel ont donc testé deux stratégies. Dans la première localité, Gabriel a présenté Othello comme un jeu de stratégie. Dans la seconde, Othello a été lancé sur le marché comme un jeu similaire aux échecs et au backgammon. Les ventes ont été faibles dans la première localité, mais élevées dans la seconde. À partir de cette expérimentation, les industries Gabriel ont découvert la façon appropriée de promouvoir leur nouveau produit[16]. Dans ce cas, le stimulus testé a été le type de publicité et le résultat, le niveau des ventes. Cette expérience s'est déroulée dans deux segments de marché à l'intérieur d'un environnement incontrôlable.

L'expérimentation constitue la seule méthode qui permette de vérifier des relations de cause à effet en marketing. Toutefois, on doit savoir utiliser cette méthode avec discernement, car une expérience peut entraîner des réactions de la part de la concurrence qui auront pour effet de biaiser les résultats. Cela est arrivé à un fabricant de pâte dentifrice qui désirait tester le prix de son produit. Il a présenté son produit à différents prix dans diverses localités pour connaître le prix le plus approprié au marché visé. Un de ses concurrents a vite découvert le pot aux roses et en a

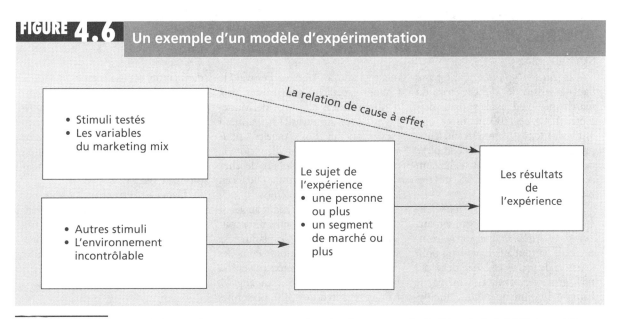

FIGURE 4.6 Un exemple d'un modèle d'expérimentation

Source : adapté de KOTLER, Philip. *Marketing management : analyse, planification, contrôle,* 2ᵉ édition, Paris, Publi-Union, 1973, p. 376.

profité pour brouiller le test en achetant tous les tubes de pâte dentifrice vendus. De cette façon, les résultats n'ont pas été valables pour l'entreprise qui avait tenté l'expérience.

L'expérimentation s'avère aussi utile pour vérifier une stratégie de marketing globale. On vérifie les quatre variables du marketing mix par le biais d'un test de marché (*voir encadré 4.7*). Il s'agit de choisir une région représentative du marché provincial ou canadien. Calgary, Sherbrooke et Chicoutimi servent souvent à cette fin[17]. Si le lancement du produit est réussi lors du test de marché, l'entreprise peut alors envisager de le commercialiser à l'échelle nationale.

L'expérimentation est cependant une méthode coûteuse. De plus, elle communique les intentions de la société à la concurrence. On doit donc l'utiliser avec précaution.

Enquête par sondage
Recueillir l'information auprès d'un groupe ciblé qui représente un échantillon valable de la population.

c) L'enquête par sondage   L'enquête par sondage consiste à recueillir l'information nécessaire à la prise de décision auprès d'un groupe de personnes représentatif de la population. L'information recueillie porte habituellement sur les attitudes, les opinions, les motivations, les comportements passés, présents ou futurs (intentions d'achats), les préférences des consommateurs, ainsi que sur leurs caractéristiques sociodémographiques. Puisqu'il serait trop coûteux et fastidieux de mener l'étude auprès de la population totale, un échantillon est prélevé et fait l'objet du sondage en question. Le sondage constitue un outil puissant de marketing[18]. Sa popularité s'est accrue de façon considérable auprès des administrateurs, qui l'utilisent de plus en plus.

ENCADRÉ 4.7   Bonnes nouvelles !

LES *INVASIONS BARBARES* PASSENT LE TEST DU MARCHÉ AMÉRICAIN

HUGO DUMAS

Les *Invasions barbares* ont passé haut la main le difficile test du marché new-yorkais : la semaine dernière, 97 % des 300 personnes qui ont vu le film de Denys Arcand à une projection-test dans un complexe multisalles de Manhattan lui ont accordé la note « excellent », « très très bon » ou « très bon ».

Ces résultats ont convaincu le distributeur Miramax d'organiser aux *Invasions barbares* une sortie commerciale partout aux États-Unis pour l'Action de grâces et Noël, deux des plus gros week-ends de cinéma de l'année. Le film québécois, double-

ment primé au dernier Festival de Cannes (meilleur scénario et prix d'interprétation féminine de Marie-Josée Croze), sortira le 21 novembre à New York et Los Angeles, pour « lancer le bouche à oreille », note la productrice Denise Robert de chez Cinémaginaire, et partout ailleurs en sol américain, le 19 décembre.

Miramax, qui appartient au géant du divertissement Disney, teste toujours ses films avant de planifier sa stratégie de distribution. Pour les *Invasions barbares,* projetées en version française avec sous-titres en anglais, Miramax a recruté 300 personnes

dans la rue, et pas nécessairement des cinéphiles de SoHo aux goûts pointus. Bref, monsieur et madame Tout-le-monde. Après la présentation du film, qui a eu lieu le 3 juillet, les gens de Miramax ont fait remplir un questionnaire d'appréciation à leur groupe-cible.

Denise Robert et Denys Arcand ont assisté, incognito, à cette projection-test. Évidemment, le couple était très nerveux. Tous deux savaient très bien que ça pouvait passer ou casser après ce verdict populaire.

Source : La Presse, 23 juillet 2003, p. C1.

Toutefois, mener une enquête par sondage n'est pas d'une grande facilité. On doit alors être très méthodique si l'on veut éviter des pertes d'argent et de temps inutiles. La figure 4.7 présente les étapes à franchir pour mener à bien une telle enquête.

Déterminer l'objectif de l'enquête   Les objectifs de l'enquête doivent correspondre aux besoins qui ont provoqué la tenue d'une telle enquête. Bon nombre d'entreprises se préoccupent continuellement :

- de tester la clientèle cible avant la mise en marché d'un nouveau produit ;
- de savoir si les clients accepteront ou refuseront leurs produits et de connaître leurs attentes et leurs désirs ;
- de la perception qu'ont les consommateurs des services qu'elles offrent ou de l'image qu'elles projettent[19].

Une fois l'objet de l'enquête défini, le responsable du marketing doit élaborer le contenu du questionnaire, l'échantillonnage et choisir le support approprié. Lorsqu'il effectuera ce travail, il devra considérer les interrelations de ces trois éléments. Par exemple, si l'échantillon est constitué en partie d'anglophones et en partie de francophones, on devra concevoir et présenter obligatoirement le questionnaire dans les deux langues officielles.

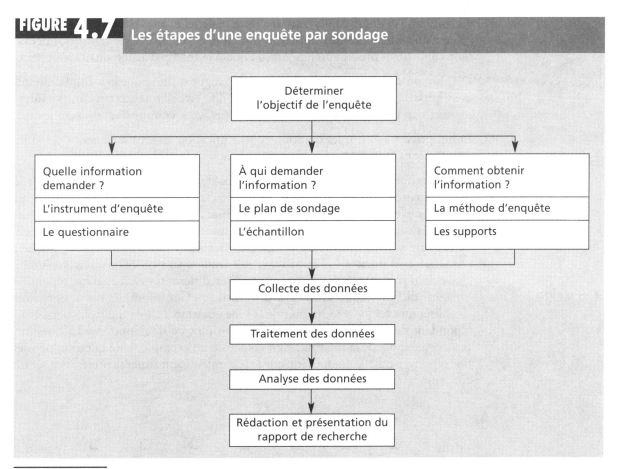

FIGURE 4.7   **Les étapes d'une enquête par sondage**

Source : adapté de DARMON, R. Y., LAROCHE, M. et PÉTROF, J. V. *Le marketing, fondements et applications,* 5ᵉ édition, Montréal, Chenelière/McGraw-Hill, 1996, p. 166.

L'instrument d'enquête : le questionnaire Il n'existe pas de recette miracle pour rédiger un bon questionnaire. Ce n'est qu'une question de bon sens, de travail et d'expérience. « En soi, rédiger un questionnaire est un art et non une science[20] ». Avant qu'un questionnaire ne soit rendu public, il y a trois étapes à franchir :

- L'élaboration d'un questionnaire pilote ;
- Le prétest de ce questionnaire ;
- La mise au point du questionnaire final.

La première étape de l'élaboration d'un **questionnaire pilote** exige que le spécialiste prenne certaines décisions relatives aux types, à la forme, au nombre et à l'ordre de présentation des questions.

Trois catégories de questions peuvent être présentes dans un questionnaire. Des questions d'amorce sont d'abord posées afin de susciter l'intérêt du répondant. Viennent ensuite les questions de fond, c'est-à-dire les questions qui touchent directement l'objet de l'enquête. La technique du groupe de discussion, qui consiste à réunir des personnes compétentes relativement aux sujets de la recherche, est de plus en plus utilisée afin d'élaborer cette partie du questionnaire. Ce groupe de personnes (de 8 à 12 généralement) se compose de spécialistes, d'administrateurs et de consommateurs. Réunies autour d'une table, elles mettent en commun, avec l'aide d'un animateur, leurs impressions personnelles. À partir de cette documentation, l'animateur produit un rapport indiquant le champ d'action du questionnaire.

De plus, on doit être attentif au niveau de langue utilisé pour la formulation des questions. Il est généralement reconnu qu'il doit être adapté aux personnes à interroger et non pas à celles qui formulent les questions, comme c'est souvent le cas.

Enfin, placées à la fin, les questions d'identification servent à recueillir certaines informations de nature sociodémographique.

Pour chacune de ces catégories, deux types de questions peuvent constituer le questionnaire : ce sont les questions de type ouvert et celles de type fermé. Une question ouverte permet au répondant d'utiliser son propre langage : « Que pensez-vous de la couleur de l'emballage ? » Une question de type fermé donne des choix de réponse sous la question : « À quelle pharmacie faites-vous le plus souvent vos achats ? Pharmacie A, Pharmacie B, Pharmacie C. » En ce qui concerne un tel choix de réponses, le spécialiste peut utiliser différentes formes. Une réponse à caractère dichotomique utilise une alternative : « Consommez-vous des produits alcoolisés tous les jours ? Oui ou non. » Une question à choix multiples permet au répondant de sélectionner sa réponse parmi plus de deux options. La question relative au choix de la pharmacie en constitue un exemple. Une question permet une réponse à échelle graduée lorsque le répondant peut situer sa préférence sur un continuum. Le goût du café XYZ est :

	1	2	3	4	5	6	7	
riche	❑	❑	❑	❑	❑	❑	❑	pauvre
corsé	❑	❑	❑	❑	❑	❑	❑	doux

Cet exemple utilise une échelle sémantique différentielle, également appelée « bipolaire ». Une telle échelle est largement utilisée pour mesurer les attitudes. La forme de question retenue dépend donc de l'information recherchée et du plan d'analyse conçu pour son obtention.

Il n'existe aucune recette pour déterminer le nombre de questions. Tout ce que l'on peut dire, c'est que l'on ne doit pas inclure de questions inutiles décourageant les répondants. De plus, le nombre de questions doit tenir compte de la méthode employée. Si le support est le téléphone (*voir encadré 4.8*), le questionnaire devra être relativement court. Si le questionnaire est expédié par la poste ou, encore, présenté à domicile ou à l'extérieur du domicile par un interviewer, le questionnaire pourra être plus long sans être ennuyeux. Le spécialiste doit utiliser le principe de la parcimonie : obtenir l'information désirée à l'aide du minimum de questions afin de diminuer le taux d'abandon et de non-réponse.

En ce qui a trait à l'ordre séquentiel de questions à respecter, les questions de type « amorce » devraient être au début, suivies des questions de fond et des questions d'identification. De cette façon, si le répondant démissionne en cours de route, il aura tout de même donné une information jugée essentielle. Le questionnaire est maintenant prêt pour la seconde étape.

Le **prétest** décèle les faiblesses du questionnaire initial. On effectue cette étape en faisant passer le questionnaire, autant que possible, à des personnes choisies au hasard. Même si cette étape n'est pas d'envergure, elle est tout de même importante. Elle permet de trouver certaines erreurs qui pourraient se révéler fort coûteuses.

Prétest
Étape de validation du questionnaire auprès de personnes choisies au hasard.

La dernière étape, soit la mise au point du **questionnaire final,** nécessite deux interventions.

Questionnaire final
Questionnaire validé.

En premier lieu, à partir des résultats du prétest, il peut devenir nécessaire de modifier le questionnaire. Il peut s'agir d'un remaniement partiel ou majeur. Lors d'un remaniement majeur, on ne doit pas hésiter à le faire même si la tâche est imposante ; il sera peut-être même nécessaire de prétester le nouveau questionnaire. En second lieu, une fois le questionnaire terminé, il pourra être utile de le précodifier. Le précodage tient compte de la façon dont seront traitées les données, à savoir un traitement manuel ou un traitement par ordinateur.

Le plan de sondage : l'échantillon   Le sondage idéal serait d'interroger tout un chacun ! Toutefois, comme nous l'avons vu, cela représente une tâche trop exigeante. On choisit donc une partie de la population pour répondre au nom de l'ensemble : c'est l'**échantillon.** Le choix des personnes à interroger peut se faire de façon probabiliste (aléatoire) ou non probabiliste (non aléatoire). Ce choix s'effectue de façon probabiliste si chaque membre de la population a une chance connue d'être sélectionné. En conséquence, le choix des personnes n'est pas laissé à la discrétion du spécialiste ou de l'interviewer, mais il relève du hasard. De cette façon, le spécialiste peut déterminer, à partir d'analyses statistiques, le risque d'erreur que représente cet échantillon.

Échantillon
Fraction représentative d'une population choisie en vue d'un sondage.

De façon pratique, on doit d'abord déterminer un **cadre d'échantillonnage,** c'est-à-dire une liste de personnes possédant les caractéristiques recherchées. Par exemple, l'annuaire du téléphone de la ville de Drummondville peut se révéler un outil

Cadre d'échantillonnage
Liste de personnes possédant les caractéristiques recherchées.

ENCADRÉ 4.8 Un exemple de questionnaire par téléphone

Section habitudes de lecture

1. Depuis combien de temps êtes-vous abonné au magazine *Continuité* ?
   - ❑ Moins d'un an
   - ❑ Entre 1 et 2 ans
   - ❑ Entre 3 et 5 ans
   - ❑ Plus de 5 ans

2. Comment avez-vous appris l'existence de *Continuité* ?
   - ❑ Par un organisme relié au patrimoine
   - ❑ Amis/parents
   - ❑ Au travail
   - ❑ Milieu académique
   - ❑ Par une campagne de promotion
   - ❑ Dans les kiosques à journaux
   - ❑ Salon du livre
   - ❑ Autre(s) : _____

3. Combien de temps au total allouez-vous à la lecture d'une parution de *Continuité* ?
   - ❑ Moins de 30 minutes
   - ❑ De 30 minutes à 1 heure
   - ❑ De 1 à 2 heures
   - ❑ De 2 à 3 heures
   - ❑ Plus de 3 heures

4. Depuis que vous êtes abonné, le temps que vous consacrez à la lecture de *Continuité* a-t-il ?
   - ❑ Augmenté
   - ❑ Diminué
   - ❑ Resté stable

5. En ne vous incluant pas, combien de personnes lisent ou regardent votre magazine *Continuité* ?
   - ❑ Nombre de personnes : _____

6. Que faites-vous de votre copie du magazine *Continuité* après en avoir fait la lecture ?
   - ❑ Vous la conservez
   - ❑ Vous la jetez
   - ❑ Vous la donnez à quelqu'un d'autre
   - ❑ Vous découpez et conservez les articles qui vous intéressent
   - ❑ Autre(s) : _____

Source : reproduit avec l'autorisation de Lutil Marketing inc. Questionnaire conçu dans le cadre d'une étude de la revue *Continuité*.

important lors d'une recherche effectuée dans cette localité. Par la suite, on calcule le nombre de personnes à sélectionner[21]. Pour un cadre d'échantillonnage constitué de 44 800 personnes — l'annuaire du téléphone, par exemple — dans lequel il faut choisir un échantillon de 504 personnes[22], le chercheur retiendra une inscription sur 89, et c'est cette personne qui sera interrogée.

Si le cadre d'échantillonnage aléatoire est la liste électorale du Québec, par exemple, il est fort probable que l'entreprise ait à interroger des personnes aux quatre coins de la province. Dans un cas semblable, la méthode du courrier serait la moins coûteuse. Si l'entreprise veut effectuer les interviews par téléphone, elle devrait utiliser les services de Bell Canada, ce qui serait beaucoup moins coûteux que de faire des interviews à domicile[23]. Toutefois, comme nous le verrons plus loin, le choix de la méthode d'enquête ne doit pas dépendre uniquement du coût.

http://www.bell.ca

On privilégie la méthode de l'échantillonnage non probabiliste lorsque le choix des personnes à rencontrer se base sur le jugement du spécialiste ou de l'interviewer. Dans ce cas, la probabilité qu'un sujet quelconque soit sélectionné n'est pas connue, et les résultats ne peuvent être généralisés à la population entière. Ce type d'échantillonnage est utilisé lorsque les circonstances le permettent.

Il existe une multitude de façons de procéder à ce genre d'échantillonnage. Ainsi, à partir d'un certain cadre d'échantillonnage qui ressemblera à la cible visée, le spécialiste peut sélectionner des personnes sans se soucier du hasard. Si la réduction du coût constitue un facteur important, l'interviewer pourra sélectionner les gens d'une même région ou d'un même quartier.

Les méthodes d'enquête : le support   Comme nous l'avons mentionné, il existe cinq types de supports à la diffusion d'une enquête (*voir tableau 4.3*). Le questionnaire peut être expédié par courrier[24] ou par courriel, être disponible sur un site Web, rempli au téléphone par un enquêteur, lors d'une interview au domicile du répondant ou dans un autre lieu. Chaque support offre ses avantages et ses inconvénients. Le courrier possède l'avantage de permettre la poursuite d'une enquête de grande envergure au niveau national ou régional, à moindres frais. Les frais d'expédition d'une lettre sont les mêmes partout au Canada. Toutefois, le taux de retour des questionnaires, très inférieur au nombre de lettres expédiées, accroît le coût de l'information réellement obtenue. Par contre, ce taux augmente lorsque l'on offre une récompense dans l'enveloppe ou une gratification pour un questionnaire retourné. Enfin, on ne doit pas oublier de joindre une enveloppe-réponse affranchie et il est sage d'inclure une lettre d'introduction au questionnaire.

Le courriel possède l'avantage d'être encore moins coûteux que la poste, car il n'y a aucuns frais d'envoi. Par contre, la création d'une liste d'envoi contenant les bonnes adresses de courrier électronique peut être coûteuse. De plus, la difficulté de constituer un échantillon aléatoire, faute de listes d'adresses complètes, et l'incertitude liée au répondant lui-même, à savoir si c'est la bonne personne qui a répondu au questionnaire, sont d'autres inconvénients qu'il faut considérer.

Il est possible de placer le questionnaire dans un site Web, mais seuls les visiteurs intéressés pourront y répondre. Il y a un avantage quant au coût par rapport aux autres supports (sauf le courriel). Toutefois, il s'agira d'un échantillon de convenance, puisque aucune probabilité connue ne pourra être assignée aux répondants.

TABLEAU 4.3 Les avantages et les inconvénients des supports utilisés lors d'enquêtes

Entrevue personnelle	La plus avantageuse en ce qui a trait à la souplesse, à la quantité d'information, à la qualité de l'information, au taux de réponse et d'exactitude.
	Elle a l'inconvénient majeur de devenir rapidement coûteuse.
Au téléphone	Très avantageuse en ce qui concerne le coût. Moyennement avantageuse pour ce qui est de la souplesse et du taux de réponse.
	Faible en ce qui a trait à la qualité de l'information et à l'exactitude.
Par la poste	Moyennement avantageuse en ce qui concerne la quantité et la qualité de l'information, l'exactitude, la rapidité et les coûts.
	Faible en ce qui a trait à la qualité d'information et au taux de réponse.
Par courriel	Aucuns frais d'envoi ; le courriel s'avère donc encore plus avantageux que la poste sur ce plan. La rapidité que peut procurer ce moyen sera améliorée lorsque le répondant retournera immédiatement le questionnaire dûment rempli.
	Le taux de réponse pourra se révéler faible, car le courriel est plutôt impersonnel. L'échantillonnage ne sera probabiliste que si une liste exhaustive est créée et que les adresses sont choisies aléatoirement.
Par l'entremise d'un site Web	Aucuns frais d'envoi. Selon le nombre de visiteurs, il sera plus ou moins long d'obtenir le nombre de répondants requis ; cette méthode pourrait donc procurer un avantage sur le plan de la rapidité.
	Seuls les visiteurs du site auront la possibilité de répondre ; on ne pourra donc considérer l'échantillonnage comme probabiliste. Il est possible qu'une personne réponde aux questions plus d'une fois, faussant ainsi les résultats.

Pour que le questionnaire du site Web obtienne un taux de réponses important, il faudra que le site soit connu du public, ce qui exigera de l'entreprise qu'elle en fasse la promotion et ce qui entraînera donc des dépenses.

Une enquête effectuée au téléphone peut entraîner des frais élevés. De plus, l'information donnée par le répondant peut ne pas correspondre à la question que pose l'enquêteur. Enfin, il y a risque de biais si la personne interrogée répond à des questions de type ouvert, car l'enquêteur peut commettre certaines erreurs en notant les réponses. Les résultats obtenus seront meilleurs si l'on utilise des enquêteurs professionnels spécialement formés en enquête par téléphone.

Une enquête effectuée par interview à domicile ou à l'extérieur de ce dernier permet d'aller plus en profondeur, puisqu'il est alors possible de poser un plus grand nombre de questions de type ouvert. Toutefois, cette méthode exige des enquêteurs expérimentés auxquels l'entreprise devra offrir une rémunération en conséquence. Si l'entreprise engage des enquêteurs inexpérimentés, elle devra leur faire suivre un programme de formation. Compte tenu de ces exigences, les entreprises privilégient habituellement les enquêtes par courrier et par téléphone.

La collecte des données   À l'étape de la collecte des données, les questionnaires sont remplis en fonction du support privilégié. Si l'enquête a lieu à domicile, il faut, autant que possible, que ce soit la personne sélectionnée qui soit interviewée. Dans le cas d'une absence prolongée, le voisin peut la remplacer. Il en est de même pour une enquête par téléphone où, dans ce cas, on peut composer le numéro suivant. En ce qui concerne le courrier, une lettre d'accompagnement (*voir encadré 4.9*) sera insérée avec le questionnaire. De plus, on verra à effectuer un rappel peu de temps après l'envoi des questionnaires. Ce rappel s'avère utile

---

ENCADRÉ 4.9   Un exemple de lettre accompagnant un questionnaire

 Gestion Privée

Pierre Therrien
Vice-président, Gestion Privée

Montréal, le   novembre 2003

Nom du client
Adresse
Code postal

Madame, Monsieur XXXXXXX,

Dans le but de vous offrir une qualité de service toujours meilleure, le centre de Gestion Privée de la Banque Nationale réalise actuellement une étude de satisfaction auprès de sa clientèle. Ce mandat a été confié à la firme de recherche XXXX.

Vous trouverez ci-joint un questionnaire mesurant vos attentes, vos besoins et votre niveau de satisfaction. Nous apprécierions grandement que vous preniez quelques minutes pour y répondre. Veuillez le retourner dans l'enveloppe préaffranchie ci-jointe avant le 17 décembre 2003.

Soyez assuré(e) que vos réponses et commentaires seront traités en toute confidentialité.

Si vous désirez obtenir des informations additionnelles au sujet de ce sondage, n'hésitez pas à communiquer avec moi au (514) 394-XXXX.

Nous vous remercions à l'avance de votre collaboration et profitons de cette occasion pour vous exprimer, Madame, Monsieur XXXXXXX, notre reconnaissance à l'égard de la confiance que vous nous accordez.

Pierre Therrien

600, rue de La Gauchetière ouest, 27ième étage, Montréal, Québec H3B 4L2 (514) 875-7008

Source : reproduit avec l'autorisation de la Banque Nationale du Canada.

pour inciter le non-répondant à remplir sa tâche et pour remercier de nouveau la personne qui a pris soin de répondre promptement.

Durant la collecte des données, il est indispensable que le responsable de l'enquête voie à ce que tout se déroule normalement. Il doit reconnaître et corriger les enquêteurs qui effectuent mal leur travail. Chacun d'entre eux doit bien comprendre les instructions s'il ne veut pas gâcher tout le travail précédent ou s'exposer à des dépenses inutiles.

Traitement des données

Regroupement de données en fonction de critères de recherche.

Le traitement des données   L'étape du traitement des données réduit le nombre de questionnaires à un ensemble de données susceptibles d'être analysées. Il y a trois étapes à franchir. On doit d'abord coder les réponses et les retranscrire sous cette nouvelle forme sur des feuilles préparées à cet effet. Par exemple, « oui » peut être traduit par « 1 » et « non », par « 0 ».

Une fois le codage effectué, si l'analyse se fait par ordinateur comme c'est le cas la plupart du temps, les réponses codées sont saisies sur disquette, sur un disque compact ou sur le disque rigide de l'ordinateur. Le spécialiste compile ensuite les données.

Analyse des données

Comparaison des résultats de recherche obtenus par rapport à l'hypothèse ou à la formulation du problème initial.

L'analyse des données   L'analyse des données proprement dite représente l'aboutissement de tous les efforts déployés lors des étapes précédentes. Même si l'analyse constitue la dernière étape du processus, ce n'est pas la moindre. Il est vrai que l'informatique constitue une aide précieuse pour le spécialiste. Toutefois, elle n'arrive pas d'elle-même à détecter les pistes de recherche. L'ordinateur n'est pas encore intelligent ! Une grande partie du travail du spécialiste consiste donc à déterminer la façon dont on devra étudier les données afin d'obtenir les solutions capables de résoudre les problèmes de l'entreprise. C'est là le rôle de la statistique. On établira, entre autres éléments, des pourcentages, des moyennes et des fréquences.

CAPSULE ÉTHIQUE

La recherche en marketing implique la rencontre de quatre groupes d'intérêts :

- Le chercheur et l'entreprise de services qu'il représente ;
- Le client pour le compte duquel la recherche est effectuée et l'entreprise qu'il représente ;
- Les répondants ; et
- Le public en général.

Il pourra y avoir un conflit lorsque des intérêts particuliers s'empareront du processus de recherche, ce qui risquera de fausser les résultats. Par exemple, l'enquêteur qui voudra faciliter sa tâche en répondant à la place des consommateurs réels, en vue d'atteindre son quota de répondants, mettra en péril les résultats de la recherche et la crédibilité de son entreprise.

Il faut donc observer un code d'honneur, à défaut d'un code de déontologie, et s'assurer que toute personne engagée dans un projet de recherche en marketing n'a rien à se reprocher en matière d'éthique de travail !

Source : adapté de MALHOTRA, Naresh K. *Marketing Research : An Applied Orientation,* Pearson Prentice-Hall, 2004, p. 24-25.

Avec les programmes informatiques de plus en plus complexes, tels que SPSS-X et SAS, il est possible de détecter une multitude de phénomènes à partir d'une masse de données[25]. Par exemple, au moyen de tabulations croisées, on s'aperçoit que 75 % des filles achètent leurs produits de toilette en pharmacie et 25 % au super-marché.

Toujours dans la même veine, le spécialiste peut, à partir d'outils statistiques puissants, utiliser les données sous forme de figures qui reflètent la perception de l'échantillon. À la figure 4.8, les gens perçoivent les marques de surligneurs selon la façon dont ils sont positionnés sur les axes représentant les attributs utilisés.

Les techniques d'analyse statistique constituent de plus en plus des moyens raffinés et valables d'interprétation des résultats. On doit donc apprendre à s'en servir intelligemment !

Le rapport global et la présentation des résultats

Une fois les rapports d'étape terminés, on doit les combiner afin de rédiger le **rapport global.** Ce rapport ne doit contenir que le nécessaire. Un nombre de pages élevé est inutile. Il serait même nuisible et pourrait porter à confusion.

Tout bon rapport doit joindre l'image à l'écrit. Les tableaux résumant les données sont particulièrement appréciés des lecteurs. De plus, les termes du rapport doivent être clairs, car ce n'est pas toujours un spécialiste en marketing ou un

Rapport global
Présentation des conclusions tirées de l'analyse des données et recommandation de stratégies ou d'actions à entreprendre à la suite de la recherche.

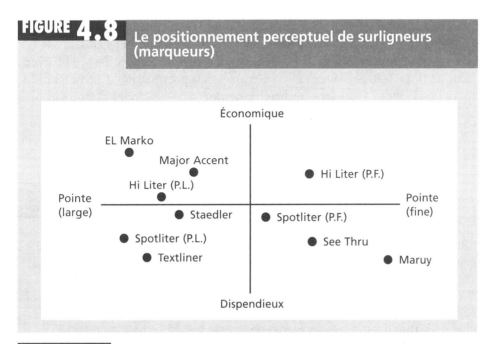

FIGURE 4.8 Le positionnement perceptuel de surligneurs (marqueurs)

Source : adapté de TURGEON, Normand et MILLER, Mark M. « The Effectiveness of Associative Comparative Advertising for Positioning Products : Levelers vs. Sharpeners », dans *Proceedings of the Ninth Annual Communications Research Symposium,* The University of Tennessee, Knoxville, 1986.

administrateur qui le lira. Lors de la présentation orale des résultats, si le besoin s'en fait sentir, l'utilisation de l'audiovisuel rendra les présentations dynamiques et permettra de maintenir l'intérêt de l'auditoire. Enfin, il sera possible de produire plus d'un rapport à partir d'une seule enquête. Ainsi, le rapport sera différent s'il s'adresse aux gestionnaires de haut niveau ou aux représentants des ventes.

RÉSUMÉ

L'administrateur du marketing recourt à plusieurs sources de données afin de satisfaire son besoin en information. C'est le SIM qui est appelé à jouer ce rôle. Le SIM est conçu pour engendrer et traiter un flux systématique d'information recueillie tant à l'intérieur qu'à l'extérieur de l'entreprise et qui servira de base à la prise de décision. Cette information concerne aussi bien l'état des variables qui constituent l'environnement de la firme que les modifications plus subtiles qui surviennent du côté du consommateur. Le système de recherche marketing, qui est partie intégrante du SIM, a pour tâche de recueillir, de consigner et d'analyser l'information relative à un problème de marketing.

La recherche en marketing est un processus systématique comprenant de multiples étapes. De façon générale, le chercheur doit d'abord procéder à une analyse minutieuse de la situation et à une définition la plus précise possible du problème auquel fait face l'entreprise. Dans certains cas, une recherche informelle sera suffisante pour recueillir l'information nécessaire à la découverte de la solution. Dans le cas contraire, on devra entreprendre une recherche formelle.

Lors d'une recherche formelle, on procède à une collecte de données systématique. Les données peuvent être de type secondaire ou de type primaire, ou les deux. De plus, les données secondaires peuvent provenir de l'intérieur de la firme, de l'extérieur de celle-ci, ou des deux. Quant aux données primaires, elles peuvent provenir de l'observation, de l'expérimentation proprement dite ou, encore, d'une enquête par sondage.

À la suite de la collecte des données, on procède à la rédaction et à la présentation d'un rapport de recherche destiné aux personnes concernées de l'entreprise.

QUESTIONS

1. Quel est le rôle du SIM ?

2. Est-il justifié que certains fabricants fassent de fausses déclarations afin de prendre le pas sur leurs concurrents ? Accepteriez-vous d'être complice d'une telle pratique si votre patron vous le demandait ? Justifiez votre réponse.

3. Le propriétaire d'une PME ayant besoin d'une recherche en marketing vous rencontre afin de discuter des différentes étapes de ce type de recherche. Comment lui expliquerez-vous ce type de recherche ?

4. Distinguez les données secondaires des données primaires.

5. Si vous deviez recourir à des données secondaires, à quelles sources pourriez-vous vous référer ?

6. Quel genre d'information peut-on recueillir par la méthode de l'observation ?

7. Environnement Canada publie des prévisions plusieurs mois à l'avance, risquant ainsi de nuire à certains commerçants et manufacturiers (*voir encadré 4.4, page 94*). Êtes-vous d'accord avec cette pratique ?

8. Quelles sont les étapes à franchir lors d'une enquête par sondage ?

9. Donnez un exemple, autre que celui du présent ouvrage,
   a) de question de type ouvert ;
   b) de question de type fermé ;
   c) de réponse dichotomique ;
   d) de question à choix multiples.

10. Quels sont les avantages et inconvénients d'envoyer un questionnaire par courriel plutôt que par la poste ?

EXERCICES PRATIQUES

4.1 LE PIED MARIN INC.*

Le Pied Marin inc. est une entreprise de Tadoussac offrant aux touristes la possibilité de faire des promenades en mer pour voir les baleines de la région. Elle a été fondée en 1998 par les frères Marc et Simon Lefrançois, tous deux passionnés par la mer. Marc, technicien en mécanique et amateur de bateaux, s'occupe de la flotte de la compagnie, constituée de deux chalutiers pouvant accueillir un maximum de 20 personnes chacun. Simon est biologiste de formation et c'est lui qui anime les voyages en mer, renseignant les touristes sur la région et sur les baleines. Les bateaux sont amarrés près des bureaux de l'entreprise, situés au deuxième étage d'une vieille maison bien préservée. Cette maison sert de centre d'information sur les baleines, leur mode de vie et leur habitat, et aussi de guichet pour réserver des places pour les différentes tournées offertes. L'expérience Pied Marin débute dans la maison, avec une courte introduction sur les baleines ainsi qu'un rapide exposé sur le déroulement général de l'excursion. Le Pied Marin offre trois départs par jour : 9 h 00, 12 h 00 et 15 h 00. Les visites en mer durent habituellement 1 h 30 à 1 h 45, selon les conditions maritimes et le nombre de baleines observées. L'entreprise se destine à tous, des jeunes aux moins jeunes.

Au niveau de la gestion, Marc s'occupe de la comptabilité et Simon du marketing. Après cinq ans d'activité, Simon se demande s'il n'y aurait pas lieu d'apporter quelques changements à ce que Le Pied Marin offre. À cette fin, Simon a eu l'idée de distribuer à trois groupes de touristes un questionnaire sur leur appréciation de leur expérience avec Le Pied Marin inc. Il se retrouve donc aujourd'hui avec cinquante questionnaires dûment remplis, dont il a compilé les résultats grâce au logiciel Excel. Mais Simon n'est pas un spécialiste en marketing, et il se sent quelque peu désemparé devant tous les résultats qu'il a obtenus et il ne sait pas trop quoi en faire. Il vous demande donc de l'aider à tirer de ces données des informations qui pourront le guider dans sa réflexion sur l'entreprise.

À l'aide de la base de données ci-dessous,

N°	Âge	Sexe	Langue	Provenance	Bateau	Accueil	Anim. : Infos	Anim. : Express	Global	Espaces	Plus départs	Deux anim.	Durée	Valeur
1	15	F	Fr	Qc	6	5	6	5	6	Oui	Oui	Oui	Oui	Oui
2	22	M	Fr	Qc	5	5	6	5	6	Non	Non	Oui	Oui	Oui
3	56	F	Fr	Qc	5	4	6	5	6	Oui	Oui	Oui	Oui	Oui
4	30	F	Fr	Qc	5	4	7	6	6	Oui	Non	Oui	Oui	Oui
5	65	M	An	Eu	4	5	7	6	7	Oui	Non	Non	Oui	Non

N°	Âge	Sexe	Langue	Provenance	Bateau	Accueil	Anim.: Infos	Anim.: Express	Global	Espaces	Plus départs	Deux anim.	Durée	Valeur
6	66	M	An	Eu	6	6	7	5	7	Oui	Oui	Non	Oui	Non
7	32	F	An	On	3	5	6	4	4	Non	Non	Non	Oui	Oui
8	36	F	Fr	Ue	6	4	6	4	4	Non	Oui	Non	Oui	Oui
9	40	F	An	On	5	4	5	3	3	Non	Non	Non	Non	Non
10	46	M	Fr	Ue	5	5	5	5	5	Non	Oui	Oui	Non	Non
11	8	F	Fr	Qc	7	5	7	7	6	Non	Non	Non	Oui	Oui
12	71	F	An	On	7	4	6	6	7	Oui	Oui	Non	Non	Oui
13	72	M	An	On	7	4	5	6	5	Non	Oui	Oui	Non	Oui
14	39	F	An	Eu	4	5	5	7	5	Oui	Oui	Oui	Oui	Oui
15	48	F	Fr	Qc	4	6	7	4	6	Non	Oui	Oui	Oui	Oui
16	67	M	Fr	Qc	5	6	7	4	7	Oui	Oui	Oui	Oui	Oui
17	54	M	Fr	Ue	5	3	5	5	7	Non	Non	Non	Oui	Oui
18	70	F	An	On	5	4	5	6	6	Non	Oui	Non	Oui	Non
19	44	F	An	On	6	5	5	6	6	Oui	Non	Non	Oui	Non
20	11	F	Fr	Qc	6	3	5	6	5	Oui	Oui	Non	Non	Non
21	45	M	An	On	7	4	6	5	5	Oui	Oui	Non	Non	Non
22	53	M	An	On	5	3	6	5	6	Oui	Oui	Oui	Non	Non
23	19	F	Fr	Ue	4	3	6	5	7	Non	Non	Oui	Non	Oui
24	59	M	Fr	Qc	3	4	7	5	7	Non	Non	Oui	Oui	Oui
25	40	F	Fr	Qc	4	5	7	6	7	Non	Oui	Oui	Oui	Oui
26	54	M	An	Eu	5	6	7	7	6	Non	Oui	Oui	Oui	Oui
27	48	F	An	Qc	2	7	4	7	6	Non	Non	Non	Non	Oui
28	47	M	An	Eu	4	7	4	7	7	Non	Oui	Non	Non	Oui
29	42	F	Fr	Qc	5	7	5	7	5	Oui	Oui	Oui	Oui	Oui
30	37	M	Fr	Qc	6	4	5	3	5	Oui	Oui	Non	Oui	Oui
31	27	F	An	Eu	7	4	6	4	5	Oui	Oui	Non	Oui	Oui
32	28	M	An	Eu	4	5	6	4	6	Oui	Oui	Non	Non	Non
33	16	F	An	Eu	5	6	7	2	7	Oui	Oui	Oui	Non	Non
34	32	F	An	On	6	4	7	2	7	Non	Non	Non	Oui	Oui
35	33	F	An	On	6	3	5	1	4	Non	Oui	Non	Oui	Oui
36	44	M	An	Eu	7	5	6	3	4	Non	Non	Oui	Oui	Oui
37	47	F	Fr	Qc	4	4	6	3	5	Non	Non	Oui	Non	Oui
38	17	M	Fr	Qc	4	4	6	4	6	Non	Plus	Deux	Durée	Oui
39	57	M	Fr	Qc	5	5	6	5	6	Non	Oui	Non	Oui	Oui
40	42	F	Fr	Qc	5	6	7	5	6	Non	Oui	Non	Oui	Oui
41	51	M	Fr	Qc	6	6	7	5	6	Non	Non	Non	Oui	Oui
42	60	M	Fr	Qc	7	6	7	6	6	Non	Oui	Non	Oui	Oui
43	33	F	An	On	7	7	7	5	7	Non	Oui	Non	Oui	Non
44	24	F	An	On	5	4	7	5	7	Oui	Oui	Non	Non	Non
45	38	M	An	Eu	4	5	7	6	7	Oui	Oui	Non	Non	Oui
46	61	F	Fr	Qc	4	5	7	6	5	Oui	Oui	Oui	Non	Oui
47	59	M	An	Qc	4	5	7	7	5	Non	Oui	Oui	Oui	Non
48	52	F	Fr	Qc	5	6	6	7	6	Non	Oui	Oui	Oui	Oui
49	30	F	Fr	Qc	6	6	6	5	6	Non	Oui	Oui	Oui	Non
50	35	F	Fr	Ue	6	6	7	5	7	Non	Oui	Oui	Oui	Oui

1. Tracez le portrait des répondants en établissant la répartition des sexes, des âges, des langues et du lieu de provenance. Présentez les résultats sous forme de quatre graphiques à barres.

2. Compilez les résultats des questions portant sur l'expérience en tant que telle. Pour chacune des questions, présentez les résultats sous forme de tarte, exprimés en pourcentage.

3. Construisez des tableaux croisés afin de vérifier si...

   a) les anglophones considèrent que la qualité de l'animation, en ce qui a trait aux explications, leur convient ;

   b) les femmes trouvent que les bateaux sont en bon état ;

   c) ce sont les gens plus jeunes ou plus âgés qui s'estiment globalement plus satisfaits par l'expérience du Pied Marin.

4. À l'aide des graphiques précédemment réalisés, des résultats des tableaux croisés et de la compilation des résultats des questions touchant les améliorations potentielles, proposez à Simon trois recommandations afin d'améliorer l'offre du Pied Marin.

4.2 LA MACHINE-À-SONS**

Roger est propriétaire d'un magasin d'appareils électroniques depuis plus de cinq ans. « La Machine-À-Sons » est établie sur l'artère commerciale de sa ville, où elle jouit d'une bonne visibilité puisque c'est un lieu en général très passant. Roger offre une bonne sélection de produits de marques connues et il est toujours à l'affût des dernières nouveautés. Quatre employés, dont deux étudiants travaillant à temps partiel, complètent son équipe de vente.

Le commerce a toujours assez bien fonctionné, mais Roger a constaté une baisse importante et constante de ses ventes depuis quelques mois. Pourtant, l'achalandage de la boutique n'a pas diminué. Il est vrai qu'un nouveau centre commercial s'est établi dans la région et que les gens semblent délaisser leur rue commerciale au profit du nouvel arrivé. Un magasin de grande surface y a ouvert ses portes et il vend des appareils audio-vidéo de bas de gamme à des prix imbattables, tout en proposant des plans de financement alléchants.

Roger sait qu'il est seul à offrir un choix varié d'appareils pour toutes les bourses, et sa garantie est jumelée à un service de réparation à domicile. Très connu dans la région, Roger fait régulièrement paraître sa publicité dans le journal local et il commandite des équipes sportives à l'occasion. Sachant que vous étudiez présentement en marketing, il vous propose de lui faire une recherche marketing afin de découvrir le mystère. Il aimerait que vous lui présentiez un plan de recherche dans lequel vous énumérerez les principales étapes, et que vous lui justifiiez chacune d'elles en précisant quel type d'information vous obtiendriez ainsi.

MISE EN SITUATION

D.D.P. INC.

Trois élèves du cégep de Drummondville s'incorporent dans le but de se lancer en affaires. Ils réalisent enfin leur rêve de gérer un établissement appartenant au secteur de la distribution du disque (disquaire).

Ces élèves, qui n'ont pas d'expérience en affaires, se rendent vite compte de la complexité des décisions qu'ils auront à prendre. C'est alors qu'ils engagent un diplômé en administration pour les conseiller ; vous êtes l'heureux élu.

Dès le départ, vous vous rendez compte qu'ils ignorent tout de leur commerce : type, mission, marché, image, clientèle, emplacement, concurrence, etc. Votre première décision est de faire une recherche en marketing. Pressé par le temps et restreint par un budget modique, vous vous souvenez d'avoir vu, dans l'un de vos cours de marketing, qu'il est possible de recueillir une grande quantité d'informations à même les sources de données secondaires. De plus, comme ces sources de renseignements sont disponibles dans les bibliothèques, vous décidez de les exploiter au maximum.

1. Quel a été le volume des ventes au détail en dollars, pour l'industrie du disque, y compris les cassettes et les disques compacts, au Canada et au Québec pour l'année 2001 ?
2. Combien de disques, de cassettes et de disques compacts ont été vendus au Canada en 2001 ? Au Québec ?
3. Quelles ont été les dépenses par habitant dans ce secteur en 2001 ?
4. Quelle était la population de Drummondville en 2001 ?
5. Quelle était la taille du segment de marché visé (15 à 24 ans) à Drummondville en 2001 ?
6. Combien de concurrents le nouveau magasin aura-t-il ? Donnez intégralement les noms et les adresses.

CAS

« LE ROYAUME DES BOUFFONS » OU L'HUMOUR, VERSION TÉLÉ-RÉALITÉ*

Sophie Leduc, humoriste internationale de renom, dirige la firme RireProduction inc., jeune firme québécoise qui se spécialise dans la production d'émissions de variété pour la télévision.

Depuis près d'un an, RireProduction inc. jouit d'un grand succès avec son émission « Le Royaume des bouffons » ou l'humour version télé-réalité, diffusée sur les ondes de TPQ (Télévision privée du Québec). En plus d'une couverture médiatique sans précédent, la grande finale de cette émission a été regardée par plus de deux millions de téléspectateurs et l'émission quotidienne a occupé le premier rang parmi les émissions les plus regardées au Québec.

Une formule gagnante

Le concept développé par Sophie Leduc était très simple. Pendant près de trois mois, le public a assisté quotidiennement aux péripéties de 15 jeunes humoristes en herbe. Ces jeunes, âgés entre 12 et 16 ans, apprenaient les rouages du métier afin de préparer une prestation prévue lors de la grande finale présentée dans le cadre d'un gala du Festival international de l'humour. Au cours de cette grande finale, les juges, puis les téléspectateurs, ont procédé à la sélection de leurs « bouffons » préférés. Le vainqueur a gagné une bourse d'études et il a la chance de mettre en place un « *one man show* », spectacle solo à être présenté lors du gala d'ouverture de la prochaine édition du Festival international de l'humour.

Étant donné le succès fulgurant de l'émission, plusieurs spécialistes encouragent RireProduction inc. à produire une deuxième édition du « Royaume des bouffons ». D'ailleurs, aux États-Unis, un bon nombre de producteurs ont tenté l'expérience et ils ont connu un aussi grand succès.

De plus, Paul Soucy, directeur des ventes et de la commandite à la chaîne de TPQ, a indiqué à plusieurs reprises à la jeune entreprise que beaucoup d'annonceurs sont prêts à acheter du temps d'antenne si la chaîne présente une deuxième édition du « Royaume des bouffons ».

Stéphane Séguin, directeur de la programmation, répète le même message. Les dirigeants de la station veulent absolument que RireProduction inc. produise une deuxième édition de son émission à succès afin d'aller chercher autant de cotes d'écoute.

Malgré tout, Sophie Leduc s'interroge. Produire ce genre d'émission implique la mobilisation de plusieurs ressources, sans compter les investissements financiers. Et puis, elle n'est pas assurée que les téléspectateurs québécois écouteront une deuxième version car les téléspectateurs ont appris à connaître les premiers participants et ils continuent à suivre leur évolution. Il est probable, selon elle, que les gens soient davantage intéressés par les péripéties des membres du premier groupe que par le nouveau groupe de candidats. Étant donné que la première édition a rapporté un nombre considérable de revenus pour RireProduction inc., il vaut peut-être la peine de répéter l'expérience.

Quelle sorte d'enquête ?

Afin d'éclairer sa décision, Sophie Leduc envisage d'effectuer une enquête auprès d'un groupe de personnes représentatives de la population. Cette enquête va lui permettre de vérifier l'idée du concept auprès des téléspectateurs avant sa production, et par le fait même, va lui permettre de savoir si le public va accepter ou refuser l'idée de l'émission. Cependant, Sophie Leduc n'est pas certaine de la méthode d'enquête la plus appropriée. Après de nombreuses lectures, elle arrive à la conclusion que le support le plus avantageux s'avère Internet, d'autant plus qu'elle peut utiliser la liste de diffusion du site Internet de l'émission. En effet, le site Internet de l'émission sur le réseau de la chaîne a attiré une grande clientèle d'internautes. Les gestionnaires du site ont recensé 302 000 membres inscrits et plus de 1,2 million de visiteurs uniques. Et puis, plusieurs reviennent visiter le site afin d'obtenir des nouvelles des premiers participants.

La semaine suivante, lors d'un tournage de Rire-Production inc. à la station TPQ, elle rencontre Stéphane Séguin et Paul Soucy et elle leur fait part de sa décision. Stéphane Séguin n'est pas convaincu de l'efficacité du support privilégié par Sophie Leduc. Il lui suggère plutôt d'effectuer son enquête par la poste afin de savoir l'opinion du plus grand nombre de Québécois. Certes, Internet est un support d'enquête peu coûteux mais il est important de prendre en considération que ce ne sont pas tous les téléspectateurs qui ont accès à Internet et que le groupe d'internautes du site est composé généralement de gens entre 15 et 35 ans. Il lui rappelle que « Le Royaume des bouffons » a été écouté par plusieurs Québécois plus âgés.

Paul Soucy, quant à lui, soutient que la méthode à privilégier pour ce genre d'enquête est de faire appel à une firme externe qui ferait une enquête par téléphone. Il rappelle à Sophie Leduc que c'est la méthode retenue par plusieurs organisations puisque le taux de participation est très élevé au Québec. Il rajoute que contrairement au courrier, l'enquête effectuée au téléphone est une méthode efficace et rapide. Et puis, les probabilités d'avoir des données erronées sont plus grandes avec Internet.

Sophie Leduc réalise que chaque méthode d'enquête présente des avantages et des inconvénients. Internet et le courrier apparaissent, à première vue, comme étant les supports les moins coûteux. L'enquête peut même être réalisée par le département de marketing chez RireProduction inc. Cependant, il y a de fortes chances que les données soient de moins bonne qualité que si l'enquête était effectuée au téléphone avec des enquêteurs professionnels. D'un autre côté, le recours à une firme professionnelle risque d'engendrer des frais supplémentaires.

Question

Selon vous, quelle méthode Sophie Leduc devrait-elle utiliser pour son enquête ?

NOTES

1. KOTLER, Philip et DUBOIS, Bernard. *Marketing Management,* 5e édition, Paris, Publi-Union, 1986, p. 175.

2. Les ventes sont prévues à partir de la formule Y 5 B0 1 B1X. La plupart des calculatrices sont maintenant conçues pour résoudre de telles équations. Pour obtenir une explication exhaustive, *voir* BAILLARGEON, Gérald, *La statistique et l'ordinateur,* Montréal, Les Presses de l'Université du Québec, 1973.

3. LOCKLEY, Lawrence C. « Notes on the History of Marketing Research », *Journal of Marketing,* avril 1950, p. 733.

4. KING, Henry. « The Beginning of Marketing Research in Canada », *The Marketer,* printemps-été 1966, p. 4.

5. MALLEN, Bruce E. et coll., *Principles of Marketing in Canada,* Prentice Hall, 1980, p. 214.

6. Committee on Definitions. *Marketing Definitions : A Glossary of Marketing Terms,* Chicago, American Marketing Association, 1960, p. 17.

7. GOODMAN, Charles S. *La force de vente : organisation, direction, contrôle,* Montréal, HRW, 1974, p. 325.

8. Pour une revue complète de ce sujet, consultez 1) ROTENBERG, Ronald et HATTON, Beth. « Sources of Marketing Information in Canada », *Canadian Marketer,* printemps 1974, p. 35-41. et 2) GŒLDNER, C. R. et DIRKS, Laura M. « Business Facts : Where to Find Them », *MSU Business Topics,* été 1976, p. 23-26 (pour les États-Unis).

9. SELLITZ, Claire et coll. *Les méthodes de recherche en sciences sociales,* Montréal, HRW, 1977, p. 248.

10. ENIS, Ben M. *Marketing Principles,* 3e édition, Good Year Publishing Company, 1980, p. 105.

11. Adapté de STANTON, William J. *Fundamentals Marketing,* 4e édition, Toronto, McGraw-Hill Ryerson, 1985, p. 56.

12. ENIS, Ben M. *Op. cit.*

13. KOTLER, Philip. *Marketing management : analyse, planification, contrôle,* 2e édition, Paris, Publi-Union, 1973, p. 375.

14. ENGEL, James F. et coll. *Promotional Strategy,* 4e édition, Richard D. Irwin, 1979, p. 416.

15. KOTLER, Philip. *Op. cit.,* p. 376.

16. SCHEWE, Charles D. et coll. *Marketing Concepts and Applications,* Toronto, McGraw-Hill Ryerson, 1983, p. 107.

17. MALLEN, Bruce E. et coll. *Op. cit.,* p. 226.

18. JANODY, Robert. « Le seul outil de vérité : le sondage », *Les Affaires,* 16 février 1982, p. 21.

19. *Ibid.*

20. KOTLER, Philip. *Op. cit.,* p. 382.

21. Par exemple, on peut se demander quelle est la proportion de la population de la ville de Drummondville favorable à la revue *Safarir.* La question serait la suivante.

    Quelle est la taille de l'échantillon que nous devons interroger en sachant :

    - que nous voulons une précision de ± 4 % (P) ?
    - que le seuil de confiance voulu est de 95 % (Z a). (Z a = 1,96) ?
    - et qu'*a priori* nous croyons que 70 % des gens sont pour et que 30 % sont contre. S'il est difficile de déterminer une proportion *a priori,* il est conseillé d'utiliser la répartition 50 % pour, 50 % contre.

    Ainsi, 504 personnes sélectionnées au hasard feront partie de l'échantillon.

    Un échantillon de moins de 1 % de la population permet d'obtenir une fiabilité suffisante, à condition, bien sûr, qu'il soit soigneusement choisi.

22. KOTLER, Philip et DUBOIS, Bernard. *Op. cit.,* p. 175.

23. Consultez un représentant de Bell Canada pour de plus amples informations.

24. Ce support comprend les questionnaires contenus dans les emballages, imprimés sur les étiquettes des produits, publiés dans les journaux, bref sous toute forme exigeant un retour par courrier.

25. Les programmes SPSS-X et SAS sont des logiciels conçus par des spécialistes en traitement de données et sont habituellement implantés (minimum de un) dans des centres de traitement de données. Des guides sont disponibles afin d'en faciliter l'utilisation. De plus, notons que des chiffriers électroniques tels qu'Excel, Lotus et Quatro Pro peuvent également permettre d'effectuer certaines tâches.

CHAPITRE 5

Le comportement du consommateur

OBJECTIFS D'APPRENTISSAGE

Après la lecture du chapitre, vous devriez être en mesure :

- de comprendre l'importance du comportement du consommateur pour le spécialiste en marketing ;
- de connaître les dimensions intrinsèques et extrinsèques du comportement du consommateur ;
- d'analyser les composantes de chacune de ces dimensions ;
- d'établir les étapes du processus décisionnel du consommateur ;
- d'établir une synthèse en présentant un modèle global de comportement du consommateur.

Par Normand Turgeon, Ph.D.
Professeur titulaire, Service de l'enseignement du marketing, HEC Montréal

Pourquoi étudier le comportement du consommateur ? Il existe une multitude de réponses à cette question. « Pour faire plus d'argent », diront certains. « Parce que le consommateur est complexe », répondront d'autres. « Parce que les consommateurs sont exigeants et que, si l'on veut que notre produit connaisse du succès sur le marché, on devra le présenter comme ils le désirent » est une autre réponse possible. Il y a du vrai dans chacune de ces réponses. Cependant, elles ne justifient pas toutes les dépenses d'argent et d'énergie des théoriciens et des praticiens du domaine du marketing. De plus en plus intégré dans l'entreprise, le concept de marketing a comme principal objectif la satisfaction des besoins du consommateur. L'entreprise ne maximisera ce degré de satisfaction que si elle connaît les mécanismes régissant le comportement des consommateurs (*voir encadré 5.1*). Pour choisir le cadeau de Noël d'un être cher, on se base sur la connaissance que l'on a de cette personne. « C'est normal ! », dira-t-on. Le choix d'une stratégie de marketing est lui aussi guidé par les consommateurs auxquels l'entreprise offre produits et services. C'est pourquoi les entreprises devraient d'abord chercher à comprendre le comportement des consommateurs avec lesquels elles désirent faire des affaires, avant d'élaborer leurs stratégies de marketing.

ENCADRÉ 5.1 | Répondre correctement à cette question vous rendra riche...

QUE VEULENT VRAIMENT LES CONSOMMATEURS ?

Amis militants antimondialisation, rassoyez-vous. Vous vous êtes trompés. Au lieu de décrier les McDonald's, Starbucks, Home Depot et autres géants multinationaux de ce monde, vous auriez dû les applaudir. Car eux seuls ont compris ce que veulent réellement les consommateurs. Le champion des champions ? Wal-Mart.

SILVIA GALIPEAU

Si si, vous avez bien lu. C'est du moins la thèse que soutiennent deux auteurs américains, Fred Crawford et Ryan Mathews, l'un vice-président directeur et responsable de l'unité mondiale du commerce de détail de Cap Gemini Ernst & Young, l'autre directeur de FirstMatter LLC, dans un livre intitulé *The Myth of Excellence*, *best seller* ces derniers mois aux États-Unis.

Malgré cette entrée en matière quelque peu surprenante, les deux auteurs mettent de l'avant une foule d'idées novatrices. Précisons-le toutefois, le livre s'adresse d'abord et avant tout aux gens d'affaires, désireux de mieux saisir ce que souhaitent leurs consommateurs, ces bêtes étranges qu'ils croient connaître, mais méconnaissent totalement (selon les auteurs). Il vise également un public avant tout américain, dont les habitudes de consommation ne sont pas forcément les mêmes que les nôtres.

C'est à cause de leur propre méconnaissance en la matière que les deux auteurs ont décidé d'écrire ce livre. Sympathique aveu, de la part de professionnels œuvrant dans la consultation et le marketing depuis 10 ans. À l'origine, ils ne devaient qu'interroger 5000 consommateurs, afin de savoir ce qui comptait le plus pour eux. Leur hypothèse initiale (et jusqu'ici quasi incontestée dans le milieu) : les plus bas prix, une qualité supérieure, un service impeccable, etc. « Nous avons été élevés et formés avec cette croyance que les consommateurs désirent les plus bas prix, les meilleurs produits, à la portée de la main, avec le meilleur service, le tout dans le plaisir », explique Fred Crawford.

Une fois les questionnaires envoyés, remplis, retournés et analysés, quelle ne fut pas leur surprise en réalisant combien ils s'étaient trompés. Deux mythes bien ancrés s'écroulaient sous leurs yeux : les entrepreneurs ne comprennent pas du tout ce que souhaitent leurs consommateurs ; et, surtout, il n'est pas nécessaire d'être le meilleur partout, pour plaire à la clientèle.

Ère postindustrielle

Pourquoi pas ? Les auteurs citent trois facteurs majeurs : la désagrégation de la société, la pression sociale et le surmenage. Premièrement, les familles se décomposent, ne vont plus à l'église, les parents n'ont plus confiance en l'école publique, ne croient plus en la politique. Bref, rien ne va plus. Ensuite, tous travaillent de plus en plus (10 heures de plus en moyenne, par semaine, par couple), et dorment de moins en moins (deux heures de moins que nos grands-parents). Enfin, tout le monde est débordé par d'incessants coups de fils, pagettes, courriels, publicités, et autres. Impossible désormais de décrocher.

Conséquences ? Il y a de moins en moins de cohésion sociale. Les consommateurs cherchent de l'aide, ou, mieux, un gilet de sauvetage. Quelqu'un, quelque part, pour les aider à remettre de l'ordre dans ce chaos.

« Oui, nous sommes dans une ère postindustrielle », tranche l'auteur Fred Crawford. Dans cette société de fous, dit-il, les consommateurs s'intéressent moins au contenu de leur achat, comme jadis, qu'au contexte. Comme tous les produits sont plus ou moins de la même qualité (santé, sans gras, allégé, qui sait encore faire la différence ?), ce qui les différencie désormais, c'est l'emballage. Au sens figuré du terme.

Les cinq éléments d'une transaction (prix, service, accessibilité, expérience et produit) ont pris une nouvelle importance. Le prix ne doit plus être le plus bas, mais être juste. Le service doit être sincère et les consommateurs traités comme des individus. Les consommateurs doivent avoir confiance, avant même de se déplacer, de trouver ce qu'ils cherchent au magasin (accessibilité). Ils ne veulent plus tant avoir du plaisir en consommant, que de l'intimité et du respect (expérience). Fini les tambours et les trompettes, place à la communication et à l'authenticité.

Pour réussir, les entreprises doivent donc désormais choisir un seul créneau qui les distingue (toujours entre le prix, le service, l'accessibilité, l'expérience ou le produit), et y exceller. Ensuite, elles doivent en choisir un second complémentaire. Et pour les trois autres, elles doivent tout simplement être à la hauteur de l'industrie. Ni plus, ni moins.

Les champions dans le domaine ? Starbucks, McDonald's, BMW, American Express, et par-dessus tout, Wal-Mart. Même le prestigieux *Economist* accorde ses éloges dans son numéro de cette semaine à l'entreprise, deuxième plus grosse au monde, qui a su, malgré son succès, préserver son humble siège social, dans le petit village de Bentonville dans l'Arkansas (« un État où il y a plus de poulets que d'humains », dit *The Economist*).

Ainsi, Wal-Mart n'a jamais tenté d'exceller à tous les niveaux. Son créneau ? Les plus bas prix, des prix qu'elle affiche honnêtement, sans fausse publicité. Parallèlement, elle offre aussi une grande variété de produits, pas nécessairement de la meilleure qualité, mais toujours en très grand nombre. Et sur les autres éléments, service, accessibilité, et expérience, elle se classe dans la moyenne. Elle respecte ses clients et offre un service courtois, sans toutefois chercher à se démarquer à tout casser à ces niveaux.

De son côté, Starbucks a misé sur l'expérience et l'accessibilité. Le café n'est certainement pas le moins cher, mais la satisfaction est garantie. Le choix est varié (surtout dans un pays, les États-Unis, où règne le café filtre), l'arôme toujours au rendez-vous. Les chaises sont confortables, et les clients sont invités à s'y prélasser longuement. Parallèlement, Starbucks s'assure d'être présent dans toutes les grandes villes du monde, à tous les carrefours importants. Ils répondent ainsi, à leurs manières, à des attentes toutes particulières des consommateurs.

Certes, l'argument tient. Mais comment expliquer, alors, le succès des bouis-bouis, souvent sales, où le café n'est pas nécessairement le meilleur, le service nul, mais où l'on s'obstine, religieusement, à se donner rendez-vous ? Et si Wal-Mart est si merveilleux, pourquoi le magasin du quartier, où les rayons sont poussiéreux, les choix douteux, les prix élevés, l'attente longue, continue-t-il malgré tout de nous attirer, semaine après semaine ? Mystère. L'histoire ne le dit pas. Peut-être est-ce aussi ce qui fait le charme de ces petits coins...

Source : La Presse, 10 décembre 2001, p. B 7.

Tout au long de ce chapitre, nous nous pencherons sur les mécanismes du comportement du consommateur, c'est-à-dire le microenvironnement de l'entreprise. Au préalable, définissons le comportement du consommateur. Bon nombre de recherches ont permis d'élaborer des théories à ce sujet. Résumons le comportement du consommateur comme suit : « [...] les actions des personnes qui participent directement à l'acquisition et à l'utilisation de biens et services économiques ainsi que les processus de décision qui précèdent et déterminent ces actions[1]. »

Cependant, cette définition ne dit ni pourquoi ni comment le consommateur prend sa décision d'achat, c'est-à-dire quels en sont les *déterminants*. C'est ce que nous aborderons dans la prochaine section.

Le modèle de la « boîte noire »

**Stimulus
(Plur. Stimuli)**
Informations de
différentes natures
diffusées et reçues par
un consommateur et qui
entraîneront une ou
plusieurs réponses.

Comment Martin (*voir figure 5.1*) en est-il venu à faire l'acquisition d'une WBM ? À partir des illustrations, on peut élaborer son propre scénario, sa propre théorie. On peut voir Martin, soumis à différents **stimuli** tels que la publicité véhiculant l'image d'un homme fier, admiré par une femme qui lui reconnaît un charme sans pareil en raison de la luxueuse voiture sport qu'il conduit orgueilleusement.

Le fait qu'un concessionnaire d'automobiles ait rendu le produit accessible est également un point à considérer. De plus, le prix correspondait probablement à celui auquel Martin s'attendait. Enfin, peut-être Martin a-t-il été influencé par le stéréotype suivant : dans notre environnement culturel, un homme qui conduit une voiture luxueuse projette l'image de quelqu'un qui a réussi.

Les stimuli se divisent en deux catégories. Les stimuli commerciaux proviennent de l'organisation qui les contrôle. Le design et l'emballage du produit, la publicité, le prix, le commerçant qui le distribue, bref, les quatre variables stratégiques du marketing, en constituent des exemples.

FIGURE 5.1 L'achat de Martin

La seconde catégorie regroupe les stimuli de l'environnement. Les réactions de la concurrence, les tabous sociaux, les lois, en somme tous les stimuli que l'organisation ne peut contrôler, font partie de cette catégorie.

À la fin de la bande dessinée de la figure 5.1, Martin est fier de son achat, et il prendra un grand plaisir à conduire sa voiture sport. Il est donc possible, dans le cas de Martin, d'établir une relation entre les stimuli et la réponse (*voir figure 5.2*). Martin a été la cible de ces stimuli puisqu'il a répondu à leur influence. Toutefois, il est presque impossible d'expliquer comment Martin a organisé ces stimuli et comment il a procédé lors de sa décision d'achat. Martin doit donc être considéré comme une « **boîte noire** » (*voir figure 5.3*) recevant des stimuli et émettant des réponses. Dans ce cas, la réponse a été l'achat de la voiture, mais il aurait pu s'agir d'un non-achat ou de la recherche d'informations additionnelles. La question à laquelle on doit répondre à présent est la suivante : quels éléments de la « boîte noire » ont donné naissance au comportement observé ? Il est primordial que le responsable du marketing se pose cette question puisqu'il devra prendre des décisions très importantes relativement aux quatre P pour constituer l'offre concrète qu'il fera au consommateur. Il s'agit donc d'explorer cette « boîte noire ».

Boîte noire
Semblable à la boîte noire d'un avion, le cerveau du consommateur contient beaucoup de réflexions et d'informations inaccessibles à une entreprise.

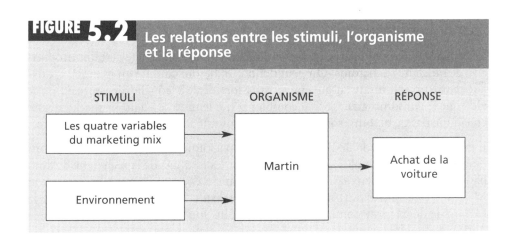

FIGURE 5.2 **Les relations entre les stimuli, l'organisme et la réponse**

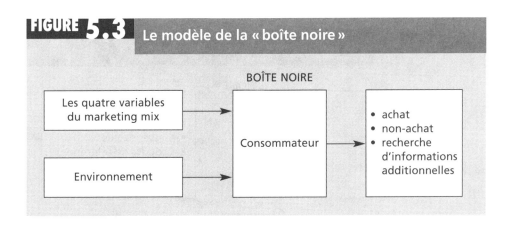

FIGURE 5.3 **Le modèle de la « boîte noire »**

À la découverte de la « boîte noire »

Pour comprendre la « boîte noire », on doit découvrir le pourquoi et le comment du comportement humain. À ce sujet, un très grand nombre de spécialistes de disciplines telles que l'économie, la psychologie, la sociologie, l'anthropologie[2] et l'éthologie[3] ont contribué à la compréhension du comportement du consommateur. Une synthèse de ces recherches permet de constater que le comportement du consommateur comporte deux grandes dimensions (*voir figure 5.4*). D'une part, la dimension intrinsèque représente ce qui est inhérent et particulier à chaque personne. Elle se compose d'éléments comme la motivation, la perception, l'apprentissage, les attitudes et la personnalité. D'autre part, la dimension extrinsèque représente tous les éléments extérieurs à la personne : la culture, les classes sociales, les groupes de référence et la famille. Reprenons chacun de ces éléments.

Dimension intrinsèque
Qui fait partie de la personne ou de l'objet, qui ne peut en être dissocié.

La dimension intrinsèque

Chaque personne possède un certain potentiel et des caractéristiques qui lui sont propres. Il s'agit d'examiner chacun de ces éléments pour en découvrir le fonctionnement.

Motivation
Action des forces conscientes ou inconscientes déterminant le comportement d'un individu.

La motivation

Le consommateur agit parce qu'il chemine vers un but. Il achète certains produits afin de satisfaire ses besoins. On peut définir un besoin comme un manque à satisfaire entre un état insatisfaisant et une situation idéale à laquelle on aspire. C'est ce vide que le consommateur tend à combler et qui le motive à agir. Le marketing ne crée donc pas de besoins, son rôle consistant plutôt à les définir et à les satisfaire.

Il existe une multitude de besoins chez une personne. Différents chercheurs ont tenté de les classer. Le plus souvent, on retient les résultats de la recherche d'Abraham H. Maslow, mieux connus sous le vocable de « hiérarchie des besoins selon Maslow » (*voir figure 5.5*). En effet, les spécialistes du marketing considèrent la hiérarchie de Maslow comme la manière la plus fonctionnelle de comprendre la notion de besoins[4].

FIGURE 5.4 À la découverte de la « boîte noire »

« BOÎTE NOIRE »

LA PERSONNE
- Motivation
- Perception
- Apprentissage
- Attitudes
- Personnalité

L'ENVIRONNEMENT
- Culture
- Classes sociales
- Groupes de référence
- Famille

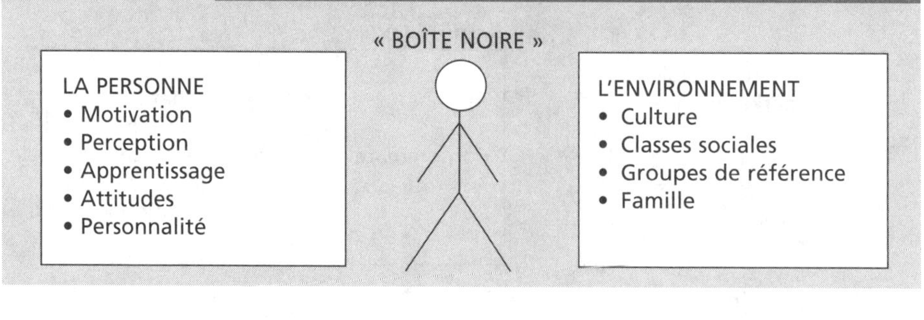

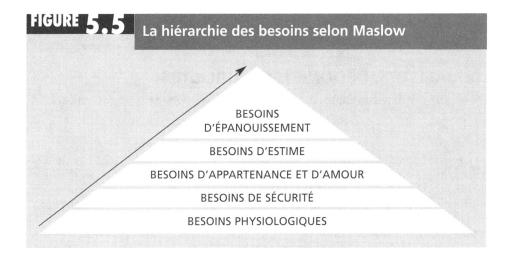

FIGURE 5.5 La hiérarchie des besoins selon Maslow

BESOINS
D'ÉPANOUISSEMENT

BESOINS D'ESTIME

BESOINS D'APPARTENANCE ET D'AMOUR

BESOINS DE SÉCURITÉ

BESOINS PHYSIOLOGIQUES

Selon Maslow, il existe cinq niveaux de besoins chez l'être humain. Il y a d'abord les besoins physiologiques, c'est-à-dire manger, boire, dormir, s'épanouir sexuellement, se vêtir et s'abriter. Ce sont des besoins de base, dits « primaires ». Ils se trouvent au bas de la pyramide parce que, pour survivre, il est nécessaire de les combler, du moins dans une certaine mesure. Si l'être humain ne peut satisfaire ces besoins, il ne pensera pas à satisfaire les autres catégories de besoins.

Viennent ensuite les besoins de sécurité affective et physique. Ces besoins visent à se protéger contre les personnes et les éléments naturels menaçants. Les systèmes antivol, les alarmes contre le feu, l'acquisition d'un chien de garde, tout comme une assurance-vie, constituent autant d'éléments liés au besoin de sécurité.

Une fois les besoins physiologiques et de sécurité satisfaits, place à la satisfaction de besoins d'ordre psychologique. La personne recherche alors les moyens lui permettant de satisfaire ses besoins d'appartenance et d'amour (*voir encadré 5.2*). Être aimé de sa famille et de ses proches, être accepté dans ses milieux d'étude, de travail et de loisir font partie de cet objectif important. Le choix vestimentaire, le type de musique écoutée, le genre d'activités sociales choisies, les appels téléphoniques interurbains représentent des moyens par lesquels la personne cherche à satisfaire son besoin d'appartenance.

Le besoin d'estime correspond au respect que la personne a d'elle-même, de même qu'à celui que les autres lui vouent. Les produits sociaux tels que les voitures de luxe (Mercedes, Jaguar et Ferrari) et les maisons luxueuses étalent sa richesse et sa réussite et lui attirent toute la considération recherchée. Le besoin d'estime rejoint également la confiance en soi, le sentiment de compétence et le statut social.

Enfin, il y a le besoin d'épanouissement. Il s'agit du besoin de s'assumer, de développer son potentiel, d'utiliser entièrement ses talents et ses aptitudes[5]. L'achat de livres, les visites aux musées, les soirées au théâtre, au cinéma et à l'opéra, la poursuite d'études collégiales et universitaires, ainsi que les voyages autour du monde tentent de combler ce besoin.

http://www.mercedes-benz.com
http://www.jaguar.com
http://www.ferrari.com

ENCADRÉ 5.2   M'aimes-tu ?

LES ADOS : MATÉRIALISTES, HÉDONISTES, NIHILISTES

Pour les séduire, on mise sur l'individualisme, mais aussi sur le sentiment d'appartenance

FRANÇOIS PERREAULT
collaboration spéciale

Les entreprises qui visent le marché des adolescents savent qu'elles s'adressent à un groupe pas du tout homogène. Non seulement cette génération présente-t-elle des profils de comportement et de personnalités variés, mais ils sont même parfois totalement opposés. Ainsi, on trouvera à un bout du spectre des jeunes ambitieux et fortement attirés par les symboles matériels de réussite, tandis que l'autre extrémité est occupée par des exclus désillusionnés et passifs, à l'esprit rebelle et délinquant.

Selon Alain Giguère, président de la maison de recherche CROP, qui a réalisé l'été dernier une étude sur les tendances dans l'évolution des motivations et valeurs des 15-24 ans, ceux-ci se divisent en trois groupes. « D'abord, dit-il, on trouve les matérialistes. Ce sont des fonceurs qui recherchent la gloire et qui se valorisent à travers leur statut social. Attirés par les images de réussite, ils accordent une grande importance à leur allure. Par conséquent, ils valorisent tout ce qui leur permet de projeter une image de succès. Le deuxième bloc est constitué d'hédonistes. Ils cherchent le plaisir dans leur quotidien. Leurs valeurs tournent autour de l'authenticité et du bonheur. Pour eux, le bien-être est plus important que l'ambition. Enfin, les nihilistes composent le troisième groupe. Ils ne croient en rien et ne peuvent donner de sens à leur vie. Ce sont des conservateurs en quête d'exutoires. »

Comment une entreprise peut-elle s'adresser à un groupe si disparate quand les matérialistes sont attirés par un discours commercial « aspirationnel » tandis que les nihilistes préfèrent l'irrévérence et l'impertinence ? L'une des entreprises qui semblent avoir trouvé une partie de la réponse est le fabricant américain de planches à neige Burton. Détenant une part de marché de 35 %, la marque a réussi à se positionner avantageusement auprès d'une génération qui favorise la pratique des sports individuels. L'individualisme est donc au cœur de sa stratégie de marketing. Toutefois, malgré un paradoxe évident, c'est en s'adressant à cette individualité que ses stratèges ont créé une communauté de jeunes consommateurs sportifs autour de la marque.

La marque qui rassemble

Michel Jager, président de la firme américaine de design Jager Di Paola Kemp, estime que Burton a réussi à s'intégrer dans la culture des jeunes. « La génération des 15-24 ans se caractérise par son infidélité aux marques. Par conséquent, Burton a adopté une image qui évolue constamment, à la manière d'une histoire sans fin. Par exemple, l'année dernière, elle a diffusé une centaine de publicités imprimées, mais la même exécution n'a jamais paru deux fois. Un peu comme dans le cas des chaînes de lettres, les jeunes se transmettaient les annonces afin de les faire découvrir. On favorisait donc l'interaction et le mouvement, tout en intégrant les consommateurs dans l'évolution perpétuelle de la marque. Mais surtout, on faisait de celle-ci un symbole rassembleur. »

Le produit lui-même suit cette philosophie de renouvellement constant. Ainsi, Burton n'a pas un logo, mais plusieurs dizaines, tous de formes, couleurs et typographies complètement différentes. Et l'entreprise a lancé en 2002 pas moins de 140 modèles de planches, chacun étant offert en trois couleurs.

Cette mouvance traduit bien l'adhésion de Burton à l'individualisme, valeur prisée par son groupe cible. « Les adolescents se trouvent à une période de leur vie où sévit un grand mal-être, explique Joël-Yves Le Bigot, président de Génération 2020, une société parisienne spécialisée dans le marketing destiné aux jeunes. D'une part, ils sont remplis de doutes et se pensent incapables de toute réussite. D'autre part, ils constatent que le monde dans lequel ils vivent est pire que ce qu'ils croyaient. Conséquemment, ils vont chercher à s'affirmer par ce qu'ils consomment. »

Pour le spécialiste, de passage à Montréal la semaine dernière afin d'y prononcer une conférence sur les marques qui attirent les jeunes, les choix de consommation reposent sur deux éléments. « D'abord, les jeunes sélectionnent des marques qui renforceront leur appartenance à une tribu, à un groupe précis. Puis, une fois que cette identité est bien définie, ils se tourneront vers des marques propres à eux en tant qu'individus. »

Michael Jager estime également qu'un des faits d'armes de Burton est d'avoir réussi à offrir un produit qui plaît désormais à une grande partie des sportifs, sans pour autant s'aliéner sa clientèle première, qui se considère toujours comme anticonformiste. « Plutôt que de voir son groupe cible comme un marché, juge Michael Jager, Burton a créé une communauté qui se reconnaît dans les valeurs

ENCADRÉ 5.2   M'aimes-tu ? (*suite*)

qu'elle met de l'avant. » Une anecdote illustre bien cette proximité. Il y a quelques années, le fabricant a lancé des planches sur lesquelles on avait appliqué divers logos abstraits. Trois semaines après la mise en marché de cette série de planches, l'entreprise a reçu des photos de jeunes consommateurs qui s'étaient fait tatouer certains de ces logos sur le corps. Difficile de trouver une meilleure démonstration de complicité et de proximité.

Source : La Presse, 5 mars 2003, p. D8.

Pour mieux comprendre le fonctionnement de la hiérarchie des besoins, on doit tenir compte des trois points suivants. Premièrement, comme le sous-entend le mot « hiérarchie », les besoins sont satisfaits dans un ordre croissant. Par exemple, une personne n'aura pas à cœur de satisfaire ses besoins d'estime si elle n'arrive pas à apaiser sa faim. Les membres des sociétés riches, dans lesquelles les besoins physiologiques sont comblés, peuvent se permettre de se préoccuper de leurs besoins psychologiques. Toutefois, le gestionnaire de marketing doit se rendre compte que ce n'est pas tout le monde qui accorde la même importance, dans le même ordre, à ses besoins (*voir encadré 5.3*).

ENCADRÉ 5.3   Et vous, survivez-vous sans l'afficheur ?

JE N'AI PAS D'AFFICHEUR ET JE SURVIS TRÈS BIEN

STÉPHANIE LEBLANC
L'auteure est une résidante de Montréal

C'est la deuxième fois que des vendeurs de Bell me téléphonent, affublés d'un sincère décontenancement, pour me signaler que je suis un être humain incomplet en termes de téléphonie. Pour couper court à la conversation, je précise que je n'ai pas d'argent et que j'utilise très peu le téléphone. « Ha ! Ha ! », semble penser tout haut mon interlocuteur. Ça y est, je me suis fait prendre…

« Mais vous avez pourtant une boîte vocale, non ? » Cela me trahit : j'utilise assez bien le téléphone. Et c'est carrément une hérésie, semble-t-il, d'utiliser le téléphone en 2003 sans posséder la ligne en attente, la conférence à trois, l'afficheur, le cellulaire et tous ces petits extras, qui au bout du compte, coûtent moins cher en les cumulant, car on obtient un joli X % de rabais.

Je me demande quel est le public cible de Bell dans sa campagne de création de besoins ? Probablement celui qui ne possède pas tous ces services, pour des raisons peut-être évidentes, comme la pauvreté ? Étant étudiante, je n'ai pas suffisamment d'argent pour m'acquitter de frais téléphoniques supplémentaires, ce qui semble être un argument systématiquement non valable, non respecté et rejeté par ces vendeurs acharnés, qui insistent désespérément sur les besoins que je devrais avoir et sur les magnifiques X % de rabais. Ce qui me dérange, c'est qu'à l'évocation de cette magie du « prenez-en plus et payez moins », certaines personnes vulnérables puissent céder à ce verbiage fallacieux.

Source : La Presse, 20 mai 2003, p. A15.

http://
www.mcdonalds.com

Deuxièmement, la satisfaction simultanée de deux niveaux de besoins n'est pas impossible. Lorsque l'on mange chez McDonald's, on comble et son besoin physiologique et son besoin d'appartenance et d'amour en partageant son vécu du moment avec ses compagnons et compagnes.

Enfin, les besoins ne sont pas comblés de la même façon chez tous les individus. Pensons à tous les produits et services de divertissement disponibles sur le marché. De plus, un même produit ou un même service ne comble pas nécessairement les mêmes besoins chez deux individus. Par exemple, l'achat d'un jean par un étudiant servira à combler un besoin d'appartenance, alors qu'un jean acheté par un travailleur de la construction servira probablement davantage à satisfaire un besoin physiologique.

Notons que la hiérarchie des besoins de Maslow doit être considérée comme un instrument de travail et non comme une fin en soi. En effet, il n'y aura ici aucune réponse tranchée. Le mode exploratoire que ce modèle procure permettra cependant à tout gestionnaire de marketing de tirer des déductions intéressantes.

Perception
Fonction par laquelle
l'esprit se représente les
objets ou les idées.

La perception

La perception fait référence au domaine sensoriel. C'est par le toucher, le goût, la vue, l'ouïe et l'odorat qu'une personne prend conscience des choses, des faits, des gestes, des concepts, bref, de son environnement. La personne organise et interprète les stimuli de son environnement. Cette perception est fonction de deux séries de facteurs : les stimuli provenant de l'objet perçu et ceux caractérisant l'état dans lequel se trouve l'individu soumis aux stimuli. Deux personnes soumises au même stimulus, par exemple une pizza bien garnie, peuvent y réagir différemment. Celle qui vient de dîner ne la regardera même pas, alors que celle qui n'a pas mangé depuis quelques heures en aura l'eau à la bouche. La perception est donc un phénomène subjectif. Deux personnes ne perçoivent pas nécessairement la même chose face à un stimulus identique, comme l'illustre la figure 5.6.

De plus, la perception est sélective. Les consommateurs, sollicités de toutes parts par des centaines de messages provenant d'organisations, ne peuvent porter attention qu'aux stimuli les rejoignant. S'ils regardaient ou écoutaient toute la publicité qui leur est destinée quotidiennement (plus de 1000 messages publicitaires en moyenne[6]), ils n'auraient plus de temps pour faire quoi que ce soit. Afin de percer ce filtre perceptuel, les organisations utilisent la couleur, le mouvement et des niveaux sonores élevés lors de la diffusion de leurs messages publicitaires. La répétition constitue également un moyen d'attirer l'attention d'une personne et de la sensibiliser.

Une autre façon de franchir ce filtre perceptuel consiste à présenter des messages subliminaux. La vitesse à laquelle on diffuse un message subliminal ne permet pas à une personne de le percevoir consciemment. Cependant, son subconscient le perçoit. Il s'agit de la perception subliminale.

Bon nombre d'expériences ont été tentées dans ce domaine. La plus populaire demeure celle de James Vicary en 1957. Grâce à la superposition d'images d'un film à l'affiche dans une salle de cinéma, les phrases *Drink Coca-Cola* (« Buvez Coca-Cola ») et *Eat Pop-Corn* (« Mangez du maïs soufflé ») ont été projetées toutes les cinq secondes, à la vitesse de 1/30 de seconde. Puisque la vitesse de perception

FIGURE 5.6 Que percevez-vous ?... Et votre voisin, que perçoit-il ?

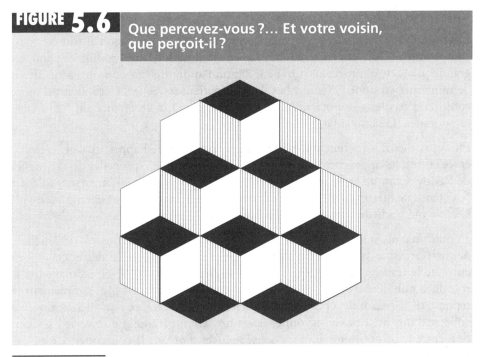

Source : DAWSON, Leslie M. « Marketing Science in the Age of Aquarius », dans *Journal of Marketing,* juillet 1971, p. 70.

de l'image de télévision est de 1/25 de seconde, ce message ne pouvait être perçu au niveau du conscient. Selon l'expérimentateur, de tels messages ont porté des fruits. Pendant six semaines, il y a eu une augmentation de 18 % des ventes de Coca-Cola et de 57 % de maïs soufflé[7]. Toutefois, l'expérimentateur[8] n'a fait paraître aucun document faisant foi de ces résultats.

Par ailleurs, les résultats ne démontrent pas hors de tout doute que la perception subliminale puisse constituer un mécanisme incitant le consommateur à acheter des produits dont il n'a pas besoin. Malgré tout, les gouvernements ont légiféré en cette matière et ont interdit l'usage de ce type de publicité. De cette façon, les consommateurs canadiens sont protégés, la loi interdisant formellement l'utilisation de messages subliminaux à des fins publicitaires.

Un autre phénomène perceptuel important que le responsable du marketing doit connaître est la loi de Weber. Weber a réussi à démontrer que, pour être perçue, la variation d'intensité d'un stimulus doit être proportionnelle à la valeur du stimulus auquel elle est appliquée. On ne remarquera même pas une diminution de 500 $ du prix d'une Rolls Royce, alors qu'une baisse de prix équivalente pour une voiture américaine ou japonaise attirera l'attention du consommateur.

http ://www.rolls-royce.ca

En somme, la perception est un mécanisme des plus importants pour le gestionnaire de marketing. C'est grâce à ce mécanisme que le consommateur prend connaissance de la stratégie de marketing de l'entreprise.

Apprentissage
Acquisition de nouveaux comportements ou de nouvelles aptitudes à la suite d'expériences vécues.

L'apprentissage

L'apprentissage constitue un élément important de la dimension intrinsèque du comportement du consommateur. La consommation du produit dépend en grande partie de ce processus. On peut définir l'apprentissage comme l'acquisition de nouveaux comportements à la suite d'expériences vécues. Cette définition ne comprend pas les comportements liés à l'instinct, à la croissance ou à des états temporaires (la faim, la fatigue et le sommeil[9]).

Plusieurs théories tentent d'expliquer le phénomène de l'apprentissage[10]. Il y a, entre autres, les approches de type stimulus-réaction telles que celles de Skinner et de Pavlov. Comme la figure 5.7 le démontre, l'approche de Skinner se fonde sur l'existence de quatre éléments : la pulsion, le signal, la réaction et le renforcement. C'est la méthode du renforcement positif.

La pulsion consiste en la concentration d'énergie latente qui, une fois déclenchée, permettra à une personne de faire un geste. Le signal est le déclencheur qui entraîne le transfert énergétique de l'état latent à l'état actuel – c'est d'ailleurs le rôle de la publicité d'agir comme déclencheur. La réaction est tout simplement la réponse de la personne à l'action du signal ; en marketing, ce sera l'achat, sinon la collecte d'informations additionnelles. Enfin, le renforcement résulte de l'association entre le comportement et ses conséquences. Lorsque la conséquence est heureuse, la probabilité que le comportement se reproduise augmente. Une personne satisfaite d'un produit aura tendance à l'acheter de nouveau lorsque le besoin s'en fera sentir. C'est là la **fidélité à la marque.** Pour la renforcer, les entreprises conçoivent une multitude d'outils, par exemple les points Air Miles, etc.

Fidélité à la marque
Régularité d'achat d'une marque.

http:/www.airmiles.ca

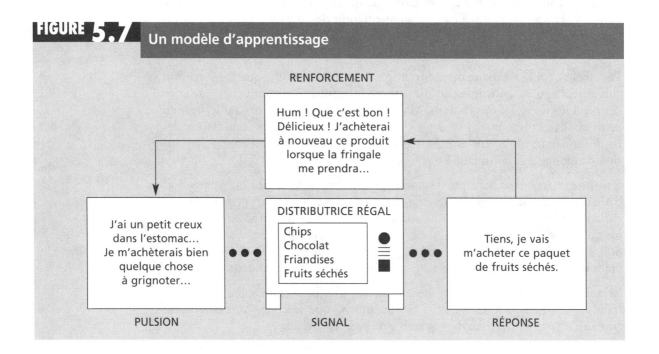

FIGURE 5.7 — Un modèle d'apprentissage

RENFORCEMENT

Hum ! Que c'est bon ! Délicieux ! J'achèterai à nouveau ce produit lorsque la fringale me prendra...

J'ai un petit creux dans l'estomac... Je m'achèterais bien quelque chose à grignoter...

DISTRIBUTRICE RÉGAL

Chips
Chocolat
Friandises
Fruits séchés

Tiens, je vais m'acheter ce paquet de fruits séchés.

PULSION   SIGNAL   RÉPONSE

Les attitudes

Attitude
Mode de réaction affective à l'égard d'un produit, d'un service ou d'une marque.

« Achèterais-tu la marque X ? — Non, je ne crois pas, car je ne pense pas qu'elle représente le meilleur achat. » Comme le démontre ce court dialogue, une attitude est une prédisposition à l'action fondée sur des critères de décision personnels. En fait, une attitude est une prédisposition apprise et relativement permanente qu'une personne possède pour organiser ses croyances et ses perceptions au sujet d'un objet ou d'une situation d'une façon positive ou négative. À partir de ses attitudes, une personne se fabrique un ensemble de références qui reflétera ses préférences pour les marques considérées lors d'un achat.

Il s'avère donc important que le responsable du marketing connaisse les attitudes des consommateurs, ce qui est possible grâce à un instrument de mesure. On peut supposer (*voir tableau 5.1*) que l'attitude est fonction du produit (ce qu'il est) ou des attributs du produit. De plus, une attitude est également fonction de l'importance qu'accorde le consommateur aux différents attributs du produit.

On peut évaluer ces attitudes à l'aide du modèle mathématique[11] présenté au tableau 5.2. Comme l'illustre la démonstration arithmétique, c'est envers la marque Y que le consommateur K a l'attitude la plus favorable.

TABLEAU **5.1** Quelques procédures pour la mesure d'attitudes

Quelle importance accordez-vous à chacun des attributs suivants ? Quelle est votre évaluation des marques de tampons hygiéniques X et Y par rapport à chaque attribut ?

Attributs	Importance des attributs [1]	Évaluation des marques [2]	
		X	Y
• Douceur	30	2	5
• Absorption	30	6	3
• Application facile	10	4	4
• Confort	20	2	6
• Prix	10	3	5
	100		

1. L'importance des attributs peut être évaluée sur une échelle de 0 à 100, « 0 » représentant l'absence d'importance et « 100 » représentant le maximum d'importance. Une méthode utilisée consiste à demander aux consommateurs de répartir un total de 100 points sur l'ensemble des attributs.

2. L'évaluation de chaque marque peut être faite à l'aide d'une échelle graduée de 7 points, « 1 » représentant une très faible appréciation de la marque sur cet attribut, et « 7 » représentant une excellente appréciation.

TABLEAU 5.2 — La mesure d'attitudes à l'aide du modèle de Fishbein

Le modèle de Fishbein est une formule mathématique servant à mesurer les attitudes des consommateurs. La démonstration suivante est basée sur l'information du tableau 5.1.

$$A_{jk} = \sum_{i=1}^{n} I_{ik} \times \beta_{ijk}$$

i = les attributs choisis aux fins d'évaluation, le nombre maximal étant « n ». Dans l'exemple qui nous intéresse, il y a un maximum de cinq attributs.

j = les marques évaluées. Dans notre exemple, il y a les marques X et Y.

k = le consommateur qui fait l'évaluation. Il n'y a qu'un consommateur dans cet exemple.

A_{jk} = le score d'attitude obtenu pour la marque j par le consommateur k.

I_{ik} = la mesure de l'importance accordée à l'attribut i par le consommateur k.

β_{ijk} = l'évaluation de l'attribut i pour la marque j par le consommateur k.

Évaluation de la marque X :

$A_{xk} = (30 \times 2) + (30 \times 6) + (10 \times 4) + (20 \times 2) + (10 \times 3) = 350$

Évaluation de la marque Y :

$A_{yk} = (30 \times 5) + (30 \times 3) + (10 \times 4) + (20 \times 6) + (10 \times 5) = 450$

Les attitudes sont dynamiques, c'est-à-dire qu'elles peuvent changer avec le temps. Un changement d'attitude a deux origines possibles. D'une part, le consommateur peut provoquer ce changement. La stratégie de l'entreprise consistera alors à l'évaluer afin d'offrir un produit correspondant à ces nouvelles attitudes.

D'autre part, l'entreprise peut vouloir modifier les attitudes des consommateurs à l'égard de son produit. Cette tâche de communication marketing particulière a d'ailleurs été utilisée afin d'amener les Québécois à considérer l'alcool au volant comme un geste criminel (un comportement peut être perçu comme un « produit », comme nous le verrons plus loin).

TENDANCES MARKETING

La fidélité à la marque, tout comme la fidélité aux revendeurs, ces détaillants de produits et services, est à la base du développement et de la prolifération des programmes de fidélisation en Amérique du Nord. Bien que la fidélisation assurée au moyen de cartes et de points soit à la mode, comme le rapporte le journaliste François Perreault, l'avenir apportera son lot de changements, surtout dans les primes accordées. Que diriez-vous d'une balade en montgolfière, comme le propose American Express ? De visiter l'arrière-scène pendant un concert de musique rock ? Finis les grille-pain et bienvenue aux expériences exaltantes !

Source : PERREAULT, François. « Plus d'expériences, moins de grille-pain », *La Presse Affaires*, 22 octobre 2003, p. 6.

La personnalité

« Un tel a une belle personnalité. » Il est fréquent d'entendre ce genre d'appréciation servant à décrire une personne. Chaque personne a donc sa personnalité. Elle constitue un « produit » unique.

Les spécialistes du marketing ont déployé beaucoup d'efforts dans ce domaine et en font encore aujourd'hui. Les développements de la psychographie, ou analyse des styles de vie, rendent possible l'utilisation du concept de personnalité en marketing. L'analyse des « activités, intérêts et opinions » fait connaître les traits de personnalité des consommateurs. Il est possible de segmenter un marché à partir de ce type de variables si l'on détermine les traits de personnalité caractéristiques des consommateurs visés. Par exemple, en ce qui concerne le marché de l'automobile, une telle approche peut s'avérer fort utile pour reconnaître les amateurs d'autos sport ou encore les consommateurs conformistes.

La dimension extrinsèque

La dimension extrinsèque du comportement du consommateur est fonction des influences qui proviennent de son **environnement.** On peut considérer le consommateur (*voir figure 5.8*) comme le centre vers lequel converge l'influence d'éléments extérieurs (culture, classes sociales, groupes de référence et famille).

Personnalité
Le type d'activités, les intérêts et les opinions font connaître les traits de personnalité des consommateurs.

Dimension extrinsèque
Tout élément externe à l'individu, mais qui peut agir sur lui.

Environnement
Milieu familial et milieu professionnel dans un lieu géographique donné.

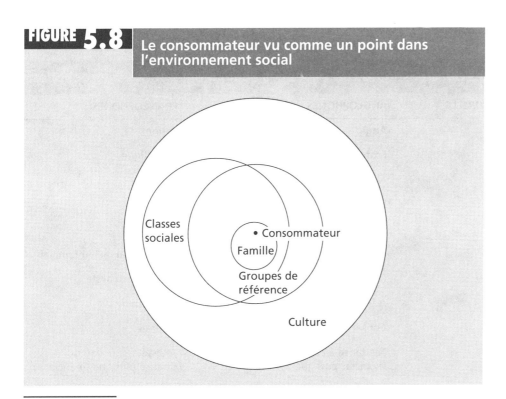

FIGURE 5.8 Le consommateur vu comme un point dans l'environnement social

Source : SCHEWE, Charles D. et SMITH, Reuben M. *Marketing Concepts and Applications,* Toronto, McGraw-Hill Ryerson, 1983, p. 162.

Culture

Système de valeurs, normes et mœurs caractérisant la façon de vivre propre à chaque société.

La culture

Par « culture », on entend le système de valeurs, les normes, les mœurs, en fait tout ce qui caractérise la façon de vivre propre à chaque société. Lorsqu'un Québécois est en vacances au Japon, il doit adopter certains comportements particuliers à ce pays. Il en sera de même au Moyen-Orient ou en Europe. En Amérique du Nord, l'automobile est une nécessité. C'est la solution nationale au problème du transport. Par contre, dans beaucoup de pays encore, l'automobile constitue davantage un bien de luxe et de prestige qu'un moyen de transport populaire.

Si l'on pousse plus loin l'analyse, on découvre l'existence de différents groupes culturels à l'intérieur d'une même nation. De ces sous-cultures provient le plus important processus de socialisation des personnes[12].

Le Canada est un pays multiculturel. Des personnes de différentes nationalités y vivent. Cependant, on reconnaît l'existence de deux groupes culturels principaux : les anglophones et les francophones (*voir encadré 5.4, page 135*). Le tableau 5.3 contient les résultats d'une étude portant sur leurs caractéristiques culturelles propres. Il est facile d'y déceler des différences culturelles importantes, différences dont on devra tenir compte lors de l'élaboration des stratégies de marketing. Des quatre variables du marketing, la communication marketing est l'une de celles que l'on doit modifier afin de respecter les traits culturels de chaque sous-groupe. Par exemple, la campagne « Monsieur B » de Bell est destinée uniquement au marché francophone, le marché anglophone ayant sa propre campagne. Toutefois, cela ne

TABLEAU 5.3 — Les caractéristiques culturelles des anglophones et des francophones

CARACTÉRISTIQUE CULTURELLE	ANGLOPHONES	FRANCOPHONES
Origine ethnique	Anglo-saxonne	Latine
Religion	Protestante	Catholique
Langue parlée	Anglaise	Française
Attitude intellectuelle	Pragmatique	Théorique
Famille	Matriarcale	Patriarcale
Loisirs	Fonction du milieu professionnel	Fonction du milieu familial
Individu face à son milieu	Plus social	Plus individualiste
Gestion des affaires	Administrateur	Innovateur
Tendance politique	Conservatrice	Libérale
Attitude de consommation	Tendance à l'épargne, conformiste, financier plus que financé	Jouisseur, innovateur, financé plus que financier

Source : CHEBAT, J. C. et HÉNAULT, G. M. « Le comportement culturel des consommateurs canadiens », dans V. H. Kirpanali et R. H. Rotenberg (dir.), *Le marketing au Canada,* textes et cas, Montréal, HRW, p. 193.

POUR VENDRE AUX QUÉBÉCOIS, IL FAUT APPRIVOISER LA SOCIÉTÉ DISTINCTE

MARTIN VALLIÈRES
La Presse à Toronto

Pour vendre aux Québécois des produits et services avec succès, peu importe leur notoriété ailleurs au Canada et dans le monde, mieux vaut bien comprendre les particularités sociales et culturelles du Québec par rapport à ses voisins.

Pourtant, même pour des professionnels du marketing de Toronto qui ont souvent comme employeurs ou clients de grosses entreprises du secteur de la consommation, les particularités du marché québécois s'avèrent parfois comme une dure course à obstacles pour initiés.

C'est d'ailleurs pour faire le point à ce sujet qu'une soixantaine de spécialistes du marketing et de la publicité de la région de Toronto, dont plusieurs gérants de comptes d'envergure nationale, ont conféré deux jours en début de semaine avec des collègues québécois, en banlieue de la Ville reine.

Le thème de leurs discussions, « Marketing to Québécois », a aussi attiré quelques participants américains.

« Des gens de l'Arizona qui ont des projets d'expansion vers le Canada. Ils sont venus pour décider de la pertinence d'embaucher une seule agence de marketing pour tout le Canada, ou d'en embaucher deux dont une spécialement pour le marché québécois », a confié l'organisatrice des discussions, Diane Rankin, de la firme Brunico Communications, de Toronto.

Que l'on soit habitué ou non du marché québécois, les propos et même les avertissements entendus lors de cette conférence allaient dans le même sens.

Le marché québécois du détail est important, comptant pour 23 % du total canadien. Mais surtout, il est très différent sur de nombreux aspects autres que l'usage du français. Si vous négligez ou ne tenez pas compte de ces différences, c'est à vos risques et périls », a résumé John Torella, associé principal de la firme-conseil J. C. Williams, établie à Toronto et à Chicago.

M. Torella, qui a plusieurs gros détaillants comme clients, a cité l'exemple de la rue Sainte-Catherine au centre-ville de Montréal, devenue selon lui l'un des pôles de commerce de détail les plus dynamiques au Canada.

« Pour les consommateurs de mode en particulier, c'est excitant et vibrant comme nulle part ailleurs au pays. Mais c'est aussi l'endroit où des détaillants d'origine québécoise se livrent une vive bataille et prévalent même face à des concurrents d'envergure nationale et internationale. L'analyse du savoir-faire de ces détaillants québécois devrait être un *must* pour tous les étudiants en marketing au Canada », a suggéré M. Torella.

Des dirigeants de firmes montréalaises de marketing et de publicité ont aussi fait des observations devant leurs vis-à-vis torontois.

Entre autres choses, ils ont souligné la préférence des consommateurs québécois pour les éléments de style et de nouveauté dans leurs achats, avec un œil attentif sur les marques de commerce. Mais aussi, un comportement de consommateur qui privilégie davantage la satisfaction rapide comparativement à leurs voisins canadiens anglais.

« Ça explique la popularité moindre au Québec des programmes de fidélisation des détaillants par rapport au reste du Canada. Les consommateurs québécois préfèrent les récompenses immédiates, comme les soldes sur des articles ou des services désirés », a expliqué Christine Melançon, directrice générale d'Impact Recherche.

Néanmoins, même avec ces soupçons d'influence européenne dans leurs préférences de consommation et de vie sociale, les Québécois n'hésitent pas à « embarquer » dans des phénomènes nord-américains si on les y invite de la bonne façon.

Devant ses collègues torontois, David Saffer, conseiller principal en commerce de détail au Groupe Secor, de Montréal, a décrit le succès de l'implantation du géant américain Wal-Mart au Québec.

« Ils ont pris soin d'adapter leur publicité au Québec et d'impliquer des fournisseurs québécois dans leur réseau d'approvisionnement, réputé l'un des plus efficaces du monde. Désormais, il y a suffisamment de consommateurs québécois qui citent Wal-Mart comme leur grand magasin préféré pour gagner un référendum ! » a lancé M. Saffer avec une pointe d'ironie.

Les professionnels québécois du marketing ont aussi fait le point avec leurs collègues torontois sur le milieu distinct des médias et des vedettes populaires au Québec, méconnu au Canada anglais.

Par exemple, deux phénomènes récents du show-business québécois qui ont attiré de nombreux commanditaires et annonceurs à gros prix, les

135

ENCADRÉ 5.4 Tenez-vous-le pour dit... (*suite*)

émissions *La Fureur* et *Star Académie*, sont passés relativement inaperçus dans le milieu du marketing à Toronto.

Par ailleurs, les succès publicitaires obtenus au Québec par de grandes entreprises comme Bell Canada, avec son « Monsieur B », et Pepsi, du temps de ses messages avec l'humoriste Claude Meunier, continuent de susciter un certain étonnement parmi les professionnels torontois du marketing.

Un peu d'envie même, car ils espèrent encore mener des campagnes publicitaires qui obtiendraient un tel niveau de notoriété au Canada anglais.

Pour Jean-François Bertrand, président de l'agence de publicité Diesel de Montréal, la taille restreinte du marché québécois et des budgets de promotion ont créé un milieu où la créativité et l'originalité priment sur l'ampleur des moyens.

Malgré tout, a-t-il déploré, des promoteurs et des détaillants de l'extérieur du Québec se contentent encore trop souvent de traduire leur publicité pour le marché québécois, avec des résultats souvent douteux.

« Du point de vue des Québécois, c'est un peu insultant et même risqué pour votre marque de commerce. Vous seriez mieux de ne rien faire plutôt que d'annoncer de la sorte », a dit M. Bertrand.

Pour Carol Levine, présidente de la firme de relations publiques Communications Meca, qui a pignon sur rue à Montréal et Toronto, l'embauche de spécialistes locaux du marché et des médias québécois demeure le meilleur gage de réussite d'un effort publicitaire.

« C'est très difficile de connaître et de comprendre ce marché depuis Toronto », a dit Mme Levine.

Elle a cité l'exemple d'une entreprise cliente de sa firme qui voulait commercialiser au Québec une méthode de gestion du temps de travail qui avait beaucoup de succès ailleurs en Amérique du Nord.

« Au Canada anglais et aux États-Unis, cette entreprise vantait son produit comme un moyen d'accomplir plus de tâches durant le même laps de temps. Mais au Québec, une telle promotion aurait sûrement échoué. Il a fallu les convaincre de faire une campagne spécifique qui mise sur le gain de temps pour les loisirs et la vie familiale, en devenant plus efficace au travail. »

Source : La Presse, 11 mai 2003.

---

signifie pas qu'un sous-groupe soit imperméable à certains traits culturels caractérisant un autre groupe. Par exemple, les Québécois aiment les spaghetti, les mets chinois, les pâtisseries libanaises, la mode européenne, les vins chiliens, les meubles scandinaves, les automobiles japonaises, les bières mexicaines...

Classes sociales
Stratification de la société fondée sur le revenu, l'éducation, le lieu de résidence des gens, etc.

Les classes sociales

Les classes sociales sont constituées du regroupement de personnes partageant des valeurs, des styles de vie, des intérêts et un comportement semblables[13]. Les classes sociales représentent un élément important aux yeux du responsable du marketing. Les membres de chaque groupe ont beaucoup d'affinités et doivent combler des besoins similaires.

D'après une étude de W. Lloyd Warner et Paul Lunt, la société américaine, et c'est également vrai pour la société canadienne, serait divisée en six classes. Les variables qui ont servi à établir ces divisions sont le type de profession exercée, la source du revenu (et non seulement le montant), le genre de maison habitée, ainsi que le lieu de résidence[14]. L'indice servant à la classification est un mélange de ces quatre critères. Par exemple, si l'on ne tenait compte que de la source de revenu, bon nombre de techniciens obtiendraient un meilleur classement que certaines gens exerçant des professions libérales. Au Québec, un électricien d'expérience gagne beaucoup plus d'argent qu'un jeune avocat à ses débuts. Cependant, le prestige social associé au métier d'électricien est inférieur à celui de la profession d'avocat. Selon une étude américaine, la profession d'avocat se classe au 18e rang des emplois prestigieux, alors que le métier d'électricien se classe au 39e[15].

Le tableau 5.4, à la page 138, présente une brève description de chacune de ces classes sociales canadiennes et québécoises, ainsi que le pourcentage approximatif composant chacune d'elles.

Les classes sociales ont fait l'objet de nombreuses études de la part des spécialistes en marketing. Il est évident qu'il existe des magasins, des produits et des styles de publicité (en fait, tout un ensemble de stratégies de marketing) pour chacune des classes sociales énumérées.

Les groupes de référence

Qui n'a pas d'amis ? Qui n'est pas membre d'un groupe quelconque ? Au cégep, les élèves sont entourés de copains, jouent au hockey, font partie d'une troupe de théâtre. Il serait trop long d'énumérer toutes les possibilités et, encore, cela ne vaut que pour une époque de la vie ! Pour chaque personne, les groupes de référence auxquels elle s'identifie, tout comme ceux auxquels elle espère adhérer, représentent une source d'influence de taille en ce qui concerne ses attitudes, ses valeurs et ses comportements. Il existe une multitude de groupes de référence. Il y a d'abord les groupes primaires comme les proches, les groupes d'amis, les voisins et les groupes de travail. Ces groupes forment un véhicule peu commun pour la publicité de bouche à oreille. Combien de fois quelqu'un achète-t-il un disque compact, un vêtement ou une raquette de tennis parce qu'un ami l'y incite ? Le groupe de référence que représentent les amis est d'ailleurs grandement mis à profit dans la publicité de la bière. A-t-on déjà vu un seul message publicitaire montrant une personne qui boit seule ? Au contraire, on remarque toujours la présence d'un certain nombre de personnes semblant éprouver du plaisir ensemble.

Une personne peut également appartenir à des groupes secondaires : les clubs sportifs, les associations professionnelles et étudiantes, bref, tout groupe dont les relations sont impersonnelles, contractuelles et intermittentes[16]. Ce type de groupe est tout aussi important pour le gestionnaire de marketing. Une étude de Bauer et Wortzel a démontré que les médecins ne décident souvent d'adopter un nouveau médicament qu'après en avoir discuté avec certains de leurs confrères[17]. Cet exemple illustre également le concept de leader d'opinion dont la crédibilité, par rapport à un sujet ou à un domaine précis, n'est plus à faire. Ce leader au pouvoir d'influence considérable est très écouté lorsqu'il émet une opinion. On trouve ces leaders d'opinion dans toutes les classes de la population. Le responsable du marketing devra reconnaître ces leaders et définir leurs caractéristiques. Puisque ces leaders sont très imités par les personnes de leur environnement, ils deviennent des consommateurs cibles à atteindre.

En général, comme on peut le constater à la figure 5.9, les groupes de référence exercent deux types d'influence : une influence concernant le produit et une influence ayant trait à la marque.

Groupe de référence
Groupe auquel une personne s'identifie sans nécessairement y appartenir et qui sert de modèle à son comportement.

Pour ce qui est de l'achat d'un produit comme l'automobile, l'influence du groupe de référence est très grande. Cela vaut également pour la marque. En ce qui a trait à l'achat de savon à lessive, autant pour la décision d'acheter ce type de produit que pour la marque retenue, le groupe de référence a peu d'influence. En général, l'influence qu'exerce le groupe de référence dépend de ce que le produit est plus ou moins apparent.

TABLEAU 5.4 — Les classes sociales au Canada et au Québec

CLASSE SOCIALE	APPARTENANCE	POURCENTAGE DE LA POPULATION[1]	
		Canada	Québec
Supérieure élevée :	constituée de vieilles familles dont la fortune est héritée. Ces familles vivent très élégamment et ont à cœur leur bonne réputation. Elles envoient leurs enfants dans les meilleures universités.	4,2	4,2
Supérieure basse :	constituée de familles dont la fortune est récente. Ces familles sont très actives dans la société et cherchent à affirmer leur statut. Leur comportement de consommation peut être ostentatoire. Leurs membres seront plus innovateurs que ceux de la classe précédente. C'est un marché important pour les biens de grand luxe.		
Moyenne élevée :	on y trouve les gens d'affaires et les professionnels qui ont réussi. Le comportement de ces familles est centré sur la carrière du mari. C'est le groupe le plus instruit de la société, et il représente le marché de la qualité pour beaucoup de produits.	8,4	7,5
Moyenne basse :	constituée de propriétaires de petites entreprises, de vendeurs, d'instituteurs et de cols blancs. Ces personnes sont extrêmement motivées dans leur travail et recherchent la respectabilité et l'estime des autres. Dans leur comportement d'achat, elles sont très actives et sensibles aux variations de prix. Leur maison tient une place importante dans leur vie, elle est bien meublée et située dans un quartier respectable.	15,1	13,9
Basse élevée :	celle du col bleu. On y trouve des ouvriers spécialisés, des mécaniciens et des manutentionnaires. Leur emploi est caractérisé par l'utilisation de leurs bras, ce qui influence leur comportement : ils sont impulsifs dans leurs achats et demandent une satisfaction immédiate. Leur ambition est d'accéder à la classe moyenne : avoir un bon emploi, une belle maison et une belle voiture.	54,1	56,1
Basse pauvre :	segment le plus défavorisé de la société. On y trouve les ouvriers non spécialisés et les assistés sociaux. Ils occupent des emplois demandant peu d'habileté et d'instruction, et ils rejettent les normes de la classe moyenne. Leur consommation se limite à celle des produits essentiels, pour lesquels ils paient en général trop cher et qui sont de mauvaise qualité. Ils utilisent souvent le crédit.	18,2	18,3
		100	100

(1) N. K. Dhalla, *These Canadians,* Toronto, McGraw-Hill, 1966, p. 197.

Source : adapté de DARMON, R. Y. et coll. *Le marketing, fondements et applications,* 4ᵉ édition, Montréal, McGraw-Hill, Éditeurs, 1990, p. 170-171.

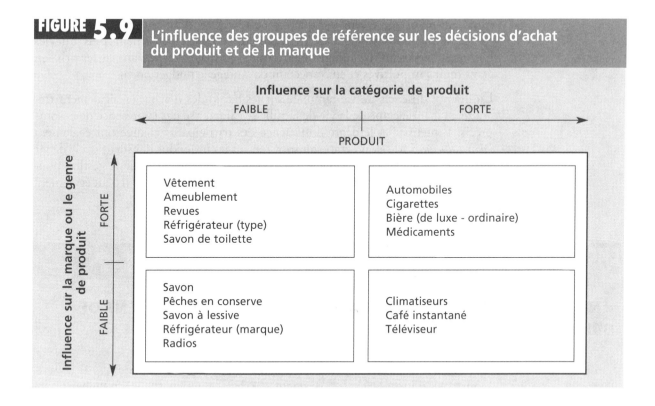

FIGURE 5.9 L'influence des groupes de référence sur les décisions d'achat du produit et de la marque

La famille

La famille exerce également une influence sur le comportement de consommation (*voir encadré 5.5*). Deux facteurs sont particulièrement importants : les rôles que peuvent jouer les membres de la famille et l'influence du cycle de vie familiale sur les habitudes de consommation.

Dans l'organisation d'achat que représente la famille, différents rôles peuvent revenir aux membres (père, mère ou enfants). Kotler[18] en a établi cinq :

- L'initiateur est celui qui, le premier, a suggéré ou simplement eu l'idée d'acheter un produit en particulier ;
- L'influenceur, de manière explicite, exerce une influence quelconque sur la décision finale ;
- Le décideur prend une partie ou l'ensemble de la décision d'achat : acheter ou non, quoi acheter, comment, quand et où acheter ;
- L'acheteur effectue réellement l'achat ;
- L'utilisateur consomme ou utilise le produit.

Le responsable du marketing doit nécessairement tenir compte des rôles que peut jouer chacun des participants. Voici deux exemples qui démontrent l'importance de cette notion. Les enfants constituent les principaux consommateurs de céréales. Il serait toutefois erroné de croire qu'ils doivent être la cible unique de la publicité de ce marché puisque les parents interviennent également dans le choix de la marque[19]. Le second exemple concerne la décision d'acheter une automobile.

Famille
Groupe de référence constitué d'un père, d'une mère et de leurs enfants.

Ainsi, un reportage récent indique que le rôle des hommes et des femmes dans l'achat d'une automobile est différent : les femmes magasinent plus que les hommes, en posant davantage de questions, en négociant davantage les prix, en étant moins impulsives et en respectant davantage le budget prévu[20].

L'influence du cycle de vie familiale sur les habitudes d'achat est également très grande. Chaque étape de la vie de famille se caractérise par la présence de besoins précis. L'intensité et le degré d'influence des participants changeront également (*voir tableau 5.5*) selon l'étape où sont rendus les individus dans leur cycle de vie familiale. Ainsi, le responsable du marketing a en main un outil de gestion pouvant lui servir à prévoir la demande pour certains de ses produits. Il peut également l'utiliser lors de l'élaboration de sa campagne de communication.

ENCADRÉ 5.5 Et il sait de quoi il parle...

« NE FUMEZ PAS », CONSEILLE À SES ENFANTS LE PRÉSIDENT DE BRITISH AMERICAN TOBACCO

D'APRÈS BLOOMBERG

Londres — Martin Broughton, président de British American Tobacco (BAT), le deuxième fabricant mondial de cigarettes, a un message pour les enfants : ne fumez pas!

Ses propos ont été rapportés dans le cadre d'un interview au *Times* de Londres. « Mais si vous voulez fumer, c'est votre affaire. Ce n'est pas bon pour vous. Vous seriez mieux en ne fumant pas. » Un porte-parole de BAT, David Betteridge, a confirmé la citation.

Ces conseils aux consommateurs ne sont pas sans rappeler ceux de l'entrepreneur britannique Gerald Ratner, en 1991, qui avait perdu son poste de chef de la direction du groupe Ratner après avoir qualifié de « camelote totale » la marchandise du bijoutier. L'entreprise s'est donné un nouveau nom, le groupe Signet, deux années plus tard.

« Quand entendez-vous un cadre supérieur d'entreprise dire : "Ne consommez pas notre produit, c'est dangereux" demande Clive Bates, directeur du groupe antitabagisme

Action on Smoking and Health, au Royaume-Uni ? BAT avertit discrètement le public des dangers de la cigarette depuis des années. Ce qui est surprenant cette fois, c'est la candeur. »

Actions en responsabilité

En date du 31 décembre 2002, BAT devait affronter 4419 actions en responsabilité du produit devant les tribunaux américains, révèle l'entreprise dans une déclaration distribuée par le Regulatory News Service. Sa filiale américaine, Brown & Williamson Tobacco, est nommée dans 28 recours collectifs.

En 1997 et en 1998, pour tenter de limiter leur responsabilité, les compagnies de tabac ont réglé pour 246 milliards $ US les réclamations acquises par les États américains.

La valeur des actions de BAT a augmenté de 6 pence (0,9 %), pour atteindre 655 pence (environ 13 $ CAN). Le gain cumulatif depuis le début de 2002 est de 12 %.

« Je pense qu'il y a des risques de santé associés au tabagisme, a déclaré

M. Broughton au *Times*. Je ne suis pas un fumeur, je suis un buveur. Je sais que ça ne me fait pas de bien, mais je fais le choix. »

Le fils et la fille de M. Broughton ont maintenant atteint la vingtaine, et ni l'un ni l'autre ne fument, a précisé M. Betteridge. Dans une déclaration télécopiée, M. Broughton a nié avoir dévoilé au *Times* qu'il avait cessé de fumer pour des motifs de santé. Il a aussi répudié la description de ses propos comme un « aveu sans précédent ».

« Les conseils que je donne à mes enfants sont en conformité parfaite avec les 130 programmes de prévention du tabagisme chez les jeunes auxquels BAT participe dans le monde », affirmait la déclaration. « Nous exploitons notre entreprise depuis plus de 30 ans en acceptant la prémisse que le tabagisme peut causer des maladies, ajoute Liz Buckingham, porte-parole d'Imperial, fabricant des cigarettes Regal et Embassys. Toute cigarette comporte un danger. »

Source : La Presse, 13 août 2003, p. A6.

TABLEAU 5.5 — Le cycle de vie familiale

Comportement face aux dimensions du marketing

Étape du cycle de vie	Situation financière	Général	Spécifique (produits)
Jeunes célibataires (Vivant chez les parents / Ne vivant plus avec les parents)	Peu de charges financières lorsqu'ils vivent chez les parents. Plus de charges financières lorsqu'ils vivent à l'extérieur.	Leaders d'opinion de la mode. Orientation vers les loisirs.	Produits de base pour la cuisine et l'ameublement. Automobiles. Produits liés à la condition de célibataire (appareils stéréo, effets spéciaux). Vacances. Etc.
Jeunes couples — Sans enfant	Plus à l'aise financièrement que dans un avenir rapproché.	Biens durables : taux et moyenne d'achat les plus élevés.	Automobiles, réfrigérateurs, poêles, meubles fonctionnels et durables. Vacances. Etc.
Jeunes couples / Jeunes familles monoparentales — Avec au moins un enfant de moins de 6 ans	Faibles valeurs disponibles. Insatisfaits de leur situation financière et du montant épargné. Achat de maison à son maximum.	Intérêt dans de nouveaux produits. Apprécient les produits annoncés.	Lessiveuses, sécheuses, téléviseurs, aliments pour bébé, médicaments contre la toux et pour soulager les douleurs de poitrine, vitamines, poupées, voiturettes, traîneaux, patins, etc.
Tous les enfants ont 6 ans et plus	Meilleure situation financière. Quelques femmes au travail.	Influence moindre de la publicité. Préférence pour les formats géants et à unités multiples.	Beaucoup de produits alimentaires. Produits de nettoyage. Bicyclettes. Cours de musique. Pianos.
Familles monoparentales plus âgées — Avec des enfants à charge	Amélioration de la situation financière. Plusieurs femmes et quelques enfants travaillent.	Difficilement influencés par la publicité. Moyenne élevée d'achat de biens durables.	Meubles nouveaux, de meilleur goût. Voyages en automobile. Appareils ménagers non nécessaires. Bateaux. Services dentaires. Revues.
Couples plus âgés — Sans enfant vivant avec eux — Chef de famille au travail	Situation financière et épargne maximale. Possession de la maison à son maximum.	Intérêt dans les voyages, les loisirs et l'éducation autodidacte. Font cadeaux et contributions. Peu d'intérêt pour les nouveaux produits.	Vacances. Produits de luxe. Dépenses pour l'amélioration de la maison.
Chef de famille à la retraite	Réduction radicale du revenu. Gardent leur maison.		Appareils médicaux. Soins médicaux. Produits pour améliorer santé, sommeil et digestion.
Personnes âgées vivant seules — Au travail	Revenu accru satisfaisant. Vente probable de la maison.		
À la retraite	Réduction radicale du revenu.	Besoin particulier d'attention et de sécurité.	Mêmes besoins que les autres groupes de retraités.

Source : adapté de DARMON, R.Y. et coll. *Le marketing, fondements et applications,* 5e édition, Montréal, Chenelière/McGraw-Hill, 1986, p. 73.

FIGURE 5.10

Le processus de décision du consommateur

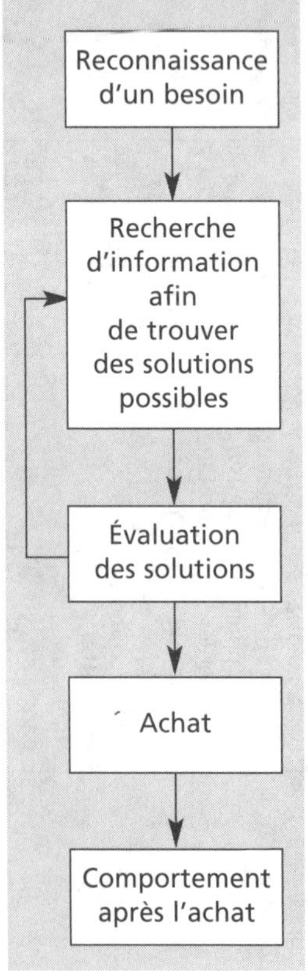

Reconnaissance d'un besoin

↓

Recherche d'information afin de trouver des solutions possibles

↓

Évaluation des solutions

↓

Achat

↓

Comportement après l'achat

Le processus décisionnel

Nous venons de constater l'existence de deux grandes dimensions qui influencent le consommateur dans la vie de tous les jours. On doit maintenant se pencher de nouveau sur la « boîte noire » afin de découvrir de quelle façon le consommateur en arrive à faire ses choix. Il s'agit de tracer le processus de prise d'une décision. Autrement formulé, il s'agit du processus décisionnel du consommateur. Il nous permettra de comprendre davantage de quelle façon Martin (*voir figure 5.1, page 122*) en est venu à acheter sa voiture. Le processus est du type « résolution de problème » et comporte cinq étapes (*voir figure 5.10*). Trois points méritent une attention particulière. Premièrement, ce processus met en évidence le fait que l'achat d'un produit ou d'un service n'est qu'une étape à l'intérieur d'un processus qui va de la reconnaissance d'un besoin au comportement après l'achat. L'achat constitue donc une étape transitoire.

Deuxièmement, on ne doit pas considérer ce processus comme un cadre strict auquel aucune situation de consommation ne déroge. Dans certains cas, comme l'achat d'un paquet de gommes à mâcher, on n'a pas à passer le processus complet, surtout si la personne est fidèle à une marque. Une fois le besoin ressenti chez le consommateur, l'achat se fera sans aucune recherche d'information puisqu'il s'agit d'un achat routinier. Cependant, si la même personne voulait acheter un lave-vaisselle, elle pourrait prendre le temps de rechercher l'information qui lui permettrait de faire un meilleur achat. Dans ce cas, la résolution de problème est longue. Il existe également une situation intermédiaire : c'est le processus court de résolution du problème. L'achat d'une écharpe assortie à son tailleur favori en constitue un exemple. Enfin, le consommateur peut abandonner, temporairement ou définitivement, le processus de décision pour de multiples raisons. Par exemple, il est possible qu'il ne trouve pas un produit satisfaisant ou qu'il n'ait tout simplement pas assez d'argent pour acheter la marque qu'il préfère. Examinons chacune des étapes.

La reconnaissance d'un besoin

Le processus de décision se déclenche lorsqu'il y a reconnaissance d'un besoin. Comme nous l'avons mentionné, les besoins à satisfaire sont soit physiques, soit psychologiques, ou encore résultent d'une combinaison des deux. La reconnaissance d'un besoin peut avoir plus d'une origine. Les stimuli du marketing, tout comme ceux provenant de l'environnement et de l'autosuggestion, peuvent éveiller certains besoins. D'une part, la publicité (stimulus de marketing) s'avère très utile à cet égard. D'autre part, l'enfant qui dit à son père que l'automobile du père de son copain est plus belle que la sienne agit comme stimulus environnemental en ce qui concerne la reconnaissance d'un besoin. Enfin, il y a la personne qui décide, sans influence extérieure quelconque, d'acheter un produit afin de se faire plaisir. Toutes ces situations provoquent la reconnaissance d'un besoin. À cette étape, il est également nécessaire de faire une sélection parmi les différents besoins ressentis. Comme chacun le sait, les besoins ne sont pas choses rares, contrairement à l'argent et au pouvoir d'achat. Laurent et Laurence vont-ils consacrer la somme de 10 000 $, qu'ils ont épargnée, à l'achat d'une roulotte ou d'un voilier ? C'est à cette étape que le besoin prioritaire surgira. Il faut d'ailleurs qu'il en soit ainsi pour que le processus se poursuive.

CAPSULE ÉTHIQUE

Les entreprises utilisent la publicité afin de stimuler les besoins de consommation. Selon le *New York Times,* tel que cité dans *La Presse,* « Un nombre croissant de nutritionnistes qualifie le marketing de la restauration rapide de blitz affectant les habitudes alimentaires des enfants et menant ces derniers sur la voie de l'obésité. » Croyez-vous que les chaînes de restauration rapide sont effectivement responsables des problèmes d'obésité chez les jeunes et moins jeunes ? À vous la parole !

Source : « Le marketing rend-il nos enfants obèses ? », *La Presse,* 27 août 2003, p. B3.

La recherche d'information

Lors de la recherche d'information, le consommateur cherche des solutions possibles. En fait, il analyse un ensemble de marques susceptibles de répondre à son besoin. La communication marketing joue ici un rôle important en fournissant aux consommateurs de l'information sur les produits de l'entreprise.

Si Laurent et Laurence pensent satisfaire leur besoin par l'achat d'un voilier, ils rechercheront des informations sur les modèles et les marques de voiliers offerts.

L'évaluation des choix

Le consommateur a déterminé tous les choix qu'il désire évaluer. À partir de ses expériences, de l'influence de groupes de référence et d'autres influences, il procédera à l'évaluation la plus objective possible de ces choix. Pour Laurent et Laurence, le résultat de l'évaluation des choix comprend les marques et les modèles de voiliers qu'ils ont sélectionnés. Ils ne tiendront plus compte des autres marques. Cependant, même si l'évaluation des choix fait ressortir une marque particulière comme la meilleure, le consommateur peut toujours revenir à l'étape précédente si cette marque ne répond pas à ses critères, jusqu'à ce qu'il trouve une meilleure solution. Aussi longtemps qu'il ne trouve pas de solution acceptable, le processus décisionnel ne peut se poursuivre. Après avoir évalué différents modèles, Laurent et Laurence en ont retenu trois, dont l'un se démarque favorablement des autres. Parmi les critères retenus de plus en plus par le consommateur, mentionnons le rapport qualité-prix, ou la « valeur » livrée sur le marché.

L'achat

À l'étape de l'achat, le consommateur acquiert son bien. Si ce n'est déjà fait, il décide du magasin où il achètera le produit choisi. C'est ici qu'entre en considération le rôle important de la distribution et du personnel de vente. L'absence d'un distributeur ou un mauvais service à la clientèle sont susceptibles de faire perdre des ventes.

Achat
Acquisition d'un bien ou consommation d'un service. Moment de la transaction.

143

À ce stade, le couple a choisi un distributeur avec lequel il aimerait faire des affaires. Ce dernier possède le modèle recherché, a un personnel de vente compétent et leur offre de financer leur achat. Quoique cette dernière offre ne soit pas nécessaire, étant donné qu'il s'agit d'un achat au comptant, Laurent et Laurence apprécient cette attention particulière. De plus, ils sont assurés d'un bon service après-vente, puisque c'est le leitmotiv de ce détaillant qui compte maintenant 20 ans d'activité commerciale.

Comportement après l'achat
Le consommateur sera satisfait ou non et agira en fonction de son état de satisfaction ou d'insatisfaction.

Le comportement après l'achat

Qu'en est-il de la satisfaction du besoin ? Le concept de marketing stipule que c'est l'objectif que l'entreprise doit atteindre. Un consommateur satisfait se traduit soit par la possibilité qu'il achète de nouveau, soit par une publicité de bouche à oreille favorable, bref des éléments positifs pour l'entreprise. Dans le cas contraire, c'est plus que la situation inverse qui a cours : c'est une défaite pour l'entreprise (*voir encadré 5.6*).

ENCADRÉ 5.6 Une victoire personnelle… une défaite pour l'entreprise

ADIEU JOHN !

SYLVIE PAQUETTE
L'auteure habite à Delson

Cher John,

Je me suis réveillée ce matin, j'ai pris une profonde inspiration et j'ai décidé que toi et moi c'était fini.

Non, non, ce n'est pas une décision subite et irréfléchie. Ça fait bien quelques mois que l'idée mûrit dans ma tête. Mais ce matin, je me suis dit : Sylvie, mais pour combien de temps vas-tu rester accrochée à John ? Attends-tu qu'il te détruise et fasse de toi une pauvre chose ? NON ! J'ai tellement d'autres projets et de réalisations à accomplir. Tu me nuis, tu m'entraves. De plus, c'est fou ce que tu me coûtes cher ! Alors c'est tout !

Bien sûr, toi et moi, nous avons eu une relation tellement intime, complice. Tu as toujours été là. Depuis mon adolescence en fait. Eh ! Ça en fait des années ! Tu étais là lorsque je me levais le matin. Tu m'as accompa-gnée partout où j'allais. T'as été le témoin de soirées mémorables. Et tu me suivais jusque dans mon lit… Dire que je tenais à toi ! Ou est-ce toi qui me tenais ?

Paradoxalement, plus je m'accrochais à toi, plus je te détestais. Mais pour qui te prenais-tu pour avoir une telle emprise sur moi ? Jusqu'à quel point peut-on moduler le quotidien d'un être ?

Mes amis te tolèrent, tout juste. Pour avoir vécu une relation comme la nôtre et à laquelle ils ont heureusement mis fin. Ne comprennent pas ce que je fais encore avec toi. Ils essaient de me convaincre que tu ne m'es vraiment pas nécessaire, qu'à la longue tu auras raison de moi. Je sais qu'ils sont loin d'avoir tort. Mais jusqu'à aujourd'hui, je m'entêtais à vouloir te garder près de moi. Partout où j'allais, dès qu'on te voyait, je sentais les regards réprobateurs. J'ai dû me cacher bien souvent pour être avec toi. M'isoler pour toi. Voyons donc ! Moi, la fille indépendante, la femme de tête, la superwoman. Accro ! Mais là, je te flushe.

C'est sûr que tu vas me manquer. Qu'est-ce que tu crois ? J'aurais besoin de toute l'aide des gens que j'aime. Pour t'oublier. Pour me convaincre que ma vie sera tellement plus belle. Plus riche. Libre.

J'ai trop de choses, de projets à faire. Sans toi. Vivre le plus long-temps possible pour regarder grandir mes petits-enfants Lou, Tommy et Zakary. Pour être pour mes enfants une mère radieuse et disponible. Pour être belle et en santé. Pour mordre dans la vie.

Adieu John Players !

Source : *La Presse*, 20 mai 2003, p. A15.

Un comportement particulier après l'achat mérite d'être exploré : le phénomène de la **dissonance cognitive.** La dissonance cognitive se manifeste lorsque le doute s'installe dans l'esprit du consommateur : « Ai-je fait un bon achat ? » Dans l'exemple du voilier, Laurent et Laurence ont acheté le modèle qui correspondait le mieux à leurs besoins. Le geste étant fait, ils ne peuvent revenir en arrière. De plus, la dépense qu'ils viennent de faire est considérable. Le produit doit donc être à la hauteur afin de justifier l'achat et l'investissement. Toute leur attention se portera sur ce produit au cours des prochains jours. Leurs aspirations et leurs exigences sont tellement élevées que la moindre anicroche remettra leur choix en question. Un simple boulon qui se défait, un magazine spécialisé qui classe ce modèle bon quatrième en ce qui a trait à la résistance des voiles, voilà toutes sortes de petits éléments qui entraînent chez Laurent et Laurence un état de déséquilibre : c'est la dissonance cognitive.

Dissonance cognitive
Inquiétude naissant au moment où le consommateur s'interroge sur la valeur réelle de l'achat.

Étant donné que le consommateur aime le confort et la stabilité, il est évident que Laurent et Laurence chercheront des moyens de retrouver leur équilibre. Bon nombre de consommateurs portent attention à la publicité d'un produit autant avant qu'après l'achat d'un produit. Il est donc important pour l'entreprise d'investir dans la publicité afin de sécuriser ses clients. Un autre moyen efficace de rassurer ses clients peut être de leur expédier une lettre quelques jours après l'achat. Cette lettre contiendra des mots de félicitations et flattera le consommateur d'avoir choisi la meilleure marque. Une très bonne politique d'échange sera également en mesure de sécuriser le client et de réduire une dissonance cognitive potentielle. Il existe une multitude d'autres moyens qui ne demandent qu'à être découverts et mis en application.

L'intégration des composantes en un modèle

Il ne reste plus maintenant qu'à intégrer toutes ces dimensions et le processus décisionnel en un modèle descriptif. Comme il est possible de le constater à la figure 5.11, page 146, le processus de prise de décision, élément central pour la personne au moment de son achat, subit l'influence des dimensions intrinsèque et extrinsèque de son comportement (*voir encadré 5.7, page 146*). L'utilité d'un tel modèle ne tient pas à sa capacité de prédire avec exactitude le comportement du consommateur. Il sert plutôt de guide lors de l'élaboration d'une stratégie de marketing.

Nous avons tenté dans ce chapitre de découvrir l'univers complexe du comportement du consommateur. Ce sujet fait l'objet de nombreux ouvrages dont nous vous conseillons une lecture attentive si vous désirez en faire une spécialité sur le marché du travail. Deux des modèles les plus populaires de comportement du consommateur y sont d'ailleurs présentés, aux fins d'observation, en annexe de ce chapitre.

FIGURE 5.11 Un modèle de comportement du consommateur

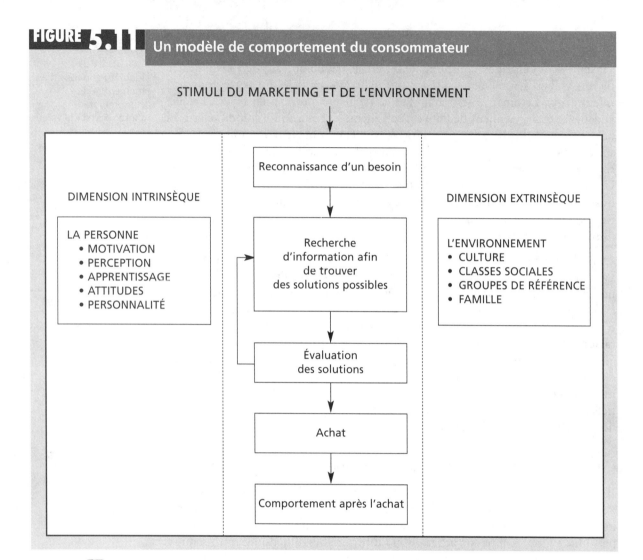

STIMULI DU MARKETING ET DE L'ENVIRONNEMENT

DIMENSION INTRINSÈQUE

LA PERSONNE
- MOTIVATION
- PERCEPTION
- APPRENTISSAGE
- ATTITUDES
- PERSONNALITÉ

Reconnaissance d'un besoin

Recherche d'information afin de trouver des solutions possibles

Évaluation des solutions

Achat

Comportement après l'achat

DIMENSION EXTRINSÈQUE

L'ENVIRONNEMENT
- CULTURE
- CLASSES SOCIALES
- GROUPES DE RÉFÉRENCE
- FAMILLE

ENCADRÉ 5.7 Je consomme, tu consommes, il...

VENTE AU DÉTAIL

PIERRE FOGLIA

Contrairement aux dames qui vont dans les grands magasins pour leur agrément, les hommes n'y entrent que par nécessité, pour s'acheter une chemise ou des souliers. Je vous énonce ici une règle bien générale. Il y a des exceptions. Tenez, moi qui n'ai besoin ni de chemise ni de souliers, je suis entré l'autre jour aux Ailes de la Mode, comme ça, rien que pour voir. Vous comprenez maintenant que je ne suis pas devenu grand reporter par hasard, j'ai ça dans mes gènes.

On a dit tant de choses des Ailes du centre-ville, etc.

Est-ce la démesure des louanges? Je m'imaginais quelque chose d'immense,

ENCADRÉ 5.7 Je consomme, tu consommes, il... (*suite*)

alors que c'est tout petit, si l'on se souvient d'Eaton ou si l'on vient de La Baie et de ses neuf étages, juste de l'autre côté de la rue. On ferait vite le tour des Ailes si on ne perdait pas tant de temps à trouver les escaliers mobiles. Avez-vous remarqué comme il est compliqué de trouver les escaliers mobiles dans les grands magasins ? Celui du rez-de-chaussée, ça va toujours. C'est au premier que ça se complique. On est là, le nez en l'air, mais enfin où sont ces fichus escaliers ? Pardon mademoiselle, on s'excuse presque d'être idiot. Une jeune collègue m'a expliqué que je l'étais effectivement un peu : c'est fait exprès, nono ! C'est une stratégie de vente. L'idée est de te promener dans le magasin, de te faire passer à côté d'étalages que tu ne verrais pas autrement.

Ah ! C'est ça ! Au grand dam de ma fiancée, je suis revenu de La Baie l'autre jour avec un toaster : tu n'allais pas t'acheter des souliers ?

Bref, aux Ailes aussi, ce magasin innovateur, flyé, et tout et tout, les escaliers mécaniques sont introuvables. Aux Ailes aussi, on fait marcher le client. Pardon, *l'invité*. Aux Ailes, les clients ne sont pas des clients, mais des *invités*. Ce qui n'empêche pas qu'on y prenne l'invité pour un con pareil que si c'était un client.

J'ai une amie qui travaille là comme vendeuse à temps partiel, pardon encore, aux Ailes il n'y a pas de vendeuses, il n'y a que des *attachées à la clientèle* – ce qui n'empêche pas mon amie d'être payée au salaire minimum comme si elle n'était qu'une vulgaire vendeuse. Anyway, elle me disait l'autre jour combien elle était contente de travailler à cet endroit unique...

Tu comprends, ce n'est pas un magasin comme un autre.

Ah non ?

Non, c'est un concept... Nous étions à ce moment-là devant des robes de chambre pour hommes. Où vois-tu un concept là-dedans, ma grande ? Moi, je ne vois que des robes de chambre sur un rack. La dernière que je me suis achetée, en ratine bleue exactement comme celle-ci, c'était rue Saint-Hubert. Tu connais le concept de la Plaza Saint-Hubert ? Pas de salon d'allaitement, pas de comptoir à sushis, pas de bar karaoké, pas de cinéma. T'as besoin d'un truc, tu vas au magasin, bonjour madame, je voudrais une robe de chambre. Tu paies. Tu t'en vas. Ça prend 10 minutes. C'est pas une expédition. C'est pas une expérience. C'est un achat. Après, tu fais ce que tu veux : tu peux aller manger des sushis, faire du vélo, aller au cinéma, lire un livre. Très flyé comme concept, non ?

Mon patron, M. Roberge, te dirait que tu passes à côté d'un besoin essentiel du consommateur moderne. Le consommateur, la consommatrice surtout veut avant tout se différencier. Et c'est justement ce qu'offrent les Ailes, des exclusivités, autre chose...

Ah oui ? T'es sûre de ça, ma grande ?

De quoi ?

Que le consommateur tient tant à se différencier ? Regarde les gens autour de toi. Les femmes, justement. Cela ne te frappe pas, cette conformité dans ce soi-disant haut lieu de l'exclusivité et de la différence ? Moi, je ne vois pas du tout qu'elles veulent se différencier, je vois au contraire qu'elles veulent toutes se ressembler. Je n'en peux plus de ces jeans à taille basse, de ces perles dans les nombrils, ce n'est pas laid, c'est pire, c'est grégaire, cela suggère le troupeau, meuh... les Holstein de ma voisine sont toutes semblables entre elles comme ces femmes : du noir beaucoup et roses près du pis.

On vit, je trouve, une époque étonnante. Les gens, les femmes surtout, vont chercher dans des boutiques exclusives la guenille originale qui les fera différentes, mais toutes achètent la même, comme si être soi c'était d'abord être l'autre.

Source : La Presse, 30 août 2002, p. A5.

RÉSUMÉ

Le concept de marketing a comme principal objectif la satisfaction des besoins du consommateur. Il est donc primordial que le responsable du marketing connaisse et comprenne les mécanismes régissant le comportement des personnes. Dans ce chapitre, nous avons cherché à comprendre le pourquoi et le comment de la prise de décision d'achat.

Nous avons comparé le consommateur à une « boîte noire » qui affiche des comportements sous l'influence de stimuli provenant de l'environnement et de l'organisation. Le comportement du consommateur comporte deux dimensions : la dimension intrinsèque et la dimension extrinsèque. Le comportement subit à la fois l'influence de la personnalité de la personne (dimension intrinsèque) et de l'environnement : culture, classes sociales, groupes de référence, famille (dimension extrinsèque). La motivation, la perception, l'apprentissage et les attitudes représentent tous des éléments de la personnalité dont on doit connaître le fonctionnement afin d'adopter la stratégie de marketing la plus appropriée. La dimension extrinsèque du comportement représente également une influence non négligeable dont le responsable du marketing doit tenir compte. Le processus décisionnel comporte cinq étapes : la reconnaissance d'un besoin, la recherche d'information, l'évaluation des choix, l'achat et le comportement après l'achat. Selon que le processus exige une résolution longue ou courte du problème, ou qu'il mène à un achat routinier, on pourra passer outre à certaines étapes.

La connaissance de la « boîte noire » constitue un préalable à l'élaboration de toute stratégie de marketing.

QUESTIONS

1. Pour un responsable du marketing, quelle est l'importance de connaître et de comprendre le comportement du consommateur ?

2. Quelles sont les deux grandes catégories de stimuli pouvant influencer le consommateur lors d'une décision d'achat ?

3. À titre de consommateur, que désirez-vous ? La meilleure qualité ? Des bas prix ? Les deux à la fois ? Pour justifier votre point de vue, inspirez-vous de l'encadré 5.1, à la page 120.

4. Énumérez les catégories de besoins selon Maslow. Donnez un exemple pour chacune.

5. Selon le titre de l'article reproduit à l'encadré 5.2, à la page 126, les adolescents seraient « matérialistes, hédonistes et nihilistes ». Justifiez votre point de vue sur la question.

6. Qu'est-ce qu'une attitude ?

7. En ce qui concerne le cycle de vie familiale, quels sont les cinq rôles que peuvent jouer les membres ?

8. Quelles sont les étapes du processus décisionnel chez le consommateur ?

9. Donnez un exemple :
   a) d'un processus long de résolution d'un problème d'achat ;
   b) d'un processus court de prise de décisions ;
   c) d'achat routinier.

10. À l'aide de l'encadré 5.7, à la page 146, réfléchissez au sens de la consommation dans la société nord-américaine. Pour votre part, quel sens donnez-vous à la consommation ?

EXERCICES PRATIQUES

5.1 AU SUPERMARCHÉ*

Il est surprenant de constater combien, par de simples observations, on peut en apprendre sur le comportement du consommateur. C'est en analysant ses attitudes, son processus de décision, ses habitudes d'achat et ses déplacements qu'on comprend mieux le client et qu'on peut davantage répondre à ses besoins. Pour le bénéfice de cet exercice, nous vous invitons donc à vous rendre dans un supermarché pour y observer le processus d'achat de la clientèle dans un contexte de produits alimentaires. Nous vous suggérons d'y consacrer un minimum de deux à trois heures. Vous pouvez former des équipes et vous répartir différents angles d'observation. Voici quelques suggestions :

- observer les gens devant un étalage spécifique pour voir s'ils achètent par habitude, s'ils sont sensibles aux rabais, s'ils choisissent des marques connues, s'ils lisent les étiquettes, s'ils prennent plus ou moins de temps pour choisir le produit, etc. ; vous pouvez construire collectivement, en classe, la grille d'observation ;
- suivre les clients dans le magasin pour analyser leurs déplacements, chronométrer le temps requis pour faire leur marché, voir quels types d'aliments ils achètent (produits de base ou plats préparés, nourriture plus saine et équilibrée ou plus « fast food », etc.) ;
- observer les gens à la caisse pour voir quels types d'achats ils font, et voir combien ils dépensent en produits alimentaires, selon leur profil (jeunes, aînés, famille, etc.).

Par la suite, vous devrez présenter un rapport d'activités dans lequel, dans un premier temps, vous indiquerez la démarche que vous avez suivie, vous donnerez les détails relatifs au site d'observation (l'endroit, l'heure, les particularités, etc.), et vous analyserez vos données en tenant compte des théories étudiées dans ce chapitre.

* Exercice pratique rédigé par Pierre-Charles Rousseau, sous la direction du professeur Normand Turgeon. Copyright © 1995. HEC Montréal. Tous droits réservés pour tous pays. Toute traduction ou toute reproduction sous quelque forme que ce soit est interdite. Ce cas est destiné à servir de canevas de discussion à caractère pédagogique et ne comporte aucun jugement sur la situation administrative dont il traite.

5.2 VICE-VERSA !*

Les comportements reliés à la consommation de produits sont différents d'une personne à l'autre et ils ne sont pas les mêmes pour les garçons et les filles. En effet, ces deux groupes de consommateurs ne s'intéressent pas toujours aux mêmes types de produits. Certains produits comme les jeux vidéo plaisent davantage aux garçons tandis que les revues féminines s'adressent en premier lieu aux filles.

Pour cet exercice, divisez-vous en groupe de garçons et en groupe de filles.

Les filles préparent un questionnaire pour mesurer le taux de satisfaction des garçons à l'égard d'un jeu vidéo, tandis que les garçons préparent un questionnaire pour mesurer le taux de satisfaction des filles à l'égard d'une revue féminine.

Les questionnaires doivent contenir 10 questions, y compris des questions ouvertes et des questions à choix multiples, à échelle graduée ainsi que des questions d'identification (*se référer au chapitre 4*).

Effectuez l'enquête et, dans un rapport de trois pages, présentez une première analyse des réponses obtenues. Dégagez quelques conclusions.

* Exercice pratique produit par Alexandra Vachon et le professeur Normand Turgeon. Copyright © 2004. HEC Montréal. Tous droits réservés pour tous pays. Toute traduction ou toute reproduction sous quelque forme que ce soit est interdite. Ce cas est destiné à servir de canevas de discussion à caractère pédagogique et ne comporte aucun jugement sur la situation administrative dont il traite. Déposé au Centre de cas HEC Montréal, 3000, chemin de la Côte-Sainte-Catherine, Montréal (Québec) Canada H3T 2A7.

MISE EN SITUATION

L'ACHAT D'UN ORDINATEUR DE POCHE*

William Johnson-Cadieux vient d'être admis au programme de baccalauréat en administration des affaires (B.A.A.) de HEC Montréal. Titulaire d'un diplôme d'études collégiales en marketing, William a choisi de parfaire sa formation à HEC Montréal parce que le programme de B.A.A. qu'on y offre est à la fine pointe de la technologie. Effectivement, les différents programmes d'enseignement de HEC Montréal utilisent de façon intensive l'ordinateur portatif.

Au cours de la journée d'information, William remarque que plusieurs étudiants possèdent un assistant numérique personnel (*Personal Digital Assistant* ou PDA), un ordinateur de poche qui sert de complément à l'ordinateur portatif et qui peut être utilisé comme un outil de travail lors de déplacements. En discutant avec un autre étudiant, William découvre que cet appareil remplit non seulement les fonctions de base (agenda, carnet d'adresses, aide-mémoire et liste de tâches) d'un agenda personnel mais il permet aussi de lire et même de modifier des documents numériques. Cet appareil se présente comme un outil nettement plus avantageux qu'un simple agenda en papier et nettement plus « *cool* ».

De retour à la maison, William tombe sur une circulaire d'une grande chaîne de magasins d'appareils électroniques et il s'aperçoit qu'un modèle d'ordinateur de poche est en promotion. Il décide de se rendre au magasin et demande au vendeur des informations au sujet des divers modèles disponibles. Le magasin offre plusieurs modèles, et ce, à plusieurs prix.

Le vendeur lui explique que certaines marques fonctionnent sous un système d'exploitation maison tandis que d'autres sont basées sur un système d'exploitation Windows. Il explique également à William que certains modèles permettent uniquement de lire des documents numériques et que d'autres modèles offrent la possibilité de les modifier.

Après une longue discussion au sujet de ces petits gadgets avec le vendeur, William hésite toujours entre deux modèles. Le premier est un modèle de base, noir et blanc, qui remplit les fonctions de base et permet de lire certains documents numériques. Quant au deuxième modèle, il offre une plate-forme couleur et il permet de lire ainsi que de modifier des documents numériques.

William aime bien le deuxième modèle pour son style et ses caractéristiques techniques. Cependant, le prix du premier modèle est nettement plus avantageux. De plus, il dispose de son ordinateur portatif pour effectuer des modifications sur ses documents numériques. De retour à la maison, William effectue une recherche d'information sur Internet afin de prendre une décision plus éclairée. Il se rappelle que le vendeur du magasin lui a mentionné qu'il pouvait consulter divers sites d'information au sujet des assistants numériques personnels. Il effectue également une recherche sur les sites de protection du consommateur afin de comparer les caractéristiques des deux modèles.

Quelques jours plus tard, William inscrivait sur son ordinateur de poche les coordonnées de la jolie fille qui était assise à côté de lui dans son cours de marketing. Il avait choisi le premier modèle.

C A S

L'AUBERGE AUPRÈS DU FEU*

Il y a trois ans, Maude et Pierre, une jeune couple dans la trentaine, achetaient à Percé une vieille maison datant du début du siècle. Ils réalisaient ainsi leur vieux rêve de posséder leur propre auberge. Après un an d'intenses rénovations, la maison était aménagée de façon à offrir six petites chambres chaleureuses. L'auberge Auprès du feu ouvrait ses portes.

Aujourd'hui, deux ans après l'ouverture, Maude et Pierre ont décidé de faire un bilan des activités de leur auberge. Bien que leurs affaires aillent bien, ils ont constaté que leur clientèle est principalement locale, et ce, malgré le fait que leur auberge ait mérité une cote de trois étoiles dans le prestigieux *Guide des meilleures auberges du Québec*. Ce guide est publié annuellement et se retrouve dans toutes les librairies dignes de ce nom. Ils aimeraient bien accueillir dans leur belle région davantage de gens des environs de Montréal, et c'est pourquoi ils ont choisi de faire de ce souhait leur nouvel objectif.

Devant cela, la première réaction de Maude est de proposer qu'ils mettent en branle à Montréal une campagne de publicité. Ce n'est pas l'avis de Pierre, qui croit qu'ils devraient plutôt commencer par tenter de mieux comprendre le comportement de leur clientèle cible, les couples sans enfants. Pierre a en effet constaté que ce n'est pas que les couples ne visitent pas leur région, mais plutôt qu'ils semblent préférer les hôtels et les motels aux auberges. Après en avoir discuté pendant quelque temps, Pierre et Maude conviennent qu'avant toute chose, ils allaient essayer d'en savoir plus sur les raisons motivant leur clientèle cible provenant de la région de Montréal.

En vous imaginant dans la peau de Maude et Pierre,

1. Proposez quelques moyens qui pourraient être employés pour obtenir des informations pertinentes pour résoudre cette situation.

2. Une fois les informations obtenues, qu'est-ce que Maude et Pierre pourraient faire pour réussir à attirer ces clients? Proposez quelques recommandations qu'ils pourraient mettre en œuvre pour réaliser leur objectif.

* Cas rédigé par Viviane Sergi, sous la direction du professeur Normand Turgeon. Copyright © 2000. École des Hautes Études Commerciales (HEC), Montréal. Tous droits réservés pour tous pays. Toute traduction ou toute reproduction sous quelque forme que ce soit est interdite. Ce cas est destiné à servir de canevas de discussion à caractère pédagogique et ne comporte aucun jugement sur la situation administrative dont il traite. Distribué par la librairie universitaire de la coopérative de l'École des HEC, 3000, chemin de la Côte-Sainte-Catherine, Montréal (Québec) Canada H3T 2A7.

NOTES

1. BLOCK, Carl E. et RŒRING, Kenneth J. *Profil de consommateur,* Montréal, HRW, 1977, p. 6.

2. PÉTROF, John V. *Comportement du consommateur et marketing,* 4e édition, Québec, Les Presses de l'Université Laval, 1988, p. 49.

3. EIBL-EIBESFELDT, Ireaus. *Éthologie: biologie du comportement,* Paris, Éditions Scientifiques, 1972.

4. MASLOW, Abraham H. *Motivation and Personality,* New York, Harper and Row Publishers, 1954.

5. BECKMAN, Dale et coll. *Le Marketing,* 4e édition, Montréal, Éditions Études Vivantes, 1990, p. 48.

6. *Ibid.,* p. 49.

7. HÉNAULT, Georges M. *Le consommateur,* Les Presses de l'Université du Québec, 1979, p. 50.

8. MOORE, Thimoty E. «Subliminal Advertising: What You See Is What You Get», dans *Journal of Marketing,* printemps 1982, p. 38.

9. STANTON, William J. et coll. *Fundamentals of Marketing,* 4e édition, Toronto, McGraw-Hill Ryerson, 1985, p. 54.

10. *Voir* HELGARD, Ernest H. et BOWER, George H. *Theories of Learning,* New York, Appleton Century Crofts Inc., 1966.

11. FISHBEIN, M. « An Investigation of the Relationship between Beliefs about an Object and the Attitude toward that Object », dans *Human Relations,* n° 16, août 1963, p. 233-240.

12. KOTLER, Philip. *Principles of Marketing,* Englewood Cliffs, Prentice Hall, 1980, p. 239.

13. BLOCK, Carl E. et RŒRING, Kenneth J. *Op. cit.,* p. 20.

14. WARNER, W. Lloyd et LUNT, Paul. *The Social Life of a Modern Community,* New Haven, Conn., Yale University Press, 1941.

15. HODGE, Robert W., SIEGEL, Paul M. et ROSSI, Peter H. « Occupational Prestige in the United States : 1925-1963 », dans *Class, Status, and Power,* 2e édition, New York, Free Press, 1966, p. 324-325.

16. PÉTROF, John V. *Op. cit.,* p. 242.

17. BAUER, R. A. et WORTZEL, L. H. « Doctor's Choice : the Physician and his Sources of Information about Drugs », dans *Journal of Marketing Research,* février 1966, p. 40.

18. KOTLER, Philip et DUBOIS, Bernard. *Marketing management,* 5e édition, Paris, Publi-Union, 1986, p. 132.

19. BEREY, Lewis et POLLAY, Richard. « The Influence Role of the Child in Family Decision Making », dans *Journal of Marketing Research,* février 1968, p. 70-72.

20. THERRIEN, Yves. « Minutieuses et réfléchies », *Le Soleil,* 15 novembre 1999, p. C2.

ANNEXE 1

Le modèle du processus de décision du consommateur en situation de forte implication, par Engel et Blackwell

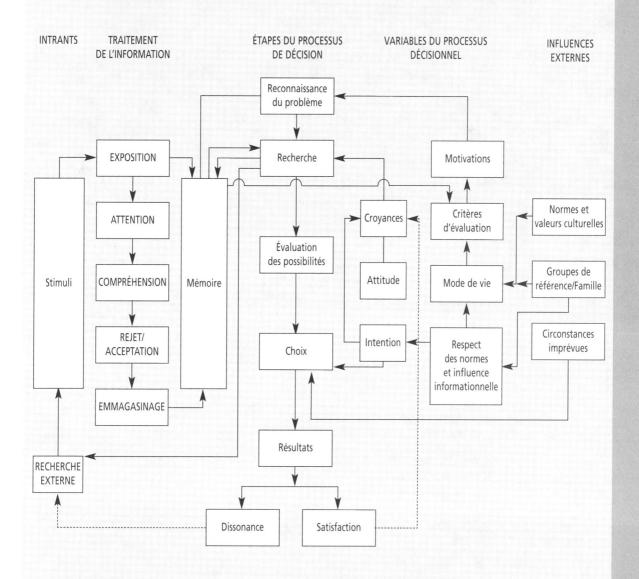

Source : ENGEL, J. et BLACKWELL, R. *Consumer Behavior,* 4ᵉ édition, Holt, Rinehart and Winston, The Dryden Press, 1982. Reproduit avec autorisation. Copyright © 1982 par CBS College Publishing.

ANNEXE 2

Le modèle de Howard et Sheth

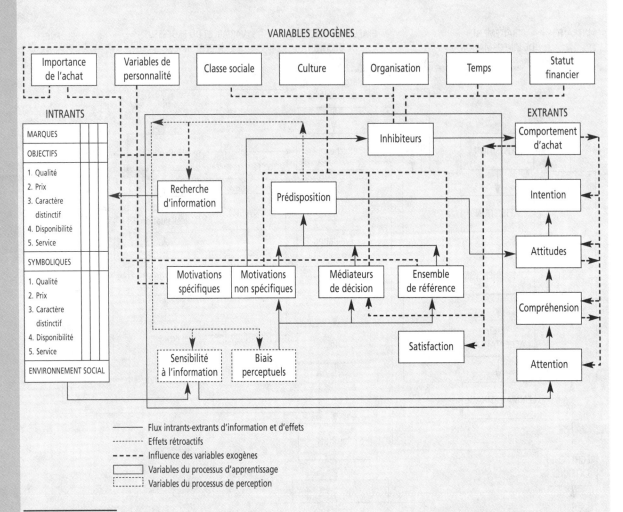

VARIABLES EXOGÈNES

| Importance de l'achat | Variables de personnalité | Classe sociale | Culture | Organisation | Temps | Statut financier |

INTRANTS

MARQUES

OBJECTIFS

1. Qualité
2. Prix
3. Caractère distinctif
4. Disponibilité
5. Service

SYMBOLIQUES

1. Qualité
2. Prix
3. Caractère distinctif
4. Disponibilité
5. Service

ENVIRONNEMENT SOCIAL

EXTRANTS

Inhibiteurs

Recherche d'information

Prédisposition

Motivations spécifiques — Motivations non spécifiques — Médiateurs de décision — Ensemble de référence

Satisfaction

Sensibilité à l'information — Biais perceptuels

Comportement d'achat

Intention

Attitudes

Compréhension

Attention

——— Flux intrants-extrants d'information et d'effets
--------- Effets rétroactifs
- - - - Influence des variables exogènes
☐ Variables du processus d'apprentissage
⬚ Variables du processus de perception

Source : HOWARD, J. et SHETH, J. *The Theory of Buyer Behavior,* New York, John Wiley & Sons, 1969. Reproduit avec autorisation. Copyright © 1969.

3e PARTIE

L'élaboration du programme de marketing

Lorsque le consommateur fait l'acquisition d'un produit, il achète aussi, dans une certaine mesure, le prix, le réseau de distribution et même le type de communication marketing que l'entreprise privilégie.

L'efficacité du marketing mix d'une entreprise est fonction de la qualité de chaque variable entrant dans sa composition. De plus, le marketing mix sera davantage efficace s'il existe une grande cohérence entre chacune de ces variables, car il s'en dégagera alors un effet de synergie. Autrement formulé, la valeur globale de l'offre de l'entreprise sera plus grande que la simple addition de chaque variable.

La popularité du concept de marketing mix revient à E. Jerome McCarthy, qui proposait en 1960 de regrouper sous quatre variables, à savoir les 4 P, produit, prix, place et promotion, l'ensemble des activités de mise en marché*. De nos jours, on favorise de plus en plus l'approche « produit, prix, distribution et communication marketing intégrée » (PPDC) afin de mieux refléter le contenu des variables promotion et place.

Nous commencerons l'étude des variables du marketing mix avec la variable produit, souvent le point de départ des stratégies de marketing, ce qui ne lui confère pas pour autant le statut de la variable la plus importante. En fait, l'importance des quatre variables du marketing mix dépendra des situations, comme vous le constaterez dans les prochains

chapitres. La variable produit fera l'objet des deux prochains chapitres. Le chapitre 6 portera sur le concept de produit, alors que le chapitre 7 offrira l'occasion d'approfondir
la question de la gestion de produit.

Au chapitre 8, nous étudierons les moyens sélectionnés
par l'entreprise pour rendre le produit accessible aux
consommateurs. Il s'agit de l'étude des circuits de distribution et de la distribution physique, variable que l'on désigne
par les termes « distribution » ou « place ».

Au chapitre 9, nous verrons comment déterminer le prix
d'un produit en tenant compte autant de la dimension de
l'entreprise que de la dimension du marché.

Enfin, au chapitre 10, nous approfondirons le concept de
communication marketing intégrée et, au chapitre 11, nous
examinerons chacun des moyens utilisés aux fins de communication marketing intégrée.

* ENIS, Ben M. « Toward a Taxonomy of Marketing Terms », dans *Marketing Theory :
Philosophy of Science Perspective,* sous la direction de Ronald F. Bush et Shelby D.
Hunt, Proceeding Series, American Marketing Association, 1982.

CHAPITRE 6

Le concept de produit

OBJECTIFS D'APPRENTISSAGE

Après la lecture du chapitre, vous devriez être en mesure :

- de définir un produit ;
- de reconnaître les principales caractéristiques d'un produit ;
- de décrire l'extension du concept de produit ;
- de comprendre la façon de présenter un produit ;
- de connaître la méthode de classification des produits dans l'entreprise.

Par Normand Turgeon, Ph.D.
Professeur titulaire, Service de l'enseignement du marketing, HEC Montréal

Qu'est-ce qu'un produit ?

Un produit, c'est quelque chose que l'on achète ! Singulière réponse à une drôle de question posée dans un ouvrage de marketing ! Durant les deux ou trois prochaines minutes, vous pouvez tenter de déterminer ce que vous jugez valable comme définition d'un produit.

Il existe probablement autant de définitions qu'il y a de lecteurs de cet ouvrage. De plus, elles doivent vraisemblablement varier selon les types de produits auxquels on a pensé lors de leur élaboration. Plusieurs ont pu penser davantage à l'objet lui-même, donc s'attarder aux **caractéristiques tangibles** ou physiques du produit : son matériau, sa forme ou son conditionnement (emballage). D'autres auront plutôt retenu l'image projetée par le produit. Il s'agit alors des **caractéristiques symboliques** ou impalpables du produit, par exemple le prestige relié à la marque du fabricant ou les symboles liés aux formes et aux couleurs utilisées pour fabriquer le produit. Enfin, certains ont probablement pensé à la garantie et au service après-vente accordés à l'acheteur pour certains types ou marques de produits.

Considéré de cette façon, le produit se définit comme un ensemble de caractéristiques tangibles et symboliques comprenant le service après-vente et la garantie. Mais est-ce tout ce que l'entreprise doit offrir ? Lorsque l'on choisit un produit quelconque, achète-t-on uniquement un ensemble de caractéristiques ?

L'entreprise qui se contente d'offrir cet ensemble de caractéristiques passe outre au riche enseignement qu'elle peut tirer du concept de marketing. Comme nous avons pu le constater, le client ne consomme pas que des caractéristiques. Il achète surtout une satisfaction. Nous pouvons donc affirmer, et nous croyons qu'il s'agit de loin de la meilleure définition du produit, que « le produit d'une entreprise représente la promesse faite par l'entreprise de satisfaire un ou plusieurs besoins (physiologiques ou psychologiques) du marché à un moment donné[1] ».

En examinant quelques publicités diffusées dans les médias dernièrement, on constate qu'un élément revient continuellement dans chacune d'elles : la promesse que le produit donnera satisfaction. Autrement dit, dans une large mesure, les consommateurs achètent une satisfaction globale lorsqu'ils choisissent un produit. Par exemple, l'achat de patins à glace représente bien plus que de se procurer des pièces de cuir et de nylon, des cordons et des lames. C'est de là que l'on tire la notion de **produit global.** Lorsqu'une personne assiste à une partie de baseball au Stade olympique, par exemple, les billets achetés ne lui procurent pas que le spectacle des joueurs évoluant sur le terrain. Ils lui procurent également le sourire des guichetiers, la politesse des hôtes et des hôtesses, la courtoisie du vendeur de friandises, les pitreries de Youppi, bref, toute l'ambiance et le plaisir qu'il y a à être présent au stade parmi la foule. Ainsi, le consommateur achète à la fois du plaisir et une expérience ; d'où l'expression « marketing expérientiel », qui est de plus en plus utilisée.

Caractéristiques tangibles
Matériau, forme et emballage du produit.

Caractéristiques symboliques
Image projetée par le produit pouvant évoquer le prestige, la sécurité, le respect, etc.

Produit global
Produit considéré dans sa totalité avec tous les services et accessoires qui l'accompagnent.

Des produits, des services et plus encore...

Jusqu'à maintenant, la documentation existante sur le marketing a davantage représenté le concept de produit par des biens physiques tels que cet ouvrage, les vêtements, du matériel scolaire, de l'équipement de sport, des disques compacts ou des téléviseurs à écran plasma, bref, tous les éléments tangibles de l'environnement d'une personne.

S'il en est ainsi, c'est que, jusqu'à tout récemment, on associait principalement le marketing à la vente de produits de consommation courante.

Toutefois, avec la croissance phénoménale de l'industrie des services depuis la Seconde Guerre mondiale, faisant d'elle la première industrie en Amérique du Nord de nos jours, le concept de produit s'est élargi pour englober également la dimension **services.** À la suite de cette évolution, John M. Rathmell a proposé une nouvelle façon de voir le concept de produit, soit celle d'un continuum dans lequel s'inscrivent la catégorie « produits » (par exemple, l'automobile), la catégorie « produits/services » (par exemple, un centre de location d'automobiles) et, enfin, la catégorie « services » (par exemple, une station-service traditionnelle).

Service
Activité représentant une valeur économique sans toutefois correspondre à la production d'un bien matériel.

Afin de distinguer le produit du service, examinons quatre critères :

1. Est-ce tangible ?
2. Peut-on le stocker ?
3. Est-il standard ?
4. Le consommateur participe-t-il à sa formulation ou à sa distribution[2] ?

Comme l'illustre la figure 6.1, on admet qu'un produit est tangible et standardisé, qu'il peut être stocké et qu'il exige peu de participation de la part de l'acheteur. Prenons l'exemple des cannes à pêche. Les cannes à pêche sont des produits tangibles que l'on fabrique et que l'on entrepose durant l'hiver afin de pouvoir les offrir en quantité suffisante durant la saison de la pêche. De plus, on les reproduit à la chaîne selon des spécifications standard pour chaque modèle, et la qualité sera sensiblement la même pour les cannes du même modèle. Tout cela, en fin de compte, exige peu de participation de la part du consommateur en ce qui concerne la formulation ou la distribution du produit.

FIGURE 6.1 Des différences entre produits, produits/services et services

(+) tangible						(-) tangible
(+) stocké	Produits	Zone grise	Produits/ services	Zone grise	Services	(-) stocké
(+) standard						(-) standard
(-) participation						(+) participation

À l'opposé, un service n'est ni tangible ni standardisé, et ne peut être stocké. De plus, il exige une certaine participation de la part de l'acheteur. Considérons l'exemple suivant. Une personne achète un billet d'avion pour l'Europe. Le service ainsi obtenu n'est pas tangible puisque le titre de propriété acquis ne concerne pas un objet à recevoir, mais bel et bien un droit décrit à l'achat. De plus, ce service est périssable. Air Canada, par exemple, ne peut pas stocker les sièges non vendus de chacun de ses vols afin de les offrir ultérieurement. En ce qui a trait à la standardisation, même les vols simultanés pour une même destination, offerts par la même compagnie, ne se ressemblent pas au point d'être qualifiés de « services standard ». Il suffit d'une petite différence au décollage ou à l'atterrissage… ! Enfin, en ce qui concerne la participation, l'acheteur est un participant essentiel, en ce sens que ses goûts, ses exigences, sa présence ou sa façon d'être du moment détermineront un certain niveau de service.

http://
www.aircanada.ca

Entre ces deux catégories extrêmes, il existe une multitude de niveaux de service. On peut les situer soit dans la catégorie intermédiaire « produits/services », soit dans les zones grises entre chaque pôle.

Mais il y a plus encore. L'élargissement du concept de marketing permet d'inclure davantage de possibilités à l'intérieur de la variable produit. Outre les produits et les services, le marketing s'applique également à d'autres éléments. Même les personnes sont mises en marché ! Qu'il s'agisse de joueurs de hockey, de politiciens, d'artistes ou d'une personne à la recherche d'un emploi, le marketing constitue un outil stratégique. Il en est de même des endroits ou des régions géographiques précis que l'on veut faire découvrir et vendre aux consommateurs. Le slogan publicitaire *Bringing the World to the Beach* vise essentiellement à accroître le tourisme dans la région de Virginia Beach et est destiné à la population nord-américaine, surtout de l'est des États-Unis et du Canada. On utilise aussi le marketing à propos de comportements ou d'idées que l'on veut faire adopter à divers segments de la population. L'alcool au volant constitue un exemple de comportement à corriger ; une stratégie de marketing visant à changer un comportement comme « produit à vendre » a été mise sur pied vers la fin des années 1980 par Jacques Bouchard, alors président de BCP Stratégie Créativité. C'est lui qui a popularisé ce genre de marketing – le marketing des idées – au Québec[3].

http://
www.vabeach.com

Ces quelques exemples n'ont pas la prétention d'illustrer tout ce qu'il est possible d'accomplir dans le domaine des applications du marketing. Même si l'on privilégie souvent le terme « produit », on doit dorénavant tenir compte du fait qu'il offre beaucoup plus que de simples biens physiques.

La présentation du produit

Afin de se conformer davantage aux multiples besoins des consommateurs tels qu'une reconnaissance facile, une manipulation commode ainsi qu'un emploi simplifié du produit, le responsable du marketing a la possibilité de recourir à trois composantes du produit : la marque, le conditionnement (l'emballage) et l'étiquette.

La marque de commerce

L'American Marketing Association définit la marque comme un nom, un terme, un signe, un symbole, un dessin ou une combinaison de ceux-ci servant à reconnaître les biens et les services d'une entreprise ou d'un groupe de vendeurs afin de les différencier de ceux des concurrents[4]. On peut simplifier cette définition en limitant la composition de la marque de commerce à deux éléments : le nom de marque, ou nom commercial, et l'emblème de marque, ou emblème commercial.

Doit-on utiliser une marque de commerce ?

Les entreprises n'utilisent pas toutes une marque de commerce pour leurs produits. Certaines n'en utilisent pas, soit parce que les dépenses de promotion seraient trop élevées pour le bénéfice obtenu, parce qu'elles ne peuvent pas assurer une certaine constance dans la qualité du produit ou, tout simplement, parce que le genre de produits qu'elles fabriquent ne se prête pas à une promotion de marque. Par contre, il est très avantageux d'utiliser la marque de commerce pour les entreprises en mesure de respecter ces trois exigences. La marque de commerce leur permet de différencier leur produit de celui des concurrents. De plus, elle leur accorde un certain monopole en ce qui a trait au segment de marché qu'elle satisfait. Elle favorise également le développement d'une fidélité à la marque. Enfin, elle rend l'entreprise moins vulnérable aux guerres des prix. Voilà quelques avantages d'une marque de commerce populaire.

Le consommateur retire également certains bénéfices du fait que l'entreprise utilise une marque de commerce. En effet, la marque permet au consommateur de trouver plus facilement les produits lorsqu'il fait du magasinage. De plus, il est sûr de se procurer un produit dont la qualité est constante d'une unité à l'autre. Elle lui donne aussi une satisfaction psychologique non négligeable, en ce sens que le client consomme aussi l'image de marque lors de l'achat du produit. Enfin, pour que la marque connaisse une certaine croissance sur le marché, le fabricant devra améliorer la qualité de son produit au fil des ans, ce qui constitue un avantage supplémentaire pour le consommateur (*voir encadré 6.1*).

> **Marque de commerce**
>
> Nom, signe, symbole, dessin ou combinaison de ceux-ci servant à reconnaître les biens et les services d'une entreprise ou d'un groupe de vendeurs.

ENCADRÉ **6.1** À lire et à retenir...

BÂTIR UNE MARQUE EN QUATRE ÉTAPES
Les décisions marketing ne doivent plus reposer sur l'intuition, mais sur la connaissance

FRANÇOIS PERREAULT
collaboration spéciale

Pourquoi des entreprises réussissent-elles à bâtir de grandes marques pendant que d'autres échouent ? Kevin Clancy, président-directeur général de Copernicus Marketing Consulting, a son idée sur le sujet.

«Trop d'organisations transforment leurs marques en simples biens de commodité. Comme ces biens se vendent à des prix plus bas que les marques, les profits s'en trouvent nettement réduits.»

Le spécialiste de la région de Boston, invité la semaine dernière au colloque annuel de l'Association marketing de Montréal, se base sur une étude de son entreprise pour affirmer qu'il faut revigorer les marques. «Dans 39 catégories

ENCADRÉ 6.1   À lire et à retenir... (*suite*)

sur 48 (bières, banques, savons, etc.), les participants ne pouvaient identifier clairement une marque distincte, supérieure et de qualité. Cela n'est pas étonnant ; seulement 7 % des pubs diffusées en période de pointe communiquent quelque chose de concret sur la marque. »

Selon lui, le marketing constitue la seule bouée de sauvetage. Pas la discipline sous sa forme actuelle, mais un marketing qui repose sur une approche plus scientifique. « Les décideurs sont beaucoup trop intuitifs, juge-t-il. Ils refusent de consulter les consommateurs, de leur poser des questions. Ils mettent l'accent sur l'identité visuelle du produit plutôt que de le soutenir stratégiquement. Et leur publicité relève plus du divertissement que de l'information commerciale. Par conséquent, certains clients nous demandent parfois de repositionner leur marque en 30 jours ! »

Kevin Clancy propose donc un programme en quatre étapes. D'abord, il estime impératif de revoir les approches de ciblage. « Les entreprises *focalisent* trop sur les grands utilisateurs d'un produit. C'est une erreur, car ils forment un groupe cible fragile. Dès qu'un concurrent leur offrira un meilleur prix, ils adopteront son produit au détriment du vôtre. »

Il suggère aussi de peaufiner le positionnement des marques. « Dans la majorité des cas, les marques sont très bien définies dans la tête des directeurs du marketing, mais elles ne le sont pas du tout dans l'esprit des consommateurs. Pourtant, il ne s'agit que d'identifier deux ou trois mots,

ou encore une ou deux courtes phrases, puis de les implanter dans la tête des gens. Si vous réussissez, ils vont eux-mêmes, sans le savoir, faire évoluer votre marque en la consommant, en parlant d'elle, etc. »

Coordonner objectifs, stratégie et méthodes

La planification stratégique doit aussi être revue dans son ensemble, croit Kevin Clancy. « Dans les entreprises, les objectifs quantitatifs sont fixés par le service des ventes ou par la haute direction. Pourtant, ces gens ne savent pas toujours en quoi consiste le plan de marketing pour la période en cours. Ils basent leurs pronostics sur les faiblesses et les erreurs de l'exercice précédent. Quant au plan de marketing, il est fréquemment élaboré sans qu'on mette en lien les efforts de l'entreprise et les réponses données par son marché. Il est donc nécessaire de mieux coordonner les objectifs, la stratégie et les méthodes employées pour parvenir à ses fins. »

En troisième lieu, le consultant recommande d'alléger les équipes de mise en application des plans et stratégies. « Plus elles sont grosses, plus la compréhension du plan est diluée, tranche-t-il. Et dans les pires cas, il ne reste que 10 % du plan d'origine à la fin de l'exercice tellement il a été manipulé. Il faudrait d'abord mettre en place des exécutants. Pas des gens qui vont dénaturer le plan en y saupoudrant des idées. Ensuite, on doit instaurer des mécanismes de vérification régulière pour s'assurer que le plan est appliqué conformément.

Cela permet de déceler les dérapages avant qu'il ne soit trop tard. »

Le diagnostic représente la dernière étape. Ici, Kevin Clancy invite les décideurs à analyser leurs erreurs : message incompris, utilisation inefficace de canaux de communication, cible ratée, etc. Il propose également d'étudier la structure même des organisations. « Sortez de leurs silos vos services du marketing, de la publicité et des ventes. »

Du déclin au profit

Invité à valider ses propos avec un cas concret, Kevin Clancy cite en exemple un de ses clients, la pétrolière ExxonMobil. « Voilà une entreprise, dit-il, dont les profits chutaient et qui évoluait dans une industrie inchangée depuis deux décennies. Tout était basé sur les guerres de prix. Les consommateurs percevaient la marque comme en déclin. Il est vrai qu'Exxon se contentait de distribuer l'essence aux détaillants et aux particuliers, sans chercher à savoir s'ils étaient satisfaits. Son positionnement était obscur et sa stratégie reposait entièrement sur les prix. »

« Nous avons mené une étude auprès de 2000 personnes et 600 détaillants afin de connaître leurs besoins, ajoute-t-il. Les résultats ont défini notre stratégie, axée sur le service courtois et efficace, la propreté et la sécurité. Quant au prix, il n'est aujourd'hui ni le plus élevé ni le plus bas. Résultat : les revenus augmentent annuellement depuis cinq ans et ExxonMobil a devancé Shell en matière d'appréciation du service. »

Source : La Presse, 6 mars 2002, p. D8.

La marque de commerce déposée

La marque de commerce déposée (^MD, ^MC, ^TM [*trademark*] et ®) est simplement la protection juridique que donne l'entreprise à sa marque (*voir encadré 6.2*). Comme la marque est plus qu'un nom commercial, il est aussi possible d'enregistrer les symboles, les dessins et les couleurs constituant ses caractères distinctifs (*voir encadré 6.3*). Le dépôt d'une marque permet de jouir d'un droit d'exclusivité sur cette marque.

Pour déposer une marque de commerce, l'entreprise doit présenter une demande d'enregistrement auprès du Registraire des marques de commerce du Secrétariat d'État à Ottawa. En vertu de la *Loi sur les marques de commerce* (1970, « Statuts refondus du Canada, chapitre T-10 et amendements ») et des règlements adoptés selon cette loi, la marque de commerce jouira d'une certaine protection en ce qui a trait au marché canadien. Spécifions que le droit à une marque de commerce ne s'acquiert pas uniquement par son enregistrement. En effet, l'entreprise devra,

> **Marque de commerce déposée**
> Protection juridique que donne l'entreprise à sa marque.

ENCADRÉ **6.2** Un exemple de marque qui se défend

YVES SAINT LAURENT REVENDIQUE L'EXCLUSIVITÉ DE SON NOM

ANNE LE MOUËLLIC

À Montréal, où il existe pourtant un fleuve, un boulevard, un cégep, une ville, un musée d'art, un CLSC Saint-Laurent, il semble qu'on ne peut pas utiliser ce nom impunément. C'est ce qu'a appris à ses dépens le joaillier Georges Schwartz lorsque, avec trois autres bijoutiers, il a voulu déposer la marque commerciale Comité Saint-Laurent.

Le groupe Yves Saint Laurent s'est opposé à l'enregistrement de cette marque, car il estime qu'elle crée une confusion dans l'esprit du consommateur. Les avocats du couturier français soutiennent que non seulement les deux noms sont proches, mais également que les deux marques sont susceptibles d'offrir les mêmes produits sur le marché canadien. Ils devraient être entendus le 22 février à Hull par le registraire des marques de commerce.

Georges Schwartz, le président du Comité Saint-Laurent des joailliers

créateurs, juge l'opposition du couturier «incompréhensible et futile». «Yves Saint Laurent n'est pas une référence dans le domaine de la haute joaillerie si bien que son nom ne nous apporte rien», déclare-t-il. Il allègue que la maison de haute couture ne fait que des bijoux de fantaisie et ajoute : «Si nous avions voulu bénéficier de la renommée d'un autre, nous aurions plutôt choisi de nous appeler le Comité Jacques Cartier des joailliers créateurs.»

Les quatre membres du Comité Saint-Laurent – Robert Ackermann, Antoine Lamarche, Gilbert Rhême et Georges Schwartz – sont tous des joailliers reconnus qui ont chacun leur propre marque de commerce et qui ont acquis leur notoriété individuellement à force de prix, d'expositions et de commandes prestigieuses. Georges Schwartz a notamment été choisi en 1981 par le Canada pour exécuter la broche offerte à lady

Diana comme cadeau de mariage. Les quatre orfèvres ne se sont regroupés sous l'enseigne Saint-Laurent que pour des activités collectives comme des salons ou des expositions.

M. Schwartz reproche au groupe Yves Saint Laurent International de vouloir bénéficier d'une exclusivité du nom Saint-Laurent alors que le géant de la mode ne distribue aucun bijou au Canada. Joint en Italie, Tomaso Galli, directeur des communications du groupe Gucci – Gucci a racheté Yves Saint Laurent International en décembre 1999 – a indiqué à *La Presse* que même s'il n'y avait pas actuellement de point de vente de bijoux du couturier français au Canada, la marque était représentée et légalement enregistrée dans le pays. Le nom d'Yves Saint Laurent, argue-t-il, a « une renommée mondiale dans la mode et dans le luxe depuis plus de trente ans » et il faut protéger cette notoriété.

Source : La Presse, 6 février 2001, p. A5.

dans un délai de six mois et à l'intérieur de son marché habituel, offrir le produit que désigne cette marque de commerce[5]. Enfin, notons qu'une marque de commerce enregistrée peut être utilisée par une autre entreprise si cette dernière l'emploie pour un produit différent de celui offert par l'entreprise ayant retenu les droits en premier. Omega est aussi bien une marque de montre que de caisse enregistreuse : la confusion est alors impossible[6].

ENCADRÉ 6.3　　　Du poulet avec ça ?

JEUX VIDÉO

Hommage à St-Hubert ou plagiat de son logo ?

TRISTAN PÉLOQUIN

Entièrement créé dans les studios montréalais d'Ubi Soft, le jeu vidéo Splinter Cell, mettant en vedette un agent secret inspiré d'un livre de Tom Clancy, a créé un certain émoi dans les bureaux administratifs des Rôtisseries St-Hubert… et ce n'est pas parce que les employés y jouaient pendant les heures de bureau.

La surprise de St-Hubert vient plutôt d'un dessin fortement inspiré de son propre logo, qu'on retrouve sur une camionnette qui vient sauver le héros à la fin d'une mission quelque peu violente.

« Nous avons tellement fait livrer de St-Hubert pendant que nous programmions le jeu que nous avons voulu le souligner à notre manière. C'est un peu une sorte d'hommage aux livreurs qui nous ont servis des centaines de fois », explique Antoine Dodens, programmeur en chef du jeu. Selon lui, des tonnes de joueurs ont écrit à Ubi Soft pour dire à quel point ils étaient contents de voir un clin d'œil typiquement québécois dans un jeu vendu un peu partout dans le monde.

N'empêche, malgré la publicité gratuite, St-Hubert n'a pas apprécié le geste, que ses administrateurs jugent parfaitement déplacé. « Comme nous sommes une entreprise à vocation familiale, nous faisons énormément d'efforts pour nous dissocier de toute violence. Nous trouvons donc très regrettable qu'Ubi Soft n'ait jamais demandé notre permission avant

d'utiliser notre logo », commente Solange Heiss, porte-parole de l'entreprise.

Même si le célèbre coq à crête rouge dessiné par les graphistes d'Ubi Soft n'est pas tout à fait identique à celui de St-Hubert (il porte notamment une cravate plutôt qu'un nœud papillon et n'a pas les mêmes yeux), la ressemblance est telle que personne ne peut s'y méprendre.

Pour Nathalie Chalifour, avocate spécialisée en droits d'auteur et du divertissement, cette similitude porte un grave préjudice à l'entreprise. « Je n'en reviens tout simplement pas qu'Ubi Soft ait fait une chose semblable, commente-t-elle. Ce n'est rien de moins qu'une atteinte à l'image corporative de l'entreprise. »

En conséquence, croit l'avocate, St-Hubert pourrait exiger une part des profits du jeu en dommage et intérêts, ou encore déposer une demande en injonction pour faire retirer le jeu du marché.

Au Royaume-Uni, une histoire semblable impliquant British Telecom vient de forcer Sony PlayStation à modifier sa superproduction *The*

Getaway. Le jeu raconte l'histoire de Mark Hammond, un homme tout juste sorti de prison pour vol à main armée qui, par une manœuvre de la pègre londonienne, devient le principal suspect du meurtre de sa femme. Cherchant par tous les moyens à trouver des preuves de son innocence, le héros tente, au cours d'une scène, d'échapper à la police en volant un camion de British Telecom et en revêtant l'uniforme de son employé, avant de se livrer à un véritable massacre dans les rues de Londres.

Aucune permission n'a été demandée au préalable et, à la demande de British Telecom, Sony aurait accepté de retirer cette scène du jeu, une mesure coûteuse mais plus avantageuse qu'un long et pénible procès.

Ici au Québec, St-Hubert n'a pas l'intention d'aller aussi loin. « Notre comité de direction s'est penché sur la possibilité d'intenter un recours, mais nous avons écarté cette idée, dit Solange Heiss. Nous espérons seulement qu'à l'avenir, Ubi Soft demandera la permission avant d'utiliser notre logo. »

Source : *La Presse*, 21 janvier 2003, p. B4.

Compte tenu de la modicité des coûts inhérents à l'enregistrement d'une marque de commerce, on recommande au responsable du marketing de protéger la marque de commerce de ses produits et services partout où ils sont offerts aux consommateurs. Des spécialistes du droit des affaires pourront assister le gestionnaire dans ses démarches légales dans les différents pays où l'entreprise exporte ses produits et services.

Qu'est-ce qu'un bon nom de marque ?

Le nom de marque est la partie prononçable de la marque de commerce. Il peut s'agir d'un nom, d'une expression, de lettre(s), de chiffre(s) ou d'une combinaison de ceux-ci. Belle Gueule, Yum Yum, S.O.S., 222, ainsi que Brut 33 en constituent des exemples. Un excellent nom commercial réunit la majorité des caractéristiques suivantes[7].

- Le nom commercial véhicule les caractéristiques du produit : sa forme, sa composition, son usage ou les bénéfices que l'on en retire. Turtles, Herbal Essence, Spray n'Wash et Double Fraîcheur en sont des exemples.
- Le nom commercial est facile à prononcer, à reconnaître et à retenir. Des noms simples et courts, comme Sico, Tana, Golf, Coke, Zéro et Kao, répondent à ces critères. Trieste, Elastoplast et Blistex sont cependant moins faciles à prononcer.
- Le nom commercial est distinctif. Tommy Hilfiger, Mont Blanc, Imperial, Savourin et Laura Secord sont des noms distinctifs.
- On peut utiliser le nom commercial même si d'autres produits s'ajoutent à la ligne actuelle qu'offre l'entreprise. Kenmore, marque d'appareils électroménagers, désigne aussi bien la cuisinière, le réfrigérateur que le lave-vaisselle, alors que la marque Frigidaire, bien qu'elle soit excellente pour le réfrigérateur, perd beaucoup de son effet pour les autres types d'appareils, notamment la cuisinière.
- Le nom commercial peut faire l'objet d'un enregistrement en vertu de la *Loi sur les marques de commerce*. Toutefois, ce ne sont pas toutes les marques de commerce qui sont susceptibles d'être enregistrées.

De plus, un bon nom commercial doit :

- pouvoir se prononcer d'une seule façon dans plusieurs langues si le produit est exporté. C'est pourquoi, du côté de Datsun (Dattsun, Dotsun, Datson, etc.), on a changé le nom pour celui de Nissan au début des années 1980, ce qui est préférable ;
- tenir compte de l'environnement culturel des pays de commercialisation. On doit toujours réévaluer le nom avant de l'utiliser dans un marché d'exportation afin d'éviter les mauvaises interprétations. Rappelons les cas, au Québec, du lait Pet et du dentifrice Cue de Colgate-Palmolive[8]. La compagnie American Motor a commis une erreur similaire en conservant le nom de marque Matador pour une automobile exportée à Porto Rico, ville à haut taux de mortalité par accidents de la route, alors que ce mot signifie « tueur[9] » (*voir encadré 6.4*) ;
- s'adapter facilement à tous les types de médias aux fins de promotion. Les fournitures scolaires Stædtler exigent un apprentissage difficile par rapport à Bic, qui est beaucoup plus facile à utiliser ;
- éviter d'être une proie facile pour des jeux de mots.

Nom de marque (nom commercial)
Nom sous lequel une entreprise ou un produit est connu.

http://www.yum-yum.com
http://www.clorox.com
http://www.clairol.com

http://www.sico.com
http://www.coke.com
http://www.smith-nephew.com
http://www.sears.com

http://www.nissan.ca

http://www.colgate.com

http://www.bicworld.com

165

TENDANCES MARKETING

Le choix des noms d'automobiles dans le segment des produits de luxe a beaucoup évolué chez General Motors (GM), le fabricant des automobiles de marque Cadillac. Il fut un temps où « mon oncle Homer » se promenait dans sa grosse Cadillac Eldorado ou son immense paquebot Cadillac DeVille ! *Wow !* tout le luxe qu'évoquaient ces noms ! Allez visiter un concessionnaire Cadillac aujourd'hui et vous ne retrouverez, sauf pour l'utilitaire Escalade, que des appellations comme SRX, CTS, XLR…

Pourquoi un tel changement ? Bien, depuis l'arrivée des européennes comme BMW et Mercedes et des japonaises (Lexus, Infinity et Acura) en Amérique, avec leurs modèles 325xit, LS 430, S500 et autres de ce genre, il fait plus moderne d'utiliser un amalgame de lettres et de chiffres. Et cela permettra d'éviter des erreurs comme Buick LaCrosse… dont le fabricant a entrepris d'en changer le nom au Québec pour Buick Allure… parce que… quoi… d'après vous ?

Sources : WIELAND, Barbara. « L'ABC des noms de voitures », traduit du *Lansing State Journal* ; et « Le Québec cause des ennuis linguistiques à GM », *La Presse,* cahier « Automobile », 27 octobre 2003, p. 9.

http://
www.bombardier.com
http://www.kimberly-
clark.com
http://www.kraft.com
http://
www.unilever.com
http://
www.scjohnson.com

Quelquefois, le nom commercial est si bien choisi et son acceptation par les consommateurs est telle que ces derniers l'utilisent pour désigner la classe du produit. Ski-Doo, Frigidaire, Kleenex, Jell-O, Q-tips, Pledge et Windex en constituent quelques exemples.

Un danger guette cependant l'entreprise utilisant un nom de marque servant aussi à désigner une classe de produits. En effet, bien qu'une telle loi soit encore inexistante au Canada, l'entreprise canadienne exportant aux États-Unis et dont le nom de marque connaît un tel sort s'expose à voir ce nom de marque considéré comme un nom générique (nom commun). Elle perdra alors toute prétention à une

ENCADRÉ 6.4   En achèteriez-vous une ?

BELLE MORVE VERTE !

AGENCE FRANCE-PRESSE

Santiago — Les concessionnaires automobiles des marques japonaises Nissan et Mazda à Santiago du Chili suggèrent de changer les noms de deux modèles appelés Moco et Laputa, ce qui les rend difficiles à vendre dans un pays hispanophone, a rapporté mardi le quotidien *Ultimas Noticias.*

« Moco » se réfère en espagnol aux sécrétions nasales (morve) et « puta » est le synonyme vulgaire de prostituée.

Comment imaginer un automobiliste disant : « Regardez, ma nouvelle Morve verte ! » s'est lamenté un vendeur de Nissan, cité par le journal.

Un cas similaire s'était présenté par le passé avec le modèle Pajero de Mitsubishi. Or « un Pajero » au Chili désigne « un branleur », rappelle *Ultimas Noticias.*

Source : La Presse, 28 mars 2003, p. E4

utilisation exclusive de ce nom de marque, et ses compétiteurs pourront l'utiliser dans la dénomination de leurs produits. Nombre d'entreprises américaines ont vécu cette situation dans leur propre pays ; elles ont vu leurs noms de marques devenir des noms génériques, par exemple, nylon, aspirine, linoléum, thermos et *Shredded Wheat*.

Toutefois, cette possibilité ne doit pas empêcher le responsable du marketing de tout mettre en œuvre afin de trouver le meilleur nom de marque possible pour son produit.

Qu'est-ce qui constitue un bon emblème de marque ?

L'emblème de marque est la partie de la marque que l'on ne peut prononcer. Il apparaît sous forme de symboles, de dessins, de couleurs, de lettres distinctives ou d'une combinaison de ces éléments. Même si le consommateur ne peut l'exprimer, l'emblème s'avère utile à la reconnaissance du produit. De nos jours, quantité d'entreprises exploitent l'emblème de marque. Certaines font beaucoup de promotion pour le faire connaître du public. Il en résulte que cet emblème devient fort prisé dans le marché. Pensons à la forme distinctive de la roue d'engrenage de Bombardier et à la signature stylisée de Coca-Cola (*voir encadré 6.5*). C'est également pour désigner leur appartenance et leur qualité que l'on apposait une marque sur les bœufs du Texas[10]. Il en est de même pour les produits d'une entreprise. Essentiellement, l'emblème de marque doit être à la fois simple, dynamique, actuel et universel[11]. Tout comme le nom de marque, l'emblème de marque devra s'accommoder facilement des différents médias aux fins de promotion et pouvoir être utilisé partout dans le monde (*voir encadré 6.6*).

La marque du fabricant ou la marque du distributeur ?

L'écoulement de la production de l'entreprise sur le marché peut s'effectuer sous la marque du fabricant ou sous la marque du distributeur.

Emblème de marque (emblème commercial)
Partie de la marque que l'on ne peut prononcer et qui sert à reconnaître le produit par l'image.

http://www.adicc.com

ENCADRÉ 6.5 | **La signification d'un emblème de marque**

Le lion est l'emblème de Peugeot depuis 1858, alors que la compagnie fabriquait outillage, ressorts d'horlogerie et… crinolines.

Le lion était chargé d'exprimer les trois qualités majeures des lames de scie Peugeot : robustesse, mordant et puissance de coupe.

Le lion Peugeot

Peugeot a construit la première voiture vendue commercialement (1891), la première familiale (1894), la première voiture particulière à moteur diesel (1922) et le premier moteur diesel à haut régime (1967).

Source : Société Automobiles Peugeot.

ENCADRÉ 6.6 Le lion qui domine le monde : un emblème puissant !

LA BANQUE ROYALE MODIFIE SA MARQUE ET SON EMBLÈME

PRESSE CANADIENNE

Toronto — La Banque Royale modifie sa marque descriptive et son emblème, pour la quatrième fois seulement depuis le début du siècle.

La plus importante banque au pays a fait savoir hier que les lettres RBC deviennent la marque commune sous laquelle ses cinq divisions dans le monde seront regroupées. La nouvelle marque descriptive de la Royale devient donc RBC Groupe financier.

« Une de nos grandes stratégies consiste à prendre de l'expansion aux États-Unis et sur certains autres marchés spécialisés du monde, a dit le président et chef de la direction de RBC Groupe financier, Gord Nixon. Nous voulons pouvoir utiliser une même marque descriptive et un emblème commun partout où nous exerçons nos activités. »

Au Canada, où la marque descriptive et l'emblème de la Banque Royale sont bien connus, le changement de marque se fera immédiatement, toutes les divisions adoptant le préfixe « RBC » (RBC Marchés des capitaux, Services internationaux, Banque Royale, Assurances ou Investissements).

Source : La Presse, 21 août 2001, p. D4.

Marque du fabricant
Marque offerte par le fabricant.

http://www.knorr.ie

La marque du fabricant   Si l'entreprise vend ses produits sous sa propre marque de commerce, on dit qu'elle utilise la marque du fabricant, appelée également « marque nationale ». Cette politique est pratiquée par plusieurs entreprises, dont Procter & Gamble (les couches Pampers, le savon Ivory, etc.). Pour ce faire, l'entreprise doit jouir d'une bonne situation financière, occuper une position sûre sur le marché et entretenir de bonnes relations avec les distributeurs. Les marques du fabricant sont très populaires sur le marché. Bon nombre de consommateurs, connaissant très bien les marques nationales, les exigent lors de leurs emplettes. Les soupes Knorr, filiale irlandaise de la compagnie Knorr-Naerhmittel, constituent un exemple d'un produit de marque nationale, exigé par une majorité de consommateurs. Le fabricant en retire l'avantage d'exercer un plus grand contrôle sur toutes les variables du marketing mix. Quant au distributeur, l'avantage d'offrir des marques nationales réside dans le fait qu'elles attirent les consommateurs au magasin compte tenu de leur popularité sur le marché. Le prix de vente des marques nationales est habituellement plus élevé que celui des marques du distributeur, mais cette différence ne représente pas nécessairement un profit pour le distributeur ; elle sert surtout à assumer les coûts de la mise en marché du fabricant.

Marque du distributeur
Marque adoptée par un distributeur (grossiste ou détaillant) pour certains produits qu'il vend et doit faire fabriquer.

La marque du distributeur   L'entreprise peut distribuer sa production ou une partie de sa production sous la bannière des distributeurs, appelée également « marque privée » ou « produit maison » (*voir encadré 6.7*). Le producteur fabrique alors le produit selon les recommandations du distributeur, auquel incombe toute la responsabilité de la mise en marché. Mentionnons que le contrôle de la mise en marché par le distributeur avantage aussi bien ce dernier que le fabricant. Comment est-ce possible ? Le distributeur a tout le loisir de manipuler à sa guise les variables du marketing mix. Quant au fabricant, qu'un produit remporte un succès mitigé ne lui occasionnera aucune perte financière ni aucune baisse de

ENCADRÉ **6.7** Prends un verre de bière mon minou !...

UNIBROUE BRASSERA DEUX BIÈRES POUR LE COMPTE DE MÉTRO

JACQUES BENOÎT

À partir de la mi-juin, Unibroue, de Chambly, brassera deux bières de double fermentation pour le compte de la chaîne de supermarchés Métro, lesquelles seront commercialisées sous la marque L'Irrésistible, de Métro.

« On était en négociations avec eux depuis six mois, et l'entente a été signée la semaine dernière », a indiqué hier le président et chef de la direction d'Unibroue, André Dion, dans une entrevue à *La Presse Affaires* avant l'assemblée annuelle des actionnaires.

Unibroue, qui est la plus importante des microbrasseries québécoises, élaborera à la fois « une noire et une blonde » pour Métro. « Ça nous aidera à atteindre nos objectifs », a-t-il ajouté.

Source : La Presse, 25 avril 2003, p. D3.

crédibilité sur le marché. Tout au plus, il aura pu rentabiliser ses équipements de production. Par contre, précisons que, en misant sur la production de marques de distributeurs, le producteur perd l'habitude de la mise en marché auprès des consommateurs et s'assujettit beaucoup plus, par le fait même, aux aléas des commandes des distributeurs. C'est là un inconvénient, surtout lorsque le distributeur met fin au contrat d'approvisionnement et que le fabricant perd une bonne partie de son chiffre d'affaires.

Pour ses produits maison, le distributeur peut choisir entre deux stratégies de présentation. La première consiste à présenter le produit sous le nom de marque du distributeur, par exemple, Ro-Na l'entrepôt, Réno-Dépôt ou sous un autre nom que celui de l'institution, mais qui lui appartient, par exemple Personnelle chez Jean Coutu. De cette façon, le distributeur associe le prestige de son nom institutionnel ou d'une marque réputée aux produits qu'il offre. Mais il ne le fera que si les produits répondent à ses exigences. Il s'agit donc de bons produits dont le prix est habituellement plus bas que celui des marques nationales, compte tenu des frais de mise en marché généralement moins élevés.

http://www.metro.ca
http://www.renodepot.com
http://www.provigo.com

La seconde possibilité est que le distributeur commande au fabricant des produits selon des exigences précises et sur lesquels aucun nom ne sera apposé. Il s'agit de **produits sans nom,** appelés également « produits génériques » ou « à étiquette blanche ».

L'existence de ce genre de produits remonte à très loin. Le propriétaire du magasin général de l'époque qui vendait de la farine de sarrasin ou un autre produit dans des sacs bruns ou blancs pratiquait déjà ce genre de mise en marché. C'est Carrefour, important distributeur de France, qui a tout simplement réanimé cette pratique. Le 18 avril 1976, ses 38 hypermarchés offraient, à grand renfort promotionnel, une cinquantaine de produits dont l'étiquette ne comportait que le contenu de l'emballage et l'emblème de marque du magasin. Ces « produits libres » ont eu l'effet d'une bombe dans le milieu de la distribution[12].

Produit sans nom (produit générique, à étiquette blanche)
Produit qui ne porte aucune marque.

http://www.carrefour.com

Vers la fin de 1977, avec une promotion appropriée, les produits sans nom s'implantaient au Québec. Toutefois, ils n'ont pas connu le même succès qu'en France, et ils ont par la suite presque disparu du paysage québécois[13]. On peut encore trouver ce genre de produits sur les tablettes de certains distributeurs alimentaires. On classe ces produits parmi les marques des distributeurs parce qu'ils portent des couleurs différentes et appropriées à chaque distributeur qui les contrôle. Ces produits, tout en étant de bonne qualité, sont habituellement les moins coûteux, du fait qu'ils engagent moins de dépenses de promotion des ventes.

Comme il existe un segment de marché, bien que minime, intéressé à ce genre d'achat et que les consommateurs y trouvent satisfaction autant par la qualité que par le prix, il demeure avantageux pour le producteur et pour le distributeur d'offrir ce genre de produits. De plus, certains d'entre eux sont l'objet de cotes élevées de la part des organismes de recherche[14].

La bataille des marques   On appelle « bataille des marques » la concurrence existant entre les marques du fabricant et les marques du distributeur. De plus en plus, les distributeurs offrent leurs marques privées aux consommateurs pour plusieurs lignes de produits : nourriture, vêtements, pièces d'automobile et équipement de sport.

http://
www.whirlpool.com

L'offre de ces marques de distributeurs a pour effet d'accroître les ventes totales par la satisfaction d'un segment de marché supplémentaire. Le fabricant qui accepte cette politique, comme le fait Whirlpool, dont les deux tiers des ventes sont effectuées auprès de Sears Rœbuck aux États-Unis ainsi que de Sears au Canada, favorise un impact positif sur ses ventes[15]. À l'opposé, ne pas fabriquer les marques de distributeurs peut avoir un effet négatif sur les ventes de l'entreprise. Il n'est pas assuré qu'elle réussira à remplacer ces ventes non réalisées par la vente de ses propres marques.

Les marques privées ont démontré qu'elles peuvent concurrencer les marques de fabricants (*voir encadré 6.8*). À plusieurs occasions, une telle concurrence a fait diminuer les prix de vente, ce qui est tout à l'avantage du consommateur. Pour conserver leur place sur le marché, les fabricants sont obligés d'aller de l'avant et de faire mieux, ce qui se traduit encore une fois par un certain bénéfice pour le consommateur. En somme, comme cette bataille vise la satisfaction des consommateurs, elle s'inscrit fort bien dans le cadre du concept de marketing.

Les stratégies de marque pour les producteurs et les distributeurs

Marque de famille
Marque de commerce utilisée pour plusieurs produits fabriqués par une même entreprise.

Du côté des stratégies de marque pour les producteurs et les distributeurs, l'entreprise doit décider des catégories de marques qu'elle utilisera pour commercialiser ses produits. Quatre options sont possibles[16].

Les marques de famille   On peut grouper sous une même marque tous les produits offerts au consommateur. Dans ce cas, on utilise la marque de famille ou marque générique. Nike, General Electric (GE), CCM, Mr. Coffee, Kenmore et bien d'autres entreprises optent pour cette stratégie. On recommande d'adopter cette politique si l'entreprise peut maintenir un niveau de qualité exemplaire pour tous ses produits.

http://www.nike.com
http://www.ge.com

Deux avantages incitent l'entreprise à utiliser la marque de famille. D'une part, les produits portent tous le même nom. Une campagne de promotion axée sur l'un des produits aura alors un impact indirect sur un autre produit de la gamme qu'offre l'entreprise. D'autre part, l'utilisation de la marque de famille facilite l'introduction d'un nouveau produit. Les consommateurs voient d'un meilleur œil l'arrivée d'un nouveau-né dans la famille s'ils ont déjà confiance en une marque.

À l'inverse, l'inconvénient principal réside dans une diminution possible de la qualité de l'un des produits de la famille ou dans l'introduction d'un nouveau produit qui ne reçoit pas l'appréciation des consommateurs. Toutes deux peuvent ternir l'image de l'entreprise.

ENCADRÉ 6.8 | Achetez-vous des marques privées ?

LES INCONTOURNABLES MARQUES PRIVÉES
Un sondage démontre que 9 Québécois sur 10 en consomment

SUZANNE DANSEREAU

Un récent sondage effectué par la firme Ad Hoc pour le compte du journal *Les Affaires* démontre que 9 Québécois sur 10 ont acheté au moins un produit de marque privée dans une épicerie ou un supermarché au cours des trois derniers mois.

Dans les pharmacies, l'achat de marques privées est pratiqué par 65 % des Québécois, tandis que dans les quincailleries ou les centres de rénovation, la proportion de gens ayant acheté des marques privées est de 56 %.

«Ce sondage démontre que les marques privées sont devenues incontournables dans les supermarchés et non négligeables ailleurs», explique l'auteur de l'étude, Richard Saint-Pierre, vice président de Ad Hoc.

La marque privée la plus populaire est *President's Choice*, disponible notamment chez les bannières Loblaws et Provigo. Près de 24 % des personnes sondées l'ont choisie comme étant leur préférée.

«*President's Choice* a été le cheval de bataille de Loblaws, explique M. Saint-Pierre. Avant son arrivée sur le marché, les marques privées étaient commercialisées sous leur prix, lequel était souvent inférieur à celui des marques nationales. La qualité se voulait équivalente, mais l'emballage plutôt ordinaire. Avec *President's Choice*, la stratégie a changé : la marque n'est pas nécessairement moins chère mais elle est garante de qualité.»

Le sondage révèle également qu'après *President's Choice*, les marques privées les plus populaires sont *Mastercraft*, de Canadian Tire (12,8 %), *Personnelle* de Jean Coutu (8,9 %), *Nos compliments* de IGA (5,6 %) et *Sélection Mérite* de Métro (5,5 %).

Toute une différence

La proportion des Québécois ayant choisi un lieu d'achat spécifiquement en raison de la présence de la marque privée a également été calculée. À l'épicerie, elle est de 23 %. Cela veut donc dire que près d'une personne sur quatre a déjà opté pour une bannière particulière pour consommer sa marque privée. En quincaillerie, la proportion est de 20 %, tandis qu'en pharmacie, elle est de 13 %. «Ces chiffres démontrent que la marque privée peut vraiment faire une différence et devenir un outil de fidélisation», indique M. Saint-Pierre.

Si l'on pense à *President's Choice* pour Loblaws, on peut aussi penser à *Mastercraft* que Canadian Tire offre avec une garantie à vie.

La perception des Québécois par rapport aux marques privées est la suivante : 78 % croient qu'elles sont moins chères que les marques nationales tandis que 15 % croient qu'elles sont aussi chères et 6 %, plus chères.

Soixante-sept pour cent (67 %) croient qu'elles offrent un rapport qualité-prix équivalent à celui des marques nationales et que 15 % le croient supérieur et 18 % inférieur. Et 72 % croient qu'elles sont de qualité équivalente, par rapport à 9 % qui croient qu'elles sont supérieures et 20 % inférieures.

Le sondage a été effectué en décembre 2001 auprès de 502 personnes. La marge d'erreur est de 4,4 %, 19 fois sur 20.

Source : Les Affaires, 4 mai 2002, p. 35.

Les marques de famille pour chaque ligne de produits   On peut utiliser une marque de famille pour chaque ligne de produits de l'entreprise, c'est-à-dire une marque par catégorie de produits. C'est ce qu'a fait Agropur en choisissant la marque Yoplait pour ses yogourts, Québon pour ses produits laitiers ordinaires et Natrel pour le produit Ultra'lait.

Marque individuelle
Nom lié à chaque produit.

Les marques individuelles   L'entreprise peut également donner un nom différent à chacun de ses produits. Ce sont des marques individuelles. Lavo Inc. commercialise ses assouplisseurs sous les marques La Parisienne et Old Dutch. Rarement connue des consommateurs (qui sait que Procter & Gamble commercialise les savons à lessive Tide, Cheer, Era, Dreft, Gain, Ivory et Bold ?), la stratégie des marques individuelles a un effet positif sur les ventes totales de l'entreprise, et c'est là son atout majeur. En effet, le consommateur désirant un détersif délogeant la saleté tenace achètera la marque Tide, tandis qu'il préférera la marque Ivory Neige pour les tissus délicats. Toutefois, il fait en réalité deux achats de produits de l'entreprise Procter & Gamble. Un autre avantage réside dans le fait que l'entreprise ne lie pas sa réputation à une seule marque. Elle jouit donc d'une plus grande latitude, puisqu'elle n'est pas dépendante d'une marque populaire, mais elle demeure sujette à des hauts et à des bas.

http://www.pg.com

Le nom de l'entreprise combiné avec un nom de marque individuelle   Le nom de l'entreprise combiné avec un nom de marque individuelle constitue une autre stratégie possible. Dans ce cas, l'entreprise de production ou de distribution associe la garantie de son nom à celui d'une marque individuelle et cherche ainsi à donner une identité propre au produit. C'est le cas des Corn Flakes, des Special K, des Froot Loops, toutes des céréales fabriquées par Kellogg, et de toutes les autres céréales commercialisées par cette entreprise. McDonald's utilise également cette stratégie avec l'Œuf McMuffin et les McCroquettes.

http://
www.kelloggs.com
http://
www.mcdonalds.com

Voilà autant de stratégies de marque disponibles, tant pour les fabricants que pour les distributeurs.

Conditionnement du produit (emballage)
Ensemble d'opérations assurant la protection d'un produit et facilitant sa vente.

Le conditionnement du produit

Le conditionnement du produit, mieux connu comme l'emballage, est étroitement lié à sa distribution et à sa consommation. Il doit alors satisfaire autant aux exigences des membres du canal de distribution qu'aux besoins des consommateurs. De plus, le conditionnement a un impact de taille sur deux autres variables du marketing mix : le prix et la communication. Enfin, l'emballage doit être conçu avec de plus en plus de parcimonie, pour éviter les déchets inutiles.

Le conditionnement et le distributeur

Distribuer un produit, c'est le transporter, le manipuler, l'entreposer et le présenter sur les rayons d'un magasin. Le conditionnement doit permettre de diminuer les coûts inhérents à ces opérations tout en étant résistant au choc, facile à manipuler et conçu de manière à conserver toutes les qualités du produit.

Le conditionnement et le consommateur

Face au consommateur, toute décision touchant le conditionnement du produit doit tenir compte des préoccupations suivantes.

La protection physique du produit   La protection physique du produit constitue l'un des principaux rôles du conditionnement (*voir encadré 6.9*). Qu'il s'agisse d'une pellicule photographique, d'œufs ou d'un téléviseur couleur, tous les produits ont besoin d'un conditionnement solide. L'aspect de protection physique du produit remonte à très loin. Voilà déjà plus de 200 ans que Jean Jacob Schweppes, inventeur des boissons gazeuses, a mis au point la fameuse bouteille ivre : comme elle ne pouvait tenir debout, elle se retrouvait obligatoirement à l'horizontale, ce qui permettait d'humecter le bouchon pour empêcher les bulles de gaz de s'échapper[17]. Ingénieux, n'est-ce pas !

ENCADRÉ **6.9**   Fallait y penser !

EMBALLAGE EMBALLANT

Des contenants en plastique enrichis de vitamines ? Des emballages qui traitent l'oxygène ? Des bouteilles de vin et de bière en plastique ? Le temps n'est peut-être pas très loin où on achètera un produit à cause de son emballage ! Dans les labos du Centre de recherche et de développement des aliments, on prépare les emballages de demain.

JUDITH LACHAPELLE

Un fabricant d'aliments biologiques se cherchait un emballage le plus « naturel » possible pour conserver son produit. Les chercheurs ont donc voulu remplacer un antioxydant synthétique qu'on ajoute au plastique pour l'empêcher de jaunir. Ils ont essayé avec de la vitamine E, puis ont observé ce qui allait se passer. Surprise : la durée de conservation est passée de quatre à six mois, et l'emballage enrichi de vitamine E a permis au produit de conserver la sienne !

Cet emballage « actif », créé dans les labos du Centre de recherche et de développement des aliments d'Agriculture Canada à Saint-Hyacinthe, sera peut-être bientôt sur les tablettes de nos épiceries si d'autres fabricants manifestent un intérêt et permettent

sa production de masse. Il ne faut toutefois pas s'attendre à ce que le consommateur d'ici choisisse d'emblée ces produits à cause de leur emballage. « En Europe, les consommateurs sont habitués de payer plus cher certains aliments à cause de leurs emballages plus performants », dit Louise Deschênes, chercheure au CRDA. « Au Japon, le consommateur est encore mieux éduqué face à l'emballage : certains vont traiter l'oxygène ou produire de l'éthanol pour éviter la prolifération microbienne dans les aliments. On mentionne un tel ajout sur le produit. Les consommateurs vont choisir d'acheter et de payer plus cher ce produit-là à cause de l'emballage actif, parce qu'ils savent qu'il y a une chance que le produit ait été mieux conservé. »

On est loin de la même sensibilisation en Amérique, mais cela n'empêche pas les chercheurs de mijoter les emballages du futur dans leurs labos. Leurs découvertes ne seront pas nécessairement évidentes mais, mine de rien, c'est toujours le consommateur qui en sort gagnant. Que ce soit pour empêcher le fromage de « goûter le plastique » ou pour limiter la contamination de la bactérie *E. coli* dans les boucheries, les chercheurs jonglent avec les molécules pour trouver la meilleure combinaison. Il n'y a pas d'emballage parfait, dit Louise Deschênes, mais il y en a un qui peut être adapté pour chaque cas.

[...]

Source : La Presse, 17 novembre 2001, p. A31.

La protection des consommateurs contre le produit   Il est de plus en plus fréquent de rencontrer des cas de contamination volontaire du produit une fois ce dernier emballé. Il suffit de rappeler le cas de la contamination criminelle des produits de marque Tylenol, le plus important d'entre tous, pour s'en convaincre[18]. Maintenant, les produits Tylenol sont munis de trois sceaux de sécurité afin de mieux protéger les consommateurs. On peut inclure dans cette rubrique les blessures occasionnées par certains types de conditionnement. Le cas des bouteilles de boisson gazeuse de 1,5 l qui explosaient à la suite d'un renversement sur le sol constitue un bon exemple. Les fabricants ont retiré ces bouteilles du marché à la demande d'Industrie Canada, anciennement Consommation et Affaires commerciales Canada[19].

http://www.tylenol.com

L'économie   L'offre de produits en différents formats (petits, moyens et grands) permet à chacun de réaliser d'importantes économies. L'individu vivant seul évitera des pertes importantes en choisissant les petits contenants, alors que la famille aura l'occasion de réaliser des économies substantielles, dans la plupart des cas, si elle achète les grands formats.

La commodité   D'importants développements technologiques ont permis la mise au point de conditionnements visant essentiellement la commodité. Qu'il s'agisse de la bonbonne à bouton pressoir, de la bombe aérosol, du contenant à pompe distributrice, du conditionnement ultra-haute température (UHT), destiné à conserver les aliments à la température de la pièce, ou de la traditionnelle boîte de conserve, toutes ces formes de conditionnement deviennent aujourd'hui très utiles. En somme, on doit chercher à présenter des contenants faciles à ouvrir et à utiliser.

La communication du produit   Le conditionnement constitue un moyen efficace de présenter le produit au consommateur et de le différencier de ses concurrents. Le fabricant québécois du dentifrice Pressdent a misé, au début des années 1980, sur un nouveau type de conditionnement pour faire valoir son produit parmi ses concurrents. En effet, il offrait pour la première fois aux consommateurs un contenant à pompe plutôt que le tube traditionnel. Malheureusement, son produit a connu un échec sur le marché, pour de multiples raisons (qualité du produit, défauts d'emballage et concurrence accrue des autres marques). Par ailleurs, certaines marques de beurre d'arachide et de moutarde utilisent un verre comme contenant.

La promotion des ventes par le conditionnement devient de plus en plus importante compte tenu de la croissance des magasins de type libre-service et des machines distributrices. De plus, l'image de marque acquise grâce à un conditionnement stylisé correspond à un besoin ressenti chez certains consommateurs jouissant d'un niveau de vie élevé.

L'écologie   Les consommateurs sont de plus en plus préoccupés par les différentes formes de pollution. De telles préoccupations existent également chez les producteurs qui, de plus en plus, y répondent par la mise en pratique d'une philosophie : le recyclage. Le recyclage peut être de deux ordres. Premièrement, il peut viser la réutilisation du conditionnement par le consommateur lui-même. Cet argument promotionnel, s'il est bien utilisé, peut devenir fort intéressant.

Sur un autre plan, on doit permettre un recyclage à grande échelle, voire industriel. Les industries de la bière et des boissons gazeuses utilisent maintenant la canette d'aluminium recyclable au lieu de la canette d'acier. Comme avec les bouteilles, le consommateur a droit à un remboursement quand il retourne ses canettes chez le marchand[20].

En raison de la disparition de certaines matières premières, les fabricants devront assurer une meilleure utilisation de ces richesses. C'est le cas notamment du plastique, dérivé du pétrole, ressource non renouvelable. On pourrait facilement le remplacer par le papier, qui possède deux propriétés de plus que lui : il est recyclable et biodégradable. Enfin, on ne doit pas passer sous silence la disparition de la couche d'ozone. C'est pourquoi les fabricants se sont entendus pour ne plus utiliser des bonbonnes contenant du CFC, élément destructeur de la couche d'ozone.

Le changement de conditionnement

On conseille d'apporter certaines modifications au conditionnement lorsque l'entreprise cherche à enrayer une diminution des ventes ou lorsqu'elle désire attirer de nouveaux consommateurs. Un tel changement permet également de rafraîchir l'image d'un vieux produit tout en lui donnant une allure moderne.

Le regroupement de produits

Une boîte de disques compacts, une caisse de bière, une trousse de produits de beauté, voilà quelques exemples de regroupements de produits. On distingue le regroupement de quantité, le regroupement de complémentarité et le regroupement promotionnel.

Le regroupement de quantité   Le regroupement de quantité vise l'achat pratique ou la réduction du prix. Le sachet de quatre litres de lait constitue un achat pratique, alors qu'une douzaine de beignes Dunkin Donuts offre une réduction de prix substantielle, sans compter les taxes économisées lorsqu'il y a plus de six unités achetées.

Le regroupement de complémentarité   Compte tenu de l'interdépendance de certains produits, les producteurs les offrent sous forme d'ensemble. Les trousses de réparation, de premiers soins et les ensembles de peinture en constituent des exemples.

Le regroupement promotionnel   Le regroupement promotionnel sert à souligner un événement spécial ou à présenter une offre alléchante au consommateur. Les ensembles de produits cosmétiques offerts à l'occasion de Noël ou de la Saint-Valentin ou en vertu d'une promotion spéciale sont de bons exemples.

Peu importe le type de regroupement, il est très important de bien choisir le conditionnement de regroupement, lequel constitue un conditionnement supplémentaire à celui du produit.

Regroupement de produits
Emballage qui contient plusieurs unités d'un produit ou plusieurs produits différents mais complémentaires.

http://www.dunkindonuts.com

Étiquette
Petit morceau de papier ou de carton fixé à un objet pour en indiquer la nature, le contenu, le prix, la provenance, etc.

L'étiquette

Les décisions relatives à l'étiquette sont étroitement liées au choix du conditionnement et de la marque. Il s'agit d'un élément important de la présentation du produit. Il existe trois formes d'étiquettes.

L'étiquette intégrée au conditionnement

L'étiquette intégrée au conditionnement est mise en relief. Elle fait partie intégrante du conditionnement, comme celle de la bière Sleeman.

L'étiquette imprimée sur le conditionnement

L'étiquette est imprimée à même le conditionnement. Cette forme d'étiquette relativement permanente offre donc une bonne promotion du produit lorsque le conditionnement est réutilisable par les consommateurs. C'est le cas de la bière Corona.

L'étiquette apposée sur le conditionnement

Peu importe le procédé utilisé, collage ou autres, l'étiquette apposée peut être séparée de son conditionnement avec plus ou moins de facilité. La plupart des fabricants québécois apposent ce genre d'étiquette sur leurs bouteilles de bière.

Quelle que soit sa forme, l'étiquette joue deux rôles précis. D'emblée, elle renseigne le consommateur quant au contenu du produit, à son prix, à sa date d'expiration, à son mode de préparation, à ses nom et emblème de marque, à son mode d'emploi suggéré et à l'adresse du fabricant ou du distributeur. Bref, l'information peut concerner une foule d'aspects.

À cet effet, plusieurs lois provinciales et fédérales régissent les normes minimales d'information que doit fournir l'étiquette. Voici quelques-unes de ces lois :

- *Loi sur l'emballage et l'étiquetage des produits de consommation* ;
- *Loi sur la marque de commerce nationale et l'étiquetage exact* ;
- *Loi sur l'étiquetage des textiles* ;
- *Loi sur les aliments et les drogues* ;
- *Loi sur les produits dangereux* ; et
- *Loi sur la concurrence.*

Par ailleurs, on ne doit pas négliger l'influence de certaines associations de producteurs en ce qui concerne l'intégration d'informations à l'étiquette. Le code universel du produit (CUP), code formé de lignes blanches et noires et de chiffres que l'on trouve sur les produits de consommation courante, provient de ce genre d'association. Bien que ce code soit peu utile actuellement au consommateur, il permet l'utilisation d'un système de traitement de l'information complexe qui, en raison de ses qualités, rend possible la systématisation de la gestion des commerces de détail ; tout compte fait, il permet fort probablement des économies du côté des consommateurs.

Bon nombre de producteurs ne se limitent pas à l'information minimale qu'exigent les paliers de gouvernement et vont au-delà des lois gouvernementales en ce

CAPSULE ÉTHIQUE

Supposons que vous soyez commerçant et que vous gagniez bien votre vie en y mettant de nombreuses heures de travail. Un jour, votre beau-frère vous propose d'offrir à votre clientèle des stocks excédentaires qu'il a acquis lors d'un voyage en Asie. Ces produits n'étaient pas destinés au marché canadien, si bien que leurs étiquettes ne sont pas conformes à nos lois. Et il serait très coûteux, au point de peut-être vous faire perdre une bonne partie de votre profit, de faire d'autres étiquettes et de les apposer sur le produit. Un bon profit vous attend si vous vendez ce produit à vos clients, qui ne s'en plaindraient peut-être même pas... Accepterez-vous la proposition de votre beau-frère? Pourquoi?

qui a trait à la satisfaction des besoins des consommateurs. Voilà un autre exemple d'application du concept de marketing.

L'étiquette agit aussi à titre de support d'information. N'oublions pas que l'étiquette constitue la dernière forme de publicité faite par l'entreprise avant la vente du produit. Elle véhicule de l'information au sujet des avantages que peut procurer le produit. C'est pourquoi elle doit être attrayante. C'est là qu'entrent en action l'art et la science de l'étiquetage.

L'étiquette n'est donc pas un élément banal du produit que l'on élabore juste avant la mise en marché. Il s'agit d'un élément fondamental puisqu'elle servira à attirer l'attention ou à conclure une vente (*voir encadré 6.10*).

Les autres éléments du produit

Deux autres éléments du produit servent souvent d'arguments promotionnels. Il s'agit de la garantie et du service après-vente. Voyons maintenant ces deux points.

La garantie

Il existe principalement deux raisons motivant les entreprises à inclure une garantie explicite à leur produit. D'une part, la complexité du produit, comme les produits électroniques ou mécaniques, favorise l'adoption de garanties particulières. Toutefois, certains produits de consommation courante offrent de telles garanties, par exemple les produits de la société Kraft Foods inc.

Garantie
Assurance de satisfaction du besoin offerte par le fabricant du produit ou le fournisseur du service.

D'autre part, la vente directe au consommateur par catalogue oblige presque l'entreprise à utiliser l'argument « satisfaction garantie ou argent remis » puisque le consommateur doit payer d'avance, sans avoir pu manipuler le produit. C'est donc avec l'objectif de réduire les risques perçus chez les consommateurs que les entreprises leur offrent de telles garanties. Elles cherchent ainsi à réduire le risque fonctionnel associé à l'achat du produit en s'engageant à le réparer s'il ne procure plus la satisfaction escomptée. De plus, les entreprises diminuent la perception du risque financier en offrant le remboursement de la somme investie si le consommateur n'est pas entièrement satisfait.

Toutefois, les entreprises ne sont pas uniquement liées à leur garantie explicite. En effet, depuis un certain temps, le concept de garantie a pris une ampleur telle que des garanties implicites protègent les consommateurs. Variant selon les produits, la garantie légale constitue une protection accrue pour le consommateur contre une insatisfaction liée à l'achat d'un produit, qui offre une protection même lorsque le fabricant ne l'offre pas explicitement. Il est donc important pour le responsable du marketing de connaître l'étendue de la garantie légale associée à son produit. L'avènement d'une telle garantie résulte d'abus de certaines entreprises qui n'avaient pas intégré le concept de marketing comme philosophie d'affaires.

> **Service après-vente**
> Service dont le rôle est de garder le contact avec l'acheteur (qu'il soit consommateur ou utilisateur industriel) après la vente proprement dite afin de lui assurer l'usage, l'entretien et la réparation du bien qu'il a acquis et de l'inciter à un nouvel achat.

Le service après-vente

Le service après-vente représente, lui aussi, un puissant argument de vente. Combien de consommateurs sont soulagés d'apprendre qu'ils pourront faire mettre au point un produit une fois qu'ils l'auront acheté ! Les entreprises offrent ce service après-vente de multiples façons.

ENCADRÉ 6.10   Pourquoi ne pas les collectionner, alors ?

PROFESSION : ÉDITEUR D'ÉTIQUETTES

AGENCE FRANCE-PRESSE

Paris — À l'heure où les industries connexes à la production vinicole se regroupent, la profession d'éditeur d'étiquettes – au style de plus en plus soigné – pour bouteilles de vin reste éclatée, avec près de 80 sociétés implantées dans les diverses régions viticoles françaises.

[...]

Les éditeurs appartiennent également à ces industries connexes à la production du vin, avec une production annuelle d'étiquettes proche des 15 milliards d'unités. Mais ce secteur reste très éclaté, la France comptant près de 80 éditeurs, dont une dizaine pour le compte des grands groupes de vins et spiritueux.

« Même si elle contient un millésime exceptionnel, une bouteille de vin est anonyme. Une étiquette l'identifie et lui donne sa parure originale », explique Patrick Chastenet, associé depuis six ans de Michel Soutiran.

[...]

Litho-Bru, avec ses deux imprimeries implantées dans la région de Cognac, est aussi un acteur important sur ce marché avec 2,5 millions d'étiquettes produites par jour et entre 500 à 600 millions par an.

[...]

Litho-Bru travaille dans le haut de gamme, explique François Berland, le directeur général de Litho-Bru. « Nous fournissons de grands groupes comme Pernod-Ricard, LVMH, Rémy-Martin, les cognacs Courvoisier, mais aussi de prestigieuses maisons de champagne comme Lanson, Krug, Bollinger, Roederer », ajoute M. Barland.

Autre grand de la profession, Wetterwald, implanté depuis bientôt deux siècles aux Chartrons, le fief à Bordeaux des négociants de vins. La société produit chaque année 900 millions d'étiquettes, indique

Jean-Pierre Fromantin, PDG de la maison depuis 1996.

« L'étiquette, apparue il y a deux siècles pour identifier les crus et leur millésime, aide à la vente, notamment pour des propriétés dont le budget publicitaire est modeste », indique M. Fromantin.

« Pour de petites propriétés du Saint-Émilion, nous imprimons 20 000 étiquettes par an, pour de grosses propriétés du Médoc entre 150 000 et 200 000 unités », ajoute le PDG de Wetterwald.

Wetterwald répond à toutes les demandes de ses clients : le studio de création – une vingtaine de personnes – propose des étiquettes classiques (château du cru dessiné à la plume en noir et blanc) ou originales.

« Un vigneron a par exemple fait portraiturer son chien pour identifier son vin, et les grandes surfaces exigent souvent une étiquette qui leur soit propre », explique M. Fromantin.

Source : La Presse, 2 novembre 2000, p. B2.

Par exemple, le consommateur peut se prévaloir du service après-vente à l'usine même ou dans des centres dispersés à travers le marché géographique.

Toute entreprise peut faire de ce service une activité rentable. Il lui est également possible de l'offrir par l'intermédiaire de certains détaillants qu'elle sélectionnera soigneusement et sur lesquels elle veillera. Les commerçants choisis auront alors l'occasion de réaliser un chiffre d'affaires supplémentaire.

Peu importe la façon dont il assurera le service après-vente, le responsable du marketing devra toutefois bien l'administrer s'il veut éviter les plaintes de la part des consommateurs.

La classification des produits dans l'entreprise : lignes et gammes de produits

Il existe beaucoup moins d'entreprises que de produits sur le marché, car la plupart d'entre elles commercialisent plus d'un produit. C'est le cas, notamment, de Kanuk, qui commercialise plus de 180 produits différents : pantalons, manteaux, maillots, polars, sacs à dos, etc.[21]

http://www.kanuk.ca

Afin de s'y retrouver plus facilement, le responsable du marketing classe les produits de l'entreprise par lignes et gammes de produits. Une **ligne de produits** consiste en l'ensemble des modèles d'un produit que commercialise une entreprise. Par exemple, National Spar inc. commercialise au-delà de 3000 types d'attaches ; ces attaches constituent une ligne de produits[22]. La caractéristique d'une ligne de produits est son étendue, à savoir le nombre de modèles différents que fabrique l'entreprise. Les quelque 3000 types d'attaches qu'elle commercialise assurent donc à National Spar une ligne d'une étendue fort appréciable.

Lorsqu'une entreprise commercialise plus d'une ligne de produits, elle possède alors une **gamme de produits.** Comme le montre le tableau 6.1, Lavo inc. commercialise huit lignes de produits.

Les caractéristiques d'une gamme de produits sont sa largeur, sa profondeur et sa cohérence. La largeur fait référence au nombre de lignes commercialisées. Lavo inc., avec huit lignes, possède donc une gamme de largeur moyenne. La profondeur est la mesure de la moyenne des produits des différentes lignes. On obtient la profondeur en additionnant les différents modèles que fabrique l'entreprise, peu importe la ligne, et en divisant la somme par le nombre de lignes. Puisque Lavo inc. commercialise chaque marque en plusieurs formats, on trouve une profondeur élevée. Quant à la cohérence, elle exprime l'homogénéité des lignes de produits entre elles. Pour Lavo inc., l'ensemble des lignes s'adresse au marché de l'entretien ménager, ce qui en fait une gamme très cohérente.

Cette méthode de classification s'avère fort utile pour le responsable du marketing. Elle lui permet de déceler les forces et les faiblesses de l'entreprise lorsqu'on la compare à ses concurrents.

Ligne de produits
Groupe de produits apparentés, soit parce qu'ils satisfont un certain type de besoins, qu'ils sont utilisés ensemble, qu'ils sont vendus aux mêmes groupes de clients, qu'ils sont mis sur le marché par les mêmes types de magasins ou qu'ils tombent dans une certaine échelle de prix.

Gamme de produits
Ensemble des lignes de produits commercialisées par une entreprise.

http://www.lavo.ca

TABLEAU 6.1

La mesure d'attitudes à l'aide du modèle de Fishbein

Un ensemble de lignes de produits forme une gamme de produits.

Ligne 1	Assouplisseurs – tissu	La Parisienne
Ligne 2	Assouplisseurs – liquide	La Parisienne – Originale
		La Parisienne – Éclat de fraîcheur
		La Parisienne – Ensoleillé
		La Parisienne Recharge – Éclat de fraîcheur
		La Parisienne – Brise Marine
		Old Dutch Super Soft – Fraîcheur champêtre
		Marques de distributeurs
Ligne 3	Javel	La Parisienne – Régulière
		La Parisienne Fibre-sûre – Brise Marine
		La Parisienne Fibre-sûre – Citron
		Old Dutch – Régulière
		Old Dutch Fibre-sûre – Régulière
		Old Dutch Fibre-sûre – Citron
		Marques de distributeurs
Ligne 4	Javellisants couleurs	La Parisienne 2
		Vivid
Ligne 5	Détergents à lessive	La Parisienne – Brise Marine
		La Parisienne Ultra Frais
		Springtime
		La Parisienne – Ensoleillé
Ligne 6	Nettoyants tout usage	Hertel Plus
		Hertel Multi
		Hertel Durs Travaux
		Hertel avec Javellisant
		Hertel Tout usage
Ligne 7	Crèmes/Poudres nettoyantes	Crème nettoyante Old Dutch – Citron
		Crème nettoyante Old Dutch – Éclat de fraîcheur
		Poudre à récurer Old Dutch – Citron
		Cameo cuivre et aluminium
Ligne 8	Nettoyants pour vitres	Old Dutch
		Hertel Ambiance
		Springtime
		Marques de distributeurs

Source : reproduit avec l'autorisation de Lavo inc.

RÉSUMÉ

Outre un ensemble de caractéristiques physiques et intangibles comprenant le service aprèsvente et la garantie, un produit constitue une promesse de satisfaction faite à l'acheteur. Le concept de produit permet donc d'inclure tout ce qui peut satisfaire les besoins du consommateur.

La présentation du produit comporte, entre autres, la marque de commerce, le conditionnement et l'étiquette. La marque de commerce est constituée du nom commercial et de l'emblème de marque. L'utilisation d'une marque de commerce peut s'avérer très avantageuse, tant du côté du consommateur que de celui du producteur. Enfin, l'entreprise peut écouler sa production sous sa propre marque de commerce (marque du fabricant ou marque nationale) ou choisir de le faire sous la bannière du distributeur (marque privée ou produit maison).

Le conditionnement du produit est étroitement lié à sa distribution et à sa consommation. Il doit viser à satisfaire aux exigences des distributeurs, de même qu'aux besoins des consommateurs. L'étiquette en est une partie importante : on peut l'intégrer au conditionnement du produit, l'imprimer directement dessus ou encore l'y apposer. Il s'agit de la dernière forme de publicité faite par l'entreprise avant la vente. Enfin, garantie et service après-vente font également partie du produit.

Afin de s'y retrouver plus facilement, le gestionnaire classe les produits par lignes et par gammes de produits.

QUESTIONS

1. « Un produit est beaucoup plus qu'un ensemble de caractéristiques. » En quoi cet énoncé est-il vrai pour un disque compact, par exemple ?

2. Supposons que vous soyez le directeur du marketing du Cirque du Soleil. Comment définiriez-vous votre produit ?

3. À l'aide de l'encadré 6.1, à la page 162, énumérez les quatre étapes proposées pour bâtir une marque de commerce.

4. Quels sont les avantages à utiliser une marque de commerce pour le producteur ? Pour le consommateur ?

5. Créez un nom et un emblème de marque efficaces pour une tablette de chocolat et caramel (qui sera distinctement épaisse) lancée prochainement sur le marché au Québec.

6. Qu'est-ce qu'une marque de fabricant ? Une marque de distributeur ?

7. Quelles stratégies de marque le producteur et le distributeur peuvent-ils adopter ?

8. Précisez ce que sont l'emblème de marque et la marque de commerce dont il est question à l'encadré 6.6, à la page 168. Quelle est votre appréciation ?

9. En quoi la garantie et le service après-vente sont-ils importants en ce qui concerne certains produits ?

10. Qu'est-ce qu'une gamme de produits ? Quelles en sont les caractéristiques ? Expliquez-les.

EXERCICES PRATIQUES

6.1 L'EMBARRAS DU CHOIX !*

Vous décidez, avec deux autres actionnaires, d'ouvrir un petit café-restaurant dans le centre commercial de votre localité. Vous mettez sur pied un concept prometteur qui attirera assurément une bonne clientèle. Comme vous vous spécialisez dans les mets rapides à valeur nutritive élevée, vous croyez pouvoir intéresser un public qui favorise une alimentation saine.

Vous avez habilement déterminé vos menus par une recherche de différents plats provenant de plusieurs pays. L'aspect interculturel et international sont des atouts majeurs de votre concept. Vous offrirez un vaste choix de mets asiatiques, européens, arabes, mexicains et nord-américains.

Vous en êtes toujours au stade de la conception de votre plan d'affaires et vous devez trouver un nom et une signature à votre futur commerce. Cette signature devra refléter les bénéfices que vous avez développés pour votre restaurant. Veuillez justifier votre stratégie, votre démarche créative et vos choix.

* Exercice pratique rédigé par Pierre-Charles Rousseau, sous la direction du professeur Normand Turgeon. Copyright © 1995. École des Hautes Études Commerciales (HEC), Montréal. Tous droits réservés pour tous pays. Toute traduction ou toute reproduction sous quelque forme que ce soit est interdite. Ce cas est destiné à servir de canevas de discussion à caractère pédagogique et ne comporte aucun jugement sur la situation administrative dont il traite. Distribué par la librairie universitaire de la coopérative de l'École des HEC, 3000, chemin de la Côte-Sainte-Catherine, Montréal (Québec) Canada H3T 2A7.

6.2 COMMANDO DE RECHERCHE**

Mission : identification des lignes et des gammes de grandes compagnies

En équipe de trois ou quatre, visitez le plus gros supermarché de votre localité et tentez de reconstituer de la façon la plus complète possible les lignes et les gammes de produits des compagnies suivantes :

1. Procter & Gamble ;

2. Heinz ;

3. Liberté ou Astro, selon la disponibilité ;

4. Kraft ;

5. T. J. Lipton Cie.

N'oubliez pas que vous pouvez utiliser le Web comme lieu de recherche. Présentez un rapport le plus détaillé et complet possible. Bonne chance !

** Exercice pratique rédigé par Viviane Sergi, sous la direction du professeur Normand Turgeon. Copyright © 2000. École des Hautes Études Commerciales (HEC), Montréal. Tous droits réservés pour tous pays. Toute traduction ou toute reproduction sous quelque forme que ce soit est interdite. Ce cas est destiné à servir de canevas de discussion à caractère pédagogique et ne comporte aucun jugement sur la situation administrative dont il traite. Distribué par la librairie universitaire de la coopérative de l'École des HEC, 3000, chemin de la Côte-Sainte-Catherine, Montréal (Québec) Canada H3T 2A7.

MISE EN SITUATION

LE SALON ROCKEY*

Anaïna Toussaint est copropriétaire, avec son conjoint Rockey Tremblay, du Salon Rockey, une boutique qui se spécialise dans le tatouage et le perçage corporel située à Ville de La Baie. Grâce au talent de Rockey, artiste professionnel réputé, le tatouage a été rapidement la ligne de service la plus populaire du salon. Cependant, la popularité accrue du perçage corporel au cours des dernières années a créé une plus grande demande de la part d'une clientèle plus traditionnelle.

Autant le tatouage que le perçage corporel augmentent les risques de contracter des infections virales ainsi que des infections bactériennes. Ainsi, grâce aux mesures mises de l'avant par Anaïna afin d'assurer un service impeccable, le Salon Rockey jouit d'une excellente réputation. Par exemple, Anaïna et Rockey s'assurent que l'aire de travail est toujours propre et bien éclairée. Ils utilisent des instruments en acier inoxydable, un métal qui se lave et se stérilise facilement. Ils utilisent également des aiguilles stériles jetables. Les procédures d'hygiène sont suivies par tous de façon rigoureuse. Malgré tout, ces mesures préventives n'empêchent pas les cas d'infection si le client ne suit pas les procédures ultérieures d'hygiène comme le nettoyage quotidien des zones de tatouage et de perçage.

Compte tenu de la hausse de popularité auprès des jeunes adultes, on assiste actuellement à la prolifération de boutiques spécialisées dans le tatouage et le perçage. À cet effet, Santé Canada a émis un guide à l'usage des clients et des professionnels du tatouage et du perçage disponible sur son site Internet (http://www.hc-sc.gc.ca/francais/vsv/mode/tatouage.htm). Par ailleurs, les consommateurs de ces services, sauf à de rares exceptions, n'y ont recours que quelques fois dans leur vie. Donc, il s'y dégage une problématique, celle de renouveler la demande, surtout dans une agglomération urbaine de taille moyenne.

À cet effet, Anaïna et Rockey ont décidé de diversifier leur gamme de services et d'offrir le bronzage artificiel à l'aide d'un appareil révolutionnaire qui permet un bronzage intégral. Ils hésitent toutefois à mettre de l'avant leur projet car ils jugent que le bronzage artificiel n'est peut-être pas cohérent avec les autres types de services. Le bronzage artificiel est généralement offert dans les salons de beauté. Cependant, il n'y a pas de législation qui contrôle les salons de bronzage. Donc, la qualité du service n'est pas assurée. Par conséquent, Anaïna prévoit mettre en place des mesures d'hygiène aussi rigoureuses que celles mises de l'avant pour le tatouage et le perçage et ainsi promouvoir ce nouveau service.

Question

Que conseillez-vous à Anaïna ? La ligne de bronzage est-elle cohérente avec les autres lignes de service ? Sinon, quelle autre ligne de service suggérez-vous ?

CAS

LE SARCLEUR EXPERT ?*

Francine Lavoie et Juan Sanchez sont, depuis peu, de nouveaux retraités. Parmi toutes leurs activités, le jardinage occupe maintenant une bonne partie de leurs temps libres. Avec la belle prime de préretraite de Juan, le couple s'est fait construire un solarium et une serre afin de prolonger les petits plaisirs du jardinage durant les mois d'hiver. Francine s'est même inscrite au « Club du jardinier » de son quartier, un cercle où on se réunit pour parler de jardinage.

Juan est impressionné par le nombre de ressources disponibles pour pratiquer ce loisir ainsi que par la popularité du jardinage auprès des gens de sa génération ; il est notamment surpris de la grande quantité d'accessoires disponibles et de l'importance des sections réservées au jardinage dans les quincailleries, les magasins-entrepôts, les centres de rénovation ainsi que dans la plupart des magasins à grande surface.

De son côté, Francine passe plusieurs heures par semaine à la bibliothèque publique et elle consulte tous les jours des sites Web. Elle est abonnée à quelques revues spécialisées. Elle écoute la plupart des émissions de télévision qui traitent de jardinage, enregistrant même avec son magnétoscope celles qu'elle ne peut pas écouter. Francine a même suggéré à Juan de s'abonner à la télévision par satellite afin qu'elle puisse avoir accès à certaines chaînes spécialisées en jardinage. Bref, elle est une passionnée de l'horticulture !

Un jour, alors que Juan lisait un journal sur la terrasse, Francine, qui travaillait dans le potager, se plaignait de ses outils. Non seulement elle devait se lever et se pencher régulièrement pour ameublir la surface du sol, mais elle devait constamment changer de sarcloir pour détruire les mauvaises herbes. « Les plus petits sarcloirs n'ont que trois dents tandis que les plus gros en ont quatre. De plus, le manche n'est pas toujours réglable, et encore moins amovible. Je ne peux pas effectuer toutes les tâches avec le même outil », déplore-t-elle.

Toujours prêt à rendre service à Francine, Juan décide d'aller à la quincaillerie du quartier afin de lui acheter un meilleur sarcloir, qui serait amovible et interchangeable, comme elle en avait exprimé le désir. Toutefois, il ne trouve pas ce qu'il cherche. Il décide donc de se rendre au magasin à grande surface qui vient d'ouvrir près du centre commercial. Il n'y trouve pas non plus l'outil recherché. De retour à la maison, il se dit qu'il devrait peut-être effectuer une recherche sur le Web afin de voir si un tel sarcloir existe quelque part. Après plusieurs heures passées devant son ordinateur, Juan n'a toujours pas trouvé le sarcloir idéal pour Francine.

« Pourquoi ne pas l'inventer moi-même », se dit-il alors. Afin de s'assurer que l'outil n'existe vraiment pas, il décide de faire quelques appels téléphoniques auprès de certains manufacturiers. C'est confirmé : l'outil n'existe pas. Le même soir, il décide d'accompagner Francine à son club de jardinage afin de vérifier si le besoin pour ce genre d'outil existe chez les gens inscrits au club de jardinage. Or, il s'avère que tout un chacun est très intéressé par ce genre d'outil. Plusieurs membres lui donnent même quelques idées pour rendre le sarcloir qu'il imagine encore plus efficace.

Le lendemain matin, Juan poursuit son idée et dessine rapidement les grands traits de l'outil qu'il souhaite construire. C'est en fait le premier prototype d'un sarcloir dont le manche est amovible et réglable. De plus, Juan prévoit qu'on peut le faire passer de trois à cinq dents en tournant le manche. Très fier de son invention, Juan montre son croquis à Francine. Celle-ci lui suggère alors de s'assurer que l'outil sera ergonomique et que sa forme épousera les mouvements du corps. « Cette propriété diminuerait ainsi les problèmes de dos, de bras et de poignets », lui fait-elle remarquer.

Lors d'un dîner entre amis, Juan expose le prototype à Pierre, le nouveau conjoint de sa belle-sœur Ginette. Pierre est directeur des ventes pour une grande chaîne de magasins de rénovation. Pierre est très impressionné par l'outil de Juan mais il n'arrive pas à concevoir que ce type de sarcloir n'existe pas déjà. Il décide de s'informer auprès de certains fournisseurs spécialisés dans les outils et accessoires de jardinage et promet d'aider Juan dans ses démarches.

Durant le dîner, les discussions autour du sarcloir de Juan s'intensifient. Tous exposent leur opinion et un échange animé s'ensuit.

Francine : As-tu pensé à un nom pour ton sarcloir ?

Juan : Je t'avoue que je n'ai pas pris le temps de réfléchir à un nom pour mon nouvel outil. Je ne crois pas que ce soit nécessaire pour ce type de produit puisqu'il y a plusieurs outils de jardinage qui n'ont pas de nom. Je dirais même que certains produits ne se prêtent pas à une promotion par les marques et que, de plus, la promotion peut s'avérer très coûteuse.

Pierre : Au contraire, il est absolument primordial de donner un nom au produit afin qu'il ressorte de tous les autres outils disponibles sur le marché. Je te suggère un nom, le « Sarcleur Expert » !

Questions

1. Qui, de Juan ou Pierre, a raison ?
2. Que pensez-vous de la marque proposée ? Quels sont les avantages et les inconvénients du nom retenu ?
3. Proposez un autre nom de marque et donnez-en les avantages et inconvénients.

NOTES

1. DARMON, René Y. et coll. *Le marketing, fondements et applications,* Montréal, McGraw-Hill, Éditeurs, 1990, p. 247-248.

2. RATHMELL, John M. « What is Meant by Service ? », dans *Journal of Marketing,* vol. 30, octobre 1966, p. 32-36.

3. BOUCHARD, Jacques. *L'autre publicité : la publicité sociétale,* Héritage Plus, 1981.

4. Adapté de AMERICAN MARKETING ASSOCIATION. *Marketing Definitions : A Glossary of Marketing Terms,* Chicago, 1960.

5. GAGNON, Jean H. « Les marques de commerce et l'entreprise québécoise », dans *Commerce,* novembre 1982, p. 98-106.

6. HAINS, André. « Obtenir un brevet n'est pas toujours la meilleure façon de protéger vos inventions », dans *Les Affaires,* 13 novembre 1982, p. 24-25.

7. STANTON, William J. et coll. *Fundamentals of Marketing,* 4e édition, Toronto, McGraw-Hill Ryerson, 1985, p. 262-263.

8. DARMON, René Y. et coll. *Op. cit.,* p. 264.

9. SEGAL, Harold J. et coll. *Le marketing, réalité canadienne,* Montréal, HRW, 1975, p. 35.

10. JUSTER, Robert. « La marque de commerce : un puissant outil de marketing », dans *Commerce,* mai 1982, p. 100-104.

11. *Ibid.*

12. DUSSART, Christian et ROY, André. « Les produits sans marque », dans *Commerce,* octobre 1976, p. 82-88.

13. ISABELLE, Christine. « Provigo lancera en mars des produits sans nom », dans *Les Affaires,* 16 janvier 1982, p. 16.

14. DESROCHERS, Jeanne. « Le savon déshabillé… », dans *La Presse,* 9 septembre 1980.

15. BECKMAN, M. Dale et coll. *Le marketing,* Montréal, HRW, 1984, p. 201.

16. STANTON, William J. et coll. *Op. cit.,* p. 269.

17. « Schweppes, la première boisson gazeuse, a 200 ans », dans *La Presse,* 20 avril 1983.

18. *Voir* aussi « De l'urine dans une jarre de jus de pomme », dans *La Presse,* 1er décembre 1981.

19. « Des bouteilles explosives », dans *La Presse,* 29 juin 1979.

20. GAGNÉ, Jean-Paul. « Les canettes d'aluminium sur le point d'envahir le Québec », dans *Les Affaires,* 2 avril 1983, p. 2.

21. *Voir* répertoire des produits à l'adresse suivante : http ://www.kanuk.com.

22. Conversation téléphonique avec un représentant de National Spar inc.

CHAPITRE 7

La gestion dynamique du produit

OBJECTIFS D'APPRENTISSAGE

Après la lecture du chapitre, vous devriez être en mesure :

- de décrire le processus de développement d'un nouveau produit ;
- de connaître le concept de cycle de vie du produit ;
- de dire en quoi consistent les différentes méthodes de classification des produits sur le marché ;
- de présenter le processus de repositionnement d'un produit ;
- de dresser la liste des composantes du processus d'abandon d'un produit.

Par Normand Turgeon, Ph.D.
Professeur titulaire, Service de l'enseignement du marketing, HEC Montréal

« Nouveau ! » « Amélioré ! » « Le meilleur de tous ! » « Imbattable ! » Bon nombre d'entreprises investissent temps et argent afin d'être les chefs de file dans leur secteur. Elles mettent tout en œuvre pour trouver l'*idée* à partir de laquelle elles créeront un produit, un bon produit (*voir encadré 7.1*).

Aujourd'hui, qui ne connaît pas le Viagra ? Ce médicament est un exemple parmi tant d'autres de produits et de services qui ont connu un succès remarquable. Toutefois, cette réussite, comme toute autre réussite, n'est pas le fruit du hasard. Elle émerge d'une gestion dynamique du produit. C'est le sujet que nous aborderons dans le présent chapitre.

ENCADRÉ 7.1 | Un inventeur qui n'a pas eu froid aux yeux

L'AIR CLIMATISÉ CÉLÈBRE SES 100 ANS

JERRY SCHWARTZ
Associated Press

Corpus Christi, Texas — Il y a tout juste 100 ans, l'Américain Willis Haviland Carrier inventait un système dont le succès n'a cessé de croître avec le temps et qui se révèle diablement utile en cette période estivale : l'air conditionné.

L'idée de rafraîchir l'air n'était pas nouvelle en 1902. Les empereurs romains avaient déjà rapporté de la neige des montagnes pour rafraîchir leurs jardins. Et au XIXe siècle, le Dr John Gorrie avait inventé une méthode pour le confort des malades du paludisme consistant à souffler de l'air sur des seaux remplis de glace.

Problèmes d'imprimerie

Mais jusqu'à Carrier, aucun système ne refroidissait, nettoyait et séchait l'air. Frais émoulu de l'Université Cornell, le jeune homme a mis au point l'air conditionné pour résoudre un problème éprouvé par une imprimerie de Brooklyn, à New York. Le papier se tendait et se contractait à cause de la chaleur et de l'humidité, posant des difficultés à l'impression.

L'idée de Carrier était de faire passer de l'air dans des conduits contenant de l'eau froide. L'eau se condenserait alors dans les tuyaux comme dans un verre de thé glacé au mois d'août. Résultat : l'air serait plus froid et plus sec.

Le 17 juillet 1902, l'imprimerie Sackett-Wilhelms Lithographic & Publishing était climatisée pour la première fois. L'âge de l'air conditionné commençait, même si le nouveau système ne portait pas encore ce nom et qu'il faudrait encore attendre des décennies avant qu'il ne se répande dans le monde.

Mais c'est aux États-Unis que la popularité de l'air climatisé a explosé. Il a d'abord commencé à s'installer dans les nouveaux cinémas de l'époque. Carrier a perfectionné le dispositif de ventilation au cinéma Rivoli de New York en 1925, qui se targuait d'afficher une température constante de 21 degrés.

Ce fut ensuite le tour des grands magasins, des avions (United Airlines en 1936) et des voitures (Packard en 1939). L'air conditionné au volant n'a toutefois pas connu un succès immédiat : seulement 10 500 voitures dotées de cette option avaient été vendues en 1953.

La climatisation est arrivée au Congrès en 1928 et à la Maison-Blanche un an plus tard, à la grande satisfaction du président Herbert Hoover. En revanche, Franklin D. Roosevelt détestait l'air conditionné et ne l'a jamais utilisé.

Ce n'est qu'après la Seconde Guerre mondiale qu'un grand nombre d'Américains ont commencé à vivre dans des maisons climatisées. En 1960, 12 % des foyers américains avaient l'air conditionné contre 80 % aujourd'hui.

L'air climatisé a favorisé la croissance de grandes villes dans la chaleur du sud des États-Unis comme Phoenix ou Houston et la construction d'immenses gratte-ciel. Il a également permis aux astronautes d'explorer la Lune. Les chlorofluorocarbones (CFC) ont remplacé l'eau comme réfrigérant il y a longtemps, mais les fabricants ont dû les éliminer progressivement lorsqu'on a fait la preuve des dégâts provoqués par ceux-ci pour la couche d'ozone.

Source : La Presse, 26 juillet 2002, p. B2.

Comment offrir de nouveaux produits aux consommateurs

L'entreprise désirant assurer sa survie à long terme doit offrir de nouveaux produits ; c'est là une condition *sine qua non*. Pour l'assurer, deux voies s'offrent à elle : la voie externe et la voie interne. L'acquisition d'un produit ou d'une entreprise, la fusion avec une autre société et la fabrication ou la commercialisation sous licence d'un produit constituent toutes des possibilités correspondant à la première voie.

L'acquisition

L'acquisition consiste en l'achat d'un produit ou d'une entreprise dont certains produits sont convoités. Tel est le cas de Lavo inc., qui s'est porté acquéreur de la société Dutch Chemical et qui a hérité du même coup des produits de marque Old Dutch.

Acquisition
Achat d'un produit ou d'une entreprise.

La fusion

La fusion consiste en l'association de deux entreprises dont l'objectif est de mettre sur pied, le plus souvent, une nouvelle société. Tel est le cas des brasseries Molson et Carling O'Keefe qui, en janvier 1989, fusionnaient pour former les brasseries Molson-O'Keefe, maintenant exploitées sous la raison sociale Molson Inc. Sur le plan du marketing, pareille transaction a permis d'améliorer le portefeuille de nouveaux produits en y ajoutant des marques prisées par les consommateurs ; ainsi, les incidences sont à peu près les mêmes que celles découlant de l'acquisition d'un produit ou d'une entreprise. C'est sur le plan financier que l'on note une différence, car l'acquisition consiste en l'absorption pure et simple d'une entreprise par une autre ; la fusion, de son côté, s'apparente davantage à la mise en commun des ressources financières, humaines et physiques de deux entreprises.

Fusion
Association de deux entreprises qui ont pour objectif de créer une nouvelle entreprise.

http:// www.molson.com/ splash.html

La fabrication ou la commercialisation sous licence

C'est uniquement à la suite d'une entente négociée auprès de la société propriétaire d'un produit qu'une entreprise est en mesure de le fabriquer et de le commercialiser, moyennant des redevances. Par exemple, la bière Budweiser a été l'objet d'un accord de licence entre Anhauser-Bush (USA) et Labatt. Notons que l'entente peut ne porter que sur la commercialisation du produit. Dans ce cas, l'entreprise n'aura pas à se préoccuper de l'expertise ni du matériel de production.

Fabrication ou commercialisation sous licence
Droit de fabrication assorti d'une obligation de verser des redevances au propriétaire du produit.

http:// www.budweiser.com
http://www.labatt.com

Lorsque l'entreprise élabore de nouveaux produits avec la collaboration des différentes structures organisationnelles internes, que ce soit avec le comité, le service, le directeur de la création des nouveaux produits ou les équipes spécialisées, elle suit la seconde voie. Alors, l'entreprise doit suivre certaines procédures afin de mettre sur le marché ses nouveaux produits.

CAPSULE ÉTHIQUE

« Avons-nous besoin de nouveaux produits ? » ; tel est le titre d'un article d'Isabelle Audet paru récemment dans *La Presse*. Il s'agit d'une question fort pertinente, surtout lorsque l'on connaît l'état de santé assez lamentable de l'environnement naturel mondial.

Par exemple, bien que la population nord-américaine ne constitue que 5 % de la population mondiale, elle n'en consomme pas moins de 25 % de l'énergie. Comment est-ce possible ? Voici deux exemples de nos inventions :

- Des automobiles performantes dotées de puissants moteurs permettant d'atteindre des vitesses auxquelles on n'a même pas le droit de circuler sur nos routes ; et
- Des véhicules utilitaires sport (VUS) consommant beaucoup trop d'essence pour l'utilisation urbaine qui en est faite.

Que faire alors ? Devrions-nous interdire le développement et la vente de tels produits ? Ne sommes-nous pas en train d'hypothéquer les générations futures ? Manquons-nous à notre devoir de citoyens en permettant la production de biens et la prestation de services qui détruisent l'environnement ?

Source : inspiré d'un article d'Isabelle Audet, « Avons-nous besoin de nouveaux produits ? », *La Presse,* 11 octobre 2003, p. MT6.

L'élaboration d'un nouveau produit

L'élaboration d'un nouveau produit comprend un certain nombre d'étapes que dictera le processus de création du nouveau produit. L'avantage recherché de ce processus est la réception favorable du nouveau produit testé par les consommateurs. Ainsi, l'entreprise ne retiendra que les produits potentiellement commercialisables. Ce processus permet donc de reconnaître le plus tôt possible les produits moins intéressants avant que l'entreprise n'investisse trop de temps et d'argent.

Le nombre d'étapes varie selon le processus choisi. Celui que nous analyserons en détail en comporte huit, comme l'illustre la figure 7.1.

La génération d'idées

Tout nouveau produit résultant de la création, de l'amélioration ou de l'imitation d'un autre produit était une idée au départ. Cette première étape, la génération d'idées, est essentielle à la création de nouveaux produits. Une étude récente d'Abbie Griffin indique que le taux d'échec de nouveaux produits est de 40 %, ce qui est près de un produit sur deux[1], d'où l'importance d'exploiter au maximum les différentes sources et les techniques de recherche d'idées. Sait-on jamais, l'une d'entre elles pourrait mener à la création d'un produit.

D'où viennent les idées ? D'entrée de jeu, précisons que les sources peuvent être nombreuses.

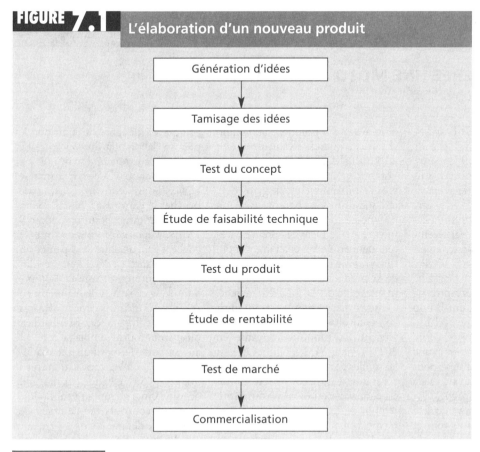

FIGURE 7.1 L'élaboration d'un nouveau produit

- Génération d'idées
- Tamisage des idées
- Test du concept
- Étude de faisabilité technique
- Test du produit
- Étude de rentabilité
- Test de marché
- Commercialisation

Source : adapté de GUILTINAN, Joseph P. et PAUL, Gordon W. *Marketing Management Strategies and Programs,* McGraw-Hill, 1988, p. 175.

Souvent, le consommateur communique avec le fabricant d'un produit (l'inverse étant aussi vrai lors d'une recherche en marketing). Le consommateur lui fait alors part de son insatisfaction à propos d'un produit. Souvent aussi, il est à la recherche d'un produit qui résoudrait un problème avec lequel il est aux prises. Le consommateur constitue donc une source d'idées enrichissantes, peu coûteuse. Toute entreprise peut également consulter les employés de son service de production, ses membres étant souvent en mesure de proposer des idées quant à l'amélioration d'un produit existant ou à l'élaboration d'un nouveau concept (*voir encadré 7.2, page 192*). Les représentants de l'entreprise étant en contact avec la concurrence, ils constituent un grande source de renseignements d'où pourrait émerger la création de nouveaux produits. De leur côté, grâce à leur esprit d'innovation, les membres du personnel cadre de l'entreprise participent activement à la génération d'idées (*voir encadré 7.3, page 193*). Côtoyant les consommateurs continuellement, les distributeurs de l'entreprise constituent, eux aussi, une précieuse source d'idées. Il en est de même de l'équipe de recherche et de développement de l'entreprise, des centres universitaires ou des gouvernements, car ils effectuent de la recherche fondamentale et appliquée. Enfin, n'oublions pas les firmes de consultants, que les entreprises sollicitent de plus en plus pour trouver de nouvelles idées de produits.

ENCADRÉ 7.2 La moto du futur selon Bombardier

BOMBARDIER CRÉE UNE MOTO À UNE ROUE !

CLAUDE PLANTE
La Tribune

L'équipe de designers de Bombardier Produits récréatifs n'a pas de difficulté à se projeter dans le temps, même plus de 20 ans dans l'avenir. Ils planchent déjà sur ce que pourrait être la moto de l'an 2025 !

Leur sens de la réflexion prospective leur a valu de décrocher récemment le Prix Or de la présentation 2003 de l'Industrial Design Society of America (IDSA) et du magazine *Business Week*. Des gens des centres de recherche de Valcourt, Saint-Bruno et de la Floride ont participé à l'élaboration du concept baptisé Embrio, soit un véhicule de l'avenir à une seule roue pouvant être utilisé pour les déplacements quotidiens en ville et sur les routes de la campagne. Une roue, c'est dire vite car ce véhicule a été élaboré, disons, avec une roue et demie.

Reposant sur une technologie mettant à contribution toutes les lois de la physique grâce à un système de gyroscope et de capteurs, la moto est munie d'une petite roue avant comparable à un train d'atterrissage

d'un avion. Ce train de stabilisation se rétracte quand le véhicule atteint 20 km/h. Même sans lui, à l'arrêt, l'Embrio pourrait se tenir en équilibre grâce à son système de gyroscope, indique-t-on. Ce concept éclaté n'a pas encore abouti à un véritable prototype, avoue Denys Lapointe, vice-président au design et à l'innovation. On est donc encore loin du moment de la production sur les chaînes de montage et de la mise en marché. «Disons que l'Embrio est un effort collectif afin d'élaborer ce que seraient les produits récréatifs en 2025, revient M. Lapointe. On s'est laissé aller. Six concepts ont été élaborés et trois d'entre eux ont été soumis au concours de l'ISDA. Nous avons remporté deux prix. C'est quand même bon.» «On a vu un grand intérêt pour le concept Embrio, du Japon, de la Corée et de l'Europe. Nous sommes encore loin de savoir si ce véhicule pourra être mis en marché.» M. Lapointe ajoute que Bombardier ne fait pas «de distinction» à savoir laquelle des trois

équipes de designers a contribué le plus à l'élaboration du concept. «Le principe de la roue qui se déploie est très intéressant. À 20 km/h, le train se replie. Pour tourner, il suffit de pencher le corps dans le sens voulu, un peu comme pour une moto.» Denys Lapointe reconnaît que le concept fait quelque peu penser au scooter-planche à deux roues révolutionnaire nommé Segway, compte tenu de sa capacité à se maintenir en équilibre avec un occupant. Mais là s'arrête la comparaison. Bombardier, dit-il, avait fourni semblable concept au cours de l'exposition internationale de 1996, à Vancouver, donc bien avant qu'on entende parler du Segway. On a abouti au Embrio lors d'un petit concours interne au sein de l'équipe de design.

«Le but est une motivation interne tout en montrant ce que nous sommes capables de réussir.» Bombardier recevra son prix Or de l'IDSA le 16 août prochain au cours d'un gala qui se tiendra à New York.

Source : La Presse, 21 juillet 2003, p. D3.

Ces sources favorisent la génération d'idées et font économiser temps, argent et énergie.

De toutes les méthodes proposées, le remue-méninges (*brainstorming*) demeure l'une des plus populaires. Le remue-méninges est une réunion de personnes qui s'assemblent pour résoudre un problème à l'aide de la méthode d'imagination collective. Les participants émettent le plus d'idées possible, des plus simples aux plus extravagantes, sans toutefois les analyser immédiatement, tout en nourrissant l'espoir que l'une ou plusieurs d'entre elles seront valables.

Positionnement
Position d'un produit donné par rapport aux marques et aux produits concurrents.

Une carte de **positionnement** des produits, semblable à celle de la figure 7.2 (*voir page 194*), constitue un autre moyen de favoriser la génération d'idées. Déterminées à l'aide d'un modèle d'analyse multivariée, les places des marques (dans notre exemple, il s'agit de jeans), appelées « espaces perceptuels occupés », représentent graphiquement l'évaluation qu'en a faite un échantillon de la population en fonction de deux dimensions : la dimension simple-luxueuse et la dimension conventionnelle-avant-gardiste.

À l'aide de cette carte, le responsable du marketing détermine d'abord les occasions de marché et, ensuite, propose des idées de nouveaux produits.

Il est possible de développer de nouveaux concepts de produits à partir d'une étude rigoureuse du marché au regard des attributs ou des bénéfices utilisés par les entreprises. Le responsable du marketing peut toutefois proposer un concept de produit aux dimensions différentes. Un fabricant de jeans pourrait offrir un nouveau produit dont l'attribut principal différerait des autres marques, un dispositif

---

ENCADRÉ 7.3 — Qui a dit que l'argent n'a pas d'odeur ?

UNE POUBELLE À COUCHES INODORE
Une création d'un inventeur québécois

PRESSE CANADIENNE

Un inventeur québécois a mis au point un appareil qui risque fort d'être accueilli avec soulagement par les parents de bébés ou de jeunes enfants : une poubelle à couches inodore.

Maurice Pinsonneault, qui est aussi l'inventeur du moniteur « Angel Care », a mis deux ans et investi quatre millions de dollars pour développer la poubelle « Neat », qui sera bientôt commercialisée par le géant montréalais des accessoires pour bébés Dorel.

Il s'agit, en fait, de plusieurs inventions en une. La poubelle elle-même comprend un mécanisme qui permet d'y jeter une couche sans que l'odeur des autres qui s'y trouvent déjà ne s'échappe. Il s'agit d'une pince double qui agit comme un sas.

Le développement majeur, toutefois, se trouve du côté de la recharge, qui est une longue série de sacs attachés ensemble. Les parois du sac sont composées de sept épaisseurs laminées dont une est parfaitement étanche.

Les sacs de plastique sur le marché actuellement laissent éventuellement échapper des odeurs qui finissent par imprégner aussi le plastique de leur contenant, mentionne M. Pinsonneault. Le sac développé par l'inventeur, lui, ne laisse échapper aucune odeur, du moins, c'est ce qu'il affirme.

Enfin, il a fallu mettre au point la machine capable de fabriquer la recharge, qui a coûté à elle seule 2,5 millions.

« Cela a nécessité plusieurs recherches, indique M. Pinsonneault. Il a fallu concevoir la poubelle, puis la recharge et la machine qui remplirait entre 50 et 60 pieds de sacs dans un espace de deux pouces. »

La société Dorel fabriquera la poubelle de plastique sous licence et une entreprise de plastique d'Oka fabriquera la recharge. « Dorel a une distribution mondiale, dit l'inventeur. Ce sont les plus gros acteurs au monde au chapitre des produits pour bébé. J'étais déjà en relation avec eux. Ils avaient distribué dans certains pays mon produit « Angel Care ». Ils étaient à Montréal, ce qui facilitait les négociations. »

L'entreprise de M. Pinsonneault demeure propriétaire des machines de fabrication, des moules, des brevets et des marques déposées. La poubelle sera vendue entre 45 $ et 50 $ au détail.

Ce marché est énorme, estime l'inventeur, car il y aura toujours de nouveaux clients. « Nous nous spécialisons dans les recharges. C'est constamment renouvelable. C'est là l'intérêt pour nous », reconnaît-il.

L'idée a trouvé une autre application : le marché du chat domestique. Un autre seau tout à fait différent et une recharge spéciale ont été développés du même coup pour les déchets de litière. Ce système portera le nom de « Litter Locker ».

Une grande entreprise internationale spécialisée dans les produits d'animalerie a déjà conclu une entente pour fabriquer le seau sous licence et, encore là, c'est l'entreprise de M. Pinsonneault qui fournira la recharge.

Source : La Presse, 14 octobre 2003, p. A3.

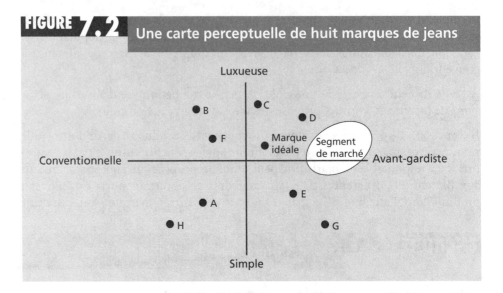

FIGURE 7.2 Une carte perceptuelle de huit marques de jeans

« antiviol » par exemple (*voir encadré 7.4 et figure 7.3*). Ce fabricant pourrait aussi axer sa nouvelle campagne publicitaire autour de cet attribut original. Une telle stratégie permettrait de créer un axe jusque-là ignoré des fabricants de jeans. Qui plus est, cette innovation pourrait même susciter l'engouement des consommateurs !

En résumé, l'essentiel pendant l'étape de la génération d'idées, c'est qu'une quantité appréciable d'idées soient formulées.

Le tamisage des idées

L'entreprise retiendra les idées qui, à ses yeux, sembleront les plus valables. Par la suite, elle les classera en fonction des chances qu'elles ont d'être développées.

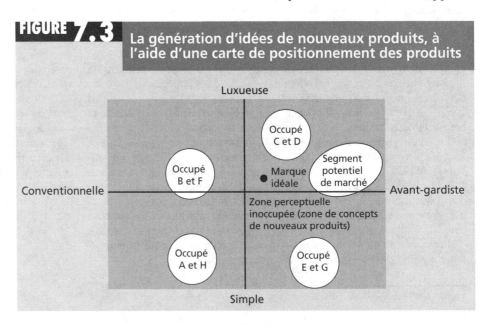

FIGURE 7.3 La génération d'idées de nouveaux produits, à l'aide d'une carte de positionnement des produits

ENCADRÉ 7.4 Un nouvel axe de positionnement ?

UN CROATE INVENTE LE JEAN « ANTIVIOL »

AGENCE FRANCE-PRESSE

Zagreb — Un Croate de la ville côtière de Rijeka a mis au point un modèle de jean qui permet aux femmes de décourager les assauts d'un violeur éventuel, a rapporté mercredi un quotidien de Zagreb.

À la place du bouton qui ferme le pantalon à la taille, ce modèle de jean, baptisé Grizzly, est muni d'une boucle en acier dotée d'un code connu uniquement – en principe – de celle qui le porte, a expliqué l'inventeur, Vladimir Karkov, 35 ans, au quotidien *Jutarnji list.*

Si l'assaillant se montre particulièrement persévérant et tente de déchirer le vêtement, il se heurte à un mince fil en acier cousu à l'intérieur de la ceinture. La victime a ainsi le temps de s'enfuir ou d'appeler des secours, estime Markov, en ajoutant que toutes les femmes auxquelles il a fait part de son invention ont soutenu son idée avec enthousiasme.

M. Markov avait déjà présenté ce modèle de jean en juin lors d'une exposition d'inventions à Pittsburgh, aux États-Unis. Il a indiqué qu'il avait été contacté par plusieurs hommes d'affaires américains, alors qu'une entreprise de Bangkok envisagerait la fabrication en série de ce jean antiviol.

L'inventeur, qui présentera également son jean au 50e Salon mondial de l'innovation Euréka 2001, en novembre, à Bruxelles, envisage aussi la création de modèles plus extravagants, avec des boucles lumineuses, en or ou en argent.

Source : La Presse, 26 octobre 2001, p. B4.

Le responsable du marketing les évaluera à l'aide de son jugement et de ses intuitions. Toutefois, le risque de commettre une erreur coûteuse, comme valider une idée peu valable ou ne pas en retenir une intéressante, devrait l'inciter à systématiser ses prises de décision. À ce sujet, Barry M. Richman a créé une matrice servant à l'évaluation des nouveaux produits (*voir tableau 7.1, page 196*).

L'utilisation de cette matrice est d'une grande simplicité. Le responsable du marketing évalue d'abord l'importance relative de chaque facteur de réussite et lui attribue un score de telle sorte que le total égale 1. Par la suite, le responsable du marketing évalue chaque idée de produit présentée en fonction des chances de réussite. Notées sur une échelle de 1 à 10, ces évaluations lui permettent de vérifier si l'idée de produit répond à chacun des facteurs de réussite. Enfin, le responsable du marketing multiplie le score représentant l'importance relative du facteur par le score obtenu de chaque idée de produit en rapport avec ce facteur, et détermine le total. Lorsqu'il est comparé au score minimal requis (0,7 dans notre exemple), le score total obtenu indique les idées de produits à retenir à l'étape suivante, soit le test du concept.

Le test du concept

L'objectif principal du test de concept est d'évaluer l'acceptation du concept de produit par les consommateurs potentiels. S'il y a plus d'un concept, on devra établir un ordre de préférence. Pour ce faire, le responsable du marketing convoque des consommateurs à une rencontre dans le but de leur faire connaître le produit

TABLEAU 7.1 Une matrice d'évaluation de nouveaux produits

Facteurs de réussite	A Importance relative	B Évaluation des idées de produits										C A × B
		0	0,1	0,2	0,3	0,4	0,5	0,6	0,7	0,8	0,9	
S'adapte bien à l'entreprise :												
• sa personnalité et son dynamisme	0,20							✓				0,120
• son marketing	0,20										✓	0,180
• ses efforts de recherche et développement	0,20								✓			0,140
• son personnel	0,15							✓				0,090
• sa capacité financière	0,10										✓	0,090
• ses matériels de production	0,05									✓		0,040
• ses capacités d'implantation et de localisation	0,05				✓							0,015
• ses sources d'achat	0,05										✓	0,045
TOTAL	1,00											0,720

Échelle :
0 – 40 : mauvais ; 0,41 – 0,75 : moyen ; 0,76 – 1,0 : bon ; score minimal requis : 0,70.

Source : traduit de RICHMAN, Barry M. «A Rating Scale for Product Innovation», dans *Business Horizons,* été 1962, p. 37-44.

grâce à un prototype, si cela est possible ; il s'agira d'une image ou d'une simple description verbale. Par la suite, il leur posera les questions suivantes[2] :

- Comment les consommateurs évaluent-ils les qualités et les carences du concept ?
- Le concept est-il clair et facile à comprendre ?
- Quels sont les avantages de ce produit par rapport aux produits concurrents ?
- Croyez-vous que ces avantages soient réels ?
- Comment amélioreriez-vous ce produit ?
- À combien s'établira le taux d'acceptation du concept de produit ?
- Selon vous, ce produit correspond-il à un besoin réel ?
- Achèteriez-vous ce produit ?
- À quelle fréquence achèteriez-vous ce produit ?
- Combien seriez-vous prêt à payer ce produit ?

On retiendra les produits répondant aux intentions d'achat des consommateurs et aux normes de l'entreprise. À l'opposé, on apportera des améliorations aux autres produits ; sinon, on devra les retirer du marché avant qu'ils n'engendrent des dépenses excessives.

L'étude de faisabilité technique

L'étude de faisabilité technique constitue une autre étape du processus. Le concept retenu est-il réalisable ? À ce stade, on évalue les exigences techniques du design et de la fabrication du produit. À partir de l'analyse du service de la production, le service des finances de l'entreprise estimera les coûts inhérents au développement du produit et à la machinerie. Une évaluation du coût de production s'avérera nécessaire pour le produit fabriqué à grande échelle.

L'entreprise qui ne peut satisfaire aux exigences du design et de la production ou qui craint de devoir investir trop d'argent sera contrainte d'abandonner son projet.

Le test de produit

Le test de produit comprend deux volets : la performance et la perception de l'échantillon. Le test est mené auprès d'un échantillon de consommateurs dans le but de déterminer le niveau d'acceptabilité du produit et la façon dont il remplit sa fonction. Pour colliger des données sur certains aspects techniques, l'industrie automobile effectue des tests en soufflerie, par exemple. Ces tests permettent notamment d'observer des qualités et des défauts qui, jusque-là, étaient passés inaperçus (*voir encadré 7.5, page 198*). L'entreprise cherchera alors à améliorer son produit dans le but de répondre aux besoins du marché et d'éviter qu'un compétiteur ne la devance.

Bien que le produit ait passé tous les tests avec succès, sa fabrication à grande échelle ne sera possible qu'après sa réévaluation budgétaire.

L'étude de rentabilité

L'étude de rentabilité permet à l'administrateur d'évaluer la viabilité du produit sur le plan des ventes et des bénéfices. Cette étude sera aussi fonction des investissements requis pour la fabrication du produit.

Les prévisions budgétaires s'en trouvent d'autant plus complexes qu'il s'agit d'un nouveau produit. Pour les établir, le spécialiste en marketing recourt à divers moyens : prévisions fondées sur des modèles mathématiques ; prévisions élaborées à partir de données relatives à un produit similaire, récemment mis en marché ; et prévisions élaborées à partir d'enquêtes par sondage effectuées auprès des consommateurs. Ce ne sont là que quelques outils parmi tant d'autres qui laissent peu de place au hasard.

La collecte et le traitement des données étant terminés, on évalue l'objectif de rentabilité du produit. Pour que le produit franchisse l'étape suivante, sa rentabilité doit correspondre à tout le moins à l'objectif de rentabilité de l'entreprise.

Le test de marché

Le test de marché s'avère nécessaire pour assurer la réussite commerciale du produit, même si le produit a franchi toutes les étapes précédentes avec succès.

Rappelons que le test de marché consiste à commercialiser un produit dans un marché témoin. Au préalable, le spécialiste en marketing cible les mini-marchés et en détermine le nombre, selon le budget alloué et la possibilité de généralisation des résultats au marché national exigée par le responsable du marketing. Notons que les villes de Calgary, Sherbrooke et Chicoutimi se prêtent souvent aux tests de marché.

La durée du test dépendra du budget attribué. Un budget considérable permettra de prolonger la durée du test. L'entreprise doit surveiller la concurrence pour éviter qu'elle n'imite son nouveau produit. Dans ce cas, elle écourtera la durée du test. En

ENCADRÉ **7.5** Un produit en cours de tests

L'AUDIOPAD : LA TABLE DE MIXAGE DE L'AVENIR

NICOLAS RITOUX
collaboration spéciale

Les DJ du futur pourraient ressembler à Tom Cruise dans le film *Minority Report*, qui contrôle son ordinateur par des gestes de *break-dancing*. L'Audiopad est une table lumineuse sur laquelle les musiciens peuvent composer des mixages complexes.

Dans la musique électronique, pas besoin d'accorder ses violons : c'est l'ordinateur qui se charge de créer les sons et le musicien peut se concentrer sur les arrangements. Cette logique va plus loin avec l'Audiopad, une table de mixage visuelle développée par deux chercheurs du MIT, qui libère encore plus le musicien des soucis mécaniques.

Si l'appareil ressemble à une table à café dernière mode, mieux vaut ne pas y déposer sa tasse, sous peine de déclencher une rythmique du diable. Il s'agit en fait d'un rétroprojecteur équipé de capteurs, qui commande les sons de l'ordinateur d'après les déplacements d'une demi-douzaine d'objets. Ceux-ci rappellent un jeu d'assemblage pour les bébés, en forme d'étoiles, de triangles et de carrés.

De fait, le but de l'Audiopad est bien de faire du métier de DJ un jeu d'enfant. Lors de sa démonstration en libre accès au festival techno Sonar à Barcelone, en juin dernier, les visiteurs ont été surpris de découvrir la facilité avec laquelle l'instrument s'apprivoise.

Sur la table, la plupart des objets sont liés à une piste sonore : la ligne de basse, la rythmique, la mélodie et divers échantillons stockés dans l'ordinateur. Le gros bouton circulaire permet de changer le volume de chacune des pistes et la petite étoile permet de leur faire subir toutes sortes de paramétrages et d'effets. Presque toutes les fonctions nécessaires à une performance *live* sont présentes.

Pour créer un *pitch* par exemple, le musicien modifie simplement la distance entre deux objets, agissant ainsi sur la fréquence sonore. Le résultat est exprimé visuellement par un tracé de couleur. Une fois le choix effectué, il n'y a qu'à soulever sa main pour créer un autre changement ailleurs.

Projets spatiaux

Bien que le produit ait passé tous les tests avec succès, sa fabrication à grande échelle ne sera possible qu'après sa réévaluation budgétaire.

La facilité d'utilisation est le premier objectif de ses créateurs, James Patten et Ben Recht, qui ont déjà développé un prototype nommé Sensetable, offrant le même type de contrôle pour la planification en transport, la simulation financière et le design de circuits électroniques.

«On veut simplifier toutes les interfaces basées sur un problème spatial», expliquent-ils.

Simple prototype pour le moment, l'Audiopad est mis à la disposition des DJ qui souhaitent l'expérimenter pour suggérer des améliorations. Le logiciel qui le soutient est conçu avec un système Linux, ce qui permet à n'importe quel programmeur d'étudier le code-source et de proposer des changements.

James Patten avoue qu'il n'a aucun plan pour commercialiser l'Audiopad pour le moment. Selon lui, le produit actuellement disponible qui s'en rapproche le plus est le Kaoss Pas, un processeur d'effets sonores vendu par Korg. Mais celui-ci dépend d'une table de mixage, tandis que l'Audiopad fonctionne de manière autonome.

Les deux chercheurs entendent mettre au point d'autres instruments conçus sur la même interface futuriste. «On aimerait fabriquer différentes machines pour différents styles de musique électronique», dit James Patten. Les réactions recueillies au Sonar ont été très encourageantes pour ces chercheurs-musiciens.

Bientôt Tom Cruise en concert au club Aria ?

Source : La Presse, 9 août 2003, p. A20.

général, le test de marché s'échelonne de quelques semaines à quelques mois, rarement sur plusieurs années.

L'étape suivante concerne le choix des autres variables du marketing mix : le prix, la communication et la distribution du produit. Généralement, ces variables doivent s'adapter à la stratégie destinée au marché ciblé. Ainsi, aucune autre communication ni aucun autre élément ne doit entrer en ligne de compte pour le test de marché. Les données de ce test réalisé à petite échelle représentent fidèlement les résultats à grande échelle.

Voici les principaux avantages du test de marché :

- Il minimise le risque de perte élevée inhérent au lancement à l'échelle nationale, lorsque le marché a été mal ciblé ;
- Il permet d'évaluer la compétitivité du produit ; et
- Il fournit des informations qui serviront à modifier certaines des variables du marketing mix.

Voici les principaux inconvénients du test de marché :

- Le temps requis pour obtenir des résultats valables, en particulier lorsqu'il s'agit d'un produit dont le taux de rachat des consommateurs est important et que ce rachat survient longtemps après l'achat initial ;
- Ses coûts ; et
- La concurrence connaît les intentions de l'entreprise, peut imiter son produit et même en créer un meilleur.

Compte tenu des éléments précédents, le spécialiste en marketing doit évaluer la pertinence du test de marché en fonction du risque d'être copié et en fonction des coûts qui y sont reliés par rapport aux bénéfices supplémentaires découlant de la qualité de l'information obtenue par l'utilisation d'une telle méthode[3].

La commercialisation

Bien que le produit ait franchi avec succès les différentes étapes du processus, il est encore temps pour l'entreprise de se raviser. Ce changement de cap lui éviterait des pertes astronomiques, comme ce fut le cas du modèle Edsel[4] de Ford et du produit Corfam de DuPont[5], deux échecs.

Après avoir décidé de commercialiser le produit, le responsable du marketing élabore un plan de lancement traitant de la fabrication du produit et des variables du marketing mix. Notons que les méthodes de planification comme le PERT et le Critical Path Method (CPM) sont largement utilisées[6]. Ce plan doit spécifier la date du lancement. Lorsque le produit est saisonnier, il est préférable d'en effectuer le lancement au moment approprié. Lorsque l'entreprise désire apporter des améliorations de dernière minute à son produit ou se faire remarquer davantage, comme le font les fabricants d'automobiles au milieu de l'année, elle en retarde quelque peu le lancement. Le plan doit aussi faire état du type de lancement retenu : il peut être progressif et s'échelonner sur une certaine période. Le lancement du produit peut aussi avoir lieu à l'échelle nationale, notamment lorsqu'il s'agit d'une primeur. Dans ce cas, l'entreprise court certains risques : coûts élevés et prestige entaché par un échec possible. Dernièrement, on a même assisté à des lancements planétaires ; les rasoirs Gillette Sensor et Excell en sont deux exemples. Aussi, qui ne se souvient pas du lancement des romans de la série Harry Potter, où les marchands devaient respecter la consigne du jour et de l'heure précis de lancement ?

Au cours du lancement du produit, le responsable du marketing devra prendre simultanément les décisions touchant le prix, la distribution et la communication. Pour déterminer le contenu des variables du marketing mix du produit, le responsable du marketing se référera notamment à la classe du produit et à son cycle de vie.

La classification du produit sur le marché et les stratégies de marketing

L'environnement immédiat d'une personne compte plus d'une centaine de produits différents. Parmi les millions de produits mis en marché, certains se ressemblent tant qu'ils appartiennent à la même classe de produits. Il est donc possible de les regrouper en un petit nombre de classes. Tout comme il existe une grande différence entre un appareil-photo et un roman, il existe une certaine similitude entre une tablette de chocolat et un paquet de gommes à mâcher. La similitude entre ces deux produits ne se situe pas du côté des attributs physiques ou symboliques, mais du côté de leur forme de mise en marché. Le regroupement de produits permet donc d'établir différentes stratégies de marketing. Quel produit est le plus approprié à une promotion axée sur la marque ? Sur les caractéristiques ? Sur une distribution exclusive ? Sur une distribution intensive ? Voilà autant de questions auxquelles doit répondre chaque jour le responsable du marketing.

Pour répondre à ces questions, le responsable du marketing doit concevoir un système de **classification.** Comme l'illustre le tableau 7.2, différentes méthodes de classification servent au regroupement des produits au sein de plusieurs catégories.

Classification des produits
Regroupement d'un grand nombre de produits en un petit nombre de classes.

D'emblée, le responsable du marketing tient compte du marché visé par le produit. Dans ce cas, il retient la classe des « produits industriels » et la classe des « produits de consommation ». La classe des produits industriels s'adresse à une entreprise du secteur primaire, secondaire ou tertiaire qui utilise le produit dans le cours normal de ses activités, qui consistent à fabriquer des produits ou rendre des services à d'autres entreprises. De son côté, la classe des produits de consommation s'adresse au consommateur final du produit. Pour ce type de marché, nous avons retenu cinq méthodes de classification des produits. Notons que le spécialiste du marketing retiendra celle qui lui siéra le mieux. Il peut envisager les trois premières méthodes de classification selon l'aspect économique du produit, d'où le nom de « perspective économique ». Par ailleurs, le spécialiste du marketing peut considérer les deux dernières méthodes de classification strictement sous l'angle du marketing, d'où l'appellation « perspective marketing ». Dans ce cas, il considérera davantage les formes de commercialisation et le comportement du consommateur, à partir desquels il classera les produits de l'entreprise. Nous nous attarderons davantage à cette perspective.

Les produits jaunes, orange et rouges (classification d'Aspinwall)

La méthode de classification des produits d'Aspinwall a été mise au point en 1958 par Leo V. Aspinwall[7]. Cette classification repose sur cinq critères d'évaluation de la commercialisation des produits (*voir tableau 7.3, page 202*) :

1. **La répétition de l'achat** : fréquence à laquelle le consommateur achète et consomme le produit ;
2. **La marge brute** : différence entre le prix de vente et le prix de revient du produit ;
3. **Le service requis** : relatif au service après-vente, dont le rôle est d'adapter le produit aux besoins du consommateur ;
4. **La durée de vie** : période pendant laquelle le produit remplit ses fonctions ;
5. **La durée de la recherche** : période pendant laquelle le consommateur est prêt à investir des efforts en vue d'acquérir le produit.

TABLEAU 7.2 La classification des produits

Produits industriels Catégories d'une méthode de classification	Exemples
1) Équipements de production	
-installations	Bobinoir, fourneau de forge.
-outillage	Chariot, foreuse manuelle.
-bâtiments	Usine, siège social.
2) Matériels de production	
-matières premières	Blé, bois, bauxite.
-produits semi-finis	Acier, verre.
-produits finis	Pneu, lacet.
3) Fourniture de production	Huile, graisse.
4) Matériel d'administration	Ordinateur, machine à écrire, bureau, classeurs.

Produits de consommation Cinq méthodes de classification		Exemples
PERSPECTIVE ÉCONOMIQUE	1) Produits durables	Batterie de cuisine, sécheuse.
	Produits non durables	Revues, pâte dentifrice, fruits.
	Services	Assurance, cours de marketing.
	2) Produits périssables	
	-physiques	Lait, pain.
	-psychologiques	Objets de mode, vêtements, disques.
	Produits non périssables	Ciseaux de couturière, souffleuse à neige.
	3) Produits de nécessité	Laveuse, logement.
	Produits de luxe	Véhicule récréatif, piscine creusée
PERSPECTIVE MARKETING	4) Classification d'Aspinwall	
	Produits jaunes	Système d'alarme, appareil photo numérique.
	Produits orange	Pantalon, robe.
	Produits rouges	Boisson gazeuse, chocolat.
	5) Classification de Copeland	
	Produits de commodité	Croustilles, lait.
	Produits de comparaison	Souliers, chemises.
	Produits de conviction	Téléphone satellitaire, stimulateur cardiaque.

TABLEAU 7.3	La classification d'Aspinwall		
Critères d'évaluation	**Classe des produits**		
	Jaunes	**Orange**	**Rouges**
Répétition d'achat	faible	moyenne	élevée
Marge brute	élevée	moyenne	faible
Service requis	élevé	moyen	faible
Durée de vie	élevée	moyenne	faible
Durée de la recherche	élevée	moyenne	faible

À partir de ces critères, le spécialiste effectue un découpage des produits jaunes, orange et rouges. Le choix des couleurs découle de la rapidité de la rotation de la marchandise, le rouge étant associé à celle dont la rotation est la plus élevée.

Les produits jaunes

Les produits jaunes sont des produits dont la répétition d'achat est faible, et dont la marge brute, le service requis, la durée de vie et la durée de la recherche sont importants. Ces produits comprennent les électroménagers, par exemple les lave-vaisselle, les automobiles et les meubles. Ces produits sont distribués par des intermédiaires qui en assurent le service après-vente et qui participent à leur promotion.

Les produits orange

Les produits orange sont des produits dont la répétition d'achat, la marge brute, le service après-vente, la durée de vie et la durée de la recherche sont moyens. Ces produits comprennent les vêtements pour hommes et pour femmes et les petits appareils électroménagers, par exemple les grille-pain et les mélangeurs. La distribution de cette classe de produits est plus étendue que la précédente. Le service après-vente constitue un élément important de l'argumentation de vente. La plupart des produits orange sont accompagnés d'un livret d'instructions.

Les produits rouges

Les produits rouges sont des produits dont la répétition d'achat est grande, mais dont la marge brute, le service requis, la durée de vie et la durée de la recherche sont faibles. Distribués à grande échelle, ces produits ne nécessitent aucune intervention après avoir été vendus, le fabricant en assurant la promotion auprès de son marché cible. Le lait, le pain, les cigarettes et les confiseries constituent des exemples de produits rouges. Pour le fabricant, leur rentabilité va de pair avec la rotation élevée de ses stocks. Tout doit donc être mis en œuvre pour atteindre cet objectif.

Tout compte fait, la classification d'Aspinwall s'avère fort utile, car elle permet d'établir en priorité les variables du marketing mix. Elle n'est plus aussi populaire dans la littérature de gestion de marketing, mais les critères qu'elle retient la rendent fort utile, notamment aux gestionnaires de commerces de détail. C'est pour cette raison que nous vous en faisons encore la description de nos jours.

Les produits de commodité, de comparaison et de conviction (classification de Copeland)

Professeur à la Harvard Business School, Melvin T. Copeland a mis au point, en 1924, la classification de Copeland, la plus populaire d'entre toutes encore aujourd'hui. Se fondant uniquement sur les comportements et les attitudes du consommateur[8], Copeland a créé trois classes de produits : les produits de commodité, les produits de comparaison et les produits de conviction.

Les produits de commodité

Les produits de commodité sont des produits que le consommateur achète souvent, spontanément et presque en tout temps. Dans bon nombre de cas, il s'agit d'achats routiniers. C'est d'ailleurs pourquoi le consommateur cherche rarement à obtenir des informations avant son achat, cherchant plutôt à faire le moins d'efforts possible. Il demeure toutefois sensible au prix. Le consommateur peut acheter une autre marque de confiture si elle s'avère plus alléchante. Il déroge à son habitude d'achat lorsque le produit de la concurrence lui procure davantage de satisfaction. Le consommateur peut aussi ne plus fréquenter tel magasin pour la même raison.

Le prix des produits de commodité est relativement bas, car il s'agit d'achats répétitifs. Le consommateur les reconnaît facilement par leur marque de commerce, qui fait souvent l'objet d'une promotion. Ces produits comprennent notamment le lait, les œufs, le pain, les fruits et les légumes surgelés, en conserve ou frais, les boissons gazeuses, les confiseries, les cigarettes, l'essence, les journaux, les revues, des produits de beauté dont les lames de rasoir, les services d'une caisse populaire et d'un salon de coiffure.

Parmi ces produits, on distingue trois sous-groupes : les produits de base, les produits d'impulsion et les produits d'urgence.

Les produits de base   Le consommateur planifie rarement l'achat de produits de base. Bien qu'il soit facile pour lui de se procurer de tels produits et de planifier leur achat, ces achats demeurent néanmoins routiniers. Stratégiquement, l'entreprise devra donc miser sur un réseau de distribution étendu et sur une marque populaire.

Les produits d'impulsion   Le consommateur ne planifie pas l'achat de produits d'impulsion. En général, le besoin d'achat est à la fois spontané et momentané. L'achat du produit a lieu sous l'impulsion de facteurs psychologiques plutôt que de besoins réels. Si le produit n'est pas à la vue des consommateurs, inexistantes sont ses chances d'être vendu. La distribution du produit constitue donc un élément primordial du marketing mix. Qui ne s'est jamais procuré un magazine ou de la gomme à mâcher en faisant la file à la caisse ?

Les produits d'urgence   Le consommateur ne planifie pas l'achat de produits d'urgence, auxquels est associée une pression du temps. Ces produits ne sont pas nécessairement à portée de main et sont associés à une ou plusieurs situations. Ils comprennent notamment les confiseries achetées rapidement en vue de la visite des petits-enfants, les onguents et gelées pour soulager des brûlures légères. Tous trois comblent soit un besoin urgent, soit un besoin de dernière minute. La distribution de ce type de produits est donc cruciale sur le plan stratégique.

Les produits de comparaison

Le consommateur planifie l'achat de produits de comparaison tels qu'une chaîne stéréo, un lecteur DVD, des souliers, des vêtements, etc. Désirant faire le meilleur choix, le consommateur cherchera à obtenir le plus d'information possible. Il consultera des magazines spécialisés, des revues en tous genres, visitera quelques détaillants, discutera de son futur achat avec des amis (leaders d'opinion) et se souviendra d'un message publicitaire. Ses sources d'information étant diverses, le consommateur sera alors davantage en mesure de comparer la qualité, le prix, l'apparence et l'aspect fonctionnel de différents modèles. Ce n'est qu'après coup qu'il sera en mesure de se procurer le produit convoité. Notons que le choix des critères dépend du produit désiré et du consommateur.

Il existe deux types de produits de comparaison : les produits homogènes et les produits hétérogènes.

Les produits homogènes sont à peu près identiques sur toute la ligne. Tel est le cas de l'essence pour l'automobile. La vente de ce type de produit est possible dans la mesure où il se différencie de ses concurrents, tâche difficile, plusieurs de leurs attributs étant similaires. Pour sortir gagnante, l'entreprise devra miser, entre autres, sur la publicité et sur le prix de son produit.

Les vêtements et les articles de décoration constituent des produits hétérogènes, pour ne citer que ces deux exemples. Le design jouera un rôle de premier plan dans la vente de ce type de produits bien que le prix exerce aussi une influence sur le choix du consommateur. Toutefois, le produit hétérogène et le produit homogène devront pouvoir profiter d'un réseau de distributeurs hors pair, ces derniers jouant le rôle de conseillers auprès des consommateurs.

Les produits de conviction

http://
www.hummer.com
http://
www.tridentgum.com
http://
www.montblanc.com

Les produits de conviction sont souvent uniques ou réputés. Ils ne s'avèrent pas obligatoirement coûteux et luxueux, même s'ils le sont souvent. Parmi ceux-ci, notons le camion utilitaire (VUS) de marque Hummer H2 de GM, dont le prix s'établit à 100 000 $, un stylo Mont Blanc de 300 $, une mouche Silver Doctor de 3 $ pour la pêche au saumon et la gomme à mâcher Trident, dont le paquet se vend plus ou moins de 1 $ selon l'endroit. Il n'y a de place pour aucun compromis, aucun substitut n'étant acceptable aux yeux du consommateur.

Bon nombre de produits de conviction ne sont pas distribués à grande échelle. Lorsque le consommateur ne peut acquérir le produit convoité, il intensifiera ses recherches pour trouver un nouveau distributeur. Son désir est tel que le prix du produit devient secondaire à ses yeux. Le consommateur consacre plus de temps à l'achat de ce type de produits. Pour sa part, le responsable du marketing devrait en investir tout autant du côté de la mise en marché du produit. Enfin, notons qu'un grand nombre de fabricants déploient beaucoup d'efforts dans le but d'accroître la visibilité de leurs produits.

Le cycle de vie des produits et les stratégies de marketing

Le **cycle de vie d'un produit** exercera également une influence sur le choix de la stratégie de marketing.

Cycle de vie du produit
Cheminement d'un produit, de son introduction à son déclin.

Ce cycle comprend différentes étapes. Ces étapes vont de la conception, de l'élaboration des données et de la spécification, de la fabrication, du conditionnement, de l'achat, de la livraison, de l'entreposage, de l'entretien, à la réparation et à la révision, à l'utilisation et au retrait du produit. Autrement formulé, il s'agit de l'introduction, de la croissance, de la maturité et du déclin du produit, évolution que mesure le service des ventes dans le temps. La durée totale du cycle de vie du produit est directement reliée aux problèmes de mise au point, de distribution, de réceptivité des consommateurs et d'activité des entreprises du marché. Comme l'illustre la figure 7.4, il est possible de mesurer les profits que génère chaque phase du cycle de vie du produit. Au début, les dépenses élevées du lancement du produit occasionneront des pertes financières ; suivra la rentabilité. Potentiellement, le retrait tardif du produit pourra de nouveau générer des pertes. Le repositionnement ou l'abandon pur et simple du produit aura pour effet d'éviter de telles pertes ou de les diminuer.

FIGURE 7.4 Les quatre phases traditionnelles du cycle de vie du produit

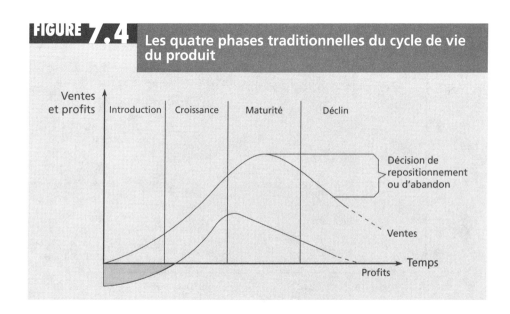

Le cycle de vie d'un produit concerne aussi l'évaluation des ventes du produit générique, la cigarette par exemple, les types offerts — bout uni ou bout filtre — et ses marques particulières. Il en est ainsi des profits, comme l'illustre la figure 7.5.

La rentabilité de l'entreprise reposant sur la gestion dynamique de chaque produit tout au long de son cycle de vie, il est donc fondamental d'en analyser chaque phase.

Les phases du cycle de vie d'un produit

Pour élaborer des stratégies qui répondront aux besoins de l'entreprise, le responsable du marketing se concentrera sur chaque phase du cycle de vie d'un produit : introduction, croissance, maturité et déclin (*voir encadré 7.6*).

L'introduction d'un produit

L'introduction d'un produit se caractérise par un faible niveau de croissance des ventes, la complexité du produit ou son degré de nouveauté pouvant souvent en être les causes. Un lancement se traduira quelquefois par un déficit. Dans la plupart des cas, le service des ventes ne sera pas en mesure d'absorber les coûts de la recherche et du développement, du nouvel équipement de production et de la promotion. L'entreprise comblera ce déficit à même ses coffres. Plus le produit répondra aux besoins des consommateurs, plus la phase d'introduction sera courte. C'est alors qu'il entrera dans sa phase de croissance.

Pour accroître la demande de son produit, surtout si elle fait office de pionnière, l'entreprise axera la communication marketing sur son produit plutôt que sur sa marque.

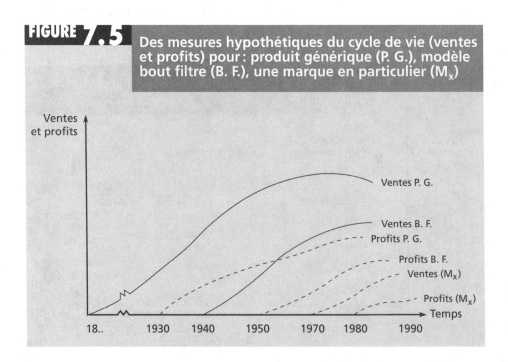

FIGURE 7.5 Des mesures hypothétiques du cycle de vie (ventes et profits) pour : produit générique (P. G.), modèle bout filtre (B. F.), une marque en particulier (M$_x$)

ENCADRÉ **7.6** — Un produit répondant à un besoin

400 MILLIONS DE BRIQUETS ZIPPO PLUS TARD

ASSOCIATED PRESS

Pittsburgh — Déjà 400 millions de Zippo vendus dans le monde! Après 71 ans d'existence, la vénérable firme qui produit le célèbre briquet en acier inoxydable, fourni aux soldats américains durant la deuxième Guerre mondiale, a fêté dignement l'événement dans son usine de Bradford, en Pennsylvanie.

Les mots « 400 Million » ont été gravés hier sur le 400 millionième exemplaire de ce briquet, immédiatement exposé au musée de l'usine de Bradford, située à quelque 200 km au nord-est de Pittsburgh, tandis que chacun des 750 ouvriers recevait un double de ce briquet gravé.

Même si l'Amérique fait désormais la chasse aux fumeurs, des collectionneurs et des fumeurs, notamment hors des États-Unis, continuent d'alimenter la demande en Zippo, le célèbre briquet rechargeable dont la flamme résiste aux courants d'air.

Fondée en 1932, la firme a mis 10 ans pour produire son premier millionième briquet et 37 ans pour atteindre son 100 millionième. Zippo compte fabriquer quelque 13,5 millions de briquets cette année, mais l'essentiel de cette production (55 %) est destiné à l'étranger, principalement aux marchés asiatiques.

Source : La Presse, 5 septembre 2003, p. B2.

En règle générale, bien que la qualité du produit soit grande, il est possible que l'entreprise doive y apporter quelques correctifs pour répondre à certains besoins du marché. Au cours de cette phase, l'entreprise corrige aussi les défectuosités du produit ; parfois, elle y apporte de grandes améliorations.

La distribution du produit sera plutôt limitée. Dans bon nombre de cas, le fabricant devra en assurer la promotion auprès des distributeurs dans le but de les convaincre de le distribuer.

Pour fixer le prix de son produit, l'entreprise optera pour l'une des deux stratégies suivantes. Lorsque le marché visé se compose de consommateurs à revenu élevé, elle pourra vendre son produit à fort prix. Tel est le cas du parfum J'adore de Dior, produit de luxe de marque prestigieuse, dont le prix correspond à son image de marque. À l'opposé, lorsque l'entreprise cherche à augmenter sur son marché les ventes de l'un de ses produits, elle le vend à un prix très abordable pour la majorité des consommateurs. En offrant leurs derniers modèles de rasoirs à des prix promotionnels, les fabricants de rasoirs à lames préconisent ce type de stratégie, car le choix de cet article de toilette conditionne celui de la marque de lames, dont la fréquence d'achat est élevée.

http://www.dior.com

Comme nous l'avons vu, la phase d'introduction du produit est assurée par le dynamisme de chacune des variables du marketing mix. Cette phase est cruciale. Il n'en demeure pas moins que nombre de produits connaissent un échec commercial, faute d'encadrement ou parce qu'ils ne répondent pas à un besoin du marché.

La croissance

Durant la phase de croissance, les ventes et les profits augmentent rapidement. L'acceptation du produit par les innovateurs encourage les acheteurs précoces à

Croissance
Phase du cycle de vie d'un produit pendant laquelle celui-ci est accepté par un nombre croissant de consommateurs.

passer à l'action. Puis la demande pour le produit connaît une forte augmentation. Devant le succès prometteur du produit, les entreprises concurrentes tentent de s'approprier une part de ce marché. En lançant à son tour sur le marché un produit similaire et parfois même amélioré par rapport au produit initial, un concurrent forcera l'entreprise innovatrice à apporter des modifications à sa stratégie de marketing pour conserver ses clients.

Le but n'étant plus de convaincre le consommateur d'essayer le nouveau produit, le directeur du marketing orientera différemment sa publicité. La nouvelle campagne publicitaire axée sur les attributs distinctifs du produit devra inciter le consommateur à exiger de son marchand la marque de l'entreprise : « la meilleure marque qui soit ». C'est ainsi qu'il pourra parer à la concurrence. Par conséquent, il est dans l'intérêt de l'entreprise de conserver un produit de la meilleure qualité possible. Un élargissement de la ligne de produits de la même marque, par l'ajout d'autres types de produits, rejoint des segments de marché particuliers, et est tout à l'avantage de l'entreprise.

La production de masse fera réaliser des économies à l'entreprise, de sorte que le prix de ses produits aura tendance à chuter légèrement. Dans le but de se trouver un créneau sur le marché, les entreprises concurrentes s'y ajusteront. L'élargissement de la ligne de produits sera accompagné d'une nouvelle ligne de prix, qui aura pour effet d'intensifier la concurrence entre les produits. Certains fabricants iront jusqu'à augmenter la marge de profit de leurs distributeurs pour qu'ils distribuent leurs produits. Pareille pratique sera également avantageuse pour les concurrents. En fin de compte, c'est le consommateur qui en sortira grand gagnant.

Enfin, la distribution du produit devra suivre le même rythme que l'accroissement de la consommation. Respectant son objectif de gagner une part de marché, le directeur du marketing devra élargir le canal de distribution de son produit. Cet objectif s'avère primordial, car le circuit de commercialisation d'un produit auprès des distributeurs est difficile à pénétrer. Pour y parvenir, l'entreprise pourrait tirer profit de promotions spéciales auprès des distributeurs afin de s'en faire des alliés.

TENDANCES MARKETING

La biométrie est à la mode. Il s'agit d'appareils qui peuvent reconnaître une personne à l'aide de caractéristiques physiques telles que les empreintes digitales et l'iris. Dans un monde où la sécurité est de mise, des efforts phénoménaux en recherche et développement provoqueront l'arrivée de nouveaux produits et services sur le marché.

Bon nombre de PME verront ainsi le jour dans la prochaine décennie avec pour objectif de capturer une part de ce marché qui est en forte croissance, surtout depuis les attentats terroristes de septembre 2001. Le cycle de vie en est à l'étape d'introduction et nous vous proposons d'imaginer quelques-uns de ces produits du futur !

Source : Les Affaires, Hors série, « Guide des technologies de l'information », 2003, p. 25.

La maturité du produit

La phase de maturité du produit est marquée par une augmentation des ventes puis par une baisse de celles-ci. Le marché de ce produit est alors saturé, la plupart des consommateurs le possédant depuis un certain temps. Pour la première fois depuis le début du cycle de vie du produit, l'offre excède la demande. Il en résultera une forte concurrence qui éliminera du marché les plus petits fabricants. Pour conquérir cette nouvelle part de marché et répondre à la demande reliée à l'accroissement de la population, l'entreprise devra varier son marketing mix.

Pour ce faire, l'entreprise épurera ses lignes de produits, conservant uniquement ceux dont la rentabilité est assurée. Sur une base annuelle, elle pourra modifier le design et le conditionnement de ses produits dans le but d'en accroître la demande. Par ailleurs, l'entreprise recourra à la publicité et à la promotion de ses produits dans le but de les démarquer de la concurrence. Notons qu'elle axera la publicité de ses produits sur la marque, que les distributeurs bénéficieront encore d'une promotion et que l'entreprise accordera une grande place à son service après-vente. Toute cette démarche a pour but de fidéliser les distributeurs et les consommateurs.

Les prix s'avéreront de plus en plus compétitifs et les activités de communication, plus intenses. Les offres spéciales, telles que les « deux pour un », et les rabais saisonniers décupleront, lors de la période de Noël, par exemple. Pour leur part, les distributeurs profiteront des promotions et des rabais que leur offriront les entreprises dans le but de conserver l'espace d'étalage si chèrement acquis au cours des phases précédentes.

Le déclin d'un produit

Le déclin d'un produit est marqué par une forte baisse de ses ventes. Cette chute est provoquée par l'arrivée d'une autre forme de produit ou par un changement dans les habitudes de consommation (*voir encadré 7.7, page 210*). Elle occasionne alors un surplus de production et une réduction du nombre de compétiteurs. Certaines entreprises dont le produit est de moins en moins populaire achèteront la marque de commerce d'un concurrent, d'autres chercheront à fusionner et d'autres encore iront jusqu'à fermer leurs portes.

Des changements de stratégie marketing s'imposeront, la majorité des entreprises réduisant alors le prix de leurs produits en déclin. Elles éviteront des pertes financières importantes en réduisant substantiellement leur budget de communication marketing. Le marché rétrécissant toujours, les entreprises se contenteront d'un plus petit réseau de distribution. Enfin, elles veilleront au retrait de leurs produits au moment opportun.

Le prolongement du cycle de vie du produit

La durée du cycle de vie d'un produit n'est ni universelle ni statique. Il en est de même pour chacune de ses phases.

Maturité
Phase du cycle de vie d'un produit pendant laquelle le volume des ventes continue à augmenter, mais à un rythme décroissant.

Déclin
Phase du cycle de vie d'un produit pendant laquelle le volume des ventes diminue de façon considérable.

http://
www.monopoly.com

Très populaires au début des années 1990, les Ninja Turtles sont rapidement tombées dans l'oubli, leur cycle de vie ayant été de courte durée, contrairement à celui du jeu Monopoly, qui trouve encore preneur aujourd'hui (*voir encadré 7.8*).

L'amélioration du produit et les nouvelles occasions de marché — applications différentes — ont pour but de prolonger le cycle de vie du produit. Le nylon constitue un exemple (*voir figure 7.6, page 212*).

Le lancement de nouveaux produits

La durée de vie d'un produit étant courte, l'entreprise, pour assurer sa croissance, doit veiller à la planification du lancement de ses nouveau-nés, tirant profit des revenus générés par les produits en phase de croissance. À quel moment doit-il

---

ENCADRÉ 7.7 Quand avez-vous joué au minigolf la dernière fois ?

LE CHANT DU CYGNE DU MINIGOLF

MATHIEU PERREAULT

« Le minigolf vit sa dernière décennie. »

Le constat est brutal. Mais Joël Gagnon, propriétaire de deux franchises du Rigolfeur dans l'est de Montréal, est catégorique : le prix des terrains augmente au point que le minigolf n'arrive plus à faire ses frais.

« Les gens ne sont pas prêts à payer 10 $ pour du minigolf, affirme M. Gagnon. Ce sera bientôt un sport mourant. »

Le minigolf est dans la même catégorie que le pédalo : un sport de vacances balnéaires, qui échappe à la mode. Les exclamations des commentateurs de tournois de mini-golf sur RDS – biiiirdiiiiiiie ! – sont passés dans la légende du quétaine – Rock et belles oreilles en avaient ri durant un sketch. Mais en même temps, qui ne se souvient pas du minigolf « romantique » du film *Karate Kid,* quand le héros Daniel réussissait à effleurer les doigts de la belle Elisabeth Shue en l'aidant à « putter », au son des grands succès sirupeux de 1984 ?

Rares sont les sports aussi faciles. Récemment, ma fille de quatre ans, Jeanne, a amélioré radicalement son coup de bâton en une seule séance au minigolf de Sainte-Adèle. Elle a dépassé le coup balayé et atteint une précision impressionnante avec le coup frappé, et même réussi à surmonter la côte abrupte qui caractérise immanquablement le 18e trou.

Le minigolf est apparu dans les années 20. Issu d'une version plus courte du golf réglementaire, il est rapidement devenu la coqueluche des stars d'Hollywood, selon la US Prominigolf Association. En 1930, un premier tournoi a eu lieu au Tennessee, et juste avant la Deuxième Guerre mondiale, 50 000 minigolfs existaient aux États-Unis, dont une centaine sur les toits de gratte-ciel de New York. À l'époque, les parcours étaient parfois en sable.

Les débuts de la guerre froide ont vu la standardisation des obstacles, auparavant faits de vieux pneus ou de tuyaux. Les premières franchises, comme Putt Putt, ont commencé à

apparaître. Le gazon synthétique a fait son apparition dans les années soixante, et les parcours thématiques – pirates, personnages de dessins animés – sont devenus populaires durant les années 80. La ville de Myrtle Beach, en Caroline du Sud, affirme être la capitale mondiale du minigolf, avec 45 parcours à moins de 30 km de la plage, et 12 millions d'amateurs par année.

Au Québec, il existe une vingtaine de franchises du Rigolfeur, qui se spécialise dans les farces et attrapes : tés à hauteur variable, jets d'eau, bruits soudains, chocs électriques. « Même récupérer sa balle dans le trou devient un défi », affirme le site Internet. Les Rigolfeur sont apparus voilà une dizaine d'années et une demi-douzaine de nouveaux designs apparaissent chaque année, selon M. Gratton.

Source : La Presse, 23 juillet 2003, p. E4.

avoir lieu ? Autrement formulé, une partie importante des profits devrait être investie dans la recherche et le développement de nouveaux produits (*voir figure 7.6, page 212, partie droite*), ces derniers remplaçant ceux appelés à disparaître à plus ou moins long terme.

Le repositionnement du produit

L'arrivée d'un nouveau concurrent ou un changement des habitudes de consommation peut forcer l'entreprise à repositionner son produit (*voir figure 7.4, page 205*). Le repositionnement d'un produit établi constitue une opération délicate. Il s'agit de lui donner une nouvelle direction, lui faisant subir un virage perceptuel (*voir figure 7.7, page 213*). Une modification du conditionnement, une réduction de prix, un réseau de distribution différent, une nouvelle campagne publicitaire sont quelques-unes des activités de marketing mix pouvant concourir au repositionnement du produit. C'est ce qu'ont fait les concepteurs de la Brasserie Molson-O'Keefe avec la nouvelle publicité de la bière Molson Export, « Jeune

---

ENCADRÉ 7.8   Ce retour, c'est un peu à cause de vous, les jeunes…

LE RETOUR DU *SCOOTER*

MATHIEU PERREAULT

Après plusieurs années de morosité, les *scooters* et autres 50 cc sont de nouveau à la mode. Signe irréfutable, ils se retrouvent une fois de plus dans les pubs comme symbole romantique. On n'a qu'à penser à la pub de la CIBC.

Dans les années soixante, les courbes sophistiquées des Vespa avaient incarné les romances romaines. Dès 1953, le film *Roman Holiday* lançait les amourettes à deux roues, avec en vedette Gregory Peck et Audrey Hepburn. Fin des années soixante-dix, c'était le tour des petites « mopettes », symboles de la contre-culture « mob » dans le film *Tommy*, avec la musique des Who.

Plus récemment, Nanni Moretti avait consacré la fin de l'aura romantique du *scooter* en s'en servant pour ventiler son ennui dans *Aprile*. « J'ai

l'impression que je ne m'entendrai qu'avec une minorité de personnes », disait le réalisateur italien d'un ton prophétique quant à la déchéance du *scooter*, du moins en Amérique du Nord.

« Récemment, je vois des adultes dans la quarantaine qui s'achètent un *scooter* pour se promener en ville, aller au travail », remarque Charles Gref, propriétaire du magasin Moto internationale, rue Saint-Jacques Ouest. « Ils me disent : "Je ne m'étais jamais rendu compte à quel point c'était pratique. Je ne m'inquiète jamais du stationnement." La majorité des acheteurs de *scooters* sont des jeunes de 14 ans qui n'ont pas encore de permis, mais on voit apparaître une nouvelle catégorie : des adultes qui laissent leur auto à la maison. »

Le Québec achète plus de 90 % des 2500 *scooters* vendus chaque année au Canada, selon M. Gref. « C'est la seule province où on peut les conduire avant 16 ans. Ça coûte 10 $ pour l'examen et 43 $ pour un permis de deux ans. Quand on habite en campagne et qu'on n'a pas encore de permis de conduire, ça vaut la peine. »

Selon M. Gref, il faut ajouter 20 % aux chiffres officiels, qui ne représentent que Honda et Yamaha, pour tenir compte de petits acteurs comme Vespa. Les *scooters* Honda et Yamaha coûtent de 2500 $ à 3000 $, contre 4000 $ pour les Vespa et autres *scooters* plus design.

[…]

Source : La Presse, 24 juillet 2002, p. F5.

depuis 1903 ». Le repositionnement, c'est-à-dire l'adaptation ou le renouvellement de l'image du produit pour le rendre conforme aux besoins du marché, permet à l'entreprise de conserver son produit sur le marché plus longtemps.

Abandon d'un produit
Suppression d'un article parmi l'ensemble des produits fabriqués par une entreprise.

L'abandon d'un produit

Tout produit nuisant à la rentabilité de l'entreprise doit être retiré du marché, et pareil abandon marque la fin d'une époque. La plupart des entreprises commercialisant plus d'un produit, on leur recommande de se conformer à un processus décisionnel (*voir figure 7.8*) afin d'éclairer le plus possible leurs décisions.

Les objectifs de rentabilité de l'entreprise et des produits commercialisés étant fixés, l'entreprise déterminera la rentabilité du produit qu'elle projette d'abandonner. Pour y arriver, elle établira le volume des ventes qu'il génère et en soustraira les coûts directs à partir de ses registres comptables. L'entreprise déduira ensuite les frais généraux (chauffage, électricité, téléphone, etc.) imputables au produit et elle obtiendra ainsi la rentabilité du produit.

À ce stade, l'entreprise comparera l'objectif de rentabilité du produit et sa rentabilité réelle. Elle retirera le produit du marché s'il n'est pas rentable. Toutefois, l'abandon d'un produit peut avoir un impact sur les ventes futures de l'entreprise.

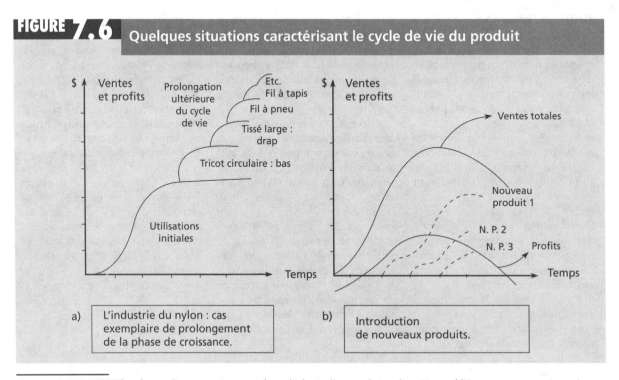

FIGURE 7.6 — Quelques situations caractérisant le cycle de vie du produit

a) L'industrie du nylon : cas exemplaire de prolongement de la phase de croissance.

b) Introduction de nouveaux produits.

Sources : a) LEVITT, Théodore. « Comment tirer parti du cycle de vie d'un produit », dans *Harvard l'Expansion,* été 1976, p. 34.
b) Adapté de McCARTHY, Jerome E. *Basic Marketing : A Managerial Approach,* 3e édition, Illinois, Richard D. Irwin Inc., 1968, p. 285.

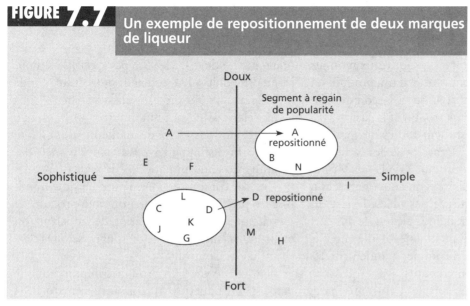

FIGURE 7.7

Un exemple de repositionnement de deux marques de liqueur

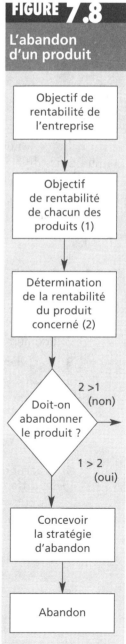

FIGURE 7.8

L'abandon d'un produit

C'est pourquoi, dans certains cas, l'entreprise ne devrait pas l'abandonner, même s'il lui occasionne des pertes. Un tel produit en fait parfois vendre d'autres.

Avant le retrait définitif du produit du marché, l'entreprise élaborera une stratégie d'abandon du produit en tenant compte de sa situation financière, de ses stocks, de l'impact sur l'image de l'entreprise et de la réaction de la clientèle.

213

RÉSUMÉ

L'entreprise peut élaborer de nouveaux produits par voie externe. L'acquisition d'un produit ou d'une entreprise, la fabrication et la commercialisation sous licence d'un produit et la fusion avec une autre société constituent toutes des possibilités qui s'offrent à elle. L'entreprise doit veiller au développement de ses produits, de la génération d'idées à la commercialisation du nouveau produit, en passant par le tamisage des idées, le test du concept, l'étude de rentabilité et le test de marché. Toutes ces étapes ont pour objectif d'assurer le succès du produit et d'éliminer rapidement les concepts les moins intéressants avant qu'ils ne coûtent trop cher à l'entreprise. L'entreprise peut aussi élaborer de nouveaux produits avec la collaboration des différentes structures organisationnelles internes telles que le comité de nouveaux produits, le service de développement de nouveaux produits, le directeur de la création des nouveaux produits ou les équipes spécialisées. Puis, l'entreprise doit suivre certaines procédures afin de mettre ses nouveaux produits sur le marché.

La classe du produit exerce une grande influence sur la stratégie de marketing dont il fera l'objet. On distingue les produits industriels des produits de consommation. On peut diviser les produits de consommation en produits de commodité, en produits de comparaison et en produits de conviction selon la classification de Copeland, ou en produits jaunes, orange ou rouges, selon la classification d'Aspinwall.

Le cycle de vie d'un produit comprend quatre étapes : l'introduction, la croissance, la maturité et le déclin du produit, chacune d'elles nécessitant l'élaboration d'une stratégie de marketing. À un certain stade, l'entreprise peut être dans l'obligation de repositionner son produit ou de l'abandonner.

QUESTIONS

1. En vous référant à l'encadré 7.1, à la page 188, nommez cinq autres inventions remontant à plus de 100 ans. Apportez des preuves à l'appui de vos choix.

2. Énumérez les phases de développement d'un nouveau produit.

3. D'où viennent les idées pouvant servir à l'élaboration d'un nouveau produit ?

4. Quelles sont les chances de succès de la commercialisation du jean antiviol au Canada, dont il est question à l'encadré 7.4, à la page 195 ? Justifiez votre point de vue.

5. À quelles fins une étude de rentabilité du produit sert-elle au cours de la phase de développement d'un nouveau produit ?

6. À partir de la classification d'Aspinwall et de la classification de Copeland, groupez les différents produits que vous employez sur une base quotidienne. Décrivez les différences marquées que vous noterez entre les deux méthodes de classification.

7. Énumérez les étapes du cycle de vie d'un produit. Expliquez brièvement chacune d'elles. Illustrez-les ensuite à l'aide d'un diagramme ou d'un tableau.

8. En consultant des journaux publiés au cours des trois derniers mois, dressez une liste de cinq produits nouvellement mis en marché.

9. En quoi consiste le repositionnement d'un produit ? Donnez quelques exemples.

10. Selon l'encadré 7.7, à la page 210, le minigolf est dans une période de déclin. Justifiez votre point de vue sur la question.

EXERCICES PRATIQUES

7.1 QUEL VOYAGE !*

Lisez la lettre de Michèle et relevez tous les produits et les services qui y sont mentionnés. Regroupez-les ensuite selon la méthode de classification de Copeland.

Chère Annie,

Nous sommes au Costa Rica depuis la semaine dernière. Le pays est fabuleux et le voyage s'est très bien déroulé. Cela vaut la peine de bien choisir son agent de voyage si on veut éviter les surprises désagréables. En parlant de surprise, à mi-chemin vers l'aéroport, Pierre a constaté qu'il avait oublié ses papiers d'identité et son passeport à la maison… Résultat : une course en taxi de plus de 65 $ juste avant le départ.

Ici, le soleil est magnifique ; une chance que nous avions fait une bonne réserve de crèmes solaires ! En fait, nous ne pouvions pas choisir une autre destination, depuis le temps que nous en parlions… Après un long trajet en autobus de plus de huit heures vers Quépos, nous sommes tombés par hasard sur une superbe petite auberge avec une vue imprenable sur la mer ; c'est à couper le souffle. C'était un peu cher mais nous n'avons pas su résister ; d'habitude, nous choisissons les petits hôtels les moins chers et les transports économiques, car tu connais Pierre et son goût de l'aventure…

C'est vrai que c'est un bon moyen d'avoir des contacts plus humains avec les habitants d'ici !

Hier, nous avons fait la rencontre de Gaétan, un étudiant en économie de Sherbrooke. Le pauvre est tombé d'un autobus et il s'est fait mal aux chevilles. Ce n'est pas évident de trouver des bandages élastiques dans un « bled perdu » au milieu de la campagne… Comble de malchance, il s'est fait voler son argent et tous ses papiers. Nous l'avons donc aidé à communiquer avec les services de l'ambassade pour les aviser de la situation et pour qu'il puisse se faire émettre de nouveaux documents. À la banque, il a réussi à se faire rembourser ses chèques de voyage. Finalement, pour chasser le stress de la journée, Pierre et moi avons tenté notre chance au casino local… Quelle folie ! Demain, nous partirons en excursion dans la jungle pour trois jours. Nous avons finalement pu trouver des guides qui offrent ce type d'expérience. Nous allons enfin réaliser un grand rêve. Notre chasse-moustiques nous sera très utile, je crois… Après notre périple, si nous sommes toujours vivants… nous louerons peut-être une voiture pour aller voir le volcan Arénal, si le prix est raisonnable.

Merci de nous avoir aidés à choisir nos sacs à dos ; ils sont très confortables. Par mégarde, j'ai perdu une des boucles de mon sac lors d'un transfert entre deux autobus, en arrivant à San José. Comme c'est une pièce maîtresse, nous avons dû arpenter toutes les boutiques de plein air de la ville pour en trouver une autre. Quelle aventure ! Pierre te remercie de lui avoir prêté ta ceinture pour camoufler l'argent ; elle nous est indispensable. À notre retour, nous en achèterons sûrement une pour nous.

Une chance que nous avions pensé à apporter des rouleaux de pellicule, car ici ils sont hors de prix. J'espère que notre nouvel appareil-photo sera à la hauteur, car avec un paysage aussi fabuleux, ça serait dommage de rater nos prises de vue ! De toute façon, je reviendrai avec toute une collection de cartes postales à faire craquer n'importe qui. Pierre est tombé en amour avec un immense hamac multicolore. C'est un peu encombrant et il faudra lui trouver une place dans l'appartement à notre retour… Moi, j'ai succombé à une jolie blouse peinte à la main. Comme promis, nous te rapporterons du café. Nous nous sommes informés auprès des Costaricains, et ils nous ont tous suggéré une des meilleures marques que nous pouvons trouver ici.

Pierre t'offre ses salutations ! Nous serons de retour dans une semaine et demie.

À bientôt, Michèle

7.2 CYCLE DE VIE 2004

À l'aide du graphique de la courbe du cycle de vie, placez chacun des artistes/groupes dans un graphique de cycle de vie et ce, selon la perception que vous avez de sa carrière actuelle. Expliquez brièvement les caractéristiques des phases de la courbe de cycle de vie à l'aide d'un artiste ou d'un groupe que vous considérez comme représentant bien chacune d'elles.

Rolling Stones	Blink 182	David Bowie
Audrey	Pink Floyd	Dumas
Éric Lapointe	Cold Play	Ozzie Osbourne
Lulu Hughes	Robert Charlebois	Backstreet Boys
Ariane Moffatt	La Chicane	Radiohead
Michèle Richard	Daniel Bélanger	Interference Sardines
Massive Attack	Vilain Pingouin	Natasha St-Pier
Metallica	Michael Jackson	Mélanie Renaud
Nathalie Simard	Elton John	Madonna
Jean Leloup	Bran Van 3000	Martine St-Clair

MISE EN SITUATION

BRESCOL ET SA BIÈRE OGMCOL*

Brescol inc. est un petit brasseur régional établi depuis 15 ans dans l'est de l'Ontario. D'ailleurs, la brasserie et son dirigeant, Patrick Lavictoire, font la fierté de la communauté franco-ontarienne. En effet, le brasseur occupe une part considérable du marché dans l'est du Canada. Il est reconnu pour ses procédés autant au Québec que dans les provinces des maritimes. Son style de fabrication s'inspire des méthodes artisanales et des recettes anciennes mais ses équipements sont ultramodernes et les matières premières sont à l'avenant. Brescol utilise surtout le blé et il configure les saveurs et les arômes de ses bières en dosant judicieusement les différents houblons et la durée des fermentations.

La brasserie Brescol produit et commercialise deux types de bière, la Naturcol et la Vodcol. Brescol s'est surtout fait connaître avec la Naturcol, une des premières bières biologiques commercialisées au pays. La Vodcol, introduite sur le marché il y a maintenant sept ans, est une bière à base de vodka. Classifiée comme un produit de luxe, elle est très populaire dans les milieux branchés, tels les bars et bistros de la rue Saint-Laurent à Montréal.

Brescol a élaboré un nouveau produit et tente maintenant de le lancer sur le marché. Il s'agit d'une boisson non alcoolisée au goût de bière. En fait, il s'agit d'une bière aromatisée avec un houblon manipulé génétiquement de façon à ce que son inflorescence renferme des huiles composées d'un alcaloïde de café. Bref, c'est une bière qui contient de la caféine mais qui n'a pas été assujettie au processus d'alcoolisation.

Pour cette nouvelle boisson, le nom Ogmcol a été retenu. Toutefois, le département de marketing ne semble pas s'entendre sur le positionnement à donner à cette boisson. À ce sujet, Mia Laviolette et Ian Lafleur ont proposé des concepts complètement opposés. Mia considère que cette boisson devrait être commercialisée comme une bière sans alcool qui peut être consommée par Monsieur et Madame Tout-le-monde, par exemple lors de 5 à 7. Ian, quant à lui, suggère que cette boisson soit positionnée comme une boisson énergétique pour les jeunes âgés entre 18 et 35 ans. Ainsi, elle pourra être commercialisée dans les boîtes de nuit, dans les *raves* ainsi que sur les campus des différentes institutions post-secondaires.

Selon Patrick Lavictoire, les deux concepts s'avèrent pertinents. Cependant, il est conscient que son choix aura un impact sur la réussite commerciale de son nouveau produit et sur l'image de son entreprise.

Question

Que feriez-vous à la place de Patrick Laviolette ?

CAS

UNE FRANÇAISE DANS LES PATATES !*

Jean-Pierre Lévesque, chef de l'exploitation à la Coopérative Aquimont, observait avec fierté, du haut de son bureau, les employés qui s'affairaient à la production des précieux fromages de l'entreprise. La Coopérative Aquimont, propriété d'une vingtaine de producteurs laitiers, est une fromagerie semi-industrielle établie depuis près de 50 ans dans la région de New Richmond, en Gaspésie. Essentiellement, la Coopérative Aquimont produit des fromages de qualité, dont son fameux brick, qui fait sa renommée dans les péninsules gaspésienne et acadienne.

Au service de la Coopérative Aquimont depuis plus de 15 ans, Jean-Pierre Lévesque était très heureux des résultats de la fromagerie. Au cours des cinq dernières années, la fromagerie avait réussi à augmenter son chiffre d'affaires avec son nouveau fromage à poutine, un fromage en grains au goût unique connaissant une énorme popularité dans la région. La texture de ce fromage fait de cheddar non pressé est à la fois fondante et ferme. Depuis son apparition sur le marché régional, un bon nombre de concurrents ont fait des pieds et des mains pour découvrir les secrets de fabrication. Cependant, aucun d'entre eux n'a encore réussi à produire un fromage en grains aussi savoureux.

Cette réussite permettait à la Coopérative Aquimont de continuer à développer et à produire des fromages de qualité supérieure. Ainsi, la fromagerie a engagé une nouvelle fromagère, Sabine Jacquet, afin de mettre au point de nouveaux produits. Avec sa double formation, soit un baccalauréat en chimie d'une grande université française et une maîtrise en nutrition d'une université québécoise, Sabine avait un ensemble de connaissances approfondies lui per-mettant d'établir un programme de recherche-développement. Après ses études de deuxième cycle à Montréal, elle a décidé de s'établir à New Richmond, séduite par la vitalité de cette région lors d'un voyage en Gaspésie avec ses parents alors en visite au Québec. C'est également lors de ce voyage que Sabine apprit à aimer la poutine gaspésienne.

Son premier projet de recherche portait sur le développement d'un nouveau type de fromage camembert, un fromage à pâte molle et à croûte fleurie. Le processus de fabrication de ce fromage nécessite un certain doigté, de la patience et un énorme savoir-faire. Après plusieurs mois d'effort et des dizaines de milliers de dollars investis, les résultats étaient plutôt décevants. En effet, il se produisait toujours une réaction chimique à l'étape de l'affinage qui provoquait une maturation inadéquate ; malgré son goût tout à fait exquis, le fromage était ferme et granuleux, trop pour un camembert. Sabine était tout simplement déboussolée. Voyant sa déception, Jean-Pierre l'invita au restaurant afin de lui remonter le moral. Il lui mentionna que plusieurs études sérieuses en marketing soulignaient que le taux d'échecs lors du développement de produits était élevé. Elle acquiesça, non sans peine.

Tout en dévorant sa poutine extra-fromage, Sabine s'efforçait de lui expliquer les raisons pour lesquelles elle adorait ce mets typiquement québécois, elle, une Française d'origine. En fait, la sensation de fromage chaud quasi fondant dans la bouche lui procurait une expérience gustative unique. C'est à ce moment que Jean-Pierre, qui mâchouillait sa pizza à croûte farcie, lui lança à la blague qu'elle pourrait fort bien utiliser son fromage *reject* afin de farcir les frites et, ainsi, créer la poutine française ! Elle s'étouffa littéralement. L'idée lui plaisait énormément.

Elle retourna au labo et fit quelques tests avec les techniciens. Ils épluchèrent plusieurs pommes de terre, prirent une perceuse électrique afin de faire des trous, les fourrèrent de son fameux fromage, les coupèrent en bâtonnets et les mirent à frire. Euréka !

Bien qu'émerveillé par l'idée, Jean-Pierre Lévesque savait fort bien que la Coopérative Aquimont n'était qu'une simple fromagerie. Elle n'avait pas les ressources nécessaires pour s'aventurer dans la production industrielle de frites fourrées de fromage. Après avoir réfléchi presque toute la nuit, il téléphona à son copain d'enfance, Robert Leblanc, pour lui confier la trouvaille de Sabine. Robert, vice-président chez FrenchFrite, une usine produisant des frites surgelées à Caraquet, au Nouveau-Brunswick, était, selon Jean-Pierre, le mieux placé pour le conseiller. Robert se montra très intéressé par ce nouveau produit et il y voyait plusieurs possibilités.

Riche d'un procédé industriel permettant la fabrication à grande échelle de ce nouveau produit, FrenchFrite s'associa à la Coopérative Aquimont afin de développer le marché. Le goût tout à fait unique du fromage utilisé plaisait davantage aux adultes et n'avait aucune incidence sur les ventes de fromage pour poutines traditionnelles, surtout appréciées des enfants et des adolescents.

Commercialisée uniquement dans la péninsule gaspésienne, La mousquetaire © était vendue en sacs de 500 grammes et 1 kilogramme en supermarché et en sacs de 10 kilogrammes aux restaurants l'affichant à leurs menus. Certains comparaient cette découverte à l'invention du bouton à quatre trous. La poutine avec frites farcies de la Gaspésie faisait parler d'elle partout au Québec.

Compte tenu de cette popularité, Robert proposa à Jean-Pierre de commercialiser La mousquetaire © à l'échelle du Québec et dans les régions du Canada où la poutine a des adeptes. Ainsi, les deux comparses réfléchissaient aux possibilités de cette nouvelle aventure. Fallait-il faire le saut à l'échelle nationale ? Et puis, si le produit était un échec à l'extérieur de la Gaspésie ? Ni Coopérative Aquimont ni FrenchFrite n'avaient jamais vendu leurs produits à l'échelle du Québec. Elles avaient toujours concentré leurs efforts dans les péninsules gaspésienne et acadienne.

Question

Que feriez-vous à leur place ?

* Cas produit par Alexandra Vachon et le professeur Normand Turgeon. Copyright © 2004. HEC Montréal. Tous droits réservés pour tous pays. Toute traduction ou toute reproduction sous quelque forme que ce soit est interdite. Ce cas est destiné à servir de cadre de discussion à caractère pédagogique et ne comporte aucun jugement sur la situation administrative dont il traite. Déposé au Centre de cas HEC Montréal, 3000, chemin de la Côte-Sainte-Catherine, Montréal (Québec) Canada H3T 2A7.

NOTES

1. GRIFFIN, Abbie. « PDMA Research on New Product Development Practices : Updating Trends and Benchmarketing Best Practices », dans *Journal of Product Innovation Management,* novembre 1997, p. 429-458.

2. KOTLER, Philip et DUBOIS, Bernard. *Marketing Management,* 5e édition, Paris, Publi-Union, 1986, p. 298-299.

3. BARCLAY, William D. « Probability Model for Early Prediction of New Product Market Success », dans *Journal of Marketing,* janvier 1963, p. 63-68.

4. HARTLEY, Robert F. *Marketing Mistakes,* Grid Publishing Inc., 1981, p. 122.

5. KOTLER, Philip. *Principles of Marketing,* Prentice-Hall inc., 1980, p. 230.

6. DUSENBERG, Warren. « CPM for New Product Introduction », dans *Harvard Business Review,* juillet-août 1967, p. 124-129.

7. ASPINWALL, Leo V. « The Characteristics of Goods Theory », dans *Managerial Marketing : Perspective and View-Points,* édition révisée, Homewood, Ill., Richard D. Irwin inc., 1962, p. 633-643.

8. COPELAND, Melvin T. *Principles of Merchandising,* McGraw-Hill Book Company, 1924, chap. 2 à 4.

CHAPITRE 8

La gestion de la distribution

OBJECTIFS D'APPRENTISSAGE

Après la lecture du chapitre, vous devriez être en mesure :

- d'expliquer en quoi consiste la distribution et de décrire son rôle ;

- de décrire les types de circuits de distribution et d'établir leurs caractéristiques ;

- de déterminer les principaux types d'intermédiaires d'un circuit de distribution ;

- de distinguer la stratégie d'aspiration de la stratégie de pression ;

- de définir la distribution physique et d'analyser ses principaux éléments ;

- d'acquérir le « réflexe Internet ».

Par Denis Pettigrew, D.Sc. gestion
Professeur titulaire de marketing, Université du Québec à Trois-Rivières

Très peu de domaines ont un impact aussi grand sur le niveau de vie des consommateurs que la distribution. Que ce soit directement ou indirectement, elle touche à peu près toutes les activités d'une entreprise. Combien de fois un détaillant manque-t-il du produit désiré ? Vous est-il déjà arrivé d'expédier un colis qui n'est jamais parvenu à destination ou encore qui est arrivé endommagé ? Avez-vous déjà reçu un article qui n'était pas celui que vous aviez commandé ? À quand remonte la dernière fois où on a promis de vous livrer « d'ici quelques jours » un bien fortement désiré et où vous avez dû attendre quelques mois avant de le recevoir ? Sans ces incidents malheureux, il serait facile d'oublier le rôle que peut jouer la distribution dans la vie de tous les jours.

De nos jours, il est très rare qu'un producteur vende directement sa marchandise au consommateur final. Prenons comme exemple l'industrie de l'automobile. Combien d'individus se sont rendus à Oshawa, au Japon ou en Allemagne pour acheter leur voiture directement du producteur ? En fait, on en compte très peu. Le rôle de la distribution est de veiller à la logistique de cet échange de biens entre le producteur et le consommateur. La distribution relève du marketing. Elle se fonde sur une interdépendance entre le client et le fournisseur et elle prévoit que le bien sera rendu au bon endroit et au bon moment.

ENCADRÉ 8.1   Grâce à la distribution, les produits que l'on consomme sont internationaux

Source : Le Nouvelliste, 25 juin 1995.

En marketing, la distribution joue un rôle de premier plan. La modification d'un circuit de distribution n'est pas une mince tâche, l'entreprise étant liée par des ententes à long terme avec ses fournisseurs, d'où le caractère statique de ses décisions. Pour elle, un changement de prix ou de campagne promotionnelle serait beaucoup plus facile ! Le circuit de distribution privilégié influera sur toutes les autres décisions de marketing. Ces décisions touchant le produit, la promotion, le service à la clientèle et le prix varieront selon que le produit sera vendu dans un magasin de vente au rabais, dans une boutique spécialisée ou par l'intermédiaire du commerce électronique.

Le terme « distribution » désigne l'ensemble des moyens et des opérations par lequel les produits et les services des entreprises sont mis à la disposition du consommateur final.

La distribution comprend deux volets : le circuit de distribution et la distribution physique. Le circuit de distribution a pour rôle de transférer les droits de propriété des produits et des services du producteur au consommateur. Ce circuit compte quelques intermédiaires : détaillants, grossistes et agents de manufacturiers. La distribution physique, pour sa part, rend disponibles les produits et les services. Elle a donc une fonction logistique, veillant aux différents moyens de transport des marchandises, à l'approvisionnement en stocks et à l'aménagement physique des produits. La variable distribution fait aussi référence à l'emplacement, c'est-à-dire l'endroit où se situe l'entreprise, l'entrepôt ou le centre de distribution, ainsi qu'aux territoires géographiques desservis.

Le circuit de distribution

Le circuit de distribution consiste en l'ensemble des entreprises et des individus qui prennent le titre d'un produit ou d'un service dans un mouvement du producteur au consommateur. Ce circuit doit rendre le produit ou le service accessible au consommateur. Ainsi, le lieu, le temps, la taille, la quantité et la qualité auront tous leur importance.

Dans cette optique, un dépanneur devra par exemple répondre aux critères suivants :

- Le lieu : le dépanneur devra être à proximité des résidents d'un quartier.
- Le temps : le dépanneur devra être ouvert de 7 h à 23 h, dans certains cas 24 heures, 7 jours sur 7.
- La taille : le dépanneur devra offrir ses produits en petits formats.
- La quantité : le dépanneur devra permettre l'achat de produits à l'unité.
- La qualité : le dépanneur devra offrir des produits dont la qualité répond aux besoins des consommateurs.

L'acheminement des produits du fabricant vers le lieu de consommation demeure capital. Pour y veiller, le canal de distribution assume certaines tâches, dont voici les quatre principales.

La première tâche est celle du fractionnement de la production : les marchandises sont produites en grande quantité. Il convient donc de les diviser en lots plus petits

Circuit de distribution
Éléments du système de distribution utilisés par un fabricant pour acheminer ses produits vers le consommateur.

qui correspondent aux besoins de chaque client, grossiste ou détaillant. En tant que consommateurs, il est rare que nous achetions une douzaine de pantalons identiques, alors que le fabricant en produit sans doute plusieurs dizaines de milliers.

La deuxième tâche consiste à réunir sous un même toit plusieurs types et plusieurs modèles de produits, de manière à offrir un choix répondant aux besoins des consommateurs.

À titre de consommateurs, lorsque nous nous présentons dans un magasin, nous espérons avoir le choix et pas seulement un modèle de produit. C'est pourquoi plusieurs supermarchés nous offrent au-delà de 35 000 produits différents.

La troisième tâche est celle du stockage. En règle générale, chaque intermédiaire maintient un certain inventaire afin de répondre aux besoins immédiats de sa clientèle, ce qui lui permet d'ajuster le moment de la production d'un bien et le moment de son utilisation. Sans un certain niveau de stockage (stock de sécurité), l'entreprise peut perdre des occasions de vendre ses produits. Par contre, le stockage a pour effet de faire augmenter les coûts découlant de l'entreposage, de la détérioration de certains biens, de l'accroissement des charges financières et du risque d'obsolescence de la marchandise.

La quatrième tâche du circuit de distribution est de fournir le service d'un réseau d'information. Le commerçant informe les utilisateurs quant à la nature du produit, à son prix et aux établissements qui le vendent par la promotion qu'il fait. En retour, comme le commerçant est en contact direct avec les clients, il apprend à connaître leurs besoins et peut en faire part aux fabricants ; il leur fournit ainsi les données requises pour la conception des produits.

Le rôle du circuit de distribution

Le rôle principal des circuits de distribution est de faciliter les transactions et d'en diminuer le nombre et, par le fait même, de minimiser les coûts de distribution du produit. Prenons l'exemple de quatre producteurs et de cinq consommateurs. Chaque consommateur désire acquérir le produit de chacun des fabricants. S'il n'y a aucun intermédiaire, 20 transactions auront lieu (4×5) étant donné que chaque consommateur devra aller négocier avec les quatre producteurs (*voir figure 8.1*).

Reprenons cet exemple, mais cette fois avec un intermédiaire. Que se passera-t-il ? Chaque producteur négociera avec l'intermédiaire, ce qui occasionnera quatre transactions. Par la suite, chaque consommateur se procurera les biens des quatre producteurs auprès de l'intermédiaire, lors d'une même transaction, ce qui donnera alors lieu à cinq transactions seulement. Résultat : le nombre de transactions passe de 20 à seulement $4 + 5 = 9$ (*voir figure 8.2*). L'introduction d'un intermédiaire engendre donc une économie de 11 transactions. Si l'on tient compte du temps et des déplacements que chaque transaction exige, le producteur se trouvant parfois à des milliers de kilomètres, il en résulte donc une économie véritable.

Les exemples précédents sont très simples puisqu'il n'y a que quatre producteurs et cinq consommateurs. Transposons-les dans un système d'échange où 1000 producteurs et 1 000 000 de consommateurs sont en interaction. Sans intermédiaire,

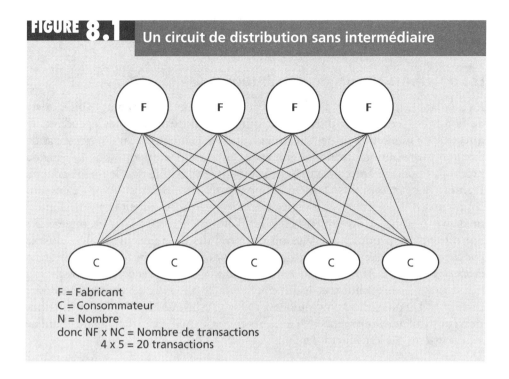

FIGURE 8.1 Un circuit de distribution sans intermédiaire

F = Fabricant
C = Consommateur
N = Nombre
donc NF x NC = Nombre de transactions
4 x 5 = 20 transactions

on obtient 1 000 000 000 de transactions (1000 × 1 000 000). Si l'on ajoute des intermédiaires au système, ce nombre de transactions passera à 1 100 000 transactions (1000 + 1 000 000), ce qui est beaucoup plus vraisemblable. Il est assez

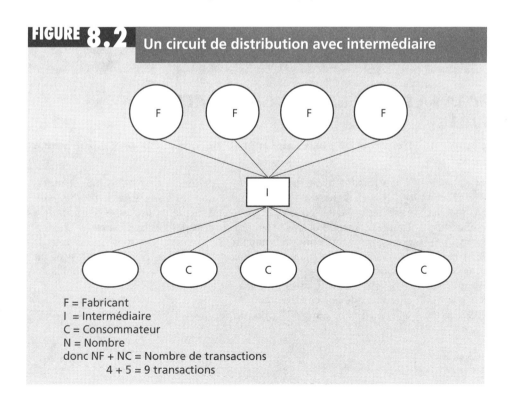

FIGURE 8.2 Un circuit de distribution avec intermédiaire

F = Fabricant
I = Intermédiaire
C = Consommateur
N = Nombre
donc NF + NC = Nombre de transactions
4 + 5 = 9 transactions

facile, compte tenu de ces résultats, d'imaginer l'argent et le temps épargnés dans un système économique grâce à la présence d'intermédiaires.

Les différents circuits de distribution

En étudiant la distribution des produits au Canada, on se rend compte qu'il existe de nombreux circuits de distribution utilisés quotidiennement. Cependant, le directeur du marketing ne peut affirmer lequel est le meilleur, car il n'existe pas de circuit de distribution parfait dans toutes les circonstances et pour tous les types de produits. Pour une entreprise précise, le circuit le plus court est le mieux adapté. Prenons, par exemple, les sociétés Tupperware, Electrolux et Avon. Elles ont connu un certain succès avec un réseau dans lequel interviennent le moins d'intermédiaires possible. L'inverse est vrai pour d'autres entreprises, par exemple celles qui offrent des produits congelés ou des produits de quincaillerie. De plus, la concurrence force souvent les entreprises à modifier leurs réseaux de distribution (*voir encadré 8.2*). Ainsi, chaque entreprise devra étudier les diverses possibilités qui s'offrent à elle et choisir celle qui conviendra le mieux au produit qu'elle désire distribuer. De plus, elle devra toujours garder à l'esprit que les circuits de distribution constituent des éléments dynamiques et que le meilleur circuit aujourd'hui ne sera peut-être pas le meilleur demain.

www.electrolux.com
http://www.avon.com

Souvent, une entreprise recourt à plus d'un circuit de distribution en même temps (*voir figure 8.3*). Utiliser plus d'un circuit la protège ; en cas de grève ou de boycottage, l'entreprise peut quand même poursuivre ses activités à l'intérieur du réseau, car elle n'est pas dépendante de ce dernier. La diversité de ses produits et les territoires qu'elle dessert sont d'autres facteurs qui peuvent l'inciter à agir en ce sens.

ENCADRÉ 8.2   Un changement de circuit de distribution d'essence

LOBLAWS OUVRIRA SA PREMIÈRE STATION-SERVICE À DRUMMONDVILLE

L'entreprise veut implanter une trentaine de postes au Québec au cours de la prochaine année

MARTIN JOLICOEUR

Loblaws entend pénétrer le marché concurrentiel de la vente d'essence au Québec en ouvrant son premier poste d'essence, à Drummondville, « d'ici la fin de l'été ». L'entreprise profitera de l'ouverture de son 34ᵉ magasin pour introduire au Québec ce nouveau service déjà implanté ailleurs au pays. À l'instar d'autres détaillants qui, comme Costco et Wal-Mart, ont investi dans le marché de l'essence, Loblaws a développé un vaste réseau dans l'ouest du pays. Pour le moment, Loblaws se fait prudente en refusant de préciser le nombre de stations qu'elle entend implanter au Québec.

« Nous allons apprendre à marcher avant de nous mettre à courir », se contente de dire Mᵐᵉ Bédard, précisant néanmoins que d'autres implantations sont à prévoir, tant dans de nouvelles succursales que dans des Loblaws existants. Les postes d'essence seront opérés sous la bannière À Plein Gaz, le pendant québécois de At The Pump ailleurs au Canada.

Source : Les Affaires, 7 juin 2003, p. 13.

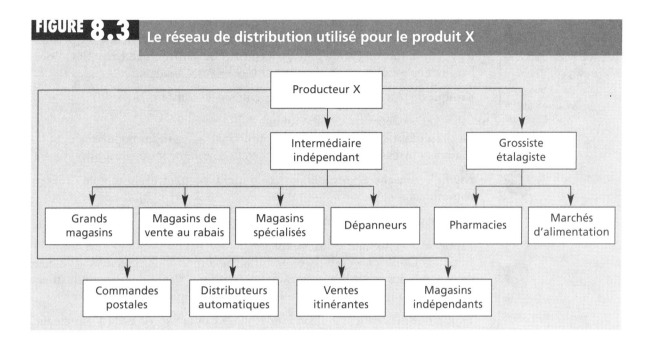

FIGURE 8.3 Le réseau de distribution utilisé pour le produit X

En règle générale, six types de circuits de distribution assurent le lien entre le producteur et l'utilisateur (*voir figure 8.4*). Les voici.

a) Fabricant → utilisateur

Le circuit fabricant → utilisateur est le plus court et le plus simple, car il ne compte aucun intermédiaire. Le fabricant ou le producteur vend ses produits

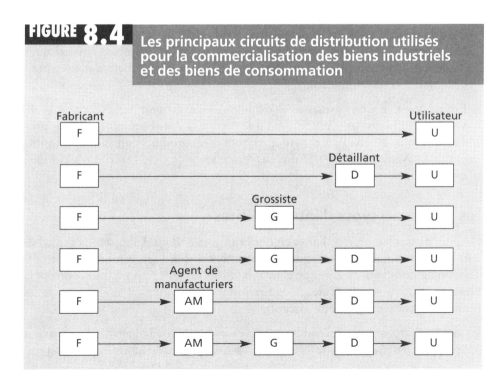

FIGURE 8.4 Les principaux circuits de distribution utilisés pour la commercialisation des biens industriels et des biens de consommation

www.bombardier.com/
www.geocities.com/
www.airbus.com/
www.aircanada.ca

directement à l'utilisateur. Ce type de circuit est approprié lorsque la valeur de la transaction est importante ou lorsque la production est restreinte. Le producteur peut vendre de porte à porte, par courrier ou par Internet. Exemples : Bombardier ltée → Armée canadienne ; Airbus → Air Canada.

Kiosque de fruits et légumes d'un agriculteur → consommateur.

b) Fabricant → détaillant → utilisateur

Le circuit fabricant → détaillant → utilisateur a gagné en popularité avec les nouveaux magasins-entrepôts, qui achètent directement du fabricant.

www.gm.com
www.renodepot.com

Exemples : General Motors → Lalonde Chevrolet, Oldsmobile ltée → consommateur ;

Céramique Ramca → Réno-Dépôt → consommateur.

c) Fabricant → grossiste → utilisateur

Le circuit fabricant → grossiste → utilisateur convient bien lorsque l'utilisateur consomme des quantités importantes et qu'il y a vente de biens industriels. Exemples : Johnson & Johnson → CMS ltée → hôpitaux et médecins ;

www.jnj.com/
www.domtar.com/
www.copie-
express.com/

Domtar → NC Farleneson and Hodgson → Copie Express de la Mauricie inc.

d) Fabricant → grossiste → détaillant → utilisateur

Le circuit qui compte des grossistes et des détaillants comme intermédiaires est le circuit traditionnel pour atteindre les consommateurs. Les petits détaillants et les petits producteurs considèrent que ce réseau est le seul qui soit économique. Exemples : Casterman → Granger et Frère → librairie → consommateur.

www.casterman.fr

e) Fabricant → agent → détaillant → utilisateur

Au lieu d'utiliser les services d'un grossiste, nombre de fabricants préfèrent recourir à un agent de manufacturiers pour rejoindre les détaillants, notamment lorsque le nombre de détaillants à rejoindre est grand. Ce système est le plus courant pour développer un nouveau marché, car il diminue les risques financiers. Exemple : Bastien et Frères → Agence Gilles Rocheleau inc. → petit détaillant → consommateur.

f) Fabricant → agent → grossiste → détaillant → utilisateur

Ce circuit est l'un des plus longs, et il se prête à la distribution de certains produits, comme les chaussures orthopédiques et les produits congelés. Exemples : Smith & Nephew inc. → Dufour et Lavigne → Société CHIFA → clinique orthopédique → patient.

Les principaux types d'intermédiaires

On peut diviser les intermédiaires en deux catégories. Il y a d'abord ceux qui achètent du fabricant et qui revendent la marchandise à leurs propres clients. Ils deviennent donc propriétaires de la marchandise, en sont responsables, doivent la financer, l'entreposer, la protéger contre toute détérioration. Les grossistes et les détaillants font partie de cette catégorie.

La seconde catégorie comprend les agents et les courtiers. Les agents ne prennent pas possession de la marchandise ; ils la vendent à la place du fabricant et reçoivent, en retour, une certaine forme de commission. Les courtiers assurent la liaison entre acheteurs et vendeurs. Ils travaillent soit pour l'acheteur, soit pour le vendeur, et leur travail a pour but d'éviter des transactions à leur employeur.

Les grossistes

Dans le circuit de distribution, les grossistes se situent entre le fabricant et le détaillant ou encore entre le fabricant et l'acheteur industriel. En 1996[1], on comptait 59 456 grossistes au Canada. Leur chiffre d'affaires n'a cessé de croître au cours des dernières années pour atteindre des ventes de 418 milliards de dollars en 2002[2]. Les fonctions du grossiste consistent à :

- sélectionner un assortiment de marchandises adapté aux besoins de sa clientèle ;
- acheter les produits en grande quantité et répartir ces lots en plus petites quantités ;
- financer une partie des stocks véhiculés par le circuit, c'est-à-dire avoir les reins assez solides pour être en mesure d'offrir des conditions de paiement concurrentielles aux clients ;
- entreposer les produits pour ajuster les cycles de production aux périodes de demande pour la vente aux consommateurs ;
- revendre la marchandise, ce qui suppose que le grossiste doit maintenir une force de vente qui assure le débit de ses opérations et permet à l'entreprise de croître ;
- jouer le rôle d'informateur auprès de sa clientèle, ainsi qu'auprès des fournisseurs, en les informant sur les tendances du marché de la consommation.

Il existe plusieurs catégories de grossistes, mais ce sont les fonctions qu'ils remplissent qui les distinguent les uns des autres. Certains accomplissent toutes les fonctions énumérées précédemment, tandis que d'autres en assument seulement une partie.

Les détaillants[3]

Au Canada, on comptait, en 2000[4], 195 299 établissements de vente au détail qui réalisaient près de 318 milliards de dollars de ventes par année. Le commerce de détail se définit comme l'ensemble des ventes faites en des points de vente au détail. Un point de vente au détail est un local d'affaires où l'activité principale est la vente de produits ou de services destinés à une consommation finale qui peut être personnelle, familiale ou domestique. Les détaillants achètent en grande quantité les articles répondant aux besoins des consommateurs, puis les revendent avec profit à l'unité.

Les activités du commerce de détail se divisent en deux grandes catégories : la vente en magasin et la vente hors magasin. La vente en magasin se subdivise à son tour en deux sous-catégories. La première concerne les entreprises qui offrent des produits tangibles (magasins d'articles de sport, dépositaires de motos, magasins de disques, etc.). La seconde comprend les entreprises qui proposent des services techniques, récréatifs ou autres, tels que les ateliers de réparation de motos, les services de buanderie, les discothèques et les agences de voyages.

La vente hors magasin comprend la vente itinérante, les ventes par Internet, par commande postale ou par commande téléphonique, ainsi que les ventes par distributeurs automatiques.

Comme il existe différents types de magasins, survolons ceux que l'on trouve dans le système de distribution canadien. Les grands magasins sont des établissements de vente au détail offrant un vaste assortiment de marchandises regroupées selon leur nature, sur différents rayons, comme les articles de sport, les disques, les articles de bureau, les livres, les vêtements pour dames ou pour hommes. Les grands magasins les plus connus au Canada sont La Baie et Sears. En règle générale, ce type de magasin offre plusieurs services à la clientèle : comptes de crédit, service de livraison à domicile et retour et remboursement de marchandise. En 2000, les grands magasins situés au Canada ont réalisé des ventes totales de 17,6 milliards de dollars[5].

www.labaie.com/
www.sears.ca

Les magasins de vente au rabais offrent un assortiment d'articles comparable à celui des grands magasins, mais à des prix d'une tout autre catégorie. Le taux de rotation des stocks pour la même catégorie de marchandises est généralement plus élevé que dans les grands magasins, ce qui signifie une marge bénéficiaire unitaire moins élevée. De plus, les frais d'exploitation des magasins de vente au rabais s'avèrent moindres que ceux des grands magasins. Les coûts en personnel de vente sont réduits, car l'accent est mis sur le libre-service. Ces magasins attirent généralement les gens dont le revenu est moyen ou faible. Les établissements les plus représentatifs de ce type de magasins sont Zellers et Wal-Mart.

www.zellers.com
www.wal-mart.com

Les supermarchés sont de vastes magasins, du type libre-service, appartenant au secteur de l'alimentation. En règle générale, ils offrent un minimum de cinq services de base : l'épicerie, les viandes, les fruits et légumes, les produits laitiers et les produits non alimentaires. L'attrait principal de ces établissements se situe du côté de leurs bas prix et du vaste choix de produits offerts. Leur faible pourcentage de profit net nécessite un taux élevé de rotation des stocks afin d'assurer une rentabilité acceptable des investissements. Au Québec, les trois plus grandes entreprises de ce genre sont Loblaws, Metro-Richelieu et IGA.

www.loblaws.ca
www.metro-richelieu.com/
www.iga.net/qc/

Les magasins spécialisés concentrent leurs activités sur un type de produits : chaussures, bijoux, confiseries, articles de sport, tissus, vêtements pour hommes ou pour femmes, etc. Ce type d'entreprise peut donc offrir un vaste choix de marchandises à ses clients. Par exemple, un magasin de chaussures, tel que Club Chaussures, offrira à sa clientèle un vaste assortiment de modèles, de pointures, de couleurs et de marques.

Cette forme d'organisation permet ainsi au détaillant de personnaliser encore plus ses étalages, de se familiariser avec les sources d'approvisionnement et de connaître davantage son produit et les besoins des consommateurs.

La vente itinérante consiste à vendre un produit à un consommateur final, directement chez lui. Différentes entreprises recourent à ce moyen de vente avec succès ; parmi les plus connues, on trouve Avon, Electrolux et Filter Queen. Cette méthode de vente offre comme principaux avantages un service personnalisé et une démonstration à domicile du produit offert. Par contre, certains désavantages s'y greffent, tels que le refus, par les consommateurs, de ce type de sollicitation, des

www.filterqueen.com

frais de vente plus élevés et beaucoup de restrictions juridiques limitant les activités de ce type de vente.

La vente hors magasin peut s'effectuer par Internet, par la poste ou au téléphone. Certains entrepôts mettent également des catalogues à la disposition du consommateur sur le lieu même de la vente. Le consommateur fait son choix et passe sa commande. Au Canada, Sears constitue le plus important vendeur par catalogue. L'un des sites Internet les plus visités du Canada est www.eBay.ca, où les internautes peuvent acheter de la marchandise aux enchères ou à prix fixes.

www.ebay.ca

Depuis le début des années 1960, les distributeurs automatiques connaissent une croissance rapide. Ils offrent cigarettes, boissons gazeuses, confiseries et pâtisseries. Les distributeurs automatiques ont ceci d'avantageux qu'ils assurent un service continu dans la majorité des cas et réduisent le risque d'avarie des marchandises. Par contre, ils s'exposent au vandalisme et à certaines défectuosités. Enfin, ils ne vendent que des produits dont la valeur unitaire est faible.

Les centres commerciaux

Les centres commerciaux ne sont pas à proprement parler des intermédiaires du réseau de distribution. Toutefois, ils regroupent plusieurs détaillants sous un même toit dans le but d'offrir un vaste choix de marchandises aux consommateurs. On distingue trois catégories de centres commerciaux.

Le centre commercial de quartier   Le centre commercial de quartier est le plus petit des centres commerciaux et aussi le plus répandu. Il recrute habituellement sa clientèle à l'intérieur d'une zone où la distance à parcourir est faible, soit d'environ 10 minutes en automobile. Généralement, il se compose d'un supermarché et de quelques boutiques offrant des produits d'usage courant. Le centre commercial de quartier a une superficie variant entre 2500 m^2 et 7500 m^2.

Le centre commercial communautaire   Le centre commercial communautaire est plus imposant que le précédent. Sa clientèle peut effectuer un trajet de 20 minutes en automobile pour s'y rendre. En règle générale, ce type de centre commercial comprend un supermarché, un grand magasin, quelques petits magasins à succursales et des magasins spécialisés. Il occupe une superficie variant entre 7500 m^2 et 30 000 m^2, la moyenne étant de 15 230 m^2. Un tel centre dessert une population de 20 000 à 100 000 habitants.

Le centre commercial régional   Le centre commercial régional est le plus grand d'entre tous. Sa superficie excède 30 000 m^2, et la moyenne se situe aux environs de 40 500 m^2. Certains de ces centres ont des superficies dépassant 100 000 m^2, comme le Carrefour Laval (110 000 m^2) et Place Laurier, à Québec (134 775 m^2). Le centre commercial régional comprend plusieurs grands magasins et plus d'une cinquantaine de boutiques. Le marché desservi est constitué d'une population de 100 000 habitants ou plus. Le nombre de magasins qui s'y trouvent peut parfois dépasser 300.

www.carrefourlaval.
shops.ca/carrhome.htm
www.placelaurier.com/

Les centres commerciaux ont connu un essor constant depuis les années 1950. L'exode de la population vers la banlieue et l'utilisation massive de l'automobile comme moyen de transport ont directement contribué à leur croissance. On prévoit cependant qu'ils subiront une certaine stagnation, attribuable notamment aux magasins-entrepôts, qui ne s'établissent généralement pas dans les centres commerciaux, à l'augmentation des coûts de transport et du temps nécessaire pour s'y rendre.

La stratégie de distribution

La stratégie de distribution doit refléter les composantes du marketing mix. Que l'entreprise préconise une stratégie d'aspiration ou une stratégie de pression, ses décisions concernant les circuits de distribution doivent en tenir compte.

Stratégie d'aspiration

Stratégie consistant à inciter les consommateurs, à l'aide d'annonces publicitaires ou d'autres activités promotionnelles, à demander certains produits qui ne sont pas offerts par quelques détaillants, les obligeant ainsi à commander les articles en question.

www.kraftfoods.com

Lorsque le producteur privilégie une **stratégie d'aspiration** (*voir figure 8.5*), il tente d'attirer la collaboration des membres du circuit de distribution en stimulant une demande de base, c'est-à-dire qu'il fait de la promotion auprès des consommateurs finaux pour qu'ils exigent son produit auprès du détaillant. À son tour, le détaillant le commande auprès du grossiste, qui s'approvisionne auprès du producteur.

À titre d'exemple, aucune épicerie ne retirerait les produits Kraft car, si elle le faisait, elle perdrait ainsi une partie de sa clientèle. La société Kraft a fait suffisamment de promotion auprès du consommateur pour qu'il désire ses produits et qu'il aille les acheter chez un autre distributeur s'il ne les trouve pas chez un intermédiaire quelconque. On pourrait citer beaucoup de produits en exemples. Les grandes entreprises sont en bonne position pour faire assez de promotion auprès du consommateur final afin que ce dernier agisse comme une pompe aspirante à l'intérieur du système de distribution.

Stratégie de pression

Stratégie qui consiste à pousser un produit dans le réseau de distribution en stimulant sa vente auprès des intermédiaires au moyen d'efforts promotionnels plus directs et plus personnels.

La **stratégie de pression** s'exerce à l'inverse (*voir figure 8.6*). Le producteur fait de la promotion auprès des intermédiaires pour qu'ils fassent mousser la vente de ses produits. Les intermédiaires acceptent ce rôle moyennant certains avantages, tels que des marges bénéficiaires plus élevées, une distribution exclusive, du matériel promotionnel et une participation aux dépenses publicitaires. Par conséquent, avec une stratégie de pression, le producteur est parfois à la merci du circuit de distribution. La décision de recourir à une stratégie de pression dépend du genre de besoin des consommateurs, de la durée économique du produit, du cycle de vie du produit et de la capacité financière de l'entreprise.

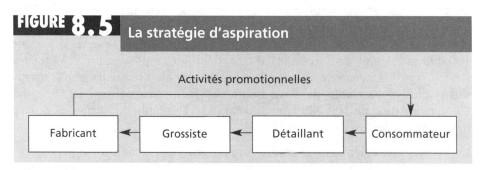

FIGURE 8.5 La stratégie d'aspiration

Source : DARMON, R. Y., LAROCHE, M. et PÉTROF, J. Y. *Le marketing, fondements et applications,* Montréal, Chenelière/McGraw-Hill, 5e édition, 1996, p. 414.

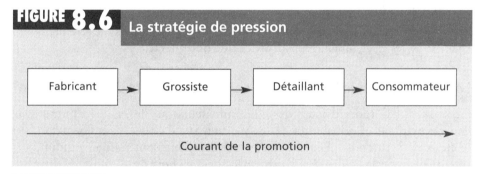

FIGURE 8.6 La stratégie de pression

Fabricant → Grossiste → Détaillant → Consommateur

Courant de la promotion

Source : DARMON, R. Y., LAROCHE, M. et PÉTROF, J. Y. *Le marketing, fondements et applications,* Montréal, Chenelière/McGraw-Hill, 5ᵉ édition, 1996, p. 414.

La plupart du temps, les entreprises utilisent une combinaison des deux stratégies ; il est peu probable qu'une entreprise n'ait recours qu'à une seule stratégie. Ce qui varie d'une entreprise à l'autre, c'est la combinaison de celles-ci.

L'intensité de la distribution

Quel que soit le choix du circuit de distribution, le producteur doit établir l'intensité de la distribution qu'il désire adopter. L'intensité de la distribution détermine le nombre d'intermédiaires utilisés du côté du grossiste et du détaillant dans un territoire en particulier. Le producteur peut choisir une distribution intensive, exclusive ou sélective. S'il opte pour une politique de **distribution intensive,** le producteur vend son produit à tous les commerçants susceptibles de le revendre. En tant que producteur, il essaie de maximiser le nombre de points de vente de son produit. C'est le cas, notamment, de tous les produits dits de « commodité ». Comme nous l'avons vu au chapitre 6, les consommateurs ne sont pas prêts à franchir de grandes distances pour se procurer cette catégorie de produits. Donc, pour en vendre, il faut être présent partout. Peu de gens sont prêts à parcourir cinq kilomètres pour se procurer une tablette de chocolat d'une marque en particulier ; ils entrent dans le premier point de vente et, s'il n'a pas cette marque, ils en achètent une autre.

> **Distribution intensive**
> Stratégie qui consiste, pour un fabricant, à couvrir le plus de points de vente possible sur un marché donné.

Une politique de **distribution exclusive** lie le producteur, par contrat, à un revendeur, qui obtient de ce fait l'exclusivité de la distribution de ses produits dans un territoire donné. En échange, le revendeur s'engage à ne distribuer que cette marque. Ainsi, à ce point de vente, on ne trouvera pas de marques concurrentes. Cette politique de distribution s'applique surtout aux produits de grande valeur, par exemple l'automobile. Cette stratégie est souhaitable lorsque le revendeur doit fournir des services de réparation et d'entretien. La distribution exclusive permet au producteur d'avoir à sa disposition des vendeurs plus compétents et d'exercer un plus grand contrôle sur les politiques des intermédiaires sur le plan de la communication, du prix et du service. Elle exige une plus grande collaboration entre les partenaires du réseau. La distribution exclusive procure habituellement une meilleure marge bénéficiaire et met en valeur l'image du produit.

> **Distribution exclusive**
> Forme poussée de distribution dans laquelle un fabricant concède à un grossiste ou à un détaillant les droits exclusifs de vente dans un secteur commercial.

Quant à la **distribution sélective,** elle implique que le nombre de distributeurs est limité. Il existera donc une clause d'exclusivité pour un territoire donné en

> **Distribution sélective**
> Vente du produit ou de la gamme de produits d'une entreprise par un petit nombre de détaillants.

fonction des besoins à satisfaire et de l'image que désire projeter le fabricant. La distribution sélective est appropriée pour les articles tels que les vêtements, les chaussures, les électroménagers, les articles de bureau, etc.

Les facteurs qui influent sur le choix des circuits de distribution[6]

Ce sont les habitudes d'achat des consommateurs qui devraient déterminer le choix des circuits de distribution ; l'analyse du marché à desservir influera donc sur le choix de l'entreprise. D'autres facteurs à considérer ont trait au produit, aux intermédiaires et à l'entreprise elle-même. Lors du choix d'un circuit de distribution, les critères sont les suivants : le pouvoir et l'étendue du circuit, son coût et ses caractéristiques. Tous ces éléments doivent être à la hauteur des attentes du consommateur.

Les caractéristiques du marché

Le produit est-il destiné au consommateur ou à l'acheteur industriel ? Voilà une question à soulever lors du choix d'un circuit de distribution, car si le produit s'adresse à l'acheteur industriel, il n'est pas nécessaire d'inclure des détaillants dans le circuit de distribution. Autrement, il faut tenir compte de trois caractéristiques.

La première caractéristique est le nombre de consommateurs potentiels. Lorsque ce nombre est réduit, il est préférable que le producteur dispose de sa propre force de vente et qu'il s'adresse directement aux consommateurs. Lorsqu'il y en a un grand nombre, il est souhaitable que le fabricant fasse appel à des intermédiaires. Le nombre d'intermédiaires dépend du type d'industrie dans lequel évolue le producteur.

La concentration du marché constitue une autre caractéristique dont l'entreprise doit tenir compte. Au sein de certaines industries, les acheteurs sont regroupés dans quelques zones géographiques. Il est alors possible de recourir à un système de vente directe. C'est aussi vrai lorsque la densité des acheteurs est forte. Quand la densité est faible, en règle générale, il est plus économique de disposer d'intermédiaires.

Le troisième point à considérer consiste en l'importance des achats. Un fabricant de produits alimentaires, par exemple, vendra directement aux grandes chaînes telles que Metro ou Loblaws en raison de l'importance du volume d'achat. Le même fabricant fera appel à des grossistes pour rejoindre les petits magasins indépendants.

Les caractéristiques du produit

La valeur du produit influe sur la longueur du circuit de distribution. Plus le produit est de faible valeur, plus le circuit de distribution sera long. Cependant, si les quantités vendues sont élevées, il est préférable d'opter pour un circuit de distribution plus court.

Les articles de mode et les produits périssables doivent circuler rapidement dans les circuits de distribution. Un circuit de distribution court se révélera alors d'une plus grande efficacité.

La haute technologie du produit constitue également une caractéristique dont l'entreprise doit tenir compte lors de son choix du circuit de distribution. Les produits industriels de haute technologie sont, la plupart du temps, distribués directement par le producteur. En règle générale, la force de vente du fabricant doit assurer plusieurs services complexes, avant et après la vente, ce qu'un grossiste ne peut généralement offrir.

Les caractéristiques des intermédiaires

Les services fournis par l'intermédiaire   Chaque producteur devrait choisir les intermédiaires qui pourront assurer certains services qu'il ne pourrait lui-même offrir de façon convenable ou dont il ne pourrait assumer les coûts.

La disponibilité désirée de l'intermédiaire   Il faut prendre en considération les attitudes de l'intermédiaire envers les politiques du fabricant. Parfois, le choix du producteur est limité, car certains types d'intermédiaires n'acceptent pas ses politiques de marketing (*voir encadré 8.3*). Par exemple, certains détaillants ou grossistes ne sont intéressés à vendre une ligne de produits que si on leur accorde l'exclusivité du territoire.

Les caractéristiques de l'entreprise

La capacité financière de l'entreprise   Une entreprise financièrement bien établie requiert un plus petit nombre d'intermédiaires qu'une entreprise qui a les reins moins solides. Lorsque l'entreprise en a les moyens, elle peut mettre sur pied sa propre force de vente, accorder du crédit ou entreposer ses propres produits. À l'opposé, une entreprise dont la capacité financière est faible doit recourir à des intermédiaires pour assurer de tels services.

L'habileté en gestion   La qualité des décisions au sujet des circuits de distribution est fonction de l'expérience en marketing de l'administration et de son

---

ENCADRÉ 8.3   Les intermédiaires et leurs intérêts

BISCUITS LECLERC LANCERA BIENTÔT UNE CÉRÉALE SANTÉ

ANDRÉ DUBUC

Biscuits Leclerc reste sur son appétit avec ses céréales Les p'tits boujours. Le produit ne figure plus sur les listes d'achat de Provigo/Loblaws, de Metro ou de Sobeys Québec. Loin de se décourager, l'entreprise de Saint-Augustin-de-Desmaures, en banlieue de Québec, lancera une nouvelle céréale santé sous peu.

«La vente de céréales sous nos propres marques est difficile au Québec», reconnaît Frédéric Langlois, vice-président marketing de Biscuits Leclerc. Les trois grandes chaînes d'alimentation ne gardent plus Les p'tits bonjours dans leurs entrepôts, en raison de la faiblesse de

la demande, nous dit-on chez Metro, Provigo et Sobeys.

Seuls les magasins Wal-Mart et Super C les offrent régulièrement sur leurs tablettes. De plus, certains marchands Metro et IGA continuent d'en vendre en s'approvisionnant directement chez Leclerc.

Source : Les Affaires, 7 juin 2003, p. 10.

habileté en gestion. Bon nombre d'entreprises ayant peu d'expérience en marketing préfèrent confier la distribution de leurs produits à des intermédiaires.

Le désir de contrôler le circuit   Certains producteurs privilégient un circuit de distribution court, car ils tiennent à contrôler la distribution de leurs produits. Ce faisant, le fabricant peut être plus dynamique sur le plan promotionnel, exercer un plus grand contrôle sur la fraîcheur et sur le prix de ses produits.

Les services fournis par le vendeur   Certains producteurs prennent des décisions à propos de leurs canaux de distribution basées sur les fonctions de distribution désirées. Plusieurs chaînes de détaillants n'acceptent pas de stocker leur produit avant que celui-ci ne soit prévendu par la publicité du producteur, ce qui exige de celui-ci qu'il assume des frais de communication parfois importants. D'autres détaillants, comme Sears, exigent un étiquetage personnalisé des produits qu'ils achètent aux producteurs.

Les conflits et la collaboration au sein des circuits de distribution

Un circuit de distribution est un système dans lequel existent des interactions entre les organisations. Il est donc normal qu'il y ait entente sur certains points et désaccord sur d'autres. Des sujets de désaccord peuvent naître des conflits.

Les causes de conflits

Les objectifs ne sont pas nécessairement les mêmes pour tout un chacun. Certains membres du circuit de distribution auront le profit pour objectif premier, alors que d'autres chercheront à augmenter leur part de marché ou à accroître leur volume des ventes. D'autres encore peaufineront leur image et certains désireront réduire les risques financiers qu'ils encourent. Cette diversité d'objectifs provoque souvent des conflits. Par ailleurs, il ne faut pas penser que le fait que deux niveaux d'intermédiaires poursuivent le même objectif évitera l'apparition d'un conflit. Prenons, par exemple, un grossiste et un détaillant qui ont chacun pour objectif de maximiser leurs profits. Cet objectif commun pourra rapidement créer un sujet de dispute, puisque le produit en question aura un certain coût de revient et que le prix de vente final demeurera limité. Il faudra alors répartir la marge de profit réalisable entre les intermédiaires et, si chacun désire la plus grosse part du gâteau, cela dégénérera certainement en conflit (*voir encadré 8.4*).

Il faut aussi tenir compte du rapport de force entre producteurs et distributeurs. Dans chaque circuit de distribution, il y a un meneur, c'est-à-dire un membre qui a la capacité d'exercer une influence sur l'ensemble du circuit. Autrefois, le producteur pouvait imposer ses volontés à tout le circuit de distribution mais, aujourd'hui, le meneur n'est pas toujours le producteur. La direction du circuit revient au membre le plus puissant ; on le nomme « capitaine » du circuit. De plus en plus, ce sont les détaillants qui prennent le contrôle des circuits et qui dictent leurs règles du jeu. Deux raisons peuvent expliquer ce changement. D'abord, les sociétés de commerce de détail sont de plus en plus grosses et, ensuite, la philosophie du marketing veut que l'on produise ce que l'on a vendu plutôt que de vendre ce que l'on a produit. Cette philosophie du marketing, qui place le consommateur au premier plan, renforce le pouvoir des détaillants par rapport à

LA COUR CONDAMNE LES FRANCHISÉS DE DUNKIN' DONUTS À PAYER

MARTIN BOURASSA

Les franchisés mécontents de la bannière Dunkin' Donuts viennent d'encaisser un dur coup dans la bataille qu'ils livrent au franchiseur Allied Domecq Retailing International, rapporte le cabinet d'avocats Pouliot Mercure.

Dans une décision récente, la Cour supérieure vient d'obliger un franchisé à verser ses redevances hebdomadaires au greffe de la Cour et ce, tant et aussi longtemps que dureront les procédures judiciaires entre les deux parties. Selon au moins un franchisé, cette décision signifie rien de moins que la fin pour des dizaines de franchisés en difficulté au Québec.

«Si les gens ne paient pas, ce n'est pas par caprice, c'est par manque d'argent, soutient l'homme d'affaires. Les profits ne sont pas là. Obliger les gens à payer leurs redevances pendant les procédures signifie que plusieurs devront fermer boutique. Ça va faire mal, on risque de passer de 115 à environ 25 franchisés dans un temps record.»

En signe de protestation, une soixante de franchisés avaient cessé de payer leurs redevances face, entre autres, «à l'incompétence» du franchiseur à riposter efficacement à l'offensive de la concurrence.

La réplique de Dunkin' Donuts Canada a souvent consisté à entreprendre des procédures de résiliation de convention contre les franchisés qui ont continué à faire fonctionner leur commerce sans toutefois assumer leurs obligations financières.

L'exaspération des franchisés a d'ailleurs incité ces derniers à intenter un recours de 7 M$ contre leur franchiseur en mai dernier.

Source : Les Affaires, 7 juin 2003, p. 11.

celui des producteurs. Cependant, la venue d'Internet permet aux producteurs de vendre des biens et des services directement aux consommateurs, sans passer par des intermédiaires.

À titre d'exemple, un consommateur peut acheter des billets d'avion sur le site d'Air Canada. Le commerce électronique changera-t-il les rapports de force entre producteurs et distributeurs ?

www.aircanada.ca

Les politiques de marque peuvent également devenir une autre cause de conflit. Le produit sera-t-il distribué sous la marque du fabricant ou sous la marque du distributeur (*voir chapitre 6*) ? Depuis plusieurs années, les géants de l'alimentation au Québec ont tendance à favoriser la vente de leurs propres marques (Le choix du Président chez Loblaws, Sélection Mérite chez Metro), sur lesquelles ils ont généralement une marge de profit supérieure. De plus, ils peuvent, s'ils le désirent, leur attribuer une plus grande surface de tablette ou encore un emplacement privilégié. De telles conditions ne sont pas toujours propices à une parfaite harmonie entre producteur et distributeur.

www.loblaws.ca

La collaboration à l'intérieur des circuits de distribution

Pour qu'un circuit de distribution fonctionne, il est indispensable qu'il y ait une certaine collaboration entre les membres, sinon le circuit disparaîtra. La collaboration entre les membres du circuit est sans aucun doute le meilleur remède contre les conflits. Les membres d'un circuit doivent se considérer comme faisant partie d'un tout ; c'est là la clé du succès. Les décisions doivent tenir compte avant tout du bien de l'ensemble du circuit. Chaque intermédiaire doit songer qu'il n'est qu'un morceau du casse-tête avant de faire un geste qui pourrait lui être profitable au détriment du circuit. Il n'en tirerait un profit qu'à court terme, puisque, à long terme, ce geste mettrait le circuit en danger.

CAPSULE ÉTHIQUE

MEC : une coop de plein air investie d'une mission écologiste

PAR JEAN-SÉBASTIEN TRUDEL

Son premier magasin au Québec se veut un modèle de bâtiment écologique. Ses employés y travaillent d'abord et avant tout par conviction. Ses clients sont au centre des priorités car ils sont aussi ses « actionnaires ».

La coopérative de plein air Mountain Equipment Co-op (MEC) ne fait rien de façon traditionnelle. Elle se définit comme un citoyen corporatif modèle. « Nous voudrions que notre mission serve de modèle de développement durable pour les entreprises », dit Peter Robinson, directeur général de MEC, en entrevue avec *Les Affaires.*

Originaire de Vancouver, le détaillant de matériel et de vêtements de plein air qui compte 1,8 M de membres, dont 85 000 au Québec, a ouvert les portes de son huitième magasin canadien, le 14 mai dernier, au Marché central.

Pour qu'elle devienne un citoyen modèle, les membres de MEC lui ont donné une mission qui dépasse la simple vente de matériel. Aujourd'hui, elle est reconnue pour sa conscience environnementale, notamment dans la construction de ses magasins, dont l'objectif est de minimiser l'impact négatif sur l'environnement.

Par exemple, le magasin montréalais a été conçu pour réutiliser l'eau de pluie et réduire sa consommation énergétique de moitié par rapport à un bâtiment conventionnel. Pour un magasin de 45 000 pi^2 comme celui de Montréal, cela se traduit par des économies substantielles année après année, qui dépassent en peu de temps les coûts additionnels de construction.

Une mission sociale

Les valeurs sociales de la coopérative l'ont également poussée à se doter d'un programme de responsabilité socioenvironnementale.

Pour les employés, cela veut dire une politique salariale qui cherche à réduire les écarts entre la direction et l'équipe de vente. « Personne ne travaille pour un salaire ici. On le fait par conviction et pour l'amour du plein air », a dit M. Robinson dans un français impeccable.

Le choix des fournisseurs pour la fabrication de la marque maison, qui représente 60 % des revenus, n'est pas fait selon le meilleur prix, comme c'est généralement le cas. « La coop a un code de conduite éthique exigeant du fournisseur qu'il traite ses employés avec respect en contribuant à leur qualité de vie », explique M. Robinson.

Les produits vendus par MEC ne peuvent donc pas être fabriqués par des enfants ou par des travailleurs exploités.

Une équipe de vérificateurs internes de même qu'un vérificateur externe indépendant, Vérité, ne s'assurent pas que les livres comptables sont conformes, mais plutôt que le code social pour les fournisseurs est respecté.

Et lorsqu'un fabricant contrevient aux valeurs de MEC, celle-ci travaille avec lui pour améliorer le sort des employés au lieu de changer de fournisseur.

Source : Les Affaires, 17 mai 2003, p. 23.

Le transfert des fonctions à l'intérieur du réseau

Chaque intermédiaire a des tâches à accomplir. Lors du choix d'un circuit de distribution, on peut éliminer certains niveaux d'intermédiaires pour avoir un circuit plus court, mais les tâches à accomplir à chaque niveau ne disparaîtront pas pour autant. D'autres membres du réseau devront les assumer. Par exemple, si l'on élimine le grossiste d'un circuit, c'est donc le fabricant ou le détaillant qui devra entreposer un plus grand volume de marchandises, effectuer le fractionnement des produits en plus petits lots, posséder un meilleur réseau de communication. En d'autres termes, les tâches d'un intermédiaire, quelles qu'elles soient, peuvent être transférées mais pas éliminées.

Quelques tendances à l'intérieur des circuits de distribution

Dans cette partie, nous traiterons des quatre tendances observées dans le système de distribution au Québec.

Le phénomène d'acquisition et de consolidation

On a vu apparaître au Québec au cours des dernières années les hypermarchés (Maxi, Super C, etc.) et les magasins-entrepôts (Réno-Dépôt, Rona-Entrepôt, Costco, Wal-Mart, Bureau en gros, Future Shop, etc.). Nous assistons maintenant à une vague de gigantisme (_voir encadré 8.5_). Ces nouveaux venus contrôlent davantage leurs coûts, et font des affaires avec des marges brutes de plus en plus restreintes, de sorte qu'ils sont plus performants et offrent des prix très compétitifs. Le défi de ces magasins est de maintenir l'avance qu'ils ont prise sur les autres détaillants. Ils continueront donc d'ouvrir des points de vente, en particulier dans les mégacentres commerciaux. Afin d'être encore plus compétitifs, ils se livrent actuellement une bataille de titans. Par tous les moyens, chacun d'eux désire devenir de plus en plus puissant : acquisition et fusion sont maintenant les deux mots d'ordre. Dans ce contexte, il y a donc de moins en moins de joueurs, mais ils sont de plus en plus puissants dans presque toutes les sphères de la distribution.

L'achat à domicile

On parle beaucoup d'achat à domicile, de téléachat et d'autoroute électronique. Même si la majorité des produits et des services sont toujours vendus en magasin, on assiste à une augmentation des ventes au détail à l'extérieur des magasins. On estime ces ventes à environ 12 % de l'ensemble des activités de détail. Les experts prédisent une forte augmentation du pourcentage des ventes par l'intermédiaire de ces moyens non traditionnels au cours des prochaines années. Examinons les avantages que tirent l'entreprise et le consommateur du commerce électronique, ce type de commerce étant sans aucun doute le mode d'achat à domicile qui fait le plus parler de lui aujourd'hui.

Les avantages du côté de l'entreprise   Voici les avantages que tire l'entreprise du commerce électronique :

- Le commerce électronique permet de réduire les dépenses découlant de la distribution, telles que le loyer, l'électricité, les taxes et les assurances ;
- Il permet un ajustement plus rapide aux conditions du marché ;
- Il permet de connaître le nombre de visiteurs naviguant dans le site de l'entreprise et de voir où ils y ont passé le plus de temps, deux informations précieuses qui faciliteront les décisions touchant la publicité de l'entreprise et qui permettront également un meilleur ajustement de l'offre à la demande ;
- Il permet de meilleures relations entre l'entreprise et les clients, d'obtenir nombre d'informations qu'elle ne pourrait avoir autrement et de construire rapidement une base de données sur la clientèle ;
- Il permet à l'entreprise de rejoindre des clients à l'échelle mondiale et de faire des transactions avec eux, d'où une augmentation possible de leur nombre.

ENCADRÉ 8.5   Une bataille de géants

NOUVELLE OFFENSIVE DE WAL-MART DANS L'ALIMENTATION
Sam's Club ne serait qu'un prélude à l'arrivée des « Supercenter »

MARTIN JOLICOEUR

Avec l'ouverture prochaine de Sam's Club en Ontario, l'arrivée de Wal-Mart dans le secteur canadien de l'alimentation n'a plus rien de théorique.

D'ici l'automne, le géant du commerce de détail aux États-Unis entend ouvrir quatre à six de ses magasins-entrepôts au pays, une offensive alimentaire qui aura tôt fait de se répandre au-delà des frontières ontariennes. Andrew Pelletier, porte-parole de Wal-Mart, précise qu'au cours des 12 prochains mois, Sam's fera l'objet de deux nouvelles phases d'expansion. Si le Québec n'a pas encore été choisi, il est entendu dans l'industrie que la chaîne finira par s'y installer. « Cela ne fait aucun doute. C'est presque une question de secondes », estime Joël Paquin, directeur des études de marché chez Cogem.

D'une superficie de plus de 100 000 pi² en moyenne, Sam's Club est le principal concurrent de Costco aux États-Unis. Autour de vastes étalages d'aliments (fruits, légumes, viandes, produits congelés, boulangerie, etc.) y sont vendus de tout, des électroménagers aux vêtements en passant par les pièces automobiles et les meubles. C'est ainsi que, comme avec Costco, l'arrivée de Sam's dans un marché se fait normalement sentir dans toutes les sphères du commerce, à commencer cependant par les marchés d'alimentation.

Source : Les Affaires, 15 mars 2003, p. 19.

Les avantages du côté du consommateur Voici les avantages que tire le consommateur du commerce électronique (*voir encadré 8.6*) :

– Un plus vaste éventail de produits que dans les commerces, toujours limités par l'espace dont ils disposent ;
– Il constitue un moyen très commode de faire ses courses. Le consommateur peut passer une commande 24 heures sur 24, 7 jours sur 7, peu importe l'endroit où il se trouve ;
– En règle générale, le consommateur dispose d'une grande quantité d'informations sur les entreprises, les produits et les concurrents. Il peut aussi se concentrer sur des critères objectifs tels que la qualité, les dimensions, la performance, le prix, la disponibilité, etc. Sur le site www.ebay.ca précédemment cité, des cotes, des statistiques et même des commentaires sont donnés autant sur les acheteurs que sur les vendeurs ;
– Le consommateur n'a pas à faire face aux représentants et à subir leurs pressions.
– Le consommateur qui aime négocier, dans bien des cas, peut participer à une vente aux enchères et espérer se procurer un produit à un prix très bas.

Le commerce électronique permet aux gens qui n'aiment pas magasiner, soit 35 % de la population selon l'étude de Grégoire et Nantel[7], de le faire plus rapidement en leur facilitant la tâche. Ces gens magasinent parce qu'ils y sont obligés.

Les inconvénients du commerce électronique du côté des entreprises Le commerce électronique comporte quelques inconvénients du côté de l'entreprise. Le service à la clientèle de l'entreprise devra être constamment à la hauteur des attentes des consommateurs. Pour demeurer concurrentielle, l'entreprise devra veiller à la mise à jour de son site, d'où des coûts supplémentaires. Bon gré, mal

---

ENCADRÉ **8.6**   On n'arrête pas le progrès en matière de distribution

UNE FIRME QUÉBÉCOISE PERMET DE « MAGASINER À LA TÉLÉ »
Videoiwear développe un concept unique pour le placement de produits

SUZANNE DANSEREAU

Un jeune entrepreneur de 30 ans vient de lancer une nouvelle façon de faire du placement de produits à la télévision qui, promet-il, sera moins «envahissante» pour les téléspectateurs et plus rentable pour les commanditaires, tout en aidant les producteurs d'émissions à boucler leurs budgets.

Marc-André Lamarche et son équipe ont conçu un logiciel qui permettra au téléspectateur d'acheter les produits qu'il voit dans ses émissions de télévision favorites. Le logiciel permet en effet de s'arrêter sur une scène de l'émission, d'obtenir des renseignements sur les produits qu'il voit – vêtements portés par la vedette, meubles, etc. – et dans certains cas d'effectuer la transaction.

Quant au mode financier d'une telle opération, il peut varier d'une entente à l'autre. Mais en général, le producteur de l'émission fera un échange de services avec le comman-ditaire (incluant des spots, un crédit, de même que le placement sur Videoiwear) ; Videoiwear est payé selon le nombre de clics et reçoit une commission sur les ventes, tandis que le commanditaire reçoit de la visibi-lité et augmente ses ventes.

M. Lamarche voit de l'avenir dans son concept car il répond à une tendance marketing au *narrow-casting,* c'est-à-dire une façon extrêmement ciblée de faire du marketing.

Source : Les Affaires, 1er mars 2003, p. 22.

gré, elle devra dévoiler ses stratégies de marketing si elle désire croître en harmonie avec sa clientèle. En outre, elle devra investir des sommes d'argent importantes pour être en mesure de sécuriser les transactions qui se dérouleront dans son site. Enfin, le personnel de l'entreprise devra posséder une grande capacité d'adaptation pour répondre aux besoins des différentes cultures.

Les inconvénients du commerce électronique du côté des consommateurs

Le commerce électronique n'offre pas que des avantages au consommateur, ce dernier devant planifier davantage ses achats. Quand vous achetez dans Internet, sauf pour les produits qui peuvent être téléchargés, vous n'avez pas votre produit tout de suite. Ce qui veut dire que, dans certains cas, le commerce électronique entraînera un délai dans la livraison et des coûts supplémentaires. Il ne faut pas oublier que, pour utiliser Internet, il faut avoir accès à un ordinateur ; or, certaines personnes n'en ont pas.

Le consommateur doit aussi se débrouiller davantage seul, savoir lire, savoir chercher. Il n'y a personne pour le conseiller. La plupart des consommateurs n'ont qu'une ligne téléphonique et ça ne fait pas toujours l'affaire de tous les membres de la famille de passer autant de temps dans Internet. Il y aussi les virus et les pirates informatiques. Sans compter les fraudes. Le consommateur devra donc être de plus en plus prudent avant d'acheter à distance et sans preuve, ou presque.

Marge de contribution
Différence entre le coût de la marchandise vendue et le prix de vente. Elle sert à payer les frais d'exploitation (salaires, loyer, énergie, financement, etc.) et, s'il en reste, le surplus représente le profit de l'entreprise.

La baisse des marges de contribution

Selon Papillon et Pettigrew (1995[8]), on observe une baisse appréciable des marges de contribution en pourcentage dans le secteur du détail, et ce, autant au Québec qu'en Ontario. Leur étude compare les marges de contribution dans 10 secteurs de la distribution entre 1987 et 1991. Dans tous les secteurs étudiés, les marges de contribution ont diminué et, dans la majorité des cas, les réductions enregistrées sont supérieures à 20 %. Les experts prévoient que cette tendance se maintiendra.

Approvision-nement intégré
L'activité de l'approvisionnement est transférée au fournisseur.

L'approvisionnement intégré

Les changements dans les systèmes de distribution s'expliquent également par l'émergence du concept d'approvisionnement intégré. Le facteur de réussite des magasins-entrepôts, c'est l'approvisionnement. Ce type de magasin doit acheter directement du fabricant afin de pouvoir négocier de meilleurs prix. Les fournisseurs doivent être responsables des inventaires ; pour obtenir une accréditation, un fournisseur doit nécessairement être relié par un échange de données informatisé (EDI). Une autre exigence de ce commerce envers le fournisseur est qu'il doit être en mesure de le réapprovisionner directement sur les rayons. Il s'agit ici d'un transfert de tâches du commerçant au fournisseur. L'approvisionnement intégré se traduit souvent par un réseau de distribution plus court (par exemple, Réno-Dépôt achète directement de Sico).

Le détaillant doit adapter son offre à chacun des groupes de clients

« Le marketing de masse est mort » – Marc Gobé

LAURIER CLOUTIER

« Le marketing de masse est mort. » Le détaillant doit adapter son offre de produits aux différents groupes de sa clientèle et, en autant que faire se peut, à chacun de ses clients.

C'est le premier des 10 commandements pour transformer les marques de commerce à l'ère de la démocratie du consommateur, a déclaré hier le conférencier Marc Gobé, président et chef de la direction de la firme new-yorkaise Desgrippes Gobé, aux 478 congressistes du Conseil québécois du commerce de détail (CQCD).

Cette grande agence mondiale de création d'images corporatives a travaillé à la fois pour la chaîne de lingerie Victoria's Secret et Viagra, note le président. M. Gobé a aussi créé des images à succès pour Coca-Cola, IBM, Sears et Reebok, en plus d'intervenir auprès de L'Oréal, Procter & Gamble, Lexus et 3M. Il a publié *Emotional Branding* et *Citizen Brand*, dont peuvent s'inspirer les géants mais aussi les petits détaillants. Le but du congrès est justement de donner de bonnes idées aux détaillants pour faire face à la concurrence, a déclaré le président-directeur général du CQCD, Gaston Lafleur.

Le client reste plus fidèle à la marque qui le touche et qui a gagné sa confiance. Un exemple : Costco offre un bon rapport qualité/prix, même des bagues de fiançailles de grande valeur à la moitié du prix, selon Marc Gobé.

Il faut passer du consommateur à l'humain, dit-il. Le détaillant doit établir une relation émotive avec la génération Y et les femmes notamment.

La génération Y est presque aussi importante que celle des baby-boomers, aux États-Unis en particulier. Ces jeunes nés entre 1977 et 1994 sont souvent des activistes et peuvent tout changer. Ils peuvent même détruire des marques ; Gap et Nike en savent quelque chose, lance Marc Gobé.

Les femmes constituent un autre groupe à courtiser. La femme est le « directeur des achats » du ménage. Le détaillant doit s'adresser différemment à la mère de famille monoparentale. Les concepteurs de marques de commerce doivent réaliser que la femme adore le service personnalisé, être associée aux leaders, être en contrôle mais aussi être séduite. Virgin Airlines a conçu une publicité montrant un jeune homme cirant les bottes d'une jolie femme. Le plus important toutefois pour la femme, ce sont ses enfants : IKEA et Home Depot ont ainsi des parcs de jeux pour les enfants, afin de faciliter les achats de la cliente.

La femme adore communiquer. weightwatchers.com permet aux femmes de parler entre elles de leurs problèmes de poids, même s'il faut payer pour y accéder, dit M. Gobé.

La marque ne doit pas seulement être honnête mais inspirer confiance, poursuit Marc Gobé. La marque doit respecter les valeurs de la société civile et favoriser le progrès social. Le client et l'employé lui seront ainsi plus fidèles.

Le produit doit non seulement répondre à un besoin, mais aussi faire plaisir. Même le magasin à escompte de vêtements et de chaussures ne pourra plus être terne et se contenter d'une présentation « sordide » de ses produits. De l'éclairage, que diable, et un coup de pinceau ! dit M. Gobé.

Le détaillant doit offrir de la qualité, mais avant tout une solution. Ivory offre peut-être le meilleur savon pour le prix « et il flotte », mais le client acceptera de payer beaucoup plus cher pour une barre à la glycérine et pour le savon qui promettra d'atténuer le stress. Le magasin de vêtements pour femmes de carrière AnnTaylor offre un coin Internet à ses clientes qui veulent communiquer avec leur bureau.

Le détaillant doit passer de la notoriété à l'inspiration. Il ne lui suffit plus d'être connu, il faut être aimé. Tiffany et Birks emballent leurs cadeaux dans une boîte bleue et la femme se sent ainsi plus comblée que par aucun autre présent, explique Marc Gobé. AnnTaylor mise gros sur ses sacs car c'est la meilleure publicité pour le prix.

Après le produit fonction, le détaillant doit passer au produit sensoriel. Victoria's Secret a une publicité affichant une femme nue, à peine drapée par une robe de mariée. Heinz vend son ketchup avec de la moutarde dans un emballage pour le pique-nique, proposant un style de vie.

Le détaillant doit donner du service mais, encore mieux, établir une relation personnelle avec le client et comprendre ses émotions, dit aussi Marc Gobé.

Source : La Presse, cahier « Affaires », 16 avril 2003, p. D4.

Le détaillant doit-il se préoccuper davantage de la fonction utilitaire de son offre ou de la valeur client discutée au chapitre 1 ? Qu'en pensez-vous ?

La gestion de la distribution physique

Jusqu'ici, nous avons discuté du choix des circuits de distribution et des différents intermédiaires utilisés par les producteurs pour acheminer leurs produits et leurs services au consommateur final. Nous étudierons maintenant la distribution physique, à laquelle revient la tâche d'assurer le déplacement des produits et des services du producteur aux consommateurs.

Plusieurs auteurs ont défini la gestion de la distribution physique. Nous croyons que la meilleure définition est celle du National Council of Physical Distribution Management (NCPDM).

« La gestion de la distribution physique est le terme qui décrit l'intégration de deux ou de plusieurs activités dans le but de planifier, d'exécuter et de contrôler une circulation efficace des matières premières, des stocks en voie de transformation et des produits finis, à partir du point d'origine jusqu'au point de vente. Ces activités comprennent, mais n'y sont pas limitées, le service à la clientèle, la prévision de la demande, les communications de distribution, le contrôle des stocks, la manutention des produits, le traitement des commandes, les pièces de rechange, le service après-vente, la sélection de l'emplacement des entrepôts, le transport et finalement l'entreposage[9]. »

Pourquoi s'intéresser à cette activité de marketing ? Parce que, à elle seule, elle peut absorber près du tiers du prix de vente au détail des produits. De plus, le nombre croissant de consommateurs et les facilités de communication ont donné naissance à des marchés nationaux et internationaux de biens et de services. Les entreprises ont introduit des milliers de nouveaux produits vendus et distribués à des clients situés aux quatre coins du globe. Les entreprises multiples ont remplacé l'usine de production unique. De nos jours, on trouve souvent, dans l'industrie de l'automobile par exemple, des entreprises qui fabriquent chacune une pièce, et ces pièces sont ensuite réunies pour être assemblées sur une même chaîne de montage. La distribution des produits, du point d'origine jusqu'au point de vente ou d'achat, est devenue une composante extrêmement complexe et importante des pays industrialisés. C'est pourquoi on qualifie souvent la distribution physique de « fonction logistique » assurant la circulation des biens à partir des matières jusqu'au point de vente du produit fini.

Les coûts de transport ont plus que triplé au cours de la dernière décennie. De plus, il ne faudrait pas oublier l'augmentation incessante du coût de financement des inventaires ainsi que celle du coût de la main-d'œuvre. Voilà de bonnes raisons de s'intéresser au domaine de la distribution physique. Et que dire du prix de l'essence au début du XXIe siècle ! Les manifestations des camionneurs s'intensifieront certainement, et l'on peut prévoir une autre augmentation importante des coûts de transport.

L'objectif de la distribution physique

Quel est l'objectif de la distribution physique ? Beaucoup d'entreprises donneraient la réponse suivante : « C'est d'amener les bons produits aux bons endroits, au bon moment, et ce, en minimisant les coûts. » Malheureusement, les miracles ne sont pas de ce monde ; aucun système de distribution ne peut, à la fois, maximiser le **service à la clientèle** et minimiser les coûts de distribution. Maximiser le service à la clientèle suppose l'existence de stocks abondants, l'utilisation des moyens de transport les plus rapides et un grand nombre d'entrepôts, et ces facteurs contribuent justement à faire augmenter les coûts de distribution. Au contraire, des niveaux de stock bas, l'utilisation de modes de transport lents et bon marché et un nombre réduit d'entrepôts minimiseront les coûts de distribution.

On pourrait définir l'objectif de la distribution physique par l'expression « système efficace ». L'efficacité d'un système se mesure en fonction des entrées et des sorties. Le coût du service représente les entrées, tandis que les sorties du système de distribution sont constituées du niveau de service à la clientèle. L'efficacité d'un tel système est le résultat d'une série de décisions relatives au nombre, à l'emplacement et à la dimension des entrepôts, aux modes de transport utilisés, à l'exécution des commandes ainsi qu'à la politique de stockage.

Objectif de la distribution physique
Amener le bon produit au bon endroit, au bon moment, et ce, en minimisant les coûts.

Service à la clientèle
Philosophie de gestion centrée sur le client qui intègre et gère toutes les activités d'échange d'un produit ou d'un service dans le cadre d'un coût-service mixte optimal et prédéterminé.

Les normes du service à la clientèle

Compte tenu de l'environnement extrêmement concurrentiel des années 2000, le service à la clientèle est devenu une composante essentielle du marketing mix. On peut définir le service à la clientèle comme une philosophie centrée sur le client, qui intègre et gère toutes les activités d'échange d'un produit ou d'un service entre une personne ou une organisation et une autre personne ou organisation, dans le cadre d'un coût-service mixte optimal et prédéterminé. Le service à la clientèle agit telle une force unificatrice pour toutes les activités liées à la gestion de la distribution physique. Il comprend toutes les activités qui ont un impact sur le niveau de satisfaction des clients.

Comme chaque élément du système de distribution physique de l'entreprise peut toucher le client en ce qui concerne la réception du bon produit, au bon endroit, dans les bonnes conditions, au bon prix et au bon moment, le service à la clientèle préconise l'intégration de la gestion des activités de distribution de manière à procurer au client le niveau de satisfaction désiré, au coût total le plus bas possible.

On peut exprimer ainsi les normes de service à la clientèle dans une entreprise : 80 % de toutes les commandes doivent être livrées en moins de 24 heures après leur réception, 95 % en moins de 48 heures et toutes les autres en moins d'une semaine. À titre d'exemple, certains restaurants Mikes garantissent la livraison à domicile en moins de 30 minutes après la réception d'une commande téléphonique.

La quantification des normes du service à la clientèle représente donc une importante décision pour le gestionnaire du marketing. Si les normes ne sont pas assez élevées (service déficient), elles créeront de l'insatisfaction au sein de la clientèle et, par le fait même, seront responsables de la perte de ventes dans l'avenir. Par contre, si les normes sont trop élevées (niveau de service plus élevé que ce qu'espère la clientèle), elles entraîneront inutilement des coûts supérieurs, ce qui aura pour effet de rendre l'entreprise moins concurrentielle. Le gestionnaire a donc la responsabilité de mesurer les avantages par rapport aux coûts avant de déterminer ses normes de service à la clientèle.

Il est possible qu'une entreprise retire à court terme quelque avantage concurrentiel du fait qu'elle adopte des normes de service à la clientèle plus élevées. Cependant, à long terme, ses concurrents se verront obligés de hausser leurs normes à leur tour, de sorte que chacun perdra son attrait, avec comme conséquence une augmentation des coûts pour tout le monde.

Les normes de service à la clientèle constituent l'une des premières décisions à prendre en matière de distribution physique, et les autres décisions en dépendront énormément.

Gestion intégrée
Administration des diverses activités de distribution, qui sont considérées comme un tout.

Le concept de la gestion intégrée en distribution physique

À l'heure actuelle, seul un petit nombre d'entreprises gère la distribution physique comme un système intégré. Fondamentalement, le concept de gestion intégrée de la distribution physique se rapporte à l'administration des diverses activités de distribution considérées comme un tout. En comparaison, dans une entreprise qui n'applique pas le concept de gestion intégrée, l'ensemble des activités de distribution est fragmenté et souvent réparti entre diverses fonctions organisationnelles qui ont chacune leurs priorités et leurs mesures. Certains administrateurs ont constaté qu'ils pouvaient réduire les coûts totaux de la distribution, améliorer le service à la clientèle et réduire de manière substantielle les conflits interservices par l'intégration des activités liées au domaine de la distribution.

L'analyse du coût total représente l'élément clé lorsqu'il s'agit de gérer la fonction de distribution physique (*voir figure 8.7*). Il revient à la direction de l'entreprise d'essayer de minimiser ces coûts totaux au lieu de tenter de réduire les coûts de chaque composante. En effet, il se peut que les tentatives faites pour réduire le coût de chaque activité de distribution soient sous-optimales et qu'elles se soldent par un accroissement des coûts totaux. Par exemple, la consolidation des cargaisons de produits finis réduira les frais de transport, mais elle pourra se traduire par une augmentation substantielle des frais d'entreposage ou par une augmentation des coûts liés aux ventes perdues à la suite d'une réduction du service à la clientèle[10].

Il est important que l'entreprise considère la totalité des coûts de distribution, c'est-à-dire qu'elle inclue les coûts suivants dans le coût total : transport, entreposage, commande, emplacement de l'entrepôt, contrôle des inventaires, manutention, assurance, traitement de l'information, normes du service à la clientèle et ventes perdues. Des réductions de coûts pour une activité de distribution entraînent inévitablement une augmentation des coûts des autres composantes. Pour bien gérer la distribution physique et réaliser des réductions de coûts, il faut envisager ce système comme un système intégré.

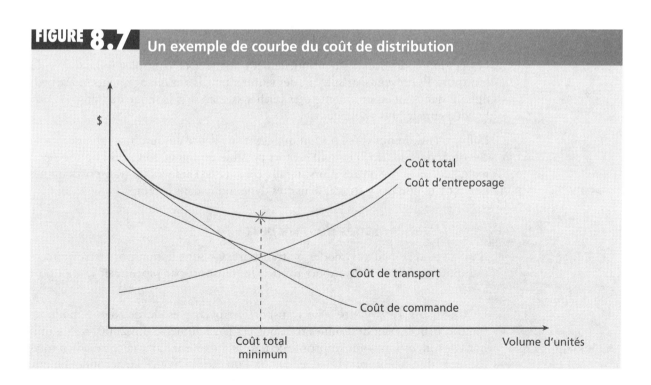

FIGURE 8.7 Un exemple de courbe du coût de distribution

La fonction de transport

En matière de distribution, la variable transport joue un rôle très important. Cette variable consiste à acheminer les produits au bon endroit et au bon moment, et elle participe ainsi à la satisfaction des consommateurs. Le choix du mode de transport et le choix du transporteur influent sur le prix des produits de l'entreprise, l'importance des dommages occasionnés et la fiabilité de la livraison. Étant donné son importance, le transport devrait faire l'objet d'une analyse approfondie, d'une planification judicieuse et d'un contrôle rigoureux.

Le choix d'un ou de plusieurs modes de transport doit tenir compte de multiples aspects. La décision doit considérer les coûts associés aux modes de transport, les avantages et les désavantages liés à chacun d'eux, la nature du produit, la destination des marchandises expédiées, les objectifs de l'entreprise et ses contraintes, et la nature des actions des concurrents.

Les entreprises devraient, en fonction de leurs objectifs et de leurs besoins respectifs, s'efforcer de maximiser le ratio performances/coûts en ce qui concerne leurs activités de transport. Pour ce faire, il leur faut porter une attention particulière à la détermination des coûts engagés ; il importe de réduire les coûts de transport, dans le but de contribuer à la minimisation des coûts totaux de distribution et, au bout du compte, du prix de vente. Elles doivent gérer de façon parallèle la fonction de transport et le niveau d'inventaire ; de cette manière, elles pourront s'assurer que leur inventaire leur permettra toujours de respecter un délai de livraison acceptable. Elles devront également s'assurer qu'il n'y a pas de délais de livraison trop longs qui pourraient leur nuire et leur faire échapper de belles occasions. Enfin, le transport demeure entièrement lié aux autres composantes de la distribution physique ; c'est pourquoi il doit être géré en concordance avec celles-ci.

Les gestionnaires doivent continuellement analyser et contrôler les activités de transport. Ils doivent, par ailleurs, demeurer attentifs aux changements qui se produisent dans leur environnement et vérifier sans cesse si le mode de transport utilisé demeure le plus avantageux.

Enfin, mentionnons que l'option qui est la meilleure aujourd'hui est susceptible d'évoluer dans le temps et qu'il est fort possible qu'elle ne soit plus l'option optimale demain. En d'autres mots, il faut considérer l'activité de transport comme une activité non pas statique, mais très dynamique dans le temps.

Les différents modes de transport

Il existe cinq principaux modes de transport. Ce sont le transport ferroviaire, le transport maritime, le transport routier, le transport par pipeline et le transport aérien.

Le transport ferroviaire   Le transport ferroviaire est le deuxième mode de transport sur le plan des tonnes transportées par kilomètre. En 2000, 345,4 millions de tonnes/km[11] ont emprunté cette voie. Le réseau ferroviaire canadien totalise une distance approximative de 20 000 km. Depuis la Seconde Guerre mondiale, ce mode de transport a vu sa part de marché décliner constamment. La plupart du fret que l'on expédiait jadis par train est aujourd'hui acheminé par transport routier. De plus, une partie du marché du transport ferroviaire a été perdue en faveur des transporteurs maritimes et des expéditeurs par pipeline, qui concurrencent avantageusement le rail dans le domaine des marchandises en vrac. En 2000, les cinq principales marchandises transportées par le Canadien National (CN) et le Canadien Pacifique (CP) ont été le charbon (34 millions de tonnes), le blé (21 millions de tonnes), les chargements mixtes, ou fret non identifié, (17 millions de tonnes), la potasse (14 millions de tonnes) et d'autres produits chimiques de base (10 millions de tonnes[12]).

Même si l'accessibilité de ce mode de transport est étendue à une multitude de communautés, soulignons que le réseau ferroviaire n'est pas aussi développé que le réseau routier dans la plupart des pays. Pour cette raison, le transport ferroviaire manque de flexibilité par rapport au transport routier, puisqu'il se limite au réseau de voies existant. Par conséquent, le service par train, tout comme le service par avion, s'effectue d'un terminus à l'autre et non du point d'origine au lieu de destination.

Le coût du transport par voie ferrée est généralement bas. Il se compare avantageusement aux autres moyens de transport en ce qui concerne la sécurité. Toutefois, la durée des transits et la fréquence du service du réseau ferroviaire le désavantagent par rapport aux transporteurs routiers.

Le transport maritime Ce mode de transport est le plus utilisé sur le plan des tonnes transportées par kilomètre. Le transport maritime se divise en trois catégories : la navigation sur les voies navigables intérieures, comme les fleuves, les canaux et les Grands Lacs, la navigation le long des côtes et la navigation internationale. Les transporteurs maritimes font concurrence au rail puisque la majorité des marchandises qu'ils transportent se composent de produits semi-ouvrés ou de matières premières. Le transport maritime convient au déplacement des marchandises lourdes, volumineuses, de faible valeur unitaire et que l'on peut charger ou décharger efficacement par des moyens mécaniques (par exemple, le bois et les minerais). On opte pour ce mode de transport surtout dans les situations où la rapidité de livraison est secondaire. De plus, les transporteurs maritimes sont limités dans leurs déplacements par le réseau hydrographique existant. Les ports canadiens ont manutentionné 385,6 millions de tonnes de fret en 1999 ; de ce nombre, 104,4 millions de tonnes représentent le transport maritime intérieur[13].

Le transport routier Le transport par camion a connu une croissance accélérée depuis les années 1960. En 2001, on a transporté 87,5 milliards de tonnes/km au Canada (transport intérieur[14]). Près du tiers de la totalité du fret et la plupart des biens de consommation sont transportés par camion. Le transport routier fait concurrence au transport aérien, lorsqu'il s'agit de petits chargements, et au transport ferroviaire, pour les gros chargements. Le transport routier concurrence le transport aérien en particulier grâce à une plus grande efficacité dans les terminus et sur le plan des activités de prise de possession et de livraison.

Le transport routier est plus flexible et plus varié que les autres modes de transport. Cette flexibilité s'explique par un immense réseau routier (au Canada, plus de 30 000 kilomètres de routes importantes) qui permet d'offrir un service d'un point à l'autre, quelle que soit la provenance ou la destination des expéditions. Il est varié en ce sens que l'on peut transporter à peu près tout ce qui entre dans un camion, même si cela suppose que l'on apporte certaines modifications à l'équipement.

En général, le service des transporteurs routiers s'avère beaucoup plus rapide que celui du train et se compare avantageusement à celui des transporteurs aériens sur des distances relativement courtes. Le ratio des pertes et des dommages occasionnés aux marchandises se révèle sensiblement moins élevé que celui du train et légèrement supérieur à celui de l'avion. Aucun autre moyen de transport n'offre la même couverture de marché que les transporteurs routiers.

Le transport par pipeline   Au Canada, la plupart des pipelines vont d'ouest en est. Ils servent au transport des produits tels que le gaz naturel, les produits pétroliers, les produits chimiques et les produits liquéfiés. Ce mode de transport a acheminé 118,4 millions de mètres cubes de produits pétroliers en 1998[15]. Les pipelines assurent à l'expéditeur un service extrêmement sûr à un prix relativement bas. Le ratio des pertes ou des dommages causés par des fuites ou des bris est extrêmement faible. Les conditions climatiques touchent très peu les produits acheminés par pipeline. De plus, les pipelines requièrent très peu de personnel ; par conséquent, les grèves ou l'absence d'employés dérangent très peu ces activités. Par contre, le nombre de produits que l'on peut faire transporter par pipeline est restreint.

Le transport aérien   Sur le marché intérieur, les transporteurs aériens font passer, d'un point à l'autre, moins de 1 % du trafic (en tonnes/kilomètre). Quoiqu'un nombre croissant de transporteurs aériens offrent leurs services sur une base régulière, la plupart des gens considèrent le transport aérien comme un service coûteux, à utiliser en situation d'urgence. Néanmoins, lorsqu'il faut livrer un article dans un endroit fort éloigné comme la baie James, le fret aérien représente le moyen de transport le plus rapide.

En règle générale, le fret aérien transporte des produits de grande valeur, mais de faible densité ou de poids peu élevé. En effet, on ne pourrait justifier le coût du transport par avion d'un article de faible valeur, car le tarif élevé du fret aérien représenterait une part trop importante du coût du produit. Par contre, pour certaines entreprises, les coûts élevés du transport aérien sont plus que compensés par des coûts d'inventaire et d'entreposage plus faibles.

Transport intermodal
Utilisation de divers modes de transport pour acheminer un chargement de marchandises entre deux points.

Le transport intermodal   En plus des cinq modes de transport précédents, les expéditeurs peuvent utiliser un certain nombre de combinaisons appelées « transport intermodal », c'est-à-dire recourir à divers modes de transport pour acheminer un chargement de marchandises entre deux points. Grâce au transport intermodal, il est possible de bénéficier du coût et des avantages de deux ou de plusieurs moyens de transport lors d'un seul envoi de marchandises.

La classification des modes de transport

En général, on classe les modes de transport en trois catégories : les transporteurs privés, les transporteurs contractuels et les transporteurs publics. Les transporteurs privés sont la propriété de l'entreprise qui les utilise pour véhiculer ses produits (par exemple, les véhicules articulés de Metro-Richelieu) ; ceux-ci ne transportent pas les produits des autres entreprises. À cause de cette caractéristique, ils ne sont pas soumis à la réglementation concernant les tarifs, mais ils doivent respecter des normes de sécurité prescrites.

Une entreprise a le privilège d'employer des transporteurs contractuels, c'est-à-dire des entreprises qui sont propriétaires de leurs camions, pour effectuer le transport de marchandises pendant une période donnée (par exemple, les camions-citernes de Somavrac inc.). Ces transporteurs ne s'adressent pas au public en général, mais à une clientèle très limitée. De plus, ils doivent se soumettre à une réglementation beaucoup plus sévère que celle à laquelle sont assujettis les transporteurs privés.

Enfin, les transporteurs publics se distinguent des transporteurs privés par le fait qu'ils offrent un service continuel et qu'ils s'adressent au public en général (par exemple, Purolator Courrier ltée, les autocars Orléans Express inc.). Les services offerts et les tarifs sont réglementés par les gouvernements.

http://www.purolator.com/
http://www.orleansexpress.com/

Les entrepôts et les centres de distribution

En matière de distribution physique, il faut faire la distinction entre entrepôts et centres de distribution. En effet, le mot « entrepôt » est souvent utilisé indifféremment pour désigner l'un ou l'autre de ces deux éléments.

L'entrepôt

L'entrepôt est l'endroit où l'on emmagasine des produits pendant une période plus ou moins longue, ce qui permet notamment d'équilibrer l'offre et la demande. L'entrepôt permet également de faire des économies de production. Grâce à lui, les dirigeants d'une entreprise sont en mesure de produire en plus grande quantité et ainsi de réduire les coûts unitaires de production. Il faut être prudent, car cette situation engendre des coûts supplémentaires de maintien des stocks. Le gestionnaire doit s'assurer que les économies réalisées sur le plan de la production excèdent les frais supplémentaires associés à l'entreposage de cette même production.

L'entrepôt permet, dans certains cas, de réaliser une économie de transport. Prenons l'exemple d'une entreprise qui, faute d'espace pour ranger ses stocks, doit passer de petites commandes tous les jours. Elle ne peut profiter de tarifs avantageux pour le transport. Si, au contraire, elle possédait des entrepôts de taille suffisante, elle pourrait commander en plus grande quantité et, par le fait même, obtenir des tarifs beaucoup plus avantageux auprès des transporteurs. Encore là, le dirigeant doit s'assurer que l'économie réalisée sur le plan du transport est supérieure au coût de l'entreposage de plus grandes quantités de produits.

L'entrepôt offre également l'avantage d'emmagasiner des matières premières susceptibles de devenir plus rares. Si le dirigeant est en mesure de prévoir une pénurie, il peut se permettre d'ajuster le niveau de ses stocks en conséquence par des achats plus fréquents ou des achats effectués en plus grande quantité.

La politique d'entreposage d'une entreprise influe sur son service à la clientèle. Lorsque l'entreprise désire remplir toutes ses commandes en moins de 24 heures, elle devra tenir compte de différents facteurs comme l'emplacement des entrepôts, leur nombre et le niveau des stocks.

Dans le cas de produits saisonniers tels que les pelles à neige, l'entrepôt permet de répartir la production sur une bonne partie de l'année, même si la demande n'est élevée que durant une courte période. De cette manière, le gestionnaire peut réduire ses immobilisations dans la capacité de production, avec comme conséquence de réduire les coûts de manière significative. L'inverse de cette situation peut également se produire ; par exemple, au Québec, la récolte des pommes s'effectue à la fin de septembre et durant le mois d'octobre, tandis qu'on les consomme toute l'année. Grâce aux entrepôts qui facilitent la conservation des pommes, il est possible d'étaler la vente sur toute l'année et d'offrir ainsi le produit à meilleur prix. Cependant, il y a également un danger de subir des pertes lorsque la marchandise est entreposée trop longtemps (emballages qui jaunissent, désuétude de la marchandise, etc.).

Entrepôt public
Entreprise offrant des services d'entreposage moyennant un tarif de location et de livraison.

Il existe deux types d'entrepôts : l'**entrepôt public** et l'entrepôt privé. L'entrepôt public met des espaces à la disposition de tous les utilisateurs potentiels, par exemple, Seconat ltée, Termino Corporation et la plupart des déménageurs professionnels offrent des espaces d'entreposage au public. Les utilisateurs paient uniquement pour l'espace qu'ils occupent. Ceux qui le désirent peuvent également profiter de toute une gamme de services offerts par la direction, moyennant un débours supplémentaire. L'entrepôt public est une option intéressante pour les entreprises qui n'ont pas besoin d'un entrepôt permanent ou pour celles qui ne disposent pas du capital nécessaire pour détenir leur propre entrepôt. Cette solution présente l'avantage de ne requérir aucun investissement, car le client ne débourse que pour l'espace dont il a besoin.

L'entrepôt privé, lui, est la propriété de l'entreprise qui l'utilise. La plupart des entreprises dont les besoins d'entreposage sont relativement stables en possèdent un. L'entrepôt privé offre l'avantage d'être mieux adapté aux caractéristiques des produits de l'entreprise. Il permet également d'avoir un meilleur contrôle sur les activités. L'entrepôt privé permet d'épargner de 15 % à 25 % des frais d'exploitation, à condition cependant que l'entrepôt soit utilisé à plein rendement.

Centre de distribution
Endroit où l'on rassemble les produits et d'où on les redistribue.

Le centre de distribution

Le centre de distribution est un entrepôt dont le rôle n'est pas d'emmagasiner de la marchandise, mais d'en accélérer la distribution. C'est un endroit où l'on rassemble les produits et d'où on les redistribue. Le centre de distribution permet de réduire les coûts de transport et d'inventaire et d'augmenter le taux de roulement de façon à permettre à l'entreprise d'augmenter ses profits.

Certains points permettent de différencier les centres de distribution des entrepôts. Les centres de distribution desservent un marché plutôt régional. Ils consolident des envois de marchandises provenant de plusieurs points de fabrication. Ils sont conçus pour garder les biens en mouvement plutôt que pour les emmagasiner. Enfin, l'un des critères d'efficacité des centres de distribution est le laps de temps écoulé entre l'entrée du produit et sa sortie. Ces centres regroupent et traitent les commandes de façon que les biens soient rapidement acheminés vers leurs destinataires. On y trouve un matériel de manutention très complexe et quelquefois entièrement automatisé.

L'emplacement des entrepôts et des centres de distribution

L'emplacement des entrepôts et des centres de distribution constitue un élément fort important à considérer. Un mauvais emplacement aura des effets considérables sur les coûts totaux et sur le service à la clientèle, alors que de bons emplacements représenteront un avantage certain à l'intérieur d'un système de distribution puisqu'ils faciliteront l'écoulement des marchandises. Il faut tenir compte de deux types de coûts lors du choix de l'emplacement : en premier lieu, les coûts d'entreposage et de manutention, qui varient en fonction du volume d'activité, c'est-à-dire que l'on peut profiter d'économies d'échelle (le coût par unité diminue à mesure que les quantités augmentent) ; en second lieu, le coût de livraison, qui augmente ou diminue en fonction des distances qui séparent le client de l'entrepôt.

En plus de ces coûts, une série de facteurs influent sur le choix de l'emplacement des entrepôts et des centres de distribution. Ce sont la densité de la population, la disponibilité de la main-d'œuvre qualifiée, les taxes et les différentes lois provinciales et municipales en vigueur, l'accessibilité des différents modes de transport et les différents services de sécurité disponibles. Le choix d'un emplacement est une décision continuellement en révision, car un emplacement judicieux aujourd'hui peut ne pas l'être demain. Il est possible que l'environnement change avec les années, et ces changements peuvent améliorer le sort de l'entreprise comme ils peuvent lui nuire. Par exemple, un changement dans le réseau routier qui dessert une entreprise ou la disparition d'un certain type d'industries dans une région donnée peuvent gêner ses activités de façon considérable.

La gestion des stocks

On se doit d'accorder une importance particulière à la gestion des stocks, car ceux-ci représentent parfois plus de 30 % de l'actif de l'entreprise. En améliorant la gestion des stocks, on peut dégager du capital pour investir dans d'autres secteurs ; le taux de rendement de ces nouveaux secteurs représente le coût d'opportunité associé aux stocks. Les frais de maintien des stocks comprennent principalement le coût des assurances, les taxes, les coûts de manutention, le coût du capital immobilisé, le coût de la désuétude des stocks, ainsi que l'amortissement des immobilisations. L'informatisation du traitement des commandes et la gestion des stocks par ordinateur constituent deux moyens d'améliorer l'efficacité de la gestion des stocks. On peut recourir à d'autres moyens comme la réduction des frais de main-d'œuvre liés à la manutention des stocks par la mécanisation ou la diminution du nombre de commandes en souffrance.

RÉSUMÉ

La distribution se divise en deux parties : les circuits de distribution et la distribution physique. Les circuits de distribution se composent de différents intermédiaires tels que les détaillants, les grossistes et les agents de manufacturiers. Qu'il soit court ou long, aucun circuit de distribution n'est parfait, et chaque administrateur doit choisir celui qui convient le mieux à son entreprise. Recourir à une stratégie de pression ou à une stratégie d'aspiration joue un rôle dans le choix du circuit de distribution et dans l'adoption d'une politique de distribution intensive, exclusive ou sélective. Beaucoup d'autres facteurs ont également un impact : les caractéristiques du marché, du produit, des intermédiaires et de l'entreprise même.

Autant des conflits que de la collaboration peuvent naître au sein des réseaux de distribution en raison de la diversité des objectifs que poursuivent les différents intermédiaires. Peu importe que l'on ait recours aux services de grossistes, d'agents de manufacturiers ou de détaillants, ou encore que l'on élimine certains niveaux d'intermédiaires, les tâches associées à la distribution ne peuvent disparaître ; elles ne sont que transférées.

La distribution physique a pour objectif d'amener les bons produits aux bons endroits, et ce, au bon moment et au moindre coût. L'efficacité du système de distribution résulte d'une série de décisions relatives au nombre, à l'emplacement et à la dimension des entrepôts, aux modes de transport utilisés, à l'exécution des commandes, ainsi qu'à la politique de stockage. Le service à la clientèle agit alors telle une force unificatrice pour toutes les activités liées à la gestion de la distribution physique.

La gestion intégrée de la distribution physique consiste à gérer les diverses activités de distribution, qui sont considérées comme un tout. Ainsi, l'analyse du coût total représente l'élément clé de la gestion de la distribution physique.

En matière de distribution physique, le transport joue un rôle très important. Le mode de transport choisi doit répondre aux besoins de l'entreprise et lui permettre de minimiser ses coûts. Il existe cinq principaux modes de transport : le transport ferroviaire, le transport maritime, le transport routier, le transport par pipeline et le transport aérien.

Enfin, l'entrepôt et le centre de distribution constituent également deux éléments importants de la distribution physique. L'entrepôt est un endroit où des produits sont emmagasinés pendant une période plus ou moins longue, alors que le centre de distribution n'a pas pour but de stocker des marchandises, mais bien d'en accélérer la distribution. C'est un endroit où l'on rassemble les produits et d'où on les redistribue. Le choix de l'emplacement commercial peut s'avérer primordial pour le succès de l'entreprise.

QUESTIONS

1. Quelle est la fonction principale d'un réseau de distribution ?

2. En quoi consiste la stratégie d'aspiration ? La stratégie de pression ? Dans vos propres mots, dites à quel moment chacune d'elles peut être utilisée.

3. Pour chaque type de distribution, donnez deux exemples qui proviennent de votre entourage : a) distribution intensive ; b) distribution exclusive ; c) distribution sélective.

4. Quels sont les critères présidant au choix d'un circuit de distribution ?

5. Quelles sont les principales causes de conflits à l'intérieur d'un circuit de distribution ?

6. Définissez le concept de gestion intégrée de la distribution physique.

7. Que couvre le concept de « coût total » en distribution ?

8. Quels sont les avantages pour une entreprise d'utiliser le commerce électronique ?

9. Qu'entend-on entend par « normes de service à la clientèle » ? Donnez quelques exemples.

10. Distinguez l'entrepôt du centre de distribution.

EXERCICES PRATIQUES

8.1 LA SOCIÉTÉ GOURMET INC.

Vous vous intéressez aux spécialités régionales depuis toujours. Dernièrement, au cours de l'un de vos voyages, vous avez eu la chance de déguster des bleuets chocolatés. Comme vous êtes chanceux et curieux, vous avez appris le procédé de fabrication. Vous avez décidé de fabriquer ce délice et de le distribuer, et de devenir ainsi un concurrent des pères trappistes (http://monasteremistassini.org/chocolat). Votre objectif est de faire connaître ce délice aux gourmets des grandes villes du Québec. Quel réseau ou quels réseaux de distribution utiliserez-vous ? De plus, sur quelle grille de critères vous baserez-vous pour sélectionner les commerces de détail qui vous permettront de rejoindre le plus efficacement possible les consommateurs cibles ? Justifiez vos choix et dressez une liste des informations nécessaires à une prise de décision éclairée.

8.2 LE COMMERCE ÉLECTRONIQUE COMME MODE DE DISTRIBUTION

La distribution au Québec a beaucoup évolué au cours des cinq dernières années : nouvelles formes de commerces de détail, transactions par voie électronique, etc. Vous êtes un fabricant de montures de lunettes et vous vous demandez s'il serait possible d'utiliser le commerce électronique pour distribuer directement vos produits au consommateur final. Usez de votre créativité et imaginez un tel réseau de distribution pour vos montures. Décrivez le réseau et précisez quelles seront les étapes du processus de commande et du processus de livraison.

MISE EN SITUATION

LEVI'S

La maison de jeans à la célèbre griffe rouge a fêté en 2003 son 150e anniversaire de création. À l'origine faite pour les chercheurs d'or de l'ouest des Etats-Unis, cette toile de Nîmes a peu à peu conquis bien des publics pour s'imposer aujourd'hui comme le pantalon en denim le plus porté par tous, toutes tranches d'âge confondues.

Levi's fabriquait à l'origine des pantalons, mais elle s'est diversifiée en proposant désormais des pantalons (en toile), des shorts, des blousons, des chemises, des jupes et des accessoires divers.

Tous ces articles sont disponibles n'importe où dans le monde, que ce soit chez ces revendeurs spécialisés ou dans les grands magasins.

Avec l'arrivée d'Internet, Levi's s'est aussi lancée à fond dans la course aux nouvelles technologies en créant un site Web (www.levis.com). Les objectifs de cet outil de communication consistent avant tout à faire connaître l'entreprise et ses produits aux amateurs de la marque, mais aussi aux acheteurs potentiels qui, soit en ont peu entendu parler, soit n'ont jamais porté ces produits et aimeraient en connaître davantage sur la marque à la griffe rouge. Ainsi, les internautes peuvent visualiser la ligne de produits, télécharger des articles promotionnels (fonds d'écran), participer à des concours pour encore en apprendre sur l'histoire de l'entreprise.

Sachant qu'Internet peut aussi être conçu comme un outil de distribution, le dilemme auquel les dirigeants font face est de savoir comment faire cohabiter divers modes de vente, à savoir la vente traditionnelle par l'intermédiaire de détaillants en magasin et la vente en ligne,

populaire auprès d'une clientèle aisée, ayant accès à Internet et n'ayant pas de craintes quant à la sécurité des transactions en ligne.

Aujourd'hui, vous êtes appelé à faire partie de l'équipe de direction, chargée de prendre une décision quant à la stratégie de distribution à mettre en place. À partir des renseignements fournis ici, ainsi que de l'information que vous pourrez trouver sur le site Web de l'entreprise, il vous est demandé de faire un choix et de le justifier.

CAS

MERCERIE CHEZ CATAMODE*

Diplômé d'une école de marketing reconnue, vous avez créé votre propre agence de consultation, spécialisée dans le commerce de détail et des services.

Votre oncle est propriétaire depuis plus de 20 ans d'une mercerie pour hommes dans la région de Québec. La spécialité de la maison est de proposer des modèles de vêtements sport avant-gardistes aux hommes de forte taille de 25-45 ans. Traditionnellement, les collections proposées sont situées dans le moyen et le haut de gamme. Depuis les six dernières années, votre oncle a considérablement augmenté sa clientèle en proposant ses nouveaux modèles (deux fois l'an) par catalogue. En bref, son catalogue (papier glacé, 12 pages, format de poche, couleurs vives) est maintenant distribué à 30 000 exemplaires et les résultats sont stupéfiants.

Lors d'une récente rencontre, votre oncle vous a présenté sous forme de tableau l'évolution des ventes relatives aux envois postaux résultats de commandes par catalogue.

Votre oncle vous résume le tableau en vous disant que la zone 1 est une zone déterminée par un rayonnement de 10 kilomètres aux alentours du magasin principal ; la zone numéro 2 englobe tous les foyers à 30 kilomètres à la ronde et la zone 3 concerne les envois allant jusqu'à 100 kilomètres à la ronde. Les coûts de production ne comprennent pas les frais de poste. Une analyse récente sur les coûts/bénéfices démontre que le seuil du point mort se situait à un retour sur distribution de 3,5 unités vendues par 100 catalogues expédiés. L'analyse du tableau démontre en effet qu'en ce qui concerne particuliè-

rement la zone n° 3, le taux de retours se situe justement aux environs de 3,5 unités vendues par 100 catalogues expédiés.

Votre oncle vous fait aussi part qu'il a reçu dernièrement la visite d'un consultant, M. Koupolev, de la firme Samsonov, Delev et Touchak, qui lui a vanté les mérites d'un nouveau canal de distribution qu'il a identifié comme étant le www. Votre oncle résume les propos de M. Koupolev comme suit : les ventes sur le www sont exponentielles, si bien qu'il y a un risque de voir disparaître le commerce traditionnel de détail à moyen terme ; il n'y a plus d'obstacles à la vente sur le www ; les exemples de rendement des organisations qui vendent sur le Web sont éloquents ; le principal facteur de succès de ce réseau de distribution concerne les délais de livraison ; le prix revêt aussi beaucoup d'importance ; il est nécessaire de donner un incitatif à la clientèle potentielle afin de l'amener à passer une commande ; les coûts associés au service après-vente sont réduits dû au fait que les clients hésitent à retourner la marchandise ; bref, M. Koupolev conseille de réduire le nombre de catalogues à distribuer et propose par la suite d'élaborer un site de vente sur le Web.

Votre oncle aimerait vous proposer un travail d'analyse, mais auparavant, il aimerait connaître vos réponses aux questions suivantes :

1. Quel est le pourcentage de familles qui sont « branchées » au Québec ?
2. Quel est le volume de ventes attribuable au commerce électronique ?
3. Quels sont les avantages et désavantages de faire de la vente sur le Web ?
4. Identifiez des organisations, dans le domaine du vêtement, qui sont présentes sur le www.

TABLEAU 8.1 L'évolution des ventes relatives aux envois postaux

ANNÉE	CATALOGUES DISTRIBUÉS	ZONE 1	ZONE 2	ZONE 3	VENTES EN UNITÉS	VENTES ZONE 1 (UNITÉS)	VENTES ZONE 2 (UNITÉS)	VENTES ZONE 3 (UNITÉS)	COÛTS DE PRODUCTION
1994	5 000	5000			750	750			5000 $
1995	10 000	7500	2500		1300	1000	300		8000 $
1996	20 000	7500	7500	5000	2400	1700	450	250	13 000 $
1997	20 000	7500	7500	5000	2500	1800	400	300	13 000 $
1998	25 000	7500	7500	10 000	2700	1750	450	500	18 000 $
1999	30 000	7500	7500	15 000	3000	2050	430	520	20 000 $

5. Précisez les facteurs de succès relatifs aux transactions sur le Web.

6. Quelles sont les principales barrières, s'il en est, qui font que le consommateur hésite à acheter sur le Web ?

7. Faut-il envisager d'abandonner la publication du catalogue actuel ?

8. De façon générale, quelles seraient vos recommandations face à la possibilité de s'implanter sur le Web ?

9. Identifiez et précisez les étapes nécessaires à la réalisation de vos recommandations.

* Cas rédigé par André Carle, chargé de cours à l'École des Hautes Études Commerciales (HEC) et à l'Université du Québec à Trois-Rivières (UQTR).

NOTES

1. STATISTIQUE CANADA. *Les commerces de gros et de détail,* cat. n° 63-236, décembre 1999.

2. STATISTIQUE CANADA. CANSIM II, tableau 081-0002, publication n° 63-008-XIB, 2003.

3. Cette partie s'inspire du premier chapitre de PETTIGREW, Denis, *La gestion des commerces de détail,* paru chez McGraw-Hill, Éditeurs, 1989.

4. STATISTIQUE CANADA. *Données annuelles sur le commerce de détail en magasin,* cat. n° 63F0026XCB, 2003.

5. *Ibid.*

6. Cette section s'inspire de STANTON, William J., SOMMERS, Montrose et BARNES, James. *Fundamentals of Marketing,* 4e édition canadienne, McGraw-Hill, 1985, p. 427-430.

7. GRÉGOIRE, Yany et NANTEL, Jacques. « Une segmentation de la clientèle des centres commerciaux », dans *Gestion,* vol. 23, n° 2, été 1998, p. 45-54.

8. PETTIGREW, Denis et PAPILLON, Benoît Mario. « Les commerçants québécois sont-ils performants ? Étude comparative Québec-Ontario », Congrès de l'ACFAS 1995, Chicoutimi.

9. Adapté de NATIONAL COUNCIL OF PHYSICAL DISTRIBUTION MANAGEMENT (NCPDM). *Comment* 9, n° 6, novembre-décembre 1976, p. 4-5.

10. Pour obtenir plus de renseignements sur le service à la clientèle, *voir* PETTIGREW, Denis, *La gestion de la distribution,* Gaëtan Morin éditeur, 1987.

11. STATISTIQUE CANADA. *Le transport ferroviaire au Canada,* cat. n° 52-216-XIB, 2000.

12. *Ibid.*

13. STATISTIQUE CANADA. *Le transport maritime au Canada,* cat. n° 54-205-XIB, 1999.

14. STATISTIQUE CANADA. *Le camionnage au Canada,* cat. n° 53-222-XIB, 2001.

15. STATISTIQUE CANADA. *Le transport du pétrole par pipeline,* cat. n° 55-001, 1999, p. 12.

CHAPITRE 9

Le prix

OBJECTIFS D'APPRENTISSAGE

Après la lecture du chapitre, vous devriez être en mesure :

- de définir la variable « prix » ;
- de comprendre l'importance du prix ;
- de définir les objectifs de la détermination du prix ;
- de connaître les méthodes et les facteurs à considérer lors de la fixation des prix ;
- de connaître les différentes politiques et tactiques de prix ;
- de connaître les facteurs considérés lors d'un changement de prix.

Par Denis Pettigrew, D.Sc. gestion
Professeur titulaire de marketing, Université du Québec à Trois-Rivières

La détermination du prix d'un produit ou d'un service est peut-être l'aspect le plus complexe de la gestion du marketing. La troisième variable du marketing mix que constitue le prix peut assurer le succès et la croissance de l'entreprise ou en causer l'échec. Le prix stimule, ou ne stimule pas, les ventes et il a un effet direct sur la rentabilité de l'entreprise. Il contribue à créer l'image d'un produit, aide à la promotion et, enfin, attire ou repousse les concurrents. On peut définir le prix comme la valeur d'échange d'un produit. Selon Lambin[1], on peut analyser le comportement d'achat comme un système d'échange où se compensent des recherches de satisfaction, d'une part, et des sacrifices financiers, d'autre part. En d'autres mots, la valeur d'un produit est ce que le client est prêt à donner en échange, sur le marché, pour se le procurer.

Combien seriez-vous prêt à débourser pour l'achat d'une tente ? Avant de répondre à cette question, vous vous poseriez sans doute une série de questions. Quelles sont les dimensions de la tente ? Quel est son poids ? Quelle est sa qualité ? Qui en est le fabricant ? De quelle couleur est-elle ? Quel est son état ? Est-elle neuve ou usagée ? Toutes ces questions sont pertinentes, mais la plus importante demeure : ce produit répond-il à mes besoins ? Si vous êtes un amateur de plein air et que vous occupez un bon emploi, vous serez peut-être prêt à payer le gros prix pour cette tente. Mais si vous êtes sédentaire et habitué à vivre à l'intérieur et que la nature ne vous intéresse pas, il est fort possible que vous n'en vouliez même pas pour un dollar ! Notons qu'il est difficile d'établir la valeur financière de cette tente. L'évaluation d'un produit diffère selon les consommateurs. On peut définir la valeur d'un produit comme ce que vaut ce produit pour une personne qui désire l'acheter ou le vendre. L'importance de la demande pour un produit et sa rareté contribuent à fixer la limite maximale du prix que peut exiger l'entreprise. Le coût de revient, pour sa part, sert à fixer la borne inférieure du prix que le commerçant peut exiger pour son produit. Il faut se rappeler que « donner » sa marchandise ne demande pas beaucoup d'habileté et qu'à peu près n'importe qui peut le faire. Mais c'est sûrement le meilleur moyen de fermer les portes de son entreprise !

L'importance de la variable prix

Le prix des produits a un impact considérable sur le système économique. Il joue un rôle régulateur dans la répartition des facteurs de production et influe, par le fait même, sur l'offre. Un prix élevé intéressera certaines entreprises à fabriquer le produit. Des taux d'intérêt élevés attirent une foule d'investisseurs. De même, des salaires élevés sont invitants pour bon nombre de travailleurs. Le prix peut donc déterminer le type, la quantité et la qualité de biens qui seront produits.

Le prix touche également la demande. Le consommateur a un revenu disponible limité et ne peut acheter tous les produits offerts sur le marché. Il doit choisir. Son choix se fera de façon à obtenir le plus de satisfaction possible pour le montant dépensé. Certains devront choisir entre acheter une planche à voile ou faire un voyage en Europe ; d'autres hésiteront entre l'achat d'une bicyclette, de patins à roues alignées ou d'un abonnement à un centre de conditionnement physique. Une chose est certaine : le consommateur ne peut se permettre d'acheter tous les biens du marché.

Deux enquêtes sur l'importance du prix, l'une menée par Udell[2], et l'autre par Robicheaux[3], placent la fixation du prix l'une au sixième rang des facteurs contribuant au succès d'une entreprise commerciale, et l'autre au premier rang. En période d'inflation, le prix redevient un pôle d'intérêt important.

Le prix d'un produit influe directement sur les profits de l'entreprise. Quel en est donc le prix idéal ? Si le prix est trop bas, l'entreprise aura un bon volume d'affaires, mais elle se privera peut-être d'une part de profit importante. S'il est trop élevé, l'entreprise réalisera une marge de contribution unitaire élevée, mais son volume des ventes sera certes plus bas, ce qui pourra même occasionner des pertes financières pour l'exercice. Le prix joue également un rôle dans la perception qu'a le consommateur de la qualité du produit. En fin de compte, le meilleur prix est celui qui permettra à l'entreprise de maximiser ses profits à long terme tout en répondant, le mieux possible, aux besoins des consommateurs. On entend par là un niveau de prix assez élevé pour réaliser une marge de contribution unitaire appréciable et obtenir un volume des ventes intéressant.

Dans certains cas, il peut arriver qu'une entreprise vende l'un de ses produits en bas du coût de revient, mais il doit s'agir d'une situation à très court terme si elle espère demeurer en affaires. Cette stratégie peut avoir pour but de lancer un nouveau produit ou encore d'augmenter sa part de marché. En d'autres mots, lorsqu'une entreprise fixe le prix de l'un de ses produits sous son coût, c'est qu'elle investit à court terme pour en retirer des avantages à long terme. Une telle stratégie de vente doit faire partie d'un plan d'ensemble bien défini et contrôlé. En aucun cas, il ne faut laisser place à l'improvisation sous peine d'exposer l'entreprise à des conséquences qui pourraient être désastreuses.

ENCADRÉ 9.1 | L'influence du mode de paiement sur la vente

LES VENTES SERAIENT EN HAUSSE SI LE PAIEMENT ALLAIT PLUS VITE

FRANÇOIS SHALOM

Tout le monde en a fait l'expérience à un moment donné ; on entre dans un magasin, peut-être une pharmacie, on attrape en vitesse un tube de dentifrice et une bouteille de shampoing. Le temps écoulé ? Deux minutes, au maximun. Ensuite, on passe à la caisse. C'est là où cela commence à se corser.

La file d'attente est longue car il n'y a qu'une caisse ouverte et le client qui nous précède souhaite être remboursé, une affaire de plusieurs minutes… Et dans certains cas, on découvre – après avoir attendu un bon quart d'heure en ligne – que le commerçant n'accepte pas les cartes de crédit ni de débit. Et on n'a pas un sou en poche ! On sort du magasin en laissant nos courses dans le panier, évidemment…

Partir sans acheter

Une étude commanditée par Solutions Moneris et effectuée par Recherche Decima conclut que «60 % des consommateurs québécois ont quitté un commerce sans avoir fait un achat parce qu'il y avait trop de monde au point de paiement ou que le traitement du paiement était trop lent».

De plus, 26 % des Québécois recensés en mars ont répondu qu'ils n'achèteraient rien d'un commerce si ce dernier n'offrait pas leur mode de paiement préféré, ce qui correspondait dans 83 % des cas à la carte de crédit ou de débit.

Source : *Les Affaires,* 26 avril 2003, p. 25.

Les objectifs de la détermination des prix

Les objectifs en matière de fixation de prix doivent découler des objectifs de marketing qui, eux, doivent être en concordance avec les objectifs de l'entreprise. Quels sont les objectifs à considérer au moment des prises de décisions concernant les prix ? L'enquête de Lanzillotti[4], effectuée aux États-Unis auprès d'entreprises de production, a mis en évidence les objectifs de fixation de prix les plus courants. Dans la pratique, on rencontre au moins six types d'objectifs : l'objectif de survie, l'objectif de maximisation des profits, l'objectif d'atteinte d'un certain taux de rendement sur les investissements, l'objectif d'accroissement des parts de marché, l'objectif de la parité avec la concurrence et l'objectif de promotion d'une gamme de produits.

L'objectif de survie

Lors d'un ralentissement économique, la survie peut devenir un objectif ambitieux pour bon nombre d'entreprises. Pour garder l'entreprise en vie, on opte pour une réduction des prix. Dans une situation d'une telle urgence, la survie de l'entreprise s'avère plus importante que les prix. Cependant, il ne peut s'agir que d'un objectif à court terme. À long terme, l'entreprise est là pour faire des profits ; sinon elle disparaîtra.

Objectif de maximisation des profits
Objectif selon lequel l'entreprise doit être dirigée de manière à maximiser ses bénéfices.

L'objectif de maximisation des profits

Maximiser ses profits, comme le décrit la théorie économique, est probablement l'objectif que poursuivent de nombreuses entreprises qui n'ont pas défini d'autres objectifs. C'est certainement le plus ambitieux, car rares sont les situations qui permettent de l'atteindre. Le public associe une politique de maximisation des profits à une entreprise qui vend à prix très élevé ou encore qui exploite le consommateur. En pratique, comme le prix est lié à la demande, l'entreprise doit s'ajuster à la concurrence, à moins d'être en situation de monopole. Toutefois, même dans un monopole, certains facteurs environnementaux jouent un rôle dans la détermination des prix, comme la présence de produits substituts. Le secteur peut être si alléchant que les autres entreprises vont investir des ressources productives dans ce domaine et mettre fin à la situation de monopole. De plus, il peut exister certaines contraintes gouvernementales limitant les prix ; par exemple, le Conseil de la radiodiffusion et des télécommunications canadiennes (CRTC) régit les tarifs de la société Bell.

L'interprétation de cet objectif doit être nuancée pour se lire comme suit : maximiser les profits à long terme signifie qu'une entreprise peut accepter des pertes à court terme pour élargir sa part de marché, rejoindre une nouvelle clientèle ou encore pour lancer un nouveau produit. L'entreprise investit aujourd'hui pour retirer le plus de profits possible à long terme. Maximiser les profits ne signifie pas vendre au prix le plus élevé, mais vendre au prix qui permettra à l'entreprise d'obtenir le volume d'affaires qui générera le maximum de profits.

L'objectif d'atteinte d'un certain taux de rendement sur les investissements

Une entreprise peut fixer ses prix de manière à obtenir un certain pourcentage de rendement sur ses investissements. Ce taux est habituellement fixé à l'avance par les administrateurs en vue d'obtenir un rendement suffisant du capital investi. Cet objectif suppose que l'entreprise se contente parfois d'une rentabilité qu'elle juge acceptable pour l'investissement et le risque correspondant, même si un autre prix aurait permis un taux de rentabilité plus élevé à long terme. En aucun cas, cependant, ce taux ne doit tomber sous le taux d'intérêt courant.

Objectif de rendement des investissements
Objectif de rendement visant à accroître le produit tiré d'un investissement par rapport au capital investi.

L'objectif d'accroissement des parts de marché

Pour certaines entreprises, l'objectif prédominant de la détermination des prix est d'augmenter ou de maintenir leur part du marché. Cependant, cet objectif est rarement compatible avec la recherche d'un taux de rendement prédéterminé des investissements. Pour l'atteindre, les gestionnaires fixeront un prix relativement bas pour leurs produits de façon à stimuler la demande et, par le fait même, augmenter la part du marché. Pour ce faire, il faut remplir deux conditions : le marché doit réagir en fonction du prix, et les coûts unitaires doivent diminuer sensiblement lorsque la production augmente. L'objectif d'augmenter la part du marché peut dénoter fortement une saine gestion de l'entreprise. Il est important que la part de marché augmente ou, du moins, se maintienne lorsque le marché croît. Mais il faut tout de même surveiller les profits, car l'entreprise doit être rentable à long terme (*voir encadré 9.2, page 262*).

Objectif d'accroissement des parts de marché
Objectif selon lequel l'entreprise cherche à augmenter sa part des ventes totales dans le secteur industriel auquel elle appartient.

L'objectif de parité avec la concurrence

On poursuit l'**objectif de parité** avec la concurrence dans le cas où l'entreprise ne peut influer sur le marché par ses prix. Pour rester dans la course, elle fixera alors ses prix au niveau de ceux de ses concurrents. En revanche, elle concentrera ses efforts sur la promotion, le service après-vente et la qualité du produit.

Objectif de parité
Objectif selon lequel l'entreprise doit vendre un produit au même prix que la concurrence.

L'objectif de promotion d'une gamme de produits

Comme le mentionnent Kotler et Dubois, « […] certaines entreprises cherchent à fixer un prix qui permette de favoriser les ventes de l'ensemble d'une gamme plutôt que de rapporter un bénéfice sur un produit particulier[5] ». De plus, les auteurs citent un exemple du prix d'appel, qui consiste à fixer un prix peu élevé pour un produit fortement en demande en espérant attirer à l'établissement plusieurs clients qui achèteront en même temps d'autres produits.

Objectif de promotion
But visé par une entreprise qui vend un produit à un prix très bas afin d'attirer la clientèle.

Les méthodes de fixation des prix et les facteurs à considérer

La fixation des prix est soumise à diverses influences dont les gestionnaires chargés de fixer les prix doivent tenir compte. Elles peuvent provenir de l'interaction de l'offre et de la demande, de l'étude des coûts, de la structure des prix du marché, du cycle de vie du produit. Bien sûr, il faudra garder en tête les autres variables du marketing mix et le fait que les prix influent sur l'image de l'entreprise.

La fixation des prix basée sur l'interaction de l'offre et de la demande

La fixation des prix est loin d'être une chose simple. Si l'on se base uniquement sur la méthode de l'estimation de la demande, on court le risque que les prix ne suffisent pas à couvrir les coûts. Nous traiterons de cette méthode un peu plus loin. Le gestionnaire qui fixe les prix en s'appuyant seulement sur l'étude des coûts risque d'arriver à des prix non concurrentiels, que les consommateurs refuseront. La meilleure façon d'obtenir des prix qui permettent de maximiser les profits est de fixer les prix en tenant compte de l'interaction de l'offre et de la demande. Mais il faut s'efforcer de rendre l'offre plus visible et de cibler le bon marché de façon que la demande croisse rapidement. Cette méthode constitue le meilleur choix pour

---

ENCADRÉ 9.2   Le prix de revient et la fixation des prix

LA PIZZA LA MOINS CHÈRE EN VILLE
Salvatore ne fait pas de mystère sur le secret de son succès

DOMINIQUE FROMENT

Existe-t-il un restaurateur grec ou italien qui ne prétende pas faire la meilleure pizza en ville? C'est rare, en effet, mais oui, il en existe un: Guillaume Abbatiello, président du réseau de pizzerias franchisées Salvatore.

«Au Québec, les restaurateurs indépendants occupent 60 % du marché de la pizza, explique M. Abbatiello. Comme ils n'ont pas de notoriété ni de budget pour la publicité, ils misent sur les bas prix et ils sont durs à battre. Ce sont les rois du deux pour un. À cause d'eux, la pizza se vend moins cher au Québec. C'est pour cela que les grandes chaînes, qui ont une structure de coûts plus élevée, ont tant de difficultés.»

Vous avez tous vu les publicités de pizzas à la télévision; elles misent toutes sur le goût. Ce qui fait dire à M. Abbatiello que les dirigeants des grandes chaînes n'ont rien compris. «Quatre-vingt-dix pour cent des

pizzas sont bonnes; le reste est matière à préférence. Mais de toute façon, les gens finissent par s'habituer au goût de la pizzeria du coin.»

«Vous voulez dire que la pizza de Salvatore n'est pas la meilleure en ville?» avons-nous demandé tout étonné à M. Abbatiello. «Elle est aussi bonne que les autres, a-t-il répondu. Mais là où nous sommes imbattables, c'est dans le rapport qualité-quantité-prix». Comme on le voit, M. Abbatiello ne bluffe pas sur le goût de sa pizza. Son slogan, que l'on retrouve sur tous les dépliants qu'il distribue aux résidences, est «moins cher qu'au supermarché». Ce qui veut dire 3,99 $ pour une petite pizza (10 pouces) toute garnie, livraison comprise. À ce prix, Salvatore arrive en effet à battre son farouche concurrent qu'est la pizza congelée.

Le prix est particulièrement important pour les pizzas livrées à la maison, un marché qui compte pour

presque 60 % du chiffre d'affaires des restaurants Salvatore.

Une structure légère

Mais pour vendre moins cher, il faut évidemment produire à moindre coût. La recette de Salvatore? La pâte est fabriquée dans chaque restaurant. «Elle est plus fraîche et elle nous coûte moins cher que si on l'achetait d'un fournisseur parce que nous n'avons pas à payer l'emballage, le transport, la marge bénéficiaire du fournisseur et le coût plus élevé de sa main-d'œuvre», explique M. Abbatiello.

Une boule de pâte (250 grammes), qui coûte environ 0,30 $ chez un fournisseur, revient ainsi à 0,12 $ aux restaurants Salvatore. «En moyenne, le coût de la nourriture (les matières seulement) représente 32 % du prix de détail des restaurants. Nous, c'est 36 % parce que nous vendons nos pizzas moins cher que nos concurrents.»

Source: Les Affaires, 29 mars 2003, p. 17.

une entreprise qui a pour objectif la maximisation des profits. Cependant, elle peut également être très utile à d'autres entreprises dans des situations particulières.

En économie, on définit la loi de la demande de la manière suivante : il s'agit de la relation qui existe entre les différents prix possibles pour un produit et les quantités de ce produit que les consommateurs sont disposés à acheter à ces prix. Plus le prix d'un produit est élevé, moins la quantité demandée de ce produit sera grande. Pour sa part, la loi de l'offre stipule que, plus le prix d'un bien est élevé, plus les producteurs seront intéressés à augmenter les quantités de ressources affectées à produire ce bien, ce qui aura pour conséquence d'accroître la quantité de ce bien sur le marché et, par le fait même, de modifier le prix à la baisse.

Le prix d'un produit est souvent lié à sa rareté. Prenons l'air, par exemple. L'être humain a besoin d'air pour vivre. Pourtant, la grande quantité d'air présente dans l'atmosphère est un bien gratuit. En comparaison, l'or et les diamants, produits non indispensables à notre survie, existent en quantité très limitée ; ils se vendent donc à un prix élevé.

En général, on peut affirmer que l'intersection des courbes de l'offre et de la demande détermine à la fois le prix et la quantité d'équilibre du marché, comme l'illustre la figure 9.1.

Examinons cette affirmation au moyen d'un exemple. Supposons que les producteurs demandent 10 $ pour un nouveau stylo à bille avec montre électronique intégrée. À ce prix, les élèves du niveau collégial acceptent d'acheter 4000 stylos à bille ; toutefois, les producteurs désirent en vendre 24 000. Le prix semble trop élevé, et un certain nombre d'élèves refusent d'acheter le produit. Par contre, les producteurs sont fortement motivés à le fabriquer. Comme résultat, on constate des surplus de 20 000 unités. Maintenant, observons ce qui se passerait si le prix était de 2 $ l'unité. À ce prix, les élèves demandent 32 000 unités. Ils sont encouragés à acheter grâce à un prix aussi bas. Cependant, les producteurs ne voient pas d'intérêt à fabriquer le stylo à ce prix, et ils n'en offrent que 2000 unités. La baisse de prix a donc provoqué une forte baisse de l'offre et une forte augmentation de la demande, ce qui se traduira par une pénurie de stylos à bille avec montre électronique intégrée sur le marché. Comme résultat, il manque sur le marché 30 000 stylos, ce qui forcera certains acheteurs à augmenter le prix qu'ils sont prêts à payer. Et si le prix augmente, les producteurs augmenteront également leur offre, et cet ajustement se fera jusqu'à ce que l'on trouve un point d'équilibre entre l'offre et la demande. Le prix qui permet de créer un équilibre entre l'offre et la demande s'appelle « prix d'équilibre ». Dans notre exemple, le prix d'équilibre est de 6 $. À ce prix, la quantité demandée est égale à l'offre, soit 14 000 stylos à bille (*voir figure 9.1, page 264*).

Les variations de l'offre et de la demande[6]

Comme nous l'avons vu, la demande du marché pour un produit peut varier à la suite d'un changement, par exemple, dans les préférences des consommateurs, dans leurs revenus ou dans le prix d'un bien substitut. Nous savons également que l'offre du marché pour un produit peut changer à la suite d'une variation des techniques de production ou du coût des ressources. Nous nous attarderons quelque peu aux effets sur le prix d'équilibre de ces changements dans l'offre et la demande.

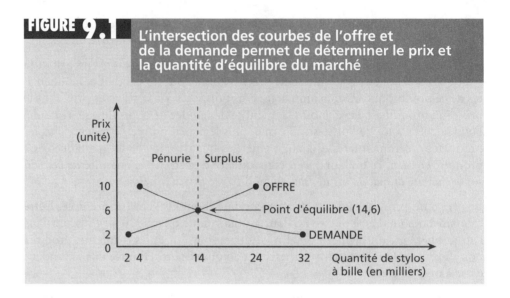

FIGURE 9.1   L'intersection des courbes de l'offre et de la demande permet de déterminer le prix et la quantité d'équilibre du marché

La variation de la demande   Analysons d'abord les effets d'une variation de la demande en supposant que l'offre demeure fixe. Prenons le cas d'un accroissement de la demande, comme l'illustre la figure 9.2 *a,* à la page suivante. Cette dernière montre en premier lieu que le nouveau prix d'équilibre au point d'intersection des courbes de l'offre et de la demande, comparativement au précédent, est plus élevé et plus à droite. On peut conclure qu'un accroissement de la demande, toutes choses étant égales par ailleurs, fera augmenter le prix et la quantité d'équilibre. Il suffit d'examiner la figure 9.2 *a* pour percevoir cet effet sur l'offre et la demande et voir clairement le nouveau prix et la nouvelle quantité d'équilibre. À l'inverse, la figure 9.2 *b* montre qu'une baisse de la demande fera diminuer à la fois le prix et la quantité d'équilibre. En résumé, il existe une relation directe entre une variation de la demande et le changement résultant dans le prix et la quantité d'équilibre.

La variation de l'offre   Supposons à présent que le changement survienne du côté de l'offre. Quel sera son effet sur le prix et la quantité d'équilibre si la demande ne varie pas ? Comme le montre la figure 9.2 *c,* si l'offre augmente, le nouveau point d'intersection des courbes de l'offre et de la demande sera plus bas et plus à droite qu'auparavant. Cela s'explique d'une part par une baisse du prix d'équilibre et d'autre part par une augmentation de la quantité effectivement vendue. Par contre, comme l'illustre la figure 9.2 *d,* une diminution de l'offre entraîne une variation inverse dans le prix d'équilibre ainsi qu'une variation directe dans la quantité d'équilibre sur le prix et la quantité.

Comme nous venons de le voir, l'intersection des courbes de l'offre et de la demande est très utile à la compréhension de ce mécanisme et à la perception des conséquences d'un changement de prix ou d'une variation du volume de production.

Élasticité de la demande par rapport au prix
Variation de la demande en réaction à la variation du prix.

L'élasticité de la demande par rapport au prix

L'élasticité met en évidence toute l'importance de la demande lorsqu'il s'agit de fixer un prix. Par le phénomène de l'**élasticité de la demande par rapport au prix,**

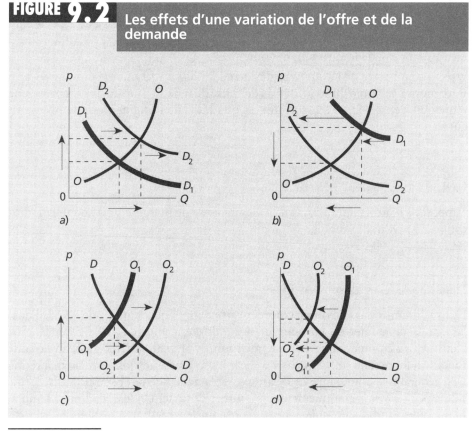

FIGURE 9.2 Les effets d'une variation de l'offre et de la demande

Source : McCONNELL, C. R. et POPE, W. H. *L'économique, Macroéconomique,* 3ᵉ édition, Montréal, McGraw-Hill Éditeurs, 1988, p. 61.

une entreprise peut savoir avec précision si son prix est trop bas ou trop élevé. La connaissance de l'élasticité permet aux gestionnaires de prendre des décisions plus éclairées.

L'élasticité de la demande par rapport au prix permet d'observer que la demande est, en général, une fonction décroissante du prix, c'est-à-dire que plus le prix diminue, plus la demande augmente. Une demande peut être plus ou moins sensible aux variations de prix, plus ou moins élastique. Les consommateurs réagiront fortement aux changements de prix de certains produits. Dans ces cas, un changement de prix entraîne une variation fort significative dans la quantité achetée. On dit alors que la demande est élastique. Pour d'autres produits, les variations de prix n'influent que très peu sur la quantité achetée. On parle alors de demande inélastique.

En règle générale, la demande est élastique si l'on observe les conditions suivantes :

• Les achats n'ont lieu qu'après une recherche et une mûre réflexion ;
• Il existe des substituts ;
• L'acquisition du bien peut être reportée dans le temps ;
• Les prix du produit sont relativement importants.

L'élasticité de la demande pour un produit se mesure de la façon suivante : on divise le pourcentage de variation de la quantité par le pourcentage de variation du prix :

$$E_d = \frac{\% \text{ de la variation des quantités}}{\% \text{ de la variation des prix}} = \frac{DQ}{DP} \times \frac{P}{Q}$$

Reprenons l'exemple du stylo au prix de vente de 6 \$. Si le producteur accorde une réduction de 33 1/3 % sur son prix et que les ventes augmentent de 57 %, on aura :

$$E_d = \frac{+57\ \%}{-33\frac{1}{3}\ \%} = -1,7\ \%$$

La demande sera donc très élastique.

Supposons maintenant que, pour la même baisse de prix, il n'y ait aucune modification du niveau des ventes :

$$F_d = \frac{0\ \%}{-33\frac{1}{3}\ \%} = 0\ \%$$

La demande serait alors inélastique.

Dans le premier cas, si l'on ne considère strictement que le point de vue de l'analyse de la demande, on constate qu'il aurait été avantageux de baisser le prix. Cependant, comme nous l'avons mentionné, il peut arriver que, avec cette méthode, les prix ne suffisent pas à couvrir les coûts. Le gestionnaire du marketing a en général une bonne idée de l'élasticité de la demande pour son produit, même s'il ne peut tracer graphiquement des courbes de la demande et de l'offre semblables à celles étudiées précédemment. Après plusieurs tentatives (essais et erreurs), l'expérience lui permet d'arriver à la conclusion qu'une réduction du prix de 10 % pour un tel produit entraînera une augmentation de ses profits. Pour un autre produit, il peut en venir à la conclusion qu'il est inélastique et que, de ce fait, il ne sert à rien d'accorder des réductions du prix.

En réalité, certains produits peuvent être plus ou moins élastiques ou inélastiques. Plusieurs modèles économiques travaillent en mode essais-erreurs, mais rien n'empêche que tous ces modèles ont des limites qu'ils peuvent atteindre plus ou moins rapidement. En fait, un produit pourrait, à court terme, se comporter de façon élastique et un peu plus tard de manière inélastique. Par exemple, un magasin de musique réduit le prix de ses disques compacts ; la quantité vendue et le profit augmentent. Vous baissez un peu plus le prix ; la quantité vendue augmente encore, mais le profit commence à baisser.

La fixation des prix à partir des coûts

En principe, il est beaucoup plus simple de fixer un prix à partir des coûts qu'à partir de l'élasticité. Il s'agit d'ajouter une marge aux coûts du produit. Cette méthode est très utilisée par les commerces de détail lors de la fixation de leurs prix de vente. Le coût d'un produit se contrôle plus facilement que la demande qui, elle, est soumise à des contraintes extérieures. Souvent, les entreprises utilisent le coût comme base et la demande comme facteur de contrainte.

La fixation des prix à partir des coûts se divise en plusieurs techniques selon la catégorie de coûts utilisée. La première est la technique du coût complet majoré, qui permet à l'entreprise de récupérer à long terme tous ses coûts, fixes ou variables[7], et d'obtenir, en plus, un certain profit pour couvrir le capital investi par ses copropriétaires ou par ses investisseurs. C'est la méthode la plus simple : on ajoute une marge à la totalité des coûts. Toutefois, elle présente le risque de conduire à l'établissement de prix que les consommateurs refuseront. Sur le plan de la gestion, elle a par contre l'avantage de rappeler aux gestionnaires que tous les coûts sont importants à long terme et qu'ils doivent être pris en considération lors de la fixation du prix de vente si l'on désire assurer la survie de l'entreprise. Par exemple, considérons un produit dont le coût variable est de 40 $ et pour lequel on estime que les coûts fixes atteindront 10 $. De plus, on désire réaliser un profit de 20 % sur les coûts[8].

$$CV + CF = CT$$
$$CT \times (1 + \text{Profit désiré}) = \text{Prix}$$

On fait le calcul suivant :

$$40\ \$ + 10\ \$ = 50\ \$ \times \frac{120}{100} = 60\ \$$$

La deuxième technique est celle du coût complet majoré selon le rendement désiré sur le capital investi. Cette méthode de fixation des prix ressemble à la précédente, à l'exception que l'on ne cherche pas à atteindre une marge bénéficiaire, mais un taux de rendement sur le capital investi. Par exemple, si le capital investi dans l'entreprise ABC inc. est de 500 000 $, que l'on désire obtenir un rendement de 15 % et que les ventes prévues sont de 20 000 unités, il faudra 500 000 $ × 15 % = 75 000 $ pour obtenir un taux de rendement de 15 % sur le capital investi. Il faudra donc majorer le coût de chaque unité de 3,75 $ (75 000 $/20 000 = 3,75 $) pour atteindre l'objectif prévu.

La troisième technique est la technique des coûts variables majorés. Cette méthode convient à une stratégie de prix à court terme. Suivant cette méthode, on considère qu'il faut absorber les coûts fixes, coûte que coûte. On ne répartit donc pas ces coûts en fonction du volume de production, mais on les traite plutôt comme une perte. Pour fixer le prix de vente, on ajoute une marge au coût variable unitaire qui servira d'abord à couvrir les frais fixes et ensuite à générer des profits. On recourt à cette technique surtout lorsque l'on fait face à une capacité de production excédentaire. Dans de tels cas, la direction est disposée à examiner, à court terme, toute commande spéciale dont le prix est supérieur aux coûts variables. C'est le cas des marques privées, qui sont vendues à coût moindre que celui des marques du fabricant.

En dernier lieu, il y a la technique de l'analyse du seuil de rentabilité ou du point mort. L'administrateur doit, à tout moment, prendre certaines décisions au sujet des prix de vente, des coûts variables et des coûts fixes. Faut-il modifier les prix ? Combien d'unités faut-il produire ? Quel montant doit-on allouer aux dépenses publicitaires ? Si le gestionnaire ne sait pas établir les niveaux de coût et de revenu, les conséquences de ses décisions pourront s'avérer parfois désastreuses.

Le **point mort** est le niveau d'activité de l'entreprise auquel le montant total des recettes est égal à celui des dépenses, c'est-à-dire celui où l'on n'enregistre ni gain ni

Point mort
Point où une entreprise ne fait ni profit ni perte à un prix donné pour une quantité donnée.

perte (*voir figure 9.3*). En d'autres termes, au point mort, une entreprise réalise un profit égal à zéro, mais couvre tous ses frais fixes et variables. On calcule le point mort de la façon suivante. Supposons que Jean désire vendre des plants de fleurs au marché public. Il loue un emplacement qui lui coûte 500 $. De plus, il conclut une entente avec un fleuriste, selon laquelle celui-ci s'engage à lui fournir les plants au prix de 2 $ le pot. Jean ne paie que les pots qu'il vend. Jean vend ses fleurs 2,75 $ le pot. Le point mort sera de :

$$\text{Point mort} = \frac{CF}{PV - CV} = \frac{500,00\ \$}{2,75\ \$ - 2,00\ \$} = 666\frac{2}{3} \text{ pots de fleurs}$$

CF = coûts fixes
PV = prix de vente unitaire
CV = coût variable unitaire

Jean couvrira donc toutes ses dépenses lorsqu'il aura vendu 667 pots de fleurs. Si Jean désire réaliser un profit de 250 $, on doit modifier quelque peu la formule et ajouter le profit désiré aux coûts fixes :

$$\frac{CF + \text{profit}}{PV - CU} = \frac{500,00\ \$ + 250,00\ \$}{2,75\ \$ - 2,00\ \$} = 1000 \text{ pots de fleurs}$$

À ce prix, Jean doit vendre 1000 pots de fleurs pour atteindre le profit visé. Le point mort est un outil très utile lors de la fixation de prix, car il permet de vérifier plusieurs hypothèses (par exemple, ce qui arrive si les coûts fixes changent ou encore si les coûts variables augmentent ou diminuent à l'unité). On peut illustrer le point mort au moyen d'un graphique (*voir figure 9.3*). Ce type de graphique indique le rapport entre les coûts et les revenus pour un certain volume d'activité. On l'utilise souvent au cours de la planification.

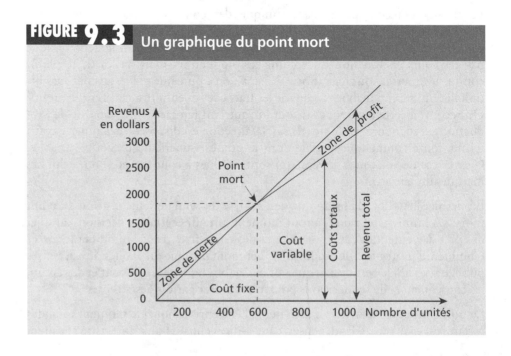

FIGURE 9.3 Un graphique du point mort

La rentabilité en transformation alimentaire : qu'en est-il ?

Statistique Canada vient de publier sur le Web une étude intitulée *Analyse de la rentabilité dans le secteur de la transformation des aliments au Canada.* Fondée sur le suivi annuel d'environ 500 déclarations de revenu des principales entreprises canadiennes du secteur et d'un échantillonnage stratifié de déclarations de revenu des PME de la transformation alimentaire, cette étude visait à répondre à une question que l'on s'est longtemps posée : les changements technologiques, l'ouverture des marchés à la concurrence, la concentration des activités et les efforts des dirigeants des entreprises canadiennes pour protéger leurs parts de marché intérieur tout en développant les exportations ont-ils concurremment permis l'atteinte et le maintien de niveaux de rentabilité intéressants au cours de la derrière décennie ?

Eh bien oui ! Les résultats montrent que le secteur canadien de la transformation des aliments est généralement plus rentable que les autres secteurs de la fabrication, que les niveaux de profitabilité en transformation alimentaire semblent plus stables que ceux du reste du secteur manufacturier et que les plus grandes entreprises du secteur dégagent plus de profits que les autres. Ainsi, les rendements moyens, mesurés par le rapport du revenu net d'impôts sur les capitaux propres et le passif à long terme, ont atteint pendant la dernière décennie 11,6 % en transformation alimentaire, comparativement à 7,5 % dans les autres secteurs manufacturiers, et 12,6 % chez les grands de la transformation des aliments, par rapport à 10,2 % pour ce qui est des entreprises de taille moyenne de ce secteur et à 7,7 % pour les plus petites.

Source : KIMPTON, Hugues. *Direction des études économiques et d'appui aux filières,* Statistique Canada, http://www.statcan.ca/cgi-bin/downpub/listpub_f.cgi ?catno=21-601-mif2002059.

La rentabilité et le rendement de l'investissement sont des préoccupations importantes pour les entreprises à l'étape de la fixation des prix. Comme la concurrence s'accentue, que les marges diminuent et que les actionnaires se montrent de plus en plus exigeants, ces préoccupations risquent de s'amplifier.

La fixation des prix à partir de la structure des prix du marché

Les prix exigés constituent souvent le facteur le plus important dans l'agencement des variables du marketing mix. Le gestionnaire doit donc être très à l'écoute des attentes du segment de marché visé en matière de prix. Ce ne sont pas tous les consommateurs qui recherchent en tout temps un établissement offrant, en particulier, des prix peu élevés. Lorsqu'ils achètent un certain type de produit, certains consommateurs préfèrent payer un prix plus élevé. Ils voient là un gage de qualité ou encore en retirent une certaine fierté. D'un autre côté, bon nombre de consommateurs sont très sensibles aux différences de prix. Au moment de l'établissement des prix, il ne faut jamais oublier qu'il est nécessaire de maintenir un degré élevé de

Structure des prix du marché
Notion selon laquelle l'entreprise tient compte des consommateurs visés dans sa fixation du prix.

cohérence entre le niveau des prix et les attentes en matière de prix du segment de marché visé.

De plus, les gestionnaires peuvent être contraints de tenir compte de la concurrence et même forcés d'aligner le prix de leurs produits sur celui des concurrents. Le niveau adopté le plus couramment lors de la fixation des prix est le même que celui de la concurrence. Cette pratique, communément appelée **pratique du prix du marché,** offre de nombreux avantages. Lorsque les coûts s'avèrent difficiles à mesurer, les gestionnaires considèrent que le prix du marché permet d'obtenir une certaine rentabilité (selon le volume d'activité), puisque l'industrie survit. Ils pensent également que l'adoption d'un prix commun évite les guerres des prix. Cette pratique leur sert aussi quelque peu de garantie lorsqu'ils ne peuvent prévoir la façon dont les acheteurs réagiraient à une modification de prix. La pratique du prix du marché convient surtout dans les cas où les produits sont homogènes et où il existe une concurrence très vive.

Pratique du prix du marché

Notion selon laquelle l'entreprise fixe ses prix au même niveau que ceux de la concurrence.

Le deuxième niveau de fixation des prix le plus utilisé consiste en un prix inférieur au prix du marché. Une politique de bas prix peut très bien convenir aux entreprises qui réussissent à éliminer ou, du moins, à minimiser certains coûts associés à leur fonctionnement. Cette pratique est surtout utilisée par les magasins-entrepôts spécialisés dans la distribution de masse tels que Wal-Mart, Réno-Dépôt, etc. Ces entreprises ont réussi à se développer tout en offrant des produits à des prix inférieurs, grâce à une réduction de leurs frais d'exploitation et à une diminution des services offerts.

Le dernier niveau de fixation des prix, plus rare celui-là, consiste en l'établissement de prix supérieurs à ceux du marché. Toutefois, le montant choisi varie en fonction de la clientèle visée et des lignes de produits offertes. Ainsi, certains détaillants qui vendent des produits de luxe et qui ont une image de marque prestigieuse peuvent se permettre d'adopter cette pratique. Aux yeux de leurs clients, acheter un bijou ou un complet dans un tel magasin a une valeur subjective qui justifie largement la différence de prix payée pour un produit similaire, mais vendu dans un magasin moins prestigieux.

La fixation des prix basée sur le cycle de vie du produit

La fixation des prix doit également tenir compte de l'étape du cycle de vie où se trouve le produit. Nous avons étudié au chapitre 7 le cycle de vie du produit.

Au moment du lancement d'un produit, ce que l'on appelle « phase d'introduction », le démarrage des ventes est lent. Au cours de cette période, l'entreprise doit décider si elle utilise une stratégie de marketing haut de gamme ou bas de gamme. Si les gestionnaires choisissent une stratégie haut de gamme, il y a de fortes chances que le prix de vente soit plutôt élevé. Dans ce cas, il est avantageux d'utiliser la technique du coût complet majoré. Par contre, si l'on choisit une stratégie bas de gamme, la méthode du coût variable majoré sera tout indiquée.

Une fois le lancement réussi, le produit se trouve en phase de croissance. À ce stade, les ventes progressent rapidement. Si la stratégie de départ était celle du haut de gamme, on optera pour une légère baisse du prix afin d'élargir le marché cible. Si, au contraire, la stratégie était celle du bas de gamme, le prix aura tendance à augmenter de façon modérée. Dans ce cas, la méthode du coût complet majoré conviendrait pour la fixation des prix.

Le produit atteint ensuite la phase de maturité, au cours de laquelle la croissance des ventes ralentit. L'entreprise cherche alors des stratégies capables de prolonger la croissance du produit. Durant cette phase, en principe, le processus de production est bien rodé et l'équipement est en partie amorti. On fait souvent face à des excédents dans la capacité de production. L'entreprise baissera donc ses prix de manière à accroître ses ventes. Il se produit fréquemment des guerres des prix au cours de cette phase.

Enfin vient la phase du déclin. La demande pour le produit est réduite et, souvent, il s'agit d'un marché de remplacement. Le gestionnaire doit réévaluer le produit et décider s'il poursuit sa mise en marché. La plupart du temps, on assistera à une légère augmentation du prix afin de couvrir les frais de production, puisque les coûts, en règle générale, augmentent à l'unité.

La fixation des prix et les autres variables du marketing mix

Au moment de la fixation des prix, le gestionnaire du marketing doit tenir compte des décisions qui concernent les autres variables du marketing mix. Ainsi, les prix ne seront pas les mêmes selon qu'on distribue le produit par l'intermédiaire de boutiques spécialisées ou par l'intermédiaire de magasins de vente au rabais. Il en est de même si le produit s'adresse à un marché très réduit. Enfin, si l'entreprise poursuit un objectif de prix de promotion, elle doit, encore là, tenir compte des décisions ayant trait à la variable promotion. Le prix de base devra être suffisamment élevé

CAPSULE ÉTHIQUE

« L'Association provinciale des constructeurs d'habitations du Québec (APCHQ) recommande la déréglementation du prix des loyers afin de stimuler la construction de nouveaux logements », c'est du moins ce qu'on pouvait lire dans un article paru dans le journal *Le Devoir* au mois de juillet 2003. Chaque année, à la même date, des centaines de personnes se retrouvent à la rue, soit parce que les propriétaires reprennent possession de leurs appartements, soit parce que les coûts des loyers sont devenus exorbitants. Comme de nombreux biens et services sur le marché, le coût du loyer n'échappe pas à cette règle de l'offre et de la demande, et puisque la pénurie de logements persiste, certains propriétaires n'hésitent pas à faire flamber les prix. Rappelonsnous qu'à l'inverse, il y a de cela quelques années, les propriétaires offraient des mois de loyer gratuits pour occuper les logements. Une réglementation gouvernementale devrait-elle s'imposer en partenariat avec des organismes de défense des droits des consommateurs ou doit-on laisser aller le marché ? Selon vous, est-il moral de profiter d'une situation de crise pour faire flamber les prix ? Que feriez-vous si vous étiez propriétaire d'immeubles à logements ? Comment trouvez-vous la situation en tant que locataire ?

pour que l'entreprise continue de faire des profits même si des promotions sont consenties aux consommateurs. Il ne faut jamais perdre de vue que, pour arriver à un marketing mix optimal, il faut continuellement tenir compte des autres variables du marketing.

Les politiques de prix

Après avoir examiné les différentes méthodes de fixation des prix et les diverses contraintes, nous étudierons les politiques de prix. De nombreuses possibilités s'offrent aux gestionnaires du marketing. Nous limiterons notre étude aux huit principales : le prix d'écrémage et le prix de pénétration, le prix non arrondi, le prix unique et la politique de discrimination des prix, les lignes de prix, le prix et les facteurs psychologiques, la politique géographique de prix, le prix unitaire et le prix suggéré.

Les prix d'écrémage et les prix de pénétration

Politique d'écrémage
Vente d'un nouveau produit sur le marché à un prix élevé.

Utilisée notamment pour presque tous les nouveaux gadgets techniques (lecteur DVD, four à micro-ondes, ordinateur, etc.), la **politique d'écrémage** consiste à fixer un prix relativement élevé pour un produit au moment de son introduction, de manière à ne toucher, au début, qu'une clientèle limitée. Par la suite, on réduit le prix de façon graduelle afin de vendre le produit à différents segments du marché. Avec une telle politique, on s'adresse d'abord aux couches sociales élevées de la société, pour lesquelles le prix a moins d'importance et qui consentent à payer le produit plus cher. Par la suite, on peut rejoindre les consommateurs qui sont plus sensibles aux prix en accordant des réductions.

La politique d'écrémage est tout à fait appropriée lorsque la capacité de production est restreinte. On l'applique au produit en phase d'introduction car, durant cette phase, les ventes potentielles sont peu touchées par les prix. Elle convient également lorsque les ressources financières de l'entreprise sont limitées, car elle permet de récupérer, le plus vite possible, les fonds engagés dans le lancement du nouveau produit. De plus, cette politique permet de financer les coûts de promotion afin d'accroître le marché pendant les autres phases du cycle de vie. Enfin, une politique d'écrémage incite les concurrents à s'installer sur le marché, lesquels voient là une occasion d'augmenter leurs profits.

Politique de pénétration
Vente d'un nouveau produit sur le marché à un bas prix.

La **politique de pénétration,** contrairement à la précédente, consiste à conquérir rapidement le marché grâce à des bas prix, à une promotion intense et à une distribution de masse. Cette politique convient lorsque la demande est élastique pour un nouveau produit. Cette façon de faire découragera les rivaux potentiels. Les faibles profits que l'on peut en attendre et même les pertes à court terme que l'on peut subir minimisent l'attrait de fabriquer le produit chez beaucoup de concurrents et permettent ainsi de stabiliser les ventes à long terme. De plus, cette politique permet parfois de réaliser des économies d'échelle étant donné la grande quantité de produits fabriqués. Enfin, la politique de pénétration exige de gros investissements dès le départ.

Les prix non arrondis

La plupart des détaillants utilisent les **prix non arrondis.** Le gestionnaire du marketing détermine de tels prix, par exemple 0,99 $, 1,49 $, 4,95 $ et 29,95 $, parce qu'il suppose qu'ils auront un effet psychologique chez les clients. En effet, il croit que le consommateur percevra un prix non arrondi (par exemple, 4,95 $) comme de beaucoup inférieur à un prix arrondi (par exemple, 5,00 $), ce qui devrait l'inciter à acheter davantage. D'autres diront qu'un prix non arrondi donne l'impression d'avoir été réduit, alors qu'un prix arrondi semble être un prix courant.

La pratique courante, mais non universelle, en matière de prix veut que, jusqu'à concurrence de 20,00 $, les prix non arrondis se terminent par le chiffre neuf (par exemple, 1,19 $, 4,99 $ ou 9,99 $). En règle générale, on verra des réductions de 5 cents du prix arrondi le plus élevé entre 20,00 $ et 500,00 $ (par exemple, 49,95 $ et 79,95 $). Dans le cas des articles dont le prix est supérieur à 500 $, on affecte la diminution au chiffre de l'unité (par exemple, 549 $ et 1295 $). Une étude réalisée par Schindler et Kibarian[9], qui avait pour objectif de vérifier lequel des prix parmi ceux finissant par 0,88 $, 0,99 $ ou 0,00 $ était le prix le plus efficace, a démontré que les prix finissant par 0,99 $ étaient ceux qui avaient fait vendre le plus. Les prix non arrondis facilitent le contrôle de la caisse, car les caissiers sont obligés d'entrer le montant de l'achat pour ouvrir la caisse ; dans le cas de prix arrondis (par exemple, 10 $), ils peuvent glisser l'argent directement dans leurs poches. (Sans vouloir mettre en doute l'honnêteté des caissiers, nous devons rappeler qu'il y a chaque année plus de vols, au total, dans les magasins que dans l'ensemble des banques, et que plus de la moitié de ces vols sont effectués par les employés.) Un autre avantage des prix non arrondis est que le client peut être tenté de faire des achats impulsifs pendant qu'il attend sa monnaie. D'autre part, les gestionnaires qui désirent projeter une image haut de gamme utilisent les prix arrondis, car ils ne veulent pas donner l'impression d'être des magasins de vente au rabais.

Le prix unique et la politique de discrimination des prix

Le responsable des prix peut choisir de vendre toutes les unités d'un produit au même prix. Les magasins de vente au rabais utilisent beaucoup cette stratégie (par exemple, Dollarama). Le **prix unique** offre l'avantage d'être très simple à administrer. Par contre, la politique de prix unique repose sur l'hypothèse selon laquelle tous les consommateurs ont la même réaction à l'égard du prix, ce qui n'est pas assuré.

Quant à la politique de discrimination des prix (par exemple, les billets d'avion), elle découle de la segmentation du marché, à partir de laquelle on définit un prix correspondant à chaque segment de marché visé. Certes, cette politique oblige l'entreprise à différencier la présentation ou même parfois le produit afin de justifier ces différences de prix aux yeux des consommateurs. De cette manière, on obtiendra un volume des ventes supérieur à celui obtenu avec la pratique du prix unique, car on rejoindra des consommateurs qui n'auraient pas acheté le produit, le trouvant soit trop cher, soit trop bon marché.

Prix non arrondi
Stratégie qui consiste à fixer les prix légèrement en deçà du prix arrondi. Par exemple, 2,49 $ ou 4,95 $.

Prix unique
Stratégie qui consiste à vendre tous les produits d'une entreprise au même prix.

Les lignes de prix

Ligne de prix
Groupe de produits qui sont vendus au même prix.

La politique des **lignes de prix** consiste à déterminer des prix précis (par exemple, Moores vend ses complets à 119,99 $, 179,99 $ et 199,99 $) et à veiller à ce que chaque article soit marqué à l'un de ces prix et non à des prix intermédiaires. Supposons que les Québécois soient prêts à dépenser entre 2500 $ et 3500 $ pour aller se dorer au soleil en hiver. Entre les limites de cet intervalle, la demande provenant des différents groupes de consommateurs varie ; si une agence de voyages détermine un prix unique, à peu près au centre de la zone, elle peut être en mesure de satisfaire la demande d'un plus grand nombre de personnes à l'intérieur de cette zone. On pourrait ainsi établir la ligne de prix à 2975 $. Si l'intervalle est plus étendu, il peut s'avérer nécessaire de fixer plus d'une ligne de prix. En général, le nombre de lignes de prix varie entre trois et cinq.

La politique des lignes de prix est tout à fait appropriée aux produits que le client souhaite choisir en se basant sur d'autres critères que le prix, après qu'on lui a présenté un assortiment de modèles, de styles ou de couleurs. Ce principe s'applique bien aux vêtements et aux articles de mode. Par contre, il est très peu utile aux produits de grande consommation.

Le regroupement de la marchandise en fonction d'un nombre limité de prix permet de réduire la confusion chez le client. Supposons qu'une cliente se présente chez Excellent Sport, qu'elle désire une paire de patins et que le magasin n'utilise pas la ligne de prix à 199,99 $. Elle examine donc cinq paires de patins à 184,99 $, 192,99 $, 199,99 $, 209,99 $ et 219,99 $, respectivement. Elle préfère la paire de patins coûtant 199,99 $, mais elle se demande si elle ne devrait pas se montrer raisonnable et choisir celle dont le prix est de 184,99 $ et épargner ainsi 15,00 $. Ces petites différences de prix peuvent parfois rendre la décision d'achat plus difficile et nuire aux ventes. S'il offrait ces cinq paires de patins au même prix, soit 199,99 $, Excellent Sport faciliterait la décision d'achat de sa cliente. Par ailleurs, le consommateur peut plus facilement associer différents degrés de qualité à différentes lignes de prix.

La politique des lignes de prix facilite la fixation des prix de détail. Selon cette politique, le marquage des articles ne peut se faire qu'à un nombre très limité de prix en fonction de leurs coûts. L'impact promotionnel est également plus grand, car ce ne sont que quelques lignes de prix qui sont mises en évidence, ce qui retient davantage l'attention des consommateurs. Les lignes de prix facilitent également le contrôle des stocks et écartent certains problèmes d'achat.

La principale limite de cette politique est la difficulté de convaincre le client d'acheter un article d'une ligne de prix supérieure en raison des grands écarts de prix.

Le prix et les facteurs psychologiques

Nous avons abordé brièvement l'influence des facteurs psychologiques sur la fixation des prix dans la description des différentes politiques de prix. Bon nombre de gestionnaires croient que l'on peut demander des prix plus élevés que ceux que la concurrence a fixés pour certains produits, car ce ne sont pas tous les consommateurs qui recherchent des bas prix. Certains recherchent le prestige associé à un produit de prix élevé. Ils savent très bien que, parfois, le produit dont le prix est élevé n'est pas nécessairement de meilleure qualité que les produits à prix plus modeste, mais ils décident d'en faire l'acquisition pour impressionner leur entourage.

Beaucoup de consommateurs, lorsqu'il s'agit d'évaluer la qualité des produits et de minimiser les risques, préfèrent un prix plus élevé en gage de qualité qu'un doute à ce sujet. Citons le cas d'un magasin qui offrait des services de 4 couverts au prix de 49 $ et qui ne les vendait pas. Après plusieurs mois, le responsable du rayon a décidé de faire une promotion spéciale en les offrant à 79 $. Résultat : au bout de la première semaine, non seulement il les avait tous vendus, mais il avait dû en commander d'autres ! Son service de quatre couverts était perçu comme de mauvaise qualité à cause de son prix peu élevé. Une fois le prix augmenté, les consommateurs ont eu confiance dans le produit.

La politique géographique de prix

Au moment de la fixation des prix, le vendeur doit à l'occasion tenir compte des coûts de transport engagés pour livrer les produits à l'acheteur et de celui qui les assume. En fait, les coûts de transport seront aux frais de l'acheteur (« FAB » signifiant « franco à bord » et « FOB », « *free on board* »), divisés entre le vendeur et l'acheteur ou encore à la charge du vendeur. Dans le dernier cas, le vendeur doit inclure les coûts de transport dans son prix de vente ; généralement, plus un acheteur est éloigné, plus les coûts seront élevés. Cependant, pour faciliter les négociations, on divise souvent un marché en zones, puis on établit une liste de prix pour chacune. Par exemple, chez Provisoir, il y a sept échelles de prix, une pour chaque zone. Le prix à Montréal est différent de celui à Chicoutimi. C'est ici que les entrepôts peuvent contribuer à faire baisser les coûts de transport de beaucoup en permettant de stocker de grandes quantités à des points géographiques précis.

Politique géographique de prix
Stratégie qui consiste à fixer différents prix pour un produit selon les différentes zones géographiques où il sera vendu.

Le prix unitaire

Le **prix unitaire** au détail est une information supplémentaire qui aide le consommateur dans son processus de décision d'achat. Le prix unitaire est couramment utilisé dans le domaine de l'alimentation. À cause des multiples formats d'emballage des produits, les consommateurs se plaignaient de ne pouvoir faire de comparaisons afin de trouver le meilleur achat. Prenons d'un côté une boîte de jus de tomates de 540 ml à 0,59 $ et, de l'autre, deux boîtes de 284 ml à 0,29 $ l'unité. Quelle option représente le meilleur achat ? Pour régler ce problème, il s'agit de fixer tous les prix en fonction d'une unité de mesure reconnue (litre ou kilogramme, par exemple). C'est de là que vient la pratique qui consiste à indiquer sur l'emballage le prix par unité et le prix pour l'emballage. Par exemple, on peut voir sur un paquet au comptoir des viandes « 6,95 $ le kilogramme, total 1,98 $ » ou encore « 6,95 $ le kilogramme, total 9,59 $ ».

Prix unitaire
Prix indiqué selon des unités de mesure reconnues telles que le gramme, le litre ou le mètre.

Les prix suggérés

Certains fabricants et distributeurs essaient de contrôler le prix de vente au détail de leurs produits. Pour ce faire, ils suggéreront aux détaillants les prix de vente

Prix de détail suggéré

Prix de revente qu'un fabricant suggère aux détaillants.

qu'ils aimeraient pour leurs produits (*voir encadré 9.3*). Une de leurs méthodes consiste à imprimer sur l'emballage ou sur le contenant du produit un **prix de détail suggéré.** Dans certains systèmes de franchise, le franchisé peut même être expulsé du système s'il ne respecte pas la liste de prix du franchiseur. Dans le cas d'intermédiaires indépendants, le fabricant exerce parfois des pressions sous la forme suivante : il retirera la ligne de produits au détaillant qui ne se conforme pas au prix suggéré ou encore il ne remplira pas de manière satisfaisante les commandes de ce dernier. Comme il existe toujours un système de communication non officiel, les autres détaillants viennent à l'apprendre, ce qui crée souvent un moyen pour le fabricant d'imposer ses prix de vente au détail.

Les prix suggérés permettent au fournisseur de créer ou de protéger l'image de ses produits et d'empêcher le cannibalisme entre ses détaillants. De plus, le prix suggéré est un atout lors de campagnes promotionnelles nationales puisque l'on peut l'afficher.

Le détaillant qui accepte cette pratique ne peut contrôler facilement sa marge. Il doit redoubler d'effort pour ajuster ses coûts de manière à respecter le prix de détail suggéré par le fournisseur. Il perd ainsi tout avantage compétitif en matière de prix. Enfin, cette pratique peut également l'empêcher d'offrir le service qu'il aimerait à sa clientèle à cause de la marge prévue, qui est la même pour un magasin moyen ou pour un magasin spécialisé.

ENCADRÉ 9.3 Personne ne peut imposer des prix

TOYOTA DOIT ABANDONNER SON PROGRAMME DE PRIX UNIQUE ET PASSER À LA CAISSE

ROLLANDE PARENT

Toyota Canada s'est engagé à modifier son programme de prix unique Accès Toyota et sa publicité sur Internet, en plus de devoir verser 2,3 millions à des organismes de charité du pays, dans le cadre d'une entente conclue avec le Bureau de la concurrence.

Toyota a pris ces engagements après une enquête menée par le Bureau de la concurrence relativement à un maintien des prix et à de la publicité trompeuse. Le programme Accès Toyota enlevait la possibilité aux consomma-

teurs de négocier les prix d'achat d'un véhicule et aux concessionnaires, la liberté de vendre à un prix moindre que celui affiché.

Toyota s'est entendu avec le Bureau de la concurrence et les deux parties ont fait entériner l'entente par la Cour fédérale cette semaine.

« L'achat d'un véhicule entraîne une dépense importante pour le consommateur moyen et nous voulons nous assurer qu'il aura les meilleurs prix possibles », a indiqué dans un

communiqué le sous-commissaire de la concurrence, Richard Taylor.

« Ce règlement envoie un message très clair aux concessionnaires Toyota, qui sont libres de vendre à un prix moindre que ceux affichés dans le programme Accès Toyota », a-t-il ajouté.

Dans son communiqué, le Bureau de la concurrence rappelle que la *Loi sur la concurrence* stipule que quiconque empêche qu'on réduise des prix de revente commet une infraction criminelle.

Source : Le Nouvelliste, 29 mars 2003, p. 25.

Les changements de prix

Les changements de prix jouent vers le haut comme vers le bas. Comme nous l'avons vu, la fixation des prix est une décision difficile à prendre, et leur modification ne constitue pas une décision plus simple. Nous verrons ici les facteurs qui forcent l'entreprise à rajuster ses prix et les conséquences de ces changements de prix.

Les hausses de prix

Trois facteurs peuvent justifier une hausse de prix.

Les changements dans les coûts

Les hausses de coûts doivent presque inévitablement se répercuter sur les prix. Ces coûts peuvent être de deux ordres : les coûts du produit et les coûts de distribution. Il est évident que, en cas de changements dans les coûts, le gestionnaire doit en analyser l'importance et les conséquences avant d'augmenter le prix de vente du produit. Il peut prendre la décision d'augmenter le prix ou d'absorber la hausse des coûts.

L'accroissement désiré des profits

Il arrive parfois qu'une firme soit assurée du fait que la demande est peu sensible aux variations de prix et qu'il existe plus ou moins de produits substituts. Dans ces circonstances idéales, le gestionnaire peut augmenter le prix afin d'atteindre un profit maximal. L'essence pour les automobiles en est un bon exemple : quel que soit son prix, le consommateur n'a pas vraiment d'autre choix que de payer la facture.

Le besoin de rehausser l'image du produit

Augmenter le prix permet parfois de modifier l'image d'un produit. Lorsqu'un fabricant veut rejoindre un nouveau marché cible qui est celui des acheteurs de prestige, il modifiera quelque peu le conditionnement du produit et en augmentera le prix de manière à répondre à la demande.

Toutefois, avant d'augmenter le prix d'un produit, il est préférable de mesurer l'élasticité de la demande par rapport aux prix. On peut également faire une étude de marché pour savoir comment les consommateurs réagiront à une augmentation éventuelle des prix. D'après Alfred Oxenfeld[10], les consommateurs interprètent une hausse de prix de différentes manières :

- Il y a une très forte demande pour le produit et, si on ne l'achète pas tout de suite, on peut ne pas pouvoir se le procurer ;
- L'article est d'une qualité exceptionnelle, et il ne pouvait être rentable à l'ancien prix ;
- Le fournisseur abuse des consommateurs, et c'est pourquoi il a fixé son prix au maximum de ce que le marché pouvait tolérer.

277

Enfin, avant de prendre la décision d'augmenter le prix de ses produits, le gestion-naire doit envisager les réactions de la concurrence à la suite de sa décision.

Les diminutions de prix, ou démarques

Les causes qui justifient la décision de réduire un prix sont de deux types. Il y a d'abord les causes internes et, ensuite, les causes externes.

Il existe deux principales causes internes à une diminution des prix. La première est la réduction des coûts, qui peut parfois découler d'une amélioration technolo-gique. L'entreprise a le choix de maintenir ses prix de vente et ainsi d'augmenter sa marge bénéficiaire ou encore de diminuer ses prix de façon proportionnelle afin d'être plus compétitive dans l'industrie. Cette dernière éventualité reflète ce qui s'est passé pour les calculatrices au cours des années 1970 et pour les fours à micro-ondes et les magnétoscopes au cours des années 1980. Aujourd'hui, on observe le même phénomène dans le domaine des ordinateurs. La baisse de prix doit cepen-dant être graduelle pour éviter que le consommateur ne s'inquiète de la qualité du produit.

La seconde cause a trait à des fins promotionnelles. L'entreprise baisse ses prix pour répondre à des objectifs promotionnels. Cependant, cette mesure est limitée dans le temps. Lorsque la promotion est terminée, le prix revient à son niveau normal.

Pour ce qui est des causes externes, nous limiterons notre analyse à la réponse aux stratégies et aux tactiques de la concurrence. Étudions d'abord les guerres des prix. Pour qu'il existe une guerre des prix, il faut qu'il y ait plus d'une entreprise dans l'industrie ; l'une attaque, et les autres réagissent. Les principales raisons qui inci-tent une entreprise à amorcer une guerre des prix sont les suivantes : l'implantation d'une nouvelle entreprise, l'élimination d'un ou de plusieurs concurrents, la liqui-dation des stocks excédentaires et le désir d'accroître sa part de marché. À titre d'exemple, la guerre des prix dans le secteur de la téléphonie depuis 1998 a pour but d'accaparer une part du marché auparavant détenue par Bell.

Même si les baisses de prix sont faciles à pratiquer ou à imiter, elles sont parfois dangereuses pour les entreprises. Elles en conduisent certaines à la ruine en rédui-sant toujours leur rentabilité. Quant aux consommateurs, ils en profitent à court terme ; toutefois, à long terme, étant donné que certains compétiteurs dispa-raissent de l'arène, les survivants auront tendance à augmenter les prix. C'est le consommateur qui en fera les frais.

Il existe une autre possibilité. Si les consommateurs sont moins sensibles aux varia-tions de prix, l'entreprise peut choisir d'aligner ses prix de vente sur les prix de ses concurrents. Laquelle de ces deux tactiques est la meilleure ? La guerre des prix ou l'alignement sur les prix des concurrents ? Il n'y a pas de réponse toute faite qui convient à toutes les circonstances. Par exemple, si le produit est relativement homogène et facilement comparable pour les acheteurs éventuels et qu'il est encore rentable, il serait préférable de s'aligner sur le prix de vente de la concur-rence. Par contre, si le produit est quelque peu différent et que les consommateurs sont très fidèles à la marque, il convient davantage, dans ce cas, de ne pas suivre la concurrence.

Avant de décider de procéder à une réduction de prix, on devrait analyser la façon dont les consommateurs réagiront à une baisse éventuelle des prix.

D'après Oxenfeld, les consommateurs perçoivent une diminution des prix de la façon suivante :

- Un modèle récent remplacera bientôt le produit ;
- Le produit a un défaut et ne se vend pas ;
- Des difficultés financières forcent l'entreprise à prendre de telles mesures, et il se peut qu'elle ne soit plus là pour assurer le service après-vente ;
- Mieux vaut attendre, car les prix baisseront encore ;
- Ce n'est certainement pas la même qualité.

Ainsi, avant de modifier ses prix, le gestionnaire doit tenir compte de ces facteurs de perception.

Comment les concurrents réagiront-ils à une modification des prix ? C'est une question que le gestionnaire devrait toujours se poser. Les concurrents réagiront de manière plus vive si le produit est homogène, si le nombre de concurrents est restreint et si les consommateurs sont bien informés.

En résumé, les modifications de prix doivent faire l'objet de décisions mûrement réfléchies et coordonnées, et le gestionnaire doit posséder un sixième sens en matière de fixation des prix.

Le vocabulaire propre à la fixation des prix

Voyons à présent certains termes associés à la fixation des prix.

La marge bénéficiaire

La **marge bénéficiaire** est le pourcentage des ventes qui permet de couvrir les frais d'exploitation et de générer un profit. On la calcule de la façon suivante :

$$\text{Marge bénéficiaire} = \frac{\text{Ventes} - \text{Coût des ventes}}{\text{Ventes}}$$

Marge bénéficiaire
Pourcentage de profit réalisé par rapport au prix de vente.

Supposons qu'une entreprise ait acheté, au cours de l'année, pour 100 000 $ de marchandises et qu'elle ait tout vendu. Cette même entreprise a réalisé des ventes de 200 000 $ et a engagé des frais d'exploitation de 75 000 $ (loyer, chauffage, salaires, taxes). Sa marge bénéficiaire sera de :

$$\frac{200\ 000 - 100\ 000}{200\ 000} = 50\ \%$$

Cette marge de 50 % sert d'abord à assumer les coûts d'exploitation (75 000 $) ; ensuite, elle permet à l'entreprise de réaliser un profit.

Il serait bon d'apporter des précisions quant à certains termes qui peuvent porter à confusion, entre autres la différence entre la marge bénéficiaire en fonction du coût, ou majoration sur les coûts, et la marge bénéficiaire en fonction du prix de détail, ou majoration sur le prix de détail.

Le pourcentage de majoration sur les coûts

Voyons en premier lieu la majoration sur les coûts. Prenons l'exemple d'une entreprise qui achète un produit 10 $ et qui le revend 15 $. On calcule le pourcentage de majoration sur les coûts comme suit :

Pourcentage de majoration sur les coûts =

$$\frac{\text{Prix de vente} - \text{Coût d'achat}}{\text{Coût d'achat}} = \frac{15 - 10}{10} = \frac{5}{10} = 50\ \%$$

Le pourcentage de majoration sur le prix de détail

Prenons le même exemple, mais calculons cette fois le pourcentage de majoration sur le prix de détail.

Pourcentage de majoration sur le prix de détail =

$$\frac{\text{Prix de vente} - \text{Coût d'achat}}{\text{Prix de vente}} = \frac{15 - 10}{15} = \frac{5}{15} = 33\tfrac{1}{3}\ \%$$

Parfois, une entreprise est dans l'obligation de réduire son prix initial afin de stimuler ses ventes. On parle alors de démarque. Supposons que le prix de vente initial d'un produit ait tout d'abord été fixé à 15 $ et qu'on le réduise ensuite à 12 $. La différence de 3 $ s'appelle « démarque ». On obtient le pourcentage de démarque de la façon suivante :

Pourcentage de démarque =

$$\frac{\text{Prix de vente initial} - \text{Prix de vente ajusté}}{\text{Prix de vente initial}} = \frac{15 - 12}{15} = \frac{3}{15} = 20\ \%$$

Les pourcentages de majoration et de démarque permettront aux gens d'affaires de résoudre bien des questions en matière de fixation des prix.

Les escomptes

Escompte
Réduction du prix courant que le vendeur alloue à l'acheteur.

L'**escompte** est une réduction du prix courant que le vendeur alloue à l'acheteur. En pratique, on classe les escomptes en cinq catégories : l'escompte de quantité, l'escompte commercial, l'escompte saisonnier, l'escompte promotionnel et l'escompte de caisse.

L'escompte de quantité figure sur la facture en raison du nombre d'unités achetées. Il peut être non cumulatif ou cumulatif. Si l'escompte est non cumulatif, l'acheteur bénéficiera de l'escompte sur tous ses achats. Par exemple, le vendeur peut allouer 2 % d'escompte sur une commande de deux à cinq douzaines du produit X et 5 % d'escompte à l'achat de plus de cinq douzaines. L'escompte cumulatif s'applique à la somme des achats d'un article pour une période donnée.

Les escomptes de quantité, ou escomptes de volume, sont parfois accordés sous forme de marchandises supplémentaires plutôt qu'en argent, par exemple à l'achat de 12 douzaines du produit X, on en enverra 13.

L'escompte commercial, ou escompte de fonction, est accordé à certains types de clients différents quant à la forme de leur entreprise, mais qui vendent le même produit. Prenons comme exemple un fabricant qui vend à un grossiste. Il peut lui offrir 40 % d'escompte, alors qu'il n'offrira que 15 % au détaillant indépendant.

On offre un escompte saisonnier aux détaillants qui achètent leurs produits pendant la saison morte (par exemple, un achat de décorations de Noël au mois de février).

L'escompte de promotion s'adresse à l'intermédiaire qui achète de la marchandise dans le but d'en faire une promotion spéciale. Par exemple, un fabricant peut désirer voir son produit devenir l'objet d'une promotion spéciale afin d'accroître, chez le consommateur, la connaissance qu'il a de ce produit ou de la marque.

L'escompte de caisse est une réduction du prix accordée à l'acheteur pour le récompenser d'acquitter promptement ses dettes. Ce genre d'escompte (2/10, n/30) se compose de trois parties : premièrement, le pourcentage d'escompte alloué, qui varie entre 1 % et 10 %, mais qui est la plupart du temps de 2 % ; deuxièmement, la période durant laquelle l'entreprise peut profiter de l'escompte et qui est habituellement de 10 jours ; et, enfin, une période nette, c'est-à-dire une période durant laquelle le plein montant est habituellement dû ; il s'agit le plus souvent d'un délai de 30 jours.

Les conditions de paiement

Voyons à présent les principales expressions que l'on trouve dans le domaine de la facturation.

L'article à payer au moment de la livraison, dont la facture porte la mention « CR » (« contre remboursement ») ou « COD (*cash on delivery*), constitue la seule situation où le paiement doit être effectué sur réception de la marchandise.

L'abréviation FDM (pour « fin de mois ») ou EOM (pour *end of month*) signifie que la période de paiement commence à la fin du mois au cours duquel les achats ont eu lieu. Par exemple, si l'acheteur et le vendeur s'entendent sur les conditions de paiement 2/10, EOM et que l'achat est effectué le 10 juin, l'état de compte sera daté du 30 juin, l'escompte de 2 % s'appliquant jusqu'au 10 juillet, puisque le 10 indique le nombre de jours pendant lesquels l'escompte sera valide au cours du mois suivant.

L'abréviation MOM (*middle of month*) est à peu près identique à la précédente, sauf que la facturation se fera en date du 15 du mois et que la période de délai pour profiter de l'escompte s'appliquera à partir du 15 du mois.

L'abréviation ROG (*receipt on goods*) signifie que l'acheteur peut profiter de conditions de paiement basées sur la date de réception de la marchandise plutôt que sur la date de facturation.

Nous l'avons vu, l'abréviation FAB (pour « franco à bord ») ou FOB en anglais (pour *free on board*) signifie que le prix de vente comprend tous les frais qu'il est nécessaire d'engager pour placer la marchandise à livrer à bord du véhicule servant à son expédition. Au Canada, on joint habituellement à l'abréviation FAB l'expression « point de départ » ou « point d'arrivée ». « FAB point de départ »

Conditions de paiement
Modalités prévues de règlement d'une facture.

signifie que l'acheteur assume les frais de transport et que les marchandises lui appartiennent dès que l'expéditeur les confie à un transporteur. La mention « FAB point d'arrivée » signifie que le vendeur prend à sa charge les frais de transport et que les marchandises continuent de lui appartenir tant que l'acheteur n'en prend pas possession. Cette façon de procéder permet de déterminer à qui appartiennent les marchandises en transit.

L'abréviation CAF (coût, assurance et fret) signifie que le prix de vente comprend tous les frais de manutention, d'assurance et de transport de la marchandise jusqu'au lieu convenu.

RÉSUMÉ

Le prix est la valeur d'échange d'un produit, c'est-à-dire ce que le client est prêt à donner pour se le procurer. La fixation des prix peut servir différents objectifs : maximisation des profits, atteinte d'un certain taux de rendement sur les investissements, accroissement des parts de marché, échec à la concurrence en matière de prix ou encore promotion d'une gamme de produits.

La fixation des prix et les décisions concernant les changements de prix sont loin d'être simples. Il faut prendre de nombreux facteurs en considération. De plus, le gestionnaire doit tenir compte des décisions prises relativement aux autres variables du marketing mix. Il doit également choisir entre plusieurs politiques de prix.

La marge bénéficiaire est le pourcentage des ventes qui permet de couvrir les frais d'exploitation et d'obtenir un profit. On la calcule en fonction du coût ou du prix de détail. L'escompte est une réduction du prix courant allouée à l'acheteur par le vendeur. Il y a les escomptes de quantité, les escomptes commerciaux, les escomptes saisonniers, les escomptes promotionnels et les escomptes de caisse. Enfin, les conditions de paiement lors de la facturation varient selon la politique de l'entreprise.

QUESTIONS

1. En quoi consiste la fixation des prix basée sur l'interaction de l'offre et de la demande ? Donnez un exemple.

2. Le tableau ci-après résume les quantités demandées et le prix de vente d'un produit dans trois situations différentes.

Situation	S1	S2	S3
Quantité	5	20	30
Prix	45 $	30 $	20 $

a) Calculez l'élasticité du prix lorsque l'on passe de la première situation à la deuxième situation.

b) Calculez l'élasticité du prix lorsque l'on passe de la troisième situation à la première situation.

c) Calculez l'élasticité du prix lorsque l'on passe de la deuxième situation à la première situation.

3. Quelles sont les différentes façons de fixer les prix en fonction des coûts ?

4. La société X possède cinq magasins de chaussures dans la région de Montréal. Les prévisions pour la prochaine année sont illustrées ci-après :

Ventes	200 000 paires
Coûts fixes	1 650 000 $
Coûts variables	40 $ la paire

Déterminez le prix de vente pour chacune des situations suivantes.
a) On veut atteindre le seuil de rentabilité.
b) On veut réaliser un profit de 10 % sur le prix de vente.
c) On veut réaliser un profit de 10 % sur les coûts.
d) On veut faire un profit de 15 % sur le prix de vente malgré une augmentation de 5 % des coûts fixes.

5. Quels sont les différents niveaux de fixation des prix ?

6. Dans quel contexte un fabricant d'appareils photo adopterait-il une politique d'écrémage pour fixer le prix d'un nouvel appareil ?

7. Les facteurs psychologiques influent-ils sur les prix ? Justifiez votre réponse.

8. Quels sont les principaux objectifs que l'on peut considérer au moment de la fixation des prix ?

9. Quels facteurs peuvent justifier une hausse de prix ? Une diminution de prix ?

10. Selon vous, une baisse de prix est-elle mieux perçue par le consommateur qu'une hausse de prix ? Justifiez votre réponse.

EXERCICES PRATIQUES

9.1 QUEL EST LE BON PRIX ?

On vous demande de vérifier la terminaison (par exemple, 0,88 $, 0,95 $, 0,98 $, 0,99 $) la plus courante dans la fixation de prix dans le secteur de l'alimentation. Utilise-t-on des prix arrondis ou des prix non arrondis ? Pour faire cet exercice, consultez trois circulaires. Dans chacune d'elles, prenez au hasard une vingtaine d'articles et tirez vos conclusions. Les trois chaînes de magasins appliquent-elles la même méthode de fixation des prix ?

9.2 JOUTEX INC.

Vous êtes président-directeur général d'une PME qui fabrique des jouets. Vos principaux clients sont des chaînes de magasins telles que Zellers, Wal-Mart, Canadian Tire, etc. Le jouet n° 1 vous coûte 8 $ l'unité et, si vous le vendez 12 $ l'unité, les clients en achèteront 15 000 exemplaires. Si vous le vendez 10 $, vous en vendrez 25 000 exemplaires. Cependant, si vous en vendez plus de 20 000 exemplaires, votre prix coûtant ne sera plus que de 7 $ l'unité. Le jouet n° 2 vous coûte 5 $ l'unité ; si vous le vendez 9 $ l'unité, vos clients en achèteront 30 000 exemplaires et, si vous le vendez 7 $ l'unité, les clients en achèteront 50 000 exemplaires. Pour le jouet n° 2, quel que soit le volume de ventes, vos coûts ne changeront pas. Quels prix de vente pour le jouet n° 1 et le jouet n° 2 permettraient de maximiser les profits de l'entreprise ? Quel est ce profit maximal ?

MISE EN SITUATION

LA BOUTIQUE ÉCLAIR

Vous êtes propriétaire d'une boutique de vêtements à la mode. Votre clientèle cible est composée des jeunes de 14 à 24 ans. Votre commerce est unisexe. Vous avez en magasin plusieurs vêtements signés et plusieurs marques de vêtements de milieu de gamme à haut de gamme. Vous avez eu la chance de négocier l'exclusivité pour certaines des marques que vous offrez en magasin. Votre commerce est situé dans un centre commercial de quartier et existe depuis une quinzaine d'années.

Récemment, il s'est bâti un centre commercial régional à deux coins de rue de votre magasin. Dans ce centre, on trouve plusieurs magasins de vêtements. Au cours des dernières semaines, vous avez constaté que votre chiffre d'affaires baissait. Vous vous interrogez sur les raisons de cette baisse. Vous avez un excellent choix de marchandise, votre clientèle vous connaît depuis plusieurs années, vous l'avez toujours bien servie et, selon vous, rien de tout cela n'a changé. Cependant, votre analyse de l'industrie vous révèle que tout le secteur du vêtement pour dames est en récession, ce qui est probablement dû à la mauvaise performance de l'économie. Évidemment, vous ne voulez pas fermer vos portes et vous cherchez un moyen de pallier cette baisse du chiffre d'affaires. Le seul facteur sur lequel vous pensez pouvoir intervenir est le prix. Actuellement, vous fixez vos prix de la manière suivante : vous prenez le coût d'achat du vêtement plus les frais de transport et vous multipliez ce montant par deux, soit une marge de 50 % sur le prix de vente demandé. Vous n'avez pas l'habitude d'offrir des rabais, car vous croyez que cela nuirait à votre image. S'il vous reste certains vêtements à la fin de la saison, vous les vendez à un soldeur. Avec un ami, vous analysez votre stratégie de prix.

Question

Quelles seront les différentes possibilités étudiées et quels sont les avantages et les inconvénients de chacune ?

CAS

EQUIGAME*

Dorénavant, les amateurs de jeux sur ordinateur pourront vibrer au rythme d'une course d'automobile, d'une partie de hockey, d'une explosion nucléaire ou d'un décollage d'un avion, grâce à l'invention de deux jeunes diplômés d'une université québécoise, M. Dias Netiouz, ingénieur électrique, et M. Wine Dows, informaticien.

En juin 1999, M. Netiouz et M. Dows ont mis au point un appareil qui permet aux amateurs de jeux sur ordinateur de participer physiquement à leurs jeux préférés. EquiGame (*voir annexe 1*), c'est ainsi que les deux inventeurs l'ont appelé, est une plate-forme munie de cinq supports pouvant s'ajuster pour s'attacher aux pieds d'une chaise qui en compte quatre ou cinq. On place la plate-forme au-dessous de la chaise et on la branche sur l'ordinateur au même titre qu'un périphérique. L'ordinateur analyse les sons et les images du jeu et utilise cette information pour générer des mouvements et pour les transmettre à la plate-forme. Les mouvements de la plate-forme sont générés par un moteur électrique, permettant ainsi à la chaise de se balancer de l'avant à l'arrière, de droite à gauche et de haut en bas.

EquiGame s'adapte à toutes les chaises et fauteuils de travail grâce à ses supports « ajustables » ainsi qu'à tous les ordinateurs personnels récents (800 MHz et plus). Bien entendu, plus l'ordinateur est puissant, plus les mouvements sont fluides et précis. Le produit sera vendu avec un logiciel d'installation.

Quant au nom de la marque, les deux inventeurs ont opté pour EquiGame. Ce choix repose sur le fait qu'il se prononce aussi bien en français qu'en anglais, ce qui n'exclut pas la possibilité d'exporter le produit aux États-Unis.

La commercialisation du produit

Bien que les deux inventeurs aient des talents en électronique et en informatique, ils se sentent démunis en ce qui a trait au marketing et à la commercialisation des produits. Ils avouent qu'ils n'ont pas effectué d'études de marché et pour concevoir ce produit, ils se sont fiés à leur intuition, à leurs connaissances techniques et à leur expérience en tant qu'amateurs de jeux sur ordinateurs. C'est pour cela qu'ils ont engagé, en octobre 1999, Mme Claire Voyant, jeune diplômée en marketing, afin de les orienter dans le choix d'un réseau de distribution et dans la fixation d'un prix de vente au détail.

Sachant que le choix d'un distributeur influence grandement le prix de vente au détail, Mme Voyant s'est penchée d'abord sur les différentes possibilités pour la commercialisation du produit. Elle propose trois options : 1) commercialiser le produit par l'intermédiaire d'une grande chaîne de magasins telle que Bureau en gros, 2) commercialiser le produit par l'intermédiaire de magasins indépendants, spécialisés dans le domaine de l'informatique ou bien 3) faire appel au service d'un agent indépendant qui se chargera de promouvoir le produit auprès des détaillants.

Pour ce qui est de la première option, si une chaîne aussi importante que Bureau en gros acceptait de distribuer et de promouvoir EquiGame, les inventeurs n'auraient plus à se préoccuper de ces deux tâches. Le représentant commercial engagé par les inventeurs aurait comme responsabilité de faire le tour des magasins partout en province, de montrer les particularités du produit et de prendre les commandes. Dans ce cas, la marge bénéficiaire consentie au détaillant serait de 45 %. Souvent, de telles chaînes de magasins exigent une clause d'exclusivité dans leur contrat.

La deuxième option consiste à vendre le produit par l'intermédiaire des magasins indépendants, spécialisés dans le domaine de l'informatique. Le service d'un représentant commercial demeure nécessaire et la marge bénéficiaire serait alors de 35 %. De plus, les inventeurs devraient payer la moitié des frais reliés à une campagne publicitaire coopérative évalués à 100 000 $. L'autre moitié des frais de la campagne serait payée par les magasins distributeurs.

S'ils retiennent la troisième possibilité, les inventeurs n'auraient pas besoin des services d'un représentant commercial car un agent indépendant se chargerait de promouvoir le produit auprès des détaillants. Celui-ci exigerait une commission de 10 %. Comme pour la deuxième option, il faudrait prévoir le même budget pour la publicité coopérative (100 000 $) et la même marge bénéficiaire consentie aux détaillants (35 %).

N'ayant pas le temps de réaliser une étude de la faisabilité de marché de ce projet, Mme Voyant a insisté pour faire un sondage rapide, lui permettant de connaître le potentiel du produit et surtout le prix que le consommateur sera prêt à débourser pour l'achat d'une telle innovation. Elle a engagé trois enquêteurs ayant comme mandat de rencontrer une centaine d'amateurs de jeux sur ordinateurs, recrutés à partir de sites de groupes de discussion au sujet de l'informatique, de leur présenter le prototype du produit et de vérifier leur intention d'achat si le produit se vendait 2000 $. Les résultats montrent que 56 % des personnes interrogées sont prêtes à faire l'acquisition du EquiGame et que 25 % le seraient si le prix de vente était inférieur. La majorité de celles-ci ont affirmé que si le produit se vendait 1500 $, elles l'achèteraient.

En apprenant les résultats du sondage, M. Netiouz et M. Dows souhaitent que le prix de vente au détail soit de 2000 $ la première année et, selon le volume de la production, ce prix pourra baisser graduellement pour atteindre le niveau de 1500 $ au bout de 2 ou 3 ans. Étant donné que le consommateur doit débourser une somme si importante pour l'acquisition de ce produit, Mme Voyant recommande à M. Netiouz et à M. Dows d'accompagner le lancement d'un article promotionnel. Elle leur propose d'offrir au consommateur un chèque-cadeau pour un jeu sur ordinateur de leur choix d'une valeur de 50 $, offert par les magasins qui distribuent le produit.

Avec la collaboration des deux inventeurs, Mme Voyant a effectué une prévision des coûts du projet. Celle-ci est présentée à l'annexe 2. Afin d'en savoir davantage sur l'étendue du marché potentiel de EquiGame, Mme Voyant a collecté des données secondaires portant sur quelques variables socio-démographiques, et sur le taux de pénétration des ordinateurs dans les familles canadiennes. L'annexe 3 résume les informations à ce sujet.

Travail à faire

Vous faites partie de l'équipe de Mme Voyant. Que recommanderiez-vous en matière de distribution et de fixation de prix pour la commercialisation d'EquiGame ?

---

* Cas rédigé par Saïd Zouiten, professeur de marketing à l'Université du Québec à Trois-Rivières.

ANNEXES

ANNEXE 1 L'aspect visuel du produit

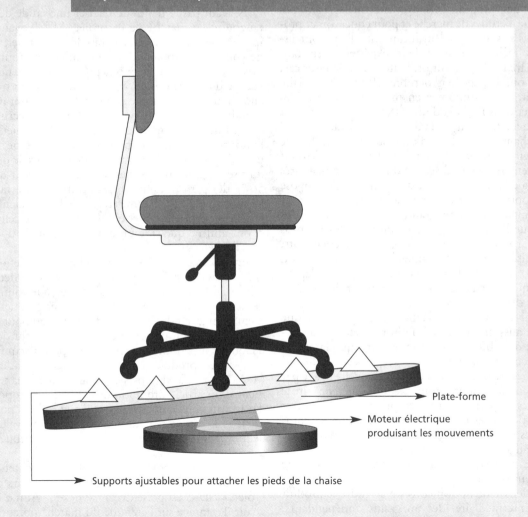

Plate-forme

Moteur électrique
produisant les mouvements

Supports ajustables pour attacher les pieds de la chaise

ANNEXE **2** La prévision des coûts

Frais fixes annuels :

Fabrication du prototype		10 000 $
Équipement, ameublement, outillage de l'entrepôt de base		5000 $
Téléphone (frais et appels interurbains)		2500 $
Main-d'œuvre (un ouvrier spécialisé pour assembler et emballer le produit)		20 000 $
Salaire du vendeur (salaire fixe)		15 000 $
Frais de déplacement du vendeur		25 000 $
Loyer (500 $ par mois)		6000 $

Taxes et permis :

Taxes d'affaires	250 $	
Brevet	10 000 $	
Frais d'incorporation	850 $	
Assurances	500 $	11 600 $
Frais de comptabilité		1500 $
Frais d'administration, papeterie, etc.		2000 $
		98 600 $

Frais variables :

Coût de production unitaire	540 $	
Coût d'emballage et d'étiquetage unitaire	10 $	
Frais de promotion (chèque-cadeau de 50 $ par unité vendue)	50 $	600 $
Commission du vendeur par unité vendue		80 $
		680 $

ANNEXE **3** Le nombre de ménages ayant un ordinateur personnel, 2000

PAYS OU PROVINCE	NOMBRE DE MÉNAGES (000)	MÉNAGES AVEC ORDINATEUR PERSONNEL (000)
Canada	11 580	4165
Terre-Neuve	199	50
Île-du-Prince-Édouard	51	11
Nouvelle-Écosse	364	98
Nouveau-Brunswick	285	72
Québec	3062	848
Ontario	4227	1720
Manitoba	429	137
Saskatchewan	392	129
Alberta	1042	448
Colombie-Britannique	1527	652

Source : STATISTIQUE CANADA, *L'équipement ménager,* 2000.

NOTES

1. LAMBIN, Jean-Jacques. *Le marketing stratégique : fondements, méthodes et applications,* McGraw-Hill, p. 265.

2. UDELL, John G. « How Important is Pricing in Competitive Strategy ? », dans *Journal of Marketing,* janvier 1964, p. 44-48.

3. ROBICHEAUX, Robert A. « How Important is Pricing in Competitive Strategy ? », *Proceedings,* Circa 1975, Southern Marketing Association, janvier 1976, p. 55-57.

4. LANZILLOTTI, R. F. « Pricing Objectives in Large Companies », dans *American Economic Review,* décembre 1958, p. 921-940.

5. KOTLER, Philip et DUBOIS, Bernard. *Marketing management : analyse, planification et contrôle,* Paris, Publi-Union, 1977, p. 276.

6. Cette partie est adaptée de McCONNELL, C. R. et POPE, W. H. *L'économique, Macroéconomique,* Montréal, McGraw-Hill Éditeurs, 1988, p. 61.

7. Coûts fixes : coûts dont le montant, pour une période, est indépendant du niveau d'activité (exemples : loyer, assurances, amortissement).

   Coûts variables : coûts dont le montant varie en fonction du niveau d'activité de l'entreprise (exemples : main-d'œuvre directe, matières premières, commissions).

8. On peut calculer le profit en fonction des coûts ou en fonction du prix de vente. *Voir* la section « Le vocabulaire particulier à la fixation des prix ». En pratique, on calcule le profit sur le prix de détail et non sur les coûts.

9. SCHINDLER, Robert et KIBARIAN, Thomas. « Increased Consumer Sales Response Though Use of .99-Ending Prices », dans *Journal of Retailing,* été 1996, vol. 72, n° 2, p. 187-189.

10. OXENFELD, Alfred R. *Pricing for Marketing Executives,* San Francisco, Wordsworth Publishing Company, 1961, p. 28.

CHAPITRE
10

La communication marketing intégrée

OBJECTIFS D'APPRENTISSAGE

Après la lecture du chapitre, vous devriez être en mesure :

- de comprendre le processus de communication marketing ;
- de dresser une liste des éléments d'une campagne de communication marketing ;
- de décrire le processus de contrôle de la communication marketing ;
- de saisir l'impact de l'environnement éthique et légal de la communication marketing.

Par Normand Turgeon, Ph.D.
Professeur titulaire, Service de l'enseignement du marketing, HEC Montréal

Même après avoir conçu le meilleur produit ou service, contrôlé les coûts afin de l'offrir au meilleur prix possible et obtenu l'accès au meilleur réseau de distribution ou à la meilleure localisation qui soit, il reste encore une étape essentielle : la communication efficace du produit ou service auprès des consommateurs.

Les termes « marketing » et « publicité » sont souvent confondus pour désigner les activités de promotion des entreprises. C'est l'expression « communication marketing intégrée » qui devrait être employée, car elle englobe tous les outils de communication à la disposition du gestionnaire de marketing : la publicité, la promotion des ventes, la publicité rédactionnelle, les relations publiques, les commandites, la force de vente (représentants), le télémarketing, le placement de produits, le marketing direct, la communication d'affaires et tous les autres outils de communication (logo, étiquette du produit, vitrine du magasin, etc.), comme l'illustre la figure 10.1. Ainsi, la communication marketing intégrée a pour objectif d'amener le consommateur à percevoir l'offre de l'entreprise comme une valeur sûre.

Dans les pages qui suivent, nous explorerons les outils directs de la communication marketing tout en insistant sur la nécessité pour le gestionnaire du marketing de tenir compte des autres outils de communication au service de l'entreprise. Dorénavant, nous privilégierons l'expression « communication marketing ».

Les outils de communication marketing font l'objet de critiques de la part des consommateurs et des associations qui les représentent (*voir encadré 10.1*). Il en est ainsi parce que certaines entreprises les utilisent de façon fort incongrue. Bien qu'il soit justifié de condamner les entreprises qui se servent de la communication marketing à mauvais escient, nous ne croyons pas qu'il faut pour autant désapprouver son utilisation. La communication marketing est en fait beaucoup trop utile aux entreprises et aux consommateurs pour ne plus faire partie de leur quotidien (*voir encadré 10.2, page 292*).

FIGURE 10.1 — Le mix de la communication marketing intégrée

Dans ce chapitre, nous explorerons le domaine de la communication marketing dans la perspective d'un emploi à venir, conforme à l'éthique professionnelle attendue des responsables du marketing. Et l'avenir de la communication marketing s'avère des plus prometteurs, grâce notamment au développement de l'ère numérique.

Le processus de la communication marketing

Une première condition essentielle à une meilleure utilisation de la communication marketing est de savoir comment communiquer avec les consommateurs. Mais avant d'aborder le processus de communication marketing, analysons ce que signifie le terme « communication » dans son sens le plus large.

Qu'est-ce que communiquer ? Est-ce parler ? Écouter ? Parler et écouter ? Non ! Communiquer ne signifie pas que parler et écouter. Vous avez sûrement dû le constater à présent.

ENCADRÉ 10.1 La madame n'est pas contente du tout, du tout, du tout…

POUR EN FINIR AVEC LA PUBLICITÉ HARGNEUSE

LINDA MONGEAU
L'auteure habite à Montréal

Je ne saurais passer sous silence encore longtemps le malaise grandissant que j'éprouve chaque fois qu'est diffusée l'annonce télé de la chaîne d'alimentation Loblaws. Pour tout dire, cette publicité, qui se veut de prime abord humoristique, véhicule un message chargé de mépris à l'endroit des femmes et, dans le cas présent, à l'endroit des femmes ayant un surplus de poids. Pour tout dire, la finale de cette annonce, «eh! en parlant de format club, ta mère a vient-tu?» me fait vomir. Comment peut-on justifier de tels propos et ce, même sous le couvert d'un soi-disant sens de l'humour?

La télévision a de tout temps exercé sur l'opinion publique une influence omniprésente qui vient renforcer, plus souvent qu'autrement, des idées clichés et sexistes dont les femmes sont encore une fois de plus les boucs émissaires.

Et pourtant…

Pourtant le Québec peut se réjouir d'être créatif et innovateur en matière de production publicitaire, plusieurs de ses annonces faisant figure de chefs-d'œuvre et ayant été primées ici, comme à l'étranger.

Je suis persuadée de ne pas être la seule à m'offusquer de cette annonce publicitaire qui cautionne la bêtise au sens propre comme au sens figuré. Mon conjoint avoue éprouver le même malaise que moi.

Qui endosse de tels propos, les rédacteurs-concepteurs ou la direction de Loblaws? Comment peut-on imaginer qu'une société civilisée puisse produire de tels messages dénués de respect et du sens du bien commun et d'autrui?

Dans une société qui se dit préoccupée par la violence faite aux femmes, tant psychologique que physique, ainsi que par la détresse psychologique dont souffrent des milliers de jeunes en difficulté en quête d'équilibre, comment peut-on prétendre que de tels propos, même tenus par un humoriste en herbe (incarné par Jean-Louis Houde [sic]), puissent être anodins et sans conséquence?

On devrait retirer cette publicité des ondes. Non pas au nom de la censure mais bien au nom du respect des droits et libertés des femmes.

Source: La Presse, 20 octobre 2003, p. A11.

ENCADRÉ 10.2 La publicité est un outil nécessaire à l'entreprise

LE COMMERCE ÉLECTRONIQUE A BESOIN DE PUBLICITÉ POUR PROSPÉRER

Il ne suffit pas de concevoir un beau site Internet avec les meilleurs outils disponibles pour voir affluer les acheteurs potentiels. Il faut faire de la publicité, et ce, pas uniquement sur Internet.

MARIE TISON

Il faut également allonger quelques dollars supplémentaires pour faire indexer le site, de façon avantageuse lorsqu'un internaute utilise un engin de recherche.

C'est ce que des spécialistes de la publicité ont fait valoir hier, à l'occasion du Marché international du multimédia (MIM) 2003.

« C'est comme un *commercial* pour la télévision, a déclaré Alain Richard, président de la firme rebelles.com. Après avoir payé pour sa production, il faut payer pour le faire faire diffuser parce que s'il reste sur les tablettes, personne ne te verra. »

Il a indiqué qu'une entreprise pouvait tenter de réduire ses frais en procédant elle-même à l'indexation de son site, sans passer par une firme spécialisée.

« Elle peut faire un travail correct, sauf que c'est un travail à plein temps, a-t-il soutenu. L'indexation est une science en soi. »

C'est aussi une nécessité, à en croire rebelles.com, qui compte justement un service d'indexation, Vision-Indexation.

L'un des responsables du service, Emmanuel Begouen, a rappelé qu'il y avait cinq milliards de pages sur le Web. Les engins de recherche, comme Googles, Yahoo! et MSN, sont essentiels pour trouver rapidement ce que l'on recherche. Ainsi,

85 % des internautes utilisent de tels outils.

Or, les sites qui figurent parmi les 10 premiers résultats qui apparaissent lorsqu'on fait une recherche ont 78 % plus de trafic que les sites qui se retrouvent du 11e au 30e rang.

« Si vous n'êtes pas parmi les trois premières pages (5 à 10 résultats par page), c'est comme si vous étiez absent », a soutenu M. Begouen.

Le choix des mots-clés qui seront soumis par l'entreprise aux engins de recherche est donc crucial pour obtenir les meilleurs résultats possible. Il faut donc bien analyser le contenu du site et, si nécessaire, l'optimiser pour augmenter ses chances.

Une entreprise peut également donner un sérieux coup de pouce à la chance en payant pour obtenir le meilleur positionnement possible pour tel ou tel mot-clé.

Selon les engins de recherche, Yahoo! ou Altavista par exemple, les trois, cinq ou huit premiers résultats qui apparaissent au cours d'une recherche ont fait l'objet d'un paiement. Les sites québécois et canadiens, comme La Toile du Québec ou Canoë, ne font pas exception. Googles, l'engin le plus populaire actuellement sur la planète, à également adopté ce principe.

M. Begouen a tenu à rassurer les internautes quant à la qualité des

résultats de recherche : les engins veilleraient au grain et refuseraient plus de la moitié des mots-cibles proposés par les entreprises en « positionnement payant » pour que les résultats correspondent bien aux désirs du chercheur.

« Le positionnement est devenu la première étape, et une étape incontournable, d'une campagne de marketing sur Internet », a affirmé Josée Legault, une autre responsable de Vision-Indexation.

Un autre publicitaire, Richard Matte, président de Complices Communication Interactive, a soutenu pour sa part que les entreprises qui voulaient attirer plus d'acheteurs potentiels sur leur site devaient faire de la publicité sur le Web, bien sûr, mais aussi dans les médias conventionnels.

« Ce que nous préconisons, c'est de sortir d'Internet, a lancé M. Matte. Pour augmenter l'achalandage, il faut aller plus loin. »

Il a affirmé que le défi du commerce électronique n'était plus technologique, mais commercial. Tous les aspects technologiques sont maintenant en place, qu'il s'agisse d'infrastructures ou de logiciels.

« Ce qu'il faut faire maintenant, c'est de donner des outils commerciaux », a déclaré M. Matte.

Source : La Presse, 17 avril 2003, p. D6.

En l'espace de quelques années, il y a eu un développement conceptuel important en communication marketing. De nos jours, nous faisons appel à ce qu'il est convenu d'appeler la « communication marketing intégrée ». D'après l'auteur Tom Duncan, ce passage vers le marketing relationnel est soutenu par des tendances de fond dans le monde du marketing. En voici quelques-unes : la prolifération des produits et des marques, la banalisation des produits, la sensibilité au prix, une perte de confiance envers les entreprises et la diminution de la fidélité aux marques.

Le tout dans un paysage communicationnel débordant d'activités et dans une économie de services où plusieurs clients ont perdu patience. Il y a donc un avenir prometteur pour la communication marketing intégrée.

Source : adapté de DUNCAN, Tom. *IMC : Using Advertising & Promotion to Build Brands,* New York, McGraw-Hill Irwin, 2002.

Un enseignant essaie de transmettre ses connaissances de façon que ses élèves les assimilent. Malheureusement, il ne va pas toujours de soi que ces deux parties soient sur la même longueur d'onde. Il en est de même pour les membres d'une famille, les amis et les collègues de travail.

Communiquer (du latin *communicare*), action de la communication, signifie « communier » (également *communicare*), c'est-à-dire partager, mettre en commun.

Toutefois, cette définition suppose fondamentalement (*voir figure 10.2*) que les champs d'expérience respectifs des intervenants, sans être parfaitement identiques, possèdent une zone commune qui permet la compréhension et le partage. Cette condition est également requise dans la communication marketing. C'est d'ailleurs un rôle important de la recherche en marketing que de permettre aux entreprises de connaître les consommateurs en leur donnant l'occasion de se faire valoir.

Comment des personnes ayant un champ d'expérience commun s'y prennentelles pour communiquer ? Nous répondrons à cette question en présentant les

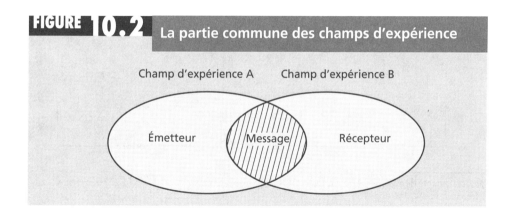

FIGURE 10.2 La partie commune des champs d'expérience

Champ d'expérience A   Champ d'expérience B

Émetteur   Message   Récepteur

Processus de communication
Mécanisme par lequel un émetteur encode un message et le transmet à un récepteur qui le reçoit et le décode. Le récepteur réagit alors au message (rétroaction). Tout ce mécanisme de communication peut être altéré par des bruits.

composantes du **processus de communication.** Comme on peut le constater à l'examen de la figure 10.3, ce processus comprend sept éléments.

L'émetteur et le récepteur sont les intervenants de la communication. Pour se faire comprendre du récepteur, l'émetteur code son message. En d'autres mots, il traduit sa pensée en signes que le récepteur pourra décoder. Ce que l'émetteur communique est le message, alors que le moyen utilisé représente les canaux empruntés, c'est-à-dire l'air pour la parole, la lumière pour les gestes ou l'écriture. La réaction du récepteur au message est dite « rétroaction ». Enfin, tout ce qui nuit à la communication entre l'émetteur et le récepteur fait partie des bruits du processus de la communication. Qui n'a pas été dérangé lors d'une agréable conversation ? La musique trop forte dans une discothèque, l'arrivée inattendue d'une troisième personne, un événement qui détourne l'attention de l'interlocuteur, bref, tout ce qui altère la qualité de la communication est source de bruit. Mais qu'en est-il de la communication marketing en particulier ?

Processus de communication marketing
Transmission d'un message d'une entreprise-émettrice à un public-récepteur. Le processus de communication marketing respecte le schéma général de la communication.

Les éléments du **processus** général de communication se trouvent également dans celui de la **communication marketing** (*voir figure 10.4*). L'entreprise devient l'émetteur, et les consommateurs sont les récepteurs. L'entreprise utilise en guise de code des signes connus des consommateurs pour qu'ils soient en mesure de décoder le message. Elle doit donc définir le champ d'expérience des consommateurs en vue de trouver le terrain commun propice à la compréhension du message.

L'entreprise transmet son message au moyen des canaux de communication à sa disposition. Elle peut utiliser la force de vente, les médias publicitaires ou tout autre moyen de communication. Les bruits et la rétroaction sont également

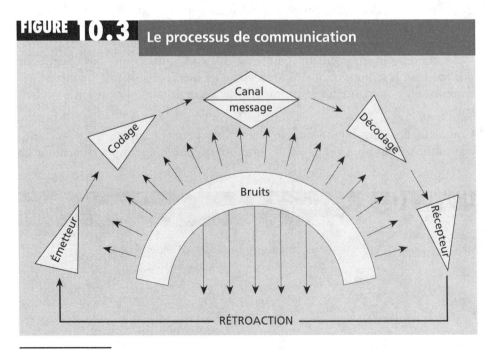

FIGURE 10.3   **Le processus de communication**

Source : adapté de BECKMAN, M. Dale, BOONE, Louis E. et KURTZ, David L. *Le marketing,* Montréal, HRW, 1984, p. 365.

présents dans le processus de communication marketing. De tous les bruits susceptibles de nuire à la qualité de la communication marketing (il en existe une infinité), l'activité de communication marketing des concurrents est la plus connue. Quant à la rétroaction, elle se manifeste de plusieurs façons ; par exemple, une augmentation des ventes, un changement d'attitude de la part des consommateurs ou une modification de la perception du produit.

Les éléments d'une campagne de communication marketing

Une campagne de communication marketing comporte cinq éléments qui nécessitent la prise de décisions importantes : l'établissement des objectifs de la communication marketing, la détermination du budget à consacrer à la campagne, le choix de l'axe et des thèmes de la campagne, les facteurs qui influent sur le choix des moyens de communication marketing et, enfin, le contrôle des résultats obtenus lors de la mise en marche de la campagne.

Précisons qu'un tel processus de gestion ne s'applique pas qu'aux campagnes d'envergure, mais à toutes, quelles qu'elles soient. De plus, comme la communication marketing est une activité continue dans l'entreprise, le gestionnaire devra

FIGURE 10.4 Le processus de communication marketing

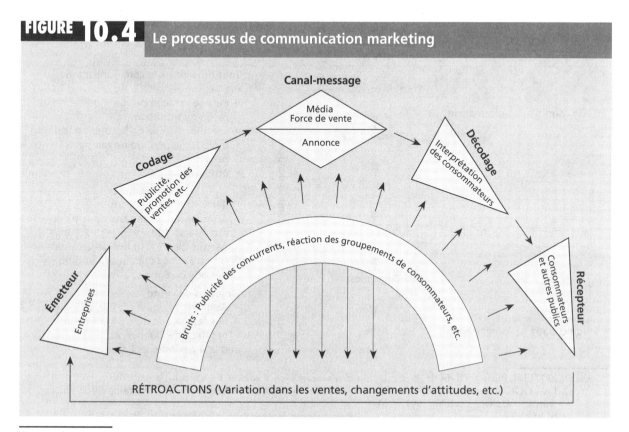

Source : adapté de BECKMAN, M. Dale, BOONE, Louis E. et KURTZ, David L. *Le marketing,* Montréal, HRW, 1984, p. 465.

constamment prendre des décisions relativement aux cinq grands éléments mentionnés précédemment.

L'établissement des objectifs de communication marketing

Pourquoi les entreprises utilisent-elles la communication marketing? Convaincues que leurs produits répondront aux besoins des consommateurs, elles prennent les moyens nécessaires afin de les informer de l'existence de ces produits et de les persuader de les acheter. En fait, par le biais de la communication marketing, les entreprises cherchent à attirer les consommateurs dans les phases successives de la prise de conscience, de la connaissance, de l'attrait, de la préférence, de la conviction et de l'achat de leurs produits[1].

Objectif de communication
But d'une entreprise désirant sensibiliser la clientèle à ses produits et s'assurer de mieux les faire connaître.

Comme l'illustre le tableau 10.1, il existe deux types fondamentaux d'objectifs en matière de communication marketing. D'une part, il y a les **objectifs** dits **de « communication »,** qui touchent les aspects cognitif et affectif du consommateur. Par l'établissement de tels objectifs, les entreprises visent à améliorer la connaissance qu'ont les consommateurs de leurs produits et de leurs marques, à les

TABLEAU 10.1

Le modèle de la hiérarchie des effets de la communication marketing de Lavidge et Steiner et les objectifs s'y rapportant

NIVEAUX[1]		Modèle de la hiérarchie des effets[2]	Objectifs de[3]	Applications
Stade cognitif	Information	Prise de conscience ↓ Connaissance	Communication	Tout objectif de la communication marketing devrait[4] : • décrire la tâche de communication de façon quantitative ; • spécifier la cible de la communication ; • indiquer la période de temps nécessaire ; • être écrit.
Stade affectif	Attitude	Attrait ↓ Préférence ↓ Conviction		**Exemples** Objectifs de communication – Augmenter la connaissance de notre marque de 10 % auprès des jeunes garçons de 12 à 19 ans de la ville de Montréal, et ce, à l'intérieur d'une période de 6 mois. Objectifs de vente – Augmenter nos ventes de 8 % auprès des femmes de 22 à 34 ans de la province de Québec, et ce, à l'intérieur d'une période de 3 mois.
Stade conatif	Comportement	Achat	Vente	

Sources : 1. KOTLER, Philip et DUBOIS, Bernard. *Marketing management,* 5e édition, Paris, Publi-Union, 1986, p. 517.
2. LAVIDGE, Robert J. et STEINER, Gary A. « A model for Predictive Measurement of Advertising Effectiveness », *Journal of Marketing,* octobre 1961, p. 61.
3. BOISVERT, Jacques M. *Administration de la communication de masse,* Gaëtan Morin éditeur, 1988, p. 145.
4. COLLEY, Russell H. *Defining Advertising Goals for Measured Advertising Results,* Association of National Advertisers, N.Y., 1961.

sensibiliser avant l'achat ainsi qu'à réduire la dissonance cognitive des consommateurs après l'achat, ou tout simplement à favoriser chez ces derniers une attitude favorable vis-à-vis de leur marque. Notons que l'atteinte de tels objectifs a un effet implicite sur le niveau des ventes à plus ou moins long terme, car elle favorise l'achat de ces produits. Par ailleurs, les entreprises peuvent chercher à augmenter leurs parts de marché. Elles visent alors explicitement des **objectifs de vente.** Ce type d'objectifs est courant en matière de communication marketing.

Objectif de vente
But d'une entreprise désirant augmenter ses parts de marché.

À travers ces objectifs, les entreprises visent à plus ou moins long terme une augmentation de la demande de la part des consommateurs. Le rôle informatif de la communication marketing permet à plus de consommateurs de prendre connaissance des produits des entreprises, ce qui est susceptible d'occasionner une demande additionnelle (*voir figure 10.5 a*). De plus, grâce au rôle persuasif de la communication marketing, à savoir inciter les consommateurs à exiger des produits sur la base de certains avantages différentiels, les produits de l'entreprise font l'objet d'une demande accrue de la part des consommateurs (*voir figure 10.5 b et encadré 10.3*).

La simple mise en œuvre des différents moyens du mix de la communication marketing n'assure pas de façon certaine l'atteinte des objectifs de l'entreprise. Loin de là ! Bon nombre d'entreprises utilisent encore de nos jours avec vigueur la publicité et la promotion des ventes, bref, tout l'arsenal de la communication marketing. Toutefois, plusieurs d'entre elles restent sur leur appétit, car les consommateurs ne sont pas dupes au point d'acheter ce dont ils n'ont pas besoin.

L'une des exigences les plus fondamentales à laquelle doit satisfaire une entreprise qui désire utiliser la communication marketing est d'offrir un produit correspondant aux besoins des consommateurs. Toutefois, lorsque l'on voit le nombre de faillites, on devine que les entreprises n'y répondent pas toutes.

La détermination du budget de communication marketing

Sur le plan financier, combien d'argent l'entreprise est-elle prête à investir dans ses activités de communication marketing ? Il s'agit d'une décision importante, car

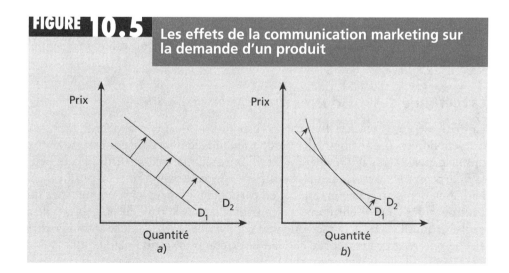

FIGURE 10.5   **Les effets de la communication marketing sur la demande d'un produit**

ENCADRÉ 10.3   La publicité serait-elle trop efficace ?

LA PUB, ALLIÉE DE LA MALBOUFFE

SYLVIE ST-JACQUES

Le terme *Fast Food Nation* lancé par l'auteur américain Éric Schosser, dans une croisade contre le style de vie des États-Unis, convient tout autant aux Canadiens.

Ici, les féroces campagnes de marketing pour positionner les chaînes de bouffe-rapide connaissent de retentissants et inquiétants succès. Au Canada, la fréquentation de ces restaurants a augmenté de 200 % entre 1977 et 1995. Une visite dans une chaîne de fast-food d'une localité où les familles sont nombreuses permet de constater la gravité de la situation. Plusieurs des enfants qui font la queue en attendant leur trio sont anormalement enveloppés.

Ce n'est pas un hasard si McDonald et Burger King se battent pour obtenir les droits sur les babioles dérivées des *Star Wars, Harry Potter, Toy Story* et *Shrek.* Ronald et ses concurrents savent trop bien que les enfants se révèlent de puissants agents de commercialisation lorsqu'il s'agit de convaincre papa et maman de prendre congé de vaisselle.

À titre d'exemples, les deux plus grands producteurs de sodas, Coca-Cola et PepsiCo, ont dépensé 4,6 milliards de dollars dans le monde de la publicité en 2000, affirmait un article paru dans l'édition 2002 de *Vital Signs,* une publication de l'organisme de recherche World-Watch Institute. « Une partie significative de cet investissement est dirigée vers les plus jeunes et établit un lien entre les boissons et les héros des enfants », précisait ce texte.

Or, les frites, hamburgers et pizzas ne sont pas les seuls responsables de l'expansion du tour de taille de nos petits. Céréales sucrées le matin, collation aux barres tendres enrobées de chocolat, biscuits en rentrant de l'école, boissons gazeuses en regardant la télé sont des habitudes de vie beaucoup moins bénignes qu'elles ne le paraissent.

Aux États-Unis, où les poursuites judiciaires abondent, les multinationales agroalimentaires sont ces jours-ci accusées d'avoir trompé les consommateurs. « Les groupes agroalimentaires présentent leurs produits comme bons pour la santé alors qu'ils savent en réalité qu'ils seront probablement consommés de telle façon que le consommateur sera finalement en moins bonne santé », a indiqué Richard Daynard, professeur de droit à la Northeastern University de Boston.

« L'embonpoint atteint souvent des enfants qui regardent beaucoup de télé ou qui passent plusieurs heures à jouer au Nintendo ou à l'ordinateur. Le fait de voir beaucoup d'aliments dans les commerciaux leur donne l'idée d'aller chercher quelque chose dans le frigo », explique Stéphanie Benoît, diététiste à l'Hôpital Sainte-Justine.

Source : *La Presse,* 25 août 2002, p. C4.

elle met en jeu la rentabilité de l'entreprise. Les entreprises disposent actuellement de plusieurs méthodes de détermination du budget de communication marketing. Voici les principales.

La méthode des ressources financières disponibles

La méthode des ressources financières disponibles consiste à allouer le montant d'argent non encore attribué à d'autres postes budgétaires et qui est disponible aux fins de dépenses. Il s'agit, évidemment, d'une méthode peu scientifique qui peut faire dépenser l'entreprise pour ce dont elle n'a pas besoin. Puisque ce calcul du budget ne repose pas sur un objectif en particulier, on ne peut le soumettre à un contrôle après coup. L'entreprise ne connaîtra jamais la part du budget qu'elle a peut-être inutilement dépensée. Aussi, il se peut que la part allouée soit inférieure aux besoins réels de l'entreprise en matière de communication marketing.

La méthode de l'alignement sur la concurrence

On peut également se servir de la méthode de l'alignement sur la concurrence. Il s'agit de déterminer le montant des dépenses effectuées par le concurrent pour sa communication marketing (ou le ratio de l'industrie) et d'allouer cette somme à son budget. Cette méthode comporte l'inconvénient majeur de ne pas tenir compte de la mission de l'entreprise et de s'appuyer plutôt sur ce que font les concurrents. Cependant, adapter son budget à celui des compétiteurs permet d'éviter la provocation et de rendre plus calme le secteur d'activités de l'entreprise. Une telle mesure permet également à l'entreprise de bénéficier de l'expérience des autres.

La méthode du pourcentage des ventes

L'une des méthodes les plus utilisées par les entreprises est celle du pourcentage des ventes. On obtient ce pourcentage à partir du jugement du responsable du marketing ou du ratio de l'industrie. Ce pourcentage est appliqué au montant des ventes passées ou au montant des ventes prévues de l'entreprise. Le montant établi représente l'enveloppe budgétaire de l'année suivante.

Cette méthode a l'avantage d'être fort simple. Cependant, notons qu'elle viole un des principes fondamentaux du marketing, à savoir que c'est la communication marketing qui doit créer les ventes et non l'inverse. Cette méthode préconise donc, en cas de ventes à la baisse, une diminution des dépenses de communication. L'entreprise devrait plutôt les augmenter si elle désire récupérer le marché qui s'effrite. Cet inconvénient de taille mérite que les entreprises remettent en question l'utilisation de cette méthode.

La méthode de la détermination des objectifs et des tâches

Actuellement, la méthode de la détermination des objectifs et des tâches est la façon la plus logique d'établir le budget de communication marketing. En premier lieu, le responsable du marketing définit clairement les objectifs de l'entreprise et ne retient que les objectifs dont l'atteinte dépend d'un effort de communication marketing. Communiquer avec 50 nouveaux détaillants chaque semaine constitue un exemple de ce type d'objectifs.

Une fois les objectifs connus, le responsable du marketing choisit les moyens à prendre et détermine le budget requis à cette fin. Dans l'exemple précédent, l'entreprise devrait assumer le coût de l'embauche de deux nouveaux vendeurs, montant qui représenterait en fait le budget de communication marketing nécessaire pour atteindre cet objectif particulier.

Dans le but de déterminer avec plus d'exactitude les objectifs de communication marketing qui guideront la préparation du budget, le gestionnaire pourra recourir à un test de marché. Il s'agit en fait d'une simple application des notions abordées au chapitre 4. Cette méthode permet d'isoler ce qui semble être le meilleur mix de communication marketing en fonction des objectifs à atteindre. Toutefois, le gestionnaire pourra faire face à un manque de ressources financières et devra donc revoir les objectifs à atteindre ou le calendrier de travail. L'essentiel est que l'entreprise fasse preuve de créativité et qu'elle maximise ses efforts, sans toutefois se mettre en péril.

Parmi les méthodes décrites jusqu'ici, aucune ne nous a donné l'allocation budgétaire optimale. Pour l'obtenir, l'entreprise doit utiliser les modèles économiques. Bien que cette préoccupation soit louable, ce ne sont pas toutes les entreprises qui peuvent se permettre un tel type de gestion. Toutefois, le responsable du marketing a le devoir d'établir le meilleur budget, et il ne devra pas hésiter à recourir à divers instruments de gestion, comme l'ordinateur.

La sélection de l'axe et des thèmes de la campagne de communication marketing

Bien que l'expression « campagne de publicité » soit plus familière, le terme « campagne » s'applique tout aussi bien au domaine de la communication marketing. En fait, les activités de publicité, de promotion des ventes, de relations publiques, de publicité rédactionnelle, de commandites, de même que la force de vente, le télémarketing et le placement de produit ne sont que des sous-campagnes greffées à l'ensemble de la communication marketing.

Axe de communication
Fondement sur lequel repose le message.

Selon William J. Stanton, une campagne consiste en l'utilisation coordonnée des moyens de communication marketing selon un **axe de communication** organisé autour de thèmes ou d'idées visant à atteindre des objectifs prédéterminés[2]. Par exemple, la campagne lancée en 2003 par la Fédération des producteurs de lait du Québec est axée sur la « consommation adulte au quotidien ». Pour ce faire, on recourt au slogan « Un verre de lait c'est bien, mais deux c'est mieux ». Cette proposition de vente est traduite par des situations humoristiques mettant en présence des adultes (un golfeur cocu, un PDG enfantin, un homme surpris par sa femme alors qu'il chausse des talons hauts, etc.). C'est par ces thèmes liés à la présence d'un deuxième verre de lait que l'on exploite l'axe de communication. Le lait est donc la vedette des messages.

Toujours selon Stanton, une entreprise peut entreprendre plusieurs campagnes de communication marketing, et ce, de façon concourante[3]. Elles peuvent viser différents secteurs géographiques. Dans ce cas, une entreprise peut exercer des activités simultanées de communication marketing dans diverses localités ou régions tout en demeurant active à l'échelle nationale. Elles peuvent également être conçues pour s'adresser à différents groupes d'acheteurs. Par exemple, une entreprise peut poursuivre des activités différentes selon qu'elles visent les grossistes, les détaillants ou les consommateurs. Ce ne sont là que quelques exemples parmi de multiples possibilités.

Afin d'obtenir un impact maximal de sa campagne de communication marketing, le gestionnaire doit en coordonner toutes les activités. Le programme de publicité élaboré devra appuyer le travail de la force de vente et les promotions spéciales. Quant à la force de vente, elle doit tout connaître du programme de publicité (thème et média notamment) afin d'être en mesure d'informer les intermédiaires qui en ont besoin. Pour ce qui est des activités promotionnelles, elles doivent contribuer à consolider les acquis que génèrent la publicité et la force de vente.

Le choix des moyens de communication marketing

De nombreux moyens sont à la disposition du spécialiste en marketing qui désire communiquer avec les consommateurs. Parmi les plus populaires, la publicité et les vendeurs (force de vente) sont assez bien connus de tous.

Toutefois, il y a également d'autres moyens de communication à la portée du responsable du marketing :

- La promotion des ventes, qui consiste en des activités spéciales organisées dans le but de soutenir les efforts de la publicité et de communication ; les promotions s'adressent autant aux consommateurs, aux revendeurs qu'aux représentants de l'entreprise ;
- La publicité rédactionnelle, qui n'occasionne aucun débours de la part de l'entreprise ; pensons à tout le battage médiatique autour du Festival international de jazz de Montréal, qui constitue en fait de la publicité gratuite ;
- Les relations publiques, soit les contacts avec différents publics par l'intermédiaire de rencontres organisées par l'entreprise ; par exemple, les conférences de presse, les journées « portes ouvertes », etc. ;
- Les commandites, qui consistent en l'apport financier, technique ou logistique de la part d'une entreprise pour la mise en place ou le soutien d'événements susceptibles d'être d'intérêt pour un ensemble de consommateurs ; le Québec présente des festivals de toutes sortes, grandement commandités par l'entreprise privée ;
- Le placement de produit ou toute exposition d'un produit ou d'un service dans le cadre d'une émission de télévision ou d'un film et qui a nécessité le débours d'une somme d'argent ; faites attention ici, car votre émission de télévision favorite ou le dernier film que vous avez vu était probablement un long message publicitaire ;
- La force de vente, qui constitue une communication individualisée de face-à-face entre un acheteur potentiel et un vendeur ;
- Le télémarketing, technique développée et mise au point aux États-Unis, qui consiste à faire de la sollicitation et de la vente par téléphone auprès des distributeurs et des consommateurs. L'avantage concurrentiel du télémarketing est qu'il réduit de beaucoup les frais de vente ;
- Le marketing direct, soit la communication dirigée directement vers chaque personne faisant partie d'un groupe cible ; ce type de marketing se fait par courrier et maintenant par Internet ;
- Le site Web de l'entreprise, soit la présence continue de l'entreprise auprès des consommateurs à l'aide d'un site informatif ou transactionnel.
- La communication interne, outil servant à véhiculer à l'intérieur de l'entreprise les grandes lignes des campagnes de communication marketing de l'entreprise et à augmenter le sentiment d'appartenance des employés ;
- La communication d'affaires, c'est-à-dire l'ensemble des moyens et des interventions adoptés pour mettre en évidence le rôle de l'entreprise dans le succès de ses clients.

Le choix de l'un ou de plusieurs de ces moyens revient au responsable du marketing. Il doit élaborer le meilleur mix de communication marketing possible, ce qui, en soi, constitue une tâche exigeante. Pour y arriver, il doit tenir compte des facteurs suivants.

L'objectif à atteindre

Nous avons vu que la communication marketing vise à ce que le consommateur franchisse les phases de la prise de conscience, de la connaissance, de l'attrait, de la préférence et de l'achat. En fonction du type d'objectif qu'il cherche à atteindre, l'administrateur choisira l'un des moyens du mix de communication marketing (*voir figure 10.6*). Alors que la publicité perd de son efficacité entre la prise de conscience et l'achat, la force de vente, la promotion des ventes et le télémarketing en gagnent. Il est plus facile de faire prendre conscience d'un produit à un plus grand nombre de personnes par le biais de la publicité et des commandites que par la force de vente. Par contre, puisque la force de vente est plus proche du consommateur, elle peut davantage l'inciter à acheter.

En ce qui concerne la promotion des ventes, la publicité rédactionnelle, les relations publiques et le placement de produit, ils remplissent des tâches précises : la promotion des ventes agit de façon progressive durant la phase de la préférence jusqu'à celle de l'achat ; la publicité rédactionnelle, les relations publiques et le placement de produits vont décroissant durant la phase de la prise de conscience jusqu'à celle de la connaissance.

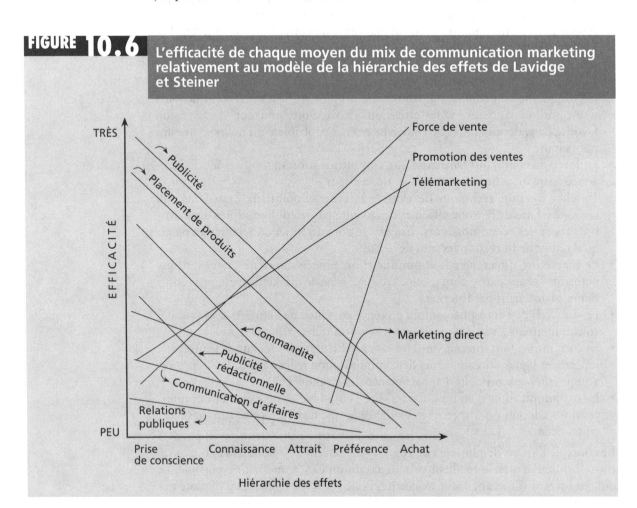

FIGURE 10.6 L'efficacité de chaque moyen du mix de communication marketing relativement au modèle de la hiérarchie des effets de Lavidge et Steiner

Le budget disponible

Puisque le budget de communication marketing est souvent limité, le gestionnaire se base sur les coûts pour sélectionner les différents moyens de communication marketing qu'il entend utiliser. Par exemple, s'il préfère utiliser la publicité, mais que son budget ne le lui permet pas, il devra se contenter d'autres moyens plus économiques.

De façon générale, la publicité et la force de vente sont considérées comme deux moyens de communication marketing coûteux. Par contre, la promotion des ventes et les relations publiques représentent, somme toute, des dépenses abordables pour la majorité des entreprises en raison de leur caractère sporadique.

Le marché visé

Lorsque l'entreprise désire rejoindre une large clientèle potentielle dispersée sur le plan géographique, elle aura avantage à utiliser la publicité au lieu de la force de vente, car l'établissement de contacts personnels coûtera beaucoup trop cher. Par contre, la force de vente l'emporte dans un petit marché géographiquement concentré.

La classe de produits

Que vend-on : un produit de consommation, un service ou un produit industriel ? Selon le cas, le responsable du marketing ne retiendra pas les mêmes recettes de mix de communication marketing pour atteindre ses objectifs.

Comme l'illustre la figure 10.7, il est avantageux d'utiliser la publicité pour les produits de consommation, alors que la force de vente a le plus d'impact pour les produits industriels.

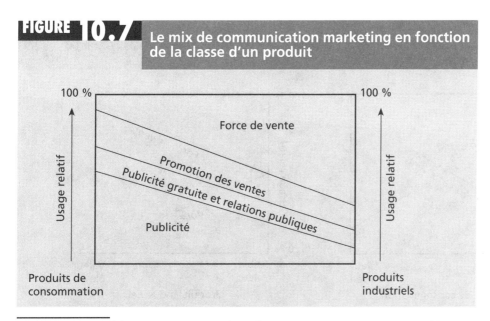

FIGURE 10.7 Le mix de communication marketing en fonction de la classe d'un produit

Source : KOTLER, Philip et DUBOIS, Bernard. *Marketing management,* 4ᵉ édition, Paris, Publi-Union, 1980, p. 480.

La valeur du produit

Peu importe la classe du produit, sa valeur demeure un facteur qui joue un rôle dans le choix des moyens de communication marketing.

Selon la figure 10.8, plus la valeur d'un produit de consommation est faible, plus l'entreprise aura avantage à utiliser la publicité. Plus la valeur du produit est élevée, plus il sera préférable d'utiliser la force de vente. Comparons les boissons gazeuses (faible valeur), pour lesquelles on choisit la publicité, et une roulotte (valeur élevée), qui requiert une force de vente. Il en est de même pour les produits industriels. Lorsque les produits ont une faible valeur, la publicité se révèle aussi importante que la promotion. À mesure que la valeur du produit augmente, la force de vente prend plus d'importance que la publicité lors de la communication marketing.

La complexité du produit

Plus un produit est complexe, plus l'entreprise aura avantage à utiliser la force de vente au détriment de la publicité. Plus un produit est simple, plus l'entreprise peut utiliser efficacement la publicité. Pensons notamment à la vente d'un stylo-bille comparativement à la vente d'un système cinéma maison.

Les phases du cycle de vie du produit

Chaque phase du cycle de vie du produit (introduction, croissance, maturité et déclin) exige un mix de communication marketing approprié. Lors de l'introduction, comme l'illustre la figure 10.9, l'entreprise vise davantage à créer une demande pour le produit (demande primaire) que pour sa marque. Elle doit donc

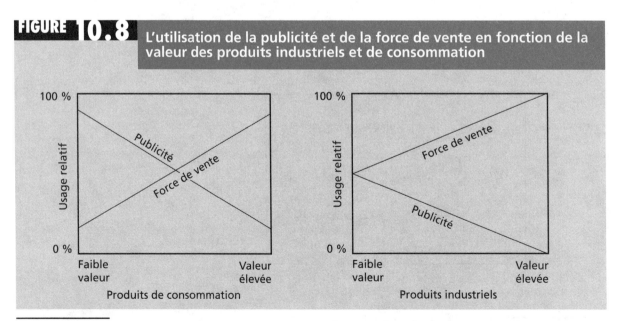

FIGURE 10.8 L'utilisation de la publicité et de la force de vente en fonction de la valeur des produits industriels et de consommation

Source : BECKMAN, M. Dale, BOONE, Louis E. et KURTZ, David L. *Le marketing : réalité contemporaine,* Montréal, HRW, 1980, p. 306.

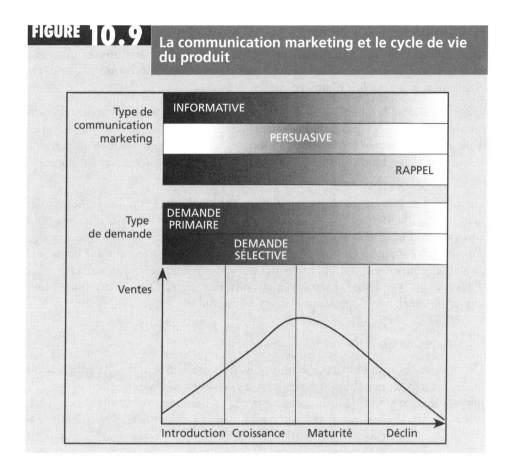

FIGURE 10.9 La communication marketing et le cycle de vie du produit

s'adresser à l'ensemble de la population afin de faire connaître l'existence du produit et d'amener les consommateurs à l'essayer. La publicité est tout indiquée pour cette première phase. Pour favoriser une distribution efficace du produit, l'entreprise devra également utiliser la force de vente et différentes promotions, organiser des expositions et accomplir d'autres activités du même type.

Au cours de la phase de croissance, de plus en plus de compétiteurs s'installent sur le marché. Il est donc primordial que l'entreprise suscite une demande sélective, c'est-à-dire une demande pour sa marque. À cet effet, elle recourra à une publicité véhiculant des messages à caractère persuasif plutôt qu'informatif.

Durant la phase de maturité, la concurrence qui s'établit entre les entreprises réduit les marges de profit. La publicité se voit allouer des sommes d'argent considérables et devient encore plus persuasive. Au cours de cette étape critique, chaque entreprise cherche à faire ses frais. On organise à l'occasion des promotions afin d'éliminer une certaine inactivité sur le plan des ventes.

Au cours de la phase de déclin, certaines entreprises quittent le marché, ce qui amène les entreprises qui y demeurent à utiliser la publicité de rappel afin de récupérer ces parts de marché délaissées. Toutefois, elles n'investissent que le strict minimum tout en planifiant leur propre retrait du marché.

La stratégie de distribution

Le responsable du marketing doit également tenir compte de l'impact que peut avoir l'utilisation de l'une des deux stratégies de distribution suivantes : la stratégie de pression et la stratégie d'aspiration.

Comme l'illustre la figure 10.10, la stratégie de pression amène l'entreprise à communiquer avec les grossistes et les détaillants afin qu'ils s'approvisionnent auprès d'elle et qu'ils effectuent des ventes auprès des consommateurs. En ce qui a trait à la stratégie d'aspiration, l'entreprise communique directement avec les consommateurs pour qu'ils exigent le produit de ses distributeurs.

Dans le cas de la stratégie de pression, tout en se servant de la publicité auprès des distributeurs, l'entreprise utilisera la force de vente avec beaucoup d'intensité pour voir son produit distribué dans le plus d'endroits possible. Par contre, la stratégie d'aspiration consiste à communiquer davantage avec son marché par le biais de la publicité plutôt que par la force de vente. Il coûterait beaucoup plus cher d'envoyer les vendeurs visiter chaque consommateur. Dans la pratique, c'est souvent un mélange de pression et d'aspiration qui est utilisé.

La stratégie de prix

L'entreprise choisira un mix de communication marketing différent selon qu'elle utilise un prix de pénétration ou un prix d'écrémage. Si elle opte pour un prix de pénétration, ce qui laisse une marge de profit relativement faible aux producteurs et aux intermédiaires, elle aura avantage à utiliser modérément la force de vente et la publicité. Si, au contraire, l'entreprise utilise un prix d'écrémage, les marges de

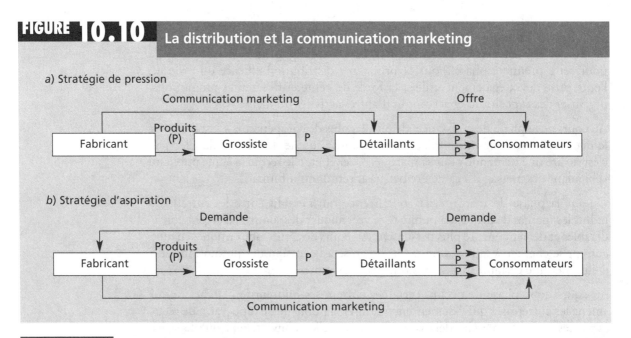

FIGURE 10.10   **La distribution et la communication marketing**

Source : adapté de DARMON, René Y., LAROCHE, Michel et PÉTROF, John V. Le marketing, fondements et applications, 3e édition, Montréal, McGraw-Hill Éditeurs, 1986, p. 328.

profit seront plus substantielles, ce qui permettra une communication marketing plus intense. L'entreprise recourra alors davantage à la force de vente, à la publicité et même à la promotion puisqu'un prix élevé peut représenter une barrière additionnelle à surmonter chez certains consommateurs.

L'impact de certaines politiques de l'entreprise

En plus de participer au développement économique de leur région, certaines entreprises choisissent de participer à son essor social en s'engageant particulièrement envers leur localité. Cette politique influe sur le mix de communication marketing, car elle amène l'entreprise à commanditer des événements à la portée de son budget et qui, la plupart du temps, ne rapportent à court terme aucun gain majeur pour les parts de marché.

Le contrôle de la campagne de communication marketing

Le gestionnaire a dû prendre beaucoup de décisions jusqu'à maintenant. Toutes, du choix des objectifs jusqu'aux moyens à utiliser, avaient pour but d'accroître l'efficacité du marketing de l'entreprise. Maintenant que la planification du programme est terminée, le gestionnaire doit accomplir une nouvelle tâche, soit le contrôle des activités de la campagne. Pour bien s'acquitter de cette tâche, le gestionnaire aura en main, de préférence par écrit, les objectifs visés par la mise sur pied d'une campagne de communication marketing. De plus, même si certains sont parfois difficiles à obtenir, il devra connaître de façon détaillée les résultats découlant directement de cette campagne.

La figure 10.11 (*voir page 308*) illustre que le contrôle n'est, en soi, qu'une comparaison entre le chemin parcouru et les objectifs fixés au départ par l'entreprise. Si elle atteint les objectifs ou même qu'elle les dépasse, tant mieux ! Toutefois, il serait bon qu'elle connaisse le ou les éléments qui ont contribué à son succès. Les objectifs de départ étaient-ils réalistes ? En effet, il arrive que l'on atteigne les objectifs parce qu'ils n'étaient pas assez élevés. Par ailleurs, il se peut que le choix d'un thème exceptionnel, animé par de bons moyens de communication et soutenu par un budget bien équilibré, ait contribué au succès de la campagne de communication marketing. Si, par contre, les objectifs de départ n'ont pas été atteints, le gestionnaire devra également établir la ou les sources de cet échec. Les objectifs de départ étaient-ils irréalistes ? Y a-t-il une lacune dans le couple axe/thème, dans les moyens privilégiés ou dans le budget ? Un concurrent a-t-il mené une campagne publicitaire plus efficace que la nôtre en même temps ?

Le contrôle est, de toute évidence, une activité de gestion importante. Il permet d'abord de déceler les problèmes pour ensuite proposer certaines actions correctives. Il ne faut pas le prendre à la légère. Il permet également de comprendre les cas de succès et ainsi de pouvoir mieux articuler ses campagnes futures.

Malheureusement, il reste un bon nombre d'entreprises qui emploient la communication marketing seulement parce que le compétiteur le fait et qui ne déploient aucun effort pour connaître les résultats de cette prise de décision. Cette mentalité prend du temps à changer.

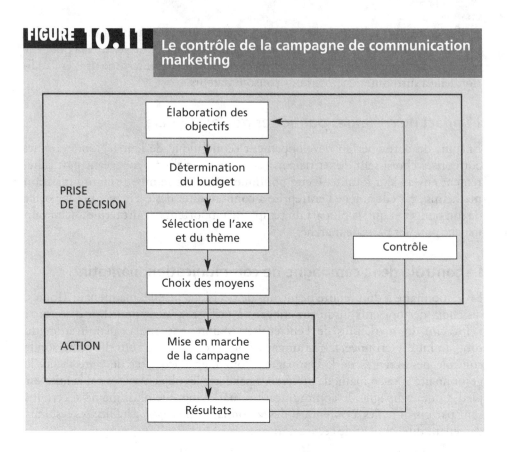

FIGURE 10.11 Le contrôle de la campagne de communication marketing

L'environnement éthique et légal de la communication marketing

Environnement éthique et légal de la communication marketing
Ensemble des lois et règlements régissant la pratique de la communication marketing.

La communication marketing, bien qu'elle soit utile autant aux entreprises qu'aux consommateurs, suscite beaucoup de controverse (*voir encadré 10.4*). Ce n'est pas d'aujourd'hui que certains consommateurs souhaitent voir disparaître cette pratique d'affaires. À leurs yeux, elle constitue une forme de pollution à l'origine de nombreux problèmes, dont l'alcoolisme. De plus, la pratique de la communication marketing est fort coûteuse puisque, en fin de compte, ce sont eux qui en paient la note. D'autres, moins radicaux, remettent en question la communication marketing, mais pas au point de la faire disparaître. Actives au sein de certaines organisations, ces personnes font des pressions sur les milieux politiques et d'affaires afin qu'un encadrement plus strict guide les activités des entreprises dans ce domaine.

L'entreprise doit donc tenir compte, d'une part, d'un ensemble de lois édictées par les gouvernements fédéral et provincial, et, d'autre part, d'une avalanche de règlements provenant de différentes associations industrielles et commerciales. Le tableau 10.2 (*voir page 311*) présente les principales lois régissant la pratique de la communication marketing, la majorité de ces lois s'appliquant surtout à la publicité.

LA PUBLICITÉ MÈNE-T-ELLE À LA FIN DU MONDE?

SYLVIA GALIPEAU

Inoffensive, la publicité? Avec les messages de bonheur facile, immédiat, à la portée de la main? Le parfum qui rend irrésistible, le shampooing qui garantit l'orgasme, la bière toujours disponible et fraîche, servie par de jeunes et jolies poulettes?

Non seulement insidieuse, elle représenterait même la plus grande menace à laquelle ait jamais eu à faire face l'humanité. «La publicité représente le système de propagande le plus puissant jamais vu. Cumulées, ses conséquences culturelles, si elles ne sont pas arrêtées rapidement, seront responsables de la destruction du monde tel qu'on le connaît aujourd'hui. [...] Notre survie en tant qu'espèce dépend de notre capacité à minimiser la menace que représentent la publicité et la culture commerciale.»

Celui qui prononce ces paroles n'est pas le chef d'une nouvelle secte, un gourou illuminé annonçant l'apocalypse. Sut Jhally est au contraire un professeur très respecté de communications de l'Université du Massachusetts, à Amherst, également fondateur de Media Education Fondation.

Auteur d'une foule d'articles sur la culture populaire, les médias et la publicité, M. Jhally prononçait la semaine dernière un discours à l'Université Simon Fraser en Colombie-Britannique, portant sur la publicité et la fin du monde (*Advertising and the End of the World*).

Son sujet fétiche a déjà fait l'objet d'une foule de présentations aux États-Unis, d'articles et d'un court documentaire, et devrait se concrétiser un jour en livre. C'est la première fois qu'il lance le débat au Canada.

L'homme a toutefois l'habitude de la controverse. Un précédent documentaire, *Dreamworlds: Desire/Sex/Power in Rock Videos*, réalisé en 1991, portait sur la représentation des femmes dans quelques 165 vidéos de MTV, des femmes toujours soumises, simplement décoratives. En un mot, de vrais objets sexuels. La chaîne américaine avait à l'époque menacé de le poursuivre, n'appréciant guère son analyse critique.

Son sujet de l'heure: la publicité. Pourquoi une menace? «La publicité en soi ne fait rien, explique-t-il en entrevue téléphonique, depuis Amherst. C'est en tant que propagande de l'économie de marché qu'elle est dangereuse.»

Citant Marx, il rappelle que la richesse des nations, dans l'optique capitaliste, repose sur l'accumulation des biens. Or pour qu'il y ait accumulation, encore faut-il qu'il y ait consommation. C'est à ce niveau qu'entre en jeu la publicité, censée «vendre» les produits aux consommateurs.

Le cercle vicieux: la quête du profit pousse les producteurs à produire continuellement davantage, donc la publicité à se faire toujours plus omniprésente. Aujourd'hui, comme de fait, on la retrouve partout: à la télévision bien sûr, dans les journaux, sur les murs du métro, dans les universités, dans la rue et dans le ciel. À quand l'espace?

Mais ce n'est pas tout. La publicité ne sert pas qu'à vendre des produits, elle véhicule également un message culturel, souligne Sut Jhally. «La publicité nous incite à une consommation sans fin, nous martèle qu'il est meilleur d'acheter que de ne pas acheter, et que la consommation nous apportera le bonheur.»

Ce faisant, elle justifie une production toujours plus effrénée, qui malheureusement risque de venir à bout des ressources planétaires.

Depuis 1950, rappelle-t-il, nous avons exploité plus de ressources que toutes les générations précédentes cumulées. Et maintenant, dans moins de 100 ans, toutes les ressources de la planète auront été épuisées, prédit-il, s'appuyant sur les nombreuses analyses de scientifiques, ayant déjà sonné l'alarme quant aux risques que représentent le réchauffement planétaire, la destruction de la couche d'ozone, etc.

Vers des conflits militaires sans fin

Voilà pour la première menace planant au-dessus de nos têtes. Car il en existe une seconde. La publicité serait également dangereuse, car en prônant un mode de vie axé sur la consommation, elle justifierait aussi des conflits militaires sans fin. D'après Sut Jhally, depuis la fin de la guerre froide, les relations internationales ne tournent désormais plus qu'autour d'une seule chose: la quête de ressources rares. La guerre du Golfe et même les attentats du 11 septembre en seraient les tristes témoins. «Si l'Irak exportait de l'huile d'olive (et non du pétrole), jamais nous n'en serions arrivés là.» Car le pétrole, contrairement à l'huile d'olive, est à la source même de notre économie, donc de notre mode de vie, affirme-t-il. C'est grâce à cet or noir que nous produisons, roulons, bref, fonctionnons. Et quelque part, les soldats qui se battent aujourd'hui en Afghanistan sont aussi en train de défendre ce sacro-saint «mode de vie».

«Il faut voir les attentats du 11 septembre sous un angle plus large, dit-il. Pourquoi y a-t-il des terroristes au Moyen-Orient? Parce que ce sont de gros méchants loups? Ou

ENCADRÉ 10.4 Pousse mais pousse égal, non ? (*suite*)

peut-être parce qu'il existe là-bas une certaine amertume, fruit des politiques américaines visant à protéger l'accès de Washington au pétrole ? »

L'heure est donc grave. « La présente génération a une responsabilité unique dans l'histoire de l'humanité, pense Sut Jhally. Il est de notre devoir, littéralement, de sauver la planète, en faisant les changements qui s'imposent. Sinon, la barbarie risque de nous rattraper d'ici les 70 prochaines années. »

Comment faire ? Repenser radicalement notre mode de vie. Il ne suffit plus de recycler mais il nous faut désormais nous débarrasser de toutes les machines inutiles, repenser notre relation à l'automobile, etc.

Il faut également briser le monopole que détiennent les grandes entreprises au sein des médias de masse, afin de laisser libre la voie à l'expression de pensées parallèles. Le professeur dénonce ici les supports publicitaires que sont devenus les médias, les chaînes de télévision américaines tirant la totalité de leurs revenus de la publicité, alors qu'elle représente 80 % des revenus des magazines et des journaux.

Conséquence ? « En ce moment, tout ce qu'on entend, ce sont les intérêts des grandes entreprises. »

Malgré ce sombre tableau, Sut Jhally se dit néanmoins optimiste. Il faut être conscient du monde dans lequel nous vivons, et de la dange-

reuse tangente qu'il a prise, dit-il. Mais il faut aussi croire au pouvoir de la société de construire un monde meilleur, basé non plus sur « l'illusion du bonheur » telle que véhiculée par la publicité, mais sur des valeurs collectives bien réelles, telles l'amitié, l'amour, le bien-être de la communauté, la protection de l'environnement, etc. Faisant siennes les paroles du penseur communiste italien Antonio Gramsci, il conclut : « Au pessimisme de l'intelligence, il faut faire triompher l'optimisme de la volonté. »

Source : La Presse, 4 mars 2002, p. B7.

CAPSULE ÉTHIQUE

La journaliste Judith Lachapelle a publié un article intéressant sur l'obésité et la malbouffe (*junk food*) chez les enfants. D'aucuns font une association entre ces deux phénomènes et affirment qu'il s'agit d'un problème majeur touchant plusieurs pays. Chez plusieurs de ces enfants, ce surplus de poids ira même en augmentant, ce qui risque d'occasionner des problèmes de santé majeurs.

Est-il socialement acceptable que certaines entreprises fassent des campagnes de communication marketing, souvent avec l'aide d'experts en psychologie, en sociologie, en communication et en marketing, au point que certains consommateurs deviennent des proies faciles ? L'État devrait-il intervenir dans le processus de commercialisation de certains aliments de type malbouffe et légiférer en cette matière, comme il le fait pour la publicité sur les médicaments ?

Supposons que vous soyez propriétaire d'un comptoir de restauration rapide et qu'un de vos clients abuse de ce genre de nourriture. Iriez-vous jusqu'à lui proposer de diminuer sa consommation ? Et si c'était votre enfant ?

Source : LACHAPELLE, Judith. « L'obésité associée à la publicité de la malbouffe », dans *La Presse,* 15 novembre 2003, p. A22.

TABLEAU 10.2 Quelques lois fédérales et provinciales (Québec) touchant la communication marketing

Lois fédérales	Lois provinciales (Québec)
Loi sur la radiodiffusion 1991, chap. 11	Lois sur les loteries, les concours publicitaires et les appareils d'amusement LRQ chap. L-6
Loi sur les aliments et drogues Règlement sur les aliments et drogues CRC chap. 870 Règlement sur les cosmétiques CRC chap. 869	Loi sur la protection du consommateur LRQ chap. P-40.1
Loi canadienne sur les droits de la personne Chap. H-6	Loi sur le recours collectif LRQ chap. R-2.1
Loi sur les droits d'auteur Chap. C-42	Loi sur la publicité le long des routes LRQ chap. P-44
Code criminel Chap. C-46	Charte de la langue française LRQ chap. C-11
Loi sur les langues officielles L.R. (1985) chap. 31 (4e suppl.)	Loi sur la publicité légale des entreprises individuelles, des sociétés et des personnes morales LRQ chap. P-45
Loi sur la concurrence Chap. C-34	Loi sur les produits agricoles, les produits marins et les aliments LRQ chap. P-30
	Loi sur la mise en marché des produits agricoles, alimentaires et de la pêche LRQ chap. M-35-1

Sources : ministère de la Justice du Canada (http ://www.Canada.justice.gc.ca), Justice Québec (http ://www.justice.gouv.qc.ca), *Lois et règlements du Québec,* Publications du Québec.

La pratique de la communication marketing est également autoréglementée par les principaux intéressés réunis en associations. Le tableau 10.3 (*voir page 312*) contient une liste des principales associations en ce domaine. La publicité est encore une fois mise en évidence.

Ces associations ainsi que bon nombre d'autres respectent les règlements édictés en faveur d'une meilleure pratique de la communication marketing. On peut consulter le tableau 10.4 (*voir page 312*) pour connaître quelques-un des codes se rapportant à ce sujet. L'aspect publicité y ressort davantage.

Les lois, les règlements et les codes vus précédemment constituent une bonne partie de l'environnement éthique et légal lié à la communication marketing. En outre, il existe plusieurs associations de consommateurs qui participent au débat et qui influencent autant les gouvernements que les associations d'affaires pour une meilleure pratique de la communication marketing. Enfin, soulignons le gigantesque travail qu'elles abattent afin de protéger les consommateurs de certaines entreprises qui ont, malheureusement, l'abus facile.

TABLEAU 10.3   Quelques associations dans les domaines de la communication marketing

Association	Adresse Internet
Association des agences de publicité du Québec (AAPQ)	http://www.aapq.qc.ca
Association marketing de Montréal (AMA)	http://www.marketing-montreal.com
Association canadienne du marketing	http://www.the-cma/org
Institut des communications et de la publicité (ICP)	http://www.ica-ad.com
Association canadienne des annonceurs (ACA)	http://www.aca-online.com
Publicité Club de Montréal (PCM)	http://www.pcm.qc.ca
Société des relationnistes du Québec (SRQ)	http://www.srq.qc.ca
Association de la radio et de la télévision de langue française (ACRTF)	http://www.cex.gouv.qc.ca/saic/francophonie/parten/586.html
Conseil des normes de la publicité : les normes canadiennes de la publicité	http://www.adstandards.com/fr/standards/procedure.asp
Annuaire des médias et de la publicité au Québec (AMPQ)	http://www.ampq.com

Sources : Internet et Associations Québec 2000 – Répertoire.

TABLEAU 10.4   Quelques codes régissant la pratique de la communication

Code canadien des normes de la publicité

Lignes directrices sur la représentation des femmes et des hommes dans la publicité

Guide d'étiquetage et de la publicité sur les aliments

Code des normes de la publicité destinée au grand public des cosmétiques, produits de toilette et parfums

Lignes directrices : allégations acceptables pour la publicité et l'étiquetage des cosmétiques

Lignes directrices de toute publicité comparative en matière d'alimentation

Lignes directrices portant sur l'utilisation, dans les messages publicitaires sur les aliments, de données résultant d'enquêtes et de recherches

Principes directeurs sur les représentations concernant l'environnement

Code de la publicité radiodiffusée en faveur des boissons alcoolisées

Code de la publicité radio-télévisée destinée aux enfants

Allégations relatives aux propriétés non thérapeutiques des médicaments en vente libre dans la publicité dirigée vers les consommateurs

Source : Conseil des normes de la publicité (http://www.normespub.com).

RÉSUMÉ

Puisqu'il définit l'ensemble des activités de communication de l'entreprise orientée vers les consommateurs, le terme « communication marketing intégrée » se substitue à celui de « promotion ». En fait, il englobe la publicité, la promotion des ventes, la publicité rédactionnelle, les relations publiques, les commandites, la force de vente, le télémarketing, le placement de produits, le marketing direct, la communication d'affaires et tous les autres outils de communication.

L'élaboration d'une campagne de communication marketing exige d'abord l'établissement d'objectifs à atteindre. Vient ensuite la détermination du budget à allouer à la campagne. Afin d'avoir un impact plus grand sur le marché, les entreprises organisent leur campagne de communication marketing autour d'un axe et de thèmes précis, le tout choisi en fonction des objectifs visés et des caractéristiques du marché cible.

Publicité, force de vente, télémarketing, promotion des ventes, publicité rédactionnelle, relations publiques, commandites, placement de produits, marketing direct et communication d'affaires sont les moyens mis à la disposition du spécialiste en marketing qui désire communiquer avec les consommateurs. Il lui suffit d'élaborer le meilleur mix de communication, en tenant compte d'une multitude de facteurs.

Dernière étape du processus, le contrôle des activités de la campagne n'en est pas moins essentiel. Il permet de déceler les forces et les faiblesses du processus et d'apporter les actions correctives nécessaires.

Enfin, plusieurs lois et règlements en ce domaine visent à satisfaire davantage le consommateur en le protégeant contre les entreprises qui n'ont pas encore intégré totalement le concept de marketing.

QUESTIONS

1. À l'aide de l'exemple donné dans l'encadré 10.1, à la page 291, choisissez et analysez une publicité que vous n'aimez guère. Présentez une analyse rigoureuse sous la forme d'une lettre que vous enverriez à un journal de votre choix.

2. Supposons que vous soyez l'auteur d'un site Web dont vous souhaitez améliorer le taux de visites. À l'aide de l'encadré 10.2, à la page 292, élaborez un plan de communication marketing qui viserait un tel objectif.

3. Pour chaque niveau du modèle de la hiérarchie des effets de Lavidge et Steiner, élaborez un objectif de communication marketing pour un fabricant de purificateurs d'air.

4. Quels sont les différents moyens de communication marketing ? Décrivez brièvement chacun d'eux.

5. Dans les médias généralement accessibles, choisissez une campagne de communication marketing en cours. Relevez les moyens utilisés et analysez les interrelations entre ces moyens.

6. En quoi le marché cible et la valeur du produit influencent-ils le responsable du marketing dans le choix des moyens de communication à utiliser ?

7. Nommez deux méthodes de détermination du budget de communication marketing. Décrivez-les brièvement.

8. Décrivez le processus de contrôle de la communication marketing.

9. Quel est l'impact de la stratégie de distribution sur la communication marketing?

10. Êtes-vous d'accord avec le contenu de l'encadré 10.4, à la page 310? Justifiez votre point de vue dans un texte de deux pages.

EXERCICES PRATIQUES

10.1 AMEUBLEMENT AU CONFORT*

Le magasin de meubles Ameublements au confort souhaite mettre en œuvre une campagne de publicités imprimées dans les journaux (quotidiens) de la ville. Avant de se lancer dans une aventure de cette envergure, le directeur du marketing croit qu'il est important d'étudier ce qui se fait chez les concurrents.

À cet effet, il vous demande d'étudier les publicités imprimées qui ont été diffusées dans l'édition du samedi précédent d'un des quotidiens de la ville (par exemple, *La Presse*, *Le Soleil*, *Le Droit*, *La Tribune*, *Le Nouvelliste*, *La Voix de l'Est*, le *Quotidien*, le *Journal de Montréal* et le *Journal de Québec*).

Ainsi, pour chacune des publicités de magasins de meubles, il vous faut repérer, découper et expliquer, dans un bref rapport, les éléments qui présentent l'axe et les thèmes privilégiés dans la campagne de communication marketing.

10.2 LES PIGNONS ROUGES*

Le promoteur immobilier Les pignons rouges construit des maisons modèles de type maison de ville et exploite un site immobilier en banlieue de Québec. L'entreprise a confié à la firme Bertrand-Simon Communication tout le volet des communications marketing. Conjointement avec les promoteurs et les architectes, Bertrand-Simon a soigneusement tracé un profil de la clientèle cible susceptible d'acquérir une maison de ville. L'emplacement du site, la disposition des pièces, la couleur extérieure de la maison, l'aménagement paysager, tout a été planifié en fonction des clients potentiels.

Une maison de ville est une petite maison d'environ 16 pi de façade construite en semi-détaché sur trois étages. On trouve un coin cuisine, une salle à manger et un salon au rez-de-chaussée; la chambre des maîtres, une grande salle de bains (avec bain et douche) et deux petites chambres à l'étage; une salle de jeu ou un bureau et une buanderie au sous-sol. Les prix au détail partent de 109 500 $. Le futur propriétaire pourra bénéficier de certaines subventions de même que d'une réduction de la taxe municipale pour les trois premières années.

Vous avez étudié le profil type de l'acheteur de ce genre d'habitation et vous avez fait un placement média judicieusement stratégique en mettant en valeur une publicité que vous croyez parfaitement ciblée. L'ouverture de la première maison modèle se fera dans trois jours et tout est prêt. Afin de s'assurer de la réussite de la campagne de publicité, votre directeur vous demande de concevoir un questionnaire de 15 questions pour vérifier si on a bien rejoint le type de client recherché. Veuillez inclure tous les styles de questions habituels. (*Reportez-vous au chapitre 4.*)

MISE EN SITUATION

CMN LAUZON*

Paule Lafleur, infographiste, travaille depuis maintenant cinq ans chez CMN Lauzon, une imprimerie familiale de Shawinigan. Cependant, depuis un certain temps, Paule n'éprouve plus de plaisir à travailler pour cette entreprise. Les tâches sont répétitives et M. Lauzon ne lui laisse pas la chance de mettre à profit son esprit créatif.

À vrai dire, Paule songe très sérieusement à mettre sur pied, avec sa collègue et amie Stéphanie Marten, une entreprise spécialisée en communication visuelle. Elle veut offrir aux entreprises privées et aux organismes à but non lucratif de la région un service de production de documents corporatifs et promotionnels (brochures, pochettes de presse, dépliants, papeterie, site Internet et documents multimédias).

D'ailleurs, Paule est consciente des besoins relatifs à cette sphère d'activité puisqu'il lui est arrivé, à quelques reprises, d'effectuer des contrats à la pige. En fait, elle est persuadée du potentiel de cette idée. Et puis, avec l'héritage que lui a légué sa grand-mère, elle semble être maintenant en mesure de démarrer sa nouvelle carrière d'entrepreneure.

En fait, Paule mise beaucoup sur l'aide de Stéphanie. Celle-ci est spécialisée en communication et possède les connaissances, les compétences et les aptitudes nécessaires. Après sa formation collégiale, Stéphanie a continué ses études en communication à l'Université de Montréal. Elle travaillait, jusqu'à tout récemment, comme conseillère adjointe dans une grosse boîte de relations publiques à Outremont.

Paule et Stéphanie sont à l'étape de la planification. Ensemble, elles précisent leur projet et établissent le profil de leur entreprise. Elles profitent de toutes les informations qu'elles peuvent obtenir sur le sujet. Un soir, en naviguant sur le site Internet du gouvernement, *Démarrer votre entreprise*[1], Paule découvre qu'elles peuvent, par l'entremise d'un programme de subvention qui vise à aider les jeunes entrepreneurs en région, bénéficier d'une aide financière pour démarrer leur entreprise.

Ainsi, afin d'être admissibles à ce programme, Paule et Stéphanie doivent élaborer un plan d'affaires détaillé, dont une grande partie sera un plan de marketing. Cependant, elles semblent avoir de la difficulté à déterminer les moyens de communication les plus appropriés pour faire connaître leurs services. La tâche est d'autant plus difficile que les sommes d'argent dont elles disposent sont très limitées. Cette étape est cruciale pour Paule et Stéphanie. Si le plan d'affaires est incomplet, leur demande de financement ne sera pas analysée.

Questions

1. Que suggérez-vous à Paule et Stéphanie ?
2. Quels moyens de communication marketing devraient-elles choisir ?

1. http://www.demarrer-entreprise.info.gouv.qc.ca

CAS

LE CONCOURS DE GRIMACES*

L'été prochain, le Service des loisirs de la ville de Frummondville tiendra sa première édition d'un concours de grimaces. L'événement se déroulera le troisième samedi d'août. Cette activité trouve son origine au Moyen-Âge, en Angleterre, où l'on faisait appel à ce stratagème pour choisir les fous du roi. Au Québec, il s'agit d'une première. Le but de ce concours contemporain est d'amener les gens de tout âge à faire preuve de créativité personnelle en inventant autant d'expressions faciales qu'il y aura de participants, hommes et femmes.

Ce concours s'inscrit dans un projet municipal de santé mentale. Il s'agit en fait d'une forme de thérapie par le rire qui s'adresse au grand public. Par ailleurs, chaque participant devra débourser 15 $ à l'inscription afin d'assurer le sérieux de la participation. Ce montant donne également droit à une formation préalable à la prestation devant le public ainsi qu'à une copie du livre des meilleures grimaces de l'événement. Durant la journée, un va-et-vient gratuit est prévu. Par contre, en soirée, le public sera invité à débourser 5 $ pour assister au spectacle de clôture.

Une organisation bien montée

Cet événement est financé par plusieurs organismes gouvernementaux, dont le gouvernement provincial. Ainsi, toutes les communautés culturelles du milieu citadin sont encouragées à participer. De plus, plusieurs entrepreneurs locaux souhaitent contribuer au rayonnement du projet. Et puis, un artiste québécois reconnu terminera en beauté cette journée qui se veut comique dans la détente. En fait, le spectacle de fin de soirée vient compléter le financement.

Plusieurs prix seront décernés aux meilleurs grimaciers. Le premier prix consiste en un stage d'un an, toutes dépenses payées, au sein d'un cirque réputé sur la scène internationale. Le lauréat évoluera sous la supervision d'un groupe de clowns. Le deuxième prix est une bourse d'études permettant au gagnant de s'inscrire à un cours donné par une école de cirque. Enfin, le troisième prix verra sa grimace affichée régulièrement sous forme de caricature pendant un an dans une revue humoristique et recevra une récompense de 100 $.

Mentionnons que l'événement, doté d'un budget de 25 000 $, exige une planification sérieuse. À cet effet, le comité d'organisation, sous la présidence de Yohé Dieudonné, un homme d'affaires immigré au Canada depuis une dizaine d'années, travaille, avec ses collègues, à préparer le concours depuis plus de trois mois. Toutes les exigences techniques, telles que le lieu du concours, la sélection des juges et le choix de l'artiste invité, sont remplies.

Cinq personnes évalueront la qualité des grimaces ; le maire de la ville, M. Robert Présomptueux, ainsi que le député provincial, Henri Fervant, siégeront au Comité de sélection. Par ailleurs, Yohé Dieudonné, président du comité organisateur, grâce à ses contacts dans le milieu artistique, a réussi l'exploit de réserver trois humoristes connus à participer bénévolement au choix des gagnants.

Le plan marketing

Les préparatifs sont désormais rendus à l'étape de la promotion de l'événement et le comité d'organisation doit préparer la campagne de communication marketing. À la réunion de travail hebdomadaire, le président du comité et certains membres expriment des divergences d'opinions concernant les outils promotionnels à utiliser pour la mise en valeur du thème de l'événement. Chacun lance ses idées. Certains souhaitent que l'événement jouisse d'une grande couverture dans les médias. D'autres indiquent qu'il faut également miser sur des moyens promotionnels moins coûteux, tels que les relations publiques et Internet. Alberte Sincenne, coordonnatrice de l'événement, rappelle aux membres du comité qu'avant de déterminer les moyens, il conviendrait de définir le thème de l'événement afin de bien orienter les messages. Alberte, une pianiste de formation, souhaite fonder le succès de l'activité sur la présence de l'artiste invité en soirée : « Je crois, dit-elle, que nous devons absolument profiter de la présence de cet artiste connu pour encourager le plus de gens possible à s'inscrire à notre activité. De plus, le talent de l'artiste garantira un plus grand nombre de spectateurs. C'est aussi simple que ça ! »

« D'accord... », d'ajouter avec hésitation le président, Yohé Dieudonné. « Mais il ne faut pas oublier, ma chère Alberte, que l'objectif premier de la journée est bel et bien le concours de grimaces. Donc nos efforts promotionnels doivent mettre en valeur cet aspect, surtout si nous voulons répéter l'activité à l'avenir. »

En entendant cet argument, Alberte Sincenne fait la moue. Elle demeure persuadée que son point de vue est le meilleur. Cependant, le reste du comité penche du côté de l'autorité. Après de multiples échanges verbaux entre Alberte et Yohé, les deux n'arrivent pas à formuler une vision commune. Alors, Yohé se tourne vers les autres membres du comité et les invite à trancher la question : « Mes amis, qu'en pensez-vous ? Quelle serait la meilleure solution à notre dilemme ? »

* Cas produit par Alexandra Vachon et le professeur Normand Turgeon. Copyright © 2004. HEC Montréal. Tous droits réservés pour tous pays. Toute traduction ou toute reproduction sous quelque forme que ce soit est interdite. Ce cas est destiné à servir de cadre de discussion à caractère pédagogique et ne comporte aucun jugement sur la situation administrative dont il traite. Déposé au Centre de cas HEC Montréal, 3000, chemin de la Côte-Sainte-Catherine, Montréal (Québec) Canada H3T 2A7.

NOTES

1. LAVIDGE, Robert J. et STEINER, Gary A. « A Model for Predictive Measurements of Advertising Effectiveness », dans *Journal of Marketing,* octobre 1969, p. 61.

2. STANTON, William J. et coll. *Fundamentals of Marketing,* 4e édition, Toronto, McGraw-Hill Ryerson, 1985, p. 484.

3. *Ibid.,* p. 485.

CHAPITRE

Le mix de communication marketing

OBJECTIFS D'APPRENTISSAGE

Après la lecture du chapitre, vous devriez être en mesure :

- de présenter les éléments du mix de la communication marketing de masse ;
- de connaître les moyens de communication de masse ;
- de décrire en détail la communication marketing personnalisée ;
- de dresser une liste des composantes de la gestion de la force de vente.

Par Normand Turgeon, Ph.D.
Professeur titulaire, Service de l'enseignement du marketing, HEC Montréal

Combien de fois vous est-il arrivé aujourd'hui de voir, d'entendre ou de lire un message publicitaire? D'être l'objet d'une promotion des ventes quelconque? D'une publicité rédactionnelle? De participer à une activité du service des relations publiques d'une entreprise? De faire affaire avec un vendeur? Qu'il soit 8 h 30, 15 h ou 23 h, les consommateurs demeurent la cible privilégiée des différents moyens de communication marketing à la disposition de l'entreprise.

De par leur rôle de récepteurs, tous les consommateurs sont quelque peu familiarisés avec chacun des moyens de communication marketing. Mais quelles sont les particularités de ces moyens du côté de l'émetteur? Dans ce chapitre, nous tenterons de répondre à cette question.

La communication marketing de masse

Communication marketing de masse
Moyens utilisés par l'entreprise pour rejoindre rapidement un très grand nombre de consommateurs potentiels.

Beaucoup d'entreprises utilisent des moyens de **communication marketing de masse** tels que la publicité, la promotion des ventes, les relations publiques, la commandite, la publicité rédactionnelle et le placement de produit (*voir figure 11.1*). Grâce à ces moyens, elles rejoignent à la fois leur vaste clientèle et un nombre encore plus impressionnant de consommateurs potentiels.

Ces moyens ne leur permettent toutefois pas de personnaliser leur message en fonction de chaque récepteur. Même si les entreprises ont observé certaines différences quant aux besoins des consommateurs cibles, elles leur communiquent le même message. Il s'agit, en fait, d'une communication impersonnelle dans

FIGURE 11.1 La communication marketing de masse

Communication marketing de masse

- Publicité
- Promotion des ventes
- Relations publiques
- Publicité rédactionnelle
- Commandite
- Placement de produits

ENTREPRISE

- Clients
- Consommateurs potentiels

(aucune rétroaction immédiate adressée directement à l'entreprise)

(rétroaction indirecte mesurée par les ventes ou autres éléments)

Source: adapté de DARMON, René Y., LAROCHE, Michel et PÉTROF, John V. *Le marketing, fondements et applications,* 3e édition, Montréal, McGraw-Hill Éditeurs, 1986, p. 310.

laquelle le consommateur ne peut émettre directement son opinion à l'entreprise qui s'adresse à lui.

Ce type de communication marketing revêt une forme appropriée aux multiples besoins de l'entreprise. En effet, elle contribue à l'atteinte de ses objectifs. Voyons plus en détail chacun des moyens de communication de masse.

La publicité

La publicité a entraîné tant de réussites d'entreprises et de produits dans l'histoire économique mondiale que ce mot est devenu presque magique. On ne peut nier que la publicité constitue un excellent moyen de communication marketing de masse. Toutefois, elle ne peut, à elle seule, sauver une entreprise de la faillite ou vendre un produit qui n'est plus populaire.

La publicité n'est pas pour autant une dépense inutile, loin de là. Elle se révèle, jusqu'à un certain point, un investissement judicieux dans le temps puisqu'elle contribue à bâtir la notoriété des produits et des services de l'entreprise auprès des consommateurs et à constituer son achalandage. L'entreprise y a massivement recours, que ce soit en fonction du comportement des consommateurs, de son produit ou de son image.

Il existe différents types de publicité. D'une part, la publicité peut mettre en évidence les caractéristiques d'un produit. Tout le monde connaît ce genre de communication marketing.

D'autre part, la publicité peut véhiculer un comportement ou une idée à adopter ; on parle alors de publicité sociétale. Les gouvernements, les organismes à but non lucratif (OSBL), les partis politiques et les entreprises privées utilisent de plus en plus ce type de publicité[1]. À titre d'exemple, le message publicitaire du ministère des Transports du Québec, « L'alcool au volant, c'est criminel, qu'on se le dise », est devenu un classique de la publicité sociétale[2].

La publicité relative à l'image de l'entreprise, connue sous le nom de « publicité institutionnelle », ne met pas en vedette un produit, mais plutôt l'entreprise en tant que personne morale, en tant que bon citoyen de la société dont elle fait partie intégrante. Au cours des dernières années, la compagnie pétrolière Shell a eu recours à ce genre de publicité afin de partager ses préoccupations environnementales avec les consommateurs. D'autres entreprises utilisent la publicité institutionnelle dans le but de faire état de leur contribution à la société et non pour se défendre.

http://www.shell.ca

Le plan de communication publicitaire

Pour arriver à ses fins, le responsable du marketing ne peut improviser. Tout comme il l'a fait lorsqu'il a décidé d'utiliser la communication marketing, il devra de nouveau prendre une série de décisions, cette fois en ce qui concerne les points suivants :

- La formulation des objectifs ;
- La détermination du budget ;

- La création du message publicitaire ;
- Le choix des médias, des supports et du calendrier de diffusion ; et
- Le contrôle de l'activité publicitaire.

Objectif publicitaire

Formulation précise du ou des buts visés par une activité de publicité.

La formulation des objectifs   Comme l'illustre la figure 11.2, les **objectifs publicitaires** découlent nécessairement des objectifs de communication marketing abordés au chapitre précédent. En plus des objectifs de vente, généralement mesurés en dollars ou en unités, l'entreprise a également des objectifs de communication (*voir chapitre 10*). Il serait ardu, si ce n'est inutile, de dresser une liste exhaustive de ces objectifs, puisqu'ils varient en fonction du contexte et de l'entreprise. Toutefois, après une étude attentive, Guiltinan et Paul ont établi six classes d'objectifs[3].

- La connaissance. La connaissance est un objectif de base souvent utilisé, que ce soit pour introduire un nouveau produit, pour annoncer les nouvelles heures d'ouverture d'un commerce ou toute autre nouveauté que l'on désire faire connaître aux consommateurs. Le responsable du marketing fera en sorte que la marque de son nouveau produit soit la première dont le consommateur se souvienne et qu'il l'achète.
- Le rappel d'utilisation. Pour les produits dont l'usage est discrétionnaire ou irrégulier, un objectif publicitaire approprié consiste à rappeler, sinon à provoquer, la consommation en véhiculant certaines raisons d'achat par le biais du message publicitaire. Des slogans publicitaires tels que « N'oubliez pas la prochaine fois » ou « Ayez-en toujours à portée de la main » constituent de bons exemples d'un tel objectif. La demande d'une classe de produits (demande primaire) ou d'une marque particulière (demande sélective) peut également faire partie d'un tel objectif.
- La modification des attitudes par rapport à l'utilisation du produit. C'est un objectif publicitaire pertinent que de vouloir modifier certaines attitudes à l'égard d'un produit. Prenons, par exemple, l'attitude des consommateurs en ce qui concerne les œufs. Bon nombre d'entre eux n'en consomment qu'au petit déjeuner. Une telle attitude freine la consommation du produit en dehors de cette période de la journée. Cette situation crée alors un manque à gagner substantiel en ce qui concerne les ventes. C'est à ce type d'attitudes que s'est attaquée la campagne publicitaire de la Fédération des producteurs d'œufs de consommation du Québec avec « Les œufs font tout un cinéma ! ». Il en est de même pour Windex, qui « Fait briller plus que les vitres ! », mais aussi le chrome, les miroirs et autres. L'entreprise peut viser et l'augmentation de la

http://www.œuf.ca/info/
federation/index
http://www.windexglass
cleaner.com

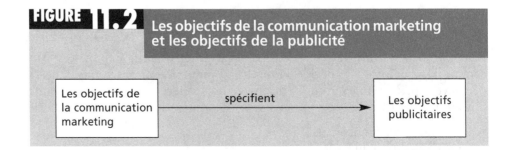

FIGURE 11.2   Les objectifs de la communication marketing et les objectifs de la publicité

Les objectifs de la communication marketing	*spécifient* →	Les objectifs publicitaires

demande primaire (les œufs), et l'augmentation de la demande sélective (Windex).

- La modification des perceptions par rapport à l'importance des attributs d'un produit. Lorsqu'une entreprise a mis au point un produit qui est le seul parmi les compétiteurs à posséder un attribut particulier, elle aura tout avantage à mettre cet attribut en évidence dans la publicité qu'elle en fera. Cependant, il doit s'agir d'un attribut déterminant aux yeux des consommateurs, car ils devront percevoir que seul ce produit le possède véritablement. Pour ce faire, l'entreprise n'aura d'autre choix que d'utiliser la publicité de façon substantielle. L'attribut « Trident, la gomme sucrée sans sucre » a été si bien mis en évidence qu'il est devenu un bénéfice recherché par beaucoup de consommateurs.

- La modification des croyances envers une marque. La publicité isole un attribut important aux yeux des consommateurs. Le consommateur évalue les produits et achète la marque qu'il juge la meilleure en fonction de cet attribut. Devant faire face à plus d'un compétiteur, l'entreprise doit alors présenter son produit de sorte que les consommateurs croient qu'il est le meilleur en fonction de cet attribut particulier. À ce sujet, Coke et Pepsi se livrent une guerre acharnée autour de l'attribut « meilleur goût ».

http://www.coke.com
http://www.pepsi.com
http://www.bell.ca

- Le renforcement d'attitudes. Une entreprise en position de leader sur le marché doit faire connaître ses produits. Elle doit entretenir la confiance que les consommateurs vouent à son produit en leur assurant qu'elle fait toujours tout pour qu'il soit le meilleur produit et qu'il le reste. D'une part, ce type de publicité rassure les consommateurs et, d'autre part, il crée une certaine fidélité à la marque. Bell Canada, leader de la téléphonie, ne dort pas sur ses lauriers. En effet, cette entreprise réitère continuellement la confiance que les consommateurs ont envers ses services et essaie de s'assurer de leur fidélité. Il en est de même de HEC Montréal, qui figure parmi les 100 meilleures écoles de gestion du monde, et qui met un soin particulier à communiquer ce résultat aux candidats intéressés à venir y étudier (*voir encadré 11.1*).

Lors d'une campagne publicitaire, une entreprise peut choisir d'atteindre plus d'un objectif. Toutefois, elle devra s'assurer de leur compatibilité afin d'éviter de courir deux lièvres à la fois… et de les perdre tous les deux ! Un soin particulier doit également être apporté lors de la formulation des objectifs. Ils doivent être écrits, connus et compris par tous ceux qui participent à leur réalisation. Voici quelques exemples d'objectifs :

- Augmenter les ventes du produit X ou du service Y de 20 % auprès des jeunes de 12 à 18 ans, sur une période de 6 mois ;
- Rejoindre les personnes de 40 à 55 ans, de sorte que 40 % d'entre elles connaissent le nom de marque du produit X ou du service Y à la fin de la campagne, soit dans 15 semaines.

Notons que les objectifs d'une campagne publicitaire constituent un élément fondamental de l'étape du contrôle à la fin de la campagne.

La détermination du budget   Le responsable du marketing détermine la part du budget de communication marketing consacrée à la publicité. Les différentes méthodes de détermination du budget vues au chapitre 10 s'appliquent également ici, la méthode des objectifs et des tâches étant toujours la plus appropriée. Une

ENCADRÉ **11.1** Gérez votre avenir

fois les objectifs à atteindre définis de façon précise, il devient aisé de déterminer le budget à allouer à la publicité. Au Canada, les entreprises y affectent des sommes considérables. La figure 11.3 présente les 10 plus importants annonceurs du Québec.

Même si l'ampleur du budget à déterminer n'est pas aussi phénoménale que celle de la figure 11.3, le responsable du marketing doit procéder à une analyse approfondie.

La création du message publicitaire La création du **message publicitaire** est souvent l'aspect le plus fascinant du domaine de la publicité. Même si l'on est contre la publicité, on ne peut nier l'excellent travail accompli par certains créateurs publicitaires. Au moment d'écrire ces lignes, la campagne « We are the Champion » du médicament Viagra bat son plein, et elle est considérée comme une campagne efficace.

Un message publicitaire doit être bien conçu pour atteindre les objectifs publicitaires du responsable du marketing. Même si c'est généralement l'agence de communication marketing de l'entreprise qui crée le message publicitaire, l'administrateur

Message publicitaire
Information transmise par une entreprise à un public cible au moyen de la publicité.

http://www.viagra.com

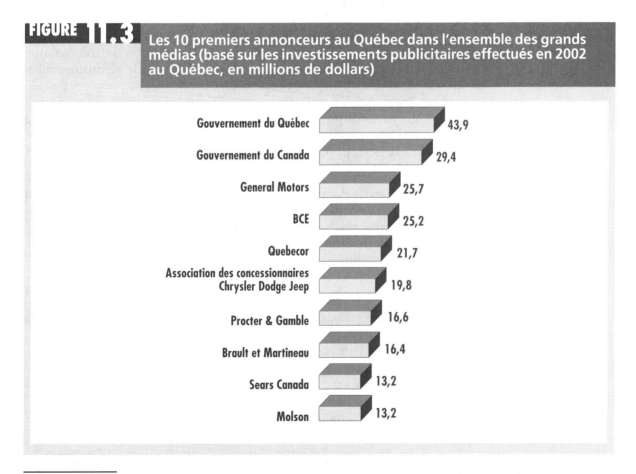

FIGURE 11.3 **Les 10 premiers annonceurs au Québec dans l'ensemble des grands médias (basé sur les investissements publicitaires effectués en 2002 au Québec, en millions de dollars)**

Gouvernement du Québec	43,9
Gouvernement du Canada	29,4
General Motors	25,7
BCE	25,2
Quebecor	21,7
Association des concessionnaires Chrysler Dodge Jeep	19,8
Procter & Gamble	16,6
Brault et Martineau	16,4
Sears Canada	13,2
Molson	13,2

Source : « Le guide annuel des médias 2003 », Éditions Infopresse, selon Nielsen Recherche Média, repérage des investissements publicitaires 2002.

doit tout de même en connaître les éléments constitutifs. Créer un message publicitaire, c'est prendre des décisions relativement à la copie, aux illustrations et à l'agencement de ces éléments.

La copie est développée à partir de l'axe et du thème adoptés pour la campagne de communication marketing. Elle véhicule l'information, en image ou en texte, nécessaire à l'atteinte des objectifs. Elle peut contenir une partie de ces éléments ou tous à la fois, à savoir l'en-tête et le texte (lus ou écrits), le nom et l'adresse du fabricant s'il y a lieu ainsi que le texte du coupon-rabais (ou autre) le cas échéant.

Les deux principaux éléments de la copie qui constituent l'argumentation du message publicitaire (soit l'en-tête et le texte) prennent trois formes[4] :

- Ils décrivent les attributs physiques du produit ;
- Ils font part des avantages que génère la consommation du produit ;
- Ils caractérisent le produit (qui le consomme et pourquoi ?).

Il existe plus d'une façon de formuler l'argumentation. Dans certains cas, il est plus approprié d'utiliser une argumentation douce et discrète, particulièrement lorsqu'il s'agit de messages publicitaires indirects dans lesquels la pression pour la vente est à peu près nulle. Au moment d'écrire ces lignes, la nouvelle campagne publicitaire « Ceci n'est pas une banque » du Mouvement Desjardins utilise ce genre d'argumentaire pour annoncer ses services. Dans d'autres cas, soit en raison des conditions économiques (la récession notamment), de l'environnement concurrentiel existant ou du produit comme tel, l'entreprise peut avoir avantage à utiliser une argumentation plus dynamique. De cette façon, elle mettra en évidence tous les mérites du produit. Les messages publicitaires directs favorisent une réaction immédiate chez les consommateurs. Au moment d'écrire ces lignes, Molson utilise ce genre dc publicité pour annoncer la plupart de ses produits.

http://www.molson.com

Tout comme le produit lui-même, le réseau de distribution ou le prix demandé, la copie du message publicitaire constitue un élément important du positionnement d'un produit. « Un verre de lait c'est bien, mais deux c'est mieux » vise à positionner le lait comme une boisson destinée aux adultes et à les inciter à en consommer davantage. Il en est de même pour de nombreux autres produits pour lesquels le positionnement constitue un élément crucial lors de la décision d'achat des consommateurs.

http://www.lait.org

Pour les illustrations, le créateur publicitaire peut utiliser le principe de la photographie, du graphisme, du tableau d'information, du dessin, de la reproduction de peinture, de bandes dessinées ou toute autre forme de présentation visuelle susceptible d'accompagner la copie[5]. Les décisions concernant les illustrations sont en étroite relation avec celles qui ont trait à la copie ; elles servent également à positionner le produit. Dans sa campagne « C'est ça que j'M », McDonald's utilise efficacement l'image afin de mettre en évidence le caractère amusant associé à la consommation de ses produits. Comme l'adage le dit, « Une image vaut mille mots ».

http://
www.mcdonalds.com

La composition du message publicitaire consiste à mettre en place tous les éléments de la copie et des illustrations retenus. Bien qu'ils concernent davantage l'aspect artistique de l'annonce, le créateur doit tenir compte de certains critères de production tels que l'équilibre, le contraste, la proportion, le mouvement et l'unité. En plus de répartir ces éléments, la disposition doit créer l'effet de synergie qui aura l'impact optimal sur le consommateur.

À ce stade, il ne reste qu'à choisir le style d'appel à utiliser dans le message publicitaire. Voici quelques approches qui peuvent être retenues :

- L'approche témoignage. Les messages emploient, au lieu d'un acteur, un expert d'un domaine particulier dans lequel le public a confiance. Au moment d'écrire ces lignes, Via Rail fait appel à des personnalités connues pour promouvoir ses liaisons ferroviaires Montréal-Toronto. Un consommateur type peut également être utilisé. Au moment d'écrire ces lignes, par exemple, le fabricant de produits naturels Adrien Gagnon adopte cette approche en retenant les services d'une consommatrice pour annoncer le supplément de sulfate de glucosamine.

http://www.cadbury.co.uk
http://www.loto-quebec.qc.ca
http://www.viarail.ca
http://www.oldelpaso.com

- L'approche humoristique. Pour attirer et retenir l'attention des consommateurs, l'entreprise présente son produit de façon humoristique. Toutefois, le résultat n'est pas nécessairement garanti, car beaucoup d'entreprises ne s'acquittent pas très bien de la tâche de vendre leur produit, les consommateurs se préoccupant davantage du rire que du produit ! Caramilk, avec son « secret », utilise convenablement ce type d'approche ; Loto-Québec également, avec sa campagne « C'est pas drôle d'être millionnaire » (*voir encadré 11.2*).

ENCADRÉ 11.2   C'est bien de choquer, c'est mieux de séduire

UN SPÉCIALISTE PUBLICITAIRE DÉNONCE LES DÉRAPAGES DE LA PUB
« La mauvaise pub offense la majorité, la bonne ne gêne que quelques-uns », dit Bob Garfield

SUZANNE DANSEREAU

À trop vouloir se démarquer, certains messages publicitaires deviennent carrément imbuvables. Soit qu'ils soient de mauvais goût, soit qu'ils offensent la majorité de la population, ou soit que les créatifs qui les ont conçus soient tellement prétentieux que l'on arrive même pas à savoir quel type de produit ils veulent vendre.

C'est ce qu'est venu dire **Bob Garfield,** auteur de la chronique « Ad Review » du respecté magazine américain *Advertising Age,* lors d'une conférence tenue à Montréal dans le cadre d'une tournée promotionnelle pour son nouveau livre *And Now a Few Words From Me.*

Des exemples de mauvais goût

Reconnu pour son franc-parler, M. Garfield a présenté au gratin de l'industrie publicitaire montréalaise un palmarès des pires messages télé jamais produits, selon lui :

Une annonce de papier de toilette où l'on voit un homme en maillot de bain sur la plage tentant d'éloigner les mouches qui lui collent au derrière ; une annonce pour un produit détachant où l'on a recours à un handicapé mental, une annonce où l'on voit un homme des cavernes courir et se transformer en homme moderne. Que vendait l'annonce ? Une institution financière ! Grossièreté, manque de pertinence, mauvais goût, suffisance : tels sont les problèmes qui frappent nos pubs aujourd'hui.

Selon M. Garfield, « les agences veulent tellement attirer l'attention qu'elles perdent toute perspective de l'impact que ces pubs vont avoir sur la population ».

Le pire, c'est que certaines représentent des multinationales, qui devraient mieux se comporter, dit-il.

M. Garfield a montré des pubs de Calvin Klein qui équivalent, selon lui, à « de la pornographie infantile », des pubs de Sprite et Fantastik qui sont « mysogynes » et une de Sony Play Station qui est carrément dégoûtante. (On y voit des cuisiniers dans un grand restaurant cracher dans les plats, y mettre leurs sécrétions nasales et les déchets laissés dans un bol de toilette. La pub se termine en disant : Ne préférez-vous pas rester à la maison ?)

« Quand va-t-on apprendre que briser les règles est tout à fait disgracieux et adolescent ? a lancé M. Garfield. Les règles sont là pour vous libérer et non pour vous emprisonner. »

ENCADRÉ 11.2 C'est bien de choquer, c'est mieux de séduire (*suite*)

Selon lui, les agences de pub ont tendance à oublier que la pub est « un intrus dans nos salons et que pour cette raison, elle n'a pas le droit d'offenser la majorité de la population (…). Certes, il faut parfois en offenser quelques-uns pour plaire à la majorité, mais pas offenser la majo-

rité pour plaire à quelques-uns ». On oublie souvent que la « pub n'est pas un fusil, c'est une mitrailleuse », a rappelé M. Garfield.

Quand on lui a demandé s'il fallait toujours être politiquement correct, M. Garfield a répliqué que non, et qu'il était possible d'être percutant

sans offenser la majorité de la population. Il a donné l'exemple de la campagne *Think Different* de **Apple** en 1984 et, plus près de nous, l'affiche antiguerre de l'**Archevêché de Montréal,** conçue par l'agence **Bos.**

Source: *Les Affaires*, 26 avril 2003, p. 12.

- L'approche « tranche de vie ». Cette approche met en évidence l'utilisation du produit à la maison ou à l'extérieur par une ou plusieurs personnes. « Old El Paso » l'utilise dans la mise en marché de ses coquilles à taco.
- L'approche scientifique. À partir des résultats de certains tests, l'endosseur, généralement une personne sérieuse vêtue d'une blouse de laboratoire, fait état des qualités du produit. Cette approche se prête bien à certaines annonces de savon, de dentifrice et de médicaments.
- L'approche comparative. L'approche comparative, quoi qu'elle soit moins utilisée qu'auparavant, amène l'entreprise à confronter son produit au produit du compétiteur de façon explicite (par exemple, la fameuse campagne Coke et Pepsi) ou de façon implicite (par exemple « La facturation à la seconde, désolé mais aucun autre fournisseur ne l'offre, vous la trouverez uniquement chez Fido »). Depuis quelques années, on a modifié la réglementation en cette matière. Il est de plus en plus possible pour les entreprises d'utiliser cette approche. Toutefois, il ne faut pas oublier que, chaque fois que le produit des compétiteurs est mis en évidence, l'entreprise lui fait ainsi une publicité gratuite. On dit souvent : « Parlez de moi en bien, parlez de moi en mal, mais, s'il vous plaît, parlez de moi[6] ! »
- L'approche à caractère sexuel. Certains messages publicitaires véhiculent des images à caractère sexuel présentant des hommes ou des femmes nus ou, encore, des personnes habillées de façon provocante ou dont la position du corps est suggestive. Ces images visent à attirer l'attention des consommateurs, mais elles n'ont pas le même effet sur les hommes et sur les femmes. Selon les résultats de certaines recherches, il semble qu'elles attirent davantage l'attention des hommes que celle des femmes. Certains groupements dénoncent cette approche, ce qui rend son utilisation plus embarrassante[7].

Peu importe l'approche retenue, un message publicitaire qui veut faire effet y parvient mieux si l'on tient compte du modèle AIDA dans son élaboration (*voir figure 11.4*).

FIGURE 11.4 Le processus AIDA appliqué au message publicitaire

Un bon message publicitaire est conçu de façon à			
attirer l'Attention	soulever l'Intérêt	susciter le Désir	provoquer l'Action
A	I	D	A

Mis au point vers la fin du XIXe siècle (1898) par E. St-Elmo Lewis, ce modèle constitue encore de nos jours une aide précieuse lors de la conception de messages publicitaires[8].

Le choix des médias, des supports et du calendrier de diffusion   Le choix des **médias,** des supports et du **calendrier de diffusion** met en jeu des décisions tout aussi cruciales que la création du message lui-même. Un bon message véhiculé par le biais d'un média inapproprié ou durant une mauvaise période de l'année perd beaucoup de son efficacité. Le responsable du marketing doit donc y porter une attention particulière, d'autant plus que de nouveaux médias émergent continuellement. En effet, il est maintenant possible d'annoncer sur les portes d'ascenseur comme sur les portails Internet. Une analyse rigoureuse s'avère donc nécessaire.

Les médias   Quels sont les facteurs dont le responsable du marketing doit tenir compte lors du choix des médias ? Les caractéristiques du segment de marché visé et les caractéristiques du produit constituent des indices utiles pour résoudre ce problème. Certains segments de marché sont plus enclins à écouter la télévision, alors que d'autres lisent davantage les journaux. De plus, certains produits ne peuvent faire l'objet d'un message publicitaire que par le biais de certains médias. Par exemple, il est impossible pour tout fabricant de cigarettes d'annoncer ses produits à la télévision.

Le budget alloué à la publicité représente un autre facteur dont il faut tenir compte. Si l'entreprise n'a qu'un petit budget, elle évitera toutes les formes de médias onéreux comme la télévision. Une façon efficace de choisir entre les différents médias consiste à comparer les coûts par millier de personnes atteintes.

Enfin, les caractéristiques propres à chaque média constituent aussi un facteur à considérer (*voir encadré 11.3*). Par exemple, si l'entreprise désire utiliser une annonce couleur (avec beaucoup de nuances), elle pensera davantage aux revues qu'aux journaux. Le tableau 11.1 présente de façon analytique les caractéristiques des principaux médias.

Les supports   Une fois les types de médias choisis, il faut sélectionner parmi les différents supports propres à chaque média celui qui convient le mieux. Quels journaux utilisera-t-on ? Quelles revues retiendra-t-on ? Quel support d'affichage choisira-t-on ? En fait, le responsable du marketing doit sélectionner un véhicule

Média
Moyen de diffusion massive de l'information.

Calendrier de diffusion
Actions publicitaires prévues selon les médias et les supports retenus pour la diffusion des messages.

pour ses messages publicitaires. Chaque média offre un nombre imposant de supports (*voir tableau 11.2, page 334*). Il n'appartient cependant pas à cet ouvrage d'en présenter un relevé exhaustif; il vous est conseillé de consulter le guide annuel des communications publié par les Éditions Infopresse.

ENCADRÉ 11.3   La pub à la télé vous dérange-t-elle?

MAUDITE PUB

MARC CASSIVI
Billet

La publicité à la télévision ne m'a jamais dérangé. Au contraire, elle m'amuse. Voir Benoît Brière singer Réjean Houle ou Pierre Mondou devant un «bon programme» dans une pub de Bell («Je les regarde tous lorsque je suis de retour à domicile») me fait bien plus rire que toutes les comédies que nous offre la télévision québécoise.

La publicité à la télé ne m'a jamais dérangé... jusqu'à ce qu'un collègue du cahier Sports, dont je tairai le nom par charité chrétienne, ne propose que l'on divise les matches de soccer en quarts – plutôt qu'en demies – afin de permettre aux annonceurs américains de s'intéresser davantage au plus beau sport de la planète.

J'ai été atteint dans ma dignité. Le foot, le vrai, celui qui se joue avec le pied, ne s'abaissera jamais au niveau du pâle homonyme nord-américain, me suis-je dit. Le jeu sacré du roi Pelé ne deviendra jamais un flot publicitaire entrecoupé de séquences plus ou moins sportives de cinq à 45 secondes. Plutôt mourir la balle au pied et que l'on m'enterre sans mon maillot de Paolo Maldini.

Cela dit, j'ai toujours trouvé que les Européens, les Français en particulier, exagéraient lorsqu'ils maugréaient contre la publicité présentée durant les films à la télévision québécoise. Des relents marxistes-léninistes, me disais-je, ou de l'antiaméricanisme primaire doublé d'un snobisme colo-nialiste d'une autre époque. Puis, jeudi, en lisant la lettre d'un lecteur dans les pages Forum de *La Presse*, j'ai enfin compris. Charcuter un film de pauses publicitaires toutes les 10 minutes, c'est presque comme interrompre un match de soccer dans les arrêts de jeu pour vanter les mérites d'un dentifrice qui rend les dents plus étincelantes. Presque.

«Je m'apprêtais à voir une œuvre de Victor Hugo tournée pour la télévision et au lieu de ça j'ai eu droit à trois heures de coupures publicitaires où entre une publicité de voiture et une autre de produits contre les maladies vaginales, nous avons eu droit à une œuvre complètement hachée où rien n'avait plus aucun sens, où nous attendions pour voir si Jean Valjean allait prendre sa voiture pour aller chercher Cosette ou si la mère de Cosette allait enfin pouvoir se soigner avec toute la publicité que l'on avait vue avant», écrit le lecteur. «Il y a un minimum de respect à avoir, trop c'est trop», conclut-il.

Il n'a pas tort. Depuis quelques années, le contenu «hors programmation» est en hausse à la télévision canadienne, nous apprenait jeudi ma collègue Stéphanie Bérubé. Il y a davantage de publicités, de messages d'intérêt public (campagnes contre le tabagisme ou l'alcool au volant) et d'autopromotions (une publicité de *La Fureur* à Radio-Canada) que jamais auparavant. L'an dernier au Québec, ce contenu «publicitaire» comptait en moyenne pour 12,6 minutes par heure de programmation à Radio-Canada, 13,9 minutes à TQS et 14,3 minutes à TVA. La norme fixée par le Conseil de la radiodiffusion et des télécommunications canadiennes (CRTC) est pourtant de 12 minutes de publicité par heure. Que 80 % des émissions ne respectent plus cette norme s'explique notamment par la décision du CRTC d'exclure de sa définition de «publicité» les messages d'intérêt public et les autopromotions. Les réseaux s'en accommodent évidemment très bien, mais le public, lui, n'est pas dupe. La publicité, peu importe sa forme, demeure de la publicité. Surtout lorsqu'un film est entrecoupé de pauses commerciales interminables.

Faut-il pour autant bannir la publicité des ondes? Nos télévisions privées ne seraient plus viables. Faut-il empêcher le contenu «hors programmation» de gruger insidieusement le temps d'antenne réservé aux émissions non publicitaires? Il me semble que oui. Aux États-Unis, plus du tiers de la programmation télé est occupé par de la publicité ou de la publicité déguisée. Il ne s'y est jamais vendu autant de bombes aérosol qui masquent la calvitie, ni d'aspirateurs qui coupent les cheveux.

Rire avec Monsieur B, c'est bien. Le foot sans annonceurs, c'est mieux.

Source: *La Presse*, 17 août 2002, p. D3.

TABLEAU **11.1** Un tableau comparatif des médias

AVANTAGES	INCONVÉNIENTS	COMMENT MIEUX L'UTILISER
Journaux	**Journaux**	**Journaux**
• Sens de l'immédiat • Portée rapide en une journée • Couverture locale de marché • Flexibilité dans le temps : choix du jour de la semaine • Flexibilité géographique • L'utilisation de la couleur est possible • Média de masse • Possibilité de segmentation en utilisant certains types de cahiers, de sections : pages féminines, section économie et finance • Couverture complète du Québec • Clientèle plus scolarisée (relativement) • Coûts raisonnables • Espace facilement disponible • Rapide à s'ajuster	• Aucune segmentation géographique n'est possible • La couleur est difficile à reproduire • Il n'existe à peu près pas d'auditoire secondaire • Le temps de lecture d'un journal est d'environ 30 minutes • Pour les hebdos, contrainte de parution : le mercredi seulement • Pour les hebdos régionaux : également, difficulté de choisir entre un hebdo gratuit et un hebdo payant	• S'assurer que le journal a une bonne pénétration en ce qui concerne le marché géographique visé ou le groupe cible visé • Si vous devez choisir entre un hebdo payant et un hebdo gratuit, analysez le contenu • S'assurer d'une bonne position dans la page • Utiliser un format qui permettra de dominer la page en hauteur et en largeur
Magazines et journaux spécialisés	**Magazines et journaux spécialisés**	**Magazines et journaux spécialisés**
• Sélectivité de l'auditoire • Reproduction en couleurs • Souvent, caractère d'information • Vie plus longue du média • Auditoire secondaire important • Clientèle plus jeune, plus scolarisée, souvent avec revenu plus élevé (relativement) • Le contenu est souvent dirigé vers les types d'annonceurs	• Les délais de fermeture (deux mois), sauf pour les journaux (une semaine) • Aucun sens de l'immédiat, sauf pour les journaux • Sa portée se bâtit au fil du temps • Couverture de marché limitée	• Être spécifique dans le contenu de l'annonce • Si vous diffusez une campagne radio parallèle, faire un lien entre les deux
Radio	**Radio**	**Radio**
• Média de segmentation dans les grands marchés. Il est possible d'isoler les groupes cibles d'une façon précise • Média dont la fréquence d'écoute est élevée • Excellent pour rejoindre des populations mobiles : jeunes, hommes d'affaires, femmes au travail • Pas de baisse significative dans l'écoute en fonction des saisons • Flexibilité géographique : possibilité de couvrir des marchés plus restreints qu'avec la télévision	• Plusieurs stations à considérer • Pour plus d'efficacité, il faut souvent être très spécifique • Pas de visuel • Vie courte des messages • Création plus difficile à rendre • Dans les petits centres, média assez coûteux • Le degré d'attention des auditeurs varie selon l'heure et l'endroit d'écoute • Plus difficile de décrire	• Être certain d'acheter suffisamment de temps-radio • S'assurer d'avoir de bons horaires • Être créatif et imaginatif • Penser plus souvent à utiliser le « 60 secondes » • Être spécifique dans le contenu du message • Ne pas être biaisé par la programmation des stations • Exploiter la flexibilité de la radio • Mettre en relation le profil de la station avec le produit et la compagnie

→

AVANTAGES	INCONVÉNIENTS	COMMENT MIEUX L'UTILISER
Radio (*suite*)	**Radio** (*suite*)	**Radio** (*suite*)
• Flexibilité dans le temps : possibilité d'être en ondes à quelques heures d'avis • Il est facile de donner une saveur locale à la publicité • Couverture possible du marché total du Québec • Sens de l'immédiat • Distribution des heures d'écoute mieux répartie dans les groupes cibles économiques • Flexibilité d'horaires		
Télévision	**Télévision**	**Télévision**
• Média de masse par excellence • Son et image pour une vente dynamique • Une certaine sélectivité de l'auditoire, en ce qui a trait à certaines émissions • Excellent média pour bâtir ou changer une image • Excellent média pour témoigner de la force d'un annonceur • Très haut degré de rappel des messages du consommateur • Média « intrusif » entrant dans tous les foyers • Possibilité de faire des démonstrations du produit • Couverture de marché totale du Québec	• Le coût absolu en dollars par message • La vie courte du message • Les disponibilités limitées de temps d'antenne et de choix d'émissions • Il faut combattre la distribution des heures d'écoute : plus les gens sont âgés et moins ils sont scolarisés, plus ils écoutent la télévision. La grille d'un annonceur doit permettre de rejoindre toutes les couches de la population de façon efficace • Les disponibilités limitées forcent les annonceurs à prendre des décisions longtemps avant la mise en ondes des messages. Le marché a parfois le temps de se modifier • Les magnétoscopes permettent de ne plus enregistrer les publicités	• Rechercher des émissions où le degré d'attention est plus élevé • Rechercher des émissions dont les cotes d'écoute sont stables • Rechercher des blocs d'émissions consécutifs où la programmation peut être semblable • Il peut être utile de concentrer vos achats de temps d'antenne
Publicité extérieure	**Publicité extérieure**	**Publicité extérieure**
• Flexibilité • Excellent pour atteindre une audience mobile • Peu de concurrence centralisée au même endroit	• Reproches de la part de certains consommateurs • Création limitée • Dépend de l'humeur des conducteurs • Dépend des conditions de l'environnement (par exemple, circulation très dense)	• S'assurer d'avoir de bons endroits • Être créatif et imaginatif • Exploiter la flexibilité de la publicité extérieure
Transit (publicité ambulante)	**Transit (publicité ambulante)**	**Transit (publicité ambulante)**
• Grande sélectivité géographique • Aspects personnalisés	• Ne se prête pas à tous les produits	• Utiliser des messages courts et précis

AVANTAGES	INCONVÉNIENTS	COMMENT MIEUX L'UTILISER
Courrier	**Courrier**	**Courrier**
• Stimulation sélective	• Coût parfois élevé pour une grande population • Difficulté à maintenir l'intérêt	• Bien tester les listes d'envoi avant de les utiliser systématiquement • S'assurer d'avoir les meilleures listes d'envoi • Utiliser la souplesse de ce média
Télécopie	**Télécopie**	**Télécopie**
• Grande sélectivité • Pas d'intermédiaire ; contact direct avec le client	• Difficulté à obtenir l'attention • Méthode obtenant un faible taux d'application • Plus risqué	• Faire affaire avec des spécialistes • Mieux cibler les entreprises • Faire affaire avec un contact interne
Internet (courriel)	**Internet (courriel)**	**Internet (courriel)**
• Coûts avantageux • Rapide • Facile à utiliser	• Difficulté à maintenir l'intérêt • Impersonnel • Pas toujours sollicité par le récepteur	• Se construire de bonnes banques de données • Mieux cibler les personnes intéressées • Respecter la vie privée des gens
Internet (sites Web)	**Internet (sites Web)**	**Internet (sites Web)**
• Économie de temps d'achat des consommateurs	• Standardisation possible des produits (types d'annonces) • Diminution de plus en plus marquée de l'intérêt des consommateurs pour ce genre de véhicule publicitaire	• Maximiser la qualité de l'information • Respecter la vie privée des gens

Sources : adapté du journal *Les Affaires,* cahier spécial sur la publicité, 15 mai 1982, p. S-10 et S-11 ; 7 mai 1983, p. S-2 et S-3 et de BOIS-VERT, Jacques M., *Administration de la communication de masse,* Gaëtan Morin éditeur, 1988, p. 165-172 ; de DUPONT, Luc, « Quel média utiliser pour votre publicité ? », Éditions Transcontinental, 2001 ; et de RAYPORT, F. Jeffrey et JOWORSKI, J. Bernard, « Commerce électronique », Montréal, Chenelière/McGraw-Hill, 2003.

L'un des critères sur lesquels l'entreprise peut fonder son choix parmi tous les supports du domaine de l'imprimé est le coût par millier de personnes atteintes. Le responsable du marketing désireux de bien répartir son budget devrait choisir les supports qui entraînent les coûts optimaux. Mentionnons que les autres formes de médias disposent de leurs propres critères d'évaluation.

Le calendrier   La répartition du budget publicitaire en fonction de la période dépend, entre autres, du caractère saisonnier des ventes de l'entreprise, en plus de tenir compte du rythme d'apparition de nouveaux consommateurs, de la fréquence d'achat et de la rapidité d'oubli[9]. Précisons qu'il est préférable que cet oubli soit le plus lent possible. L'entreprise jouira ainsi de l'avantage appréciable d'un effet de rémanence plus prononcé. Puisque les effets de sa publicité sont plus longs à disparaître du marché, elle pourra espacer ses campagnes publicitaires et ainsi réaliser des économies substantielles.

Après une analyse judicieuse de ces facteurs, le responsable du marketing est en mesure de retenir un type particulier de calendrier publicitaire, semblable à ceux qui sont présentés dans la figure 11.5. Prenons l'exemple d'une entreprise dont les ventes sont saisonnières, le rythme d'apparition de nouveaux consommateurs, élevé, les achats, répétitifs, et l'oubli, rapide. Elle aura avantage à utiliser un calendrier de type continu[10], qui lui servira de guide lors de la réservation des espaces ou du temps pour chaque support qu'elle entend utiliser.

FIGURE 11.5 Différents modèles de calendriers publicitaires

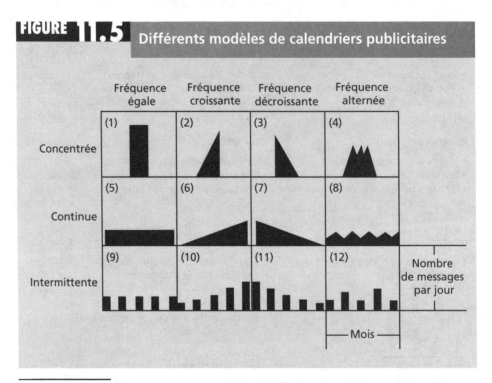

Source : KOTLER, Philip et DUBOIS, Bernard. *Marketing management,* 5ᵉ édition, Paris, Publi-Union, 1986, p. 556.

TABLEAU 11.2 Des exemples de supports propres à différents médias

MÉDIAS	SUPPORTS
Journaux	*La Presse, Le Devoir, Le Journal de Montréal, Le Soleil, Le Nouvelliste, La Tribune, Métro* et *Montréal Métropolitain*
Magazines	*Vogue, Commerce, Elle Québec* et *Le Lundi*
Télévision	CBC, CFTM, CFCF, CKTM et CHLT
Radio	CKOI, CHOM, CIMO, CBF et CKMF
Affichage extérieur et intérieur	Omni, Zoom et Pattison
Courrier direct	Postes Canada et Publi-Sac
Transit	STM (métro et autobus), RTC (autobus) et STRSM (autobus)
Télécopie	Votre propre service et les services spécialisés (par exemple ViaFax)
Internet	Votre propre site et les portails commerciaux (par exemple http://www.canoe.com)

Le contrôle de l'activité publicitaire L'entreprise consacre beaucoup de temps, d'énergie et d'argent à la publicité. Toutefois, elle doit se demander si ces dépenses ont favorisé la réalisation des objectifs visés, éléments à la base de tout ce processus. C'est l'étape du contrôle qui permet au responsable du marketing de le vérifier.

Même si les ventes sont liées à la publicité, elles ne représentent toutefois pas le critère idéal de mesure de l'efficacité de la publicité. Le fait est que beaucoup d'autres éléments ont le pouvoir de faire fluctuer les ventes, indépendamment de l'effort de publicité qui y est consacré. Par exemple, à l'été 1999, plusieurs s'en souviendront, la canicule a fait bondir le chiffre d'affaires des fabricants de boissons gazeuses et les ventes de ventilateurs, de climatiseurs et de piscines. Quelle part de cette augmentation doit-on attribuer à la publicité ? À l'environnement naturel ? Il est difficile de répondre à de telles questions ; c'est pourquoi un contrôle se révèle d'autant plus nécessaire.

Les objectifs publicitaires sont de plus en plus élaborés sous forme d'objectifs de communication basés sur le modèle de Lavidge et Steiner, vu au chapitre 10 (*voir tableau 10.1, page 296*). C'est donc par rapport à ces étapes particulières de la hiérarchie des effets publicitaires que l'on prépare la phase du contrôle. À l'aide de tests effectués avant, pendant ou après la campagne de communication marketing, l'administrateur sera en mesure d'en évaluer l'efficacité en trouvant réponse à des questions comme les suivantes :

- Connaît-on davantage la marque ?
- Les attitudes vis-à-vis de la marque ont-elles évolué ?
- Y a-t-il plus ou moins de consommateurs convaincus que l'achat de la marque représente le meilleur achat qu'ils puissent effectuer ?

Avant le lancement de la campagne de communication, le responsable du marketing peut apporter certains changements de dernière minute à son message publicitaire dans le but de favoriser l'atteinte de ses objectifs. Il en sera de même du test « pendant la campagne ». Pour ce qui est du test « après la campagne », il permet de mesurer l'efficacité du message et peut mener à l'adoption de changements, s'il y a lieu, pour les campagnes publicitaires futures de l'entreprise. Il y a des entreprises qui offrent des services de mesure d'efficacité de la publicité partout au Québec.

La promotion des ventes

La **promotion des ventes** comprend les interventions qui servent à rendre un produit vivant. Elle se compare au second effort dont on parle tant à propos des athlètes. Elle a pour objectif de stimuler la vente d'une manière directe et de chercher sans détour une action immédiate[11]. La promotion des ventes constitue essentiellement une activité à court terme, tandis que la publicité en est une à moyen ou à long terme. Une multitude de techniques, aussi originales les unes que les autres, sont à la disposition du responsable du marketing (*voir encadré 11.4*). Nous décrivons ici les techniques les plus utilisées auprès des consommateurs. Des techniques semblables existent aussi pour les promotions destinées aux distributeurs et aux vendeurs.

Promotion des ventes
Recherche, étude, mise au point et application d'idées visant à stimuler la vente d'une manière directe et immédiate.

Les concours et les loteries

Par des concours, les entreprises attirent l'attention des consommateurs en leur offrant la possibilité de gagner des prix attrayants en argent ou sous forme de marchandises. Pour y participer, le consommateur doit s'acquitter de certaines tâches, par exemple former un mot ou trouver une réponse à une question.

En comparaison, la loterie constitue une technique plus facile d'accès pour les consommateurs. Ces derniers n'ont habituellement qu'à remplir un coupon de tirage sans même être obligés d'acheter le produit. On procède alors à un tirage au sort parmi les coupons retournés.

http://
www.racj.gouv.qc.ca

L'utilisation de ces techniques de promotion est de plus en plus soumise à une réglementation imposante[12], notamment de la part de la Régie des alcools, des courses et des jeux du Québec. Il importe d'y accorder une attention particulière afin d'éviter des poursuites judiciaires.

Les timbres-primes ou les points

http://www.airmiles.ca

Utilisée de façon particulière par les détaillants et les fabricants, la technique des timbres-primes ou des points permet au consommateur d'obtenir, selon les achats qu'il effectue, un nombre prédéterminé de timbres représentant une certaine valeur d'échange qu'il utilisera pour se procurer certaines marchandises. Air Miles offre un programme de points auprès de nombreux détaillants ; ceux-ci s'en servent pour attirer une clientèle friande de ce type de promotion.

ENCADRÉ 11.4 | Attention à vos promotions !

MÉCHANT MARKETING

Ce qui devait arriver arriva…

Une dame poursuit la Molson et le CH pour 155 000 $ parce qu'elle a reçu un t-shirt (Molson) dans la face en assistant à un match du Canadien. (On ne veut pas partir de chicane dans le Temps des Fêtes, mais ces choses-là arrivent le plus souvent aux dames. Il faut regarder le match un peu. Quand même, parce que si ce n'est pas un t-shirt, ça pourrait être une rondelle et ça cogne encore plus dur…)

Les jeunes qui tirent des t-shirts dans les gradins avec de petits canons sont drôles, mais on ne peut s'empê-cher d'y penser… un jour, ça va mal tourner. Il y a eu un cas aux USA, en voici un au Centre Bell.

La dame aurait été emmenée à l'hôpital en ambulance avec des blessures aux yeux et au visage…

Source : KING, Ronald. *La Presse,* 23 décembre 2002, p. S15.

ADIDAS PRIS À SON PROPRE JEU

Une promotion d'Adidas à l'occa-sion de la Coupe du monde de soccer a presque trop bien fonctionné. L'entreprise a promis un rabais de 5 % pour chaque point marqué par l'équipe de soccer allemande dans le match l'opposant à l'Arabie saoudite. Elle ne se doutait pas que l'équipe nationale allemande en profiterait pour enfiler huit buts. Les magasins Adidas allemands ont été littérale-ment vidés par des consommateurs voulant profiter du rabais de 40 %, au terme du match en question.

Source : FIORITO, Frank. Infopresse.com, 6 juin 2002.

Les échantillons

Technique de promotion très populaire, la distribution d'un échantillon d'un produit (par le courrier, à l'intérieur de l'emballage ou lors d'une dégustation en magasin) fait connaître le produit en donnant l'occasion de l'essayer. Une distribution intensive d'échantillons s'avère toutefois plutôt coûteuse. Les industries du secteur alimentaire et celles du secteur des produits de beauté, d'hygiène corporelle et des savons à lessive l'utilisent fréquemment. Elle est également appropriée pour beaucoup d'autres secteurs industriels. Ajoutons qu'elle se révèle particulièrement efficace lors du lancement d'un produit.

Les bons de réduction

Les bons de réduction sont des bons que les consommateurs présentent au commerçant ou qu'ils renvoient à l'entreprise dans le but d'obtenir une réduction ou un remboursement lors de l'achat d'un produit. Le consommateur les trouve dans le courrier, sur ou dans des emballages, au dos des coupons de caisse ou dans un encart publicitaire d'une revue ou d'un journal. Le choix du moyen de distribution des bons constitue un facteur important, car il a une influence directe sur le taux de remboursement. Par exemple, le taux moyen de remboursement est de 39,6 % lorsque les bons sont distribués par le biais des journaux (à découper à partir de l'annonce), alors qu'il n'est que de 7,7 % lorsqu'ils sont offerts sous forme d'un encart mobile.

Les primes

Contrairement à ce que prétendait un certain message publicitaire, les primes ne sont pas de la frime[13]. Du moins, pas toujours. Les primes sont des articles remis au consommateur, gratuitement ou en échange d'une certaine somme d'argent, lors de l'achat d'un produit. L'entreprise Bic utilise cette technique promotionnelle lorsqu'elle joint un stylo ou un briquet jetable à ses rasoirs ou à ses autres produits. Dans ce cas, la prime est gratuite. Certains distributeurs donnent des verres, des ballons, des outils, etc., lors d'un plein d'essence.

http://
www.bicworld.com

Les articles pour lesquels les consommateurs doivent débourser un certain montant constituent également des primes. Notons que le montant en question est généralement inférieur au prix courant de ces produits. C'est d'ailleurs pourquoi on les considère comme des primes.

L'offre à prix spécial

Généralement consentie pendant une période prédéterminée, l'offre à prix spécial constitue une très bonne technique pour introduire un nouveau produit, un produit amélioré ou un produit repositionné. On recommande de l'utiliser auprès des consommateurs pour lesquels le prix constitue un élément important. Pour attirer l'attention, une réduction devrait être de l'ordre de 15 % à 20 %. Toutefois, il ne faut pas s'étonner si les nouveaux consommateurs reviennent dans une grande proportion à leur ancienne marque une fois la promotion terminée.

Les foires et les expositions commerciales

Les foires et les expositions commerciales sont tout indiquées pour promouvoir les ventes auprès des intermédiaires ou des consommateurs finaux. Dans le premier cas, les entreprises peuvent dépêcher une équipe de vendeurs à un kiosque d'exposition lors des rencontres de certains groupements tels qu'une association de distributeurs alimentaires, de matériaux de construction, etc. La tenue d'un kiosque leur permet de présenter leurs nouveaux produits et, dans certains cas, de prendre quelques commandes. Lors d'expositions, comme le Salon de la jeunesse, les fabricants et les distributeurs rencontrent des consommateurs finaux. Si l'entreprise prévoit une promotion appropriée à l'événement, elle peut y conclure un nombre intéressant de ventes. C'est le cas du magazine *Décormag* qui, par une promotion des ventes, a vendu 5000 nouveaux abonnements au Salon de l'habitation[14].

La promotion au point de vente

La promotion au point de vente comprend les étalages promotionnels, souvent utilisés par les entreprises fabriquant des produits saisonniers ou des produits à achat impulsif, ainsi que tous les autres moyens de démonstration (affiches, ballons ou autres) qui mettent le produit en évidence. Compte tenu de l'ampleur que prennent les magasins du type libre-service, cette technique promotionnelle gagne en popularité.

La promotion au point de vente sert à plusieurs fins : l'introduction d'un nouveau produit, la provocation d'achat impulsif ou la consolidation de tout le programme promotionnel[15]. Elle constitue un moyen judicieux servant à générer des ventes.

La promotion par l'objet

Beaucoup d'articles différents peuvent servir à la promotion des ventes. Le calendrier, le crayon et le livret d'allumettes sont fort populaires. La promotion par l'objet offre certains avantages. D'une part, « l'article rejoint chaque personne individuellement » et, d'autre part, « il reste présent chez cette personne plus longtemps qu'une annonce dans les médias[16] ». Toutefois, dans le but d'en augmenter l'efficacité, on recommande, autant que possible, que le représentant de l'entreprise remette en mains propres l'article promotionnel. S'il n'est pas en mesure de le remettre de cette façon, il y aurait avantage à joindre à l'article une courte lettre d'introduction[17].

Une activité promotionnelle ne se limite pas uniquement au choix de la technique à utiliser. Le responsable du marketing doit également décider du moment, des conditions de participation, du budget et de la durée de l'activité promotionnelle. Toute promotion gagnera en efficacité si elle fait l'objet d'une planification judicieuse, ce qui, malheureusement, n'est pas toujours le cas.

Relations publiques
Communications et relations d'une entreprise avec ses différents publics dans le but de promouvoir son image.

Les relations publiques

Pour les entreprises, les **relations publiques** représentent un outil de gestion[18]. Leurs fonctions consistent à évaluer l'attitude de différents groupes de consommateurs envers l'organisation, à établir un programme de politiques et de procédures en fonction des attitudes manifestées et des attitudes recherchées et à mettre ce programme en action dans le but de se faire comprendre et apprécier des segments de marché visés[19]. Ces différents groupes sont, entre autres, les consommateurs finaux, les intermédiaires, les employés de l'entreprise, les actionnaires existants et potentiels, les différents paliers de gouvernement et la communauté.

Les relations publiques ne visent pas seulement à favoriser la vente des produits de l'entreprise. Leur vocation est beaucoup plus générale. C'est pourquoi elles constituent encore un service distinct du service de marketing dans bon nombre d'entreprises. Toutefois, en ce qui concerne l'activité de marketing des relations publiques, l'utilisation de la presse et les réceptions (ou autres événements semblables, par exemple lorsque le club de hockey Canadien reçoit aux frais de l'entreprise un groupe de jeunes au Centre Bell) sont tout à fait appropriées. Le service des relations publiques peut également miser sur la publicité payée afin de communiquer son message. C'est souvent le cas lorsqu'il y a des grèves et que les entreprises désirent gagner la faveur du public. Il en est de même lorsqu'une entreprise désire modifier ou améliorer son image auprès du public ; c'est la publicité institutionnelle à laquelle nous avons fait allusion au début de ce chapitre.

Les activités de relations publiques augmentent sans cesse au Québec. Si l'entreprise, à cause de sa taille ou pour une autre raison, ne jouit pas d'un service interne de relations publiques, elle peut facilement faire affaire avec des experts-conseils en ce domaine.

La publicité rédactionnelle

La majeure partie de la publicité dont font l'objet les équipes de sport professionnel, telles que le Canadien, l'Impact et les Alouettes, est assurée par les articles qu'écrivent les journalistes à l'occasion des parties qu'elles jouent. Pensons également à toutes les équipes de sport locales qui font bonne figure : les Remparts de Québec et l'Océanic de Rimouski en sont deux exemples. Il y a certainement de telles équipes dans votre région qui se retrouvent dans les pages de votre hebdo ou quotidien local. Par ces reportages, elles ont toutes droit à de la publicité rédactionnelle à venir, et celle-ci est encore meilleure lorsque le reportage annonce un événement !

http:// www.canadiens.com
http:// www.impactmontreal. com
http:// www.alouettes.net

Les petites et moyennes entreprises (PME) doivent avoir recours à ce genre de publicité. Toutefois, ce ne sont pas toutes les entreprises qui peuvent bénéficier d'une couverture par la presse facilement. Elles doivent alors provoquer la parution de toute nouvelle les concernant et pouvant être d'un intérêt quelconque pour le public.

La recherche et l'obtention de **publicité rédactionnelle** reviennent généralement au service des relations publiques de l'entreprise. Grâce aux communiqués de presse (*voir encadrés 11.5 et 11.6, pages 340 et 341*) ou aux conférences de presse, suivies généralement d'une courte réception, les entreprises obtiennent de l'« espace » (dans un imprimé) ou du « temps » (dans des médias électroniques).

Publicité rédactionnelle
Publicité non payée présentée par les différents médias sous forme d'information ou de nouvelle.

Un journaliste reçoit généralement entre 50 et 75 communiqués de presse par jour[20]. Afin d'augmenter les chances d'un communiqué de retenir son attention, on conseille d'éviter de diluer la nouvelle, d'être bref et de ne diffuser qu'un seul message à la fois[21]. Il en est de même des conférences de presse, qui ne doivent avoir lieu que pour des motifs qui méritent d'être communiqués. Bien que l'on n'ait pas à payer le temps ou l'espace des médias utilisés, il ne faut cependant pas perdre de vue le fait que certains coûts sont inhérents à l'envoi d'un communiqué de presse ou à l'organisation d'une rencontre avec la presse.

Il faut tout de même allouer des budgets, quoique très restreints, pour l'accès gratuit aux médias. Il sera sage de prévoir des mesures de contrôle afin de déterminer si l'entreprise a atteint ses objectifs.

http://
www.carnaval.qc.ca
http://
www.montrealjazzfest.
com
http://
www.hahaha.com
http://
www.infofestival.com

La commandite

Un grand nombre de villes, de localités et d'organismes sont le théâtre d'activités populaires qui servent à souligner divers événements. Pensons au Carnaval de Québec, au Festival international de jazz de Montréal, au Festival juste pour rire,

---

ENCADRÉ 11.5   La structure d'un communiqué de presse

Nom
de l'organisme
ou de l'entreprise
et son adresse

Lorsqu'il y a spécification
d'une date de publication ⟶

**Diffusion
immédiate** ou
Embargo

COMMUNIQUÉ
(CONVOCATION)

Le **SUR-TITRE** (facultatif) est une petite phrase de référence.

LE **TITRE** DOIT ÊTRE ACCROCHEUR, CONCIS,
ET RÉSUMER L'IDÉE GLOBALE DU TEXTE. (C'est une phrase complète.)

Lieu et **date d'émission**. – Suivis du préambule. Le préambule est un court paragraphe de cinq ou six lignes qui regroupe les informations principales : qui fait quoi, quand, pourquoi et comment. On y retrouve l'information principale et essentielle de la nouvelle.

L'**intertitre** (facultatif)

Le **corps** du communiqué doit se bâtir de la façon suivante : les informations secondaires doivent faire l'objet d'un très court paragraphe par idée, par ordre décroissant allant de la plus importante à la moins importante.

En **conclusion,** on rappelle très sommairement les éléments les plus importants (s'il y a lieu).

-30-

Un communiqué de presse doit obligatoirement se terminer par le chiffre 30. C'est une convention journalistique qui indique la fin du communiqué.

La **source** : nom et coordonnées de la personne-ressource.

L'**adresse** et le numéro de téléphone de l'entreprise ou de l'organisme lorsqu'il n'est pas mentionné dans l'en-tête officiel. (Doit être obligatoirement présent sur la première page du communiqué.)

Source : adapté de DAGENAIS, Bernard. *Le communiqué, ou l'art de faire parler de soi,* Montréal, VLB Éditeur, 1990, p. 101.

au Festival international d'été de Québec et à tous les festivals régionaux (du blé d'Inde, de la tomate et du cochon), pour n'en citer que quelques-uns.

La plupart du temps, des entreprises fournissent un appui financier ou technique aux comités organisateurs afin de mettre sur pied ces événements. Aider de

---

ENCADRÉ 11.6 **Un bon exemple de communiqué de presse**

COMMUNIQUÉ

POUR DIFFUSION IMMÉDIATE

En cumulant trois agréments internationaux prestigieux, HEC Montréal réalise une première nord-américaine

Montréal, le 15 mai 2003 – HEC Montréal annonce avec fierté l'obtention de l'agrément *AACSB International* de l'*Association to Advance Collegiate Schools of Business*. Combiné à celui d'EQUIS, décerné en 1999 par l'*European Foundation for Management Development* (*EFMD*), et celui de l'*AMBA* (*Association of MBAs*) du Royaume-Uni obtenu en 2002, ce nouvel agrément fait de HEC Montréal la seule école de gestion nord-américaine à détenir cette triple marque de qualité hautement convoitée.

Chacun de ces trois agréments atteste à la fois de la qualité des programmes d'études, du calibre du corps professoral et des étudiants ainsi que du soutien et des ressources offerts par l'École. « Le comité aviseur de l'*ACCSB International* a souligné l'exceptionnel engagement des professeurs et leur détermination à offrir un enseignement de qualité. Il a aussi donné une excellente note aux services offerts aux étudiants, à l'environnement technologique de pointe, à son édifice ultramoderne et à sa bibliothèque, la plus importante du genre au Canada », a indiqué Jean-Marie Toulouse, directeur de HEC Montréal.

Cet honneur revient à un établissement né en 1907 qui, en moins de cent ans, est non seulement devenu la référence obligée du monde des affaires québécois, mais s'inscrit dorénavant parmi les modèles à suivre en Amérique du Nord.

HEC Montréal est un établissement universitaire offrant 31 programmes d'études de 1er, 2e et 3e cycles qui accueillent plus de 11 000 étudiants. L'École abrite également 16 chaires et 24 centres et groupes de recherche.

- 30 -

Source : Anne Morin
Conseillère principale en communication
Téléphone : (514) 340-6298
Courriel : anne.morin@hec.ca

Source : HEC Montréal, Direction des communications, 2003.

manière officielle une telle attraction constitue pour une entreprise un excellent moyen de communication marketing et même, pour certaines entreprises, l'un des principaux moyens à leur disposition (*voir encadré 11.7, page 343*). C'est précisément ce que l'on appelle **commandite.**

Le placement de produits

Combien de fois avez-vous été exposé à des produits et à des services commerciaux en regardant un film ou une émission de télévision ? Il ne s'agit pas d'un hasard mais, dans la majorité des cas, d'un investissement effectué par l'annonceur dans le but d'exposer son produit ou son service à un public cible. Le gestionnaire devra décider des objectifs qu'il veut atteindre, du budget qu'il est prêt à y consacrer, des films ou des émissions de télévision dans lesquels il désire que son produit ou son service soit exposé, ainsi que des moyens de mesure de l'efficacité de ses **placements de produits** (*voir encadré 11.8, page 344*).

La communication marketing personnalisée

À l'opposé de la communication marketing de masse, la **communication marketing personnalisée** amène l'entreprise à individualiser les messages qu'elle fait parvenir à ses clients. Que l'on utilise le télémarketing ou la force de vente (*voir figure 11.6, page 345*), on n'adresse plus un message unique à une foule de consommateurs desquels on ne peut capter les réactions immédiates. Au contraire, on arrange des rencontres entre personnes concernées qui sont en mesure de faire part de leur point de vue (*voir figure 11.7, page 345*).

La force de vente

L'entreprise cherche à établir une communication bidirectionnelle. Pour ce faire, elle se dotera d'une force de vente possédant toutes les qualités requises pour accomplir un tel rôle. Les représentants, aussi appelés « conseillers à la clientèle », « vendeurs », « commis-voyageurs » ou « agents », constituent, en raison des tâches qu'ils accomplissent, un élément essentiel du mix de communication marketing (*voir encadré 11.9, page 346*).

Les différents types de représentants

Il existe plus d'un type de représentants. En fait, il est difficile de comparer l'emploi d'un représentant en informatique avec celui d'un représentant livreur de boissons gazeuses. Voyons de plus près la tâche que remplit chacun des types de représentants, classés en fonction du degré de créativité qu'exige la tâche[22].

Le représentant livreur   La livraison constitue la partie la plus importante du travail du représentant livreur. Vient en second lieu sa fonction de vendeur, qui est tout de même assez limitée. Les livreurs de journaux, de mazout et de lait constituent des exemples de représentants livreurs.

Commandite
L'un des moyens de communication marketing qui désigne le soutien financier, en équipements, en produits ou en personnel que fournit une entreprise à un événement culturel, sportif ou humanitaire dont l'objectif est d'associer directement le nom de l'entreprise ou de l'un de ses produits ou services à cet événement dans l'esprit des consommateurs.

Placement de produits
Investissement effectué par un annonceur dans le but d'exposer son produit ou son service à un public cible.

Communication marketing personnalisée
Communication bidirectionnelle entre une entreprise et ses clients.

Le conseiller à la clientèle   Le vendeur qui travaille au magasin et qui attend les clients afin de les servir constitue un bon exemple de conseiller à la clientèle. Souvent obligé de travailler sous pression, on attend de lui qu'il conseille les clients sur des points techniques (dans le secteur de l'automobile, par exemple), prenne leur commande et conclue la vente.

ENCADRÉ 11.7   Commandite 101 !

PUR MARKETING

PIERRE FOGLIA

CARNAUX – L'équipe danoise CSC roule sur des vélos canadiens fabriqués par Cervélo. Excusez, pas fabriqués. Conçus par deux ingénieurs, Phil White et Gérard Vroomen, qui ont développé leurs premiers vélos dans un petit local de la rue Hôtel-de-Ville à Montréal en 1995. Ils ont, depuis, déménagé à Toronto, où ils sont toujours. Ils ne fabriquent pas leur vélo comme Marinoni par exemple, ou Da Vinci à Chicoutimi. Ils les dessinent, ils les pensent. Où les font-ils faire ? Je ne sais pas, je leur ai demandé trois fois une entrevue avant de partir, pas de réponse. Je suppose qu'ils les font faire à Taïwan ou en Chine comme tout le monde. Au départ, ils concevaient surtout des vélos de triathlon. Puis ils sont passés au vélo de route, et tout spécialement à ces machines intergalactiques que sont les vélos de contre-la-montre. Je crois que le vélo de contre-la-montre de Lyne Bessette est un Cervélo, comme celui d'Eric Wohlberg, le spécialiste canadien du c.-l.-m. Je crois qu'ils sont commandités par Cervélo pour rouler sur Cervélo. Les Cervélo sont disponibles un peu partout dans le monde, aux États-Unis, en Allemagne. Pour la région montréalaise, le seul distributeur Cervélo à ma connaissance : Beausoleil à LeMoyne.

L'histoire raconte que le directeur technique de l'équipe CSC, Bjarne

Riis, vainqueur d'un Tour de France, maniaque de mécanique comme Lance Armstrong peut l'être, serait tombé en amour avec les vélos Cervélo, la première fois qu'il en a vu un, il aurait dit : wouah, j'en veux pour mes coureurs. Ce qui l'aurait particulièrement séduit dans le Cervélo : l'aérodynamisme des tubes du cadre. Une grande nouveauté.

Faudrait pas nous prendre pour des valises. C'est pas comme ça que ça se passe. Les équipes ne choisissent pas un vélo, ils ne disent pas on veut du Treck, on veut du Colnago, du Pinarello, du Look, du Cervélo. Les équipes choisissent un commanditaire. Cela coûte très cher à Treck pour que Armstrong et ses boys roulent sur des vélos Treck. Si Look avait soumissionné plus haut, quatre millions de plus par exemple, pouvez être certains que les US Postal rouleraient sur du Look. Vous me suivez ? Alors Riis qui découvre Cervélo et fait wouah j'en veux, c'est du marketing pour les gogos.

Il arrive même que des coureurs, maniaques de leur matériel, Armstrong, par exemple, je ne dis pas que c'est le cas, ce sont là de grands secrets, il arrive que des coureurs, disais-je, roulent sur des vélos fabriqués par leurs artisans préférés, italiens, généralement, vélos artisanaux donc, repeints aux couleurs du commanditaire, c'est écrit Treck, sur le

cadre, mais ce n'est pas un Treck, c'est pas un Bianchi, et c'est sûrement pas un Decathlon (qui commandite Cofidis), l'enseigne d'une chaîne de magasins de sport grand public comme Sports Experts chez nous. Si Sports Experts était assez malade pour donner 10 millions à US POSTAL, Armstrong roulerait l'an prochain sur un vélo Sports Experts, qui n'en serait évidemment pas un.

Vous me suivez toujours ?

Des millions de cyclistes roulent Treck aujourd'hui, uniquement parce qu'Armstrong roule sur un Treck qui n'en est peut-être pas un, et même si c'en était un, votre Treck à 2000 $ n'a aucun rapport avec celui à 16 000 $ de Lance Armstrong. Le but de Cervélo comme de Treck est ultimement LE VOLUME. Vendre beaucoup de vélos à des gens qui disent comme Bjarne Riis a dit : wouah, les tubes du cadre sont aérodynamiques, j'en veux un.

Attendez donc quelques mois. Les Cervélo figureront dans l'étude technique publiée dans *Vélomag* le printemps prochain. Je connais quelqu'un qui est en train de les essayer. Pas sûr qu'il délire tant que ça sur l'aérodynamisme des tubes du cadre.

Source : *La Presse*, 19 juillet 2003, page G2.

Le représentant missionnaire   Le représentant missionnaire n'a pas la responsabilité de prendre les commandes. Sa principale tâche consiste à visiter les clients existants et potentiels afin de créer un climat favorable à l'achat des produits dont il est responsable. Ce type de représentant est fortement utilisé dans le domaine des médicaments sur ordonnance ; les visites auprès des médecins servent avant tout à faire connaître le produit, les médecins ne vendant pas de produits.

Le représentant technico-commercial   Le représentant technico-commercial veille à la vente de produits complexes qui nécessitent l'intervention d'une

---

ENCADRÉ 11.8   Temps d'attention à vendre !

DOSSIER

Donnant, donnant

NADINE FILION
collaboration spéciale

Le premier véritable placement de produits au cinéma remonterait au début des années 80 avec *E. T. l'extraterrestre,* produit par Steven Spielberg. Drew Barimore [sic], alors fillette, n'a eu qu'à tendre un morceau de Reese's à son nouvel ami pour que, sur Terre, les ventes de la friandise bondissent de 66 %.

Avec *Minority Report* (*Rapport minoritaire*), Steven Spielberg a sans doute posé une autre pierre dans l'histoire du cinéma « commercial ». Avec une quinzaine de marques dûment représentées, Spielberg aurait, dit-on, réussi à financer le quart de son budget de production. Parmi ces 15 marques figure Lexus, chargé de la conception d'une voiture futuriste.

Malgré les coûts reliés à la création d'un véhicule qui ne verra sans doute jamais les chaînes de montage, Lexus n'a pas voulu rater l'occasion de s'associer à Steven Spielberg et à l'acteur Tom Cruise. « Pour nous, c'est l'occasion de présenter Lexus à des gens qui n'auraient pas considéré la marque auparavant », mentionne Nancy Hubbell, porte-parole.

Certes, l'aventure profite aux studios de cinéma, mais elle profite assu-

rément aux constructeurs, bien qu'il soit impossible de déterminer quel effet la présence d'un véhicule dans un « blockbuster » peut avoir sur les ventes. Une chose est sûre cependant : rien ne peut égaler un auditoire de plusieurs millions de personnes, captif d'une salle de cinéma pendant près de deux heures.

Avec le foisonnement des canaux télévisés spécialisés et l'intransigeante « zapette », la publicité n'atteint pas toujours ses objectifs. Voilà pourquoi le cinéma constitue le premier choix publicitaire. « Il est moins éclaté et rejoint un public très large », dit Patrice Attanasio, porte-parole de Volkswagen.

Qui plus est, une théorie veut que les marques disposent de plus de style, de crédibilité et d'acceptation si elles sont utilisées dans un contexte plutôt que dans une publicité. Surtout, les automobiles s'approprient l'image véhiculée par le film, ce que l'on surnomme en anglais le « brand building ».

Encore faut-il savoir choisir le bon film.

Rick Novak, directeur publicitaire de Ford aux États-Unis, affirme : « Nous sommes très sélectifs. Nous

tenons compte du positionnement du film, du caractère qu'on lui octroie et de son public. »

Patrice Attanasio, qui dit recevoir au moins un appel par semaine d'un producteur désireux qu'on lui prête une Volkswagen pour les besoins d'un tournage, renchérit : « Nous nous faisons un point d'honneur de vérifier si le scénario colle à notre image. Nous ne voulons pas être associés à n'importe quoi. Pas question, entre autres, que la voiture se retrouve entre les mains du méchant. »

Question éthique, certains se questionnent à savoir si la tendance « commerciale » au cinéma ne va pas trop loin. « Le placement de produits est certes plus fréquent qu'il y a dix ans, soutient Lucy Flinn, de BMW. Il est aussi malheureusement plus apparent et, à mon avis, moins efficace. En fait, certains sont si impatients de placer leurs produits dans les films qu'ils oublient que parfois, ça ne leur sert pas... »

Source : La Presse, 26 août 2002, cahier « Automobile », p. 8.

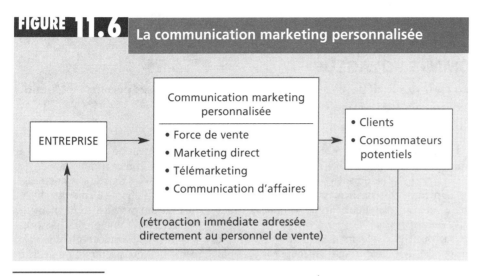

FIGURE 11.6 La communication marketing personnalisée

ENTREPRISE

Communication marketing personnalisée
- Force de vente
- Marketing direct
- Télémarketing
- Communication d'affaires

(rétroaction immédiate adressée directement au personnel de vente)

- Clients
- Consommateurs potentiels

Source : adapté de DARMON, René Y., LAROCHE, Michel et PÉTROF, John V. *Le marketing, fondements et applications,* 3ᵉ édition, Montréal, McGraw-Hill Éditeurs, 1986, p. 310.

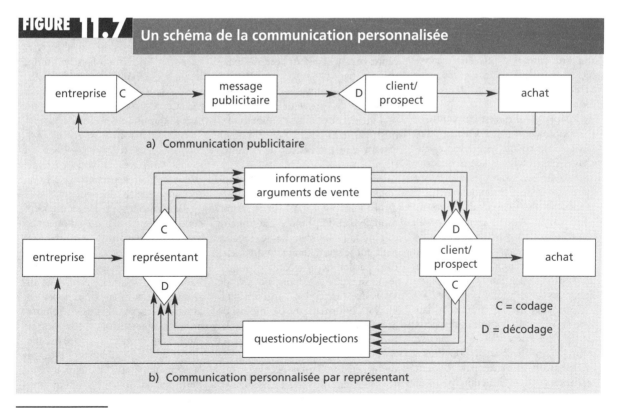

FIGURE 11.7 Un schéma de la communication personnalisée

entreprise C → message publicitaire → D client/ prospect → achat

a) Communication publicitaire

informations arguments de vente

entreprise → représentant C D → client/ prospect D C → achat

questions/objections

C = codage
D = décodage

b) Communication personnalisée par représentant

Source : adapté de DARMON, René Y., LAROCHE, Michel et PÉTROF, John V. *Le marketing, fondements et applications,* 3ᵉ édition, Montréal, McGraw-Hill Éditeurs, 1986, p. 319.

ENCADRÉ 11.9 Si la vente vous intéresse...

LA VIE D'UN COMMIS VOYAGEUR

Mettons une chose au clair dès le départ : qui, à l'âge de 10 ans, a dit à ses parents : « Quand je serai grand, je veux être vendeur » ?

DENIS ARCAND

Astronaute, capitaine de marine, explorateur, médecin, pompier... Mais vendeur ?

« Évidemment que non. Le métier a une mauvaise image dans le public. Vendeur évoque *peddleur, télémarketeur, crosseur*. Ou encore l'achalant avec les brosses Fuller qui sonne à la porte. C'est quelqu'un qui peut abuser des autres et leur vendre quelque chose dont ils n'ont pas besoin, quelqu'un qui va les rouler, quoi... », dit Jean-François Renaud, vendeur de solutions informatiques auprès des PME pour un intégrateur de technologies de l'information. Renaud n'est pas son vrai nom. En fait, ce qui suit est le condensé d'entrevues avec trois vendeurs dans ce domaine, (un à Montréal, une à Toronto, un à Paris), qui ont demandé que l'on change leurs noms dans ce texte parce qu'ils veulent continuer à faire affaire avec leurs clients.

« Mon histoire n'est pas vraiment exceptionnelle, dit J.-F. Quand j'étais petit, je ne voulais pas devenir vendeur. Mais c'est la meilleure chose qui me soit arrivée. Avant, je n'allais nulle part dans la vie. J'ai toujours su que je n'étais pas plus niaiseux que le voisin, mais ça ne cliquait pas au travail. Entre autres, j'avais de la misère, physiquement, à rester assis à un bureau huit heures par jour, la tête dans des dossiers *plattes*. Je survivais de job en job, mais c'était toujours précaire. »

Après un bac en commerce dans une université américaine de deuxième ordre, il a eu ce début de carrière « médiocre », dit-il, en gestion. Puis, il a découvert la vente par accident, comme vendeur itinérant pour un grossiste de fruits tropicaux de Philadelphie (sa mère est américaine, il a la double citoyenneté). De retour au Québec, il a vendu de l'assurance, puis des logiciels de bureautique, et il est maintenant un des bons vendeurs dans une boîte bien connue de Montréal.

« Je me suis découvert, dans la vente. Tout d'un coup, je n'étais plus un gars qui se débattait pour mériter sa paie régulière. Au contraire, je générais du *cash* pour la compagnie, et j'avais ma *cut*. Ça a été une lune de miel, je me suis mis à faire mes chiffres. »

Première vente

Il dit qu'il se rappelle encore son premier *closing*, le mot américain que les vendeurs emploient ici pour parler du moment magique, au terme de la vente, où l'acheteur appose sa signature au bas du contrat. C'était en 1990, il dit se souvenir de la couleur des murs, de l'acheteur qui avait du poil au nez, du silence coupé seulement par le son de la plume grattant le papier, même l'odeur de la fruiterie...

« C'est un *high* presque indescriptible. D'ailleurs, c'est encore un *high*, de l'adrénaline pure suivie d'une montée d'endorphine extraordinaire durant laquelle rien ne te touche. Sauf que je sais maintenant que ça ne dure pas longtemps. Sauf, aussi, que je ne m'excite plus pour un *deal* de kiwis de 1000 $. Un contrat d'intégration informatique de moins de 300 000 $, ça ne m'intéresse plus. La moyenne est entre 1,5 million et 3 millions. Mon plus gros contrat l'an dernier était de 7 millions et je sais que je vais en faire de plus en plus gros. »

J.-F. dit que ceux qui découvrent la vente le font presque toujours par accident, mais qu'une fois rendus, la plupart découvrent une espèce de vocation. « Ç'a tout de la relation passionnelle. Tu flottes quand ça va bien, mais quand ça va mal, c'est vraiment l'enfer. Moi, durant les périodes sèches, j'ai des douleurs physiques. Je pense que nous sommes plusieurs à avoir un type de personnalité un peu dysfonctionnelle qui nous permet d'apprendre à vivre avec la pression des chiffres mensuels sans capoter. »

Un monde difficile

Susan Bluementhal, une jolie blonde juive de Montréal déménagée à Toronto, où elle vend de l'équipement de haute technologie, est capable de réciter par cœur toutes les réparties assassines du film *Glengarry Glennross*, un film où Jack Lemmon, Kevin Spacey, Al Pacino et Alec Baldwin jouent les rôles de vendeurs menacés de congédiement dans un bureau d'immobilier carnassier.

Elle a lu le roman *Mort d'un commis voyageur* d'Arthur Miller au moins cinq fois et vous parle de Willie Loman, le personnage central, comme si elle était sa fille.

« Ce film et ce livre montrent comment on se sent quand on est en manque de signatures, et ça me touche profondément. »

Susan dit que les fins d'années, dans le domaine de la vente, sont inimaginables pour ceux qui ne les ont jamais vécues : « Faire ses chiffres annuels, mais surtout, l'ambition de faire le *top*, de gagner les deux semaines de luxe aux Bahamas offertes par la compagnie aux vendeurs les plus performants, tout ça crée un stress extraordinaire qui donne deux choses : d'abord, une énergie extraterrestre

ENCADRÉ 11.9 Si la vente vous intéresse… (*suite*)

pour *closer* des *deals* que l'on n'aurait pas autrement. Et surtout, des magouilles, des tricheries et des fraudes d'une créativité inouïe qui visent toutes, d'une façon ou d'une autre, à hâter des ventes qui devraient aller à l'année suivante. Les moyens sont infinis. »

« Quand je vendais des logiciels pour une grosse compagnie américaine, moi, il me manquait 12 000 $ de contrats pour faire partie du Club du Président (la liste des meilleurs vendeurs) et avoir le voyage dans le sud. J'ai *closé* un *deal* de 5000 $ sous pression avec une compagnie. Pour le reste, j'ai demandé une faveur à un client avec qui j'avais une relation très proche parce que je l'avais défendu plusieurs fois dans ses problèmes avec ma compagnie. Je lui ai demandé de résilier son contrat, ce qu'il avait le droit de faire à la fin de l'année. C'était un simulacre total, il n'avait aucune intention de partir. Puis, comme la politique de la compagnie était de considérer des sauvetages comme des ventes, je l'ai réinscrit et, bingo ! je suis allée acheter un très petit bikini et de la lotion solaire », dit Susan. J.-F. pense que le patron de

Susan s'est aperçu du manège : « Durant n'importe quel autre mois, il l'aurait congédiée sur-le-champ, parce que le directeur des ventes est le gardien de l'éthique. Mais à la fin décembre, les directeurs ont la morale un peu plus molle. » Et Susan d'ajouter : « Mon *deal* améliorait ses chiffres à lui aussi… »

J.-F. s'intéresse davantage à l'histoire des compagnies qu'à la littérature : « C'est pas un univers où on est très cultivé. Durant la semaine, on s'intéresse à l'argent et on va au hockey le samedi soir. Moi, je pensais que Willie Loman jouait premier-but pour les Red Sox. Par contre, je peux vous raconter tout sur NCR (National Cash Register), la firme qui a inventé le principe des territoires protégés que l'on attribue aux vendeurs. Et aussi sur Xerox, une des premières firmes basées sur la vente et non le produit. Je peux vous raconter l'histoire de Jim Pattison, de Vancouver, qui congédiait chaque mois son vendeur le moins performant. Même si le pauvre diable avait vendu pour un million. »

J.-F. est abonné à *Personal Selling Power* et il peut citer *in texto* Anthony

Robbins, Zig Zigler, et tous les motivateurs à la Marc Chaput [sic] qui prêchent aux vendeurs de toute l'Amérique du Nord : « On était 4000 au Palais des Congrès pour Robbins. C'était pas un atelier, c'était une messe, un rave… ». Il dit que ça marche : « Ça donne beaucoup d'énergie et de trucs. J'ai fait deux *deals* d'un million après Robbins. »

Avec de telles manigances, les vendeurs ne méritent-ils pas leur réputation d'arnaqueurs qui vendraient un réfrigérateur à un Eskimo [sic] ?

« Non, c'est pas pareil, dit J.-F. À l'interne, c'est la sélection naturelle qui opère. Mais ça ne sert à rien de rouler un client. Parfois, je mens, mais pas sur les choses importantes. Le type me dit : « J'aime la Formule 1 ». Moi, je me sacre de la F1, je trouve que ça pue et que c'est bruyant. Mais je vais lui dire oh, j'adore la F1 ! Le bruit, les odeurs, la vitesse. Je suis un fan de F1. Lâche pas, Jacques Villeneuve ! Et c'est rendu que quand je le dis, je le crois ! Mais je ne mens jamais sur le côté business. »

Source : *La Presse,* 15 mai 2002, « Le monde du travail », p. 11.

personne compétente sur le plan technologique. Par exemple, la vente d'instruments de laboratoire de recherche est un domaine qui recourt à ce type de représentant.

Le représentant de produits tangibles On entend par « produits tangibles » des aspirateurs, des encyclopédies, des systèmes téléphoniques, etc. La représentation de tels produits exige plus de créativité, de détermination et d'empathie. Comme les consommateurs ne sont pas toujours conscients de leurs besoins, il faut leur faire une démonstration du produit avant d'aborder l'étape de la conclusion de la vente proprement dite.

Le représentant de service Selon la méthode de classification retenue, la représentation de service nécessite également beaucoup de créativité. La vente de régimes d'assurance ainsi que la vente des services d'une agence de communication marketing en constituent des exemples.

Peu importe leur type, les représentants seront davantage en mesure de s'acquitter de leurs tâches s'ils travaillent de façon systématique lors d'une vente. D'ailleurs, il leur est conseillé d'adopter une certaine démarche et de suivre un processus de vente. Ce processus fait l'objet de la section suivante.

Le processus de vente

Processus de vente
Démarche systématique que suit le représentant d'une entreprise.

Comme l'illustre la figure 11.8, le **processus de vente** que doit suivre le représentant se résume à reconnaître le client potentiel, à le transformer en client de l'entreprise et, par la suite, à lui fournir le service après-vente nécessaire afin de s'assurer qu'il soit satisfait[23].

La prospection En parcourant les dossiers des clients de l'entreprise, le vendeur peut établir le profil du client type. Il est alors en mesure de dresser une liste de clients potentiels à partir de ses connaissances (informations internes) ou à l'aide de recherches effectuées à l'extérieur. Ainsi, un représentant en portes et fenêtres peut, grâce à la liste des permis de construction délivrés, obtenir les noms des clients à visiter. Un représentant du domaine de l'assurance peut, quant à lui, utiliser la liste des élèves d'un collège, alors qu'un vendeur d'automobiles se servira du journal des finissants. Différentes méthodes permettent de trouver la personne qui acceptera de recevoir un représentant.

La recherche d'informations sur le client Une fois que le représentant croit avoir découvert un client éventuel, il prend soin de recueillir toutes les informations pertinentes à son sujet. Il cherche à connaître la marque du produit utilisée

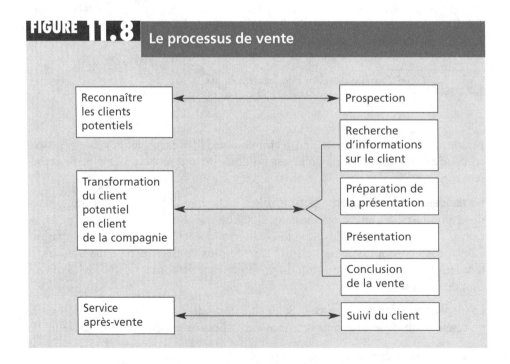

FIGURE 11.8 Le processus de vente

actuellement par cette personne, ses réactions à l'égard de cette marque ou de la marque du produit qu'il vend et même certaines informations plus personnelles. S'il croit avoir trouvé un client potentiel, il peut prendre rendez-vous. Dans le cas contraire, il vaut mieux laisser tomber avant d'investir trop de temps et d'argent inutilement.

La préparation de la présentation   Avant de se rendre à son rendez-vous, le représentant doit bien planifier sa présentation, à l'aide des informations recueillies à l'étape précédente, en tenant compte des besoins de son client éventuel. Entre autres, il s'assure qu'il possède les renseignements nécessaires pour briser la glace. Dans bon nombre de cas, certains renseignements ayant trait à la carrière de son client potentiel, à sa situation familiale, à ses intérêts et à ses passe-temps s'avèrent fort utiles. De plus, lors de la phase de préparation, le représentant ne doit pas hésiter à investir du temps afin de pratiquer les différentes techniques de vente. Il doit également approfondir sa connaissance des produits dont il est responsable. Lorsqu'il se sent prêt, il passe à l'attaque.

La présentation   Comme le message publicitaire, l'étape de la présentation doit être encadrée afin d'éviter que le vendeur ne se répète. Bien qu'il y ait plus d'une façon de faire une présentation, le modèle AIDA semble encore une fois tout indiqué. Une bonne présentation doit attirer l'**A**ttention, soulever l'**I**ntérêt, susciter le **D**ésir et provoquer l'**A**ction.

À cette étape, le représentant dévoile les attributs de son produit. Si cela s'avère nécessaire, il procède à une démonstration, laquelle doit être conforme à l'utilisation normale du produit. Il se peut fort bien que le client soulève quelques objections par rapport à l'argumentation utilisée par le représentant. Ce dernier doit être prêt à les contrer une à une ; sans chercher à prouver que le client a tort, il doit le rassurer quant aux inquiétudes qu'il manifeste. Lorsque le représentant « sent » que le client potentiel a toute l'information nécessaire, il ne doit pas hésiter à passer à l'étape suivante, la conclusion de la vente.

La conclusion de la vente   Bien des ventes n'ont pas lieu parce que le représentant n'a pas su les conclure. Cette étape importante du processus couronne tous les efforts du représentant.

Les représentants utilisent diverses techniques de conclusion d'une vente : « Quelle couleur préférez-vous ? » « C'est notre dernière unité en stock ! Nous n'en aurons plus. » Un moment de silence de la part du représentant peut amener le client à se prononcer. « Lequel prenez-vous parmi A, B et C ? » Le client ne pouvant s'opposer et dire que les trois ne sont pas valables, il sera amené à choisir. Une multitude de petits trucs, qui à eux seuls n'ont pas le pouvoir de faire vendre, sont tout de même utiles à certains moments.

Le suivi du client   Le processus de vente ne s'arrête pas à la signature du contrat. Le représentant doit s'assurer par la suite de la satisfaction de son client. Il devra vérifier s'il a reçu la bonne marchandise, au bon moment et en parfait état. En fait, il doit porter une attention particulière à ces petits détails, dans le but de préserver sa clientèle. Il est beaucoup plus facile de perdre un client que d'en « gagner » un !

La gestion de la force de vente

Gestion de la force de vente
Prises de décisions diverses concernant tant l'embauche d'une équipe de vente que l'évaluation de ses membres.

Essentiellement, la **gestion de la force de vente** consiste à prendre des décisions au sujet de la sélection, de l'entraînement, de la rémunération, de la supervision et de l'évaluation de la force de vente (*voir figure 11.9*).

La sélection   Avec quel soin le directeur d'une équipe de sport professionnel s'occupe du repêchage des joueurs ! Il doit en être de même d'une équipe de vente. En premier lieu, le responsable du marketing doit établir clairement ses besoins en matière de personnel de vente. Par la suite, il détermine les critères à partir desquels il fera son choix. Une fois ces éléments connus, il utilise différents moyens (publicité, visite dans les collèges, références personnelles) dans le but d'obtenir un certain nombre de candidatures. En dernier lieu, il choisit parmi tous les candidats valables celui qui se joindra à son équipe.

La formation   Le nouveau vendeur sélectionné suivra une formation afin de devenir un représentant compétent. Cette formation peut porter sur trois sujets en particulier. D'abord, on lui donnera certaines informations sur les produits et les services de l'entreprise et les besoins qu'ils satisfont. Ensuite, on le formera aux techniques et aux politiques de vente particulières (escompte de volume, politique de retour, etc.) à l'entreprise et au marché qu'elle dessert. Enfin, on lui présentera l'entreprise, son passé, son présent et son avenir afin qu'il s'y intègre davantage. Ce processus peut nécessiter très peu de temps comme il peut en exiger beaucoup ; tout dépend du contenu de la formation.

La rémunération   Le plan de rémunération des représentants vise un double objectif. C'est d'abord une juste compensation en retour du travail qu'ils accomplissent. C'est également un instrument de motivation visant à obtenir continuellement de la part des représentants leur plein rendement.

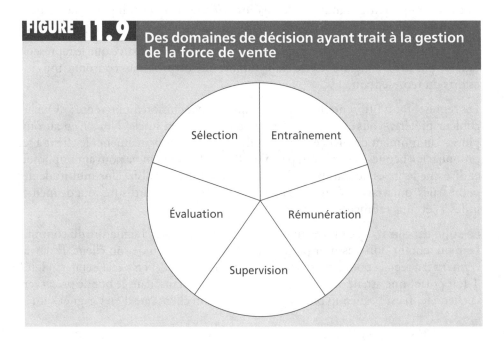

FIGURE 11.9   Des domaines de décision ayant trait à la gestion de la force de vente

Il existe différentes façons de rémunérer le personnel de vente. Il y a d'abord le salaire fixe, qui présente l'inconvénient majeur de limiter la motivation des représentants à vendre davantage puisqu'ils n'en retirent aucun bénéfice additionnel. Toutefois, cette méthode a l'avantage d'assurer un salaire régulier aux vendeurs, ce qui leur évite de vivre de l'insécurité lors de mauvaises périodes. Un deuxième mode de rémunération consiste à ne verser que des commissions. Cette méthode force le vendeur à se surpasser puisqu'une vente additionnelle lui procurera une commission de plus. Toutefois, lorsque les affaires vont mal, le vendeur se retrouve sans revenu, ce qui crée des tensions désagréables. Certaines entreprises instaurent un système mixte, c'est-à-dire que le vendeur reçoit un salaire fixe et une commission. Ce mode de rémunération s'avère de plus en plus populaire dans les entreprises. Notons, enfin, que certaines entreprises utilisent le système de primes (bonis, concours de vente, etc.) en tant que compensation et instrument de motivation des vendeurs. Ces derniers obtiennent alors des primes lorsqu'ils fournissent un effort particulier (comme l'atteinte de leurs quotas de vente).

Peu importe le système privilégié, le plan de rémunération des vendeurs se doit d'être une juste compensation pour tous les efforts qu'ils fournissent. Il doit, de plus, motiver le vendeur et renforcer son esprit d'appartenance à l'entreprise.

La supervision Bien souvent, le représentant travaille très loin du bureau principal de l'entreprise. Il devient donc difficile, mais nécessaire, d'organiser une supervision. Le responsable du marketing doit surmonter ces obstacles ; c'est un autre défi qu'il doit relever.

Pour arriver à ses fins, il peut utiliser différentes méthodes, dont la supervision basée sur les rapports effectués par le vendeur. Il s'agit d'un moyen efficace d'entretenir une communication entre le bureau principal et les représentants des territoires de vente. L'activité de supervision ne doit pas se faire de façon sporadique ou encore lorsque les affaires vont mal. Il faut que le représentant obtienne l'appui de son supérieur immédiat.

L'évaluation des représentants L'évaluation du personnel de vente constitue un excellent moyen de déterminer les périodes creuses de certains vendeurs et ainsi de leur offrir la possibilité de recevoir une formation particulière qui corrigera la situation. L'évaluation permet également d'accorder une promotion, une augmentation de salaire, une mutation ou tout simplement d'effectuer une mise à pied.

Afin d'évaluer la performance de son équipe de vente, le responsable du marketing peut se baser sur certains ratios tels que le nombre d'appels effectués par jour, le montant moyen des ventes par appel, les coûts par vente réalisée, les ventes par ligne de produits, la part de marché obtenue, bref, toute une série d'indices quantitatifs. Les ventes de l'année précédente et les prévisions de vente par territoire font aussi partie des outils utilisés pour évaluer les représentants. Le responsable du marketing pourra également relever des indices qualitatifs tels que la connaissance par le vendeur des produits sous sa responsabilité, la qualité des relations qu'il entretient avec la clientèle, la stabilité de sa personnalité, son apparence personnelle, son état de santé et bien d'autres éléments encore.

L'évaluation ne doit pas être perçue comme une action effectuée dans le but de sévir, mais plutôt comme un moyen d'aider le responsable du marketing à maintenir un bon climat dans son équipe et à y déceler les forces et les faiblesses afin qu'elle devienne encore plus compétente.

Le marketing direct

Marketing direct
Communication directe de plus en plus personnalisée entre l'entreprise et ses clients.

Plusieurs entreprises communiquent directement et de plus en plus personnelle- ment avec leurs clients dans le but de leur offrir leurs produits et leurs services. Cette communication directe, souvent postale et maintenant par télécopieur et courriel, constitue ce qu'il est convenu d'appeler le « **marketing direct** ». Ce moyen de communication marketing exige encore une fois du gestionnaire de prendre des décisions concernant les objectifs, le budget, la création, la diffusion et le contrôle de l'efficacité des campagnes effectuées.

Le télémarketing

Télémarketing
Technique de sollicitation et de vente par téléphone.

Beaucoup d'entreprises, peu importe leur taille, ont choisi dernièrement d'inclure le **télémarketing** dans leur arsenal d'activités de communication marketing. Cette technique, développée et mise au point aux États-Unis, consiste à faire de la solli- citation et de la vente par téléphone. L'avantage premier du télémarketing est qu'il réduit de beaucoup les frais de vente, surtout en région éloignée, où les commerces sont dispersés sur un grand territoire, et pour les petits comptes clients, pour les- quels il n'est pas rentable d'envoyer un représentant sur place à cause du faible volume des ventes qu'ils génèrent par rapport aux coûts qu'ils engendrent.

Pour être efficace, une campagne de télémarketing doit être bien orchestrée. Les responsabilités de l'organisateur consistent à obtenir, d'une part, une liste récente de noms et de numéros de téléphone de personnes cibles. D'autre part, le respon- sable élabore un scénario d'approche, ou script, que chaque vendeur téléphoniste utilisera le plus fidèlement possible lors des contacts téléphoniques avec les clients potentiels. Des informations comme la formulation des réponses types à certaines objections des consommateurs sont habituellement incluses dans le scénario d'approche. Comme toujours, le responsable du marketing doit porter une atten- tion particulière au respect fondamental des consommateurs ; c'est là le secret le plus important du succès de toute campagne de télémarketing.

La communication d'affaires

Communication d'affaires
Moyens et interventions choisis pour mettre en évidence le rôle de l'entreprise dans la réussite de ses clients.

La **communication d'affaires** consiste en l'ensemble des moyens et des interven- tions choisis pour mettre en évidence le rôle de l'entreprise dans le succès de ses clients. La communication d'affaires sied très bien au gestionnaire du marketing qui désire privilégier le marketing relationnel. Cette nouvelle forme de marketing s'appuiera sur des communications constantes entre les fournisseurs et les consom- mateurs de produits et de services. Par exemple, Bell Canada utilise ce genre de communication lorsqu'un membre de son équipe de marketing envoie une lettre personnelle à un client afin d'enrichir leur relation d'affaires.

RÉSUMÉ

La communication marketing de masse consiste en l'émission par une entreprise d'un message à caractère impersonnel et unidirectionnel. L'entreprise ne communique alors qu'un seul message à la cible choisie. Cette forme de communication marketing utilise différents moyens tels que la publicité, la promotion des ventes, les relations publiques, la publicité rédactionnelle, la commandite et le placement de produits.

Contrairement à la publicité, qui est une activité à long terme, la promotion des ventes consiste à stimuler la vente d'une manière directe et cherche, sans détour, une action immédiate. L'élaboration d'une campagne de publicité, quant à elle, exige la détermination des objectifs, la création d'un message publicitaire, le choix des médias, des supports et du calendrier, la détermination du budget ainsi que l'élaboration de certains moyens de contrôle. Les relations publiques et la publicité rédactionnelle se font par l'intermédiaire de contacts avec les gens de la presse et du milieu environnant de l'entreprise. La commandite est le soutien financier ou technique d'événements sportifs, culturels ou d'autre nature par une entreprise qui a pour but principal d'obtenir des retombées médiatiques valorisantes pour son image. Enfin, le placement de produits se réfère à toute exposi-

tion d'un produit ou d'un service lors d'une émission de télévision ou d'un film et qui a nécessité le débours d'une somme d'argent.

Par la communication marketing personnalisée, l'entreprise noue des liens plus personnels avec ses clients. Elle amorce alors une communication bidirectionnelle qui exige la mise sur pied d'une équipe de vendeurs ou de représentants. Leur tâche consiste à reconnaître un client potentiel, à le transformer en client de l'entreprise, pour ensuite lui fournir le service après-vente nécessaire à sa satisfaction. Cette tâche de vente, si elle est accomplie par téléphone, porte le nom de « télémarketing ». Autrement, lorsque cette tâche est effectuée par le courrier électronique et par la poste, il s'agit de marketing direct ; ainsi, un message de plus en plus personnalisé parviendra directement aux destinataires. Lorsque cette communication est effectuée d'entreprise à entreprise à des niveaux hiérarchiques supérieurs, elle porte le nom de « communication d'affaires » ; l'objectif principal sera de mettre en évidence le rôle de l'entreprise dans le succès de ses clients. L'utilisation efficace des moyens de communication marketing permet à l'entreprise d'atteindre ses objectifs.

QUESTIONS

1. Quelle différence fondamentale existe-t-il entre la communication marketing de masse et la communication dite « personnalisée » ?

2. Quel est le rôle de la publicité sociétale ? De la publicité institutionnelle ? Trouvez cinq exemples de chacune de ces publicités dans les journaux.

3. Quel processus faut-il suivre lors de la création d'un message publicitaire ? Créez un message en fonction de ce processus pour une nouvelle marque de crème solaire.

4. Que pensez-vous des propos tenus par le spécialiste publicitaire tels qu'énoncés à l'encadré 11.2, à la page 328 ?

5. Quels facteurs influent sur le choix des médias ?

6. Par suite de votre lecture de l'encadré 11.8, à la page 344, que pensez-vous du placement de produits ?

7. Quelles fonctions les relations publiques remplissent-elles ?

8. Qu'entend-on par « publicité rédactionnelle » ? Trouvez, à l'aide de différents supports de la presse écrite des cinq derniers jours, cinq exemples de publicité rédactionnelle. Justifiez vos choix.

9. Énumérez les six étapes du processus de vente. Préparez une rencontre avec un client, grossiste ou détaillant, au cours de laquelle vous lui proposerez un nouveau produit, modèle de lecteur optique servant à la gestion des stocks.

10. Lisez de nouveau l'encadré 11.9, à la page 346. À la question « Aimeriez-vous être vendeur ? », que répondriez-vous ? Justifiez votre réponse.

EXERCICES PRATIQUES

11.1 LE POUR ET LE CONTRE*

Pour cet exercice, vous devrez choisir deux publicités dans un magazine ou un journal : une qui vous semble particulièrement efficace, et une autre qui vous paraît mauvaise. À l'aide des théories que vous avez apprises dans la première partie du chapitre 11, analysez chacune des deux publicités de votre choix en y décrivant :

- la classe d'objectifs ;
- les éléments constructifs (la copie) ;
- le style d'appel ;
- le public cible visé ;
- le processus AIDA ;
- le choix du média utilisé (avantages et désavantages par rapport au type de produit).

Expliquez pourquoi vous avez sélectionné ces publicités et quels ont été vos critères initiaux d'évaluation. Avez-vous modifié votre jugement en cours d'analyse ? Justifiez votre réponse.

* Exercice pratique rédigé par Pierre-Charles Rousseau, sous la direction du professeur Normand Turgeon. Copyright © 1995. École des Hautes Études Commerciales (HEC), Montréal. Tous droits réservés pour tous pays. Toute traduction ou toute reproduction sous quelque forme que ce soit est interdite. Cet exercice pratique est destiné à servir de canevas de discussion à caractère pédagogique et ne comporte aucun jugement sur la situation administrative dont il traite. Distribué par la librairie universitaire de la coopérative de l'École des HEC, 3000, chemin de la Côte-Sainte-Catherine, Montréal (Québec) Canada H3T 2A7.

11.2 LA REVANCHE DES « NERDS » !

Que faites-vous lorsque surviennent des plages publicitaires au cours de votre émission préférée ? Que fait votre voisin ? Faites un petit sondage dans la classe. Comparez vos résultats avec les propos du journaliste qui signe le billet reproduit à l'encadré 11.3, à la page 330.

MISE EN SITUATION

LA FOIRE D'EMPLOIS*

Le développement local et régional est au cœur de l'activité économique québécoise. Beaucoup d'organismes participent à renforcer le tissu d'affaires de leur localité ; c'est ainsi que votre chambre de commerce locale travaille d'arrache-pied à l'organisation de la foire annuelle d'emplois d'été qui a lieu le jeudi et le vendredi de la dernière semaine d'avril de chaque année.

Cette année, le comité organisateur mise sur la présence de services spécialisés d'aide à l'emploi, par exemple les organismes d'insertion, afin d'attirer la présence des jeunes entre 18 et 24 ans. Le comité organisateur a décidé de consacrer 2500 $ du budget de communication-marketing à la publicité destinée à ce segment de marché. Il a également choisi d'annoncer à la radio locale et dans les hebdomadaires régionaux.

En tant que coordonnateur, votre rôle est d'évaluer les véhicules qui conviennent le mieux à l'annonce de l'événement et de conseiller le comité d'organisation dans sa décision. Peu importe où votre cégep est situé, vous devez produire un rapport pratique, preuves à l'appui, sur les coûts et les jours de parution.

* Mise en situation produite par Alexandra Vachon et le professeur Normand Turgeon. Copyright © 2004. HEC Montréal. Tous droits réservés pour tous pays. Toute traduction ou toute reproduction sous quelque forme que ce soit est interdite. Déposée au Centre de cas HEC Montréal, 3000, chemin de la Côte-Sainte-Catherine, Montréal (Québec) Canada H3T 2A7.

CAS

ÇA BRASSE CHEZ BELLE BLONDE INC.*

Bernard est encore pris de court par ce qui vient de se passer. À peine vient-il d'être nommé directeur de la force de vente qu'il doit prendre une des décisions les plus importantes de sa carrière.

La fusion de deux brasseurs

Bernard travaille à titre de représentant pour la société Belle Blonde inc., affectueusement appelée B.B., leader du marché de la bière. Cette dernière vient de faire l'acquisition d'un de ses plus importants concurrents, Igloo inc. Cette nouvelle, quoique prévisible, a entraîné plusieurs réactions de la part des deux entreprises, particulièrement dans leurs forces de vente respectives.

Bernard est au service de B.B. depuis sept ans. Il est entré comme représentant itinérant pour s'occuper du territoire de la rive nord de Montréal. Riche de son expérience de représentant pour un fabricant de friandises, il a toutefois dû faire l'apprentissage d'une toute nouvelle industrie, celle des boissons alcoolisées, un marché très différent de celui de la confiserie.

En effet, la bière est un produit assujetti à un certain nombre de lois. Réservée aux 18 ans et plus, elle demande l'utilisation de techniques de vente bien différentes de celles auxquelles l'industrie des bonbons a recours. De plus, comme il s'agit d'un marché saturé, la concurrence est féroce entre les différents brasseurs. Leur arme la plus efficace est justement la force de vente. Les représentants acquièrent au fil des ans une connaissance approfondie de leurs produits et développent de solides relations avec les détaillants de leurs territoires. Ces atouts donnent aux représentants une position de force puisqu'ils représentent pour l'entreprise une précieuse source d'information sur le marché de la bière.

Pour Bernard, le saut des bonbons à la bière lui a demandé d'acquérir certaines notions. D'abord, il lui a fallu comprendre le procédé de fabrication du produit pour mieux le vendre à ses clients. Après une visite de l'usine, de nombreuses dégustations, quelques cachets d'aspirine et une solide formation théorique, Bernard a pu égrener ses visites auprès de sa clientèle afin de se faire connaître comme nouveau représentant.

Lentement, il a su conquérir et consolider la position de B.B. sur la rive nord de Montréal. En fait, sa réussite tient en partie à la solide formation et aux ateliers de perfectionnement que doivent continuellement suivre tous les représentants de l'entreprise. En effet, les représentants de B.B. sont fortement encouragés à poursuivre, même après plusieurs années de service, leur apprentissage concernant les techniques de vente et le service après-vente, très chères aux yeux des dirigeants.

Cette insistance sur le perfectionnement des représentants est unique à B.B. Dans le marché de la bière, aucune autre entreprise n'investit autant dans la formation de sa force de vente. C'est d'ailleurs un des éléments qui font cette entreprise le leader du marché. Cette dernière attire et garde ainsi les meilleurs représentants possible, en misant depuis longtemps sur leur valeur stratégique.

Grâce à son travail acharné et à sa reconnaissance au sein du groupe, Bernard s'est taillé une place enviable dans l'équipe de vente de B.B. Il a acquis très vite une solide réputation de vendeur à tout épreuve, n'ayant pas raté une seule vente depuis deux ans. On lui a même décerné le prix du Pichet d'or l'an dernier pour l'accroissement des ventes qu'a connu son territoire. Plusieurs représentants viennent régulièrement le voir pour lui demander conseil. Bien que les ateliers puissent en bonne partie répondre à leurs questions, Bernard se fait toujours un plaisir de partager avec eux ses astuces et ses bons coups. Ainsi, toute l'équipe profite de son savoir-faire.

Toutefois, depuis un certain temps, l'harmonie qui régnait au sein de l'équipe semble légèrement perturbée. Bernard sent qu'un malaise s'est installé, ce qui nuit considérablement à la performance des vendeurs. Ce climat d'instabilité fait suite à la récente acquisition de son plus grand rival, Igloo. Les deux sociétés, qui tout récemment se disputaient le marché, doivent maintenant fusionner leurs activités et leurs territoires. Dans la force de vente notamment, la situation entraîne d'importants changements.

En effet, les dirigeants de l'entreprise ont manifesté l'intérêt de conserver une partie de l'équipe de vente de Igloo afin de pouvoir tabler sur leur connaissance des produits et sur leurs contacts avec la clientèle dans certaines régions où la présence de Igloo est mieux établie que celle de B.B. De plus, l'entreprise cherche à retenir les services des meilleurs représentants possible et veut donc évaluer sur une base nouvelle et équitable les deux équipes de vente.

Toutefois, B.B. a tôt fait de constater qu'une différence notable existe entre les équipes de vente des deux entreprises. Alors que celle de B.B. inc. reçoit continuellement une formation et favorise la mise en place d'une relation à long terme avec le client, Igloo, plus petite, fonctionne davantage selon des méthodes de ventes agressives et sous pression. Les représentants de Igloo doivent atteindre des quotas de ventes précis à l'intérieur d'échéanciers serrés. Alors que les représentants de B.B. s'épaulent et entretiennent une émulation amicale, l'ambiance est davantage à la rivalité au sein de l'équipe de Igloo. Plus agressifs, les représentants entretiennent des relations qui sont presque tendues entre eux. Ce climat de travail n'a toutefois pas empêché l'équipe de bien performer sur ses différents territoires.

Une promotion et un dilemme

À la suite de cette annonce, Bernard reçoit un appel de son supérieur, qui veut le voir immédiate-ment. Ce dernier l'informe qu'étant donné son expérience et son excellente performance comme représentant, la haute direction souhaite que la nouvelle force de vente qui émergera de l'union des deux entreprises profite de ses connaissances et de son talent. Pour ce faire, son supérieur lui offre le poste de directeur de la force de vente. Ce poste exige d'accomplir un certain nombre de tâches. Tout d'abord, Bernard aura comme responsabilités de donner aux nouveaux la formation de base de même que certains cours de perfectionnement lorsque le travail de direction qu'il devrait faire en sus le lui permettra.

Toutefois, sa plus grande tâche sera, en tant que directeur de la force de vente, la réorganisation de l'équipe en tentant d'effectuer une synergie fondée sur les divergences qui existent entre B.B. et Igloo en matière de culture d'entreprise : amalgamer l'énergie et le dynamisme des représentants d'Igloo aux vastes connaissances des représentants de B.B. que leur position de leader du marché a quelque peu engourdis.

On lui demande également de planifier un exercice d'évaluation auquel seront soumis tous les vendeurs des deux entreprises confondues. En se fondant sur les résultats obtenus, Bernard aura comme tâche de sélectionner les représentants qui constitueront la nouvelle force de vente, ce qui suppose malheureusement que certains d'entre eux devront être remerciés. Bernard devra ensuite assurer la formation de l'équipe en fonction des nouveaux objectifs énoncés par la haute direction.

D'abord flatté par l'offre qu'on lui fait, Bernard sent également une certaine inquiétude le gagner. Il travaille au sein de l'équipe de B.B. depuis si longtemps que les autres représentants sont devenus pour lui bien plus que des collègues de travail. Comment faire pour rester neutre sans heurter ses compagnons ? Il comprend ce que l'on attend de lui mais se questionne sur la façon de procéder.

La tâche est extrêmement ardue pour Bernard puisqu'il doit éviter de favoriser les représentants de B.B. au détriment de ceux de Igloo.

Questions

1. Pour bien faire son travail, quels éléments devrait-il considérer dans son exercice d'évaluation ?
2. Sur quelle base retenir ou remercier les représentants ?
3. Et comment s'assurer d'unir en une seule et même équipe deux cultures d'entreprises si différentes ?

NOTES

1. C'est à Jacques Bouchard, alors publicitaire fortement engagé en communication sociétale, que revient le développement de ce type de publicité au Québec.

2. *Commerce Montréal,* juin 1989, p. 9.

3. GUILTINAN, Joseph P. et PAUL, Gordon W. *Marketing Management, Strategies and Programs,* New York, McGraw-Hill, 1988, p. 227.

4. *Ibid.,* p. 235-236.

5. SCHEWE, Charles D. *et al. Marketing Concepts and Applications,* Toronto, McGraw-Hill Ryerson, 1983, p. 502.

6. TURGEON, Normand. « Comparative Advertising Strategies for Market Leaders », Thèse de doctorat, Knoxville, University of Tennessee, 1988.

7. CONSEIL DU STATUT DE LA FEMME. « La publicité sexiste c'est quoi ? », octobre 1979.

8. TAMILIA, Robert D. « Toward a General Theory of Selling », Theory Paper, Faculty of Marketing, Columbus, Ohio State University, 1971, p. 17.

9. KOTLER, Philip et DUBOIS, Bernard. *Marketing management,* 5e édition, Paris, Publi-Union, 1986, p. 556.

10. *Ibid.*

11. FRÉCHETTE, Michel. « La promotion, c'est un outil de vente directe qui n'est pas coûteux si ce n'est en temps et en énergie », dans *Les Affaires,* cahier spécial sur la publicité, 15 mai 1982, p. S20-S21.

12. ISABELLE, Christine. « Modification des règles relatives aux concours publicitaires », dans *Les Affaires,* 11 septembre 1982, p. 13.

13. Message publicitaire de l'Office de la protection des consommateurs mettant en vedette Yvon Deschamps.

14. FRÉCHETTE, Michel. *Op. cit.*

15. SCHEWE, Charles D. *et al. Op. cit.,* p. 544.

16. FROMENT, Dominique. « La publicité par l'objet est efficace si elle est planifiée », dans *Les Affaires,* 11 juin 1983, p. 15.

17. *Ibid.*

18. ISABELLE, Christine. « Les relations publiques sont devenues un outil de gestion », dans *Les Affaires,* 19 décembre 1981, p. 17.

19. ENGEL, James F. *et al. Promotional Strategy,* 4e édition, Richard D. Irwin inc., 1979.

20. OUIMET, Jacques. « Les relations avec les journalistes : soyez bref et précis ! », dans *Les Affaires,* cahier spécial sur la publicité, 15 mai 1982, p. S23.

21. *Ibid.*

22. McMURRAY, Robert N. « The Mystique of Supersalesman-Ship », dans *Harvard Business Review,* mars-avril 1961, p. 114.

23. SCHEWE, Charles D. *et al. Op. cit.,* p. 529.

La planification en marketing et les domaines d'application distincts du marketing

Au début du présent ouvrage, nous avons défini les variables contrôlables du marketing, les variables incontrôlables de l'environnement, le concept moderne de marketing selon lequel on doit partir des besoins du consommateur et le processus de planification stratégique en marketing. Dans la première partie, nous avons exploré les divers moyens d'obtenir l'information nécessaire à la prise de décisions, ce qui permet de répondre convenablement aux différents besoins des consommateurs. Nous avons également abordé la stratégie de marketing et étudié plus en profondeur les différentes variables contrôlables du marketing, leurs limites ainsi que les types de décisions de gestion qu'elles entraînent.

La quatrième partie de cet ouvrage traite des divers éléments de la planification en marketing. Ce type de planification consiste en un processus d'anticipation des changements dans l'environnement des marchés et en la mise au point d'un plan d'action pour une période donnée. Le but de cette partie est de décrire la manière dont une entreprise doit procéder afin d'élaborer des stratégies efficaces, d'intégrer et de coordonner les différentes activités de marketing dans un plan d'action cohérent. En fait, il s'agit d'agencer les divers éléments abordés dans cet ouvrage en un plan cohérent et d'en assurer le contrôle, tâche fort importante en ce qui concerne la survie et l'efficacité d'une entreprise.

Les deux derniers chapitres traitent des principaux domaines dans lesquels le marketing diffère quelque peu par son application. Ces domaines sont le marketing en contexte international et le marketing des services.

CHAPITRE 12

Le plan de marketing

Après la lecture du chapitre, vous devriez être en mesure :

• de définir la planification en marketing ;

• de comprendre l'importance du plan de marketing ;

• de connaître chaque étape du plan de marketing.

Par Denis Pettigrew, D.Sc. gestion
Professeur titulaire de marketing, Université du Québec à Trois-Rivières

Planification en marketing

Processus d'anticipation des changements dans l'environnement des marchés et mise au point d'un plan d'action pour une période donnée.

D'entrée de jeu, précisons que la **planification en marketing,** c'est l'agencement de toutes les décisions de marketing en fonction d'objectifs communs dans le but de profiter au maximum de l'effet de synergie des efforts fournis. Sans elle, les activités d'une entreprise ressembleraient à celles d'un chasseur qui court deux lièvres à la fois. Tout va bien tant que les deux bêtes vont dans la même direction, mais les problèmes commencent quand elles prennent des directions opposées. Il en est de même pour l'entreprise.

La planification des activités de l'entreprise est sans aucun doute la plus cruciale des activités que le gestionnaire doit exécuter. Planifier, c'est mettre sur pied des programmes d'action dans lesquels les objectifs visés sont clairement définis. C'est également déterminer les modes de financement prévus et les étapes de la réalisation de ces programmes. Prévoir les activités futures de l'entreprise, à court et à long terme[1], permet au gestionnaire de diriger, d'intégrer et de contrôler le développement et le fonctionnement de l'entreprise. Il est donc de toute première importance pour la survie et le succès à long terme d'une entreprise de planifier aujourd'hui ce qu'elle sera demain.

La planification en marketing s'avère d'autant plus importante qu'elle constitue le lien entre ce que l'entreprise peut offrir et les besoins et les attentes des consommateurs. Ce type de planification a donc pour but de prévoir les activités de l'entreprise qui touchent le marketing et d'instaurer certaines mesures pour en contrôler les résultats. Le marketing a pour rôle d'aider à atteindre les objectifs généraux de l'entreprise.

Le rôle du plan de marketing

Plan de marketing

Définition des objectifs de marketing à partir d'une analyse du marché et de ses environnements, cela en vue de formuler la stratégie de marketing de l'entreprise.

Dans le processus de planification en marketing, l'outil le plus utilisé est le plan de marketing. Qu'est-ce que le **plan de marketing** et à quoi sert-il ? Prenons, par exemple, une boulangerie qui désire augmenter de 25 % sa part de marché au cours de l'année qui vient. Il lui est impossible d'atteindre cet objectif sans un effort concerté de la part de l'organisation entière. Il faudra augmenter le volume de production, mais surtout définir un programme de marketing systématique et coordonné. Faut-il étendre le territoire desservi de manière à toucher une nouvelle population ? Faut-il changer le réseau de distribution, par exemple, passer du porte-à-porte aux grandes surfaces ? Faut-il modifier certains produits, en ajouter de nouveaux ou en retirer ? Faut-il faire un plus grand effort promotionnel ? Doit-on changer le mix promotionnel ? En vue de répondre convenablement à chacune de ces questions tout en tenant compte des objectifs précis qui ont été formulés, il faut se livrer à une analyse détaillée des possibilités de mise en marché des produits et élaborer un plan d'action complet qui puisse assurer la convergence des efforts fournis par l'ensemble de l'entreprise.

Le plan de marketing sert d'abord à des fins stratégiques, car il oblige l'entreprise à analyser périodiquement la situation d'un produit sur le marché et à en prévoir l'évolution, de même qu'à anticiper les actions des concurrents. Il permet surtout d'évaluer les avantages concurrentiels d'un produit et de s'ajuster périodiquement à la lumière des résultats obtenus. Deuxièmement, le plan de marketing sert à coordonner les efforts et à contrôler les actions individuelles.

La réalisation du plan de marketing permet donc une meilleure adaptation de l'entreprise à ses marchés. Un tel plan oblige l'entreprise à examiner les nouvelles possibilités de développement des produits et des marchés, à reconnaître les changements et les mutations de l'environnement, et favorise l'utilisation optimale de ses ressources financières, humaines et matérielles. Le plan de marketing constitue donc l'outil de planification indispensable à toute entreprise.

L'élaboration d'un plan de marketing offre plusieurs avantages à l'entreprise. Thuillier[2], dans son ouvrage, en mentionne les principaux :

- Obliger la direction de l'entreprise à prendre conscience des modifications de l'environnement dans lequel elle évolue et auxquelles elle doit s'adapter si elle désire progresser ;
- Permettre de reconnaître les secteurs d'activité qui offrent les meilleures possibilités à l'entreprise et leur allouer des ressources financières, humaines et matérielles ;
- Permettre d'éviter le gaspillage des énergies en concentrant les efforts vers des objectifs communs précis et prédéfinis ;
- Permettre de contrôler des activités par comparaison des résultats obtenus avec les objectifs précédemment établis ;
- Fournir un cadre de référence à la prise de décision et obliger les responsables à agir plutôt qu'à réagir.

Pour élaborer un plan de marketing, on doit se conformer de façon systématique et rigoureuse aux étapes suivantes : analyse de l'environnement, choix des objectifs et élaboration des stratégies. Comme il se veut un outil de travail, le plan de marketing n'est donc pas un document abstrait, mais plutôt une analyse pratique de la situation et un engagement vis-à-vis de l'avenir.

Même si les plans de marketing diffèrent d'une entreprise à l'autre, leur élaboration correspond généralement aux étapes illustrées à la figure 12.1.

Chacune de ces étapes fera l'objet d'une section de ce chapitre.

Le plan de marketing : première partie

1. La définition de la mission et des buts de l'entreprise

Avant de planifier quoi que ce soit, il est essentiel que les dirigeants d'une entreprise répondent à la question suivante : quel type d'entreprise gérons-nous ? La réponse à cette question définit ce qu'on appelle la **mission de l'entreprise.** En d'autres termes, la mission de l'entreprise tend à définir sa raison d'être ; il s'agit en quelque sorte de la finalité de l'entreprise.

Mission de l'entreprise
Raison d'être de l'entreprise.

Mais il ne s'agit pas seulement de connaître la raison d'être de l'entreprise ; il faut également savoir ce qu'elle est capable de faire et ce qu'elle espère réaliser dans l'avenir. Pour ce faire, toute organisation doit définir les buts qu'elle se propose d'atteindre.

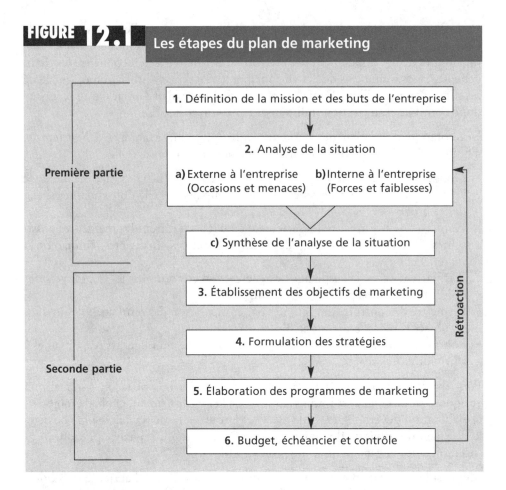

FIGURE 12.1 Les étapes du plan de marketing

1. Définition de la mission et des buts de l'entreprise

2. Analyse de la situation

a) Externe à l'entreprise (Occasions et menaces)   **b)** Interne à l'entreprise (Forces et faiblesses)

c) Synthèse de l'analyse de la situation

3. Établissement des objectifs de marketing

4. Formulation des stratégies

5. Élaboration des programmes de marketing

6. Budget, échéancier et contrôle

Première partie

Seconde partie

Rétroaction

Jensen[3] résume la définition de la mission de l'entreprise comme la réponse aux questions suivantes :

- Quelle sorte d'entreprise souhaite-t-on avoir ?
- Quel marché souhaite-t-on desservir ?
- Quel type de structure organisationnelle souhaite-t-on obtenir ?
- Quelle direction suit-on ?
- Quels facteurs critiques de succès permettent d'atteindre les objectifs ?

Prenons, par exemple, une société de transport public intermunicipale. Quelle pourrait être sa mission ? Ce pourrait être d'offrir un service de transport au public sur tout son territoire, un service de transport adapté aux besoins des différents groupes d'usagers tels que les travailleurs, les étudiants, les handicapés, etc., de rentabiliser ses activités et de vendre l'idée à la population qu'il y a avantage à utiliser le transport public plutôt qu'un véhicule personnel ou de chercher à favoriser la croissance future de l'entreprise. Enfin, l'entreprise pourrait désirer maintenir une image d'honnêteté, de fiabilité et de service personnalisé.

L'établissement de la mission et des buts que l'entreprise se propose d'atteindre fait ressortir les différentes options qui s'offrent à elle. L'orientation subséquente du processus de planification dépend de cette première étape.

2. L'analyse de la situation

L'**analyse de la situation** est une étape qui consiste à rechercher de l'information permettant au gestionnaire d'avoir une bonne connaissance de l'environnement, de la concurrence, du marché et de l'entreprise elle-même (*voir figure 12.2*).

a) L'analyse de l'environnement externe à l'entreprise

L'entreprise évolue dans un **environnement externe** réglementé qui peut parfois être très contraignant. Le responsable du marketing doit donc connaître ces contraintes. L'environnement externe d'une entreprise comprend des composantes sociales et culturelles, démographiques, économiques, technologiques, concurrentielles, politico-juridiques et naturelles. L'entreprise qui désire bien s'adapter à son milieu ne peut se permettre d'ignorer ces diverses composantes ; elle doit donc recueillir le plus d'informations possible afin de bien les connaître.

L'environnement socioculturel   Au moment de l'élaboration de ses stratégies, le responsable du marketing ne peut ignorer l'impact de l'environnement socioculturel sur ses décisions en rapport avec l'entreprise. La planification et la gestion des activités exigent qu'il prenne en considération l'influence exercée sur le comportement du consommateur par les classes sociales (répartition de la population), la famille et les groupes sociaux auxquels les personnes appartiennent, les groupes de référence auxquels elles s'identifient, de même que la culture et les sous-cultures (systèmes de valeurs, attitudes et mœurs) [*voir encadré 12.1*].

L'environnement démographique   Il peut également s'avérer important pour le responsable du marketing de recueillir un ensemble de données concernant la distribution de la population en fonction de l'âge (pyramide des âges), du sexe, des régions (rurales ou urbaines), des provinces, de la taille des ménages. Prévoir l'évolution de la population selon certaines hypothèses (taux de natalité, de mortalité, de migration) demeure une fonction essentielle à une bonne planification en marketing. À titre d'exemple, si le marché visé est celui des enfants de 0 à 5 ans et que le taux de natalité baisse trop rapidement, nous devrons en tenir compte dans notre plan marketing.

L'environnement économique   Les stratégies de marketing subissent l'influence du climat économique dans lequel elle évolue : récession, dépression, reprise économique, prospérité, inflation. L'analyse du produit intérieur brut (PIB), du

Analyse de la situation
Recherche d'information visant à bien connaître une entreprise, son environnement, sa concurrence et son marché.

Analyse de l'environnement externe
Étude destinée à prendre connaissance des différentes composantes de l'environnement dans lequel évolue l'entreprise et à les évaluer.

FIGURE 12.2 L'analyse de la situation

a) Externe à l'entreprise (Occasions et menaces)

b) Interne à l'entreprise (Forces et faiblesses)

c) Synthèse de l'analyse de la situation

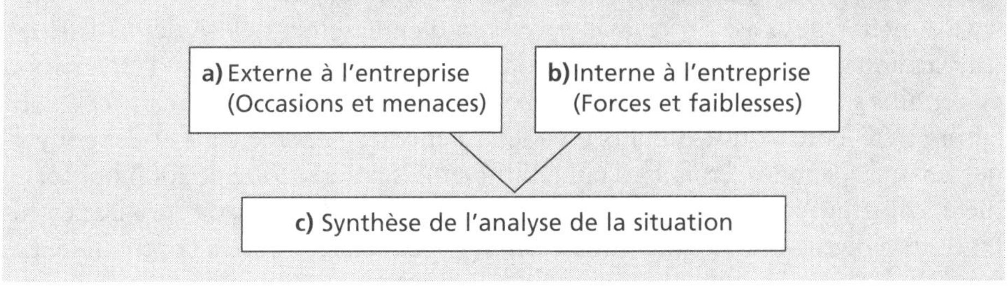

ENCADRÉ 12.1 La recherche commerciale et la planification marketing

À quoi sert de dépenser une fortune en recherche pour mettre au point de nouvelles couleurs de meubles de jardin alors que les consommateurs les préfèrent verts ou bruns ? Pourquoi rêver d'un BBQ design si les cuistots de jardin ont des goûts plutôt conventionnels ?

La recherche marketing reste le meilleur moyen d'évaluer ce qui plaira aux consommateurs. Un fabricant qui y fait appel dès la conception d'un produit peut vérifier l'intérêt de la clientèle, le marché potentiel et le meilleur moment pour le lancer. Il épargnera ainsi temps et argent.

« Les caractéristiques proposées par les créateurs ne correspondent pas toujours aux besoins des clients, dit Michel Zins, président de la firme de recherche Zins Beauchesne. La recherche permet de découvrir ce qui fait en sorte que le produit se vendra et à quel prix. On peut tester un concept ou un prototype, mais plus on commence tôt, plus on réduit le risque d'échec. »

Voici un exemple. Un concepteur avait dessiné une énorme boîte de rangement à couvercle. « Ce ne sera pas pratique, ont dit les utilisateurs, trop d'objets se retrouveront dans le fond et ils seront inaccessibles. À cette taille, il vaudrait mieux dessiner un élément de rangement avec des portes. » Évidemment, pour le fabricant, les modes et les coûts de fabrication diffèrent.

Préparer la mise en marché

Une fois l'intérêt pour le produit ou le service assuré, plusieurs éléments de la pré-commercialisation peuvent faire l'objet de recherche : le nom, l'emballage, le goût du produit, etc.

« En plus des groupes de discussion, les entrevues individuelles avec des participants sélectionnés permettent d'en apprendre beaucoup, note Michel Berne, associé chez Ad hoc recherche. On peut mesurer la compréhension d'un mode d'emploi ou l'état d'esprit des consommateurs quand ils utilisent un produit. On a déjà filmé des utilisateurs en train d'essayer un nouveau colorant capillaire. »

La recherche s'attarde à tous les petits détails qui font la différence : la couleur, le lettrage, l'impression d'ensemble qui se dégage. « Un client s'est déjà rendu compte que les utilisateurs ne comprenaient pas la signification d'un sceau de qualité imprimé sur la boîte, raconte M. Berne. On peut alors le placer ailleurs ou l'utiliser différemment. »

Évaluer la qualité du service

Bien que les firmes de recherche vivent en partie de mandats concernant le développement et la mise en marché de produits, leurs clients veulent aussi en savoir davantage sur la satisfaction de la clientèle.

« Il est possible de sonder l'ensemble du service une fois l'an ou d'évaluer la prestation d'un service précis, mentionne M. Berne. Dans ce cas, après qu'une transaction a été effectuée, on rappelle le client pour savoir si le service a été courtois, si le processus a bien fonctionné, s'il s'est senti respecté dans la relation. On effectue un suivi immédiat sur le service donné en visant des améliorations à court terme. »

Source : D. Turgeon, « La recherche marketing, point de départ de tout projet », *Les Affaires*, Hors série, 22 mars 2003, p. 32.

---

revenu disponible et de la capacité d'emprunter des consommateurs est d'une importance capitale pour le responsable du marketing (*voir encadré 12.2*).

Le Québec a assisté depuis le début des années 1990 à des variations de son climat économique. L'économie a traversé une période de récession en 1991-1992, avec des taux d'intérêt élevés, un fort taux de chômage et beaucoup d'insécurité. Au Québec, la prospérité des années 1999-2003 favorise une reprise de l'emploi et des taux d'intérêt très bas. En revanche, le taux d'endettement élevé des Québécois dans les années 1990 a eu pour effet de faire fléchir la demande, d'où la stagnation de certains secteurs de l'économie, par exemple l'industrie de la construction. La reprise a été lente à cause du taux d'endettement élevé des ménages et des gouvernements. Cependant, les faibles taux d'intérêt des années 2002 et 2003 ont fortement contribué à la reprise de l'économie, et l'un des secteurs privilégiés fut l'industrie de la construction, qui réussissait à peine à répondre à la demande. Les

ENCADRÉ 12.2 Le comportement du marché indique parfois le moment de prendre de l'expansion

ACCOR VEUT CONSTRUIRE AU MOINS DOUZE HÔTELS AU QUÉBEC

MARTIN JOLICŒUR

La chaîne hôtelière française Accor entend construire au moins 12 nouveaux hôtels des bannières Novotel, Motel 6 et Studio 6 au Québec d'ici cinq ans.

Georges Le Mener, président d'Accor Amérique du Nord, au Texas, affirme que malgré un contexte incertain dans l'industrie touristique, le moment est venu d'augmenter sa présence sur le marché québécois.

« Notre industrie est cyclique, il faut regarder à long terme. En ce sens, le *timing* est parfait. Lorsque, au terme de leur construction, nos premiers hôtels seront prêts à ouvrir leurs portes, le marché sera redevenu sain. »

Source : *Les Affaires,* 12 avril 2003, p. 23.

gouvernements doivent maintenant consacrer une partie importante de leurs budgets au service de la dette et en fonction des nouveaux objectifs de déficit zéro. En conséquence, ils doivent aussi rationaliser leurs dépenses. Le gestionnaire doit donc s'interroger sur l'environnement économique et politique de son entreprise et analyser quelles en seront les répercussions sur ses objectifs.

L'environnement technologique Le directeur du marketing est responsable de l'exploitation des principales possibilités offertes par le progrès technologique. L'entreprise utilise-t-elle les dernières technologies ? Connaît-elle les dernières techniques ou les derniers procédés utilisables dans son champ d'activité ? Les intègre-t-elle dans ses activités de production ? Quelles nouvelles technologies risquent d'entraîner l'obsolescence de ses produits ? Le responsable du marketing doit reconnaître rapidement les applications commerciales de tout nouveau développement technologique s'il désire que l'entreprise demeure compétitive. L'entreprise ne doit pas être devancée par ses concurrents. Voilà le défi lancé au responsable du marketing par le progrès technologique.

Aujourd'hui, par exemple, dans l'industrie de l'automobile, la technique de gestion des stocks juste-à-temps et la robotisation de la chaîne de production semblent être les dernières techniques de production permettant à l'entreprise de demeurer compétitive. De plus, sur le plan de l'amélioration du produit, on parle d'allumage électronique, de système d'injection, de système de freins antiblocage, d'ordinateur de bord, de coussins gonflables et de traction intégrale aux quatre roues. Du côté des autos familiales de luxe, on propose même un téléviseur avec écran rétractable, le système VHS et une prise pour jeux vidéo. Sur le plan de la sécurité, plusieurs fabricants étudient la possibilité d'offrir des voitures « intelligentes », c'est-à-dire qui peuvent prévenir les accidents de la route.

L'environnement concurrentiel Faire face à la concurrence constitue une préoccupation majeure des directeurs de marketing, car ils essaient tous d'attirer la clientèle. Les caractéristiques qui définissent les conditions d'existence des marchés donnent naissance à deux catégories de concurrence : la concurrence directe, c'est-à-dire les entreprises qui proposent des produits ou des services semblables qui répondent aux mêmes besoins des consommateurs ; et la concurrence indirecte, c'est-à-dire les entreprises qui proposent des produits ou des services différents, mais qui répondent aux mêmes besoins des consommateurs. De plus, on doit penser aux niveaux de concurrence (*voir figure 2.2, page 32*).

Analyse de la concurrence
Étude permettant à une entreprise de cibler ses concurrents directs et indirects et de mieux les connaître (forces, faiblesses, stratégies, etc.).

À la suite de l'**analyse de la concurrence** et avant d'élaborer une stratégie de marketing pour son entreprise, le directeur du marketing devrait être en mesure de répondre aux questions suivantes. Quelles sont les entreprises concurrentes ? Quel est leur chiffre d'affaires ? Quelle est leur part du marché ? Depuis combien d'années existent-elles ? Quel est leur taux de croissance annuel ? Quelles sont les forces, les faiblesses et les stratégies de chacune de ces entreprises ? Comme le mentionnent Ries et Trout[4], les plans de marketing à venir devraient contenir une liste des points forts et des points faibles des concurrents, une liste des responsables du marketing de la concurrence, ainsi qu'une description de leurs tactiques et des types d'activités qu'ils privilégient (*voir encadré 12.3*).

L'environnement politico-juridique   La connaissance des lois et des volontés politiques de compétences municipale, provinciale et fédérale auxquelles l'entreprise doit se soumettre et se conformer constitue l'un des aspects d'une saine

ENCADRÉ 12.3   Un changement de stratégie pour faire face à la concurrence

AÉROPLAN CONCURRENCE AIR MILES AVEC DES PRODUITS DE LUXE
La société met en branle un plan d'affaires prévoyant plus de 30 M$ d'investissements en marketing direct

SUZANNE DANSEREAU

Maintenant que Aéroplan prend ses distances face à Air Canada, elle change de cap. Une nouvelle stratégie, mise en place en 2002, prend définitivement son envol avec l'arrivée d'Onex, qui vient d'investir 245 M$ dans l'entreprise.

Cette stratégie comporte trois volets : l'élargissement de la gamme de récompenses ; la multiplication et la diversification des partenaires commerciaux ; et parallèlement à ces démarches, l'augmentation substantielle des capacités de marketing direct d'Aéroplan auprès des membres, pour le bénéfice des partenaires.

Un Air Miles haut de gamme
Jadis un programme de fidélisation pour voyageurs assidus, la société

s'apprête à devenir un Air Miles haut de gamme, qui offrira à ses membres des produits «exclusifs» ne se limitant plus au seul cadre du transport aérien, indique Marc Trudeau, vice-président, développement du programme et croissance de l'entreprise.

«Les récompenses Aéroplan auront un petit côté *jet set*, promet M. Trudeau. Nous voulons offrir à nos membres l'accès à des expériences de rêve, difficiles à obtenir autrement», ajoute-t-il.

Déjà en 2002, nous avons élargi la fourchette des possibilités d'utilisation de points, en offrant notamment : un week-end de pilotage de course automobile chez Jim Russell au Mont-Tremblant, des billets pour les Rolling Stones à Toronto, avion-hôtel com-

pris, du héliski dans les Rocheuses… D'autres offres sont envisagées : que diriez-vous d'une séance de pilotage d'un Boeing 747 à l'intérieur d'un simulateur de vol ?

Pour se démarquer d'Air Miles, Aéroplan s'appuie sur le fait que ses membres représentent des consommateurs de choix, «la crème de la crème», puisque leurs revenus disponibles sont supérieurs à la moyenne.

Source : Les Affaires, 8 février 2003, p. 11.

gestion, par exemple la *Loi sur la Société des loteries du Québec* interdisant la vente de billets de loterie aux moins de 18 ans depuis le 1ᵉʳ février 2000. En particulier, on doit tenir compte des lois régissant l'importation, l'exportation, la sécurité, les normes de protection de l'environnement, la réglementation sur l'affichage, l'emballage et la fixation des prix.

L'environnement naturel   Rappelons que l'environnement naturel désigne la pollution, les conditions climatiques et la rareté des ressources naturelles (*voir chapitre 2*). À titre d'exemple de l'impact de l'environnement naturel sur les ventes, examinons l'influence du climat. Le climat est un facteur qui peut avoir une grande influence sur le volume des ventes de l'entreprise. Ainsi, lorsqu'il fait très chaud l'été, les ventes de boissons gazeuses augmentent de façon considérable. Par contre, certains produits voient leurs ventes décliner, les livres par exemple. Lorsqu'il fait froid, la consommation d'énergie augmente beaucoup. L'hiver, si le soleil se fait rare, la demande auprès des agences de voyages augmente. Bon nombre de boutiques d'articles de sport sont soumises à l'influence des conditions climatiques et, pour certaines, c'est une question de survie. Les boutiques de ski en constituent un exemple. Un autre exemple est l'augmentation de la demande de génératrices, pendant la tempête de verglas de l'hiver 1998, et la forte demande d'appareils de climatisation en juin 2003.

L'analyse du marché   En marketing, il est crucial de connaître les acheteurs existants et potentiels des produits et des services de l'entreprise. Nous ne rappellerons jamais assez l'importance de déterminer quantitativement les dimensions et les tendances du marché. Toutes les informations recueillies devront recevoir l'attention du gestionnaire au moment de la prévision et elles auront une incidence sur les activités de l'entreprise.

L'**analyse du marché** s'effectue d'abord de façon quantitative : nombre d'unités, volume, poids et unité monétaire. Cet aspect considère également les données liées à la géographie : ville, région, district, province et pays. Ensuite, l'analyse du marché s'effectue de façon qualitative : motivation d'achat, processus de décision, comportement de l'utilisateur et influences externes sur les décisions d'achat. Les données qualitatives aident le responsable du marketing à mieux comprendre le marché.

Analyse du marché
Méthode de recherche destinée à mesurer l'étendue d'un marché et à en déterminer les caractéristiques.

Sur le plan quantitatif, le directeur du marketing devrait être en mesure de répondre convenablement aux questions suivantes. Quelle est la taille du marché global ? Quelle est la dimension du marché potentiel ? Quelle est la taille de chaque segment de marché ? Quelle est la part du marché de renouvellement ? Quelle a été l'évolution de la demande au cours des dernières années ? Y a-t-il une tendance à la saturation ?

Sur le plan qualitatif, le directeur du marketing doit être en mesure de répondre aux questions suivantes. Quel est le profil de l'utilisateur ? Qui décide de l'achat ? Quel est le processus de décision d'achat ? Quels sont les motifs d'achat ? Quelle est l'influence de l'image de marque sur le consommateur ? Quel usage fait-on du produit ? Quels sont les besoins du marché ?

b) L'analyse des données internes de l'entreprise

Analyse des données internes
Étude portant sur les données caractéristiques (forces et faiblesses) de la vie de l'entreprise.

L'**analyse des données internes** de l'entreprise porte sur les données caractéristiques de la vie de l'entreprise. Ces données existent et sont souvent incluses dans les différents documents de celle-ci. Il s'agit de les recueillir méthodiquement et d'en faire l'analyse. Le but de cet exercice est de définir clairement les points forts et les points faibles de l'entreprise. Par la suite, on doit comparer les contraintes de l'entreprise aux possibilités du marché. Ces études mènent à la reconnaissance des facteurs de succès et d'échec pour les produits existants de l'entreprise. De plus, cette étape permet de reconnaître les besoins du marché non satisfaits par l'entreprise, et de nouvelles idées de produits ou de services peuvent en émerger.

Au cours de cette analyse, le gestionnaire doit s'efforcer de demeurer le plus objectif possible. En effet, il est parfois difficile de constater qu'une situation relevant de son autorité n'a pas été traitée à temps et qu'elle a eu des conséquences graves. Mais il faut aussi se rappeler que tout ne peut pas être réglé en même temps. À titre d'exemple, on ne peut pas lancer un trop grand nombre de produits sur le marché en même temps sous peine de s'exposer à un échec certain.

Il faut donc bien planifier et faire des choix basés sur les priorités du marché et sur les objectifs de l'entreprise. Donc, en plus d'être objectif, il faudra être logique en développant les stratégies. Cependant, le gestionnaire ne doit pas oublier que les résultats de l'analyse interne de l'entreprise constitueront des éléments importants pour l'élaboration de la future stratégie. Par conséquent, le gestionnaire qui n'est pas objectif dans son analyse risque de compromettre l'avenir de l'entreprise.

Afin de n'omettre aucun point dans notre description de l'analyse interne, nous nous inspirerons du cheminement proposé par Downing[5].

Les objectifs de l'entreprise   Au moment de l'analyse interne, le gestionnaire doit recueillir de l'information au sujet des objectifs existants de l'entreprise. Dans certaines entreprises, ces objectifs sont écrits et connus des employés. Dans de telles conditions, il est relativement facile de recueillir l'information. Cependant, il n'en est pas toujours ainsi. Certaines entreprises n'ont pas exposé leurs objectifs à leur personnel ou encore ne les ont jamais officiellement définis. Dans ces cas, il devient laborieux de les recueillir. Le gestionnaire doit trouver les objectifs officiels qui guident la prise de décision de l'entreprise. Enfin, il y a encore certaines entreprises qui n'ont tout simplement pas d'objectifs. Il est essentiel que le gestionnaire prenne note de cette situation anormale.

Les objectifs de marketing   Au moment de l'analyse interne, le gestionnaire doit recueillir de l'information sur les objectifs de marketing existants de l'entreprise. Encore une fois, le gestionnaire peut faire face aux trois scénarios énoncés précédemment. En plus de recueillir les objectifs de marketing, il doit amasser l'information qui permettra de les évaluer.

Le gestionnaire doit être en mesure de répondre aux questions suivantes. Les objectifs de marketing permettent-ils de guider la planification des activités de marketing ? Permettent-ils de mesurer les résultats qui seront obtenus ? Les objectifs de marketing sont-ils appropriés compte tenu de la position concurrentielle de l'entreprise, de ses forces et de ses faiblesses et des occasions du marché ?

L'étude de la clientèle   L'analyse interne de l'entreprise comprend une étude de la clientèle actuelle. Le gestionnaire du marketing doit bien connaître sa clientèle s'il veut être en mesure d'élaborer des stratégies et des programmes de marketing qui tiennent compte des besoins précis de chacun des groupes de clients.

L'étude de la clientèle se base sur l'analyse des ventes. Quelle est la répartition de la clientèle par produit et par secteur géographique ? Quel est le nombre de clients desservis par l'entreprise au cours de la dernière année ? Parmi ceux-ci, quelle est la proportion d'anciens clients ? De nouveaux clients ? Quel est le chiffre d'affaires moyen par commande ? Quelle est la rentabilité de chaque groupe de clients ? Quels sont les habitudes d'achat, les mobiles d'achat, le sexe et l'âge des clients ? Quels sont les besoins des clients ? Quelle importance les clients attachent-ils au service rendu par l'entreprise ? C'est là une liste non exhaustive des questions que le gestionnaire doit se poser au moment de l'analyse de la clientèle.

L'analyse du produit   Le produit est la base de l'entreprise ; sans lui, il n'y a pas d'entreprise. La valeur du produit est fonction de sa capacité de répondre aux besoins du marché. On peut définir le produit comme un ensemble de caractéristiques tangibles et intangibles qui composent l'offre de l'entreprise dans le but de satisfaire les besoins des consommateurs.

Le responsable du marketing doit connaître l'étape à laquelle chaque produit est rendu dans son cycle de vie. C'est un facteur qui détermine le type de stratégie à utiliser : renouvellement, amélioration ou autres. Il lui faut également analyser le portefeuille de produits. Quel est le mix de produits offerts par l'entreprise ? Quel est leur positionnement par rapport aux produits concurrents ? Quelle est la rentabilité de chaque produit ? Quelles sont les caractéristiques de chacun des produits ? Quels sont leurs avantages concurrentiels ? Quelles sont leurs faiblesses ? Les produits ont-ils été améliorés depuis leur création ? À quand remontent les dernières modifications ? Quelle garantie offre-t-on aux consommateurs ? Les modes d'emploi sont-ils clairs ? Quelle est la qualité du service après-vente ? Comment les consommateurs perçoivent-ils les produits ? Les réponses à toutes ces questions et à bien d'autres sont essentielles à l'élaboration des stratégies de la prochaine étape.

L'analyse des éléments opérationnels de l'entreprise   Dans la planification marketing, le gestionnaire doit considérer les éléments opérationnels de l'entreprise. Il ne sert à rien d'avoir des stratégies de produits dynamiques si l'entreprise ne possède pas les ressources de production nécessaires pour répondre à la demande ou encore si elle n'est pas en mesure de financer les activités. Le gestionnaire doit considérer tant les désirs des clients que les contraintes de l'entreprise dans la planification des actions à prendre. Il devra également segmenter le marché en conséquence. Par contre, sur le plan de la production, il faudra s'adapter aux besoins du marché.

En ce qui concerne les éléments opérationnels, il faudra d'abord examiner la capacité réelle de production de l'entreprise et ses possibilités d'expansion. Voici quelques questions à se poser. Quelle est la capacité réelle du matériel de production ? De combien peut-on augmenter cette capacité de production et à quel coût ? Quel est le degré de fiabilité des sources d'approvisionnement ? Quel est le degré de mécanisation des activités de production ? Peut-on l'augmenter ? Si oui, à quel prix ? Il faut également veiller aux retours de marchandise, aux raisons et à la provenance de ces retours. La politique de retour relève de la responsabilité du service de marketing, même si l'on passe par le service à la clientèle de l'entreprise.

Le deuxième élément opérationnel à étudier concerne les ressources humaines. On doit inventorier les ressources humaines réelles, analyser les possibilités d'embauche et de sous-traitance. On doit se poser les questions suivantes au sujet du personnel. Quel est le savoir-faire du personnel ? Quelles sont ses forces et ses faiblesses ? Y a-t-il un moyen simple de pallier les faiblesses du personnel ?

Le troisième élément opérationnel à évaluer au moment de la planification des activités de marketing est la capacité financière de l'entreprise. Afin de développer des produits ou des services adaptés au marché, de mettre sur pied des campagnes de communication et d'assurer des stocks susceptibles de répondre à la demande, le service du marketing doit disposer de financement. Le gestionnaire a besoin de connaître la capacité financière de l'entreprise. La connaissance des ratios tels que les ratios de liquidité, d'endettement, de rotation des stocks, du délai de recouvrement des comptes clients, etc., sont indispensables au rapprochement entre les activités de marketing et les ressources financières de l'entreprise.

Le dernier élément opérationnel à évaluer dans la planification des activités de marketing est le réseautage de l'entreprise. Le réseautage permet à l'entreprise d'obtenir de l'information privilégiée, de côtoyer des experts en vue d'obtenir des conseils ou de se voir offrir des occasions d'affaires, par exemple un approvisionnement en matières premières ou en articles quelconques. Le réseautage peut donc permettre à une entreprise d'obtenir des avantages concurrentiels et de saisir des occasions d'affaires (par exemple de l'équipement vendu à rabais).

L'analyse du système de distribution Nous avons étudié au chapitre 8 les caractéristiques de la distribution. La distribution permet d'acheminer les produits du lieu de fabrication au lieu d'achat. Au moment de l'analyse de la situation interne de l'entreprise, le gestionnaire doit étudier le réseau de distribution. Quels sont les circuits utilisés pour rejoindre le marché ? Quelle est la répartition géographique des distributeurs ? Quelles sont les clientèles rejointes par chaque distributeur ? Quel est le volume des ventes de chaque circuit utilisé ? Quelle est la rentabilité de chacun de ces circuits ? Quel est le niveau de compétence de chaque distributeur ? Quels sont les efforts de vente fournis par chaque distributeur dans le but de recruter la clientèle ? Quelles sont les ententes et les obligations liant l'entreprise et ses distributeurs, et inversement ? Quel pourcentage des ventes est effectué avec le client final ?

On peut obtenir la plupart des données utiles pour répondre à ces questions grâce à l'étude des documents internes et, au besoin, par des entrevues auprès du personnel de vente de l'entreprise. Ces informations sont nécessaires au gestionnaire ; il doit connaître les contraintes et les occasions de l'entreprise en matière de distribution afin d'être en mesure de planifier les activités de la prochaine période.

L'analyse de la force de vente Comme nous l'avons vu au chapitre 11, la force de vente constitue un moyen privilégié de communication entre l'entreprise et sa clientèle. Le gestionnaire doit bien l'analyser afin d'en déceler les forces et les faiblesses. Quelle est l'importance des ressources employées au service des ventes ? Quel est le taux de rotation des vendeurs ? Quel est le chiffre d'affaires moyen par vendeur ? Quel est le nombre de visites par vendeur par mois, par année et par commande ? Quelle est l'importance du budget de fonctionnement de la force de vente par rapport au chiffre d'affaires de l'entreprise ? Comment ce ratio se compare-t-il avec celui des autres entreprises du même secteur d'activité ? Quel est le nombre de nouveaux clients par vendeur par période ? Quelles sont les méthodes de vente utilisées ? Quel est le soutien accordé aux vendeurs ? Quels sont les objectifs du service des ventes ? Ces questions, citées à titre d'exemple, ont pour but d'aider le gestionnaire à mieux connaître son service des ventes et à lui permettre de l'apprécier. Grâce à ces informations, le gestionnaire du marketing sera en mesure de planifier les activités des prochaines périodes. Il faut également optimiser la grandeur des territoires par représentant et ne pas hésiter à recourir au télémarketing pour les clients éloignés et les clients moins importants en taille.

L'analyse de la communication de masse   Aux chapitres 10 et 11, nous avons décrit le processus de communication et les composantes de la communication marketing. Nous avons également défini la tâche de chacune de ces composantes. Dans cette partie de l'analyse interne, le gestionnaire s'interroge sur la fonction communication autre que la force de vente de son entreprise. Quel est le pourcentage du chiffre d'affaires consacré au budget de communication ? Comment celui-ci se compare-t-il avec celui de nos principaux concurrents ? Quelle est la répartition du budget alloué à chaque composante de la communication ? Quels sont les montants dépensés pour chaque ligne de produits, dans chacun des segments du marché ? Quelle a été la stratégie publicitaire de l'entreprise au cours de la dernière période ? Quels types de médias l'entreprise a-t-elle utilisés ? Quels sont les médias les plus susceptibles de rejoindre les consommateurs cibles ? Le but de toutes ces questions est d'établir le diagnostic de la fonction communication. Armé de ce diagnostic, le gestionnaire du marketing élabore les stratégies et les tactiques à mettre de l'avant pour la prochaine période.

c) La synthèse de l'analyse de la situation

L'analyse de la situation représente une charge de travail qu'il ne faut pas sous-estimer. L'information qu'elle fournit pour la prise des décisions est si importante qu'elle oblige le gestionnaire à traiter en profondeur chacun de ces points. Si le gestionnaire, pour toutes sortes de raisons, doit traiter de façon plus superficielle l'un des points de l'analyse, il devra pondérer l'information qu'il possède au moment de prendre des décisions stratégiques.

À la suite des diverses analyses, il reste à classer l'information et à en faire une synthèse, idéalement sous forme de tableaux. Ces tableaux feront ressortir les points forts, les points faibles, les occasions, les menaces et les remarques importantes associés à chaque élément étudié, tous ces renseignements servant à la prise de décisions stratégiques.

Le plan de marketing : seconde partie

En analysant la situation, le gestionnaire a recueilli de l'information dans le but de brosser un portrait de la situation réelle de l'entreprise. Dans la seconde partie du plan de marketing, nous verrons les différentes étapes à franchir pour bâtir un plan de marketing (*voir figure 12.3, page xxx*). La première partie servant principalement à la collecte des données nécessaires à la planification, c'est dans la seconde partie que le gestionnaire mettra effectivement sur pied un plan stratégique pour guider les activités de marketing de l'entreprise pour les prochaines périodes.

CAPSULE ÉTHIQUE

Le marketing vert prend de l'ampleur

Les clients de Bell Mobilité peuvent faire don de leurs vieux téléphones à des organismes sans but lucratif. L'exploitant sans fil, qui les remet à neuf depuis deux mois, s'attend à recycler 50 000 téléphones d'ici avril 2004.

« Voilà un bon exemple de marketing vert issu d'une importante entreprise », dit Jasmin Bergeron, professeur en marketing à l'Université du Québec à Montréal.

Selon une étude qu'il a menée auprès de 900 répondants du grand Montréal, le marketing vert, qui reflète le souci de protéger l'environnement, touche de plus en plus de gens et augmente la réputation des entreprises.

Au Québec, quatre consommateurs sur cinq recyclent régulièrement, alors que deux sur trois sont prêts à payer jusqu'à 10 % de plus pour un produit respectueux de l'environnement. « La différence de prix restera toujours importante, dit M. Bergeron. Je doute que la majorité des consommateurs paieraient 25 % de plus pour un produit vert, mais cette tendance est en croissance. »

Cette recherche est publiée dans la revue *Journal of Consumer Marketing*.

Un marketing distinct

Une autre recherche pilotée par M. Bergeron fait état de différences entre les Québécois d'expression française et anglaise. Les premiers sont plus informés des problèmes écologiques et soupèsent davantage les répercussions écologiques d'un achat. Les anglophones, toutefois, recyclent davantage et sont prêts à payer des prix plus élevés pour des produits respectueux de l'environnement.

Jasmin Bergeron rappelle que Procter & Gamble et Wal-Mart ont dû changer un emballage d'essuie-tout prétendument fait de matières recyclables, alors que seul le petit tube de carton placé à l'intérieur était fait de matériaux recyclables.

Êtes-vous aussi soucieux de l'environnement, au point de payer un peu plus cher pour des produits recyclables auprès d'entreprises qui font preuve d'un engouement pour l'écologie ?

Les Affaires, Entreprendre, 5 juillet 2003, p. 15, Commerce de détail.

FIGURE 12.3 Le plan de marketing, seconde partie

c) Synthèse de l'analyse de la situation provenant de la première partie

3. Établissement des objectifs de marketing

4. Formulation des stratégies

5. Élaboration des programmes de marketing

6. Budget, échéancier et contrôle

3. L'établissement des objectifs de marketing

Selon Couture[6], tout organisme doit déterminer les objectifs sur lesquels reposeront la planification et la direction de l'entreprise. En fait, les objectifs constituent les paramètres à partir desquels les efforts des membres de l'entreprise seront déployés. Ces objectifs permettent à l'entreprise d'établir un certain système de contrôle, donc d'établir des normes de qualité. Enfin, l'entreprise qui a défini ses objectifs inspire confiance aux investisseurs, aux institutions bancaires et au public en général puisqu'elle sait où elle va.

Bien connaître les contraintes et les occasions de l'environnement, de même que les forces et les faiblesses de l'entreprise, est une condition préalable à la détermination des objectifs que l'entreprise se propose d'atteindre dans les délais fixés. L'établissement des objectifs de marketing oriente de façon précise le processus de planification. En effet, il faut savoir ce que l'on veut si l'on désire y parvenir.

Selon de Maricourt[7], un objectif donne une attitude volontariste à l'égard de l'avenir. On utilise des objectifs pour effectuer des choix dans des domaines qui dépendent dans une large mesure des actions de l'entreprise.

Il ne faut pas oublier que les objectifs de marketing découlent des objectifs de l'entreprise et qu'ils ne doivent pas être en contradiction avec ceux-ci. Les objectifs de marketing doivent être cohérents avec ceux des autres fonctions.

Les critères d'un objectif de marketing approprié

Les critères d'un objectif de marketing sont les suivants :

- Orientation vers un résultat ;
- Opérationnalisation (objectif mesurable) ;
- Réalisme ;

- Spécificité ;
- Souplesse ;
- Clarté (facilement communicable, afin d'être suivi par tout le monde) ;
- Conformité avec les autres objectifs de l'entreprise ;
- Limite dans le temps.

Les objectifs doivent recevoir l'approbation des personnes concernées et représenter un défi pour l'entreprise. De plus, ils doivent être cohérents, c'est-à-dire que l'entreprise ne peut à la fois maximiser son chiffre d'affaires et ses bénéfices car, pour maximiser son chiffre d'affaires, elle doit souvent sacrifier une partie de ses bénéfices à court terme.

Les types d'objectifs de marketing Les objectifs de marketing peuvent être globaux ou particuliers. Les objectifs globaux touchent le chiffre des ventes, la rentabilité, la part de marché ou la croissance. Quant aux objectifs particuliers, ils concernent le produit, le prix, la distribution ou la communication marketing.

Les objectifs globaux d'une entreprise de meubles pourraient consister à augmenter la part de marché détenue de 10 % au cours de la prochaine année, à obtenir un taux de rendement du capital investi de 18 % ou, encore, à voir tout investissement remboursé en trois ans. Les objectifs particuliers pourraient être les suivants.

- Un objectif de communication : que 80 % du marché cible connaisse la marque distribuée par l'entreprise d'ici un an ; ou encore la mise en place d'ici six mois d'un programme de formation et de perfectionnement des vendeurs ;
- Un objectif de produit : ajouter un nouveau produit à la gamme existante tous les deux ans ou augmenter le chiffre d'affaires de 10 % par produit d'ici un an ;
- Un objectif de distribution : développer un nouveau territoire de vente, celui de l'Ontario, d'ici deux ans, avec un volume des ventes de deux millions de dollars ; augmenter le ratio de rotation des stocks à 4,5 par année ; ou encore augmenter le taux de satisfaction de la clientèle de manière à atteindre 92 % des consommateurs d'ici la fin de l'exercice ;
- Un objectif de prix : vendre les produits 10 % plus cher que la moyenne de toute l'industrie afin de développer ou de créer une image de prestige ; ou maintenir une marge de profit brut moyenne de 40 % sur l'ensemble des ventes.

En même temps qu'ils déterminent des objectifs, les gestionnaires doivent sélectionner les marchés cibles. Le choix de ces marchés cibles s'effectue après l'analyse de l'ensemble des marchés potentiels. Les gestionnaires retiendront les segments de marché qui semblent offrir le plus de possibilités de réaliser les objectifs retenus par l'entreprise. De même, les objectifs retenus tiendront compte des possibilités offertes par le marché.

4. La formulation des stratégies

La formulation des stratégies vient, dans le plan de marketing, tout de suite après le choix des objectifs. En effet, elles consistent à préciser les moyens que l'entreprise entend prendre pour atteindre ses objectifs (*voir encadré 12.4*). Les stratégies proposent le chemin à suivre pour arriver au bon endroit, alors que les objectifs indiquent l'endroit où l'on veut aller. La formulation des stratégies s'inspire fortement de l'information recueillie au moment de l'analyse de la situation. Notons que les stratégies doivent toujours être cohérentes avec les objectifs.

Les stratégies de marketing globales

Examinons maintenant les stratégies de marketing. Nous les diviserons en six grandes catégories : les stratégies de croissance, les stratégies de stabilité, les stratégies de

---

ENCADRÉ 12.4 Des marketing mix différents pour des segments de marché différents

LABATT ET MOLSON ONT DES STRATÉGIES ESTIVALES DIFFÉRENTES

SUZANNE DANSEREAU

Un été. Deux brasseurs. Deux stratégies différentes. Alors que Labatt continue d'investir dans les boissons aromatisées et prend un positionnement plus moderne dans ses campagnes, Molson délaisse ce créneau et mise sur la bière de spécialité et la légère. Le brasseur canadien a toutefois recours à une campagne publicitaire tellement sexiste qu'elle soulève la controverse, avant même sa diffusion au Québec.

Du côté de Labatt

Chez Labatt, on parie que c'est avec la boisson aromatisée qu'il faut stimuler un marché autrement très saturé. « Les boissons aromatisées ne représentent que 2,5 % du marché, mais pendant l'été, c'est significatif », évalue Stéphane Duval, directeur des marques chez le brasseur. Fort du succès de la Boomerang, lancée en 1998 au Québec et l'été dernier en France, le brasseur en remet donc cette année avec trois produits.

La Cozmo est une boisson abordable à base de malt aromatisée à la canneberge, destinée au marché de masse. Elle sera vendue par l'intermédiaire du large réseau de distribution des dépanneurs et épiceries. La Cozmo s'ajoute à la famille Boomerang.

L'ADN est un nouveau produit. Il s'agit d'une boisson entièrement transparente dans une bouteille de verre clair, également à base de malt, mais aromatisée à la vodka et au citron. Autre signe distinctif, elle est brassée avec de l'eau de source. Même si elle est plus *nichée,* l'ADN sera distribuée à travers les dépanneurs et les épiceries.

La troisième boisson, plus haut de gamme, s'appelle Pure Source et sera vendue dans le réseau plus restreint de la Société des alcools du Québec et des bars. Elle s'apparente à l'ADN, sauf qu'elle contient de la vraie vodka.

Chez Molson

Le cap est tout autre chez Molson, où on lance une nouvelle bière de spécialité et une première légère pour arracher des parts de marché aux compétiteurs.

La nouvelle marque, Marca Bavaria, est la première bière brésilienne à être importée au Canada, précise Marieke Tremblay, directrice des communications chez Molson Québec. Molson est maintenant propriétaire de cette marque. Marca Bavaria est aussi la première bière de Molson embouteillée dans une bouteille transparente. Mme Tremblay promet une campagne énorme à travers le pays pour faire connaître la nouvelle venue.

Par ailleurs, Molson lance la Molson Ex légère. Il s'agit de sa première incursion dans ce marché qui, selon Mme Tremblay, a connu une croissance de 20 % par rapport à l'an dernier. Elle précise que Molson poursuit la vente de la boisson aromatisée Tornade mais qu'il n'y aura pas de développement dans ce créneau cette année.

Selon Yves Millette, président de l'Association des brasseurs du Québec, les stratégies de Molson et de Labatt sont bonnes. « Labatt vise les consommateurs qui ne sont pas fervents de la bière », explique-t-il. Il rappelle toutefois que ce marché évolue en dents de scie : « Ce sont toujours les premiers à sortir un produit qui sont avantagés. » Ainsi, Labatt a connu un succès phénoménal en lançant Boomerang, mais l'été suivant, ce fut le tour de Molson avec Tornade. Ces boissons doivent aujourd'hui faire face à la concurrence de Smirnoff Ice.

Chez Molson, M. Millette estime que la Marca Bavaria vise à concurrencer l'ontarienne Sleeman avec sa bouteille claire, tandis que la Molson Ex légère servira à développer le marché de la bière légère en forte croissance. « L'écueil à éviter est celui de la cannibalisation », prévient-il.

Source : Les Affaires, 31 mai 2003, p. 30.

retrait, les stratégies de marketing différencié, les stratégies de marketing indifférencié et les stratégies de marketing concentré.

Les stratégies de croissance   Lorsque l'on utilise une stratégie de croissance, on anticipe un développement progressif de l'entreprise. Les résultats généralement attendus sont l'augmentation de la part de marché et l'augmentation du chiffre des ventes.

Les stratégies de stabilité   La stratégie de stabilité peut s'appliquer lorsque le produit vendu est au stade de la maturité, que la clientèle est établie depuis longtemps, que le chiffre des ventes annuel connaît une augmentation constante ou que certains changements dans l'environnement se produisent lentement. Attention cependant : en affaires, ce qui n'avance pas recule. C'est le moment de se montrer créatif. En règle générale, il ne faudrait pas compter sur ce seul produit rendu au stade de la maturité, mais faire de la recherche et développement (et plus).

Les stratégies de retrait   Les stratégies de retrait visent une réduction des coûts, une diminution du nombre de produits vendus ou de services offerts, une association avec une autre entreprise, le contrôle par une autre entreprise ou une baisse des rendements.

Les stratégies de marketing différencié   Une stratégie de marketing différencié vise la satisfaction d'une large part du marché global par l'offre de plusieurs produits adaptés aux différents segments de marché.

Les stratégies de marketing indifférencié   Une stratégie de marketing indifférencié consiste à attirer le plus de consommateurs possible vers son produit avec seulement un programme de marketing. L'entreprise bâtit son programme de marketing sur ce que les consommateurs potentiels ont en commun et non sur ce qui les différencie.

Les stratégies de marketing concentré   Dans une stratégie de marketing concentré, l'entreprise emploie tous ses efforts à satisfaire un segment de marché très précis.

Les stratégies de marketing particulières

Les stratégies de marketing dominantes servent de liens entre les stratégies globales étudiées précédemment et les stratégies de marketing particulières que nous aborderons maintenant.

Les stratégies de produits   « On appelle produit tout ce qui peut être offert sur un marché de façon à y être remarqué, acquis ou consommé dans le but de satisfaire les besoins ou les désirs du consommateur[8]. »

Les stratégies de produits reposent principalement sur deux choses : les occasions reconnues dans le marché et le potentiel de l'entreprise. Quels marchés l'entreprise devrait-elle desservir ? À quel besoin de l'utilisateur potentiel le produit doit-il répondre ? Quelle forme le produit doit-il adopter ? Aux yeux de qui le produit est-il important ?

Selon Ansoff et Stewart[9], Couture[10] et Thuillier[11], il existe quatre stratégies fondamentales concernant le produit par rapport au marché (*voir tableau 12.1*).

TABLEAU 12.1 — Les stratégies du produit par rapport au marché

		MARCHÉ	
		Ancien	Nouveau
PRODUIT	Ancien	Pénétration	Développement de marché
	Nouveau	Développement du produit	Diversification

- La stratégie de pénétration du marché consiste à tenter d'augmenter les ventes avec les produits actuellement offerts par l'entreprise sur les marchés déjà exploités. Cette stratégie permet à l'entreprise de demeurer sur un marché qu'elle connaît et dont elle a appris à maîtriser les principales variables. Elle est accessible aux PME, car elle requiert des investissements moindres. Elle permet également à l'entreprise d'atteindre une position de domination sur ce marché et de générer de plus grands bénéfices. En contrepartie, cette stratégie a comme principal inconvénient que, advenant une saturation du marché, une modification technologique ou encore un changement dans les habitudes de consommation, elle peut provoquer le déclin de l'entreprise. En effet, l'entreprise n'a alors pas d'autres axes de développement sur lesquels elle peut concentrer ses efforts.

- La stratégie de développement de produits permet à l'entreprise d'augmenter ses ventes sur le même marché grâce à l'offre de nouveaux produits. L'entreprise élargit sa gamme de produits et étend donc son risque à un plus grand nombre de produits. Sur le plan de la production, il est possible de réaliser certaines économies par l'utilisation du même équipement ou encore par la standardisation de pièces qui peuvent être des composantes de plus d'un produit. À titre d'exemple, General Motors installe le même moteur dans plusieurs modèles de voitures. Enfin, la stratégie de développement de produits peut permettre l'utilisation d'un même réseau de distribution, ce qui favorise la réalisation de certains gains grâce à un effet de synergie. Par contre, la stratégie de développement présente les quatre inconvénients suivants. Elle exige des sommes plus importantes pour le financement des stocks. Elle peut entraîner certaines difficultés quant à la coordination des activités. Il y a la possibilité que tous les nouveaux produits ne soient pas acceptés par les clients. C'est toujours un risque lorsqu'on met sur le marché un nouveau produit. Enfin, il est fort possible que certains produits concurrencent d'autres biens de la gamme offerte par l'entreprise. Prenons l'exemple des voitures. Si vous achetez une Honda, il est peu probable que vous achetiez une Civic et une Accord en même temps ; les théoriciens parlent d'effet de cannibalisme entre les produits.

- La stratégie de développement de marché consiste à commercialiser les produits existants de l'entreprise sur de nouveaux marchés. Elle suppose l'utilisation des connaissances et des moyens de production dont dispose déjà l'entreprise. Cette stratégie est favorable aux lois de l'apprentissage, et les coûts moyens unitaires devraient décroître. Comme autre avantage, la stratégie de développement de marché permet à l'entreprise d'échapper aux aléas qui résultent de l'exploitation d'un portefeuille de clients trop restreint. Toutefois, le principal risque de l'utilisation de cette stratégie est l'augmentation des frais commerciaux entraînés par la conquête de nouveaux marchés, qui peuvent mettre en péril l'équilibre financier de l'entreprise. Sans compter que l'entreprise ne peut négliger ses anciens clients ; elle doit continuer à leur offrir de la nouveauté.

- La stratégie de diversification suppose pour l'entreprise un développement simultané de ses produits et de ses nouveaux marchés. La société Honda constitue un exemple d'entreprise qui a adopté une stratégie de diversification ; de la moto, elle est passée à l'automobile, au chasse-neige, au moteur hors-bord et à la génératrice ; du marché japonais, elle a conquis les États-Unis, l'Europe, le Canada et l'Afrique. Cette stratégie offre à l'entreprise la possibilité de disposer d'un portefeuille bien équilibré dans lequel des secteurs plus sûrs peuvent soutenir les secteurs à risques plus élevés, ce qui lui assure une meilleure stabilité puisque ces activités ne sont pas toutes exposées aux mêmes périls. En contrepartie, elle exige une plus grande capacité de gestion étant donné la complexité des activités de l'entreprise. Elle nécessite également un pouvoir financier accru de la part de cette dernière.

Selon Dussart[12], sur le plan stratégique, on devrait également s'interroger afin de définir à laquelle des quatre catégories de la matrice du portefeuille de produits suggérée par le Boston Consulting Group appartient chacun des produits (*voir figure 12.4*). Les produits qui font partie de la première catégorie, soit les « produits-dilemmes », ont un potentiel de croissance élevé. C'est le cas notamment des nouveaux produits. Cependant, l'entreprise affiche dans ce secteur une performance concurrentielle faible ; elle doit donc investir dans ce secteur si elle désire que ces produits contribuent à la croissance de l'entreprise. La deuxième catégorie comprend les produits-vedettes. Ces produits ont un potentiel de croissance élevé, et l'entreprise a une bonne capacité concurrentielle dans ce secteur d'activité. En troisième lieu viennent les produits dits « vaches à lait ». C'est le cas

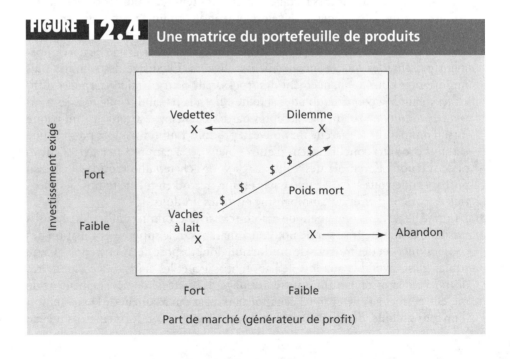

FIGURE 12.4 — Une matrice du portefeuille de produits

des produits qui sont à la phase de maturité dans leur cycle de vie. Ils représentent une part de marché importante, une grande rentabilité pour l'entreprise et exigent peu d'investissement. Enfin, il y a les poids morts. Les produits de cette catégorie ont un taux de croissance faible et une part de marché négligeable. Ce sont les produits que l'entreprise devrait retirer étant donné leur faible perspective d'avenir.

Comme le mentionne Dussart, l'entreprise doit s'efforcer de maintenir un portefeuille de produits équilibré, c'est-à-dire d'investir l'argent des produits vaches à lait dans ceux de la catégorie « dilemme » afin de les transformer en produits-vedettes.

Les stratégies qui ont trait au mix des produits visent la variété des gammes de produits offertes par l'entreprise et le nombre d'articles pour chaque gamme. Ce mix peut être commercialisé de plusieurs façons : stratégie globale, spécialisation par marché, par gamme de produits, par produit, par article et par type d'application.

Les stratégies de distribution   La planification stratégique de la fonction de distribution permet à l'entreprise d'accroître sa compétitivité alors qu'elle diminue ses coûts, tout en améliorant le service qu'elle offre à sa clientèle. Le grand nombre d'activités et de composantes de la distribution physique fait que les gestionnaires doivent en planifier tous les éléments s'ils désirent en tirer un effet de synergie. L'objectif est d'évaluer toutes les options possibles et de choisir celles qui peuvent accroître l'efficacité de la fonction de distribution.

En général, dans ce processus de planification stratégique, il faut d'abord établir les objectifs et les stratégies du service à la clientèle. Ces éléments fournissent de bons indices pour déterminer les stratégies ayant trait à l'inventaire, à l'entreposage, au transport, à la manutention des marchandises et au choix des intermédiaires. De là, on procède à l'élaboration d'un programme d'action. Il faut évaluer chaque élément en fonction des coûts, du niveau de service à la clientèle et de l'importance des stocks requis. Il importe de connaître toutes les activités faisant partie de la distribution afin d'être en mesure d'évaluer convenablement toutes les options possibles et de sélectionner celles dont les résultats seront optimaux.

Il est important de bien recruter ses intermédiaires selon leur expérience, leur solvabilité, leur aptitude à coopérer et leur réputation ; de cette façon, ils sauront protéger les intérêts de l'entreprise et sauvegarder son image prestigieuse.

Le franchisage exige des membres honnêtes et fiables qui représenteront de façon appropriée une entreprise et qui vendront bien la marchandise. La motivation de tels collaborateurs provient de la liberté d'exploiter un commerce dont la rentabilité est presque assurée, car le franchiseur en évaluera fréquemment le rendement et fournira toute l'aide requise pour assurer le maximum de succès.

De plus, le plan de marketing détermine le type de distribution : distribution intensive (saturation du marché), sélective (petit nombre d'intermédiaires) ou exclusive (droits de distribution exclusifs sur un territoire donné accordés à un intermédiaire). Ces trois modes de distribution peuvent être utilisés simultanément en fonction d'un territoire ou d'un produit donné.

Dans un deuxième temps, on se préoccupe du type de distribution physique, ce qui comprend les modes de transport, les entrepôts, la manutention, le contrôle des stocks, le traitement des commandes et le service à la clientèle.

Les stratégies de communication   La communication marketing permet d'établir certaines relations entre le vendeur et l'acheteur.

Les objectifs de ces stratégies sont d'informer, de stimuler la demande, de différencier le produit aux yeux des consommateurs, de faire ressortir la valeur du produit ou de sensibiliser les consommateurs. Comme l'illustre la figure 11.1, à la page 320, les stratégies de communication se composent notamment de plusieurs éléments.

- **Publicité.** Le choix d'une stratégie publicitaire doit tenir compte de la demande pour le produit, de la couverture publicitaire (locale, nationale et régionale), de la coopération possible, du type de message et du média à utiliser. Les stratégies de publicité peuvent avoir pour objet le produit (information, conditionnement et rappel) ou l'entreprise et son image (prestige, information ou rappel).
- **Vente personnalisée.** Les stratégies liées à la vente personnalisée concernent la taille, l'importance de la demande et l'organisation de la force de vente à partir d'une estimation de la productivité du vendeur ou celle de différents secteurs. L'efficacité de la force de vente est liée à son mode d'organisation par secteur, par produit ou par catégorie de clients, et à la manière dont les secteurs de vente sont conçus pour ce qui est de la taille et de la forme.
- **Publicité gratuite et relations publiques.** Les stratégies de publicité gratuite consistent à inciter les médias à diffuser certains communiqués concernant les produits et les services offerts par l'entreprise.
- **Promotion des ventes.** Les stratégies de promotion des ventes visent à stimuler l'achat par différents moyens tels que la distribution d'échantillons, les promotions aux points d'achat, les promotions d'identification, les démonstrations ou les expositions commerciales, les coupons et les primes ainsi que les concours.

Les stratégies de prix   Les prix représentent une variable très importante du marketing mix, car ils concourent à la détermination des bénéfices et à l'atteinte d'un certain rendement sur les investissements effectués.

Les prix contribuent également à l'accroissement de la part de marché détenue par l'entreprise et au développement d'une image de marque. Les objectifs de telles stratégies de prix concernent la rentabilité (maximisation des profits et réalisation des objectifs de rendement), le volume des ventes (maximisation de ce volume et augmentation de la part de marché détenue par l'entreprise) ou encore certaines considérations sociales et morales, et la fidélité aux politiques de l'entreprise.

Une entreprise peut choisir différentes stratégies de prix (*voir chapitre 9*) :

- Stratégie d'écrémage du marché, ou fixation du prix du produit à un niveau plus élevé que celui du marché ;
- Diminution des prix en fonction de l'augmentation de la demande ;
- Pénétration du marché, ou fixation du prix d'un produit à un niveau plus bas que le prix du marché ;
- Concurrence, ou fixation du prix du produit au même niveau que le prix du marché ;
- Instauration de barrières à l'entrée des concurrents sur le marché, ou fixation du prix du produit à un niveau tellement bas qu'aucun concurrent ne sera tenté d'entrer sur le marché en question.

5. L'élaboration des programmes de marketing

Généralement, on élabore un sous-programme pour chaque variable du marketing mix.

Les programmes de produits

Les programmes de produits concernent l'élaboration de nouveaux produits, la modification de certains produits ou leur abandon.

L'élaboration de nouveaux produits   L'élaboration de nouveaux produits se divise en plusieurs étapes (*voir figure 7.1, page 191*).

- La recherche d'idées : génération d'idées à l'origine d'un nouveau produit ;
- La sélection d'idées : choix de quelques idées qui feront l'objet d'une étude ;
- L'analyse commerciale : prévision des ventes, des bénéfices et de la rentabilité du nouveau produit ;
- Le développement du produit : conversion du projet en un produit physique, y compris le choix de la marque, de l'emballage et de l'étiquetage ;

ENCADRÉ 12.5   Un marketing mix réussi débute par une bonne analyse

L'IDENTITÉ VISUELLE DES MARQUES VARIE SELON LES MÉDIAS

SUZANNE DANSEREAU

En 2000, les gens de Molson Dry ont décidé de rajeunir la marque de cette bière lancée en 1989. «La population vieillissait et nous voulions maintenir notre position de chef de file», explique Jennifer Davidson, directrice de la marque chez Molson Québec. On a donc procédé à une révision complète du mix marketing, incluant la campagne de publicité, la stratégie sur le terrain et le *packaging*.

Un processus rigoureux

«L'identité visuelle est une composante essentielle du mix marketing», souligne Mme Davidson. C'est l'agence montréalaise Pigeon Branding + Design qui a eu le mandat de rajeunissement. «Nous avons suivi un processus rigoureux de recherche», explique Christian Pichette, président de l'agence. D'abord des recherches qualitatives, pour mieux comprendre les éléments d'identité,

puis l'étape quantitative (ancienne étiquette versus nouvelle ; évaluation par cible et évaluation des critères décisionnels).

Selon Mme Davidson, il est important d'investir suffisamment d'argent dans la recherche avant de passer à l'exécution des changements. «C'est une science, c'est une *business*. Si cela ne rapporte pas, on ne le fait pas.» Tout doit être testé, même la fonte, précise Christian Pichette. Le résultat est subtil, mais il a porté ses fruits. Deux ans plus tard, les ventes auprès des jeunes ont augmenté, de même que la part de marché dans ce segment. Le *packaging* ne fut pas le seul facteur puisque le reste du mix marketing a également été revu.

Mais les éléments visuels modifiés se sont bien intégrés à ce mix. On a pensé éclaircir la teinte de la bouteille mais on ne l'a pas fait pour deux

raisons : les pertes que cela aurait occasionné en recyclage et le fait que la bouteille brune retient mieux la saveur de la bière que la claire. Sur l'étiquette de la bouteille, la vague est devenue plus importante, la typographie a été rajeunie, la forme de l'étiquette a été modifiée et on l'a rendue plus claire. Une fois le changement fait, on a développé un système d'identité pour les médias ; à la télé, la vague a été sacrifiée pour plus de visibilité ; sur les bandes des patinoires, l'identité visuelle est horizontale ; et dans les journaux, on a adapté le logo en fonction du noir et blanc. Il a aussi fallu prévoir une version souple pour s'adapter aux commandites d'événements. La règle d'or, selon Christian Pichette : «L'important est d'être cohérent. Mieux vaut être laid et cohérent que beau et incohérent.»

Source : Les Affaires, 12 avril 2003, p. 29.

- Le test de marché (essai marketing) : introduction du nouveau produit sur un marché réduit afin de connaître la réaction des consommateurs à l'ensemble formé par le produit et à son programme de marketing ;
- La commercialisation : mise en marché du produit. Précision du programme de marketing, publicité, promotion, force de vente, équipement et budget global.

La modification ou l'abandon de produits   Les modifications apportées à un produit peuvent toucher sa qualité, son usage ou son style. Ces décisions sont généralement prises en fonction de la rentabilité du produit, de la phase du cycle de vie dans laquelle il se trouve, de la part de marché détenue par l'entreprise, de l'efficacité ou du volume des ventes. Quant aux décisions d'abandon, elles font suite à l'analyse de la marge de contribution du produit ; on retire un produit progressivement lorsqu'il ne sert plus à générer de profits ni à faire vendre d'autres produits.

Les programmes de distribution

Les décisions relatives au choix des intermédiaires   Ces décisions concernent habituellement le choix des intermédiaires (connaître leurs caractéristiques et faire une sélection appropriée), leur motivation (leur vendre la marchandise et les encourager à la distribuer efficacement), ainsi que leur évaluation (évaluation régulière de leur rendement afin de s'assurer du plus haut degré de réussite).

Les décisions relatives à la distribution physique   L'objectif de la distribution physique est d'amener un produit à un endroit déterminé, à un moment donné et au moindre coût possible. Les classes de transporteurs, les modes de transport, l'emplacement des entrepôts, les systèmes de manutention, le contrôle des stocks, le traitement des commandes et le service à la clientèle sont tous des éléments de la distribution physique susceptibles de faire l'objet d'une stratégie.

En ce qui concerne les décisions de stockage des produits, il faut tenir compte de la nécessité d'un bon service à la clientèle et de la réduction des coûts. Quant au choix des entrepôts et de leur emplacement, il est habituellement fait en fonction d'un service de livraison rapide et peu coûteux (à proximité de la majeure partie des clients).

Les programmes de communication

Le programme de publicité   Les objectifs d'un programme de publicité peuvent être d'informer, de persuader ou encore de rappeler au marché cible l'existence du produit.

Les étapes de ce programme sont les suivantes :

- L'élaboration du budget publicitaire ;
- Le choix d'un axe et d'un thème ;
- La création du message ;
- Le choix des médias ;
- Le calendrier de l'entreprise (*voir figure 12.5*) ;
- Le contrôle de l'efficacité de l'entreprise.

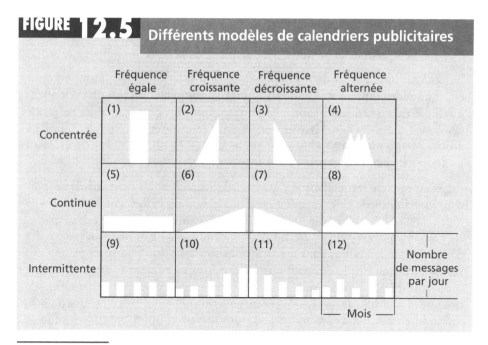

FIGURE 12.5 Différents modèles de calendriers publicitaires

KOTLER, Philip et DUBOIS, Bernard. *Marketing management,* 5ᵉ édition, Paris, Publi-Union, 1986, p. 56.

TENDANCES MARKETING

SURPRENDRE ET SÉDUIRE PLUTÔT QUE DE CRIER

Stratégie marketing

Avec le marketing de proximité, les entreprises ne tentent pas d'attirer les consommateurs ; elles vont plutôt vers eux.

FRANÇOIS PERREAULT

« Dans l'encombrement publicitaire actuel, chaque entreprise cherche à crier le plus fort afin d'attirer les consommateurs. Pourtant, la meilleure façon de s'en approcher, c'est d'aller vers eux. »

Celui qui parle, Pierre Parent, président-fondateur de P2P Proximité Marketing, est un spécialiste de ce type de rapprochement, puisqu'il élabore depuis 1994 de telles opérations, à la fois promotionnelles, événementielles et relationnelles : concerts dans les bars pour Molson, création d'un dictionnaire virtuel pour la messagerie SMS de Rogers AT&T, organisation de partys à domicile pour L'Oréal, dégustation du sorbet Oasis Premium dans les cafétérias d'entreprises, lancement de la bière Marca Bavaria au Newtown, etc.

Selon lui, ces événements ont l'avantage de créer une proximité physique, mais surtout émotive, entre le produit et le consommateur. « La publicité installe bien l'image et l'identité d'une marque, estime-t-il. Toutefois, le principe de portée/fréquence est désuet. Il faut aller plus loin en privilégiant la relation et l'émotion. On doit laisser les gens toucher, tester, goûter les produits afin de pouvoir leur en vendre. Offrons-leur une aventure qui ne s'achète pas, car ce n'est pas l'ampleur de l'opération qui compte, c'est la perception qui en ressort. »

Il ne s'agit donc pas ici de se contenter de distribuer des échantillons au bout d'une allée de commerce le samedi matin. On doit d'abord créer un événement physique ou virtuel pour capter l'attention. Puis, on établit avec les gens une relation afin de leur faire vivre une expérience agréable et mémorable, et l'on en profite pour parler du produit et de ses bénéfices. Enfin, on ajoute un élément promotionnel afin de les inciter à se le procurer.

Par exemple, en février dernier, au coin de McGill et Sainte-Catherine, puis dans une dizaine de villes canadiennes, à l'occasion du lancement du jus Sunkist Valencia Gold, on a installé un décor du Sud (palmiers, bar avec toit de paille, *steel band*, autobus orangé, etc.). Ensuite, pendant la pause-café du matin, des équipes se sont rendues dans des immeubles de bureaux pour y distribuer des verres de jus ainsi que des coupons-réduction. Ces personnes avaient été formées afin de pouvoir répondre aux questions des buveurs. « Le marketing de proximité multiplie les points de contact avec les acheteurs : découverte du produit, présentation des caractéristiques, remise d'un coupon, etc. L'impact ne se limite pas à la diffusion d'une pub. »

N'est-il pas audacieux de solliciter les gens jusque dans leur milieu de travail ? « On doit se mettre dans leur chemin, reconnaît Pierre Parent, mais avec subtilité et, surtout, en établissant une relation. Tout comme quand un homme aborde une femme dans un bar, il y a un élément de risque, de rejet. Mais quand la relation est lancée, on passe à un niveau supérieur. Avec le marketing de proximité, on surprend les gens et on les informe, ce qui rend le produit plus sympathique. »

Ajouter de la valeur à la marque

Paradoxalement, le rapprochement physique n'est pas une nécessité dans le marketing de proximité. Par exemple, à l'occasion du mois de la santé, l'Ordre des diététistes du Québec a invité les consommateurs à lui envoyer par Internet leurs idées de repas vite préparés pour le lunch. On désirait de cette façon créer un livre de recettes virtuel. En six semaines, 12 000 recettes ont été proposées. Chaque expéditeur a reçu un courriel d'un diététiste qui commentait sa recette et, selon le cas, proposait des améliorations. Mais surtout, l'expert en profitait pour transmettre ses coordonnées à l'internaute (il était généralement situé dans son quartier ou sa ville) et l'invitait à prendre contact avec lui pour un rendez-vous. « Parce qu'il donnait des conseils, le diététiste établissait une relation plus chaleureuse que s'il débarquait avec un discours commercial pur et dur », explique Pierre Parent.

De leur côté, quand les magasins Zellers ont voulu faire mousser la notoriété des jeans Request, ils ne se sont pas limités à installer un stand au Salon de la jeunesse. Ils y ont plutôt invité les adolescentes présentes à participer à un défilé de mode, où elles portaient les produits de la marque. Chacune était photographiée en pleine action, et un concours permettait à la gagnante de se retrouver dans le magazine pour adolescentes *Filles d'aujourd'hui*. « Ici, on a ajouté de la valeur à la marque en transformant le rêve de toute adolescente en une réalité, dit Pierre Parent. De plus, comme chaque participante a montré ses photos à des parents, des amies, etc., nous avons transformé ces consommatrices en porte-parole. »

S'il est fréquemment employé pour des lancements, le marketing de proximité peut aussi aider à faire redécouvrir des marques tombées dans l'oubli, associer un produit à une noble cause et même transformer un problème technique en une opération de notoriété. Par exemple, quand une erreur d'impression a devancé de plusieurs mois la date de péremption de milliers de cartons de lait Grand Pré (rendant ainsi impossible sa vente en épicerie), on a choisi de faire connaître le produit amélioré en en distribuant 70 000 litres à la sortie des ponts montréalais et sur certaines artères. Puis, en collaboration avec Ostéoporose Québec, on a invité les gens à verser un don à l'organisme. En deux semaines, on a récolté quelque 15 000 $. « L'effet d'entraînement d'une telle opération est considérable, indique Pierre Parent, car les meilleurs vendeurs demeurent les gens eux-mêmes et le bouche à oreille qu'ils génèrent. Chaque personne qui accepte et utilise l'échantillon devient en quelque sorte ambassadeur de la marque. »

La publicité installe l'image de marque ; cependant, il faut aller plus loin et bâtir une relation et créer de l'émotion ! Qu'en pensez-vous ?

Source : La Presse, cahier Affaires, 18 juin 2003, p. D6.

Le programme de vente personnalisée   Le programme de vente personnalisée vise à mettre sur pied une équipe de vente. Ses étapes sont le recrutement et la sélection des meilleurs candidats, la formation des recrues, la rémunération, la motivation, le contrôle et l'évaluation des vendeurs.

Le programme de publicité gratuite et de relations publiques   Les étapes du programme de publicité gratuite et de relations publiques sont les suivantes :

- Une définition des objectifs visés par ce type de publicité ;
- Le développement d'une présentation bien pensée, originale et uniforme ;
- La détermination de l'auditoire à atteindre ;
- Le choix des médias et des supports appropriés ; la détermination de la fréquence de diffusion de l'information ;
- La récompense donnée aux collaborateurs et aux participants.

Le programme de promotion des ventes   Le programme de promotion des ventes peut comprendre les activités suivantes :

- La préparation d'un modèle réduit aux fins de distribution sous forme d'échantillons ;
- La préparation d'étalages spéciaux ;
- L'organisation de concours auprès des clients ;
- La distribution de cadeaux aux clients ;

- Le choix du moment et du lieu des expositions et la préparation du matériel nécessaire ;
- La présentation d'un catalogue ; et
- La participation à des congrès.

Les programmes de prix

Le but des programmes de prix est de mettre en application les décisions relatives à la fixation des prix. On fixe les prix en fonction de différents éléments.

- Les coûts : le prix de vente est fixé en fonction des coûts (variables ou globaux), plus une majoration suffisante pour assurer un rendement équitable sur l'investissement ;
- La demande : les prix sont élevés lorsque la demande est grande et plus bas lorsqu'elle est faible, ou aux endroits où elle est faible ;
- La concurrence : les prix peuvent être fixés au même niveau que ceux des concurrents (prix du marché) ou à un niveau plus faible (prix de soumission).

De plus, certaines décisions de modification des prix sont prises dans le but de s'ajuster à la demande ou de la stimuler.

Le programme de recherche en marketing

Souvent, on trouve, en plus des programmes précédents, un programme de recherche en marketing. Ce programme comporte les étapes suivantes :

- La reconnaissance des situations nécessitant une recherche ;
- La décision concernant la personne qui fera la recherche ;
- Le choix du type de recherche : exploratoire, descriptive ou causale ; et
- La décision concernant l'information à retenir : estimation du marché potentiel, prévision des ventes, analyse des ventes, de la part de marché, des supports à la vente ou du marketing mix de l'entreprise.

Le but d'un programme de recherche en marketing est de recueillir l'information nécessaire à l'innovation des produits ou encore au développement des marchés.

6. La détermination du budget, de l'échéancier et des mesures de contrôle

Budget du plan de marketing
État prévisionnel des revenus et des dépenses qu'entraîne le plan de marketing.

On peut définir le **budget** comme un état prévisionnel des revenus et des dépenses qu'entraîne le plan de marketing établi. Il concerne alors les activités et les ressources du plan de marketing, pour une période déterminée.

Échéancier
Calendrier des activités stipulées dans le plan de marketing.

Le calendrier des activités indiquées dans le plan de marketing est ce que l'on appelle l'**échéancier.** Souvent, on recourt à certaines méthodes opérationnelles telles que le PERT[13] afin de respecter la chronologie de ces activités.

Contrôle
Processus de vérification des objectifs fixés.

Le **contrôle** est le processus qui permet au gestionnaire de vérifier si les objectifs fixés au début de l'exercice ont été atteints. Lors du contrôle, on tente de mesurer l'écart entre les objectifs de départ et les résultats obtenus (*voir figure 12.6*). Le gestionnaire analyse par la suite les écarts importants dans le but d'en découvrir les causes et de pouvoir y remédier.

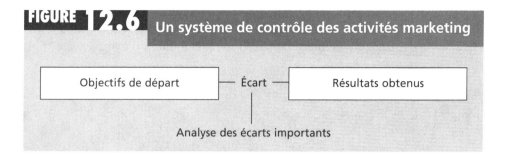

FIGURE 12.6 Un système de contrôle des activités marketing

Objectifs de départ	— Écart —	Résultats obtenus

Analyse des écarts importants

Différents types de contrôle sont possibles. Cependant, les objectifs visés et les outils requis pour leur application diffèrent (*voir tableau 12.2*).

La révision et l'approbation du plan

Après avoir accompli les six premières étapes du plan de marketing, le responsable de la planification en marketing se rendra parfois compte qu'il faudra apporter certaines modifications mineures pour rendre le plan réalisable. C'est à l'étape de la révision qu'il corrigera ces petites anomalies.

Une fois le plan terminé, il doit recevoir l'approbation du personnel de la haute direction. Il est normal qu'il en soit ainsi, car le plan de marketing engage l'entreprise sous plusieurs aspects.

La mise en application du plan

Avant la mise en application du plan, le responsable doit expliquer à chaque intervenant le contenu du plan et son rôle dans l'atteinte des objectifs. Cette étape a pour but d'obtenir la collaboration de tout le personnel concerné de façon à maximiser les chances de réussite.

TABLEAU 12.2 Les types de contrôle en marketing

Types	Objectifs visés	Outils d'application
Contrôle stratégique	Analyse de la mesure dans laquelle l'entreprise respecte la stratégie qu'elle s'est fixée	Audit marketing[1]
Contrôle du plan annuel	Analyse du plan annuel	Analyse des ventes, de la part du marché, des attitudes des consommateurs, analyse par ratio
Contrôle de rentabilité	Analyse de la mesure dans laquelle l'entreprise gagne ou perd de l'argent	Études de rentabilité par produit, par secteur géographique, par segment de marché, par circuit de distribution

1. Outil de contrôle destiné à faire l'étude de l'environnement, des systèmes de marketing et de ses activités de façon périodique. Subséquemment, on apportera les corrections nécessaires aux problèmes qui auront été décelés.

Source : adapté de KOTLER, Philip et DUBOIS, Bernard. *Marketing management : analyse, planification et contrôle,* 3ᵉ édition, Paris, Publi-Union, 1977, p. 480.

Le plan entre ensuite en vigueur. Il ne faudrait pas oublier le fait suivant : le plan doit continuellement être révisé dans le but de vérifier si les objectifs sont atteints et de permettre une plus grande adaptation aux possibilités du marché.

RÉSUMÉ

La planification en marketing constitue l'agencement de toutes les décisions de marketing en fonction d'objectifs communs dans le but de profiter au maximum de l'effet de synergie des efforts fournis. Planifier, c'est mettre sur pied des programmes d'action dans lesquels les objectifs visés sont clairement définis, de même que les modes de financement prévus et les étapes de leur réalisation. La planification en marketing s'avère d'autant plus importante qu'elle constitue le lien entre ce que l'entreprise peut offrir et les besoins et les attentes des consommateurs.

Le plan de marketing est l'outil le plus utilisé dans le processus de planification en marketing. Ce document permet de cerner les possibilités d'un marché, d'un produit ou d'une gamme de produits et de présenter une stratégie de marketing adaptée aux objectifs de marketing.

Les principales étapes du plan de marketing sont la définition de la mission et des buts de l'entreprise, l'analyse de la situation interne et externe, l'établissement des objectifs de marketing, la formulation de stratégies globales et particulières, l'élaboration des programmes de marketing (programmes de produits, de distribution, de communication et de prix) et des programmes de recherche en marketing, la détermination du budget, de l'échéancier et des mesures de contrôle, la révision et l'approbation du plan et, enfin, la présentation et la mise en application du plan.

Enfin, il faut se rappeler que le plan de marketing doit continuellement faire l'objet d'une révision dans le but de toujours mieux l'adapter aux possibilités du marché.

QUESTIONS

1. a) En quoi consiste le plan de marketing ? À quelles fins sert-il ?
   b) Décrivez les avantages du plan de marketing.

2. Énumérez les principales étapes du plan de marketing.

3. En quoi consiste la mission d'une entreprise ?

4. a) En quoi consiste l'analyse de la situation ?
   b) Distinguez l'analyse externe de l'analyse interne.

5. a) Quels sont les critères d'un objectif de marketing approprié ?
   b) Comparez les objectifs de marketing et la stratégie de marketing.

6. En quoi consiste :
   • une stratégie de croissance ?
   • une stratégie de stabilité ?
   • une stratégie de retrait ?
   • une stratégie de marketing non différencié ?
   • une stratégie de marketing différencié ?
   • une stratégie de marketing concentré ?

7. Sur le plan stratégique, pourquoi devrions-nous déterminer à laquelle des quatre catégories de la matrice du portefeuille de produits suggérée par le Boston Consulting Group appartient chacun de nos produits ?

8. Quelles sont les différentes stratégies de prix qu'il est possible d'appliquer ?

9. Qu'entend-on par « cannibalisme entre les produits » ?

10. Pourquoi, selon vous, inclut-on un budget dans tout plan de marketing ? À quoi le budget sert-il ?

EXERCICES PRATIQUES

12.1 LES BRASSERIES LABATT ET MOLSON

Comparez les marketing mix utilisés par Labatt et Molson dont fait état l'encadré 12.4, à la page 377, et indiquez en quoi ils sont différents.

12.2 UNE ENTREVUE AVEC LE RESPONSABLE DU MARKETING

À partir d'une entrevue réalisée auprès du responsable du marketing d'une entreprise, analysez la démarche qui a servi à la planification des activités marketing de son entreprise. Établissez les forces et les faiblesses de sa démarche. Pour faire cet exercice, lisez le texte sur la démarche de planification en marketing appliqué que propose le site de la Banque Royale à l'adresse <http://www.banqueroyale.com/entreprises/pmegrand/marketing.html>. Soyez diplomate ; si vous trouvez des failles dans sa méthode de planification, évitez de froisser le responsable. Inscrivez plutôt ce genre de commentaires dans le rapport que vous remettrez à votre enseignant. Il ne faut pas perdre de vue le fait que le responsable du marketing de l'entreprise, qui est une personne fort occupée, ne vous fournira pas nécessairement tous les détails de sa planification réelle, dans la courte entrevue qu'il vous accordera.

MISE EN SITUATION

DES SAUCISSES AUX FRUITS DE MER

Demandez à une Septilienne de faire des saucisses ; elle les fera bourrées de fruits de mer ! C'est ce qu'a fait Annie Gallant, diététicienne et fille de pêcheur, en fondant ImagiMer.

La charcuterie maritime offre une variété de produits gastronomiques tels que les rillettes de flétan et le corail de pétoncles (les œufs de pétoncles). Ce sont toutefois les saucisses aux fruits de mer, au saumon et à la truite et porto qui séduisent le plus : un pur délice !

Depuis trois ans, elle développe ses produits uniques et cherche à se positionner auprès des grandes tables du Québec et de l'étranger. Le Japon, qu'elle a visité dans le cadre d'une mission économique en 2001, est un marché particulièrement dynamique.

ImagiMer a réalisé ses premières ventes en 2002, notamment grâce à une percée dans certaines épiceries, dont une à l'Île-des-Sœurs, à Montréal. Elle espère également être présente en 2003 au Marché des saveurs, dans le Marché Jean-Talon.

Après avoir essayé mille et une recettes afin de mettre au point ses produits, Mme Gallant s'attaque à leur commercialisation. ImagiMer vient d'embaucher une spécialiste du marketing et elle a demandé à un artiste local de réaliser l'emballage à l'aquarelle.

Cela ne veut pas dire qu'elle abandonne la R & D pour autant. Mᵐᵉ Gallant veut développer le marché du corail de pétoncles.

Le corail est présentement rejeté à la mer. « Je dois convaincre les pêcheurs de les garder », dit-elle. La tâche ne sera toutefois pas facile puisque la période propice à la cueillette du corail correspond à la période de pêche lucrative du crabe des neiges.

Source : Jean-Sébastien Trudel, « La Côte-Nord » (cahier détachable), *Les Affaires,* 25 janvier 2003, p. A10.

Vous êtes le spécialiste du marketing embauché par Mᵐᵉ Gallant. Que lui conseilleriez-vous afin qu'elle atteigne ses objectifs ?

CAS

QUI EST LE CONSOMMATEUR DE VEAU* ?

Combien de fois consomme-t-on du veau à la maison ? Pourquoi mange-t-on peu de veau par rapport aux autres viandes ? Sait-on quel type de veau on achète ? Quelles sont les coupes de veau préférées des consommateurs ? Pour répondre à ces multiples questions concernant la consommation et les perceptions de la viande de veau, nous avons effectué au mois d'avril dernier une enquête auprès de 449 consommateurs de la région de Québec. Voici un résumé partiel des résultats.

À quelle fréquence mange-t-on du veau à la maison ?

Pour 43 % des répondants, le veau n'est pas une viande consommée fréquemment. Le pourcentage de répondants ayant consommé du veau seulement quelques fois dans l'année est de 29 % et 14 % des répondants ont indiqué n'en avoir jamais mangé à la maison. Cependant, les consommateurs déclarant manger du veau au moins une fois par mois représentent 35 % de l'échantillon, tandis que ceux qui disent consommer du veau au moins une fois par semaine représentent 22 %.

Où achète-t-on le veau ?

Les consommateurs ne privilégient pas les boucheries ni les boutiques spécialisées quand ils décident d'acheter du veau. 80 % de ceux qui mangent du veau au moins une fois par semaine ont dit l'acheter à l'épicerie.

Quel type de veau achète-t-on le plus, le veau de grain ou le veau de lait ?

Les consommateurs déclarent acheter plus de veau de lait ; 36 % contre 27 % pour le veau de grain. Cependant, 37 % des personnes interrogées sont indifférentes entre le veau de lait et le veau de grain soit parce qu'elles ignorent quel type de veau elles achètent, soit parce qu'elles achètent les deux types de veau dans les mêmes proportions.

Les coupes de veau les plus populaires

78 % des consommateurs de veau ont préféré les escalopes et les surlonges. Ensuite, viennent les côtelettes (73 %), le veau haché ou en cubes (70 %), les rôtis du veau (66 %) et le foie de veau (46 %).

Pourquoi ne mange-t-on jamais de veau à la maison ?

21 % des personnes déclarant n'avoir jamais mangé de veau à la maison ne le font pas car elles le trouvent trop cher. 18 % des non-initiées ont déclaré qu'elles ne connaissent pas vraiment la viande de veau, ni d'ailleurs de recettes qui pourraient les aider à l'apprêter. 16 % ont déclaré qu'elles n'aiment pas le goût et 5 % ont admis n'y avoir jamais goûté. L'industrie du veau pourrait donc attirer de nouveaux consommateurs en essayant de mieux faire connaître son produit, par des dégustations en magasins et la distribution de recettes.

Pourquoi achèterait-on du veau ?

Nous avons demandé aux consommateurs de répondre par oui ou non à chacune des propositions suivantes. Les réponses indiquent que 50 % des consommateurs ne tiennent pas compte des rabais. Ceux qui consomment le veau régulièrement en achètent même lorsqu'il est à prix courant et le fait que le veau soit à prix réduit ne semble pas inciter ceux qui en consomment rarement à en acheter davantage. Pour ces derniers, le veau est probablement une viande achetée pour des occasions spéciales et ils ne tiennent donc pas compte du prix.

À la différence du prix, le souci de diversification du menu semble influencer davantage la consommation du veau puisque 68 % de ceux qui veulent diversifier leur consommation de viandes achètent du veau fréquemment. Seulement 32 % de ceux qui ne se soucient pas de diversifier leur menu en consomment fréquemment. La diversification est, de nos jours, un objectif poursuivi par de plus en plus de consommateurs. Par conséquent, l'industrie du veau aurait intérêt à promouvoir davantage cet aspect dans sa publicité.

TABLEAU 12.3

Perceptions des différences entre le veau de lait et le veau de grain

	Lait	Grain	Pareil	Ne sait pas
Pas savoureux (n = 449)	100 %	—	—	—
Plus pâle (n = 449)	72 %	18 %	—	10 %
Plus tendre (n = 449)	67 %	26 %	1 %	6 %
Plus cher (n = 449)	48 %	41 %	—	11 %
Moins de gras (n = 449)	39 %	52 %	2 %	7 %
Plus nutritif (n = 449)	31 %	49 %	10 %	10 %

Les analyses montrent que 70 % des personnes qui ont déclaré avoir des racines étrangères consomment fréquemment du veau contre seulement 54 % de celles ayant déclaré être Québécoises de souche. Tout comme l'immigration, l'urbanisation serait un facteur de croissance pour l'industrie du veau puisque 19 % des répondants résidant en milieu rural

consomment rarement du veau comparativement à seulement 10 % de ceux vivant en milieu urbain.

Côté revenu familial brut, 42 % des personnes déclarant avoir un revenu supérieur à 90 000 $ mangent du veau hebdomadairement alors que seulement 20 % de celles dont le revenu familial est inférieur à 90 000 $ le font à la même fréquence. Outre ces caractéristiques socio-démographiques, nous avons trouvé un lien significatif entre la fréquence de consommation du veau pendant la jeunesse et sa consommation actuelle. 93 % des personnes qui mangeaient du veau chez leurs parents continuent à en consommer aujourd'hui.

Ce qui est encourageant pour l'industrie, c'est que 46 % des personnes qui ne mangeaient jamais de veau chez leurs parents en consomment aujourd'hui de façon régulière !

Comment caractérise-t-on le veau par rapport aux autres viandes ?

74 % des personnes interviewées croient que le veau est plus tendre que les autres viandes et 67 % pensent que le veau est moins gras que les autres viandes. Par contre, les opinions sont partagées quand il s'agit de la saveur du veau par rapport aux autres viandes.

Seulement 49 % des consommateurs trouvent que le veau est plus délicieux que les autres viandes et moins de 35 % pensent que le veau est plus nutritif que les autres viandes. Nous ne pouvons cependant évaluer la validité de ces perceptions en raison de l'absence d'études qui comparent la tendreté, la teneur en gras, la saveur et la valeur nutritive du veau par rapport aux autres viandes.

Les consommateurs pensent-ils que le veau de grain est différent du veau de lait ?

Le tableau 12.3 montre qu'il y a unanimité sur l'hypothèse voulant que le veau de lait soit plus savoureux que le veau de grain. Cela est vraisemblablement un facteur favorisant la consommation du veau de lait. Quoique moins unanimes, les consommateurs continuent à favoriser le veau de lait puisque la majorité pense que ce dernier est plus tendre et plus pâle que le veau de grain.

La différence de prix entre les deux types de veau soulève des opinions plus partagées. Les résultats mettent en évidence que 52 % des répondants pensent que le veau de grain a moins de gras que le veau de lait et 49 % pensent qu'il est plus nutritif. Ici encore, il nous est impossible, en l'absence d'études comparant le veau de lait au veau de grain, d'évaluer la validité des perceptions des consommateurs.

Toutefois, s'il pouvait être démontré que le veau de grain a réellement moins de gras et qu'il est plus nutritif que le veau de lait, les producteurs de veau de grain pourraient mettre l'accent sur ces caractéristiques pour inciter les consommateurs à acheter davantage de veau de grain puisque les consommateurs sont de plus en plus préoccupés par la teneur en gras et la valeur nutritive des aliments qu'ils achètent.

Ces différences sont-elles reliées à des facteurs socio-démographiques?

Oui, 73 % des consommateurs ayant des racines étrangères trouvent que le veau de lait est plus cher que le veau de grain, tandis que seulement 50 % des « Québécois de souche » pensent pareillement. 1 % des personnes interviewées en milieu urbain sont d'avis que le veau de lait est plus cher contre 55 % pour celles interviewées en milieu rural.

Si on tient compte du fait que les personnes ayant des racines étrangères et celles vivant en milieu urbain consomment plus de veau, il n'est pas étonnant que celles-ci soient plus au fait que les autres de la différence de prix entre les deux types de veau. Nous avons constaté par ailleurs que les consommateurs les plus scolarisés et les hommes connaissent mieux la différence de prix entre les deux types de veau. Les personnes ayant obtenu un diplôme universitaire savent que le veau de lait est plus cher que le veau de grain tandis que les moins scolarisées pensent le contraire. 67 % des hommes connaissent bien cette différence de prix contre seulement 45 % pour les femmes.

Enfin, nos analyses montrent que les jeunes consommateurs ont une image plus positive du veau de grain que les consommateurs plus âgés. Les jeunes consommateurs pensent que le veau de grain est plus nutritif et a moins de gras que le veau de lait. Cependant, les consommateurs plus âgés ont une image plus positive du veau de lait.

Questions

On vous demande, en tant que spécialiste du marketing, de faire :
1. l'analyse de la situation à partir des données disponibles dans le cas ;
2. la liste des informations manquantes et nécessaires à la prise de décision au sujet des quatre variables contrôlables du marketing ;
3. la description d'une ou des stratégies de marketing retenues pour la mise en marché du veau à partir des informations disponibles dans le cas.

* Recherche effectuée par Chedlia Touil (M.A.), Gale West (Ph.D.) et Bruno Larue (Ph.D.), du Centre de recherche en économie agroalimentaire de l'Université Laval, ainsi que par Shannon Scott (Ph.D.), du Département des sciences animales de l'Université Laval. Cette recherche a été subventionnée par le Conseil de recherche en pêche et en agroalimentaire du Québec (CORPAQ) et publiée dans « Bovins du Québec », supplément de *La Terre de chez nous*, avril-mai 1999, p. 29-31.

NOTES

1. En planification du marketing, on entend généralement par l'expression « court terme » moins d'un an, par « moyen terme », entre un an et trois ans, et par « long terme », plus de trois ans.

2. THUILLIER, Pierre. *De l'étude de marché au plan de marketing*, Paris, Les Éditions d'organisation, 1987, p. 25.

3. JENSEN, K. B. « Field Test of a Strategic Market Planning Model for Privately Held Small/Medium-Sized Firms », dans *Journal of Small Business and Entrepreneurship*, vol. 5, n° 2, p. 49.

4. RIES, Al et TROUT, Jack. *Le Marketing guerrier*, Montréal, McGraw-Hill, 1988.

5. DOWNING, George. *Basic Marketing : A Strategic System Approach*, Columbus, Ohio, Charles E. Merrill Publishing Company, 1971, chap. 4.

6. COUTURE, Gaétan. *Marketing : une approche intégrée*, Chicoutimi, Gaëtan Morin Éditeur, 1978, p. 188.

7. De MARICOURT, Renaud. « Comment construire votre plan de marketing », dans *Direction et Gestion*, n° 6, 1984.

8. CRAVENS, David. « Implementation Strategies in the Market-Driven Strategy Era », dans *Academy of Marketing Science Journal*, été 1998.

9. ANSOFF, Igor et STEWART, J. M. « Votre recherche et développement a-t-elle un bon profil ? », dans *Harvard-l'Expansion*.

10. COUTURE, Gaétan. *Op. cit.*

11. THUILLIER, Pierre. *Op. cit.*

12. DUSSART, Christian. *Stratégie de marketing,* Chicoutimi, Gaëtan Morin Éditeur, 1986.

13. Charte du cheminement des activités nécessaires à l'accomplissement d'une tâche (*Program Evaluation & Review Techniques*).

ANNEXE 12.1

EXEMPLE DE PLAN DE MARKETING*

Description de l'organisme

La SIDAC Centre-ville Trois-Rivières est une organisation sans but lucratif regroupant des gens d'affaires (commerçants et professionnels) offrant des biens et services dans ce district commercial. Ce regroupement permet de disposer des ressources (humaines, financières et matérielles) nécessaires pour assurer la vitalité économique du centre-ville.

Le bon fonctionnement des activités de la SIDAC est assuré par la directrice, Mme Lucie Therrien, et soutenu par un conseil d'administration représentant les 578 membres répartis sur le territoire.

Formée en vue de contrer l'effet d'attirance de la population vers les centres commerciaux, la SIDAC s'organise. Son mandat se traduit par le développement des activités économiques du centre-ville, par la publicité et la promotion auprès d'investisseurs, tout cela en vue de la revitalisation du centre-ville de Trois-Rivières.

Mission

- Offrir des biens et des services dans un district commercial et regrouper des commerçants et des professionnels.
- Promouvoir les affaires du centre-ville.

- Mettre à la disposition des membres une gamme de services leur permettant de faire des économies.
- Attirer les consommateurs au centre-ville.
- Développer chez les membres un sentiment d'appartenance à l'égard de ce regroupement.

Objectifs et stratégie globale

Objectifs organisationnels

- Accroître la part de marché des commerçants du centre-ville de 3 % à l'intérieur d'une période d'un an.
- Accroître le taux de fréquentation chez les professionnels du centre-ville.

Objectifs marketing

- Réduire de 5 % le taux de locaux vacants, qui se situe actuellement à 18 %, et ce, d'ici un an.
- Accroître de 3 % la part de marché des commerçants du centre-ville à l'intérieur d'une période d'un an.
- Augmenter le pouvoir d'attraction du centre-ville d'ici un an.
- Atteindre (grâce à un scénario réaliste) un taux de 20 % de fréquentation et d'engagement de la part des membres de la SIDAC. Un scénario plus optimiste pourrait se traduire par un taux de participation de 40 %.

Stratégie globale

Stratégie de croissance intensive (différenciée).

* Rédigé par Lyne Boivin, Micheline Cossette, René Dionne et Julie Matte. Les auteurs remercient Lucie Therrien, directrice de la SIDAC Centre-ville Trois-Rivières, pour sa collaboration ainsi que les quatre personnes qui ont contribué à la rédaction de ce plan de marketing.

SYNTHÈSE DE L'ANALYSE DE LA SITUATION

Forces

- Le contexte géographique et routier de l'agglomération de Trois-Rivières.
- Le rôle prédominant de Trois-Rivières dans les domaines du commerce et de l'administration gouvernementale.
- La présence d'importantes industries manufacturières.
- Le caractère historique du Vieux Trois-Rivières.
- Les nombreux investissements pour la revitalisation du centre-ville.
- La présence de nombreux parcs et restaurants.
- La forte présence des services professionnels et gouvernementaux au centre-ville.
- Le pouvoir d'attraction du port de Trois-Rivières.

Faiblesses

- La diminution de 0,7 % de la population de Trois-Rivières.
- Le fait que 32 % des revenus familiaux soient inférieurs à 20 000 $.
- Le taux de 18 % d'espaces vacants au centre-ville.
- Le centre-ville ne dispose que de trois magasins à grande surface.
- La circulation au centre-ville.
- Les espaces de stationnement.
- L'absence d'une chaîne d'alimentation.
- Le peu d'animation publique en soirée.

Occasions

- L'arrivée de 300 employés de Hydro-Québec au centre-ville.
- La construction d'un stationnement étagé de 400 places au centre-ville.
- La construction d'un hôtel de 160 chambres et l'aménagement d'un centre de congrès au centre-ville.
- La revitalisation et le développement d'un centre d'alimentation majeur à la Place du Marché.
- Le niveau élevé des revenus à Trois-Rivières-Ouest.
- La croissance de la population à Trois-Rivières-Ouest.
- Le pôle d'attraction régionale qu'est le Centre commercial Les Rivières.

Menaces

- Le déplacement graduel de la construction résidentielle vers les périphéries.
- La poussée récente des mini-centres commerciaux de quartier.
- L'agrandissement possible du Centre commercial Les Rivières.
- Le surplus d'espaces commerciaux au centre-ville.
- L'engorgement croissant de la circulation au centre-ville.

OBJECTIFS, STRATÉGIES ET TACTIQUES DE COMMUNICATION

Objectifs particuliers

Objectif 1

Développer le sentiment d'appartenance de la part des membres de la SIDAC de façon à atteindre une participation de 40 % de ces derniers durant l'année.

Stratégie A

Établir un réseau de communication efficace entre les membres et la direction de la SIDAC.

Tactiques

1. Organiser des déjeuners-causeries en regroupant les membres selon leur adresse d'affaires.
2. Souligner les anniversaires relatifs aux années d'exploitation des commerçants et des professionnels à l'intérieur du territoire de la SIDAC.
3. Modifier le contenu du journal *Info Centre-Ville* dans le but que celui-ci s'adresse autant aux professionnels qu'aux commerçants.

Stratégie B

Créer des outils de collaboration entre les différents organismes dans le but d'appuyer les membres dans l'élaboration de projets.

Tactiques

1. S'assurer de la collaboration entre les différents organismes dans le but d'appuyer les membres dans l'élaboration de divers projets.
2. Rendre l'information pertinente accessible aux membres désireux d'effectuer de nouveaux projets.

Objectif 2

Attirer la clientèle actuelle et potentielle au centre-ville de Trois-Rivières pour que son taux de notoriété soit à la hausse d'année en année.

Stratégie A

Faire connaître les attraits du centre-ville.

Tactiques

1. Installer des panneaux indiquant l'emplacement des commerçants et des professionnels.
2. Développer un outil de promotion distribué par les Publi-sacs et par les membres.
3. Produire un guide touristique énumérant les attraits du centre-ville qui serait remis aux hôteliers, restaurateurs et employés du bureau d'information touristique.

Stratégie B

Assurer une certaine continuité des activités de jour avec celles en soirée.

Tactique

1. Établir un calendrier des activités de soirée et de fin de semaine.

Stratégie C

Favoriser des activités hivernales.

Tactiques

1. Souligner différents événements hivernaux en organisant des activités spécifiques.
2. Convaincre les organisateurs de différents salons de la région de choisir le centre-ville comme lieu d'exposition.
3. Associer l'ensemble des commerçants à une promotion de livret de coupons rabais.

Stratégie D

Travailler à l'amélioration de l'image perçue par le consommateur concernant les services et les activités du centre-ville.

Tactiques

1. Offrir à la clientèle une carte privilège.
2. Rendre l'image des locaux vacants plus attrayante pour les consommateurs et par le fait même attirer des investisseurs au centre-ville.
3. Promouvoir le centre-ville par la publicité institutionnelle dans le but de créer ou de renforcer une attitude positive.

OBJECTIFS, STRATÉGIES ET TACTIQUES DE PRODUIT

Objectifs particuliers

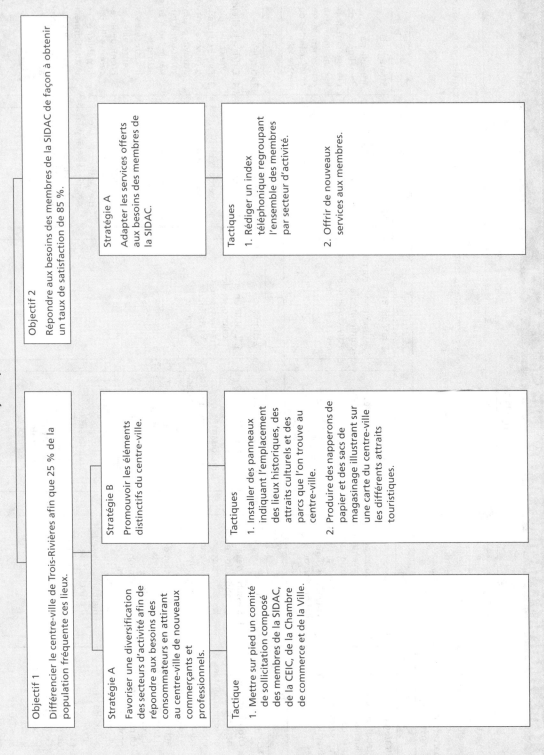

Objectif 1

Différencier le centre-ville de Trois-Rivières afin que 25 % de la population fréquente ces lieux.

Stratégie A

Favoriser une diversification des secteurs d'activité afin de répondre aux besoins des consommateurs en attirant au centre-ville de nouveaux commerçants et professionnels.

Tactique

1. Mettre sur pied un comité de sollicitation composé des membres de la SIDAC, de la CEIC, de la Chambre de commerce et de la Ville.

Stratégie B

Promouvoir les éléments distinctifs du centre-ville.

Tactiques

1. Installer des panneaux indiquant l'emplacement des lieux historiques, des attraits culturels et des parcs que l'on trouve au centre-ville.

2. Produire des napperons de papier et des sacs de magasinage illustrant sur une carte du centre-ville les différents attraits touristiques.

Objectif 2

Répondre aux besoins des membres de la SIDAC de façon à obtenir un taux de satisfaction de 85 %.

Stratégie A

Adapter les services offerts aux besoins des membres de la SIDAC.

Tactiques

1. Rédiger un index téléphonique regroupant l'ensemble des membres par secteur d'activité.

2. Offrir de nouveaux services aux membres.

OBJECTIF, STRATÉGIE ET TACTIQUES DE DISTRIBUTION

Objectif particulier

Objectif particulier

Augmenter le taux de satisfaction exprimé par le consommateur au sujet du stationnement de 9 % à 50 %.

Stratégie

Faciliter les accès aux stationnements du centre-ville de Trois-Rivières.

Tactiques

1. Étudier un concept de remboursement des billets de stationnement des clients du centre-ville par les membres de la SIDAC.

2. Sensibiliser les commerçants et les professionnels à l'importance de garer leur véhicule à un endroit autre que devant leur établissement.

OBJECTIF, STRATÉGIE ET TACTIQUE DE PRIX

Objectif particulier

Objectif particulier

Maintenir les services offerts aux membres à des prix raisonnables (point mort) de façon que ces derniers puissent réaliser les avantages de faire partie de l'organisation.

Stratégie

Promouvoir et communiquer les avantages et les prix des services publics offerts aux membres pour atteindre une utilisation plus répandue des services à l'intérieur du territoire.

Tactique

1. Rédiger une liste des différents services et des prix que l'on publiera dans le journal *Info Centre-Ville*.

BUDGET

SIDAC Centre-ville Trois-Rivières
État prévisionnel des dépenses marketing
pour l'exercice se terminant le 30 juin 2001

Budget marketing	120 500 $
Dépenses	
Déjeuner-causerie	1 200
Panneaux indicateurs (4)	3 300
Napperons	0
Fête de la Saint-Jean-Baptiste	4 000
Commandite d'amuseurs publics	1 000
Campagne publicitaire (rentrée)	15 000
Outil promotionnel	6 500
Document promotionnel	10 000
Carte privilège	10 000
Fête de l'Halloween	2 000
Journal des membres	5 000
Noël	15 000
Livret coupons rabais	24 500
Activité hivernale	700
Fête de la Saint-Valentin	1 000
Salon de la nutrition	5 000
Index téléphonique	300
Fête de Pâques	3 000
Fête des Mères	3 000
Salon plein air	5 000
Festival des Trois-Rivières	5 000

Contrôle

Le but du contrôle est de s'assurer que l'on atteigne les différents objectifs. Un plan de contrôle se compose fondamentalement de quatre étapes : établissement des objectifs, mesure de performance, diagnostic des écarts et correctif. Nous désirons vous signaler qu'il est indispensable d'effectuer le contrôle des activités de marketing.

Point de contrôle

- Analyse de la part de marché de la SIDAC à la fin de la mise en application du plan marketing.
- Enquête de perception de la clientèle à la fin de la mise en application du plan marketing.
- Contrôle de la participation des membres à l'ensemble des activités de la SIDAC.
- Évaluation distinctive du taux de participation des professionnels et des commerçants.
- Contrôle du taux de locaux vacants à chaque trimestre.

BUDGET

Mois	Type d'activité	Mois	Type d'activité
Juin	– Déjeuner-causerie – Début des croquis panneaux indicateurs – Impression de napperons – Souligner fête de la St-Jean-Baptiste – Rencontre comité mixte – Brochures touristiques hôtels centre-ville	Novembre	– Déjeuner-causerie – Conférence de presse (comité mixte) – Modification du journal – Décorations de Noël – Début campagne publicitaire – Parade du Père Noël
Juillet	– Déjeuner-causerie – Rencontre comité mixte – Distribution des napperons – Recrutement d'amuseurs publics – Promotion du concept publicité coopérative	Décembre	– Déjeuner-causerie – Lancement du nouveau journal – Impression du livret coupons rabais – Préparation mini-campagne de promotion coupons rabais
Août	– Déjeuner-causerie – Installation des panneaux indicateurs – Ébauches de la carte privilège (sollicitation) – Préparation de la campagne publicitaire (septembre) – Début des activités de rédaction – comité mixte – Préparation maquette outil promotionnel	Janvier	– Déjeuner-causerie – Début d'une campagne publicitaire – Distribution des livrets coupons rabais – Activité hivernale spéciale
Septembre	– Déjeuner-causerie – Lancement de la campagne publicitaire – Distribution de l'outil promotionnel – Vente de trottoir des marchands – Finaliser production carte privilège – Continuité des activités du comité mixte – Étude d'un concept de remboursement stationnement	Février Mars	– Déjeuner-causerie – Souligner fête de la St-Valentin – Exposition vitrines locaux vacants – Déjeuner-causerie – Tenue du salon de la nutrition – Rédaction index téléphonique – Préparation du plan marketing
Octobre	– Déjeuner-causerie – Fin de rédaction et impression du document – Publicité de rappel et mise en marché carte privilège – Sollicitation des membres livret coupon rabais – Rencontre avec dirigeants	Avril Mai	– Déjeuner-causerie – Sollicitation des membres (télécopieur) – Souligner la fête de Pâques – Déjeuner-causerie – Poursuivre promotion fête des Mères – Tenue du salon plein air

CHAPITRE 13

Le marketing international

OBJECTIFS D'APPRENTISSAGE

Après la lecture du chapitre, vous devriez être en mesure :

- de comprendre l'importance du marketing international en ce qui a trait à l'économie et aux entreprises canadiennes ;
- d'analyser l'impact de l'environnement global sur l'entreprise dans une situation de marketing international ;
- de définir les variables contrôlables du marketing dans un contexte international ;
- de dresser une liste des principaux modes de pénétration des marchés internationaux.

Par Normand Turgeon, Ph.D.
Professeur titulaire, Service de l'enseignement du marketing, HEC Montréal

Tiliverkad i Kanada, Hecho en Canada, Sdzjelano Voe Kanadzie, In Kanada Hergestellt, Made in Canada, Fabriqué au Canada. Tout comme les Canadiens achètent des produits fabriqués à l'extérieur de leur pays, Suédois, Espagnols, Russes, Allemands, Américains et Français, entre autres, achètent des produits fabriqués au Canada. En fait, maintenant plus que jamais, la Terre est un vaste village global, comme le laissait présager Marshall McLuhan il y a déjà plusieurs décennies… Ce village devient de plus en plus petit en raison des développements reliés aux télécommunications, notamment Internet et le Web.

Le Canada et le commerce international

http://www.cgi.com

http://www.wrebbit.com

http://www.Canada.gc.ca

Pour beaucoup d'entreprises canadiennes, les marchés extérieurs constituent une occasion d'accroître substantiellement leurs revenus. Pensons entre autres à CGI inc., qui exporte ses services informatiques partout dans le monde, et aux casse-tête Wrebbit, vendus également dans plusieurs pays. Pour d'autres entreprises canadiennes, l'exportation représente un moyen de survie (*voir encadré 13.1*). Ces entreprises sont parfois dotées d'installations de production qui, pour être rentables, exigent une percée sur les marchés extérieurs. Leur spécialisation est telle que la prospérité ne peut être atteinte par l'ensemble des ventes en sol canadien. Les entreprises du secteur de l'industrie nucléaire ou de la pharmacologie en constituent des exemples. Les marchés internationaux représentent donc des lieux de prédilection pour les entreprises qui cherchent à utiliser toute leur capacité de production.

On ne doit pas s'étonner du fait que plusieurs pays cherchent de plus en plus à s'approprier une part de ce gâteau. Le tableau 13.1 révèle que la part du Canada, en croissance depuis 10 ans, représentait 4,2 % du total des exportations

---

ENCADRÉ 13.1   Étiez-vous au courant ?

HYDRO-QUÉBEC VEUT DOUBLER SES EXPORTATIONS

Hydro-Québec vise d'ici une dizaine d'années à doubler ses exportations mais affirme que ce sera possible seulement si la procédure et les exigences environnementales pour les projets hydroélectriques sont allégées de moitié.

CHARLES CÔTÉ

C'est ce qu'a soutenu hier le grand patron d'Hydro-Québec, André Caillé, à l'occasion d'un colloque sur l'application du protocole de Kyoto.

« On considère qu'on doit produire tout ce qui est nécessaire pour les engagements fermes au Québec, plus 15 térawattsheure (TWh) d'ex-portation nette vers les marchés voisins », a noté M. Caillé en point de presse.

Actuellement, Hydro-Québec exporte environ 6 à 8 TWh d'électricité annuellement. Il s'agit donc de doubler le niveau actuel des exportations. En outre, par le passé, Hydro-Québec visait des exportations de 12 ou 13 TWh. Le nouvel objectif correspond donc à une augmentation de 15 %.

Par comparaison, en 2002, Hydro-Québec a produit 150 TWh d'électricité.

[…]

Source : extrait de *La Presse,* 13 mai 2003, p. A4.

TABLEAU 13.1 Parts (%) dans le commerce mondial de marchandises des principaux pays exportateurs

Année	États-Unis	France	Allemagne	Italie	Royaume-Uni	Japon	Canada	Pays-Bas	Belgique/Luxembourg	Russie
1992	12,0	6,3	11,5	4,8	5,1	9,1	3,6	3,8	3,3	1,0
1993	12,4	5,6	10,2	4,8	4,8	9,7	3,9	3,7	3,2	s.o.
1994	12,2	5,6	10,1	4,5	4,9	9,4	3,9	3,7	3,3	1,2
1995	11,6	5,7	10,1	4,6	4,8	8,8	3,8	3,9	3,3	1,6
1996	11,8	5,8	9,9	4,8	5,0	7,8	3,8	3,7	3,2	1,3
1997	12,6	5,2	9,4	4,4	5,2	7,7	3,9	3,5	3,1	1,2
1998	12,6	5,6	10,0	4,5	5,0	7,2	4,0	3,7	3,3	5,0
1999	12,4	5,3	9,6	4,1	4,8	7,5	4,2	3,6	3,1	1,3
2000	12,3	4,7	8,7	3,7	4,5	7,5	4,3	3,3	2,5	1,7
2001	11,9	5,2	9,3	3,9	4,4	6,6	4,2	3,7	1,8	1,7
2002	10,7	5,1	9,5	3,9	4,3	6,5	3,9	3,8	3,3	1,7

Sources : GATT. *Le Commerce international 91-92,* vol. 1 ; 91-92 ; 90-91 ; 89-90 ; 88-89 ; 87-88 ; ORGANISATION MONDIALE DU COMMERCE. *Rapport annuel* (1996, 1997 et 1998), Statistiques du commerce international ; ORGANISATION MONDIALE DU COMMERCE (OMC). Statistiques commerciales, Statistiques du commerce international pour 1999 à 2002 ; http://www.wto.org/french/res_f/statis_f/statis_f.htm.

effectuées par les principaux pays exportateurs en 2001, mais qu'elle a diminué légèrement en 2002. Le montant total des exportations en valeur ($) a augmenté (*voir tableau 13.2*), et la participation du Canada s'avère assez dynamique en matière d'exportations mondiales.

Pour ce qui est des produits énergétiques, on enregistre une croissance importante, comme on peut le constater au tableau 13.3 (*voir page 407*). Cependant, pour les produits forestiers, on note une certaine stagnation des exportations (*voir encadré 13.2* pour obtenir des statistiques propres au Québec).

TABLEAU 13.2 Volume des exportations canadiennes (en millions de dollars canadiens)

Année	Volume	Année	Volume
1992	163 464 000	1998	327 161 500
1993	190 213 000	1999	369 034 900
1994	228 167 000	2000	430 033 100
1995	264 751 000	2001	421 518 800
1996	279 701 000	2002	414 305 100
1997	303 378 200		

Sources : STATISTIQUE CANADA. Matrices 3685 et 3651 pour 1992 à 1996 et Importations et exportations sur la base de la balance des paiements, CANSIM, tableaux 228-0001, 228-0002 et 228-0003 pour 1997 à 2002, http://www.statcan.ca/francais/Pgdb/gblec02a_f.htm.

ENCADRÉ 13.2   Un cas particulier du commerce international québécois

Exportations et importations du Québec (janvier 2002 et 2003 en M$ courants)

	Exportations		Importations	
	2002	2003	2002	2003
Total	5801	5879	4695	5067
25 principaux pays (incluant É.-U.)	5652	5756	4218	4528
États-Unis	5012	4828	1897	1902
25 principaux produits	3779	4004	2846	3068

Principaux marchés d'exportation du Québec (2001 et 2002 en K$)

	2001	2002	Variation en %
États-Unis	60 019 334	57 343 766	−4,5
Allemagne	1 142 510	1 230 299	7,7
Royaume-Uni	1 666 125	1 109 842	−33,4
France	911 576	937 921	2,9
Pays-Bas	727 602	800 225	10
Chine	704 329	690 369	−2
Japon	610 756	682 573	11,8
Espagne	291 328	434 510	49,1
Italie	365 841	370 220	1,2
Mexique	260 915	329 512	26,3

Principaux marchés d'importation du Québec (2001 et 2002 en K$)

	2001	2002	Variation en %
États-Unis	26 950 093	26 026 619	−3,4
Royaume-Uni	6 223 230	4 630 399	−25,6
Chine	2 746 649	3 434 842	25,1
Japon	2 684 405	2 975 609	10,8
Allemagne	2 264 857	2 532 271	11,8
France	2 470 945	2 273 650	−8
Mexique	2 361 849	2 206 618	−6,6
Norvège	1 578 531	1 856 195	17,6
Algérie	1 144 239	1 723 447	50,6
Italie	1 254 295	1 251 563	−0,2

Source : Institut de la statistique du Québec.

TABLEAU 13.3 **Les principales marchandises exportées par le Canada (en millions de dollars canadiens)**

Marchandise	1998	1999	2000	2001	2002
Produits de l'agriculture et de la pêche	25 039,7	25 612,3	27 673,5	31 130,4	30 917,0
Produits énergétiques	23 812,4	29 876,4	53 157,8	55 748,6	49 542,0
Produits forestiers	35 440,5	40 082,7	42 755,3	40 196,4	37 197,9
Biens et matières industriels	59 169,7	59 848,7	68 124,2	67 981,9	70 232,5
Machinerie et équipement	80 704,0	88 676,8	110 280,3	102 947,9	97 303,8
Produits de l'automobile	78 461,5	97 291,7	98 112,5	92 866,3	97 030,3
Autres biens de consommation	12 565,6	13 985,0	15 224,0	16 290,8	17 669,1

Source : STATISTIQUE CANADA. Exportations de biens sur la base de la balance des paiements, CANSIM, tableaux 228-0001, 228-0002 et 228-0003, http://www.statcan.ca/francais/Pgdb/gblec04_f.htm.

L'importance du marketing international

Pour le Canada, tout comme pour bon nombre de pays, les activités d'importation et d'exportation sur les marchés internationaux représentent une réalité économique importante.

Comme l'illustre le tableau 13.4, à la page 408, en 2002, au Canada, 35,6 % du produit intérieur brut (PIB[1]) était vendu sur les marchés internationaux. Une étude plus approfondie de ces données met en évidence une progression jusqu'en 2000, puis une diminution et un retour, en 2002, au même niveau qu'en 1998. Le Royaume-Uni et les États-Unis ont connu une légère diminution de leurs activités de commerce extérieur en fonction de leur PIB. En contrepartie, le ratio des importations au Canada a connu une baisse, passant de 33,2 % à 30,7 % du PIB. Les Canadiens consomment donc de moins en moins de produits et de services (en pourcentage) provenant de l'extérieur du Canada.

Le commerce international est une affaire de relations entre pays. Dans plusieurs cas (*voir tableau 13.5, page 409*), il consiste en des échanges commerciaux dont le but est de satisfaire les deux pays partenaires.

En 2002, les États-Unis accaparaient 83,8 % du total des exportations canadiennes. Ce pays était à l'origine de 91,5 % des importations totales du Canada. Il s'agit d'une relation commerciale capitale pour les deux parties. La proximité des deux pays (quelques heures de route) constitue l'un des facteurs les plus importants qui justifient ces pourcentages élevés. Les États-Unis représentent un marché composé de près de 291 millions d'habitants vivant dans l'un des pays les plus prospères du monde. Ces consommateurs constituent donc un marché lucratif pour les entreprises qui cherchent à développer un mode de pénétration international.

http://www.governo.it
http://www.tlfq.ulaval.ca/axl/europe/royaumeuni.htm
http://www.gov.uk/Home/Homepage/fs/en
http://www.jetro.go.jp

http://www.maeci.gc.ca

http://usinfo.state.gov
http://www.commerce.gov

TABLEAU 13.4 L'importance du commerce international relativement au PIB : quelques pays

Exportations en fonction du PIB (%)

Année	États-Unis	France	Allemagne	Italie	Royaume-Uni	Japon	Canada
1998	7,6 %	20,9 %	25,1 %	20,2 %	19,1 %	9,5 %	35,7 %
1999	7,4 %	20,9 %	25,7 %	19,9 %	18,4 %	9,0 %	37,5 %
2000	7,9 %	22,7 %	29,3 %	22,4 %	19,8 %	9,7 %	40,0 %
2001	7,1 %	22,4 %	30,7 %	22,2 %	19,4 %	9,3 %	38,0 %
2002	6,6 %	21,4 %	30,2 %	21,4 %	18,2 %	9,8 %	35,6 %

Importations en fonction du PIB (%)

Année	États-Unis	France	Allemagne	Italie	Royaume-Uni	Japon	Canada
1998	11,1 %	19,2 %	21,5 %	17,2 %	21,6 %	6,6 %	33,2 %
1999	11,1 %	19,6 %	22,4 %	18,0 %	21,4 %	6,3 %	33,4 %
2000	12,5 %	22,6 %	26,2 %	21,5 %	23,0 %	7,2 %	34,1 %
2001	11,4 %	22,3 %	26,0 %	20,8 %	22,7 %	7,6 %	32,1 %
2002	11,1 %	21,0 %	24,0 %	20,1 %	21,3 %	7,4 %	30,7 %

Source : THE ECONOMIST INTELLIGENCE UNIT. *Country Report* (pour tous les pays du tableau), http://db.eiu.com/topic_view.asp ?Pubcode=CR&title :Country+Report.

Les modes de pénétration des marchés internationaux

http://www.globalisationguide.org

Il existe différentes façons d'exploiter le marché international. Elles se situent sur un continuum dont l'une des extrémités est l'exportation et l'autre, l'implantation à l'étranger. Les étapes intermédiaires se composent de l'octroi de licence et de l'entreprise en copropriété. Peu importe l'approche, les décisions sont d'une importance capitale en raison des ressources requises et de l'engagement de l'entreprise et de ses dirigeants dans la mondialisation des marchés. Regardons maintenant de plus près chacune des étapes du continuum.

L'exportation

Exportation
Vente de produits à des clients d'un pays étranger.

L'**exportation** constitue habituellement le premier moyen que retiennent la majorité des entreprises qui tentent d'agrandir leur marché. Elle consiste à pénétrer un marché avec une stratégie de marketing conçue à l'extérieur de ce nouveau marché (*voir encadré 13.3, page 410*).

Il existe différents types d'entreprises exportatrices. Il y a d'abord l'entreprise qui exporte de façon irrégulière en réponse aux commandes reçues de l'étranger. Il y a ensuite l'entreprise qui exporte de façon irrégulière par l'entremise de commandes qu'elle tente d'obtenir à l'étranger. Ce type d'exportation s'avère plus audacieux, puisque l'entreprise cherche à accroître sa clientèle au lieu de l'attendre passivement.

TABLEAU 3.5 Les marchés d'exportation et d'importation du Canada

Marchés d'exportation (%)

Année	États-Unis	Japon	Royaume-Uni	Union européenne	Autres
1993	78,4	4,8	1,7	4,6	8,7
1994	79,3	4,7	1,6	4,1	8,2
1995	77,7	5,0	1,7	5,2	8,9
1996	79,5	4,5	1,6	4,6	8,1
1997	79,9	3,9	1,5	4,4	7,3
1998	82,3	3,0	1,6	4,3	6,0
1999	83,8	2,7	1,6	3,9	5,3
2000	83,5	2,6	1,7	3,9	5,4
2001	83,5	2,4	1,7	4,0	5,4
2002	83,8	2,5	1,5	4,0	5,3

Marchés d'importation (%)

Année	États-Unis	Japon	Royaume-Uni	Union européenne	Autres
1993	73,5	4,8	2,5	5,4	11,1
1994	77,1	4,1	2,4	5,7	10,0
1995	75,0	3,7	2,1	6,7	9,0
1996	75,7	3,0	2,3	6,3	8,8
1997	76,1	3,1	2,2	6,5	7,9
1998	77,1	3,2	2,0	6,3	7,7
1999	76,3	3,2	2,4	6,3	7,7
2000	73,6	3,2	3,4	5,8	8,7
2001	72,7	3,0	3,4	6,6	8,9
2002	71,5	3,3	2,9	7,3	9,5

Sources : STATISTIQUE CANADA. CANSIM, Matrices 3651 et 3685, pour 1993 à 1996 ; STATISTIQUE CANADA. Importations et exportations sur la base de la balance des paiements, CANSIM, tableaux 228-0001, 228-0002 et 228-0003, pour 1997 à 2002, http://www.statcan.ca/francais/Pgdb/gblec02a_f.htm.

Enfin, il y a l'entreprise qui exporte de façon continuelle. L'exportation fait alors partie de ses activités courantes.

L'exportation est utilisée à plusieurs fins : comme stratégie de croissance afin de minimiser les risques d'affaires ou parce que le niveau des ventes de l'entreprise ne nécessite pas une implantation à l'étranger.

L'octroi de licence

On parle d'un octroi de licence (*licensing*) lorsqu'une entreprise, celle qui accorde la licence, permet à une autre, l'entreprise licenciée, d'utiliser un brevet, une marque de commerce ou un procédé de fabrication, en contrepartie duquel elle tire un revenu sous forme de redevances. Ce type d'entente est fréquent dans la plupart

ENCADRÉ 13.3 Exportation 101

EXPORTER, CE N'EST PAS SORCIER MAIS...

ANTOINE J. PANET-RAYMOND
Collaboration spéciale

Impossible de nos jours d'ignorer la mondialisation et ses conséquences. Le propriétaire de PME n'y échappe pas.

D'une part, la mondialisation favorise peut-être trop les multinationales, ce qui signifie pour ce dernier une concurrence accrue et la perte possible de marchés traditionnels.

D'autre part, la mondialisation offre de nombreuses occasions d'affaires. Mais... vendre sur les marchés étrangers a ses exigences et la PME qui désire exporter doit savoir s'y prendre pour réussir. Voici quelques conseils pour guider celle qui est tentée par l'aventure.

Il faut d'abord être prêt à exporter. Cela signifie être prêt à investir le temps nécessaire pour se préparer à pénétrer un nouveau marché. Combien d'entreprises se découragent lors des premiers problèmes rencontrés, par exemple, lorsque les marchandises expédiées se trouvent soudainement bloquées à la frontière!

Un peu de planification peut éviter ces désagréments. Certains entrepreneurs croient, à tort, que les marchés extérieurs sont des débouchés rêvés pour écouler leur surplus d'inventaire.

Grave erreur! D'abord, l'opération risque de se révéler plus coûteuse que profitable. Ensuite, ces tactiques mettent en danger la réputation du Québec et nuiront à tous à long terme, y compris l'entrepreneur.

La clé du succès à l'exportation est de planifier chaque étape avec soin et de connaître les intervenants qui peuvent en faciliter le déroulement.

En ce qui a trait à l'aide disponible, plusieurs PME se sont prévalues du programme NEXPRO offert par la Banque de Développement du Canada conjointement avec d'autres instances gouvernementales[1]. Ce programme s'adresse surtout aux entreprises n'ayant aucune expérience à l'exportation. Il faut mentionner également les nombreuses séances de formation offertes par le World Trade Centre de Montréal et Industrie et commerce du Québec. Les cégeps et universités proposent aussi des cours dans ce domaine.

Des étapes à suivre

Quant à la planification, voici quelques étapes à suivre pour mieux réussir à l'exportation.

1. Être bien établi dans son marché local, avoir une situation financière saine et surtout choisir d'exporter comme une stratégie d'expansion.
2. Faire le point sur ses forces, ses faiblesses et connaître sa concurrence afin de s'en démarquer et ainsi offrir un produit ou service meilleur avec des avantages concurrentiels précis. De plus, il faut évaluer objectivement son produit et s'assurer qu'il peut s'adapter à des normes différentes. Par exemple, un moteur électrique doit pouvoir fonctionner à 220 volts si on désire l'exporter en Europe. Le produit doit aussi s'adapter à un contexte culturel différent, qu'il s'agisse d'étiquettes en une langue différente ou même du design du produit. Les jus de fruits vendus par Lassonde en Chine ont un goût différent et sont dans un emballage spécialement conçu pour ce marché.
3. Viser au départ un seul marché et y consolider sa présence. Par la suite, un deuxième et un troisième marché peuvent être envisagés.
4. Étudier à fond le marché cible: la concurrence présente, le profil des clients ciblés, les barrières tarifaires (taxes douanières) et non-tarifaires (normes en vigueur dans le marché ciblé) et autres obstacles à contourner. Les délégués du Québec et du Canada en poste dans le marché visé peuvent vous aider à ce titre. En outre, l'exportateur doit visiter le marché ciblé soit lors d'une mission commerciale ou à l'occasion d'une foire afin de se rendre compte sur place de ses particularités.
5. Choisir avec soin un canal de distribution approprié: plusieurs entreprises québécoises offrant des produits de consommation courante (produits alimentaires, cosmétiques, etc.) vendent leurs produits à un distributeur qui est responsable de les revendre aux consommateurs ultimes. Le fabricant de produits industriels exporte par l'entremise d'un agent situé sur le marché extérieur qui sollicite la clientèle en retour d'une commission sur les ventes conclues.
6. Établir un prix concurrentiel en tenant compte des frais de transport, de douanes, du taux de change, etc.
7. Livrer la marchandise dans les délais promis.
8. Faire un suivi diligent avec ses nouveaux clients, ce qui veut dire les visiter souvent afin de mieux les connaître et de s'assurer qu'ils sont satisfaits de leurs achats.

Chez le voisin et ailleurs

Les PME qui réussissent débutent la plupart du temps sur le marché américain. La proximité géographique

ENCADRÉ **13.3** Exportation 101 (*suite*)

et une certaine affinité culturelle facilitent ce choix. Mais peu importe le marché, il faut respecter la démarche proposée et ne pas sauter les étapes.

Plusieurs entreprises telles MAAX, de Sainte-Marie de Beauce (fabricant de baignoires et douches en fibre de verre), ou CORECO, située à Montréal (fabricant d'outils de vision informatisée) vendent leurs produits à travers le monde. Leurs stratégies

d'exportation ont été planifiées avec soin et l'approche qu'elles ont prise était rigoureuse.

Il y a quelques années au Québec, nos instances gouvernementales répétaient aux PME «Exporter, ce n'est pas sorcier»! En effet, une approche de vente à l'international est, en somme, l'application d'un plan marketing bien songé, mais – et c'est là la grosse différence – mis en œuvre dans un

environnement économique, culturel et politique différent.

Le but de la PME exportatrice est toujours le même : satisfaire son client et s'assurer que les étapes à suivre sont franchies en connaissance de cause. En adoptant une approche méthodique, les difficultés sont plus facilement identifiées et contournées.

1. Pour en connaître davantage sur les programmes d'aide à l'exportation : exportsource.gc.ca.

Source : La Presse, 11 novembre 2002, p. D3.

des secteurs industriels. Par exemple, on a utilisé le procédé de fabrication de la bière Ice de la Brasserie Labatt à l'extérieur du Canada.

L'octroi de licence offre la possibilité de pénétrer un nouveau marché sans que l'entreprise ait à investir d'importantes sommes d'argent ; c'est là son principal avantage. Toutefois, et c'est là un inconvénient majeur, le contrat est d'une durée limitée. Lorsque le contrat est échu, le licencié continue la plupart du temps d'exploiter le même domaine puisqu'il connaît la façon de fabriquer le produit et de le vendre. Les deux entreprises deviennent alors concurrentes.

http://www.labatt.com
http://airbus.com/
dynamic/product/
index_h.asp

L'entreprise en copropriété

Une entreprise en copropriété, ou coentreprise (*joint venture*), voit le jour lorsque deux ou plusieurs entreprises de produits ou de services s'unissent afin de créer une nouvelle société à laquelle chacune participe en vertu d'ententes contractuelles. Le fabricant d'avions Airbus constitue un exemple d'entreprise en copropriété.

L'avantage de la coentreprise demeure la répartition des risques avec une entreprise qui possède la compétence, la capacité de production et le marketing adaptés au marché visé. Toutefois, cette forme d'entente n'est pas universellement acceptée. En effet, certains pays ne l'encouragent pas et vont même jusqu'à l'interdire légalement dans certains secteurs d'affaires jugés stratégiques. Il serait impensable pour une entreprise canadienne ou américaine spécialisée dans l'armement de se joindre à une entreprise libyenne afin de mettre sur pied une «entreprise en copropriété.

http://
www.imarabe.org/
perm/mondearabe/
pays/libye-index.html

L'implantation à l'étranger

L'entreprise désirant pénétrer un marché peut également s'implanter à l'étranger. Il s'agit d'une décision relativement importante puisque, d'une part, des capitaux énormes seront en jeu et que, d'autre part, le processus se révélera à peu près irréversible. Cette décision peut être volontaire ou, jusqu'à un certain point, forcée.

L'implantation est volontaire pour l'entreprise qui y voit un moyen efficace de réduire ses coûts, les frais de transport, par exemple. Cependant, si le gouvernement étranger recommande fortement à l'entreprise de s'implanter dans son pays parce qu'elle désire y exercer une activité économique, il s'agira d'une décision forcée. Le gouvernement du pays hôte offrira souvent des subventions alléchantes et des conditions qui séduiront l'entreprise pour permettre à certains de ses citoyens de travailler et d'accroître l'activité économique du pays.

Multinationale
Entreprise qui a des activités dans plusieurs pays.

L'entreprise implantée dans cinq pays ou plus porte le nom de **multinationale.** Ce genre d'entreprise a souvent été l'objet de critiques plutôt négatives. Les multinationales contrôlent une part importante de l'activité économique mondiale, les entreprises canadiennes y contribuant par leurs investissements à l'étranger (*voir tableau 13.6*). Selon la vague actuelle de fusions d'entreprises, bien qu'elle soit moins importante qu'au tournant du millénaire, tout indique que ce genre d'entreprise sera dominant.

TABLEAU 13.6   **L'investissement manufacturier canadien à l'étranger par industrie et par pays (1998-2002)**

Par industrie

Année	Bois et papier	Énergie et métaux	Machinerie et matériel de transport	Finances et assurance	Services et commerce de détail	Autres
1998	3 %	22 %	4 %	33 %	12 %	26 %
1999	3 %	21 %	3 %	36 %	10 %	27 %
2000	2 %	19 %	6 %	34 %	13 %	26 %
2001	2 %	19 %	7 %	38 %	14 %	21 %
2002	2 %	19 %	6 %	41 %	12 %	19 %

Par pays

Année	États-Unis	Royaume-Uni	Japon et autres OCDE	Autres UE	Tous les autres
1998	51 %	9 %	6 %	11 %	23 %
1999	52 %	9 %	6 %	10 %	24 %
2000	50 %	10 %	7 %	11 %	22 %
2001	48 %	10 %	8 %	11 %	22 %
2002	47 %	10 %	10 %	13 %	20 %

Source : STATISTIQUE CANADA. *Bilan des investissements internationaux du Canada* (rapport 67-202), http://dsp.pwgsc.gc.ca/dsp-psd/Pilot/statcan/67-202-XIB/67-202-XIB-f.html.

La stratégie de marketing international

Peu importe le mode de pénétration retenu, l'entreprise devra élaborer une stratégie de marketing international. Il n'existe aucune différence fondamentale pour l'entreprise entre le marketing national et le marketing international, si ce n'est que celui-ci s'adresse à un marché extérieur. Les tâches qui l'attendent seront les mêmes : une étude du marché choisi et de ses environnements et l'élaboration d'un marketing mix visant à satisfaire ce marché.

Lorsque les entreprises élaborent leurs stratégies de marketing international, certaines marginalisent les différences entre les marchés et banalisent leurs stratégies. Dès lors, elles adoptent une approche plus globale et pratiquent ce qu'il est maintenant convenu d'appeler le **marketing global.** À l'opposé, d'autres firmes exploitent les différences entre les marchés et privilégient le marketing régional. Les deux approches sont valables. Le choix de l'une ou l'autre dépendra de la situation de l'entreprise : ressources, marchés cibles, concurrence, etc.

Marketing global
Approche globale des stratégies de mise en marché, de publicité et de vente.

L'analyse du marché et de ses environnements

S'il est des dimensions importantes à connaître, ce sont les diverses facettes – environnements social et culturel, environnements politico-juridique et économique –

TENDANCES MARKETING

Peu importe la stratégie, l'entreprise devra faire de la prospection de marché. Le Web sera un allié de plus en plus présent dans cette quête d'information. Même le journaliste Yan Barcelo parle de l'information comme du nerf de la guerre. Attendez-vous donc à surfer. Et voici les sites qui, à son avis, seront les plus consultés :

- Agence canadienne de développement international (ACDI) : www.acdi-cida.gc.ca
- Association des maisons de commerce extérieur du Québec (AMCEQ) : www.amceq.org
- Association canadienne des importateurs et exportateurs Inc. : www.importers.ca
- Corporation commerciale canadienne (CCC) : www.ccc.ca
- Club d'exportation du Haut-Richelieu, des Jardins de Napierville, du Roussillon inc. : www.exportaction.qc.ca
- Exportation et développement Canada (EDC) : http://www.edc.ca/edc_flash.htm
- Manufacturiers et Exportateurs du Canada (MEC) : www.cme-mec.ca
- Ministère des Affaires extérieures et du Commerce international : www.maeci.gc.ca
- Montréal International :
- World Trade Centre Montréal (WTC Montréal) : www.wtcmontreal.com

Source : BARCELO, Yan. « Le meilleur allié de l'exportateur : le Web », *La Presse,* 25 octobre 2003, p. C11.

dites « incontrôlables » de l'environnement des marchés avec lesquels l'entreprise désire effectuer une activité internationale. Bon nombre d'échecs de certaines entreprises, et même de multinationales rompues à ce genre de transactions relatives à la mise en marché, sont attribuables à la méconnaissance de l'environnement de ces marchés[2].

Examinons brièvement les principaux aspects incontrôlables de l'environnement de l'entreprise en situation de marketing international.

L'environnement social et culturel

L'analyse de l'environnement social et culturel porte sur différents aspects du style de vie des individus qui font partie du marché visé. Adapter la stratégie de marketing de l'entreprise aux différents traits culturels des autres pays représente la tâche la plus importante et la plus stimulante qui soit pour le responsable du marketing international[3]. Il est important pour le responsable du marketing de reconnaître les caractéristiques culturelles des pays avec lesquels il fait des affaires, de même que celles des pays qu'il considère comme des clients éventuels. Parfois, de simples détails peuvent représenter des différences énormes (*voir encadré 13.4*).

Principalement, le responsable du marketing doit définir les différences en ce qui concerne la religion, la famille, l'éducation et les systèmes sociaux[4]. La religion, que ce soit le catholicisme, le protestantisme ou une autre, peut influer sur les agissements d'un individu. Par exemple, un musulman qui suit les préceptes de sa religion ne mangera pas de viande de porc ; une entreprise qui tenterait de vendre du

http://
www.bundespraesident.
de
http://
www.lehman.cuny.edu/
depts/langlit/french/
afrique.html

ENCADRÉ 13.4 — L'influence de la culture sur la façon de faire des affaires

UN COMPORTEMENT FAIT L'OBJET D'UNE PERCEPTION DIFFÉRENTE SELON LE PAYS OÙ IL APPARAÎT. LES EXEMPLES SUIVANTS PEUVENT DONNER DES PROBLÈMES À UN RESPONSABLE DU MARKETING NON AVERTI.

Langage corporel

Se tenir les mains sur les hanches est perçu comme un geste de défi en Indonésie.

Participer à une conversation en ayant les mains dans les poches n'est pas bien vu en France, en Belgique, en Finlande et en Suède.

Hocher la tête de droite à gauche signifie « oui » en Bulgarie et au Sri Lanka.

Croiser les jambes de façon à montrer ses semelles est inacceptable dans les pays musulmans.

Contact physique

Tapoter la tête d'un enfant est un crime grave en Thaïlande et à Singapour, où la tête est perçue comme le foyer de l'âme.

En Orient, le fait de toucher une personne est considéré comme une invasion de sa vie privée alors qu'en Europe méridionale et dans les pays arabes, ce geste démontre de l'affection et de l'amitié.

Ponctualité

La ponctualité est une marque de respect au Danemark et en Chine.

Dans les pays latins, on peut surprendre son hôte ou son associé d'affaires si l'on est ponctuel. Il y a même des chances qu'il ne soit pas prêt !

À table

Laisser quelque chose dans son assiette est une impolitesse en Norvège, en Malaisie et à Singapour. Ne rien laisser dans son assiette est impoli en Égypte.

bacon dans un pays musulman irait à l'encontre des mœurs de ses habitants (*voir encadré 13.5*).

Il en est de même pour la famille où, dans certains pays, le rôle de la mère est relégué au second plan.

L'éducation constitue un élément important. Les Allemands et les Anglais ont un niveau de scolarité moyen comparable à celui des Canadiens. L'approche choisie en fonction des consommateurs de ces marchés sera différente de celle mise au point pour un pays d'Afrique, où le système d'éducation est moins développé.

Quant au système social, il se compose d'éléments comme les valeurs, l'importance du statut, les symboles, le prestige recherché, bref, les facteurs inhérents au rang d'un individu dans la société. Ces différents éléments influent sur le consommateur. Ils doivent faire l'objet d'une recherche de la part de toute entreprise, PME ou multinationale, qui désire faire des affaires sur les marchés internationaux.

http://www.aecl.ca

L'environnement politico-juridique

L'environnement politico-juridique se compose de l'étude des lois, des règlements et des modalités qui limitent ou qui favorisent le commerce international. La particularité de cet environnement est qu'il est présent sur trois plans en ce qui concerne l'entreprise.

ENCADRÉ 13.5 Avis aux intéressés !

LE NOM D'ALLAH FOULÉ AUX PIEDS

ASSOCIATED PRESS

PÉKIN – Un fabricant de chaussures de sport du sud de la Chine a confirmé hier qu'il était contraint de rappeler une cargaison de chaussures après s'être rendu compte qu'elles portaient une inscription en arabe reprenant le nom de Dieu – ce qui est profondément insultant pour les musulmans.

L'erreur était involontaire et a été réparée dès qu'elle a été remarquée, a souligné un responsable de la société Aile Group Shulemei Shoe and Plastic. Cette société de Hong Kong est installée à Gouxi, un village situé près de Jinjiang, dans la province de Fujian, dans le sud-est de la Chine.

Ce responsable a simplement donné son prénom, Mao, et précisé qu'il était le secrétaire du directeur général.

Mao a expliqué que ces chaussures de sport ont été lancées pour un test sur le marché intérieur au début de l'année et n'ont jamais été exportées à l'étranger. Toutefois, le ministère du Commerce d'Arabie saoudite a publié un communiqué à la fin de la semaine dernière annonçant sans plus de détail que cette société avait été placée sur une liste noire.

Les musulmans considèrent les chaussures comme sales et les enlèvent à l'entrée des mosquées.

Les autorités chinoises ont constaté la bourde en inspectant les chaussures sur un marché local et ordonné à l'usine de rappeler les produits et d'arrêter immédiatement leur production, a dit Mao. Il a refusé de dire comment cette erreur avait pu se produire. «Nous n'avons jamais voulu humilier les autres pays ou leur population. C'est une erreur due à une incompréhension culturelle. Nous avons retenu la leçon», assure Mao.

Source : La Presse, 9 juillet 2002, p. B6.

En premier lieu, l'entreprise doit connaître le rôle que peut jouer son propre gouvernement. Par exemple, le gouvernement du Canada est en mesure d'interdire la vente d'un réacteur nucléaire Candu par Énergie atomique du Canada limitée (EACL) si le pays acheteur ne veut pas signer le traité de non-prolifération nucléaire.

Viennent ensuite les positions qu'adoptent les pays étrangers. Nombre d'entre eux ont édicté une série de règlements qui visent à empêcher les autres pays d'exporter chez eux ou qui les obligent à modifier leurs produits (ou d'autres variables du marketing mix). Par exemple, une automobile fabriquée au Canada ou ailleurs dans le monde et exportée en Californie devrait satisfaire aux normes antipollution particulières à cet État.

Enfin, il existe des associations internationales dont les pays peuvent devenir membres. Ces associations établissent des règlements relatifs au commerce international. Les accords de l'Organisation mondiale du commerce (OMC), anciennement le GATT (General Agreement on Tariff and Trade), accordent des réductions de tarifs douaniers aux pays membres (*voir encadré 13.6*).

ENCADRÉ 13.6 Apprendre à connaître cette organisation

L'HEURE JUSTE SUR L'OMC

La vie économique

CLAUDE PICHER

[Première partie]

Dans une semaine s'ouvrira à Montréal un minisommet de l'Organisation mondiale du commerce (OMC). Quelque 25 pays, plus l'Union européenne, y participeront.

Déjà, les militants antimondialisation se préparent à provoquer des affrontements violents avec la police, avec l'intention manifeste de forcer l'annulation de la réunion.

À en croire certains, l'OMC ne serait rien de moins que le mal incarné, le centre d'un sombre complot visant à asservir les gouvernements, à piller les ressources des pays pauvres et à polluer l'environnement, tout cela évidemment au profit des multinationales américaines.

À quelques jours du minisommet, il serait peut-être pertinent de revoir ce qu'est l'OMC, comment elle a été créée, comment elle fonctionne et, surtout, si ces accusations sont justifiées.

L'OMC a vu le jour en 1995; elle compte aujourd'hui 146 pays membres, représentant plus de 90 % du commerce mondial. Seuls les pays peuvent devenir membres, et seuls les représentants de ces pays (ministres, hauts fonctionnaires, parfois chefs d'État ou de gouvernement) peuvent participer à ses travaux. Le mandat de l'OMC n'a rien d'obscur ou de secret. Il vise à favoriser le développement des échanges internationaux, notamment en luttant contre le protectionnisme. On ne peut pas être plus clair.

Le protectionnisme (qui consiste à «protéger» son industrie en entravant la concurrence des produits étrangers) a été un des grands responsables de plusieurs conflits meurtriers, dont la guerre de Sécession américaine et les deux guerres mondiales. Il a fortement contribué à l'expansion coloniale européenne et à la grande dépression des années 30.

En 1947, sur les décombres de l'Europe exsangue, 23 pays se sont réunis à Genève pour repenser le commerce international. Tous ont reconnu que les barrières tarifaires de l'époque n'avaient aucun sens. Ainsi est né le GATT (General Agreement on Tariffs and Trade, ou, en français, l'Accord général sur les tarifs douaniers et le commerce), qui fera plus ou moins office de gendarme du commerce international jusqu'à sa dissolution, en 1995.

Il n'y a aucun doute que le GATT a été le véritable moteur du développement des échanges pendant 48 années d'existence. En 1949, le tarif moyen qui frappait le commerce international de marchandises se situait à 40 %. En 1995, ce tarif moyen était descendu sous les 8 %. Pendant la même période, la part des exportations dans le produit intérieur brut (PIB) mondial est passée de 8 % à 27 %, un niveau jamais atteint de toute l'histoire de l'humanité.

Cette explosion a permis à de nombreux pays pauvres de se hisser

ENCADRÉ **13.6** Apprendre à connaître cette organisation (*suite*)

au rang des pays dits émergents, et même, dans plusieurs cas, d'entrer dans le club des pays riches. À partir du moment où ils ont eu un accès plus facile aux marchés des pays riches, dans les années 60, la Thaïlande, la Malaisie, la Tunisie, Taïwan, le Chili, le Brésil et, à partir des années 90, la Pologne, l'Estonie, la Hongrie, la Slovénie, la République tchèque, entre autres, ont connu une augmentation spectaculaire de leur revenu par habitant.

Un des cas les plus probants est sans aucun doute celui de la Corée du Sud, dont le PIB, en 1965, était l'équivalent des quatre provinces canadiennes de l'Atlantique; aujourd'hui, le PIB sud-coréen a la même taille que celui du Canada. Ce rapide enrichissement, qui est allé de pair avec la démocratisation des institutions, est essentiellement attribuable à l'ouverture des marchés et à l'explosion des exportations.

Une chose qui semble échapper aux militants antimondialisation, c'est que l'ouverture des marchés favorise surtout les partenaires les moins riches. L'expérience européenne, à cet égard, est éloquente. L'Union européenne est la plus ancienne et la plus avancée des zones de libre-échange; or, les pays qui en ont le plus profité sont aussi ceux qui étaient les plus pauvres : Irlande, Portugal, Grèce, sud de l'Italie.

Mais le GATT a mal vieilli.

Lors de sa formation, dans les années 40, des dossiers comme la propriété intellectuelle, la protection de l'environnement, la révolution des télécommunications, les industries culturelles ou la libre circulation des capitaux étaient à peu près inconnus. Dans ces vastes zones grises, le GATT était impuissant.

De plus, s'il a joué un rôle efficace dans la spectaculaire réduction des tarifs douaniers, le GATT n'a pas été capable d'empêcher l'introduction de barrières non tarifaires. Il y a quelques années, en décrétant que les fromages au lait cru posaient un problème de santé publique, le Canada ne faisait rien d'autre que d'imposer une barrière non tarifaire pour protéger l'industrie canadienne du fromage. De la même façon, le Japon a réussi à bloquer l'accès des voitures américaines à son marché pendant des années, en prétextant qu'elles ne répondaient pas aux normes de sécurité japonaises. On pourrait multiplier les exemples de ce genre. À la fin des années 80, plusieurs pays, dont les États-Unis, se moquaient ouvertement du GATT en multipliant les barrières non tarifaires.

Le GATT, par ailleurs, n'a jamais osé s'attaquer de front à l'épineux dossier des subventions agricoles, particulièrement en Europe.

Enfin, le GATT n'a jamais eu qu'une autorité morale, et n'a donc jamais été équipé convenablement pour jouer son rôle de gendarme du commerce international.

Un dépoussiérage était devenu urgent.

C'est dans ce contexte que les 130 pays membres du GATT ont convenu, il y a huit ans, de dissoudre le GATT et de le remplacer par l'OMC.

Pour l'essentiel, l'OMC reprend le même mandat que le GATT, c'est-à-dire de favoriser le développement des échanges internationaux. Depuis sa création, elle a accueilli 16 nouveaux pays membres.

Il existe cependant une grande différence entre les deux. L'OMC est dotée d'une instance décisionnelle pour arbitrer les conflits. C'est donc le prolongement du GATT, mais avec des dents en plus.

Voilà donc, sommairement résumé, comment est née l'OMC.

On peut certes se demander comment il se fait qu'une organisation vouée à la promotion des échanges internationaux fasse l'objet d'une campagne de haine aussi violente. Toutes les expériences montrent pourtant que la libéralisation du commerce profite à tout le monde, et que ce sont souvent les partenaires les plus pauvres qui en profitent le plus.

[Deuxième partie]

[...] Jamais, depuis les débuts de l'humanité, les échanges ont-ils été aussi intenses que maintenant. Ce développement, qui a permis à de nombreux pays du tiers-monde d'augmenter considérablement leur revenu par habitant, est en grande partie attribuable au GATT, qui a été remplacé depuis 1995 par l'Organisation mondiale du commerce (OMC).

Pourtant, même si l'OMC reprend essentiellement le mandat du GATT, c'est-à-dire le développement des échanges internationaux et la lutte contre les entraves au commerce, elle est clouée au pilori par de nombreux militants antimondialisation.

On peut difficilement imaginer assemblage plus hétéroclite que le mouvement antimondialisation. En France, José Bové et Jean-Marie Le Pen partagent les mêmes convictions antimondialistes (et antiaméricaines). C'est dire…

Hélas! Le mouvement antimondialisation est trop souvent associé aux manifestations de violence provoquées par quelques têtes brûlées.

Mais au-delà des émeutiers et des casseurs, il y a, heureusement, des gens qui pensent.

Ainsi, les militants antimondialisation qui ont pris la peine de réfléchir préfèrent maintenant se faire appeler «altermondialistes». C'est un néologisme, certes, mais l'étymologie du mot saute aux yeux. «Mondialiste»

ENCADRÉ 13.6 Apprendre à connaître cette organisation (*suite*)

clame clairement une adhésion à la mondialisation; le préfixe «alter» précise: la mondialisation, mais «autrement», c'est-à-dire oui au développement du commerce, qui est une excellente chose en soi, mais pas au détriment de l'environnement, des spécificités culturelles, des enfants.

Le nouveau président brésilien, Luis Inacio Lula da Silva, représente assez bien cette façon de penser. Compte tenu des ses prises de position, plusieurs radicaux antimondialisation ont tendance à considérer M. Lula da Silva comme leur nouveau héros. Ils risquent d'être déçus. Le président brésilien n'a jamais remis en question l'appartenance de son pays à l'OMC. Au contraire, le Brésil demeure un des acteurs les plus actifs de l'OMC; c'est même un des pays qui participeront au minisommet de Montréal.

De la même façon, le Brésil de M. Lula da Silva n'a jamais envisagé de se retirer des négociations sur la future Zone de libre-échange des Amériques, la ZLEA, au contraire.

Enfin, il n'est pas question, il n'a même jamais été question, de reconsidérer l'appartenance du Brésil au Mercosur, la plus importante zone de libre-échange d'Amérique du Sud.

Comme les 145 autres chefs d'État et de gouvernement qui représentent les pays membres de l'OMC, M. Lula da Silva sait pertinemment que les manifestations violentes ne régleront pas grand-chose.

L'OMC, faut-il le rappeler, est une association de gouvernements légitimes. Contrairement au Fonds monétaire international (FMI) ou à la Banque mondiale, où chaque pays membre se voit attribuer un nombre de votes en fonction de sa contribution (système qui favorise évidemment les membres les plus riches), les décisions, à l'OMC, se prennent par consensus, et chaque pays membre,

peu importe sa taille, a droit à un vote. L'Organisation fournit donc aux petits pays une occasion unique de se faire entendre; sans l'OMC, ils n'auraient aucune voix au chapitre.

Il y a plus. Par l'entremise de son Organe des règlements des différends, l'OMC a ouvert la porte aux revendications légitimes de pays qui n'auraient autrement eu aucune chance d'obtenir justice. Dans une cause célèbre, un pays de taille relativement modeste, comme le Venezuela, a contesté devant l'OMC les restrictions américaines concernant les importations de pétrole vénézuélien, et a gagné; à la suite de cette affaire, les puissants États-Unis ont été obligés de revoir leur réglementation. Dans une autre cause, le Honduras et quelques pays voisins d'Amérique centrale ont fait plier l'Union européenne. Sans le mécanisme de règlement offert par l'OMC, on imagine facilement qui aurait eu le gros bout du bâton.

L'OMC, en fait, ne sert pas seulement à promouvoir la mondialisation, mais cherche aussi à en prévenir les effets secondaires nuisibles. Contrairement à ce que laissent entendre certains militants antimondialisation, ce sont souvent des pays riches, comme le Canada, qui se servent du cadre de l'OMC pour inciter les pays émergents à renforcer leurs normes de travail ou leur réglementation environnementale.

Un des problèmes, dans ce vaste débat, c'est que les militants antimondialisation ont tendance à mêler bien des choses. Deux affirmations, en particulier, reviennent assez souvent:

> Dans les pays qui s'enrichissent grâce à la libéralisation du commerce, l'argent va d'abord dans les poches des riches;

> Malgré le développement du commerce, l'écart continue de se creuser entre pays riches et pauvres.

Le premier argument n'est pas toujours fondé, mais il l'est dans plusieurs cas. C'est notamment ce qui est arrivé au Mexique, qui s'est enrichi de façon spectaculaire depuis son adhésion à l'Accord de libre-échange nord-américain (ALENA), mais où la nouvelle prospérité profite surtout aux milieux favorisés. Mais la répartition des revenus et de la richesse n'a rien à voir avec la mondialisation. Il appartient à chaque État, par l'entremise de ses politiques sociales, fiscales et budgétaires, de voir à la redistribution de la richesse. Le fait est que le libre-échange a enrichi le Mexique. Reste au gouvernement mexicain à faire en sorte que tout le monde en profite.

Quant à l'écart qui continuerait de se creuser entre pays riches et pauvres, c'est loin d'être une vérité absolue. C'est vrai en certains endroits, surtout en Afrique, ce l'est beaucoup moins ailleurs, notamment en Asie et Amérique latine.

Pour ce qui est de l'Afrique, le seul continent qui s'appauvrisse réellement par rapport aux autres, l'OMC représente davantage un espoir qu'une menace. Les subventions agricoles européennes sont une des principales causes du marasme économique de l'Afrique, où l'agriculture représente une activité importante. Or, les Africains sont incapables d'exporter leurs productions agricoles en Europe, parce qu'ils ne sont pas subventionnés et moins concurrentiels. En revanche, les subventions permettent aux producteurs européens d'envahir les marchés africains. D'un point de vue africain, c'est une catastrophe. Les militants antimondialisation ne le savent peut-être pas, mais leur héros José Bové se bat pour le maintien des subventions tandis que l'OMC tente de les supprimer.

Terminons sur une note optimiste. Un pays nord-africain, la Tunisie, a

ENCADRÉ 13.6 Apprendre à connaître cette organisation (*suite*)

signé un traité de libre-échange avec l'Union européenne. En moins de 15 ans, les Tunisiens ont doublé leur produit intérieur brut réel. Cet enrichissement s'est traduit, entre autres, par une nette amélioration des conditions de vie.

Entre 1984 et 2000, le taux d'électrification rurale est passé de 29 % à 85 % (dans l'ensemble du pays, il dépasse 95 %) ; toujours dans les régions rurales, pendant la même période, la proportion de gens ayant accès à l'eau potable est passée de 29 % à 76 %. Depuis deux ans, l'économie tunisienne souffre d'essoufflement, mais cette pause survient après une longue période de forte crois-sance qui a réussi à sortir le pays de la pauvreté. Comme quoi le libre-échange doit bien avoir quelques vertus quelque part…

Source : *La Presse*, 22 juillet 2003 p. D1-D2, et 24 juillet 2003, p. D1-D2.

L'environnement politico-juridique a vécu de grands changements à la fin des années 1980 et au début des années 1990. Dans la foulée de la déréglementation des activités commerciales en Amérique du Nord, en Europe et en Asie, les divers gouvernements se sont consultés et ont proposé l'adoption de différents accords de commerce international.

Il y a bien sûr l'Union européenne (UE), qui a opté pour la libéralisation totale de la circulation autant des biens physiques que des individus parmi les pays membres. Il y a aussi l'euro, qui est utilisé comme moyen de paiement par les citoyens de ces pays depuis 2001. Plus près de nous, il y a l'Accord de libre-échange nord-américain (ALENA) intervenu entre le Canada, les États-Unis et le Mexique. Les Québécois ont été des plus ouverts et ont milité en faveur de l'adoption de l'ALENA.

http://www.state.ca.us/
state/portal/
myca_homepage.jsp

http://www.wto.org/
indexfr.htm

http://
www.europa.eu.int

http://www.maeci.gc.ca/
nafta-alena/menu-fr.asp

L'environnement économique

Quel est le stade de développement économique du pays cible ? Il est important de le savoir, car il permettra de connaître les besoins à satisfaire.

Il existe quatre grands types d'économie que nous analyserons brièvement[5]. En premier lieu, on trouve l'économie de subsistance, qui se caractérise par l'autosuffisance et qui est assurée en partie par la production agricole du pays. Il est possible qu'un pays soit encore à ce stade. Mentionnons certains pays d'Afrique ou d'Amérique du Sud, à titre d'exemples.

En deuxième lieu, on reconnaît un pays dont l'économie est exportatrice de matières premières à sa solide structure industrielle dans le domaine de l'extraction, que contrôlent habituellement des firmes étrangères. Le Chili (cuivre) et le Mexique (pétrole) en constituent deux exemples.

En troisième lieu, dans une économie en cours d'industrialisation, les industries de transformation commencent à jouer un rôle non négligeable dans l'activité économique du pays. L'Inde et l'Égypte constituent des exemples de ce type d'économie. C'est aussi le cas de la Chine. Bien qu'elle soit toujours au stade de l'industrialisation, elle est un joueur de plus en plus important sur les marchés internationaux.

CAPSULE ÉTHIQUE

Il y a de plus en plus d'entreprises qui font produire à l'étranger des biens pour leur marché intérieur. Ainsi, plusieurs pays asiatiques doivent une grande partie de leur développement économique actuel à cette pratique d'affaires.

Malheureusement, ce ne sont pas tous les pays producteurs à faibles coûts qui peuvent offrir des conditions de travail décentes à leurs employés. Certains entrepreneurs locaux sont même accusés d'être des propriétaires de *sweatshops* où adultes et enfants travaillent dans des conditions qui ne seraient pas acceptables au Canada. Toutefois, plusieurs de ces adultes et enfants n'auraient rien à s'offrir si ce n'était de ces emplois.

Il y a donc là tout un dilemme : doit-on encourager ou décourager cette pratique d'affaires ? Qu'en pensez-vous ?

http://
www.presidencia.gob.
mx
http://www.gouv.qc.ca
http://goidirectory.nic.in
http://www.sis.gov.eg
http://www.premier-
ministre.gouv.fr

Le quatrième type, l'économie industrialisée, se caractérise par une activité importante du côté de l'exportation de produits finis et de capitaux à investir. Le Japon, les États-Unis, l'Allemagne, le Canada, la France, l'Italie et la Grande-Bretagne sont des exemples de pays dits industrialisés. Actuellement, les forces économiques des pays industrialisés militent en faveur d'une globalisation des économies nationales. Cependant, les manifestations du *Round* du millénaire à Seattle en décembre 1999, tout comme celles qui se sont produites à Montréal, à Rome et à Devos, pour n'en nommer que quelques-unes, semblent indiquer que la mondialisation des marchés cause des problèmes sociaux, aux yeux des altermondialistes.

Le responsable du marketing doit analyser l'état de la balance commerciale, la situation de la balance des paiements et la position du taux de change du pays concerné. La balance commerciale consiste en la différence entre les exportations et les importations d'un pays. La majorité des pays préfèrent avoir une balance commerciale excédentaire, c'est-à-dire comptant plus d'exportations que d'importations. Le Canada maintient ce type de balance commerciale. À l'opposé, une balance commerciale est déficitaire lorsque les importations sont plus importantes que les exportations.

La balance commerciale influe sur la balance des paiements, qui résulte de la différence entre les entrées et les sorties de devises, une devise étant la monnaie d'un pays, reliées à la vente ou à l'achat de marchandises ou de services. Depuis quelque temps, le Canada a une balance commerciale et une balance des paiements positives.

Le taux de change correspond au prix d'une monnaie par rapport à une autre. Plus une monnaie est recherchée, plus sa valeur augmente : c'est la loi de l'offre et de la demande. Lors d'une transaction impliquant deux unités monétaires, on doit débourser un montant supplémentaire pour obtenir la monnaie la plus recherchée ; ce montant représente le taux de change. La valeur de la monnaie a également une incidence sur la balance commerciale et sur la balance des paiements d'un pays. Actuellement, la monnaie canadienne est une monnaie dévaluée. Par exemple, il en coûtait 1,32 $CAN pour obtenir 1 $US, le 9 novembre 2003 à 7 h. Dans ce contexte, il est plus facile pour le Canada d'exporter ses produits, car l'acheteur donnait, par exemple, 0,76 $US (même jour, même heure) et recevait en retour un dollar de matériel provenant d'une entreprise canadienne.

Une monnaie peut être aussi réévaluée par la banque centrale d'un pays, la valeur de l'unité monétaire étant modifiée à la hausse. Il s'agit d'un phénomène plutôt rare, car cette évaluation à la hausse a pour effet de compliquer les activités de marketing international.

Le marketing mix

Après l'étude du marché et de ses environnements, l'entreprise devra élaborer un marketing mix capable de satisfaire les besoins des consommateurs. Voyons ce deuxième élément de la stratégie de marketing.

La variable produit

Comme nous l'avons vu au chapitre 6, le produit est constitué de plusieurs éléments, tels que les caractéristiques physiques, les caractéristiques intangibles, le service après-vente et la garantie du produit. Quatre situations peuvent se présenter en ce qui concerne ces éléments.

http://www.coke.com

1. Aucune modification n'est requise. Par exemple, un éditeur québécois exporte tel quel un roman en France.
2. On doit apporter une modification mineure à l'un des éléments du produit. Ainsi, Coke a utilisé la marque de commerce « Un bon goût, un joyeux goût » pour ses bouteilles et canettes vendues en Chine[6] (*voir encadré 13.7*).
3. On doit apporter une modification majeure au produit. Sans en changer l'utilité fondamentale, l'entreprise adapte le produit aux goûts des clients ou en fonction d'un aspect de l'environnement dit « incontrôlable ». Ainsi, un fabricant canadien de vêtements de sport qui désirait exporter ses produits au

---

ENCADRÉ 13.7 Les films sont souvent modifiés lorsqu'ils sont exportés

SOPHIE LORAIN ET MICHELINE LANCTÔT DISPARAISSENT DES *INVASIONS* À L'ÉTRANGER

LUC PERREAULT ET HUGO DUMAS

Les deux apparitions de Sophie Lorain au chevet de Rémy Girard dans *Les Invasions barbares* seront soustraites de la version internationale du film de Denys Arcand qui sera projetée à Cannes le 21 mai prochain, a confié à *La Presse* le producteur Daniel Louis. Au total, cette version dite internationale sera amputée de 10 minutes par rapport à la version projetée sur les écrans québécois.

Selon Daniel Louis, associé de Denise Robert à Cinémaginaire, on a voulu alléger le film en retranchant certains détails non indispensables qui risquaient d'être compris uniquement dans un contexte québécois.

[...]

Source : extrait de *La Presse,* 13 mai 2003, p. C1.

http://www.ipl-plastics.com

Royaume-Uni s'est vu, comme la loi le lui permet, exempté des frais de douane[7] parce qu'il n'a utilisé aucune fibre synthétique dans la fabrication de ses vêtements.

4. On doit concevoir un produit spécialement destiné au marché extérieur visé. Industrie Plastique Limitée (IPL) a déjà fabriqué des contenants à nourriture spécialement destinés à l'exportation.

La variable distribution

Rendre le produit accessible au bon endroit et au bon moment, voilà l'objectif de la distribution. Pour l'atteindre, le responsable du marketing doit prendre toute une série de décisions. En ce qui concerne le marketing international, le choix d'un canal de distribution, la sélection des intermédiaires et l'organisation de la distribution physique constituent des tâches à accomplir avec soin.

L'ampleur de ces tâches variera en fonction de la première décision, soit le degré d'engagement de l'entreprise. Elle a le choix entre trois possibilités.

1. La première possibilité est de tout contrôler elle-même, de la production à la consommation, ce qui signifie choisir le canal de distribution et l'animer, établir des normes quant aux détaillants admissibles et s'occuper du transport des produits.
2. La deuxième possibilité est de confier la plus grande partie du travail à un agent local ou étranger.
3. La troisième possibilité est d'opter pour une politique combinée, c'est-à-dire effectuer les tâches pour lesquelles l'entreprise possède une certaine compétence et confier les autres aux experts en vue d'assurer une meilleure gestion.

Le choix de l'une ou l'autre possibilité dépend de deux facteurs : la présence de l'entreprise et les coûts supplémentaires assurés par la participation de plusieurs entreprises au même dossier. Si l'entreprise effectue des transactions dans plus d'un pays étranger à la fois, elle peut opter pour l'une ou l'autre possibilité en fonction du pays.

La variable prix

Une étude faite auprès de certains directeurs du marketing international a permis de constater que 45 % d'entre eux considèrent le prix comme la variable stratégique la plus importante[8].

Peu importe la base que retient l'entreprise pour établir son prix de vente (prix de vente du compétiteur, coûts de production ou prix que la demande est prête à payer[9]), l'entreprise devra réaliser à plus ou moins court terme un profit lui permettant de poursuivre ses activités.

En marketing international, trois éléments de la variable prix retiennent l'attention. D'abord, on devra majorer le prix du produit en tenant compte des frais de douane, de transport et de tous les autres frais reliés à l'exportation (*voir figure 13.1*). Ensuite, on devra prévoir l'impact de l'unité monétaire avec laquelle la transaction sera effectuée. Le jeu mondial de l'offre et de la demande pour le choix d'une monnaie influe sur sa valeur et permet d'abaisser ou d'augmenter le prix de vente destiné au consommateur étranger. Enfin, si l'on réduit le prix de vente, il ne devra jamais devenir inférieur au prix qu'a fixé l'entreprise dans son

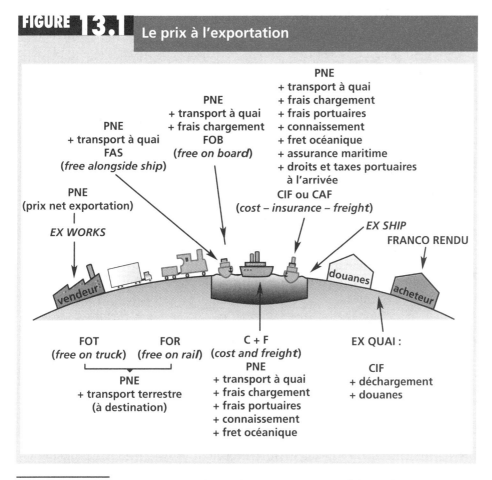

FIGURE 13.1 Le prix à l'exportation

Source : LEROY, G. et coll. *La conquête des marchés extérieurs,* Paris, Les Éditions d'Organisation, et Montréal, Agence d'Arc, 1978, p. 65.

pays d'origine. Si une entreprise se livrait à cette pratique, le gouvernement du pays étranger pourrait intenter une poursuite pour dumping, pour protéger ses propres entreprises.

En marketing international, la fixation du prix découle donc de l'analyse de plusieurs variables contrôlables et incontrôlables.

La variable communication marketing

Variable stratégique sur laquelle beaucoup d'entreprises fondent leurs espoirs, la communication marketing pose trois problèmes particuliers. Premièrement, on doit décider si l'on conserve le même message publicitaire, peu importe le marché. Le même message n'est souhaitable que si le marché est en mesure de l'accepter et de le comprendre. Pensons au message publicitaire du fabricant de cigarettes Marlboro jadis diffusé à la télévision américaine où on pouvait voir un cow-boy très viril. Cette publicité a connu un tel succès qu'on l'a diffusée en Allemagne, où elle a été tout aussi bien accueillie[10]. Benetton a aussi judicieusement utilisé cette

http://
www.philipmorrisusa.
com/home.asp
http://www.nigeria.com

stratégie. Toutefois, si le message comporte un long texte, sa diffusion dans un pays où les habitants ne savent à peu près ni lire ni écrire, comme le Nigeria[11], est fort compromise.

Deuxièmement, le responsable du marketing devra choisir les médias qu'il entend utiliser et déterminer avec précision les habitudes médias du marché visé. Ainsi, au Canada, l'imprimé et la télévision représentent respectivement 47 % et 38 % des dépenses totales en publicité, alors qu'au Japon, ils en recueillent 42 % et 53 %[12]. Les étudiants japonais regardent la télévision à raison de trois heures par jour en moyenne, tandis que les étudiants américains ne la regardent que deux heures par jour en moyenne[13]. Voilà quelques exemples d'habitudes médias à partir desquelles le responsable du marketing pourra réviser sa stratégie média.

Enfin, le responsable du marketing devra probablement choisir une agence de publicité située dans le pays d'exportation. Des critères comme la qualité des services, l'importance de l'entreprise, bref des critères comparables à ceux utilisés au niveau national, devraient prévaloir. L'agence choisie pourra être une succursale de l'agence nationale, si elle en possède une dans le pays, ou tout simplement une agence du pays étranger.

Le gestionnaire en marketing devra aussi décider du contenu de la promotion des ventes, de la gestion du personnel, du télémarketing, des ventes, des relations publiques, de la publicité gratuite et des commandites. Tout comme pour la publicité, il lui faudra élaborer chaque moyen en tenant compte des nouveaux environnements de l'entreprise.

L'aide gouvernementale au commerce extérieur

Les gouvernements du Canada et du Québec ont mis sur pied des programmes visant à favoriser l'accroissement de l'activité internationale des entreprises. Ces programmes sont autant destinés à la PME qu'à la grande entreprise. Les façons d'inciter les entreprises à s'engager sur le plan international varient selon les programmes (*voir encadré 13.8*). Les conditions d'admissibilité sont également différentes et particulières au programme choisi.

Les entreprises canadiennes et québécoises peuvent profiter de l'aide des ambassades, des organismes et des entreprises privées du pays cible.

ENCADRÉ 13.8   L'aide à la recherche de marchés internationaux

LE DÉLÉGUÉ COMMERCIAL VIRTUEL : VOTRE SPÉCIALISTE EN LIGNE EN MATIÈRE D'EXPORTATION

Trouver des occasions d'affaires sur les marchés internationaux a toujours représenté un problème épineux pour les exportateurs, comme la recherche de la proverbiale aiguille dans une botte de foin. De nos jours, les cauchemars que représentent le SRAS, le terrorisme et la guerre proprement dite n'incitent guère à voyager pour explorer les débouchés et ont rendu encore plus complexe la recherche

ENCADRÉ **13.8** L'aide à la recherche de marchés internationaux (*suite*)

de marchés. Internet a toujours offert des moyens de communication et d'information qui permettent de ne pas se déplacer mais dans le contexte actuel, soudainement, cet aspect attrayant du Web revêt une grande importance.

Le gouvernement du Canada, sans oublier ceux des provinces, utilise Internet depuis plusieurs années déjà afin de faciliter la tâche des exportateurs. Il a ainsi élargi encore davantage le choix de solutions numériques en ligne proposées par des douzaines de ministères. Cette situation a engendré un problème de surabondance de renseignements qui oblige les exportateurs à passer un temps fou à naviguer sur le Web en essayant de faire un tri dans d'interminables menus pour trouver des renseignements intéressants.

Il existe maintenant un outil très utile pour vous aider à y voir clair ou du moins pour regrouper en une seule fenêtre le plus de renseignements commerciaux possibles [sic] concernant les marchés étrangers cibles des entreprises prêtes à exporter. Il s'agit du Délégué commercial virtuel (DCV) www.infoexport.gc.ca, un amalgame d'Ask Jeeves, de Google News et d'eBay pour les exportateurs, d'un bureau en ligne et d'une sorte de service numérique de rencontre pour les entreprises canadiennes et étrangères, regroupés dans un même outil. De plus, le DCV offre une interface élégante. Faites-en la visite guidée à l'adresse suivante : www.infoexport.gc.ca/registration/en/ccregistrationbenefits.jsp.

« Ce service gratuit a pour but de personnaliser les renseignements en matière d'exportation, explique M. Ken Sunquist, directeur général des programmes et services à l'étranger auprès du Service des délégués com-

merciaux du Canada du ministère des Affaires étrangères et du Commerce international (MAECI). Tous les utilisateurs peuvent créer une page Web personnalisée et protégée par un mot de passe qui leur permettra ensuite d'accéder à toute une gamme de renseignements commerciaux portant sur les marchés et secteurs d'industrie qui les intéressent. Ces renseignements peuvent comprendre des études de marché spécialisées, des informations quotidiennes sur le commerce ainsi que l'annonce des événements commerciaux à venir.

« Tous nos clients ont également accès en direct au Service des délégués commerciaux, formé par une équipe de plus de 500 professionnels du commerce en poste dans 140 villes aux quatre coins du monde et qui connaissent bien les marchés présentant le plus d'intérêt pour un exportateur particulier. Cela peut conduire à l'établissement de relations continues avec des intermédiaires compétents que les gens d'affaires apprécient.

« Le DCV fonctionne dans les deux sens, c'est-à-dire qu'en plus de vous fournir des renseignements sur les marchés étrangers, il constitue également une excellente façon de promouvoir votre entreprise à l'échelle internationale. C'est un peu comme placer un stock inépuisable de vos brochures sur les bureaux des délégués commerciaux du monde entier.

« Le DCV propose également le genre d'occasions d'affaires qui peuvent apporter ce que tout entrepreneur cherche vraiment : des ventes à l'exportation. »

Le ministre du Commerce international, M. Pierre Pettigrew, a lancé le DCV l'automne dernier et, à cette occasion, il a fait remarquer que « l'on n'avait pas ménagé les efforts dans les négociations commerciales afin de

fournir aux entreprises canadiennes un libre accès aux marchés étrangers. Le Délégué commercial virtuel les aidera à saisir les occasions d'affaires que ces marchés présentent ».

Plus de 3500 exportateurs canadiens de produits et services profitent déjà du DCV. « Ils proviennent de toutes les régions du pays et de tous les secteurs d'industrie, bien que la technologie de l'information et les industries agro-alimentaires se trouvent pour l'instant parmi les chefs de file, explique M. Sunquist. À mesure que se répandra la nouvelle, nous espérons voir un nombre croissant d'inscriptions alors que les clients se rendront compte que le service constitue une façon conviviale d'accéder à des renseignements commerciaux en ligne. »

La seule condition à remplir pour pouvoir s'inscrire à la base de données du DCV est d'être une entreprise qui fabrique des produits canadiens ou fournit des services canadiens apportant des avantages économiques au Canada et qui est prête à tirer parti des occasions d'affaires sur des marchés étrangers particuliers.

Le DCV est un élément très important de la deuxième partie du projet du Gouvernement en direct (GeD). Selon le site Web du GeD, « la deuxième phase de l'initiative du Délégué commercial virtuel sera marquée par l'acquisition et la mise en œuvre d'un système électronique de gestion des relations avec la clientèle (SEGRC) très intégré afin de rationaliser la prestation de services aux entreprises canadiennes qui exportent ou qui prévoient le faire ».

Pratiquement n'importe quel exportateur canadien désireux d'explorer les débouchés qui abondent sur les marchés mondiaux peut déjà profiter grandement d'une consultation du Délégué commercial virtuel.

Source : Montréal inc., juillet 2003, p. 40.

RÉSUMÉ

Nombre de produits fabriqués au Canada se retrouvent dans beaucoup de pays étrangers. Ils proviennent d'entreprises qui pratiquent le marketing international. Leur présence sur les marchés étrangers est une réalité et une nécessité économique et industrielle. D'une part, le commerce extérieur s'avère important pour un pays, car il exerce une grande influence sur sa balance des paiements et sa balance commerciale. D'autre part, pour beaucoup d'entreprises, traiter avec les pays étrangers constitue une obligation, que ce soit pour devenir plus prospères, garantir leur survie ou maintenir leur rentabilité.

La présence des entreprises sur les marchés internationaux peut être assurée par l'exportation, l'octroi de licence, la création d'une coentreprise ou l'implantation directe. Dans chaque cas, la façon de procéder sera la même qu'en situation de marketing national. En premier lieu, l'entreprise devra analyser le marché à pénétrer et ses environnements. En second lieu, elle devra déterminer le contenu des quatre variables du marketing mix qu'elle entend utiliser dans ce pays.

Enfin, les gouvernements du Canada et du Québec, des organismes et des entreprises privées ont mis sur pied différents programmes d'incitation à l'exportation.

QUESTIONS

1. Au Canada, les activités d'importation sont-elles plus importantes que les activités d'exportation ? Justifiez votre réponse.

2. Pourquoi le marketing international est-il un phénomène important pour certains types d'entreprises ? Nommez cinq types d'entreprises au Québec pour lesquels les activités d'exportation s'avèrent nécessaires.

3. Expliquez les différents modes de pénétration des marchés internationaux. Pour chacun d'entre eux, nommez deux entreprises typiquement québécoises.

4. Devrions-nous alléger les règles environnementales afin de favoriser l'exportation d'électricité ? Pour répondre à la question, consultez l'encadré 13.1, à la page 404.

5. Quels aspects de l'environnement une entreprise doit-elle étudier avant de pénétrer un marché ? Expliquez chacun d'eux.

6. Êtes-vous d'accord avec les moyens de pression utilisés par les altermondialistes ? Pour répondre à la question, consultez l'encadré 13.6 (pages 416 à 419).

7. Pourquoi une entreprise peut-elle difficilement exporter sa stratégie médias nationale telle quelle sur un autre marché ?

8. De quels facteurs le responsable du marketing doit-il tenir compte lors de la fixation du prix d'un produit destiné à l'étranger ?

9. Nommez trois entreprises de votre région dont les activités d'exportation sont plus importantes ou tout aussi importantes que les ventes qu'elles effectuent au Canada.

10. Que pensez-vous de l'OMC (*voir encadré 13.6*) ? Décrivez les avantages et les inconvénients de cet organisme. Comment le Canada peut-il tirer profit des accords de l'OMC ?

EXERCICES PRATIQUES

13.1 PRÉSENTER LES TABLEAUX DU CHAPITRE À VOS AMIS*

Imaginez que vos amis, qui n'étudient pas le marketing comme vous, vous demandent de leur parler de ce que vous venez d'apprendre cette semaine dans votre cours de marketing alors que vous les retrouvez en ce samedi après-midi devant un café. Vous êtes alors heureux de leur apprendre que vous venez d'étudier le marketing international. Devant leur air intéressé et interrogateur, vous vous rendez compte qu'ils ne comprennent pas vraiment de quoi vous parlez.

Comment leur faire partager vos nouvelles connaissances? En particulier, comment leur faire découvrir tous ces chiffres et toutes ces tendances qui régissent le commerce international et qui vous ont tant passionné?

Afin d'intéresser vos amis et d'être le plus clair possible, vous décidez de vous mettre à l'ordinateur et de synthétiser certains tableaux de ce chapitre sous forme de courbes, d'histogrammes et de graphiques circulaires.

À partir du tableau 13.2 (page 405), vous présentez l'évaluation du volume des exportations canadiennes selon les années par un histogramme ayant, en abscisse, les années et, en ordonnée, les volumes des exportations.

De plus, à partir du tableau 13.3 (page 407), vous présentez les exportations de marchandises du Canada sous la forme d'histogramme d'évolution, selon les années et les catégories de produits.

À partir du tableau 13.4 (page 408), vous comparez les exportations et les importations du Canada sur un graphique avec, en abscisse, les années et, en ordonnée, les pourcentages du PIB correspondant aux volumes des exportations et des importations. Votre graphique permettra de comparer deux courbes.

Par ailleurs, vous démontrez à vos amis comment se divisent les marchés d'exportation et d'importation du Canada. Pour ce faire, vous représentez le volume des exportations en 2002 par un graphique circulaire qui se diviserait entre les différents marchés présentés dans le tableau 13.5 (page 409). Faites de même pour le volume des importations.

Enfin, à partir du tableau 13.6 (page 412), vous représentez les parts d'investissement consacrées par le Canada dans diverses industries manufacturières et dans divers pays en 2002 sous forme de deux graphiques circulaires explicites.

Nous vous conseillons de faire vos graphiques sur un tableur informatique, tel que Excel (ou tout autre chiffrier) afin de vous familiariser avec ce type de logiciels.

* Exercice pratique rédigé par Pierre-Charles Rousseau, sous la direction du professeur Normand Turgeon. Copyright © 1995-2004. École des Hautes Études Commerciales (HEC), Montréal. Tous droits réservés pour tous pays. Toute traduction ou toute reproduction sous quelque forme que ce soit est interdite. Cet exercice pratique est destiné à servir de canevas de discussion à caractère pédagogique et ne comporte aucun jugement sur la situation administrative dont il traite. Distribué par la librairie universitaire de la coopérative de l'École des HEC, 3000, chemin de la Côte-Sainte-Catherine, Montréal (Québec) Canada H3T 2A7.

13.2 SI J'AVAIS LES AILES D'UN ANGE, JE PARTIRAIS POUR... *, **

Nous sommes exposés à une multitude de produits culturels provenant de l'étranger, que ce soit des disques compacts, des films, des revues, des pièces de théâtre, etc. Il s'agit d'importation de produits culturels, un domaine important du marketing international.

Mais, à n'en point douter, plusieurs produits culturels québécois sont aussi exportés, ce qui assure une présence de notre culture et de nos artistes à l'étranger de plus en plus importante.

Voici votre tâche:

À partir de différentes sources d'information, vous devez nommer des artistes québécois du domaine musical qui ont séjourné à l'étranger et énumérer les pays qu'ils ont visités au cours des deux derniers mois.

À partir des résultats de vos recherches et de ceux de vos confrères de classe, produisez une matrice globale qui présente les artistes par rapport aux pays visités.

Quelles conclusions pouvez-vous en tirer?

MISE EN SITUATION

LES CRÉATIONS COLBATA*

Marc et Geneviève sont deux jeunes artisans-joailliers dans la vingtaine. À leur sortie de l'école de joaillerie, il y a à peine deux ans, ils décidaient de fonder leur propre atelier de bijoux et de petits objets décoratifs, Cobalta. Les bijoux de Geneviève sont un étonnant mélange de bois et de métaux précieux, tandis que la spécialité de Marc est la fabrication de chandeliers et de crochets en fer forgé. Étant davantage préoccupés par la création, Marc et Geneviève ont engagé leur amie Anne-Sophie pour s'occuper de leur petite entreprise.

Très enthousiasmée par les créations de ses deux amis, Anne-Sophie a toujours fait de la visibilité de l'entreprise sa première priorité, et ce, dès les débuts de Cobalta. C'est sous son impulsion que Geneviève et Marc ont exposé au Salon des métiers d'art de Montréal, où, contre toute attente, ils ont joui d'un succès inespéré. Leur participation au Salon leur a non seulement permis de vendre toute leur production, mais aussi de se créer des liens avec d'autres artisans et surtout de remporter cinq gros contrats de production pour des boutiques spécialisées de Montréal. Le succès de leur participation au Salon des métiers d'art leur a fourni la possibilité d'aller à la banque pour demander un prêt afin d'agrandir leur atelier. À l'heure actuelle,

Colbata emploie cinq apprentis et ses créations sont disponibles dans plusieurs boutiques de bijoux et d'objets décoratifs du Québec.

Aujourd'hui, Anne-Sophie vient voir Marc et Geneviève avec une étonnante proposition. Celle-ci vient de leur ami Pascal, ébéniste de métier. Fort d'une expérience en affaires de douze ans et d'une présence au Québec, en Ontario et en Nouvelle-Angleterre, Pascal a décidé de se lancer à l'assaut du marché de la France. En effet, il revient d'une foire d'artisans où ses meubles en pin ont reçu un bon accueil. Ayant constaté qu'il n'y avait que peu de joailliers présents, il croit qu'il s'agit là d'une opportunité pour Cobalta. C'est ainsi qu'il leur propose de s'associer et de commercialiser ensemble leurs produits en France. À première vue, Marc est emballé mais Geneviève manifeste plutôt de la méfiance. Anne-Sophie leur propose donc non pas d'accepter immédiatement, mais de réfléchir à la question. Geneviève et Marc conviennent de laisser à Anne-Sophie la responsabilité d'étudier la question afin de prendre la décision la plus éclairée.

En vous mettant à la place d'Anne-Sophie, évaluez la proposition faite par Pascal à Cobalta en établissant un plan décrivant toutes les dimensions devant être considérées. Quelle recommandation feriez-vous à Cobalta?

C A S

HOMARDS QUÉBÉCOIS CHERCHENT COMPAGNES CHINOISES…*

À Cap-aux-Meules, Madeleine Le Pape est bien embêtée. Elle revient tout juste de son troisième voyage en Chine, où elle a fait un court séjour chez Ping Pong Lobster inc., et elle ne sait que penser de ses derniers pourparlers avec M. Pong, le propriétaire de cette entreprise chinoise. Son aventure en Chine, qui a pris une tournure inattendue, a débuté il y a sept ans, à la suite du retour de sa fille d'un programme d'échange au département des langues modernes à l'université de Shanghai.

Le Pape du homard en Chine ?

Mme Le Pape et son mari, Jean-Paul, possèdent une ferme d'élevage de homards, Le Pape du Homard ltée, qui est située aux Îles-de-la-Madeleine. Leur entreprise est présente sur deux marchés : la vente de homards pour la consommation, avec 32 % des ventes, et l'élevage de homards mâles pouvant servir de géniteurs, qui constitue le reste du chiffre d'affaires. Le Pape du Homard ltée était, au début, une petite entreprise familiale qui se concentrait d'abord et avant tout à satisfaire la demande canadienne en homard de consommation. À la suite de l'obtention de quelques ententes d'exportation aux États-Unis et en France, les Le Pape ont vu croître leur entreprise au fil des ans au point d'en faire l'une des plus importantes dans le secteur de la production de homards, tous secteurs confondus, au Québec. Son homard mâle lui a même fait remporter le prix du Crustacé de l'année à quatre reprises consécutives pour la qualité de sa progéniture. La qualité est mesurée notamment par la taille des pinces et l'éclat rouge du homard après cuisson.

C'est par un heureux hasard que Mme Le Pape en est venue à s'intéresser au marché chinois. À l'occasion du souper familial pour fêter le retour de sa fille de son séjour d'immersion linguistique, cette dernière lui a mentionné que le homard d'ici avait un goût particulier et bien différent de celui qu'elle avait goûté lors de son séjour en sol chinois. Elle lui mentionna également que la consommation de ce crustacé était en croissance dans ce pays, si bien que le homard chinois commençait lentement à remplacer le canard comme plat préféré dans certaines provinces du pays. Intéressée par ses propos, Mme Le Pape s'est empressée d'aller sur Internet vérifier les dires de sa fille. Elle découvrit qu'effectivement la Chine vivait un boom économique sans précédent et que de plus

en plus de personnes pouvaient s'offrir ce mets de luxe. Une motivation additionnelle à l'augmentation de la consommation de homard était la rumeur persistante que ce mets possédait des propriétés aphrodisiaques puissantes, s'attirant ainsi les faveurs des consommateurs chinois, qui en redemandaient. Conséquemment, le nombre de fermes d'élevage en Chine a triplé en un court laps de temps pour atteindre les 5000 unités, plusieurs entrepreneurs ne voulant pas manquer cette occasion d'affaires en or. Toutefois, obligées de suivre la période de reproduction, de gestation des femelles et de développement des petits homards, laquelle dure entre six et neuf ans, les entreprises avaient de la difficulté à répondre à la demande. Les grands restaurants des centres urbains comme Shanghai cherchent de plus en plus à se procurer les homards de la meilleure qualité possible afin de satisfaire leur clientèle, qui est prête à y mettre le gros prix. Enthousiasmée par ces données, Mme Le Pape voit qu'il lui serait possible de s'approprier une part du gâteau. En effet, ses vastes connaissances sur le homard lui donnent un avantage considérable sur les entreprises chinoises, qui commencent à s'y intéresser. Encouragée par sa fille, qui lui confirme pouvoir lui servir d'interprète une fois ses cours de mandarin terminés, elle entreprend d'étudier le marché chinois avec attention en se rendant directement sur place.

Une première visite surprenante

Ce premier voyage lui permit de se familiariser avec le marché chinois et de comprendre son fonctionnement. Elle constata d'abord une chose : comme le lui avait confié sa fille, le goût du homard chinois différait grandement du goût du homard québécois. Autre fait notable, le homard chinois était en général plus petit que le homard québécois. Elle remarqua aussi que les restaurants offrant ce mets étaient exclusivement des établissements de luxe, de sorte que le prix du homard vendu aux consommateurs était beaucoup plus élevé en Chine qu'au Québec.

Après ce séjour d'un mois sur le terrain, Mme Le Pape revint avec plusieurs observations mais également quelques inquiétudes. D'abord, elle constata que le pays était très vaste et qu'il lui était difficile de s'attaquer à l'ensemble du marché d'un seul coup. De plus, les gens possédant les moyens financiers nécessaires pour s'offrir ce mets recherché étaient avant tout concentrés dans les grands centres urbains comme Shanghai et Pékin. Ses inquiétudes portaient aussi sur le système de distribution du marché chinois. En effet, elle constata que toutes les entreprises étaient organisées en *Keiretsu* japonais, c'est-à-dire en un conglomérat d'entreprises auquel appartiennent toutes les entreprises de la chaîne de commercialisation, soit de la ferme d'élevage au restaurant. Ainsi, chacun à l'intérieur du conglomérat se soutient en accordant aux membres un traitement et un prix préférentiels, formant ainsi un monopole difficile à pénétrer et à concurrencer. À défaut d'avoir des contacts dans le milieu des affaires chinois, Mᵐᵉ Le Pape ne voyait pas comment elle pourrait réussir à trouver des partenaires d'affaires fiables et efficaces lui permettant de se mesurer aux entreprises réunies en *Keiretsu*. De plus, afin de pouvoir approcher les patrons de grands restaurants, ne serait-ce que le temps d'une tasse de thé, il lui fallait absolument connaître les rouages de la culture d'affaires chinoise. Elle fut quelque peu désemparée et se demanda si une solution à son problème existait quelque part…

Une deuxième mission commerciale

Quelques mois plus tard, elle fit la rencontre de M. Pong, propriétaire de Ping Pong Lobster inc., alors qu'ils étaient tous deux en voyage à Paris dans le cadre d'une foire internationale sur les fruits de mer. En tant qu'invitée d'honneur de cette foire à la suite de ses nombreux prix gagnés grâce à ses homards géniteurs de qualité supérieure, elle fut invitée à faire un discours devant l'ensemble des participants. Après son discours, M. Pong l'approcha, car il était fort impressionné par le parcours qu'avait connu l'entreprise de Mᵐᵉ Le Pape avec ses homards géniteurs champions.

M. Pong lui expliqua que son entreprise faisait également l'élevage de homards. Son entreprise, établie depuis 15 ans, avait été l'une des pionnières dans le développement du marché du homard frais en Chine. M. Pong dit avoir reçu de la documentation du consulat canadien sur les homards québécois et comprit qu'ils étaient effectivement plus gros que les homards chinois. Mᵐᵉ Le Pape apprit ainsi que M. Pong souhaitait consolider sa position sur le marché du homard frais en offrant le meilleur homard possible à ses clients, qui sont principalement de grands restaurants. Ayant déjà épuisé les solutions existantes en Chine (meilleure nourriture pour les homards, meilleure qualité de l'habitat et contrôle plus intensif des maladies), M. Pong souhaitait se tourner vers le Québec pour tenter de trouver un nouveau moyen lui permettant d'accroître la qualité de son homard chinois. Il souhaita donc obtenir les conseils de Mᵐᵉ Le Pape.

À la suite de ces propos, une autre idée germa dans la tête de la femme d'affaires. Pourquoi ne pas offrir au marché chinois un homard différent de celui qu'il connaît déjà, un homard québécois? Mᵐᵉ Le Pape relata à M. Pong son récent voyage en Chine et lui expliqua son intérêt pour le marché chinois. Elle lui mentionna que l'importation sur le territoire chinois de homards québécois permettrait d'offrir un produit différencié aux consommateurs et ainsi de capturer une solide part du marché.

M. Pong fut lui aussi très enthousiasmé par les propos de Mᵐᵉ Le Pape. L'idée de vendre du homard chinois et du homard québécois lui permettrait effectivement de se positionner de manière enviable. C'est donc avec empressement qu'il invita Mᵐᵉ Le Pape à venir lui rendre visite en Chine pour voir les installations et discuter des possibilités d'entente.

Le mois suivant, Mᵐᵉ Le Pape se rendit à nouveau en Chine mais cette fois-ci en emportant avec elle quelques caisses de homards pour la consommation. De plus, elle fit livrer à grands frais une caisse de ses meilleurs géniteurs afin de vérifier leur comportement face à ce changement de climat et d'habitat. Ces derniers furent donc placés avec les homards chinois après qu'on se fut assuré qu'aucune maladie n'était présente chez l'une ou l'autre des espèces, ce qui aurait pu nuire à leurs bonnes relations.

Durant ce séjour, Mᵐᵉ Le Pape rencontra plusieurs distributeurs et grossistes de homards qui furent tous emballés à l'idée de goûter de ce homard réputé pour son pouvoir aphrodisiaque encore plus puissant que celui du homard chinois! Son voyage lui permit également de prendre une décision quant à l'étendue du territoire à couvrir. Elle comprit qu'elle devait concentrer ses efforts de commercialisation à Shanghai, où le marché est plus propice à la consommation de homard frais.

Un problème demeurait toutefois. Plusieurs distributeurs et restaurateurs lui mentionnèrent que les consommateurs chinois avaient su développer un goût pour le homard mais qu'ils seraient toutefois réticents aux homards importés, n'y ayant jamais goûté. Privilégiant le homard local, ils étaient incertains de leur intérêt pour des homards venus d'ailleurs. Mᵐᵉ Le Pape fut donc bien embêtée et se demanda comment elle pourrait réussir à convaincre le consommateur que son homard des Îles, bien qu'étranger, valait largement le homard chinois.

Afin de lui remonter le moral, M. Pong invita cette dernière à sa ferme d'élevage. En se rendant à l'étang, ils firent une découverte pour le moins inusitée: les géniteurs de Mᵐᵉ Le Pape avaient déjà réussi leur acclimatation… Ainsi, ils constatèrent que plusieurs milliers d'œufs avaient déjà été pondus par les homards femelles. Stupéfait, M. Pong entreprit de récupérer les œufs afin de limiter les dégâts potentiels de ce croisement. Mme Le Pape le retint, lui suggérant d'attendre et de voir les résultats que pourrait engendrer l'accouplement d'un homard québécois et d'un homard chinois.

Une proposition intéressante ?

Les mois passèrent sans trop de nouvelles à l'exception de quelques courriels. Soudain, Mme Le Pape reçut un appel de M. Pong. Ce dernier lui demanda de sauter dans le premier avion pour la Chine. En arrivant, elle fit une découverte fort intéressante. Les œufs pondus lors de sa dernière visite avaient donné des homards croisés aux caractéristiques jamais vues. D'abord, le homard était encore plus gros que le homard québécois ou chinois de même maturité. De plus, une fois bouilli, son éclat était si rouge qu'il éblouissait la vue. Mais, surtout, son goût était tout à fait exquis ! Heureux de cette découverte, M. Pong présenta à Mme Le Pape les plans d'un développement de marché de grande envergure pour ce homard croisé.

D'abord, il lui confirma que les consommateurs seraient assurément intéressés par ce nouveau homard puisqu'il était en partie d'origine chinoise.

Deuxièmement, M. Pong désirait s'attaquer de front à tous les grands centres urbains de la Chine, incluant Hong Kong. M. Pong proposa à Mme Le Pape un partenariat exclusif afin de développer le marché du homard croisé en Chine. M. Pong lui demanda de considérer avec attention la proposition d'entente qu'il lui offrait.

C'est là que, de retour à Cap-aux-Meules, Mme Le Pape était fort confuse. Elle cherchait bien sûr à développer le marché chinois. Mais elle pensait le faire en offrant ses géniteurs à l'ensemble des quelque 5000 fermes d'élevage chinoises. Elle n'avait jamais pensé y faire la mise en marché de homards croisés selon un plan de développement d'une si grande envergure et avec une exclusivité en plus ! Son entreprise, bien que prospère, avait-elle toutes les ressources nécessaires pour répondre à une telle occasion d'affaires proposée par M. Pong ? Connaissait-elle suffisamment le marché chinois, si différent du marché nord-américain, pour se lancer dans l'aventure de la commercialisation de ses géniteurs auprès des producteurs chinois ? De plus, si elle n'acceptait pas l'offre de M. Pong, que ferait ce dernier ? Perdrait-elle ainsi toute possibilité de faire des affaires en Chine ? Quelle décision devrait-elle prendre ?

NOTES

1. Le produit intérieur brut (PIB) consiste en la valeur de production des biens et services produits à l'intérieur des limites géographiques d'une région au cours d'une période donnée.

2. MAYER, Charles S. « The Lessons of Multinational Marketing Research », dans *Business Horizons,* décembre 1978, p. 7-13.

3. CATEORA, Philip R. et HESS, John N. *International Marketing,* Homewood, Ill., Richard D. Irwin, 1979, p. 11.

4. FAYERWEATHER, John. *International Marketing,* 2e édition, Englewood Cliffs, Prentice-Hall, 1970, p. 24.

5. KOTLER, Philip et DUBOIS, Bernard. *Marketing management,* 5e édition, Paris, Publi-union, 1986, p. 387-388.

6. *La Presse,* 24 janvier 1979.

7. ROAT, Franklin R. *Strategic Planning for Export Marketing,* International Textbook Company, Scranton, Pennsylvanie, 1966, p. 43.

8. BAKER, James C. et RYANS, John K. « Some Aspects of International Pricing : A Neglected Area of Management Policy », dans *Management Decisions,* été 1973, p. 177-182.

9. WALSH, L. S. *International Marketing,* Estover, Great Britain, N & E Handbooks, 1978, p. 97.

10. SCHIEWE, Charles D. et coll. *Marketing Concepts and Applications,* Toronto, McGraw-Hill Ryerson, 1983, p. 596.

11. CATEORA, Philip R. et GRAHAM John L. *International Marketing,* The McGraw-Hill/Irwin Series in Marketing, McGraw-Hill, 2002, p. 491.

12. JOHANSSON, Johnny K. *Global Marketing,* 3e édition, McGraw-Hill/Irwin, 2003, p. 511.

13. http://www.japan-guide.com/topic/0107.html.

CHAPITRE 14

Le marketing des services

OBJECTIFS D'APPRENTISSAGE

Après la lecture du chapitre, vous devriez être en mesure :

- de distinguer les biens des services ;
- de reconnaître l'importance des services dans l'économie ;
- d'analyser les principales caractéristiques des services ;
- de connaître les principales étapes de la planification d'une offre de service ;
- de connaître les principales tendances de la gestion des services.

Par Denis Pettigrew, D.Sc. gestion
Professeur titulaire de marketing, Université du Québec à Trois-Rivières

Dans les 12 premiers chapitres, nous avons traité du marketing en fonction des produits, des actions orientées vers le consommateur final et des stratégies de marketing des entreprises en quête de profits. Dans le présent chapitre, nous discuterons d'un domaine d'application particulier du marketing : le marketing des services. Les **entreprises de services,** qui représentent une part importante du produit national brut (PNB) des pays industrialisés, doivent adopter, depuis quelques décennies, une philosophie marketing afin d'être concurrentielles. Voici quelques exemples de ce type d'entreprises : centre bancaire, agence de publicité, firme d'experts-comptables, cinéma de quartier et salon de coiffure. Devant une concurrence de plus en plus féroce, ces entreprises doivent continuellement s'ajuster aux besoins des clients pour survivre.

Entreprise de services
Entreprise dont la mission est d'offrir un service à la clientèle.

Ce type de marketing comporte certaines caractéristiques qui le distinguent du marketing des produits de grande consommation. Dans ce chapitre, nous nous efforcerons de faire ressortir les caractéristiques utiles au gestionnaire qui doit appliquer les principes du marketing aux entreprises de services.

La nature du marketing des services

Le marketing constitue un défi de taille pour les gestionnaires des entreprises de services. Le marketing traditionnel vise à promouvoir la vente de produits concrets. Aujourd'hui, il devient de plus en plus évident qu'une entreprise de services devra adopter une orientation marketing si elle désire survivre. Les entreprises de services doivent recourir au marketing principalement pour deux raisons : premièrement, le grand potentiel de croissance du marché des services offre des occasions d'affaires considérables ; deuxièmement, l'augmentation rapide de la concurrence force les entreprises à miser sur le marketing pour demeurer compétitives.

Au cours des années 1990, le secteur des services a connu une croissance rapide dans les pays industrialisés. Les spécialistes estiment que ce secteur représente désormais près de 60 % du produit national brut (PNB) à l'échelle mondiale. En France, on évalue que les deux tiers de la main-d'œuvre travaillent dans le secteur des services. Au Canada, plus de 60 % de chaque dollar de consommation est consacré à l'achat de services, et plus de 7 personnes sur 10 sont à l'œuvre dans ce secteur. En 2000, au-delà de neuf millions de Canadiens travaillaient dans le secteur des services, dont environ deux millions de Québécois[1].

La croissance de ce secteur est attribuable en partie à l'augmentation du revenu disponible. Lorsque le revenu du consommateur augmente, ce dernier paie pour des services qu'il assumait lui-même auparavant et qui ne l'intéressent plus : l'entretien ménager, les travaux de peinture, la couture, etc. Cette croissance s'explique aussi par le fait que la semaine de travail est de plus en plus courte et qu'il y a une augmentation importante du nombre de jeunes retraités. Tout cela se traduit par une augmentation de la demande pour les services récréatifs (cinéma, théâtre, voyage, etc.).

Enfin, les produits issus d'une technologie de pointe obligent les consommateurs et les entreprises à recourir davantage à des services d'entretien spécialisés. Pensons aux nouvelles technologies utilisées dans l'industrie des communications : le câble,

Internet, les services téléphoniques (boîte vocale, mise en attente, appel conférence, recomposition automatique, etc.), les cellulaires, les téléavertisseurs (pagettes), qui nécessitent des techniciens pour leur entretien et leur réparation.

Une définition des services

Il est difficile de définir quelques types de services, car certains se confondent avec
certains types de produits. Les offres commerciales sont souvent des combinaisons
de produits et de services. On peut classer les offres sur un continuum allant du
tangible à l'intangible (*voir figure 14.1*), comme le suggèrent Rathmell[2], Shostack[3]
et Chase[4]. Chase a départagé les produits et les services sur la base du critère de
l'importance relative du contact direct avec le client. Il suggère que, meilleur est le
contact, plus il s'agit d'un service ; à l'opposé, il propose que, moins le contact est
bon, plus il s'agit d'un produit.

L'American Marketing Association définit un service comme suit : « Une activité,
un avantage ou une forme de satisfaction vendus en tant que tels ou fournis en
même temps qu'un bien[5] ». De notre côté, nous proposons la définition suivante :
un service est une activité intangible dont le résultat escompté est la satisfaction du
consommateur et où il n'y a pas nécessairement transfert des droits de propriété
d'un produit concret. Les deux définitions s'appliquent notamment aux soins
médicaux, aux soins personnels, aux loisirs, aux ateliers de réparation (ce qui
exclut les pièces de rechange), au crédit, à la livraison, à l'entretien, aux assurances,
à la communication, à l'hébergement, à la restauration et aux services professionnels, par exemple les experts-comptables, les avocats, etc.

Les caractéristiques des services

Les services présentent certaines caractéristiques qui les distinguent des produits,
lesquelles ont des conséquences importantes sur le marketing. Zeithaml et ses
collaborateurs[6] ont recensé des documents qui ont traité du sujet au cours des dernières années. Selon leur étude, les caractéristiques des services sont au nombre de
quatre : l'intangibilité, la simultanéité entre la production et la consommation du
service, l'hétérogénéité et la nature périssable.

L'intangibilité des services

L'**intangibilité des services** constitue la différence fondamentale entre un produit
et un service. Comme le rapportent Berry[7] et Bateson[8], le concept d'intangibilité

**Intangibilité
des services**
Caractéristiques
des services, qui ne
peuvent être vus,
entendus, sentis,
goûtés ni touchés.

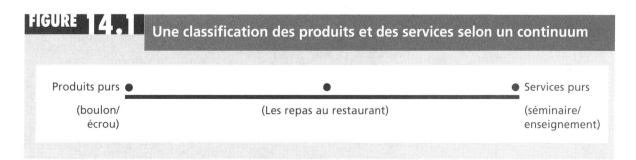

FIGURE 14.1 Une classification des produits et des services selon un continuum

Produits purs ● ———————————————— ● ———————————————— ● Services purs

(boulon/
écrou)   (Les repas au restaurant)   (séminaire/
enseignement)

435

se vérifie par l'immatérialité, c'est-à-dire que le service ne peut être vu, entendu, senti, goûté ni touché.

L'intangibilité a pour conséquence que le consommateur éprouve une certaine difficulté à se représenter mentalement le service. Le caractère intangible des services complexifie la communication marketing qui les concerne. Il est souvent difficile de trouver des moyens de représenter un service dans une exposition commerciale, de même qu'il est à peu près impossible de procéder à la distribution d'échantillons comme moyen de promotion des services. Le plus souvent, la dernière option du gestionnaire est le recours à la force de vente. Cependant, plusieurs gestionnaires, dans le but de contourner cette difficulté, utilisent dans leur publicité les aspects concrets des services, tels que le lieu physique, le personnel de contact et le matériel servant à la production du service (*voir encadré 14.1*). Le caractère intangible des services représente également une difficulté pour le consommateur, souvent incapable d'en évaluer la qualité avant de le consommer. Dans ce cas, pour diminuer le risque, le consommateur fonde sa décision d'achat sur la réputation du **prestataire de services,** d'où l'importance de l'image du service.

Prestataire de services
Entreprise ou personne qui exerce une activité économique dans le secteur des services.

La simultanéité entre la production du service et sa consommation

Contrairement aux biens produits, vendus et consommés, les services sont d'abord vendus, puis produits et consommés simultanément. Cette notion de simultanéité se rattache à la **participation du client** à la production du service qu'il achète par les intrants qu'il fournit au prestateur de services. L'acheteur de services joue souvent un rôle important dans la production et la mise en marché des services. Comme le mentionnent Eiglier et Langeard[9], la présence de l'acheteur est indispensable ; sans lui, le service ne peut exister. Il ne peut y avoir de coupe de cheveux s'il n'y a pas de client ; de même, si une chambre d'hôtel est inoccupée durant une nuit ou si un avion contient des sièges libres, il n'y a pas de service qui

Participation du client
La présence de l'acheteur est indispensable : sans lui, le service ne peut exister.

ENCADRÉ 14.1   Un exemple de publicité axée sur les aspects tangibles du service

L'Église vous fait signe.

La collecte annuelle de l'Église catholique de Montréal
Du 18 mai au 1er juin 2003

Source : Archevêché de Montréal, *L'Actualité,* juillet 2003.

est rendu, mais seulement des capacités disponibles. C'est pourquoi on parle de simultanéité entre la production et la consommation d'un service.

Le client participe à la production d'un service lorsqu'il va dans une cafétéria, choisit, prend et apporte les plats à sa table après les avoir payés. Il participe encore lorsque, après le repas, il débarrasse la table et va porter son plateau. Que fait-on lorsque l'on utilise un guichet automatique, si ce n'est de participer à un service de transaction bancaire ? Sur le plan du marketing, la participation de l'acheteur à la production d'un service se traduit par deux choses. Le gestionnaire doit organiser et gérer cette participation de la clientèle à la production du service. La participation à la production d'un service a pour effet de limiter le choix des circuits de distribution, qui doivent être courts.

L'hétérogénéité des services

Les services sont rarement homogènes, car il existe une composante humaine importante dans le processus de fabrication et de livraison des services. Cette composante entraîne une grande variabilité des services rendus. D'une part, comme les attentes sont différentes pour chaque consommateur, le résultat final peut varier d'un consommateur à l'autre, d'une journée à l'autre et d'un producteur à l'autre. D'autre part, puisque le service est produit en fonction des besoins et des attentes du consommateur et qu'il présente un caractère plutôt « intangible », selon Brown et Fern[10], il est normal qu'il existe une certaine hétérogénéité dans la production du service lui-même. Le coiffeur ne fait pas toujours une coupe de cheveux de façon identique, de même qu'un avocat ne base pas toujours sa plaidoirie sur la même argumentation. Les attentes des consommateurs quant à la variabilité dans la production du service amènent les spécialistes du marketing à considérer la notion de qualité et de satisfaction inhérentes aux services.

> **Hétérogénéité des services**
> Les services sont rarement homogènes à cause de l'importante composante humaine, qui entraîne un manque d'uniformité des services rendus.

La nature périssable des services

La nature périssable des services vient de ce que les services eux-mêmes ne peuvent être entreposés. Par exemple, les sièges vacants à bord d'un avion ne sont pas accessibles au moment du vol suivant ; de même, la capacité de transmission du réseau de Bell Canada inutilisée au cours d'une journée précise ne peut être emmagasinée pour pallier un surplus d'achalandage au cours des jours suivants. L'entreprise de services doit donc soutenir des capacités inutilisées pendant les périodes creuses pour répondre à la demande en période de pointe. Les bureaux de services professionnels, les compagnies de transport et les entreprises d'hébergement sont aux prises avec ce problème. Leurs responsables tentent d'équilibrer la demande dans le but de remplir les périodes de temps mort et, si cela est possible, de déplacer le surplus de demandes des périodes de pointe vers les périodes moins achalandées. En vue d'atteindre cet objectif, le gestionnaire peut soit créer de nouvelles utilisations de ses services auprès de nouveaux segments de marché, soit accorder des prix très avantageux pendant les périodes creuses. Songeons aux rabais offerts sur les billets de cinéma vendus les mardis. La société Bell Canada constitue aussi un bon exemple d'efforts en ce sens. Elle tente de déplacer sa clientèle en lui accordant des tarifs réduits pour les appels effectués après 18 h et un tarif encore plus avantageux après 23 h et durant la fin de semaine. Les responsables avaient noté que les

www.bell.ca

réseaux de Bell étaient sous-utilisés le soir et les fins de semaine alors qu'ils ne répondaient pas à la demande à certains moments de la journée.

Les services et le comportement du consommateur

Au chapitre 5, nous avons étudié le comportement du consommateur. Les comportements du consommateur de biens et ceux du consommateur de services ont plusieurs points en commun. Ils présentent néanmoins quelques différences importantes.

Selon Flipo[11], plusieurs études ont démontré que le consommateur de services se renseigne davantage que le consommateur de biens et, de plus, que la communication de bouche à oreille semble être le moyen privilégié d'information. En outre, ces résultats portent à penser que le consommateur estime courir un risque plus grand lors d'un achat de services que d'un achat de produits. Dans le but de réduire ce risque, il se livre à un certain nombre d'actions. Dans sa recherche, Zeithaml[12] pose des hypothèses au sujet de ces actions :

- Le consommateur de services recherche davantage d'information de bouche à oreille avant de prendre sa décision d'achat ;
- Le consommateur s'engage davantage dans la recherche d'information après achat pour les services que pour les produits ;
- Le consommateur se réfère aux prix et aux éléments physiques de l'entreprise comme indices majeurs de la qualité des services ;
- L'ensemble évoqué des consommateurs s'avère plus restreint dans le cas des services que dans celui des produits ;
- Pour plusieurs services, le consommateur évalue la possibilité de « faire lui-même » ;
- Le consommateur adopte plus lentement les nouveaux services que les nouveaux produits ;
- Le changement de prestataire se révèle moins fréquent avec les services qu'avec les produits ;
- Le consommateur attribue certaines de ses insatisfactions à sa propre incapacité à participer à la production du service.

Personnel de contact
Employés d'une entreprise de services que le travail amène à être en contact direct avec la clientèle.

En outre, le consommateur juge le service d'une façon globale, ce qui est probablement attribuable au caractère intangible du service. Par conséquent, dès qu'il considère qu'un élément du service laisse à désirer, par exemple l'incompétence d'un employé, l'antipathie du **personnel de contact** ou encore la défectuosité d'un guichet automatique, le consommateur éprouve un sentiment d'insatisfaction. Ce sentiment ne porte pas que sur l'élément fautif du service, mais sur tout le service.

Le processus de planification en marketing des services

À cause des caractéristiques des services, particulièrement celle de l'intangibilité, la mise au point d'un plan de marketing global, dans le secteur des services, constitue souvent un défi. De plus, le fait que les gestionnaires pensent à une approche stratégique en marketing dans les entreprises de services est un phénomène récent. Même s'ils partagent le même objectif à long terme, soit la satisfaction du client, l'application des principes de marketing est quelque peu différente.

Le choix d'un marché cible

Pour les services, comme pour les biens concrets, l'étape du choix d'une cible de marché inhérente au processus de planification stratégique vient après l'analyse de la situation. Le gestionnaire de services devrait comprendre les consommateurs qui achètent ses services. Quels sont leurs motifs d'achat ? Les vendeurs doivent déterminer le modèle d'achat pour leurs services. Qui achète ? Qui prend la décision d'acheter ? À quel moment le client achète-t-il ? Où achète-t-il ? Comment achète-t-il ? Les déterminants psychologiques (personnalité, attitudes et perceptions), le comportement du consommateur, vus au chapitre 5, sont plus importants en matière de services qu'en matière de biens concrets, car le consommateur ne peut pas toucher, sentir ni goûter une offre de service. Cela influe sur la motivation du consommateur et créé par le fait même le besoin chez le prestataire de services d'une plus grande compréhension du consommateur.

Une stratégie de segmentation de marché peut également être adoptée en marketing de services. Plusieurs entreprises de services commencent par recueillir de l'information dans le but d'estimer la demande des consommateurs pour leurs services (*voir chapitre 3*). L'information sur les consommateurs est importante lorsque l'entreprise tente de choisir les consommateurs qu'elle devrait retenir et ceux qu'elle devrait laisser tomber. Dans la réalité, beaucoup d'organisations éprouvent de la difficulté à accepter le fait qu'il y a des consommateurs qu'il est préférable de ne pas retenir ; 20 % des clients permettent de réaliser 80 % des profits. L'objectif de la segmentation, comme nous l'avons vu au chapitre 3, est de cibler le groupe de consommateurs le plus rentable pour que l'entreprise concentre ses efforts d'abord sur ce dernier.

La planification de l'offre de service

Après avoir choisi un ou plusieurs segments de marché, le gestionnaire du marketing doit formuler son **offre de service.** Décider d'offrir un nouveau service est aussi important que de décider d'ajouter un nouveau bien concret à sa gamme de produits. Nous avons vu, au chapitre 7, le processus de développement d'un nouveau produit ; dans la présente partie, nous nous intéresserons au nouveau service. Dans le but de planifier la bonne offre de service, les gestionnaires doivent d'abord répondre aux questions suivantes :

Offre de service
Ensemble des services qu'une entreprise propose sur le marché dans le but de combler des besoins mal satisfaits chez les consommateurs.

- Quels services devrait-on offrir ?
- Quelles devraient être l'étendue et la profondeur de la gamme de services ?
- Quels services de base, périphériques et dérivés doit-on offrir ?
- Comment les services offerts devraient-ils être positionnés ?
- Quelles caractéristiques devrait-on attribuer aux services offerts afin qu'ils se démarquent des services concurrents du point de vue de la marque, du conditionnement et de la qualité ?
- Quel type de supports ces services nécessiteront-ils ?

- Quelle sera la participation du client ?
- Quel sera le niveau de qualité du service offert à la clientèle ?
- Quel type de garantie devrait-on offrir ?

L'offre de service

Les entreprises de services qui connaissent du succès ont commencé par cerner les besoins mal satisfaits ou non satisfaits chez les consommateurs. Par la suite, elles ont développé un service dans le but de combler ces besoins. L'introduction d'un nouveau service devrait impliquer un processus similaire à celui utilisé pour introduire un nouveau bien concret. Une attention toute particulière devrait être accordée aux besoins des consommateurs et aux caractéristiques importantes pour attirer de nouveaux clients.

La gamme de services

La plupart des stratégies vues aux chapitres 6 et 7 peuvent être utilisées efficacement en marketing des entreprises de services. À titre d'exemple, la décision d'ajouter ou de retirer un service de la gamme offerte dépend souvent de la **valeur ajoutée**[13] du service aux yeux du consommateur. Et un des moyens les plus efficaces d'ajouter de la valeur à un bien ou à un service est d'y greffer un nouveau service de soutien. Certaines entreprises de location de voitures offrent à leurs clients des assurances, acceptent les cartes de crédit, vont chercher et reconduire leurs clients à la maison ou au lieu de travail. Plusieurs hôtels ont ajouté dans leurs chambres un bureau de travail, des sorties pour brancher un micro-ordinateur, la possibilité d'utiliser un télécopieur, etc. Plusieurs entreprises de services ont ajouté une valeur à leurs services dans le but de fidéliser leurs clients en leur offrant des rabais (le client louant une auto deux jours la fin de semaine se voit offrir gratuitement la possibilité de l'utiliser une journée de plus ; les points Air Miles offerts à l'achat de billets d'avion constituent un autre exemple). Plusieurs entreprises ont dû modifier leurs offres de services afin d'affronter la concurrence ou de répondre à la demande de la clientèle. Les banques ont offert la possibilité d'effectuer des transactions par Internet aux clients qui ne pouvaient se rendre à leur succursale.

Le concept de cycle de vie, vu au chapitre 7, s'applique également aux services. Le gestionnaire d'une entreprise de services doit ajuster ses stratégies de mise en marché à chaque phase du cycle de vie du service.

Valeur ajoutée
Contribution à l'augmentation de la satisfaction du consommateur.

La différenciation des services

Les spécialistes du marketing se plaignent souvent de la difficulté de différencier leurs services de ceux des concurrents. Même si, dans le secteur des services, on parle peu du conditionnement et de l'étiquette, on doit différencier nos services (*voir encadré 14.2*). Dans le but de différencier les services offerts, le gestionnaire d'une entreprise de services travaillera à la marque et à la qualité du service. Le choix d'une marque pour un service présente certaines difficultés vu qu'il est difficile de maintenir un niveau de qualité constant. De plus, la marque et l'étiquette ne peuvent être physiquement attachées au service. Le gestionnaire du marketing tentera alors de créer une image favorable à son service. Les entreprises de services qui ont du succès utilisent le nom de l'entreprise comme nom de marque. Ainsi, le client devient fidèle à Burger King et non au Whopper, à la Banque Toronto-Dominion et non à un type de compte chèques, etc. La plupart des entreprises qui ont choisi une marque individuelle pour un de leurs services n'ont eu qu'un succès très mitigé. Les consommateurs ne se souvenaient pas de la marque individuelle associée au service en particulier. Une stratégie susceptible de créer une image de marque forte est d'y inclure une partie tangible et non seulement le nom. La Banque Royale utilise le lion comme symbole afin de projeter une image de force. On peut également utiliser des couleurs distinctives telles que le vert de la Banque Toronto-Dominion, le bleu, le blanc et le rouge comme Air France.

http//:www.tdbank.ca

http://www.airfrance.ca

La gestion de la qualité

Pour une entreprise de services, la qualité est cruciale. Considérons deux cabinets d'experts-comptables utilisant le même logiciel d'impôt (Impôt 2000), facturant le même prix et situés à proximité l'un de l'autre. Le seul facteur qui peut les différencier est la qualité du service offert (*voir encadré 14.3*).

La qualité, surtout pour un service, est difficile à définir, à mesurer et à contrôler[14]. La qualité est définie par le consommateur et non par le prestataire du service. Votre coupe de cheveux peut être magnifique grâce au coiffeur, mais si vous croyez qu'elle est affreuse, la qualité du service sera minable. Ce qui compte, c'est la perception qu'a le consommateur du service. Si la qualité ne répond pas aux attentes du client potentiel, la future vente sera compromise et elle ne permettra pas de générer une communication de bouche à oreille positive. Il est donc important que le gestionnaire s'efforce d'offrir une qualité de service équivalente ou supérieure aux attentes de la clientèle.

Berry et Parasuraman[15] ont dressé une liste des principaux facteurs déterminants de la qualité des services :

Gestion de la qualité
Dans le secteur des services, consiste à assurer un niveau de service équivalent ou supérieur aux attentes des clients.

ENCADRÉ 14.2 Un exemple de publicité visant à se différencier

La vie est longue. Profitez-en.

TALVEST
Fonds d'investissement

Source : Agence Diesel.

1. La fiabilité, soit l'habileté à offrir un service de manière uniforme et précise ;
2. La serviabilité, soit la volonté d'aider le client, de répondre à ses questions et de lui offrir un service promptement ;
3. L'assurance, soit offrir un service courtois, avoir des employés compétents et inspirer confiance ;
4. L'empathie, soit comprendre les besoins du client et lui porter une attention de tous les instants ;
5. La tangibilité, soit la tenue vestimentaire du personnel de contact, le matériel de communication, l'équipement et l'apparence des locaux.

Dans le but d'améliorer la qualité, certaines entreprises se sont donné des normes de qualité élevées. D'autres, comme McDonald's, ont établi des contrôles en vue

---

ENCADRÉ 14.3 L'attention garantie et la qualité sont deux choses différentes

VOUS CROYEZ QUE LES GARANTIES PORTENT SUR LA QUALITÉ ?

Trois polices sur quatre garantissent plutôt le délai de livraison d'un article ou d'un service

JEAN-FRANÇOIS BARBE

Vous venez de commander un produit et vous pensez sûrement que sa garantie porte sur sa qualité à son arrivée ? Attention, trois garanties sur quatre portent plutôt sur le délai de livraison du produit. Il en est de même dans le domaine des services, où les entreprises ne garantissent pas non plus la qualité du service.

C'est ce que conclut une étude de Louis Fabien, professeur en marketing de services à HEC Montréal.

La recherche de M. Fabien soutient également que les entreprises considèrent souvent les garanties comme étant de purs slogans publicitaires et ne leur donnent pas de dents, ce qui peut toutefois nuire à leur réputation.

En effet, les entreprises qui offrent de vraies garanties reçoivent généralement l'appui des consommateurs.

« Une étude américaine dit que près de 90 % des consommateurs déçus sont prêts à donner une deuxième chance si l'entreprise essaie de se corriger. De plus, les garanties peuvent également améliorer la situation compétitive des entreprises, en

haussant la qualité de leurs produits et services », illustre M. Fabien.

Ne pas alimenter la frustration

Mais selon le sondage de HEC Montréal, moins du quart (23,8 %) des entreprises prévoient une garantie portant sur la qualité du produit ou du service. Moins de 5 % des entreprises donnent à leur clientèle les moyens de se plaindre d'un service inadéquat, en donnant, par exemple, un numéro de téléphone. Une garantie qui n'est qu'un slogan publicitaire n'engendrera que de la frustration chez la clientèle, souligne M. Fabien.

Très peu d'entreprises offrent des garanties inconditionnelles, du genre « satisfaction garantie ou argent remis ».

« Il y a une dizaine d'années, c'était ce qu'il y avait de plus innovateur », dit M. Fabien. Mais beaucoup d'entreprises ne peuvent tout simplement pas se permettre d'offrir ce type de garantie à moins de revoir de fond en comble leurs processus d'affaires. Ainsi, les employés feront plus attention », dit-il.

Corriger à la satisfaction du client

Avant d'offrir une compensation monétaire, le professeur en marketing recommande de trouver un produit de substitution.

« Les compensations doivent porter sur des solutions qui corrigeront, à la satisfaction du client, l'erreur d'exécution », explique-t-il.

Par exemple, un entrepreneur en peinture de bâtiment pourrait reprendre à ses frais les travaux qui ne sont pas conformes aux attentes de son client.

L'échantillon de la recherche se compose de documents promotionnels diffusés par 56 entreprises nord-américaines et européennes entre 1995 et 2001. S'intitulant *Garanties de service : de quelles façons les entreprises s'engagent-elles auprès de leur clientèle?*, la recherche du professeur Louis Fabien a été publiée dans la série Cahier de recherche 02-04 de HEC Montréal en juillet dernier.

Source : Les Affaires, « Entreprendre », 22 février 2003, p. 31.

Les affaires Enron et WorldCom aux États-Unis et Cinar au Québec ont ébranlé la confiance envers une profession. Désormais, les comptables et les vérificateurs sont dans la mire de l'opinion publique et des entreprises, à tel point, d'ailleurs, que « l'Institut canadien des comptables agréés entreprend une vaste tournée pour restaurer la confiance du public » (*Le Devoir*, 18 juin 2003). Le but de cette opération « marketing » est de rétablir la crédibilité des vérificateurs et d'instaurer de nouvelles règles d'éthique, harmonisées à l'échelle du Canada. L'organisme prévoit même des sanctions pour les cabinets ayant des lacunes qu'ils n'auraient pas corrigées.

Pensez-vous que de telles mesures devraient permettre de renforcer la confiance des entreprises ? Mettez-vous tour à tour dans la peau d'un chef d'entreprise et dans celle d'un vérificateur pour répondre à cette question.

de surveiller la performance des services. Et certaines autres encore ont mis en place des structures pour répondre aux plaintes des clients.

Le service de base, les services périphériques et les services de base dérivés

L'entreprise de services offre généralement un ensemble de services élémentaires, soit un service de base et des services périphériques. Le **service de base** est le service principal que l'entreprise offre sur le marché. C'est la raison primordiale qui amène le consommateur à l'entreprise de services ; de plus, l'entreprise ne peut supprimer ce service sans cesser son activité ou changer de vocation. À titre d'exemple, le consommateur va à l'hôtel pour y passer une nuit, il va au restaurant pour consommer un repas, se rend à la banque pour effectuer une transaction financière et s'adresse à Air Canada pour partir en voyage. Notons que le service de base est intimement lié à la mission de l'entreprise (logement, repas, transaction financière et transport). Il caractérise le secteur d'activité de l'entreprise.

Service de base
Service principal qu'une entreprise de services offre à sa clientèle.

Les **services périphériques** se définissent comme des services de moindre importance qu'offre l'entreprise de services. Ils sont reliés au service de base et en facilitent l'accès, ou encore y ajoutent de la valeur. Par exemple, le stationnement, la réception, le service de réservation, la piscine et le restaurant d'un hôtel sont des services périphériques. Notons que certains services périphériques s'avèrent nécessaires alors que d'autres le sont moins. C'est souvent l'existence d'un service périphérique particulier qui explique pourquoi un consommateur préfère un établissement à un autre.

Services périphériques
Services de moindre importance qu'offre l'entreprise de services et qui sont reliés au service de base.

D'après Eiglier et Langeard[16], il faut également tenir compte de ce qu'ils appellent les **services de base dérivés.** Un bel exemple de ces services est le restaurant d'un hôtel. Pour le client qui passe la nuit à l'hôtel, le restaurant de l'établissement représente un service périphérique ; par contre, pour celui qui vient à l'hôtel uniquement pour y prendre un repas, il devient un service de base dérivé. Il se trouve toujours quelques clients pour choisir un service périphérique comme service de base. Cependant, le gestionnaire doit décider s'il désire encourager ce comportement.

Services de base dérivés
Services créés par l'entreprise pour faciliter l'accès au service de base ou y ajouter de la valeur, mais que le consommateur peut percevoir comme un service principal.

C'est là une occasion d'augmenter la clientèle potentielle, mais l'entreprise doit dès lors satisfaire simultanément à la demande de deux segments de marché différents. Comme deux segments peuvent avoir des comportements et des attentes qui diffèrent, on court le risque de ne satisfaire ni l'un ni l'autre.

Les décisions liées à la gestion de l'offre de service que doivent prendre les gestionnaires se révèlent cruciales. Ils doivent décider du nombre et du type de services de base et de services périphériques à offrir. Certains services sont nécessaires, tandis que d'autres ne font qu'augmenter la qualité de l'offre. Les gestionnaires doivent considérer les besoins et le comportement des consommateurs visés dans leur prise de décision. Il importe d'analyser l'offre de service comme un tout, car la modification d'un élément aura un impact sur le service global. La constance et la cohésion de l'offre globale sont importantes. L'effet des interactions entre les services offerts doit être synergique, avec pour objectif la satisfaction des consommateurs. Les gestionnaires doivent retenir que, plus le nombre de services offerts est grand, plus le risque de ne pas atteindre un niveau satisfaisant pour chacun d'eux l'est aussi. Chacun des services offerts influe sur la qualité du service global. La notion de qualité de l'offre est importante, car elle touche la perception du client et est intimement liée à la satisfaction qu'il en retire. Sans compter que le nombre de services ajoute aux coûts de l'entreprise et au prix que le client devra payer si l'on veut que l'entreprise demeure rentable.

La participation du client

Au cours de la prestation de services, certains clients sont heureux de participer, d'autres moins. En effet, toutes les personnes ne ressentent pas les choses de la même manière. Le gestionnaire du marketing, s'il désire gérer son offre, doit décider du niveau de participation demandée aux clients. Une fois la décision prise, il devra gérer cette participation et, pour ce faire, il devra comprendre les motifs qui poussent certains consommateurs à participer et pas certains autres. Selon Eiglier et Langeard[17], les résultats d'une étude américaine révèlent que 62 % des gestionnaires interrogés sont prêts à participer afin de vivre des déplacements en avion plus satisfaisants. Cette même étude dévoile que 24 % des personnes interrogées sont d'accord pour participer lorsqu'elles passent à la station-service alors que 28 % le sont dans le cas de la restauration rapide.

Toujours selon ces auteurs, deux profils de consommateurs acceptent volontiers de participer à la production des services : le « manager actif » et le consommateur « libre-service ».

Eiglier et Langeard définissent le « manager actif » comme une personne de moins de 40 ans, de formation universitaire, ayant de l'intérêt pour les nouvelles technologies et préoccupée par la gestion de son temps. Le consommateur « libre-service » correspond plutôt à une personne qui s'intéresse à la distribution de masse, à la restauration rapide et au transport en commun. L'un et l'autre aiment avoir la situation bien en main, et chacun est soumis à des contraintes de temps. Il semble que les personnes heureuses de participer le font surtout pour une question de temps et non pour une question d'argent. À l'inverse, les consommateurs qui se font prier perçoivent leur participation comme un grand effort physique ou encore comme un effort intellectuel intense.

Le gestionnaire, s'il veut tirer profit de la situation, doit d'abord reconnaître les personnes heureuses de participer, étudier leurs réactions et tenter de modifier l'offre globale de manière à faciliter le processus. Ensuite, il s'intéressera aux clients moins coopératifs et devra leur démontrer que l'effort demandé est minime. De plus, si le gestionnaire désire obtenir la participation de la clientèle, il doit mettre à sa disposition les éléments nécessaires à son éducation : panneaux de signalisation, mode d'utilisation, personnel de contact prêt à répondre aux questions et à informer le client.

Le personnel de contact

On appelle « personnel de contact » les employés d'une entreprise de services que le travail met en contact direct avec la clientèle ; citons à titre d'exemple le personnel d'un centre bancaire, le commis des postes, le personnel à la réception d'un hôtel et l'agent de bord. L'entreprise de services doit prendre des décisions à propos de son personnel de contact pour définir le nombre d'employés, leurs tâches et leur profil. De plus, elle doit définir le comportement que le personnel adoptera avec les clients. Sur le plan du marketing, le personnel de contact occupe une position cruciale. Comme l'affirment Eiglier et Langeard[18], il personnifie l'entreprise aux yeux du client. Le personnel de contact joue un rôle primordial dans l'image de l'entreprise de services.

Le personnel de contact joue un rôle opérationnel puisqu'il participe à la production des services ; il joue également un rôle relationnel, car il accomplit ses tâches en présence du client, avec son aide et pour lui. Le personnel de contact doit servir le client et défendre les intérêts de l'entreprise. La défense des intérêts de l'entreprise comprend la surveillance des intérêts financiers et le respect des normes et des procédures élaborées par l'entreprise. Le personnel de contact doit traiter tous les clients avec le même souci de qualité. Les services rendus doivent donner la même impression de qualité.

Dans le but d'assurer la réussite de son entreprise de services, le gestionnaire doit donc définir le style du personnel de contact, préciser ses rôles, ses responsabilités et le valoriser. La réussite des tâches décrites précédemment a des conséquences directes sur le marketing. En effet, si le système mis en place est bon, les clients obtiendront satisfaction, contribueront à une communication de bouche à oreille positive et demeureront fidèles à l'entreprise.

Les gestionnaires d'une entreprise de services doivent comprendre que la qualité des relations entre employés se reflète sur les relations avec la clientèle. Les gestionnaires doivent y porter une attention toute particulière dans le but d'améliorer la communication, la motivation des employés et l'environnement de soutien afin d'obtenir une meilleure qualité de service.

Le prix des services

La politique de prix des services dépend de la demande, de la concurrence et des coûts. L'intangibilité, la nature périssable du service, l'impossibilité d'entreposer les services et les fluctuations importantes de la demande sont des contraintes importantes dans la fixation du prix d'un service. Il ne faudrait pas non plus

http://www.bell.ca

oublier la possibilité que les consommateurs ont de le faire eux-mêmes plutôt que de le faire faire. Ces contraintes forcent le gestionnaire à utiliser les concepts de la demande et l'analyse marginale au moment de la fixation du prix. Par exemple, Bell Canada offre des tarifs spéciaux pendant les temps morts, soit le soir et la fin de semaine. Les compagnies aériennes accordent des réductions pendant la saison morte. Certains restaurants offrent des prix spéciaux le midi, et vendent des passeports ou des cartes de membre afin d'augmenter l'achalandage ou de fidéliser leur clientèle.

En raison de l'hétérogénéité des services, des problèmes d'uniformisation de la qualité des services, de l'effort fait pour différencier les services et de la difficulté pour le consommateur à obtenir l'information complète sur le marché, celui-ci a beaucoup de mal à établir le rapport qualité-prix des services. L'image du service peut jouer un rôle important dans la fixation du prix. Afin de minimiser le risque perçu, les consommateurs se fient souvent au prix du service pour en juger la qualité. Ainsi, le spécialiste du marketing dont les honoraires s'établissent à 175 $ l'heure peut être perçu comme étant plus compétent que celui qui exige seulement 50 $.

En conclusion, les stratégies de prix discutées au chapitre 9 s'appliquent au marketing des services : écrémage, pénétration, prestige, alignement sur la concurrence, etc. De plus, afin d'encourager l'achat, on peut utiliser plusieurs formes de remises (tarif de groupe et tarif mensuel).

Le réseau de distribution des services

Étant donné que les services sont la plupart du temps intangibles et périssables, leur mode de distribution a longtemps été celui de la vente directe. Soit que le client se déplace pour obtenir le service (dentiste, coiffure, hébergement et location de voiture) ou que le prestataire se rende chez le client (plombier, remorquage et services de réparation d'appareils électroménagers). Cette méthode permet de contrôler plus facilement la qualité du service. Cependant, elle a comme principal inconvénient de limiter géographiquement le marché et de réduire le potentiel de croissance de l'entreprise.

Avec le temps, les entreprises de services se sont rendu compte que le caractère inséparable des services n'était pas insurmontable du point de vue du mode de distribution. Avec un peu d'imagination, il était possible d'élargir le réseau de distribution, les systèmes de franchises ayant permis aux restaurants et aux hôtels de multiplier le nombre d'établissements et de se rapprocher de la clientèle. Les banques ont réussi à prolonger leurs heures d'ouverture en automatisant une partie de leurs transactions, soit par l'entremise des guichets automatiques et d'Internet. Postes Canada exploite des centres de service à la grandeur du Canada au moyen de comptoirs situés dans des dépanneurs et des pharmacies. Loto-Québec vend des billets grâce à un réseau d'agents. Plusieurs entreprises ont compris qu'elles pouvaient déléguer la livraison d'un service à une autre entreprise ou encore à des machines. Plusieurs entreprises de services utilisent donc aujourd'hui des intermédiaires comme des agents (agence de voyages, maison de courtage et compagnie d'assurances), des franchises (restauration rapide et déclaration de revenus) et des détaillants (nettoyage à sec et cartes de crédit).

La communication dans les services

Comme les services sont intangibles, le consommateur ne peut les évaluer qu'en fonction du bouche à oreille, de la réputation du prestataire de services ou d'impressions personnelles. L'intangibilité du service est une contrainte en communication, car il est impossible de montrer le service dans la publicité comme on le fait avec

TENDANCES MARKETING

LES TRANSACTIONS ÉLECTRONIQUES OFFRENT UNE GRANDE SOUPLESSE

Desjardins inaugure un service de courtage en ligne sans intermédiaire

Les investisseurs n'ont plus besoin d'intermédiaire pour négocier en ligne, faire ou encore perdre de l'argent à la Bourse ! Disnat, courtage en ligne, une division de Valeurs mobilières Desjardins, vient de donner naissance au premier service de courtage par accès direct offert par une institution financière au Canada.

Disponible par Internet à l'adresse disnatdirect.com, DisnatDirect permet aux investisseurs d'être en contact instantanément avec les Bourses et les marchés parallèles et de diriger rapidement leurs ordres sur les marchés.

Source : Les Affaires, 26 avril 2003, p. 9.

La bibliothèque en ligne : un nouvel outil de formation au travail

L'innovation permet de garder les connaissances à jour

JEDlet.com est un peu le *fast food* de la formation en entreprise. Cette e-bibliothèque regroupe 150 capsules d'une heure sur autant de sujets qui touchent le management. C'est, selon sa créatrice, Joanne Duchastel, présidente de J.E.D. Nouveau Média, la seule bibliothèque en management sur Internet conçue au Québec. Mme Duchastel a créé J.E.D. Nouveau Média, spécialisée dans l'apprentissage en ligne.

Source : D. Froment, *Les Affaires,* 26 avril, 2003, p. 28.

Étude des méthodes de recrutement

La capsule JEDlet Étude des méthodes de recrutement a été conçue sur mesure par J.E.D. Nouveau Média pour Industrie Canada, qui la rend accessible aux entrepreneurs sur son site Internet.

Ce JEDlet offre des conseils pratiques sur le recrutement au moyen des annonces dans les journaux, d'Internet, sur les agences de placement, les salons de l'emploi, le jumelage de curriculum vitae en ligne, les programmes de recommandation d'embauche par les employés, le réseautage, etc.

Source : D. Froment, *Les Affaires,* 26 avril, 2003, p. 28.

Ces exemples illustrent bien que la technologie vient au secours de la distribution dans le secteur des services, et ce n'est pas fini ! Qu'en pensez-vous ?

un produit. Il est également impossible d'en distribuer des échantillons. La publicité peut cependant fournir des informations sur les avantages liés à l'utilisation du service, sur son prix, sa disponibilité et le nom du prestataire. Elle permet également d'informer les consommateurs à propos d'un nouveau service. Comme la publicité est soumise à certaines contraintes dans le secteur des services, le personnel de vente joue un rôle très important dans l'effort de communication de l'entreprise de ce type.

Les tendances en marketing des services

L'augmentation de la part des services dans l'économie s'est accompagnée d'une croissance de la concurrence dans plusieurs secteurs d'activité. Cette concurrence a été stimulée notamment par la déréglementation de certains secteurs, tels que le transport et les télécommunications. Des modifications apportées par l'Office des professions permettent plus de liberté du côté de la publicité ; il en est ainsi de l'avancement de la technologie dans le secteur de l'automatisation. Enfin, l'arrivée de nouveaux réseaux de distribution a permis aux petites entreprises de devenir des chaînes ou des systèmes de franchise bien organisés.

Le besoin d'augmenter le niveau de productivité

Depuis les années 1990, toutes les entreprises, quel que soit leur secteur d'activité, subissent de fortes pressions pour devenir plus productives. Le défi est encore plus

---

ENCADRÉ 14.4 La perception de la qualité du service : attention à l'image !

LES COMPAGNIES AÉRIENNES TARDENT À RÉGLER LES PLAINTES

PC

Ottawa – Les compagnies aériennes, bien qu'aux prises avec des problèmes financiers, doivent améliorer leur service à la clientèle pour s'assurer de regagner la confiance des voyageurs, conclut dans un rapport la commissaire aux plaintes dans le transport aérien.

« Il n'y a pas de raison de ne pas tenter encore plus de satisfaire un client, spécialement lorsque les choses ne vont pas très bien », a souligné Liette Lacroix Kenniff, en conférence de presse, hier. Les problèmes qui accablent l'ensemble de l'industrie

aérienne ne doivent pas servir d'excuses pour les compagnies à l'origine « d'histoires d'horreur ».

C'est toutefois la porte de sortie que tentent souvent d'emprunter les compagnies aériennes, qui se montrent de plus en plus récalcitrantes à régler à la satisfaction du client les plaintes déposées au bureau de la commissaire.

« On s'aperçoit que, chez certaines compagnies aériennes, on compte chaque sou », a constaté Mᵐᵉ Lacroix Kenniff. Avant, elles auraient dit : « D'accord, il s'agit d'une situation

spéciale et nous allons donner un bon de voyage. » Maintenant, les entreprises repoussent du revers de la main les plaintes, dont les règlements s'avèrent de plus en plus complexes, poursuit-elle.

Au cours des six derniers mois de l'année 2002, le bureau de la commissaire a reçu 731 plaintes, une légère baisse comparativement à l'autre moitié de l'année. Les plaintes les plus fréquentes visent la qualité du service en général, suivies des problèmes de billetterie et des horaires de vol.

Source : Le Soleil, section « Actualités », 6 juin 2003, p. A14.

grand du côté des entreprises de services, leur productivité étant nettement plus faible. Plusieurs raisons peuvent expliquer cette différence de productivité. La production des services exige plus de main-d'œuvre et ne peut pas toujours être automatisée (plaidoyer, coupe de cheveux, etc.). De plus, ce secteur comprend une multitude de petites entreprises ou de travailleurs autonomes qui ne possèdent ni la capacité financière ni l'habileté de gestion nécessaires à la rationalisation de leurs activités. Enfin, il ne faut pas oublier que, dans le secteur des services, c'est la qualité plutôt que la quantité qui satisfait le consommateur.

Les entreprises de services ont préconisé différentes stratégies dans le but d'augmenter leur productivité. L'une d'elles est d'investir dans la formation des employés de manière à en augmenter l'efficacité. Une autre stratégie est d'introduire de nouvelles technologies et d'adopter des méthodes utilisées dans la fabrication de biens concrets. L'automatisation de certains services permet de remplacer une bonne partie du capital humain dans la production. Pensons à l'informatisation des transactions bancaires, qui a eu pour effet de réduire le besoin en main-d'œuvre et d'augmenter la productivité du secteur bancaire. Le réaménagement des tâches vise aussi ce but.

La pression exercée sur les entreprises de services dans le but d'augmenter leur productivité ne peut qu'augmenter dans l'avenir, principalement pour deux raisons : d'abord parce que la concurrence est de plus en plus grande ; ensuite parce que les actionnaires des grandes entreprises de services exigent des rendements plus élevés sur les investissements.

L'impact de la technologie

Un des plus importants défis du marketing des services sera sans aucun doute celui de déterminer à quel point la technologie exercera une influence sur la manière de livrer le service aux consommateurs. À quel point influera-t-elle sur la qualité du service fourni ? Au cours des dernières années, la technologie a eu beaucoup d'impact sur le secteur des services et elle continuera d'en avoir. Plusieurs nouvelles technologies ont facilité la vie des consommateurs même si ceux-ci ne se rendent pas toujours compte du rôle qu'elles jouent dans leur vie quotidienne. Quel que soit le secteur d'activité, les nouvelles technologies livrent de plus en plus de services ; par exemple, une multitude de moyens nous donnent accès aux services financiers de notre banque, des dizaines de canaux de télévision peuvent nous être directement livrés à la maison par Cogeco, Star Choice, Internet et autres entreprises de services.

La technologie permettant de livrer le service au consommateur peut améliorer considérablement le niveau de qualité du service. Cependant, la technologie peut être un couteau à deux tranchants : ce ne sont pas tous les consommateurs qui se sont familiarisés et qui sont à l'aise avec elle. Comme l'affirme Chebat[19] : « Les consommateurs manifestent différentes attitudes envers les nouvelles technologies. Certains sont attirés par elles et tiennent absolument à les essayer. D'autres sont intimidés et cherchent à les éviter. » Ce ne sont pas tous les consommateurs qui effectuent leurs transactions bancaires par Internet (il y en a même qui ne connaissent pas cet outil). D'autres refusent pour des raisons de sécurité. D'autres encore sont en total désaccord, car les transactions électroniques les privent d'un contact humain. Nombre d'individus sont mal à l'aise avec les boîtes vocales, malheureux qu'ils sont de parler à une machine et frustrés par la longue manipulation de touches téléphoniques précédant une réponse automatisée qui convient plus ou moins. Certains clients refusent même d'effectuer des transactions à l'aide de machines (boîte vocale, ordinateur, guichet automatique, etc.) et optent pour une entreprise qui sera plus humaine. Heureusement, ce ne sont pas tous les consommateurs qui réagissent de la sorte. À l'opposé, certains y voient un moyen d'obtenir un service de meilleure qualité.

RÉSUMÉ

Dans ce chapitre, nous avons vu une application particulière du marketing, soit le marketing des services. Au cours des années 1990, le secteur des services a connu une croissance, essentiellement en raison de trois facteurs : l'augmentation du revenu, l'augmentation du temps disponible et la complexité technique des nouveaux produits, qui force le consommateur à recourir à des services d'entretien spécialisés. Le service se définit comme une activité intangible dont le résultat attendu est la satisfaction du consommateur. Le service possède quatre attributs particuliers : l'intangibilité, la simultanéité entre la production du service et sa consommation, son hétérogénéité et sa nature périssable. Le consommateur de services recherche plus d'informations, et son principal moyen de les obtenir est le bouche à oreille. Il estime courir un risque plus élevé lorsqu'il achète un service, mais il est plus fidèle au prestataire. Il est préférable, en gestion du marketing des services, de tenir compte de la participation de la clientèle, du personnel de contact et de la gestion de l'offre de service. Généralement, dans le secteur des services, on utilise des réseaux de distribution plus courts. Les principales tendances de ce secteur sont l'augmentation de la productivité et l'utilisation des nouvelles technologies. Pour augmenter leur productivité, les entreprises de services recourent aux nouvelles technologies, elles automatisent certains secteurs ou rationalisent. Les consommateurs de services réagissent différemment par rapport aux nouvelles technologies : certains les recherchent, alors que d'autres les évitent à tout prix.

QUESTIONS

1. Nommez les quatre principales caractéristiques des services. Expliquez l'influence de chacune sur les variables du marketing.

2. En quoi le comportement du consommateur de services est-il différent de celui du consommateur de produits ?

3. Formulez quatre questions auxquelles les gestionnaires doivent répondre avant de planifier la bonne offre de service.

4. Pourquoi la formation du personnel de contact est-elle si importante en marketing de services ?

5. En quoi consiste la valeur ajoutée ? Quel est son impact sur la gestion de l'offre de service ?

6. Définissez le service de base, les services périphériques et les services de base dérivés.

7. Dites en quelques mots comment on évalue la qualité des services. Quels sont les principaux facteurs déterminants de la qualité ? Expliquez pourquoi la qualité du service est importante aux yeux du gestionnaire.

8. Comparez le processus de planification marketing utilisé pour les services au processus de planification stratégique utilisé pour les produits concrets. Établissez les ressemblances et les différences entre les deux processus.

9. Pourquoi est-il important de différencier un service ? Quels outils servent à différencier un service ? Donnez quelques exemples.

10. En quoi la technologie peut-elle favoriser l'accessibilité des services ?

EXERCICES PRATIQUES

14.1 L'ÉLABORATION D'UNE PUBLICITÉ

Élaborez une publicité pour votre institution d'enseignement qui a pour objectif d'augmenter le nombre de demandes d'admission. Précisez l'objectif de la publicité, la cible visée, le ou les médias utilisés, les thèmes de communication ainsi que le contenu de la publicité.

14.2 LE MARKETING AU HOCKEY

Votre meilleur ami, un joueur de hockey, fréquente la même maison d'enseignement que vous. Il vous demande ce que le marketing pourrait faire pour le club de hockey de l'école. Répondez à sa question à l'aide d'exemples.

MISE EN SITUATION

DU KAYAK DE MER EN HIVER

JEAN-SÉBASTIEN TRUDEL

Alain Dumais est un pionnier. Il y a 12 ans, il lançait son entreprise d'excursions en kayak de mer, Mer et monde, à Bergeronne, près de Tadoussac. À cette époque, le kayak de mer était réservé aux aventuriers. Maintenant que ce sport devient populaire, voire de masse, Alain Dumais innove encore en offrant du kayak de mer… l'hiver.

Découvrir le Saint-Laurent

« Au départ, les Inuits pratiquaient le kayak l'hiver pour chasser le phoque », fait-il remarquer.

Même si le concept n'a rien de nouveau, bien peu d'amateurs pratiquent ce sport l'hiver, encore moins les néophytes. N'empêche que cette saison oubliée offre des paysages et des conditions uniques pour découvrir le Saint-Laurent. Et le kayak est le meilleur moyen de transport pour le faire.

Le froid ? « Je sors jusqu'à –20 degrés Celsius et il n'y a aucun problème. Hiver comme été, l'eau demeure à la même température », répond-il en me tendant une combinaison étanche *drysuit* qui me gardera au chaud au cours de notre sortie.

Le biologiste de formation peut ainsi étirer sa saison depuis deux ans. L'hiver dernier, près d'une cinquantaine de braves ont découvert le Saint-Laurent sur glace. « C'est l'équivalent d'une journée d'été », dit M. Dumais, qui a accueilli quelque 3000 visiteurs en 2002. Situé là où le fleuve et le Saguenay se rencontrent, il jouit d'un lieu privilégié où les glaces sont poussées vers le large, ce qui rend la pratique du kayak sécuritaire.

À l'image du sport nautique qui gagne en popularité, Mer et monde accroît ses revenus de

10 à 15 % chaque année. Mais son propriétaire garde les pieds sur terre : « L'hiver, je fais ça beaucoup plus par plaisir que pour faire des profits. Peut-être n'en ferai-je même jamais ! »

Source : Les Affaires, 25 janvier 2003, p. A10.

Aidez M. Dumais à rentabiliser les activités de kayak de mer en hiver. Pour ce faire, interrogez-vous sur les services de base et les services périphériques nécessaires à ces activités. Suggérez un marché cible à M. Dumais. Et finalement, proposez-lui la communication qu'il devrait faire, y compris l'élaboration d'une publicité.

CAS

LE PORTEFEUILLE DE SERVICES DES STATIONS DE SKI AU QUÉBEC*

Les entreprises de services

L'importance de bien structurer leur portefeuille de services vous a été soulignée pour les entreprises de ce type, qu'elles s'adressent aux individus ou aux autres entreprises. On se rappelle qu'une entreprise de services ne propose généralement pas un seul, mais plusieurs services à sa clientèle. Ces derniers sont principalement de deux types : les services de base et les services périphériques.

Le service de base est la raison principale pour laquelle le client vient ou s'adresse à l'entreprise de services. C'est celui qui va satisfaire le besoin principal du client. On le définit comme étant la mission et la raison d'être de l'entreprise. Les services périphériques sont de moindre importance ; ils sont des supports pour le service de base, ils constituent un plus et ils en améliorent la qualité. Quant au service de base dérivé, il est autonome et attire généralement des clients pour ses propres bénéfices. Le service dérivé mérite son propre programme marketing.

On retiendra finalement que l'offre de service ou le portefeuille de services forme la première variable de décision du marketing mix, que la politique d'offre de services, dans ce cas-ci, est équivalente à la politique de produit pour l'entreprise qui fabrique des biens tangibles.

Les caractéristiques des stations de ski

Les stations de ski sont divisées en différents secteurs, soit les petites, les moyennes, les grandes et les stations de niveau international.

Le centre de ski Val-Saint-Côme, qui fera l'objet de notre analyse, se situe parmi les grandes stations. Les secteurs sont déterminés en fonction de l'achalandage, du dénivelé de la montagne et du nombre de pistes. Val-Saint-Côme est situé dans la région de Lanaudière. Ses principaux compétiteurs sont, dans les Laurentides, les monts Blanc et Saint-Sauveur ; dans Lanaudière, le mont Garceau ; et dans la région de Québec, Stoneham.

Nous avons rassemblé la majorité des différents services vraisemblablement offerts à l'intérieur de ce secteur d'activités récréatives et de plein air (*voir tableau 14.1*).

Questions

1. Classez les différents services suggérés au tableau 14.1 selon leur potentiel à appartenir à l'une des trois catégories présentées plus tôt (base, périphérique et dérivé).
2. Faites le lien entre les différents types de services offerts par des centres de ski et la notion d'avantage concurrentiel.
3. Quels sont, à votre avis, les services susceptibles d'être des services de base dérivés au centre de ski Val-Saint-Côme ? Justifiez votre réponse.

---

* Cas rédigé par Jocelyn D. Perreault avec la collaboration de Marc-André Lachapelle, Michel Laplante et Benoît Therrien.

TABLEAU 14.1 Activités et événements

Bar	Hébergement (auberge contenant des périphériques : piscine, bar, téléphones, restaurant, etc.)
Billetterie	
Boutique souvenirs	Immobilier (location et vente de condos)
Boutiques de vêtements sportifs et spécialisées	Location d'équipement
Carte des pistes	Location de motoneiges
Chalet de ski	Patinoire
Un service de cafétéria	Pistes de ski de fond
Un bar	Plusieurs pistes de descente disponibles (pour différents niveaux)
Toilettes	
Téléphone	Remonte-pente
Services de premiers soins	Restaurant
Aires de repos	Société des alcools du Québec (SAQ)
Casiers disponibles pour skieurs	Service de guide
Cinéma	Service de transport
Club de compétition (ski alpin et ski acrobatique)	Service téléphonique 1-800
Club vidéo	Site Internet
Dépanneur	Stationnement
École de ski (pour initier les petits et les plus grands)	Traîneaux à chiens
Glissade sur tube	Vol de parapente
Halte-garderie	

NOTES

1. INSTITUT DE LA STATISTIQUE DU QUÉBEC. « Emploi par industrie du secteur des services, Québec, Ontario, et Canada, 1997, 1998 et 1999, octobre 2000 », www.stat.gouv.qc.ca/default.htm.

2. RATHMELL, John. « What Is Meant by Service ? », dans *Journal of Marketing*, octobre 1966, p. 32-36.

3. SHOSTACK, Lynn. « Breaking Free from Product Marketing », dans *Journal of Marketing,* avril 1977, p. 77.

4. CHASE, Richard. « When Does the Customer Fit in a Service Operation ? », dans *Harvard Business Review,* novembre-décembre 1978.

5. COMMITTEE ON DEFINITION. *Marketing Definition,* Chicago, American Marketing Association, 1963, p. 21.

6. ZEITHAML, Valérie, PARASURAMAN, A. et BERRY, Leonard. « Problems and Strategies in Services Marketing », dans *Journal of Marketing,* printemps 1985, vol. 49, p. 33-46.

7. BERRY, Leonard. « Services Marketing is Different », dans C. Lovelock, *Services Marketing,* Englewood Cliffs, N. J., Prentice-Hall Inc. 1984, p. 29-36.

8. BATESON, John. « Why We Need Services Marketing », dans *Conceptual and Theoretical Developments in Marketing,* Proceedings Series, AMA, 1979, p. 131-141.

9. EIGLIER, Pierre et LANGEARD, Éric. *Servuction, le marketing des services,* Paris, McGraw-Hill, 1987, p. 16.

10. BROWN, James et FERN, Edward. « Goods vs Services Marketing : A Divergent Perspective », dans *Marketing of Services,* Proceedings Series AMA, 1981, p. 205-207.

11. FLIPO, Jean-Paul. *Le management des entreprises de services,* Paris, Les Éditions d'Organisation, 1984, p. 61.

12. ZEITHMAL, Valérie. « How Consumer Evaluation Processes Differ Between Goods and Services », dans *Marketing of Services,* Proceedings Series AMA, 1981, p. 186-190.

13. PORTER, Michael, E. *Competitive Advantage Creating and Sustaining Superior Performance,* New York, Free Press, 1985.

14. PETTIGREW, Denis. «Qualité vs satisfaction dans les services professionnels: le cas des experts-comptables au Québec», thèse de doctorat en science de la gestion, juin 1993.

15. BERRY, Leonard et PARASURAMAN, A. *Marketing Services Competing Through Quality,* New York, Free Press, 1991, p. 16.

16. EIGLIER, Pierre et LANGEARD, Éric. *Op. cit.,* p. 42.

17. *Ibid.*

18. *Ibid.*

19. CHEBAT, Jean-Charles, FILIATRAULT, Pierre et HARVEY, Jean. *La gestion des services,* Chenelière/McGraw-Hill, 1999, p. 101.

Abandon d'un produit Suppression d'un article parmi l'ensemble des produits fabriqués par une entreprise.

Achat* Acquisition d'un bien ou consommation d'un service. Moment de la transaction.

Acquisition* Achat d'un produit ou d'une entreprise.

Analyse de l'environnement externe* Étude destinée à prendre connaissance des différentes composantes de l'environnement dans lequel évolue l'entreprise et à les évaluer.

Analyse de la concurrence* Étude permettant à une entreprise de cibler ses concurrents directs et indirects et de mieux les connaître (forces, faiblesses, stratégies, etc.).

Analyse de la situation* Recherche d'information visant à bien connaître une entreprise, son environnement, sa concurrence et son marché.

Analyse des données* Comparaison des résultats de recherche obtenus par rapport à l'hypothèse ou à la formulation du problème initial.

Analyse des données internes* Étude portant sur les données caractéristiques (forces et faiblesses) de la vie de l'entreprise.

Analyse du marché Méthode de recherche destinée à mesurer l'étendue d'un marché et à en déterminer les caractéristiques.

Anticipation de la demande* Prévision de la demande pour un produit ou un service donné pendant une période prédéterminée.

Apprentissage* Acquisition de nouveaux comportements ou de nouvelles aptitudes à la suite d'expériences vécues.

Approvisionnement intégré* L'activité de l'approvisionnement est transférée au fournisseur.

Attitude Mode de réaction affective à l'égard d'un produit, d'un service ou d'une marque.

Axe de communication* Fondement sur lequel repose le message.

Boîte noire* Semblable à la boîte noire d'un avion, le cerveau du consommateur contient beaucoup de réflexions et d'informations inaccessibles à une entreprise.

Budget du plan de marketing* État prévisionnel des revenus et des dépenses qu'entraîne le plan de marketing.

Cadre d'échantillonnage Liste de personnes possédant les caractéristiques recherchées.

Calendrier de diffusion* Actions publicitaires prévues selon les médias et les supports retenus pour la diffusion des messages.

Caractéristiques symboliques* Image projetée par le produit pouvant évoquer le prestige, la sécurité, le respect, etc.

Caractéristiques tangibles* Matériau, forme et emballage du produit.

Centre de distribution Endroit où l'on rassemble les produits et d'où on les redistribue.

Circuit de distribution* Éléments du système de distribution utilisés par un fabricant pour acheminer ses produits vers le consommateur.

Classes sociales Stratification de la société fondée sur le revenu, l'éducation, le lieu de résidence des gens, etc.

Classification des produits* Regroupement d'un grand nombre de produits en un petit nombre de classes.

Commandite* L'un des moyens de communication marketing qui désigne le soutien financier, en équipements, en produits ou en personnel que

---

1. Les termes de ce glossaire sont extraits du *Vocabulaire de la Commercialisation* de l'Office de la langue française, gouvernement du Québec. Cependant, la définition des termes suivis d'un astérisque provient des auteurs.

fournit une entreprise à un événement culturel, sportif ou humanitaire dont l'objectif est d'associer directement le nom de l'entreprise ou de l'un de ses produits ou services à cet événement dans l'esprit des consommateurs.

Communication d'affaires* Moyens et interventions choisis pour mettre en évidence le rôle de l'entreprise dans la réussite de ses clients.

Communication marketing de masse* Moyens utilisés par l'entreprise pour rejoindre rapidement un très grand nombre de consommateurs potentiels.

Communication marketing personnalisée* Communication bidirectionnelle entre une entreprise et ses clients.

Comportement après l'achat* Le consommateur sera satisfait ou non et agira en fonction de son état de satisfaction ou d'insatisfaction.

Comportement du consommateur Processus de décision et d'action en vue d'acheter et d'utiliser des biens et des services.

Concurrence générale* Situation résultant de l'interaction de plusieurs entreprises se partageant le revenu du consommateur sur un marché donné.

Concurrence parfaite* Type de marché équilibré par les forces qu'exercent un grand nombre d'acheteurs et de vendeurs relativement à l'offre et à la demande de produits ou de services.

Conditionnement du produit (emballage) Ensemble d'opérations assurant la protection d'un produit et facilitant sa vente.

Conditions de paiement* Modalités prévues de règlement d'une facture.

Contrôle* Processus de vérification des objectifs fixés.

Critères de segmentation* Critères géographiques, sociodémographiques et psychographiques en fonction desquels on regroupe les consommateurs ayant les mêmes besoins et les mêmes désirs.

Croissance Phase du cycle de vie d'un produit pendant laquelle celui-ci est accepté par un nombre croissant de consommateurs.

Culture* Système de valeurs, normes et mœurs caractérisant la façon de vivre propre à chaque société.

Cycle de vie du produit Cheminement d'un produit, de son introduction à son déclin.

Déclin Phase du cycle de vie d'un produit pendant laquelle le volume des ventes diminue de façon considérable.

Définition d'un problème de recherche* Formulation claire des enjeux de croissance ou de survie auxquels l'entreprise fait face à une période donnée.

Différenciation du produit Activité de commercialisation qui a pour but de conférer à un produit existant une caractéristique particulière.

Dimension extrinsèque* Tout élément externe à l'individu, mais qui peut agir sur lui.

Dimension intrinsèque* Qui fait partie de la personne ou de l'objet, qui ne peut en être dissocié.

Dissonance cognitive Inquiétude naissant au moment où le consommateur s'interroge sur la valeur réelle de l'achat.

Distribution exclusive Forme poussée de distribution dans laquelle un fabricant concède à un grossiste ou à un détaillant les droits exclusifs de vente dans un secteur commercial.

Distribution intensive Stratégie qui consiste, pour un fabricant, à couvrir le plus de points de vente possible sur un marché donné.

Distribution physique* La distribution doit rendre disponibles les produits ou les services aux endroits achalandés, dans un délai acceptable et à des périodes convenables.

Distribution sélective Vente du produit ou de la gamme de produits d'une entreprise par un petit nombre de détaillants.

Distribution Ensemble des opérations nécessaires pour assurer l'acheminement et l'écoulement d'un produit depuis sa fabrication jusqu'à son acquisition par le consommateur final.

Données primaires Données non publiées et recueillies pour la première fois au moyen d'une enquête ou d'une expérience en vue de répondre à une situation de recherche particulière.

Données secondaires* Données obtenues au moment de la recherche principale mais qui se rapportent à des sujets connexes.

Échantillon Fraction représentative d'une population choisie en vue d'un sondage.

Échéancier* Calendrier des activités stipulées dans le plan de marketing.

Effet de synergie* Coordination de plusieurs actions en vue d'obtenir un résultat optimal.

Effort de marketing* Ensemble des moyens mis en œuvre pour vendre un produit ou un service.

Élasticité de la demande par rapport au prix* Variation de la demande en réaction à la variation du prix.

Emblème de marque (emblème commercial)* Partie de la marque que l'on ne peut prononcer et qui sert à reconnaître le produit par l'image.

Enquête par sondage* Recueillir l'information auprès d'un groupe ciblé qui représente un échantillon valable de la population.

Entrepôt public Entreprise offrant des services d'entreposage moyennant un tarif de location et de livraison.

Entreprise de services* Entreprise dont la mission est d'offrir un service à la clientèle.

Environnement Milieu familial et milieu professionnel dans un lieu géographique donné.

Environnement éthique et légal de la communication marketing* Ensemble des lois et règlements régissant la pratique de la communication marketing.

Escompte* Réduction du prix courant que le vendeur alloue à l'acheteur.

Esprit marketing* Philosophie de gestion qui oriente toute action ou tout plan d'actions vers le consommateur.

Étiquette Petit morceau de papier ou de carton fixé à un objet pour en indiquer la nature, le contenu, le prix, la provenance, etc.

Évolution du marketing* Différentes étapes du développement de la discipline du marketing, liées à l'histoire économique.

Expérimentation* Vérification par expérience d'une hypothèse énoncée à partir d'un sujet de recherche.

Exportation* Vente de produits à des clients d'un pays étranger.

Fabrication ou commercialisation sous licence* Droit de fabrication assorti d'une obligation de verser des redevances au propriétaire du produit.

Famille* Groupe de référence constitué d'un père, d'une mère et de leurs enfants.

Fidélité à la marque Régularité d'achat d'une marque.

Fonction du marketing* La fonction du marketing dans une entreprise a comme but d'organiser les échanges et la communication entre le producteur et le consommateur.

Fusion* Association de deux entreprises qui ont pour objectif de créer une nouvelle entreprise.

Gamme de produits Ensemble des lignes de produits commercialisées par une entreprise.

Garantie* Assurance de satisfaction du besoin offerte par le fabricant du produit ou le fournisseur du service.

Gestion de la force de vente* Prises de décisions diverses concernant tant l'embauche d'une équipe de vente que l'évaluation de ses membres.

Gestion de la qualité* Dans le secteur des services, consiste à assurer un niveau de service équivalent ou supérieur aux attentes des clients.

Gestion intégrée* Administration des diverses activités de distribution, qui sont considérées comme un tout.

Groupe de référence* Groupe auquel une personne s'identifie sans nécessairement y appartenir et qui sert de modèle à son comportement.

Hétérogénéité des services* Les services sont rarement homogènes à cause de l'importante composante humaine, qui entraîne un manque d'uniformité des services rendus.

Intangibilité des services* Caractéristiques des services, qui ne peuvent être vus, entendus, sentis, goûtés ni touchés.

Ligne de prix* Groupe de produits qui sont vendus au même prix.

Ligne de produits Groupe de produits apparentés, soit parce qu'ils satisfont un certain type de besoins, qu'ils sont utilisés ensemble, qu'ils sont vendus aux mêmes groupes de clients, qu'ils sont mis sur le marché par les mêmes types de magasins ou qu'ils tombent dans une certaine échelle de prix.

Macro-environnement* Milieu dans lequel l'entreprise évolue.

Marché Ensemble des personnes ou des organisations qui achètent ou qui sont susceptibles d'acheter un produit.

Marché cible Segment d'un marché local qu'une entreprise se propose d'exploiter.

Marché hétérogène* Ensemble des consommateurs présentant des caractéristiques, des besoins, des motivations et des habitudes de consommation différents.

Marché potentiel Ensemble des consommateurs, des utilisateurs et des acheteurs ayant l'intention et le pouvoir de se procurer un bien ou un service.

Marge bénéficiaire Pourcentage de profit réalisé par rapport au prix de vente.

Marge de contribution* Différence entre le coût de la marchandise vendue et le prix de vente. Elle sert à payer les frais d'exploitation (salaires, loyer, énergie, financement, etc.) et, s'il en reste, le surplus représente le profit de l'entreprise.

Marketing Le marketing est l'ensemble des activités qui consistent à reconnaître les besoins des consommateurs et à y répondre à l'aide de plusieurs stratégies relatives au prix, au produit, à la localisation, à la distribution, etc.

Marketing direct* Communication directe de plus en plus personnalisée entre l'entreprise et ses clients.

Marketing global* Approche globale des stratégies de mise en marché, de publicité et de vente.

Marketing mix* Agencement particulier des variables contrôlables telles que le produit, le prix, la distribution et la communication marketing.

Marque de commerce* Nom, signe, symbole, dessin ou combinaison de ceux-ci servant à reconnaître les biens et les services d'une entreprise ou d'un groupe de vendeurs.

Marque de commerce déposée* Protection juridique que donne l'entreprise à sa marque.

Marque de famille Marque de commerce utilisée pour plusieurs produits fabriqués par une même entreprise.

Marque du distributeur Marque adoptée par un distributeur (grossiste ou détaillant) pour certains produits qu'il vend et doit faire fabriquer.

Marque du fabricant Marque offerte par le fabricant.

Marque individuelle* Nom lié à chaque produit.

Maturité Phase du cycle de vie d'un produit pendant laquelle le volume des ventes continue à augmenter, mais à un rythme décroissant.

Média* Moyen de diffusion massive de l'information.

Message publicitaire* Information transmise par une entreprise à un public cible au moyen de la publicité.

Micro-environnement* Regroupement des consommateurs ciblés par le marketing mix.

Mission de l'entreprise* Raison d'être de l'entreprise.

Monopole Marché dans lequel il existe un seul vendeur pour une multitude d'acheteurs.

Motivation Action des forces conscientes ou inconscientes déterminant le comportement d'un individu.

Multinationale* Entreprise qui a des activités dans plusieurs pays.

Nom de marque (nom commercial)*   Nom sous lequel une entreprise ou un produit est connu.

Objectif d'accroissement des parts de marché* Objectif selon lequel l'entreprise cherche à augmenter sa part des ventes totales dans le secteur industriel auquel elle appartient.

Objectif de communication*   But d'une entreprise désirant sensibiliser la clientèle à ses produits et s'assurer de mieux les faire connaître.

Objectif de la distribution physique*   Amener le bon produit au bon endroit, au bon moment, et ce, en minimisant les coûts.

Objectif de maximisation des profits* Objectif selon lequel l'entreprise doit être dirigée de manière à maximiser ses bénéfices.

Objectif de parité*   Objectif selon lequel l'entreprise doit vendre un produit au même prix que la concurrence.

Objectif de promotion*   But visé par une entreprise qui vend un produit à un prix très bas afin d'attirer la clientèle.

Objectif de rendement des investissements* Objectif de rendement visant à accroître le produit tiré d'un investissement par rapport au capital investi.

Objectif de vente*   But d'une entreprise désirant augmenter ses parts de marché.

Objectif publicitaire*   Formulation précise du ou des buts visés par une activité de publicité.

Observation*   Constatation de certains états de l'environnement et de manifestations particulières des gens.

Obsolescence planifiée   Politique de fabrication qui consiste à établir la longévité commerciale d'un produit.

Offre de service*   Ensemble des services qu'une entreprise propose sur le marché dans le but de combler des besoins mal satisfaits chez les consommateurs.

Oligopole   Situation d'un marché dans lequel un nombre restreint d'entreprises offrent un bien ou un service à un grand nombre d'acheteurs.

Participation du client   La présence de l'acheteur est indispensable : sans lui, le service ne peut exister.

Perception   Fonction par laquelle l'esprit se représente les objets ou les idées.

Personnalité   Le type d'activités, les intérêts et les opinions font connaître les traits de personnalité des consommateurs.

Personnel de contact*   Employés d'une entreprise de services que le travail amène à être en contact direct avec la clientèle.

Placement de produits   Investissement effectué par un annonceur dans le but d'exposer son produit ou son service à un public cible.

Plan de marketing   Définition des objectifs de marketing à partir d'une analyse du marché et de ses environnements, cela en vue de formuler la stratégie de marketing de l'entreprise.

Planification en marketing*   Processus d'anticipation des changements dans l'environnement des marchés et mise au point d'un plan d'action pour une période donnée.

Point mort   Point où une entreprise ne fait ni profit ni perte à un prix donné pour une quantité donnée.

Politique d'écrémage*   Vente d'un nouveau produit sur le marché à un prix élevé.

Politique de pénétration*   Vente d'un nouveau produit sur le marché à un bas prix.

Politique géographique de prix*   Stratégie qui consiste à fixer différents prix pour un produit selon les différentes zones géographiques où il sera vendu.

Positionnement   Position d'un produit donné par rapport aux marques et aux produits concurrents.

Potentiel de vente*   Limite asymptotique des ventes qu'une entreprise peut réaliser avec un très grand effort de marketing.

Pratique du prix du marché*   Notion selon laquelle l'entreprise fixe ses prix au même niveau que ceux de la concurrence.

Prestataire de services* Entreprise ou personne qui exerce une activité économique dans le secteur des services.

Prétest* Étape de validation du questionnaire auprès de personnes choisies au hasard.

Prévision des ventes Mesure du volume des ventes possibles d'un bien ou d'un service dans un secteur donné pour une certaine période et dans des conditions déterminées.

Prix Valeur, exprimée en monnaie, d'un bien ou d'un service.

Prix de détail suggéré* Prix de revente qu'un fabricant suggère aux détaillants.

Prix non arrondi* Stratégie qui consiste à fixer les prix légèrement en deçà du prix arrondi. Par exemple, 2,49 $ ou 4,95 $.

Prix unique* Stratégie qui consiste à vendre tous les produits d'une entreprise au même prix.

Prix unitaire* Prix indiqué selon des unités de mesure reconnues telles que le gramme, le litre ou le mètre.

Procédure de recherche* Étapes essentielles, liées à la méthodologie de recherche, qui permettent de réaliser une étude à caractère scientifique.

Processus de communication* Mécanisme par lequel un émetteur encode un message et le transmet à un récepteur qui le reçoit et le décode. Le récepteur réagit alors au message (rétroaction). Tout ce mécanisme de communication peut être altéré par des bruits.

Processus de communication marketing* Transmission d'un message d'une entreprise-émettrice à un public-récepteur. Le processus de communication marketing respecte le schéma général de la communication.

Processus de vente* Démarche systématique que suit le représentant d'une entreprise.

Processus décisionnel* Processus de type « résolution de problème » comportant cinq étapes.

Produit Objet ou service destiné à la vente.

Produit global Produit considéré dans sa totalité avec tous les services et accessoires qui l'accompagnent.

Produit sans nom (produit générique, à étiquette blanche)* Produit qui ne porte aucune marque.

Programme de marketing* Ensemble des activités stratégiques de l'entreprise qui répondent aux besoins du segment de marché visé.

Promotion (communication-marketing)* Ensemble des moyens de communication à caractère commercial ayant comme objectif d'informer le consommateur et de stimuler les ventes de l'entreprise.

Promotion des ventes* Recherche, étude, mise au point et application d'idées visant à stimuler la vente d'une manière directe et immédiate.

Publicité rédactionnelle Publicité non payée présentée par les différents médias sous forme d'information ou de nouvelle.

Questionnaire final* Questionnaire validé.

Questionnaire pilote* Première rédaction d'un questionnaire qui sera testé auprès des clientèles cibles.

Rapport global* Présentation des conclusions tirées de l'analyse des données et recommandation de stratégies ou d'actions à entreprendre à la suite de la recherche.

Recherche formelle* Recherche structurée en fonction d'étapes établies à l'avance.

Recherche informelle* Consultation *ad hoc* parmi les ressources facilement accessibles : personnes, documents, Internet, etc.

Regroupement de produits* Emballage qui contient plusieurs unités d'un produit ou plusieurs produits différents mais complémentaires.

Relations publiques Communications et relations d'une entreprise avec ses différents publics dans le but de promouvoir son image.

Revenu disponible* Partie du revenu du consommateur disponible pour des achats, une fois toutes les dépenses courantes acquittées.

Segmentation du marché Découpage, par une entreprise, du marché potentiel total en un certain nombre de sous-ensembles aussi homogènes que possible afin de permettre une meilleure adaptation de sa politique commerciale.

Service Activité représentant une valeur économique sans toutefois correspondre à la production d'un bien matériel.

Service à la clientèle* Philosophie de gestion centrée sur le client qui intègre et gère toutes les activités d'échange d'un produit ou d'un service dans le cadre d'un coût-service mixte optimal et prédéterminé.

Service après-vente Service dont le rôle est de garder le contact avec l'acheteur (qu'il soit consommateur ou utilisateur industriel) après la vente proprement dite afin de lui assurer l'usage, l'entretien et la réparation du bien qu'il a acquis et de l'inciter à un nouvel achat.

Service de base* Service principal qu'une entreprise de services offre à sa clientèlc.

Services de base dérivés* Services créés par l'entreprise pour faciliter l'accès au service de base ou y ajouter de la valeur, mais que le consommateur peut percevoir comme un service principal.

Services périphériques* Services de moindre importance qu'offre l'entreprise de services et qui sont reliés au service de base.

Stimulus (Plur. Stimuli)* Informations de différentes natures diffusées et reçues par un consommateur et qui entraîneront une ou plusieurs réponses.

Stratégie Ensemble des moyens choisis pour atteindre des objectifs.

Stratégie d'aspiration* Stratégie consistant à inciter les consommateurs, à l'aide d'annonces publicitaires ou d'autres activités promotionnelles, à demander certains produits qui ne sont pas offerts par quelques détaillants, les obligeant ainsi à commander les articles en question.

Stratégie de marketing* Identification et analyse d'un segment particulier du marché et création d'un programme axé sur les caractéristiques de celui-ci.

Stratégie de pression Stratégie qui consiste à pousser un produit dans le réseau de distribution en stimulant sa vente auprès des intermédiaires au moyen d'efforts promotionnels plus directs et plus personnels.

Structure des prix du marché Notion selon laquelle l'entreprise tient compte des consommateurs visés dans sa fixation du prix.

Système d'analyse marketing* Système qui permet à l'entreprise d'analyser les données recueillies à l'aide des systèmes de recherche et de renseignements marketing et des rapports internes.

Système d'information marketing (SIM)* Ensemble de méthodes (de machines et de personnes) conçu afin de fournir l'information nécessaire à la prise de décision marketing.

Système de recherche marketing* Analyse des besoins des consommateurs à partir de l'ensemble des outils, bases de données informatisées et de stratégies de collecte de données relatives au marché visé par l'entreprise.

Système de renseignements marketing* Ensemble des actions et des stratégies de l'entreprise pour recueillir des données sur le client et le marché.

Système des rapports internes* Ensemble des données informatisées ou non prenant la forme de rapports sur les activités quantifiées de l'entreprise.

Télémarketing* Technique de sollicitation et de vente par téléphone.

Traitement des données* Regroupement de données en fonction de critères de recherche.

Transport intermodal* Utilisation de divers modes de transport pour acheminer un chargement de marchandises entre deux points.

Types de marchés* Marchés définis selon le rôle et les motifs de l'acheteur.

Utilité de possession* Satisfaction du besoin du consommateur par la possession du bien ou par la consommation du service.

Utilité du marketing* Le marketing fait partie intégrante du processus de production et de distribution de biens et de services.

Valeur ajoutée* Contribution à l'augmentation de la satisfaction du consommateur.

Valeur client* Ensemble des avantages perçus par les acheteurs cibles sur le plan de la qualité, du prix, de la commodité du produit, de la livraison en temps voulu et du service avant et après-vente.

Variables contrôlables du marketing* Composantes sur lesquelles l'entreprise peut agir, par exemple en baissant le prix, etc.

Variables incontrôlables du marketing* Différents éléments qui composent l'environnement dans lequel l'entreprise évolue et qui sont hors du contrôle de cette dernière.